明治期大日本教育会・帝国教育会の教員改良

資質向上への指導的教員の動員

白石　崇人
SHIRAISHI Takato

溪水社

目次

第Ⅱ部　国家隆盛を目指した教員資質の組織的向上構想

第Ⅳ部　輿論形成・政策参加による自己改良への教員動員

〔凡例〕

・史料の旧字体はできる限り新字体に改めた。また、異字体がある場合はできる限り日用漢字に改めた。歴史的人名は新字体、先行研究者名は旧字体のままにした。

・歴史的仮名遣いについて、略字・複合文字は仮名文字に改めた。

・句読点・濁点等を付加していない史料については、読みやすさを考慮して適宜句読点・濁点等を付加した。

・歴史的事項の年表記は元号で示し、必要に応じて（　）内に西暦を示した。ただし、先行研究の年表記については西暦で示した。

・敬称は原則として省略した。

・史料の欠損・判別不能部分は□で示した。

・史料中に補足が必要な場合は、［　］で示した。

明治期大日本教育会・帝国教育会の教員改良

―資質向上への指導的教員の動員―

序章

一．本研究の目的

本研究の目的は、明治期における大日本教育会・帝国教育会の教員改良について、その実態と教員資質の形成・向上に関する歴史的意義とを明らかにすることにある。[1]なお、本研究における教員とは、主に地域において指導的立場にあった小学校教員を指す。関連して中等・高等教育機関の教員にも触れる場合がある。

日本では、近代学校教育の担い手である「教員」は、明治期に誕生した。しかし、明治五（一八七二）年の学制頒布による近代学校制度の開始時に、十分な人数の正資格教員が確保されていたわけではない。正資格教員の養成は、近代学校の普及の開始とほぼ同時に始まった。当時の学校現場では正資格教員は少なく、代わりに多くの無資格教員や准資格教員が教壇に立っていた。せっかく正資格教員を養成しても、適正な待遇体制を十分に整えることができず、他職種への流出が相次いだ。このような状況は、明治期を通じて見られた。小学校教員として正規資格を備えた正教員数が全体の半数を越えた時期は、学制頒布から二〇年後の明治二五（一八九二）年であった（第Ⅳ部第七章参照）。

明治期の政府・地方自治体は、正資格教員を確保するために、師範学校の整備に専念するに止まらず、免許制度や現職研修制度をも整備して各教員の資質向上を期待した。師範学校は、教員養成に限定せず、現職研修を実施したり、場合によって教員資格の付与などをも行った。[2]また、教員講習や試験検定による師範学校以外における変則的教員養成も、無視できない質と量とで展開された。[3]明治期の教員資質の形成・向上の問題は、教員養成・資格・研修などの複数領域に横断的な問題といえる。

本書では、明治期に見られた教員の資質向上に関する領域横断的・未分化的な取り組みを、「教員改良」と称する。[4] 政策における「教員改良」の重要な用例は、明治一五（一八八二）年の文部省示諭における「小学校教員ノ改良」である。文部省は、現職教員の教育方法や教職意識の改善を意図して、教員講習会開設・教育会幇助・巡回訓導設置という方策を示した。[5] 佐藤秀夫の研究によると、明治一〇年代半ばの政府の教員改良施策は、教員の関心を「政治」（民権運動）から「学理」（教育学・教授法）へと方向づけたという。[6] この方針は明治一六（一八八三）年八月の文部省達第一六号にも引き継がれ、全国各地の教員改良策の一つの出発点になった。本研究の関心から見ると、この「教員改良」の方針が、明治一〇年代後半における私立教育会結成の契機の一つになったことは重要である。[7]

明治期において、教員改良策はどのように構想・展開されたのか。明治教員史の先行研究のうち、教員改良施策を取り上げた主要なものには、佐藤秀夫や佐藤幹男の研究がある。佐藤秀夫は、明治一〇年代の教員養成政策に関わって、伊沢修二・高嶺秀夫によって進められていた開発主義的教育改革が、「小学校教員の『改良』の基調」となり、教員の関心を「政治」から「学理」へ方向づける結果をもたらしたとした。[8] 佐藤幹男は、教育令期以後の府県の教員施策を「養成」と「改良」とに区別し、教員検定試験と講習会による府県の教員改良施策の状況を明らかにした。[9]

しかし、教員改良問題は、政府や地方自治体だけの問題ではなく、教育社会全体の問題でもあった。明治一六（一八八三）年、日本初の全国的な教育専門団体として、大日本教育会が結成された。同教育会は、明治二九（一八九六）年に帝国教育会と改称し、再編された。大日本教育会・帝国教育会は、当時、各地で指導的立場にあった正資格教員を多く会員とし、文部省との密接な関係を維持しながら、学校教育・社会教育にかかわる様々な事業を展開した。とくに明治二〇年代以降は、全国七〇〇団体・会員数一〇万名に達していた地方教育会の盟主的立場に立ち、多くの教員が入会していた地方教育会の活動にも重要な影響を与えた。また、刊行物による理想的教員像の形成・普及、教育研究調査の組織化における教員の動員、夏期講習会の開催による教員講習の実施など、教員の資質形成や向上にかかわる事業を展開した。教育会は、明治以降、教員の価値観・行動様式を方向づけたとされている日本教育史上重要な教育団体である。[10] 明治期大日本教育会・帝国教育会は、教育行政と密接な関係を持ちながら、教員改良を目指す全国的活動の中心に立って、いかに教員の価値観や行動様式を方向づけたか。

教育会の教員改良に関する先行研究には、主要なものには梶山雅史や佐藤幹男の研究がある。梶山雅史は、京都府教育会附属講習会を府の講習業務の代行・教員補充策の補完としての教員養成事業と位置づけ、講習・試験検定による教員資格取得に関する研究の重要性を明らかにした。[11] 佐藤幹男は、校内研修や師範学校などによる研修と教育会の研修活動とを検討し、行政当局の現職教育を補う豊かな内実を持ったことを明らかにした。[12]

教員資質は、教員の個人的問題や政策・法令上の問題だけでは十分に認識することはできない。組織的・集団的問題への視点は欠かせない。[13] また、教員の専門性は、公的な合意に基づく制度・政策から規制や方向づけをある程度受けざるを得ない。教員の専門性・自立性を確立する場合には、教員が教職のあり方を方向づける制度・政策形成の過程においていかに参加するかが問題になる。[14] 教員の資質問題を認識するには、職能団体のあり方や政策過程への参加のあり方も問われなければならない。その観点からすると、戦前日本における教育職能団体とされる教育会について、[15] その運動方針や政策参加のあり方が重要な問題になる。とくにその全国的展開を研究する場合には、全国団体である大日本教育会・帝国教育会の検討は不可欠である。大日本教育会・帝国教育会は、伝統的に文部省の御用団体と目されてきた。[16] 一九六〇年代以降には、その圧力団体的役割が注目されるようになり、[17] かつ一九八〇年代以降にはその職能団体的役割が重視されるようになっている。[18] しかし、その政策参加・職能団体的運動の実態については、特定の時期に限られた検討に止まり、明治期を通した変遷過程を踏まえて把握されていない。

以上のような両教育会の教員改良を具体的に検討するには、全国各地の指導的教員の動向に注目することが重要になる。ここでの指導的教員とは、明治五年の学制頒布以降、他の学校教員や地域住民を指導して、教育の普及・改良・地位向上に努めた教員を指す。具体的には、師範学校卒業や検定試験合格などによって正教員資格を有した小学校長や訓導、または教育雑誌や教育会などで活発な言論活動を行った教員などである。指導的教員には、日常業務に加えて、中央・地方教育会に入会して様々な事業に参加し、日本または地域の教育普及・改良・地位向上を目指した教員が多い。また、講習会などの会員対象事業を利用して、自らをも教員改良の対象にした。指導的教員は、両教育会で何をし、何を考え、何を得たのか。

以上の問題関心に基づき、本研究は、教育行政と教育社会との結節点において展開された明治期大日本教育会・帝国教育会の教員改良を取り上げ、そこにおける指導的教員の動向に着目した。本研究によって、明治期における両教育会の教員改良策の内実や展開過程を実証的に明らかにしたい。

二　先行研究の整理

（一）明治期小学校教員史に関する先行研究

ここでは、まず明治期小学校教員史の先行研究を整理し、明治期がどのように位置づけられてきたかを検討する。

戦後における明治教員史研究の重要な出発点は、唐澤富太郎と石戸谷哲夫との研究である。(19) 唐澤富太郎は、なぜ戦前日本の教員典型として「師範タイプ」が生まれたかを問題にし、戦後日本において克服すべき教師像として批判した。(20) 唐澤は、明治初期を「師匠」から「教員」への過程として意義づけ、次いで明治一〇年代の「士族的教師像」から「師範タイプ」への変遷における聖職的教職観の連続性を見出した。

石戸谷哲夫は、明治以来の小学校教員の経済・社会・政治的地位を検討し、小学校教員社会の独自性を明らかにしようとした[21]。石戸谷によると、小学校教員は、地方における劣悪な待遇と中央政府による教員政策とによって地方有力者層から離れた。さらに、明治期から昭和戦前期にかけて、社会変動に伴う待遇悪化を受けて、五回にわたる政府に対する抵抗運動に参加し、政府から一定の距離を保った。その過程において、小学校教員は、明治二〇年代頃から自らの経済的・社会的地位を意識し始めた。

以後の日本教員史研究は、唐澤・石戸谷の研究を基盤として進められた。以下、主要な研究に基づいて、五つの論点にわけて整理しておきたい。

第一の論点は、教育方法の担い手としての教師という論点である。中野光は、明治三〇年代について、師範学校附属小学校教員が小学校教育方法の研究・実験を担いながら、政策的・社会的・政治的動向と教師の実践とを切り離して教育研究課題を「教壇上」に限定していく時期として位置づけた[22]。寺崎昌男は、日清戦争後の時期について、教員が教員集団の社会的地位低下と政府の教員政策とを受けて内的自発性を失い、「教師たることへのよりどころ」を求めて子どもへの献身などを目指し、教育界の内側へと目を向けていく時期として捉えた[23]。また、明治三〇年代について、教師論の論点が倫理から教授技術へと移行し、その本質を「教育者」よりも「教師」「教授者」として把握するようになった時期と捉えた[24]。明治四〇年代には、教授法だけでなく、学級経営に関する教師の「教権」が論究されたことも、平井喜美代によって明らかにされている[25]。

第二の論点は、教員と国家との関係性である。上沼八郎は、明治以降の教員について、伝統的儒教倫理（家族国家観）と西欧的個人倫理（国際社会観）とが互いに矛盾・妥協した複合的人格としての「日本的近代人」を形成する存在として位置づけた[26]。寺崎昌男は、教員の存立基盤を「学校」「資格」「免許状」「教員養成」という法令制度とし、国家規範と教職理念との一体的関係が自明化した時期として、日清・日露戦後を位置づけた[27]。船寄俊雄は、明治初年の府県制定小学校教師心得において教職倫理と国家目的とが直截に結びつけられ、明治一四（一八八一）年の小学校教員心得において教職倫理は明らかに国家の規定するものになったことを指摘した[28]。尾崎公子は、一八八〇年代までの「品行」概念に基づく教員処分規範の形成過程において、教員は「国家のエージェント」に位置づけられたことを指摘した。[29]ただし、海原徹によると、明治一〇年代における国家の教員統制策は、地方では必ずしも円滑に実施されなかったという。[30]

第三の論点は、教員の主体性・自律性である。海原徹は、学校・学級内部における教員の専門性・自律性が、明治二〇年代頃から聖職・天職的教師観に基づいて主張され始めたことに言及した。[31]中内敏夫・田嶋一は、明治中期以降の沢柳政太郎の教師論を通して、主体的に自らの任務を遂行しうる教師群を創出するための教育者・授業者・教育研究者としての教師論や、教育者としての力量・地位向上のための教育社会論を明らかにした。[32]稲垣忠彦は、教師の教育研究を「教育の事実、とりわけ教師の実践に基づき、次の実践に向けての前進を目的とする研究であり、自らの成長を目的とする研究」と定義して、明治四〇年代の沢柳政太郎・上田三平の教育研究論にその起点を求めた。[33]なお、山田恵吾は、権力論・総力戦体制研究・社会システム論の成果を取り入れて「統制」概念を捉え直し、自由の否定や対立を伴わない「統制」(水路づけ・方向づけ)に着目した。[34]主体性の活用や習慣による日常的な「統制」は、臨時的な抑圧・弾圧以上に強固なものとなる。昭和戦前期における教員の主体性は、国家の統制によって抑制・消失するのではなく、むしろ統制によって国家から要求・確保された。[35]

第四の論点は、これまでの論点とも深く関わる教職の専門職化の問題である。牧昌見は、戦前日本の教員資格法制は、「教員の教育勅語体制への包括過程」を経て、教職の専門職化の促進よりも官僚制の維持・鞏固化に寄与したと指摘した。[36]本間康平は、戦前日本について、教職の専門的職業化が制度的側面においてかなりの水準に達したが、その専門性の根拠に関する公的議論は深められなかったとした。[37]また、議論の際に教職の自律的活動の必要性は自覚されていたが、教職者のエネルギーは教育会を通じて文教政策推進の枠内に止められたとした。寺﨑昌男によると、教職の専門職化は、一八八〇年代後半から一九〇〇年代における教師の自由に対する制約によって阻害されたという。[38]

第五の論点は、教員講習への注目である。明治日本における教員の力量形成過程に関する歴史的研究は、まず師範学校中心の教員養成史研究として行われてきた。[39]しかし、教員は師範学校だけでなく多様なルートから供給されたため、[40]現職教育・教員形成の機会としての教員講習に注目が集まった。[41]佐竹道盛は、教員講習史を次のように把握した。[42]教員講習（現職教育）は、学制期に教員欠乏に対応するために資質向上機能と教員養成機能とを未分化な形で含んでスタートし、教育令期に開発主義教授法による実用的知識の普及によって民衆の学校支持を得るために進展した。学校令期（とくに明治二〇年代後半以降）には、私立教育会などの私設講習の活発化のなかで、明治四〇年代までに教員の自発性尊重や教員個々人の研究実践に基づく相互学習、学問の進歩への対応などの構想が現れた。とくに教育令期の教員講習は、開発主義の伝達を媒介として、教師に専門的自覚を促し、実地に即した授業研究の気運と教育方法に関する自覚を高めていったという。[43]また、一九九〇年代末から二〇〇〇年代にかけては、師範学校中心の教員養成史研究への批判的立場から教員試験検定・無試験検定に注目が集まり、検定準備段階としての教員講習の研究が急速に進んだ。[44]佐藤幹男は、明治学制期以降、戦前日本の行政当局による現職教育施策が応急的・補足的かつ臨時的・非組織的であったために、私立教育会の講習や校内研修、教師個人の研究修養が強調されたことを明らかにした。[45]笠間賢二は、明治三三（一九〇〇）～大正九（一九二〇）年の宮城県の試験検定・無試験検定の事例により、県教育会・郡教育会の講習会は検定受検準備を目的として教員を多く輩出し、小学校教員の水準・社会的地位向上の圧力と教員研修の需要とを内側から生み出したことを明らかにした。[46]また、その教員養成（免許状取得という限定的意味合いでの教員養成）は、正系の師範教育とは本質的に異なり、人格形成のための訓育的環境を設定していないとも指摘した。山本朗登・釜田史は、これらの研究を踏まえて地方の制度実態をモノグラフ的に検討し、詳細な研究を進めた。[47]

以上のほかに、教員や師範学校生徒の社会史・文化史・生活史も一つの潮流をなしている。これには、石戸谷哲夫・門脇厚司ほか、[48]陣内靖彦、[49]門脇厚司、[50]などの研究がある。このほかに、中等教員史の研究成果も蓄積されている。[51]

以上、明治教員史研究の重要な論点を整理してきた。まず唐澤・石戸谷により、明治期は、戦前日本の典型的教員像（師範タイプ）が形成された時期、または小学校教員たちがそれぞれの時期の社会運動・思想風潮に影響を受けながら、自らの経済的・社会的地位を自覚していった時期として位置づけられた。唐澤・石戸谷以後、明治期は、教員が教育方法を自らの重要な存立基盤としながら、国家・社会に結びついていった時期として位置づけられた。明治期における教職の専門職化は、教員の自由や専門性に対する厳しい制度的制約によって不十分に終わったとする先行研究もあるが、国家統制は、教員の主体性・自律性を抑制消失させず、むしろそれらを要求・確保する場合もある。また、制度的制約への言及に終始し続けると、例えば、明治一〇年代後半以降の自己研修による実践を求めた教師論や、教員の専門的自覚を促進した教員講習などの専門職化の契機などが十分に認識できない。明治期において、教員の主体性・専門性・自律性はいかに要求・喚起・確保されたのか。制度的制約に終始することなく、教員の事実を丁寧に検討する必要がある。

(二) 明治期教育会史に関する先行研究

教育会は、明治一〇年代頃から恒常的な組織体として各地で結成され始め、教育の普及・改良・上進を目指して、学校教育や社会教育に関する事業を展開した教育関係者の団体である。日本教育史および教員史研究では、教育社会の輿論形成、[52]議会の政策過程に対する利益・圧力団体的役割や行政施策の補完・実施代行、[53]教員検定制度と講習会を活用した「非正系」の教員養成や地方における教育研究成果の集積・循環、[54]教職の自律性の制度的確保・拡大、[55]地方学務当局による教員統制体制の形成など、[56]時期・地域による多様性を保持しながら、様々な役割を果たした点が注目されてきた。このような教育会の中核に位置したのが、明治一六(一八八三)年結成の大日本教育会(後、帝国教育会)である。全国の教育会の中心的存在であっただけに、大日本教育会・帝国教育会の研究は重要である。

教育会に関する先行研究は、梶山雅史代表の科研グループによる研究業績を中心に、近年著しく進展している。[57]この梶山代表の研究グループは、「教育情報回路」概念を用いて教育会史を研究してきた。教育会史研究において「教育情報回路」概念の内容が明確に規定されたのは、梶山雅史・竹田進吾「教育会研究文献目録一」が最初である[58]。この論文は、国内・植民地の教育会全体を一つの巨大な教育組織として総合的に捉え、かつそれぞれ地域で教育情報を濃密に凝集・循環させて時事案件の処理に活用する存在とした。その結果、教育会は、「戦前の教員、教育関係者の価値観と行動様式を水路づけ、さらには地域住民の教育意識形成にきわめて大きな作用を及ぼした」という。

以下、明治期教育会史研究の論点について、近年の研究に注目しながら整理する。

第一の論点は、教育会前史における教員と教育行政との関係性である。教育会前史の研究では、明治前期の学事会議に関する研究が最も進んでいる[59]。明治前期の地方吏員は、教育行政という新しい職掌について専門的知見を持っていなかった。そこで、教育施策については自ら手探りをしながら、関連の知見を有する者を動員して意見・智恵を出し合って協議するため、協議方式による学事会議を必要とした。学事会議はその後、事務連絡会議にすぎなくなったとする研究もある[60]。しかし、近年の研究は、学事会議研究の進展を受けて、学務課と師範学校とが学事振興・拡張のための現実問題に一体的にあたる場となり、「師範学校が県教育行政のパートナーとして施策を翼賛することが当然とする意識」を定着させる機会になったと高く評価している[61]。

第二の論点は、私立教育会結成の契機である。明治一二（一八七九）年以降、教育会の形態が臨時的会議から恒常的団体へ移行する過程で、「官側が発起し教育関係者を組織する自費による有志の私立教育会」が主流になっていく[62]。その私立教育会結成の重要な契機となったのは、まず、明治一四（一八八一）年六月の文部省達第二一・二二号から明治一五（一八八二）年末の学事諮問会・『文部省示諭』に至る、一連の教育会の統制であった。これは、一般的には、民権運動から教育会を引き離す方策とされているが、その結果として全国的な教育会設立・再編を促し、教育会のあり方や教員の関心・活力を政治的活動から教育活動へ方向づけていく（囲い込んでいく）重要な契機となった。もう一つの重要な契機は、明治一六（一八八三）年八月の文部省達第一六号であった[63]。この達は、教員改良のために教員講習や督業訓導の設置を促したものだが、とくに講習の開催が教員の集合機会になって、そのまま教育会結成に発展することがあった。これらを重要な契機として、明治一〇年代後半にはほぼ全ての道府県で私立教育会が結成された。

第三の論点は、教育会の教育情報回路の形成に関する契機である。道府県教育会は、地域の教育行政関係者・小学校長・府県師範学校同窓生などを組織化し、集会開催と雑誌刊行とを中心事業として道府県内の教育情報回路を形成し始めた。その重要な契機としては、森有礼による教育事務に関する「和働自理」構想の提示[64]、明治二一（一八八八）年以降の市制町村制の発布・施行による教育費負担に関わる管理運営問題への関心喚起[65]、明治二三（一八九〇）年の帝国議会開設に対応した教育会の動員・組織化[66]、などが指摘されている。とくに森有礼の構想は、教育専門家の専門性・倫理性による合議の権威化過程における一つの画期として位置づけられている[67]。

第四の論点は、明治二〇年代半ば以降における教育会組織の系統化と拡充についてである。とくに大日本教育会・道府県教育会は、明治二六（一八九三）年一〇月の文部省訓令第一一号（いわゆる「箝口訓令」）を受けて、組織的に大きく動揺した。また、明治二〇年代半ば以降、市町村学事会や郡小学校長会に教員たちが積極的に動員され、郡市教育会も活動不振に陥っていく[68]。明治三二（一八九九）年前後には、激変する時代に対応しようとしない旧世代の先輩教員たちに対して、師範卒の青年教員たちが、激変する時代に対応して自己改良する教師像に基づいて郡教育会の改革を要求するような地域もあった[69]。このような組織的動揺からの脱却を目指し、道府県教育会は、明治三〇年代から四〇年代にかけて有志個人会員の集合体から郡市教育会の連合体へと組織を転換させ、かつ公設会議が担っていた教育諮問機能を吸収統合していく[70]。道府県教育会は、明治後期以降、郡市教育会の系統化と教育雑誌の改善とによって、地域会員を組織化してその情報発信・受信・交流を促す機能を高めた[71]。また、全国連合教育会や道府県連合教育会も定期的に開催され始めた。文部省は、全国連合教育会に諮問することで、文部行政のいだく問題に教員を方向づけるとともに、施策立案のための参考資料として教員から個別具体的方策を収集した[72]。それは、教育会を文部政策過程へ参加させることにより、中央教育行政体制における小学校教育に関する諮問機関の欠如を補完することでもあった[73]。そのほか、教育会では、教育に関する共同研究・調査活動の活発化と教育政策過程・外部教育運動との連結[74]、社会（通俗）教育事業の本格化[75]、移民養成事業の開始[76]、災害復旧の援助、教育倶楽部などが進められた。とくに、先述の通り、この時期の教員講習（養成）事業の恒常化は、教員史においても重要である[77]。

以上の論点を踏まえると、教育会史研究には次のような観点が必要になる。まず、教育会と教育行政との関係性については、「半官半民」「御用団体」などの言葉で思考停止的・消極的に捉えていては、十分にその意味を認識することはできない。教育行政と関係をもつことが教員・行政当局双方にとってどのような意味があるのか、詳細に検討する必要がある。また、教育会の活動を通して、教員が教育活動の内部へと関心・活力を向けるようになったことの意味を問う必要がある。さらに、教育会組織における教育関係者の構成状況や、中央・地方教育会の相互関係や組織化の状況、教育輿論・公議形成に向けての教育情報や関係者の活用状況、教育会以外の組織・機関・運動との連結、教員講習（養成）事業などへの目配りも必要である。

（三）一九五〇年代における明治期大日本教育会・帝国教育会に関する先行研究

ここまで、明治期小学校教員史・教育会史の先行研究を整理してきた。次に、明治期大日本教育会・帝国教育会に関する先行研究について、以下、一九五〇年代、六〇～七〇年代、八〇年代、九〇年代以降にわけて整理する。なお、筆者による研究は除く。

一九五〇年代には、大日本教育会・帝国教育会の研究を方向づけた研究が二本現れた。まず、上田庄三郎の研究（一九五四年）である[78]。上田は、教育団体を「教育運動的」な団体と「教育研究的」な団体との二種類に分け、教育運動団体を「教育会型」と「教員組合型」との二種類に分けて、教育団体史を「『教育会から教員組合へ』の転化発展の歴史」と意義づけた。また、教育会型の教育運動団体を「その時代の政府や文部官僚と結合した半官的な御用団体」と位置づけ、教員組合型の教育運動団体を「政府や文部官僚と対立的関連」をもつ「教員大衆の要望による運動団体」と位置づけた。そして、帝国教育会については、教育会型の「日本における教育運動の代表的な団体」とし、「政府御用機関」「文部省の外郭団体」「皇族や華族や官僚の牙城」「中央集権的な運動団体」などと性格づけた。その運動の政治的立場については、「当時の被圧迫階級である教員大衆の利害と相反する既成政党の亜流」であり、「全国教育者の代表」として「当時の支配勢力に加担するための御用的な政治活動」に終始したと述べた。また、帝国教育会は「大日本教育会と同様、純粋な教育研究団体であって、その中心活動は教育運動ではなくて、研究活動である」とした。その研究活動の性格については、「当時の学制や教育内容の批判的な研究調査ではなく、いかにして現在の制度のもとにあって教育方法を改善し、帝国主義教育の内容を充実するかの模範生的な研究であり、準官報的出版であった」とし、同会が開催した研究会を「当局の指定した実験学校の研究会」「いわば全国の学校をモデルスクール化するための半官的研究会」と位置づけた。

第二に重要な研究は、石戸谷哲夫の研究（一九五八年）である[79]。石戸谷は、地方教育会の結成要因について、国内交通の飛躍的改善、深刻な不景気を受けた教員生活の相対的改善による教員層の購買力向上を挙げた。また、教育会の「官制的性格」ゆえに、「それ［教育会］へのレジスタンスが、私立教育会の内部から、下から、起こってくる」という教育会史像を提示した。大日本教育会については、「政府の翼賛団体」として誕生し、「上からの統制組織」として教員を「収攬」した団体と性格づけ、「同志の集団たるの実感を伴う筈はない」と断言し、それゆえに「教員大衆の要望を生かした政治運動」の担い手にはなり得なかったと位置づけた[80]。

以上のように、上田・石戸谷は、教育会から教員組合へ至るとする教育団体史観に基づき、教員大衆が自らの要望をもって克服すべき対象として大日本教育会・帝国教育会を位置づけている。また、研究活動をその中心活動と位置づけたところに特徴がある。

（四）一九六〇～七〇年代における明治期大日本教育会・帝国教育会に関する先行研究

木戸若雄の研究（一九六二年）は、教育運動史の史料として教育雑誌を位置づけ、大日本教育会・帝国教育会の機関誌を研究した[81]。木戸は、「教育会は［官への］抵抗どころか、多分に官僚的な色彩をもち、下から盛り上がる気運をスポイルしたと見られる節がある」と通説を認めながら、「教育会による教育の振興運動や全国民への滲透運動が、その時代に生きた国民にとって、果たして不必要な、しかも不幸をもたらす途だったのであろうか」と問い直し、その観点から教育会の歴史的事実を検討する必要があると述べた。そして、大日本教育会の機関誌『大日本教育会雑誌』について、「形式内容ともに第一流」と評価し、明治一六年一一月の改題について、内務省指令に基づき、「単なる学術雑誌でなく、政事や時事を論ずる雑誌とみられた」と位置づけた[82]。また、大日本教育会を「全国的規模の教育団体としてはわが国最初のもの」とし、大日本教育会の結成は府県郡市教育会の設立を促進したとした。明治二九年の帝国教育会結成と『教育公報』への改題は、大日本教育会と国家教育社の併合策の一つであり、その意味で「多年にわたる主流派反主流派の争いに終止符をうつ」意味を持ち、かつ従来の事業からの「脱皮のための胎動」であったと位置づけている。このように、木戸は、教育会を克服対象としか見ない一方的な教育会史観を批判し、その教育振興・普及運動への着目を促した。

教育会について具体的な事実から問い直した研究に、佐藤秀夫の研究（一九六六年）がある[83]。佐藤は、「明治中期に成立した教育政策立案にかかわる諮詢機関の性格を問う」課題に先立つものとして、井上毅文相の「高等教育会」「地方教育会」案の立案過程に着目した。その際、立案過程に深く関わった大日本教育会について、その性格を「翼賛団体的性格」と見なしながら、次のように述べた。すなわち、大日本教育会主催の全国連合教育会でまとめた中央教育議会・地方教育議会の調査・建議案は、「当時教育者間において、教育政策立案過程の改革に関する問題意識が広汎に存在していたこと」を示すものであり、「実現可能性の強いものであったが故に、かえってこの建議が、文部省当局に対する一定の圧力になりえたであろう」と結論づけた。

なお、帝国教育会の圧力団体（プレッシャーグループ）としての役割については、阿部彰の研究（一九七七年）が明確に指摘している。[84]阿部は、帝国教育会の運動形式について、「会とは別に外郭団体的組織に加盟し両組織を互いに補完せしめながら教育運動の効果を高めるパターン」をもったと指摘した。また、明治三一（一八九八）～大正四（一九一五）年の辻会長在任期における運動が「政府・文部省の行政上の怠慢に対する請願・陳情的性格に止まり、かつ教育行政関係者・官吏・政治家等を主体としていた」のに対し、沢柳会長在任期の運動は教育擁護同盟との提携によって「政府・文部省の具体的施策に抵抗し、その軌道修正を求める運動を有効ならしめんがためになされ、それとともに運動の基盤を教育者の覚醒と世論の高まりとに置いていた」とした。昭和期に、沢柳死亡と治安維持法後の官僚主義による「反動政策」とにより、「以前の文部省の賛助機関としての性格に復帰」したとしたが、阿部は帝国教育会の教育運動を再評価する重要な指摘を行ったのである。

明治期帝国教育会の教育運動に関する研究も進められた。山本正秀の研究（一九七二年）は、帝国教育会内言文一致会に着目し、明治期帝国教育会の言文一致運動に言及した。[85]言文一致会は、帝国教育会の組織ではなく、明治三三（一九〇〇）年から明治四三（一九一〇）年までの間、帝国教育会の建物（借部屋があった）で会合していた研究会であり、言文一致の実行を求めた運動団体であった。これとは別に明治三三年に設置された帝国教育会国字改良部は、『言文一致会』の運営に不満をいだく一部の有力会員」の働きかけで設置されたが、明治三四（一九〇一）年頃には、言文一致会とともに国語調査会設置に向けて政治運動を行ったとした。山本は、明治期帝国教育会もまた、内部組織と外部団体との連携により、教育政策にかかわる圧力団体的役割を果たしていたことを明らかにした。

森田俊男の研究（一九七九年）は、職能団体としての大日本教育会・帝国教育会に言及した。[86]森田は、民権運動について、小学校教員が中心となって「自からの力で自主的な職能団体を結成」させたと捉えた。他方で、大日本教育会については、「教師を政治活動からひきはなし、政府の文教政策をひたすら支持し、『翼賛』させていく」

ために政府が結成させた「官製の中央職能団体」であり、地方の職能団体を「指導」した団体と位置づけた。明治期帝国教育会については、「日清戦争から日露戦争、さらにその後の国家経営、とくに軍国主義の要請にこたえ、小学校教職員の『自発性』『創意性』をすいあげ、組織化していくことに向う」団体とした。なお、大正期の帝国教育会は、教員の「政治的自覚」の獲得を推進し、沢柳会長期には「教育会の民主化・団結の強化」を行ったと述べた。

一九六〇年代から七〇年代にかけて、大日本教育会・帝国教育会の歴史的事実が、具体的に再検討された。そのなかで、教育運動の一翼を担う圧力団体としての役割や職能団体としての役割に、注目が集まり始めた。とくに大正期のそれらの役割は、高く評価された。

（五）一九八〇年代における明治期大日本教育会・帝国教育会に関する先行研究

川合章・佐藤一子・新井淑子の研究（一九八〇年）は、女教員会の成立・活動との関連において、明治末期以降の帝国教育会の役割を明らかにした。[87] 女教員問題に対する帝国教育会の対応は「必ずしも迅速とはいえなかった」が、重要な解決策の案出にかかわり、その延長線上に大正期以降の全国小学校女教員会議の開催を位置づけた。大正期（沢柳会長期）の帝国教育会の活動につながるものとして、明治末期の活動を位置づけている。

中野光を中心とした立教大学大学院日本教育史研究会の研究（一九八三年・八四年）は、以下のような問題意識で帝国教育会を研究した。[88]

私たちが帝国教育会を研究の対象にとりあげたのは、まずそれが戦前における日本の教師の職能的団体としては全国的にもっとも大きな影響力をもっていたと考えられるにもかかわらず、研究においては必ずしも重視されてきたとは言えず、その全体像も不明確で、それぞれの時代に果たした役割についても定まった評価が加えられてこないままであるのを知ったことが一つの理由でした。

近代日本の教育史像をえがくさい、それの担い手の中心になったのは、いうまでもなく教師であったわけですが、重要なことは、公教育制度のもとにおける教師が一つの社会的層として、あるいは教職に従事する団体の一員として、その任務を遂行したということであった、純粋に個人ないし私人として教育活動を行ったのではない、ということです。ですから、教師の職能的団体の成立とその活動は、教育の史的動向を反映したはずですし、または彼等の動きが教育のありように影響を与えてきたはずです。さらに、ひとりひとりの教育者にしても、彼が帰属する団体の動きとかかわって、思想なり行動なりをかたちづくっていったはずです。そのように歴史に対する視座を定めることは、現在もしくは未来における教師のあり方を考えるうえでも大切なことだ、と考えられます[89]。


同研究会の研究は、帝国教育会は「教師の職能的団体」として教師の思想・行動を形成したのではないかという仮説に基づいていた。この仮説に基づいて、『帝国教育会の研究』は帝国教育会の主に大正・昭和期における諸資料を所収し、それらの資料を紹介した[90]。この中野らの共同研究は、まずは帝国教育会機関誌『教育公報』の復刻版解説(一九八四年)に発展した[91]。また、前田一男の研究(一九八八年)もこの系譜につながっている。前田は、昭和期帝国教育会を「教師および教育関係者を構成員とする半官半民の職能団体」として捉え、一九二〇年代の「民」の論理で活動した帝国教育会がなぜ「官」の論理を最優先させた「翼賛団体」になったのか、その要因を明らかにしようとした[92]。そして、昭和期帝国教育会は与論喚起自体を自己目的化して自律的団体化を目的とせず、権威をもたらすための役員人事が指導性のない運営と権力への批判力の弱化とをもたらし、沢柳会長期のやり方は人事交代によって弱められて定着しなかったことを指摘した。

また、一九八〇年代の帝国教育会研究の総括として、帝国教育復刻版刊行委員会の研究(一九八九年・九〇年)がまとめられた。この共同研究は、大日本教育会機関誌『大日本教育会雑誌』と帝国教育会機関誌『教育公報』

『帝国教育』、およびその後続誌『大日本教育』『教育界』の解説を行った。[93]この共同研究では、帝国教育会およびその前身・後続団体の機関誌について、「教育思想、教育制度、教育行・財政、教育実践などの領域にとどまらず、精神史、女性史、文化史、科学史などの研究などにとっても基本資料であり、また、さまざまなデータは当時の諸状況を知ることのできる貴重な資料」と位置づけている。そして、各機関誌ごとに時期区分を行ってそれぞれ解説を行った。

まず、明治一六～二九年発行の『大日本教育会雑誌』については、上沼八郎が解説をつけた。[94]上沼は、明治期の教育会について、明治初年以来の「公議世論」「言路洞開」の思想と民権運動を背景として生まれた「国民教育の理念を実現すべく結成された公議世論の場」として捉えている。また、明治一〇～二〇年代にかけての教育会史について、「私的協議会から公的諮問会への移行」を行い、やがて「府知事県令などを顧問や名誉会員とする官設会議への転換」を行っていった過程と把握した。この「転換」の背景には、「民権論と国権論の競合と統一、個人倫理と全体倫理の対立と統合」が複合的に存在したために「大勢の論理と協調し、この論理にとりこまれていく過程」があり、その「過程」を「図式的に示した」のが大日本教育会であるとしている。なお、とくに「官府性」「官設性」という基準で役員構成や言説などを分析し、大日本教育会の「半官半民の上意下達の諮問機関」としての性格を改めて指摘した。

明治二九～四〇（一九〇七）年発行の『教育公報』については、菅原亮芳が解説をつけた。[95]菅原は、帝国教育会の結成について、教育団体が「箝口訓令の圧力」から徐々に「再生の道」を図ろうとしたあらわれと意義づけた。そして、同会の地方教育会との「同盟」関係について、「形式的には対等の関係であるものの、実際の運営においてはそれぞれが固有の役割を果す」ものとした。また、『大日本教育会雑誌』から『教育公報』への改題は、「文部省の方針を取次、手足となって働く、そのための『公報たる任務』を果す雑誌となっていく」過程と位置づけた。さらに、菅原は、この時期の帝国教育会が「教育改革を志向する研究団体的性格をつよめた」とし、『教育公報』の「研究誌としての役割」を指摘した。とくに帝国教育会学制調査部について「比較的早い時期からその「学制改革運動の」促進に努力し、教育界における世論形成をとおして先駆的な役割を果した」とし、同会国字改良部についても「この時期に帝国教育会が国字国語改良や言文一致問題にとりくんだことは、高く評価される」と意義づけた。

明治四二（一九〇九）～昭和三（一九二八）年発行の『帝国教育』の前半時期（沢柳会長期まで）については、中野光が解説をつけた。(96) 中野は、辻会長期（すなわち明治後期）の『帝国教育』について、「帝国教育会の活動も政府、文部省と一体的に推しすすめられている感が深い内容になっていた」とし、発行部数も伸び悩み「帝国教育会そのものの停滞の反映」とした。他方、沢柳会長期以降の帝国教育会における諸活動については、「独立した職能団体への前進」と評価した。沢柳会長期の『帝国教育』については、「日本の教師の眼を教育問題の背景としての国内外の政治や経済にも向けさせ、教師が教育改革の主体として成長することを期待するもの」となったと意義づけた。

以上のように、一九八〇年代は大日本教育会・帝国教育会研究が急激に進んだ時期であった。それは、大正期以降の前段階としての明治期の活動の捉え直し、教師の職能団体としての意義づけ、教育情報の発信源としての機関誌記事の史料的評価の高まり、両教育会の公議形成・教育運動に関する事実の掘り起こしや意義づけによって進んだ。

（六）一九九〇年代以降における明治期大日本教育会・帝国教育会に関する先行研究

最後に、一九九〇年代以降における明治期大日本教育会・帝国教育会の先行研究を整理しておきたい。なお、筆者による研究は除くことにする。

まず、蛭田道春の研究（一九九〇年）が発表された。(97) 蛭田は、教育会設立背景に「教員の資質の改良（教授法）」を位置づけ、大日本教育会結成は教育施政を「翼賛」しながら教員を団結させて教授法を習熟させるためのものと述べた。そして、文部官僚が、教授法の改良や教育論の紹介・普及や、教育普及改善策としての「モデル教育会の設立・改革」、「行政機関と教育界との中間的媒介項」である大日本教育会・地方教育会の「有機的結合」などを図り、「文部行政施策を効果的に浸透」させて「教育の普及改善」を進めるために大日本教育会に関与したと結論づけた。また、文部官僚は、「社会の匡正のための対応策」というねらいを掲げて、同会の通俗教育活動（教育談話会・教育品展覧会・幻灯会開催や通俗図書館開設による啓発的活動）にも従事した[98]。この活動は、地方教育会主催の事業に影響し、「不就学者を減少させる役割」と「民衆の理学思想の普及・向上」とに役立ったという。

次に言及すべき先行研究は、長志珠絵の研究（一九九二年）である[99]。長は、国民国家形成に伴う国語の形成過程に注目し、明治三〇年代における「官製教育団体」の帝国教育会による言文一致運動を対象にして、「規範としての『国語』が〈漢字〉をめぐる問題として形成されていく点」を検討した。長によれば、明治三三～三四年の言文一致運動は、「帝国教育会を軸とした初等教育界における教育改革運動の一環」であった。そして、帝国教育会は、「文部省との人的関わり」「演説会での著名人の起用」「マス・メディアによる強力な事業推進」などの「帝国教育会の持つ半官半民組織の性格が反映」した手法をとったが、「上意下達による運営というよりはむしろ、初等教育界を主としたパイプ網によっての展開が試みられ、これが文部省と重なり合った施策として推進されている」とした。同会の言文一致論については、「近代化の指標」として「『国民国家形成』を支える政治課題と無縁ではいられない」「ことばの近代化論」であり、「ヨーロッパ近代の末席に連なる『文明国』への証として、かつ、『頑迷固陋』な『漢字』を擁護する知的集団、『漢学者』への排除を伴って展開された言説」と位置づけた。

また、井上薫の研究（一九九四年）が発表された[100]。井上は、明治四四（一九一一）年の第一次朝鮮教育令の制定過程における帝国教育会の関与を検討し、「韓国併合」を契機に帝国教育会が設置した朝鮮教育調査委員会に言及した。同委員会は、「日本の教育界でも政界において相当影響力を持ちうるメンバー」を揃え、朝鮮総督府に対して朝鮮教育政策に関する建議を行った。井上は、同委員会について、総督府の方針と逆行しない範囲での、帝国教育会の「急進主義」的傾向を明らかにした。なお、久保田優子の研究（二〇〇四年）は、この朝鮮教育調査委員会のメンバーにおける教育勅語の位置づけを詳細に研究した[101]。

影山昇の研究（二〇〇〇年）は、前身団体から沢柳会長期までの大日本教育会・帝国教育会の通史である[102]。影山は、明治一六（一八八三）年の大日本教育会結成を「教育振興に取り組み始めた」始まりとして捉え、明治二九（一八九六）年の帝国教育会結成を「わが国における民間の中央教育機関としての基盤を固めていった」ものと位置づけた。また、明治期帝国教育会については、明治三一（一八九八）年の社団法人化によって「爾来会員の拡張と全国各地の支部との連絡や教育会組織との密度の濃い交流を図るなどして教育振興に大きく貢献」したとする[103]。大正五（一九一六）年の沢柳政太郎会長就任以降については、「諸般の教育調査事業を起こして『教育の事実』に基づく諸提言を試みる」活動方針とともに沢柳個人のリーダーシップを叙述した。

二〇〇一年以降には、次のような研究がある。山本和行の研究（二〇〇九年）は、大日本教育会主催の全国教育者大集会における国家教育論の構造を検討し、それが教育費負担のあり方を中心とした管理運営にかかわるものであり、とくに国家による教育保障と干渉を求める論として展開されたことを指摘した[104]。さらに、山本の研究（二〇一〇年）は、明治二三（一八九〇）年以降、国家教育社の結成による中央教育会の研究・運動機能の分化により、大日本教育会の「研究」志向が強調されたが、明治二九（一八九六）年には帝国教育会の結成により再統合されたことを指摘した[105]。西原雅博の研究（二〇一〇年）は、明治三五（一九〇二）年成立の帝国教育会英語教授法研究部を研究対象とした[106]。西原は、同研究部について、中等教員の「英語教授の不満足な結果」に対する改革要求などによって「商業上、外交上に有益な話すこと・聞くことを重視する近代語教授を志向」したものとした。そのために、自己の信念に従って英語教授を展開していた教師たちに不快感を生じさせたと指摘した。高良倉成の研究（二〇一一年）は、『大日本教育会雑誌』について、「教育関係者（現場教員を含む）たちの情報交流・意見交換の媒体であり、『社会』の用語法が学校を結節点として波及していくさいの発信源」として位置づけた[107]。

なお、明治期の研究ではないが、帝国教育会に関する研究をいくつか見出すことができる。湯川嘉津美の研究（一九九六年）は、大正一五（一九二六）年の幼稚園令制定につながった保育界の要求として、帝国教育会主催の全国保育者代表協議会の審議過程に注目した[108]。後藤乾一の研究（二〇〇三年）は、帝国教育会が昭和一二（一九三七）年の第七回世界教育会議の開催責任者を務めたことについて、その「官民調和論的な立場」によって文部省・外務省からの支援体制を結果的に強め、会議実現を可能にしたと評価した[109]。太郎良信の研究（二〇〇五年・〇八年・〇九年）は、大正・昭和期の帝国教育会について、全国連合小学校教員会の成立に関与した存在、かつ教員会の固有性を問う上で対比される存在として位置づけた[110]。

以上のように、一九九〇年代以降にも、明治期大日本教育会・帝国教育会に関する研究が著しく進んだ。詳細な実証的研究によって、文部官僚の教員改良・教育普及に関する意図、初等教育関係者の組織化による国民国家形成における役割、政府方針よりも急進主義的な傾向、国家に対して要求する姿勢、教員会との関係性などが明らかになった。

三　本研究の課題と方法

（一）本研究の課題

以上、明治期の小学校教員史、教育会史、大日本教育会・帝国教育会史に関する先行研究を整理してきた。これらの結果から、本研究の基本的課題を導く。

小学校教員史において明治期は、戦前日本の典型的教員像が形成され、各時期の社会運動・思想風潮に影響を受けながら教員が自らの社会的地位を自覚していった時期であった。また、教員が教育方法を自らの重要な存立基盤としながら、倫理・制度において国家と結びついた時期でもあった。とくに明治中期には、教員が主体的に資質向上しながら実践することを求める教師論が形成された。明治期の教職の専門職化については、教員の専門性に関する議論不足や制度的制約による限界性が指摘されている。さらに、教員の力量形成・向上の歴史的展開を示すものとして、明治期の教員講習に注目が集まっている。明治期大日本教育会・帝国教育会の研究を明治期小学校教員史研究に関連づけて進めるには、教師論と教育方法との関係性、教員と国家との関係性、教員の主体性、教員の専門職化、教員講習などの観点に留意して研究する必要がある。

教育会は、多様な活動を行った。本書では、そのうちの輿論形成・教員講習・研究調査の三つの活動に注目したい。大日本教育会・帝国教育会の輿論（公議）形成活動は、両教育会の根本的役割を明らかにする代表的活動として、先行研究でもよく取り上げられてきた。その輿論形成過程の研究は、教育行政当局による教員抑圧という御用団体的役割を強調する研究を批判し、その圧力団体・職能団体的役割を指摘することにつながった。また、両教育会は、その輿論形成過程において教育関係者を国民教育の理念に取り込み、初等教育関係者をして国民国家を支える言説を形成させた。両教育会の輿論形成活動は、教員と国家との関係や、そのなかでの教員の主体性の位置づけを考える上でも重要な研究対象となる。両教育会の輿論形成に関わる言論空間のなかで、どのような教員改良構想が形成されたのか。大日本教育会結成時における文部官僚の教員改良構想は検討されているが、文部官僚以外の教員改良構想や、前身団体や明治二〇年代以降の構想は検討されていない。また、近年、地域において教育情報を集積・操作・循環する「教育情報回路」として教育会を位置づけ、教育会雑誌を主要史料とした教育会史研究が進んでいる。大日本教育会・帝国教育会の機関誌や刊行物については、論題整理によって記事傾向が検討されたが、その記事詳細に立ち入った検討は行われていない。

両教育会の教員講習活動は、教員改良を直接実施したものとして注目に値する。この活動については、唯一、教員講習会史研究において、大日本教育会夏期講習会が全国的にも夏期講習の最も早い例であったと指摘されている。[一一]しかし、大日本教育会が何を具体的にねらっていたかなど、同時代的史料の詳細に立ち入って研究されていない。また、明治期帝国教育会の教員講習活動については、先行研究の見当たらない未開拓の研究分野である。地方教育会の教員講習については、師範学校と異なる教員養成機能を発揮し、かつ教員検定制度とあいまって小学校教員の水準・地位向上への圧力と研修需要とを生じさせたことが指摘されている。明治期大日本教育会・帝国教育会の教員講習活動は、当時の小学校教員にとってどのような意義をもったか。

両教育会の研究調査活動は、両教育会の根本的性格を示すものとして先行研究でも指摘されてきた。この活動は、輿論形成活動とも関わって重要だが、詳細な先行研究は少ない。本研究では、多数の合意形成や共同研究を経てまとめられた研究成果物にはとくに注目したい。また、研究調査過程に動員されて教員が非日常的な経験をする場合や(112)、その研究調査組織そのものにも教員改良の意図が込められている場合があった(113)。さらに、研究調査活動は、政策過程や外部の教育運動と連動していた場合もある。詳細な研究が進んでいない分野には、学制調査部の成果物や、単級教授法・公徳養成法という当時新規の教育方法に関する研究調査活動がある。教員のあり方の基底に関わる学制研究にどのように教員が関わったか、または新しい教育方法に関連して教員のあり方がいかに語られていたか、などについてはまったく解明されていない。

なお、両教育会における教員と教育行政当局との関係性については、行政が教員の自由を抑圧したという一方的な働きかけに限定することなく、教員からの働きかけにも注目したい。教師論や教員講習会の先行研究が指摘するように、明治期の教員にも一定の主体性は見出せるはずである。また、明治期は、「教育」概念によって教育社会が確立し始めた時期でもある(114)。先行研究では、法令による教員の政治活動禁止を強調するあまり、その裏側で教員が教育活動の内部に関心・活力を向けて集団化したことについて、その歴史的意義を十分に捉えていない。教員改良については、一部の時期における文部官僚の意図が明らかになっているが、明治期を通して、教員側からの発想はなかったか。教員は、対立関係ではないどのような関係を教育行政当局と結び、その関係は教員・教育行政当局双方にとってどのような意味をもたらしたか。抑圧・弾圧／抵抗・反発という二項対立図式では、習慣的・日常的な方向づけの事実を十分に認識することはできない。習慣的・日常的方向づけによって教員の価値観や行動様式を形成したとされる教育会は、二項対立図式では十分その意義を見出すことはできないと考えられる。

本研究は、以上のような問題関心から、明治期大日本教育会・帝国教育会の教員改良策について、教員の政策・制度・生活実態や教育思想・学説・実践・運動の状況、日本社会の一般的動向を踏まえて、次の三つの課題を設定する。すなわち、①教員改良構想の検討、②教員講習のねらいとその実態の検討、③輿論形成・研究調査に対する現職教員の動員のねらいとその実態の検討である。

(二) 本研究の対象・史料・構成

大日本教育会の最も古い前身団体は、明治一二(一八七九)年一月結成の東京教育会である。(115) また、明治一三(一八八〇)年八月に東京教育協会が結成され、明治一五(一八八二)年五月に東京教育会と合併して東京教育学会に改称再編された。大日本教育会は、この東京教育学会を母胎として、明治一六(一八八三)年九月に結成された。明治二九(一八九六)年一二月には、帝国教育会と改称再編し、かつ同じ中央教育会であった国家教育社と合流して規模・機能を拡張した。本研究が対象にする教育会は、これら前身団体を含む明治期大日本教育会・帝国教育会とする。したがって、本研究の主要対象時期は、明治一二(一八七九)年から明治四五(一九一二)年までの約三〇年間である。なお、帝国教育会は昭和一九(一九四四)年に大日本教育会として再度改称したが、本研究で取り扱う教育会は明治期の大日本教育会である。

明治期大日本教育会・帝国教育会の内部史料は、現在、帝国教育会の財産を引き継いだ日本教育会館には保存されていない。(116) その代わり、両教育会の機関誌『大日本教育会誌』『大日本教育会雑誌』『教育公報』『帝国教育』は、欠号なく全て復刻されており、かつ現物も日本教育会館に保存されており、閲覧可能である。また、前身団体の機関誌については、『東京教育会雑誌』が東京大学明治新聞雑誌文庫・京都大学附属図書館に、そして『東京教育学会雑誌』が東京大学明治新聞雑誌文庫・玉川大学附属図書館木戸文庫に、欠号はあるが、ある程度残存している。(117) 大日本教育会・帝国教育会の機関誌以外の刊行物は、ほぼすべてが各地の図書館に現存している。これらの史料によって、両教育会が公式発表した目標・事情・過程、両教育会が関係者に伝えたいと考えた構想・意見・情報などを分析・整理することができる。ただし、雑誌・機関誌の内容には発信元の都合や意図などが強く働くため、事実認識においては周辺史料で補い、批判的に検討する必要がある。したがって、本研究の史料は、両教育会および前身団体の機関誌を主としながら、他の新聞雑誌および公文書・刊行物によって補完し、できる限り批判的に用いていく。

本研究は、これらの史料を用いて、本章第三の（一）で設定した三つの課題、すなわち①「教員改良構想の検討」、②「教員講習のねらいとその実態の検討」、③「現職教員の動員のねらいとその実態の検討」の課題に基づき、明治期大日本教育会・帝国教育会の教員改良を以下の四部に分けて検討する。

第Ⅰ部では、前身団体から大日本教育会結成へ発展する時期を検討し、両教育会の教員改良の原点を探る。具体的には、明治一二～一六年を中心に検討する。また、明治期両教育会の基本情報を整理して、第Ⅱ部以降の理解を助ける。まず第一章では、江戸期から明治一〇年代前半までの「師匠から教員へ」という教員史の基本的過程のなかで、いかに教員改良問題が発生したかを検討する。第二章では、東京教育会が教育令期の東京府の教育改革に深くかかわったことに着目し、どのような教員がどのようにその活動に参加したかを検討する。第三章では、明治一三年の東京教育会でどのような教員がどのように求められたか、について検討する。第四章では、大日本教育会がどのような問題意識から結成されたか、前身団体の経緯を踏まえて検討する。また、第五章では、明治期大日本教育会・帝国教育会の目的・事業・会員について、特に指導的教員に注目して概観する。

第Ⅱ部では、課題①により、明治期大日本教育会・帝国教育会の教員改良構想を検討する。第一・二章では、結成以降の『大日本教育会雑誌』において、どのような教員改良構想が発表されていたかを問題とする。第一章では、明治一六～二〇（一八八七）年（結成当初の時期）の教員関係記事を対象に、教員改良構想が模索された過程を明らかにする。第二章では、明治二一（一八八八）～二四（一八九一）年の教員関係記事を対象に、結成以降模索された教員改良構想がどのように展開したかを検討する。続いて第三・四章では、両教育会の教育方法研究に伴って組織的にまとめられた教員改良構想を問題とする。第三章では、明治二四年の学級制導入によって新たな教育方法として浮上した単級教授法を取り上げ、大日本教育会における単級教授法の担い手としての教員改良構想を明らかにする。第四章では、日清戦後の国内外の状況を踏まえて新たな教育方法として浮上した公徳養成法を取り上げ、帝国教育会における公徳養成の担い手としての教員改良構想を明らかにする。第五章では、戦前日本の教育目的に関わる「教育ニ関スル勅語」と両教育会の教員改良構想との関係性を問題とする。具体的には、明治二七（一八九四）～四三（一九一〇）年の両教育会における教育勅語解釈事業の展開過程に注目し、そこに見られる教員改良構想を明らかにする。

　第Ⅲ部では、課題②により、両教育会の教員講習事業を検討して、現職教員をどのような目的・体制・内容によって改良しようとしたかを取り上げる。まず第一章では、明治二四年に初開講して以降の夏期（夏季）講習会について、その実態を検討する。続いて、第二章では帝国教育会結成直前の教員講習事業（夏期講習会を含む）について、第三章では帝国教育会結成直後の教員講習事業について検討する。そして、第四章では明治期帝国教育会の教員講習事業の全容を把握することに努め、第五章では帝国教育会における教員講習事業の拡充について、事例を詳しく検討してその実態に迫る。

　第Ⅳ部では、課題③により、両教育会による教員の動員実態を検討して、現職教員をいかに教員改良へと動員したかを取り上げる。第一～四章では教員が「研究」に動員されていく過程を検討し、第五～七章では全国的な教員の動員が行われていく過程を検討する。まず第一章では、大日本教育会がいかに教員を動員し始めたかを検討する。その際の検討対象は、明治一九（一八八六）～二〇年に開かれた討議会とする。第二章では、明治二一年の「研究」の事業化と、同時に設置された研究組織「部門会議」とに着目し、そこで教員がどのようなねらいから動員され、かつ実際にどのような役割を果たしたか検討する。第三章では、模索期における大日本教育会事業としての「研究」にどのような意味が込められたのか、その理論背景に迫る。具体的には、当時の幹部の一人であった西村貞の教育論・教育関係者組織論を取り上げる。第四章では、大日本教育会の研究団体化を決定づけた明治二六（一八九三）年末の大日本教育会研究組合の成立過程を検討し、なぜ教員が教育研究活動に動員されることになったかを明らかにする。とくに、高等師範学校教員の動向に着目する。第五章では、全国教育者大集会の開催に至る過程を取り上げ、大日本教育会の全国的な輿論形成体制がいかに形成され始めたかを問題とする。第六章では、帝国教育会結成後の教員動員の実態として学制調査部の活動を取り上げ、とくに学制調査部の「国民学校」案の制定・合意形成過程において教員がどのように関わったかを検討する。第七章では、明治期における教員動員の最終形態として、明治三九（一九〇六）年以降の帝国教育会主催全国小学校教員会議の実態とその意義を検討する。ここで同会議を最終形態とみる理由は、同会議において教員の専門性・主体性が考慮されると同時に、外部運動組織との恒常的な連携体制によって輿論を組織的に形成し、政策過程に接続するようになったからである。

本書は、以上のような第Ⅰ～Ⅳ部の構成で明治期大日本教育会・帝国教育会の教員改良の実態を検討し、とくにその教員資質の形成向上に関する意義を明らかにする。なお、本文中には研究・調査において入手した関係者の顔写真を掲示する。これは、両教育会の教員改良が、現実の人間によって担われたことを強調するためである。

（1）本書は、指導的小学校教員の資質向上を主な問題にする。本書で用いる「教員の資質」とは、教員の知識・技能・品行・教職意識など、知的・技術的・道徳的・精神的な能力や態度などを包括的に指す用語として用いる。「資質」は、辞書では先天的な意味合いを含む言葉であるが、本書では、現在しばしば一般的に用いられるように、むしろ教育・修養・訓練などによって得られる後天的な意味合いで用いている。また、明治期には、教員の資質に類する言葉として「性質」「力」「資格」「学識」「心思」などが用いられ、「資質」という言葉はあまり使われないが、本書では、これらを包括的に捉えて検討するために、分析用語として「資質」を用いている。

（2）牧昌見『日本教員資格制度史研究』風間書房、一九七一年。佐藤幹男『近代日本教員現職研修史研究』風間書房、一九九九年。

（3）例えば次のような研究がある。梶山雅史「京都府教育会の教員養成事業」本山幸彦編『京都府会と教育政策』第九章、日本図書センター、一九九〇年、四三七～四九八頁。佐藤幹男『近代日本教員現職研修史研究』風間書房、一九九九年。笠間賢二「小学校教員検定に関する基礎的研究―宮城県を事例として」宮城教育大学編『宮城教育大学紀要』第四〇巻、二〇〇六年、二二九～二四三頁。釜田史『秋田県小学校教員養成史研究序説―小学校教員検定試験制度を中心に』学文社、二〇一二年。

（4）「教員改良」とは、明治期における国家隆盛の成否を左右する重要な手段として、小学校教員の学識・技能・品行の保持増進および教職意識改善によってその資質・地位向上を目指す、総合的・未分化的な諸方策を包括する用語である。先行研究では、主に教員講習による資質向上・免許上進策を指してきたが、本研究では講習以外の教員の資質・地位向上に関わる教育会の事業をも含む用語として用いる。用語の主な出典は、明治一五年文部省示諭「小学校教員ノ改良」および明治一六年文部省達第一六号「小学校ノ教員ヲ益々改良スル」による。明治一六年以降、「教員の改良」という単純な語り方は、あまり見られなくなる（語られなくなったわけではない。明治三〇年代にも教育雑誌の論説などに「教員ノ改良」という用例が散見される）。むしろ、「改良」の言い換えや「教員の○○の改良」という細目的な語り方に変化する。例えば、教員の待遇法の改良（明治二〇年前後・二三年）、「良教員」の追究（明治二一年～二三年）、「研究」による自らの学識・方法の改善（明治二六年～）、自重心や団結心の喚起（明治三一年）などのようにである。「教員改良」は、明治一六年以降の早い内に、改めて強調するまでもない常識として教育関係者に受け止められ、すぐにその実行方法や方針・内容の検討に移ったと考えられる。学識・技能・品行の保持増進、および教職意識の改善によって教員の資質・地位向上を目指す「教員改良」の基本方針は、明治一五・一六年に確立して以降にも、一貫して追究され続けた。「教員改良」は、このような明治期における教員の総合的・未分化的資質向上策の本質について端的につかむために、一種の分析用語として取り扱う。

（5）文部省『文部省示諭』一八八二年、一二六～一三〇頁。（国立教育研究所第一研究部教育史料調査室編『学事諮問会と文部省示諭』教育史資料一、国立教育研究所、一九七九年）

（6）佐藤秀夫「教員養成」国立教育研究所編『日本近代教育百年史』第三巻、教育研究振興会、一九七四年、一三〇三～一三〇五頁。

（7）石戸谷哲夫『日本教員史研究』野間教育研究所、一九五八年、一二六頁。梶山雅史「教育会史研究へのいざない」梶山雅史編『近代日本教育会史研究』、学術出版会、二〇〇七年、一三頁。

（8）佐藤秀夫、前掲注（6）。

（9）佐藤幹男、前掲注（2）、六一～六二頁。ただし、八三頁では、教員講習のうちの「速成教員の養成をねらいとしているもの」に言及しており、「養成」と「改良」とを厳密に区別しているわけではない。

(10)梶山編、前掲注（7）。
(11)梶山雅史「京都府教育会の教員養成事業」本山幸彦編『京都府会と教育政策』日本図書センター、一九九〇年、四八九〜四九一頁。
(12)佐藤幹男、前掲注（2）、四一一頁。
(13)現代の教員問題の視点ではあるが、教職の専門職性の確立は教員個人の問題ではない。教職の専門職性を確立するには、公共的・自律的職能団体が不可欠であり、教員の専門的成長には同僚性による協同的行為が必要である。（市川昭午『専門職としての教師』明治図書、一九六九年。永岡順・熱海則夫編『教職員』新学校教育全集二六、ぎょうせい、一九九五年。佐藤学『カリキュラムの批評―公共性の再構築へ』世織書房、一九九六年。佐藤学『教師というアポリア―反省的実践へ』世織書房、一九九七年）
(14)政策過程の研究については、伊藤光利・田中愛治・真渕勝『政治過程論』（有斐閣アルマ、有斐閣、二〇〇〇年）参照。教育政策過程の研究については、L・J・ショッパ（小川正人監訳）『日本の教育政策過程―一九七〇〜八〇年代教育改革の政治システム』（三省堂、二〇〇五年）参照。
(15)本間康平『教職の専門的職業化』有斐閣、一九八二年。
(16)上田庄三郎「教育団体史―教育会の発展と没落」石山脩平・海後宗臣・村上俊亮・梅根悟編『教育文化史大系Ⅴ』、金子書房、一九五四年、二二九〜二五七頁。石戸谷哲夫『日本教員史研究』野間教育研究所、一九五八年など。
(17)佐藤秀夫「高等教育会と地方教育会」海後宗臣編『井上毅の教育政策』東京大学出版会、一九六六年、七九一〜九〇八頁。阿部彰「大正・昭和初期教育政策史の研究（二）―プレッシャーグループとしての帝国教育会、教育擁護同盟」『大阪大学人間科学部紀要』第三号、一九七七年、八五〜一〇五頁。
(18)立教大学大学院日本教育史研究会編『帝国教育会の研究』資料集Ⅰ・Ⅱ、立教大学大学院日本教育史研究会、一九八三・一九八四年。中野光監修『帝国教育会機関誌『教育公報』』解説編、大空社、一九八四年。影山昇「澤柳政太郎と帝国教育会―一国の教育文化と国際平和への貢献」『成城文芸』第一六九号、成城大学文芸学部研究室、二〇〇〇年二月、（三七）〜（八五）頁
(19)寺﨑昌男「解説」寺﨑昌男編『教師像の展開』近代日本教育論集六、国土社、一九七三年、一〇〜一一頁。
(20)唐澤富太郎『教師の歴史―教師の生活と倫理』創文社、一九五五年（再版一九八九年）。
(21)石戸谷、前掲注（7）。
(22)中野光「特権の座と教育改造の先導者＊師範附小と有名私学の教師たち」中内敏夫・川合章編『日本の教師一―小学校教師

の歩み』明治図書、一九六九年、五八～九〇頁。
(23) 寺﨑昌男編『教師像の展開』近代日本教育論集六、国土社、一九七三年。
(24) 寺﨑昌男「明治後期の教員社会と教師論―沢柳政太郎と加藤末吉」石戸谷哲夫・門脇厚司編『日本教員社会史研究』亜紀書房、一九八一年、一七五～二〇〇頁。
(25) 平井貴美代「日露戦後期における『教権』概念の変化と学校・学級経営論」『学校経営研究』第二二巻、一九九七年、六七～八〇頁。
(26) 上沼八郎「近代的教師像の形成と『教師論』の展開―明治・大正期を中心として」『明治・大正教師論文献集成』別巻、ゆまに書房、一九九一年。
(27) 寺﨑昌男「解説」寺﨑昌男・前田一男編『歴史の中の教師Ⅰ』日本の教師二二、ぎょうせい、一九九三年、一～一〇頁・五六～六〇頁。
(28) 船寄俊雄「『訓導』職名の成立経緯」『教育学研究紀要』第二九巻、中国四国教育学会、一九八三年、三〇～三三頁。船寄俊雄「明治初期府県制定小学校教師心得にみる教師像の性格―日本型小学校教師像の形成過程」『教育学研究』第五一巻第四号、日本教育学会、一九八四年、三一～四〇頁。船寄俊雄「一八八〇年代前半における教員政策の転換と小学校教師像の日本的変容」『日本教育史研究』第五号、日本教育史研究会、一九八六年、一～二六頁。
(29) 尾﨑公子『公教育制度における教員管理規範の創出―「品行」規範に着目して』学術出版会、二〇〇七年。教員処分については、岡村達雄編『日本近代公教育の支配装置―教員処分体制の形成と展開をめぐって』（社会評論社、初版二〇〇一年・改訂版二〇〇三年）もある。
(30) 海原徹『明治教員史の研究』ミネルヴァ書房、一九七三年。
(31) 海原、同前、一七三～一八二頁。
(32) 中内敏夫・田嶋一「解説」成城学園沢柳政太郎全集刊行会編『教師と教師像』沢柳政太郎全集第六巻、国土社、一九七七年、五九〇～六二四頁。
(33) 稲垣忠彦「解説」稲垣編『教師の教育研究』日本の教師二〇、ぎょうせい、一九九三年、一～一〇頁。
(34) 山田恵吾『近代日本教員統制の展開―地方学務当局と小学校教員社会の関係史』学術出版会、二〇一〇年。
(35) 山田恵吾『近代日本教員統制の展開』については、拙稿の書評（全国地方教育史学会編『地方教育史研究』第三三号、二〇一二年、一三一～一三五頁）で整理した。
(36) 牧、前掲注（2）。

（37）本間、前掲注（15）。

（38）寺﨑昌男「解説」寺﨑昌男・前田一男編『歴史の中の教師Ⅰ』日本の教師二二、ぎょうせい、一九九三年、六～七頁。

（39）師範学校中心の明治期教員養成史研究は、例えば次の通り。篠田弘「教員養成」国立教育研究所編『日本近代教育百年史』第三巻、教育研究振興会、一九七四年、八五七～九二五頁。佐藤秀夫「「近代学校」の創設と教員養成の開始」中内敏夫・川合章編『日本の教師六―教員養成の歴史と構造』明治図書、一九七四年、一一～九八頁。佐藤秀夫「教員養成」国立教育研究所編『日本近代教育百年史』第三巻、一二八一～一三七六頁。佐藤秀夫「教員養成」国立教育研究所編『日本近代教育百年史』第四巻、教育研究振興会、一九七四年、六八一～八三八頁。山田昇「明治国家の教師像と養成機構の整備」中内・川合編『日本の教師六』、九九～一五九頁。山田昇「教員養成」国立教育研究所編『日本近代教育百年史』第四巻、一四〇三～一五二一頁。篠田弘・手塚武彦『教員養成の歴史』学校の歴史第五巻、第一法規、一九七九年。水原克敏『近代日本教員養成史研究―教育者精神主義の確立過程』風間書房、一九九〇年。三好信浩『日本師範教育史の構造―地域実態史からの解析』東洋館出版社、一九九一年。佐々木尚毅「教師教育における徴兵制の役割とその実態―六週間陸軍現役兵制を中心として」『立教大学教育学科研究年報』第三五号、一九九一年。藤枝静正『国立大学附属学校の研究―制度史的考察による「再生」への展望』風間書房、一九九六年。

（40）例えば、次の研究がある。牧昌見『日本教員資格制度史研究』風間書房、一九七一年。牧昌見「教職員人事制度の創始」「教職員人事制度の確立と展開」国立教育研究所編『日本近代教育百年史』第一巻、教育研究振興会、一九七四年、一一一九～一二二四頁。宮川秀一「明治前期の小学教員―とくに補助員・授業生について」『大手前女子大学論集』第一九号、一九八五年。遠藤健治「小学校補助教員の研究―第一次小学校令期、地方諸令規における授業生免許状の授与権者と有効区域の関係」『早稲田大学大学院教育学研究科紀要』第一〇号、一九九九年、一～一七頁。遠藤健治「小学校補助教員の研究―第二次小学校令期、府県により定められた小学校教員講習科規程の検討」全国地方教育史学会編『地方教育史研究』第二二号、二〇〇一年、一～二三頁ほか。野村新・佐藤尚子・神崎英紀『教員養成史の二重構造的特質に関する実証的研究―戦前日本における地方実践例の解明』溪水社、二〇〇一年。宮坂朋幸「教職者の呼称の変化に表れた教職者像に関する研究―明治初期筑摩県伊那地方を事例として」『日本教育史研究』第二二号、日本教育史研究会、二〇〇三年、七一～九七頁。宮坂朋幸「明治前期における資格としての「教員」問題」『滋賀文化短期大学研究紀要』第一八号、二〇〇八年、一五五～一七一頁ほか。

（41）佐竹道盛「明治後期における教員現職教育の展開」『北海道教育大学紀要』第一部C教育科学編、第三〇巻第一号、一九七九年、一～一四頁。中川隆「教員講習会の形成と構造―石川県における原型創出過程の考察」『亜細亜大学教養部紀要』第二二号、一九八〇年、二五～四七頁。

(42) 佐竹道盛「明治期における小学校教員現職教育の諸問題」『北海道教育大学紀要』第一部C教育科学編、第三〇巻第二号、一九八〇年、七一～八七頁。
(43) 佐竹道盛「教育令期における教員現職教育の展開」『北海道教育大学紀要』第一部C教育科学編、第二七巻第二号、一九七七年、一～一二頁。
(44) 井上惠美子編『戦前日本の初等教員に求められた教職教養と教科専門教養に関する歴史的研究―教員試験検定の主要教科とその受検者たちの様態の分析』平成一四年度～一七年度科学研究費補助金（基盤研究B）研究成果報告書、二〇〇六年。
(45) 佐藤、前掲注（2）。
(46) 笠間賢二「小学校教員検定に関する基礎的研究」『宮城教育大学紀要』第四〇巻、二〇〇五年、二二九～二四三頁。笠間賢二「近代日本における「もう一つ」の教員養成」梶山雅史編『続・近代日本教育会史研究』学術出版会、二〇一〇年、二五一～二八一頁。また、別稿では、宮城県が無試験検定を通して、小学校教員の力量に中学校・高等女学校卒業程度の学力と教職実務経験の積み重ねによって習得した教職遂行に必要な教育技術とを求め、かつ講習受講による自己研鑽の努力をも考慮した可能性を指摘した（笠間賢二「小学校教員無試験検定に関する研究―宮城県を事例として」『宮城教育大学紀要』第四二巻、二〇〇七年、一七三～一九一頁）。
(47) 山本朗登「戦前兵庫県における乙種講習科に関する研究」『神戸大学発達科学部研究紀要』第一四巻第二号、二〇〇六年、七九～八八頁。山本朗登「一九〇〇年前後における兵庫県教育界の教員養成事業」『日本教師教育学会年報』第一七号、二〇〇八年、一二六～一三五頁。釜田史『秋田県小学校教員養成史研究序説』学文社、二〇一二年。
(48) 石戸谷哲夫・門脇厚司編『日本教員社会史研究』亜紀書房、一九八一年。
(49) 陣内靖彦『日本の教員社会―歴史社会学の視野』東洋館出版社、一九八八年。陣内靖彦『東京師範学校生活史研究』東京学芸大学出版会、二〇〇五年。
(50) 門脇厚司『東京教員生活史研究』学文社、二〇〇四年。
(51) まとまったものでは、例えば次のものがある。中内敏夫・川合章編『日本の教師二―中・高教師のあゆみ』明治図書、一九七〇年。広島大学教育学部日本東洋教育史研究室『中等教員史の研究―広島高等師範学校・広島大学における中等教員養成の歴史的展開』第一輯、広島大学教育学部、一九八七年。寺﨑昌男・「文検」研究会編『「文検」の研究―文部省教員検定試験と戦前教育学』学文社、一九九七年。船寄俊雄『近代日本中等教員養成論争史論―「大学における教員養成」原則の歴史的研究』学文社、一九九八年。山田浩之『教師の歴史社会学―戦前における中等教員の階層構造』晃洋書房、二〇〇二年。寺﨑昌男・「文検」研究会編『「文検」試験問題の研究―戦前中等教員に期待された専門・教職教養と学習』学文社、二〇〇三年。

船寄俊雄／無試験検定研究会編『近代日本中等教員養成に果たした私学の役割に関する歴史的研究』学文社、二〇〇五年。
(52) 本山幸彦編『明治教育世論の研究』下巻、福村出版、一九七二年。
(53) 本山幸彦編『帝国議会と教育政策』思文閣出版、一九八一年。本山幸彦編『京都府会と教育政策』日本図書センター、一九九〇年。渡部宗助『府県教育会に関する歴史的研究―資料と解説』平成二年度文部省科学研究費（一般研究C）研究成果報告書、一九九一年。
(54) 梶山雅史編『続・近代日本教育会史研究』学術出版会、二〇一〇年。
(55) 本間康平『教職の専門的職業化』有斐閣、一九八二年。
(56) 山田、前掲注(34)。
(57) まず、梶山雅史編『近代日本教育会史研究』（学術出版会、二〇〇七年）と梶山雅史編『続・近代日本教育会史研究』（学術出版会、二〇一〇年）という研究書が出版された。また、梶山雅史代表の科研グループは、前身の「教育会の総合的研究会」を含め、独自に研究会を開催し、すでに一〇〇本以上もの研究発表を行っている。さらに、教育史学会では、第四九回大会（二〇〇五年）から第六〇回大会（二〇一六年）まで、一二回のコロキウムを開催し、研究会メンバー以外の研究者にも教育会に関する興味関心を喚起してきた。
(58) 梶山雅史・竹田進吾「教育会研究文献目録一」『東北大学大学院教育学研究科研究年報』第五三集第二号、二〇〇五年、三〇四頁。
(59) 梶山雅史「教育会史研究の進捗を願って」梶山雅史編『続・近代日本教育会史研究』学術出版会、二〇一〇年、一〇頁。
(60) 田島昇「福島県教育会議の終焉―「福島県私立教育会」創立前史」梶山雅史編『近代日本教育会史研究』学術出版会、二〇〇七年、五五～七九頁。
(61) 梶山『続・近代日本教育会史研究』、一二頁。学事会議については、近年、次のような研究が出た。柏木敦「「学制」期における公教育の生成と地方教育行政組織―第一大学区第二回教育会議日誌を通して」兵庫県立大学編『人文論集』第四〇巻第一号、二〇〇五年、一～三五頁。湯川嘉津美「学制後期の大学区教育会議に関する研究―第一大学区教育会議日誌の分析を中心に」『上智大学教育学論集』第四一号、二〇〇六年、三九～六五頁。湯川嘉津美「教育令期の府県聯合学事会に関する研究」『上智大学教育学論集』第四四号、二〇〇九年、五一～八三頁。湯川嘉津美「学制期の大学区教育会議に関する研究―第一大学区第一回教育会議日誌の分析を中心に」日本教育史研究会編『日本教育史研究』第二八号、二〇〇九年、一～三五頁。湯川嘉津美「学制期の大学区教育会議に関する研究―第三・第四大学区教育会議の検討を中心に」『上智大学教育学論集』第四五号、二〇一〇年、一五～三八頁ほか。

(62)梶山雅史「教育会史研究へのいざない」梶山編『近代日本教育会史研究』、二一頁。
(63)石戸谷哲夫『日本教員史研究』において、すでに言及されている。
(64)谷雅泰「森の「自理ノ精神」と福島県での受容―福島(県)私立教育会の発足から規則改正まで」梶山編『近代日本教育会史研究』、八一～一〇五頁。森川輝紀「教育会と教員組合―教育ガバナンス論の視点から」梶山編『続・近代日本教育会史研究』、四五七～四九一頁。
(65)山本和行「一八九〇年全国教育者大集会における「国家教育」論の構造」日本教育学会編『教育学研究』第七六巻第一号、二〇〇九年、一三～二一頁。
(66)白石崇人「全国教育者大集会の開催背景―一八八〇年代末における教育輿論形成体制をめぐる摩擦」梶山編『続・近代日本教育会史研究』、一〇九～一三二頁。
(67)森川輝紀「教育会と教員組合」梶山編『続・近代日本教育会史研究』、四五七～四九一頁。
(68)清水禎文「明治期群馬県における教育会の展開」梶山編『近代日本教育会史研究』、一〇七～一四一頁。
(69)白石崇人「明治三〇年代初頭の鳥取県倉吉における教員集団の組織化過程―地方小学校教員集団の質的変容に関する一実態」中国四国教育学会編『教育学研究ジャーナル』第九号、二〇一一年、三一～四〇頁。
(70)山谷幸司「明治期石川県における教育会の組織化過程」梶山編『続・近代日本教育会史研究』、六一～一〇七頁。教育会の法人化もこの頃から始まっており、財産の蓄積や責任体制の明確化などによって、教育会の組織運営や社会的位置が次第に安定してきたように思われる。教育会の法人化については、まだ研究が十分ではないが、大迫章史「地方教育会の法人化について」(教育情報回路研究会第七回全体研究会、二〇〇八年五月一八日資料)がある。
(71)山田恵吾「地方教育会雑誌からみる教員社会―一九〇〇―一九二〇年の『茨城教育』(茨城県教育会)の分析を通じて」梶山編『続・近代日本教育会史研究』、一九七～二二八頁。
(72)千田栄美「一九〇九年文部省の全国連合教育会諮問―日露戦後天皇制教育の一断面」梶山編『近代日本教育会史研究』、三二七～三七五頁。
(73)白石崇人「大日本教育会よび帝国教育会に対する文部省諮問」梶山編『近代日本教育会史研究』、三〇三～三二六頁。
(74)白石崇人「明治三十年代前半の帝国教育会における研究活動の展開―学制調査部と国字改良部に注目して」中国四国教育学会編『教育学研究紀要』第五〇巻、二〇〇四年、四二～四七頁。白石崇人「明治三二年・帝国教育会学制調査部の「国民学校案―明治三〇年代における初等教育重視の学制改革案の原型」中国四国教育学会編『教育学研究紀要』(CD-ROM版)第五三巻、二〇〇七年、四六～五一頁。国字改良運動と帝国教育会との関係については、山本正秀や長志珠絵の研究が詳しい。

(75) 山本恒夫「東京市教育会主催「通俗講談会」の展開過程」『淑徳大学研究紀要』第四号、一九七〇年、一二一～一五〇頁。山本恒夫「東京市教育会主催「通俗講談会」の精神構造」『淑徳大学研究紀要』第五号、一九七一年、一〇一～一三六頁。松田武雄『近代日本社会教育の成立』九州大学出版会、二〇〇四年。
(76) 大迫章史「広島県私立教育会による移民補習教育」梶山編『続・近代日本教育会史研究』、一六九～一九五頁。
(77) 笠間賢二「宮城県教育会の教員養成事業」梶山編『近代日本教育会史研究』、一四三～一六六頁。大迫章史「広島県私立教育会による教員養成事業」梶山編、同前、一六七～一九五頁。笠間賢二「近代日本における「もう一つ」の教員養成―地方教育会による教員養成講習会の研究」梶山編『続・近代日本教育会史研究』、二五一～二八一頁。関連して釜田史『秋田県小学校教員養成史研究序説』学文社、二〇一二年。これらの流れの出発点には、梶山雅史「京都府教育会の教員養成事業」（本山幸彦編『京都府会と教育政策』日本図書センター、一九九〇年、四三七～四九八頁）がある。
(78) 上田庄三郎「教育団体史―教育会の発展と没落」石山脩平・海後宗臣・村上俊亮・梅根悟編『教育文化史大系Ⅴ』、金子書房、一九五四年、二一九～二五七頁。
(79) 石戸谷哲夫『日本教員史研究』野間教育研究所、一九五八年。
(80) このような歴史観は、戦前戦中の総力戦体制の一翼を担っていた教育会を解散し、主に教員の生活権擁護のために教員組合を結成・充実させるという、戦後直後以降における教育団体の現実の変化過程が大きく影響したものと思われる。上田の大日本教育会・帝国教育会観は、多分に歴史的所産と考えられる。
(81) 木戸若雄『明治の教育ジャーナリズム』近代日本社、一九六二年。
(82) 石川謙・大久保利謙・海後宗臣監修の近代日本教育資料叢書史料篇一として、宣文堂書店から『大日本教育会雑誌』が全号復刻されたのは、木戸著刊行後の一九六八年～六九年。
(83) 佐藤秀夫「高等教育会と地方教育会」海後宗臣編『井上毅の教育政策』東京大学出版会、一九六八年、七九一～九〇八頁。
(84) 阿部彰「大正・昭和初期教育政策史の研究（二）―プレッシャーグループとしての帝国教育会、教育擁護同盟」（『大阪大学人間科学部紀要』第三号、一九七七年、八五～一〇五頁。
(85) 山本正秀「帝国教育会内「言文一致会」の活動概略」『専修人文論集』第八号、専修大学学会、一九七一年二月、一～五五頁。
(86) 森田俊男「前史」「戦前編」日本教育会館編『日本教育会館五十年沿革史』日本教育会館、一九七九年。
(87) 川合章・佐藤一子・新井淑子『女教員会に関する教育史的研究』埼玉大学、一九八〇年。
(88) 立教大学大学院日本教育史研究会編『帝国教育会の研究』資料集Ⅰ・Ⅱ、立教大学大学院日本教育史研究会、一九八三・一九八四年。

(89) 立教大学大学院日本教育史研究会編『帝国教育会の研究』資料集Ⅰ、まえがき。
(90) 所収している資料は、年表、規則・定款の変化から見る目的・事業内容・役員・組織構成単位・地方（支会・部会・教育会）との関係、機関誌の形式・編集方針の変遷、出版された書籍、講習会の学科・講師、教育会館・教育塔・第七回世界教育会議・教育擁護同盟との関係、帝国教育会調査部の設置年月・研究主題・調査報告・調査案、歴代会長・主事（大正期以降）および重要役員の小伝、総会・全国（帝国）連合教育会の議案・諮問案、帝国教育会の建議・決議・提言・宣言・声明、その他主要資料、であった。
(91) 中野光監修『帝国教育会機関誌『教育公報』』解説編、大空社、一九八四年。
(92) 前田一男「帝国教育会の「翼賛団体」化要因」『立教大学教育学科研究年報』第三二号、立教大学文学部教育学研究室、一九八八年、七九～九四頁。
(93) 帝国教育復刻版刊行委員会編『帝国教育』総目次・解説、上・中・下巻、雄松堂出版、一九九〇年。
(94) 上沼八郎「『大日本教育会雑誌』解説―大日本教育会の活動と機関雑誌」帝国教育復刻版刊行委員会編『帝国教育』総目次・解説、上巻、雄松堂出版、一九九〇年、三～五四頁。
(95) 菅原亮芳「『教育公報』と帝国教育会　解説」『帝国教育』総目次・解説、上巻、五七～八七頁。なお、この解説は、『帝国教育会機関誌『教育公報』解説編』（大空社、一九八四年）の解説をもとに、加筆・修正したものである。
(96) 中野光「『帝国教育』解説―大正デモクラシーと帝国教育会」『帝国教育』総目次・解説、中巻、雄松堂出版、一九九〇年、三～六二頁。
(97) 蛭田道春「大日本教育会の成立過程―中川元の参画を中心にして」鈴木博雄編『日本近代教育史の研究』振学出版、一九九〇年、一九三～二三二頁。
(98) 蛭田道春「明治二〇年前後における大日本教育会の通俗教育活動」鈴木博雄編『日本教育史研究』第一法規出版、一九九三年、二五一～二七五頁。
(99) 長志珠絵「日清戦後における「漢字」問題の転回―帝国教育言文一致運動と漢学者懇親会をめぐって」『ヒストリア』第一三六号、大阪歴史学会、一九九二年九月、一～二二頁。のち、長志珠絵『近代日本と国語ナショナリズム』（吉川弘文館、一九九八年）に所収。
(100) 井上薫「日本帝国主義の朝鮮に対する教育政策―第一次朝鮮教育令の成立過程における帝国教育会の関与」『北海道大学教育学部紀要』第六二号、北海道大学、一九九四年、一九三～二一一頁。
(101) 久保田優子「帝国教育会「朝鮮教育方針建議案」の作成過程―「教育勅語」について」『九州産業大学国際文化学部紀要』

第二九号、二〇〇四年、六九～八七頁。
(102) 影山昇「澤柳政太郎と帝国教育会―国の教育文化と国際平和への貢献」『成城文芸』第一六九号、成城大学文芸学部研究室、二〇〇〇年二月、(三七)～(八五)頁。
(103) なお、当時の帝国教育会に支部を設けた事実は確認できない。
(104) 山本、前掲注(65)。
(105) 山本和行「国家教育社の活動とその変遷―一八九〇年代における中央教育団体の結成と挫折」梶山編『続・近代日本教育会史研究』、一三三～一六七頁。
(106) 西原雅博「帝国教育会英語教授法研究部の成立」『富山高等専門学校紀要』第一号、二〇一〇年、二九～四〇頁。
(107) 高良倉成「「社会」用語法の変遷（一）―『大日本教育会雑誌』の場合」『琉球大学教育学部紀要』第七八号、二〇一〇年、二七～三九頁。
(108) 湯川嘉津美「大正期における幼稚園発達構想―幼稚園令制定をめぐる保育界の動向を中心に」『上智大学教育学論集』三一号、上智大学文学部教育学科、一九九六年、一～二〇頁。なお、日本幼稚園史研究においては、明治一九年発行『大日本教育会雑誌』第三八号掲載の小竹啓次郎「学齢以下ノ児童ヲ保育スル方法」(懸賞論文の最優秀作)への言及が従来からある(宍戸健夫「明治中期における幼稚園―女子高等師範学校附属幼稚園分室の設立を中心に」『愛知県立大学児童教育学科論集』第二〇号、一九八七年、二四～二六頁)。
(109) 後藤乾一「第七回「世界教育会議」と大島正徳―戦間期国際交流史研究の視点から」『アジア太平洋討究』第五号、早稲田大学アジア太平洋研究センター、二〇〇三年、一～一九頁。
(110) 太郎良信「全国連合小学校教員会の成立」『文教大学教育学部紀要』第三九号、二〇〇五年、二一～三二頁。太郎良信「全国連合小学校教員会の固有性―帝国教育会への加盟と脱退」『文教大学教育学部紀要』第四二号、二〇〇八年、四七～五八頁。太郎良信「一九二〇年代における小学校教員会の全国組織化について」『文教大学教育学部紀要』第四三号、二〇〇九年、五九～七〇頁。なお、太郎良は一九九三年にも全国連合小学校教員会についての研究を発表している(太郎良信「全国連合小学校教員会研究序説」鈴木博雄編『日本教育史研究』第一法規出版、一九九三年、三八六～四一三頁)。
(111) 佐竹道盛「教員夏期講習の起源に関する一考察」『北海道教育大学紀要』第一部C教育科学編、第三二巻第二号、一九八二年、一～一三頁。佐竹道盛「教員研修史の諸問題」北海道教育大学函館人文学会編『人文論究』第四三号、一九八三年、一一一～一二五頁。
(112) 白石崇人「明治二十年前後における大日本教育会の討議会に関する研究」『広島大学大学院教育学研究科紀要』第三部第五三

号、二〇〇四年、一〇三～一一一頁。白石崇人「明治二一年の大日本教育会における「研究」の事業化過程」『広島大学大学院教育学研究科紀要』第三部第五五号、二〇〇六年、八三～九二頁。

(113) 白石崇人「明治二〇年代後半における大日本教育会研究組合の成立」日本教育学会編『教育学研究』第七五巻第三号、二〇〇八年、一～一二頁。

(114) 広田照幸『教育言説の歴史社会学』名古屋大学出版会、二〇〇一年。

(115) 明治一一年一二月結成説もある。結成時期の考え方については第Ⅰ部第二章で述べる。

(116) 明治期の内部史料は、大正一二（一九二三）年の関東大震災の際に、帝国教育会事務所が全壊全焼した際に失われたものと思われる。その後のものについては不明。

(117) 『東京教育協会雑誌』は、玉川大学附属図書館木戸文庫に第四号が残存するのみであった。しかし、現在は現物の所在がわからなくなっているため、白石が所蔵している複製版でしか内容を確認できない。

第Ⅰ部　教員改良の原点

はじめに

第Ⅰ部では、前身団体から大日本教育会結成へと至る時期に着目し、明治期の日本においていかに教員改良問題が誕生したか、東京教育会は教員改良問題にどのように向き合ったか、なぜ大日本教育会が結成されたかなどを検討する。東京教育会は、明治一二（一八七九）年に結成された大日本教育会・帝国教育会の最初の前身団体である。

まず第一章では、江戸期から明治一〇年代半ばまでの教員問題を整理する。その際には、「師匠から教員へ」という教員史の基本的過程を踏まえ、いかに教員改良問題が発生したかを検討する。第二章では、東京教育会においてどのように教員が動員されていたかを問題とする。とくに、東京教育会が明治一三（一八八〇）年に東京府の小学試験法・小学教則改正に深く関わったことに着目し、そこで教員たちがどのようにそれらへ参加していたかを検討する。第三章では、明治一三年の東京教育会において、どのような教員が求められていたかを問題とする。その際には、明治一三年夏の東京府会の教育費に関する議論に注目し、その影響がどのように現れたかに注意する。第四章では、大日本教育会結成がどのような問題意識から実行されたかを問題とする。その際、東京教育学会の活動経緯と大日本教育会結成直後の幹部や新入会員の発言に注目し、大日本教育会の活動や機能をどのように構想していたかを具体的に検討する。以上により、明治期大日本教育会・帝国教育会の教員改良の原点を探る。

なお、第Ⅱ部以降の読者の理解を補助するために第五章を設け、明治期大日本教育会・帝国教育会の組織の基本的情報・特徴を整理する。あわせて、同組織における指導的教員の特徴について、具体的に整理する。

第一章　「師匠から教員へ」の過程における教員改良問題の発生

本章の目的は、明治初年から明治一〇年代半ばにかけて進んだ教員改良問題の成立過程を明らかにすることである。なお、カギ括弧をつけた「教員」は、呼称・概念としての教員を指す。

明治五（一八七二）年以降、日本史上初めて、従来の手習所（寺子屋）の師匠とは異なる、「教員」と呼ばれる新しい教職者の群れが誕生した[1]。ただ、制度上はともかく、師匠や地域が何の葛藤もなく、教員の誕生をそのまま受け入れたわけではない。以後、教員のあり方は従来の師匠のあり方を前提として模索され続けた。「師匠から教員へ」の過程は、明治初年以降しばらく引き続いた。明治一〇年代前半に至ると、自由民権運動に参加して、その主要な担い手として教員が活発に活動した。このような教員の動きは、政府を刺激して、民権運動から教員を引き離し、教育活動へと囲い込むような教員政策を導いた。教員は、どのような問題をかかえて誕生したか。また、自由民権運動を通して、いかなる問題に直面したか。それらの事態を受けて、政府はどのような教員政策を打ち出したか。

以上の問題意識に基づき、本章では主に先行研究を参照しながら、次のように論述を進める。まず、手習師匠に代わる存在としての教員の誕生過程と、それに対する旧師匠・地域の反応とを検討する。次に、民権運動における教員の活動と、そこで教員が直面した問題を検討する。最後に、民権運動への教員の参加を受けて、政府がどのような教員改良施策を展開したかを検討する。

一．「教員」の誕生

（一）教員誕生過程における師匠の克服対象化

明治五（一八七二）年学制頒布以前の教職者は、手習所の師匠や藩校・郷校などの教師であった。手習師匠についていえば、江戸期は、日本史上かつてないほどに、多くの手習所が各地に設立され、「師匠」と呼ばれる教職者を大量に出現させた。その理由は、元禄期以降の経済活動の活発化や出版文化の発展、社会安定のための儒学普及の必要性などを契機に、享保期において能力主義導入や先例の文字化、学問の多様化が進んだことが重なって、武士だけでなく民衆においても読み書きの需要が高まったためであった(2)。天保二（一八三一）年刊の『寺子教訓往来』において「筆学は人間万用の根源」と述べられたように、読み書きは、経済活動上の理由だけでなく、人間形成上の理由からも重視された。一八世紀以降の手習師匠たちは、教養としての儒学・俳諧、『小学』に基づく朱子学的教育方針、御家流や伝統的生活に関する読書算の個別指導法などの点で、おおむね共通性を持ったと指摘されている(3)。しかし、師匠たちは明治期以降のように、共通の場とカリキュラムによって養成されたわけではない。また、師匠に求められる資質も、子弟や地域の実情に応じて異ならざるを得なかった(4)。

明治五年の学制頒布以降、西洋列強による圧力に耐え、国家富強によって国家・国民の不羈独立を図るため、日本全国に二万校以上の近代学校が設置された。明治初期における近代学校制度の導入は、それに見合う膨大な数の教員を必要とした。しかも、それら供給すべき教員は、近代学校において近代西欧科学の知識・技術を、一定の教育課程（教則）に基づいて数十人の子どもへ一斉に教授するために、一定の資質・力量を備えている必要があった。学制頒布の時点で、各地域にそのような教員にふさわしい教職者がいたわけではない。近代学校制度導入は、政府だけでなく地域にも、一定の資質を備えた教員をいかに必要数確保するかという課題を突きつけることになった。

「教員」は、従来の手習師匠の否定から出発した[5]。明治五年五月二八日（旧四月二二日）、文部省は「小学教師教導場ヲ建立スルノ伺」を正院に提出し、日本最初の師範学校（官立東京師範学校）設立のきっかけを作った[6]。この伺は、従来の教職者とくに手習師匠に対して、その教育方法・内容に関する痛烈な批判を行った。そして、従来の師匠たちの弊害を克服するために、「小学教師」を「教導」「伝習」「植成」しなければならないと述べたのである[7]。この伺の師匠批判には検討の余地が残る部分もあるが（例えば師匠の教え方に規則がなかったという指摘など）、少なくとも従来の手習師匠とは質的に異なる教職者として「小学教師」を構想していたことは間違いない。

「教員」という呼称は、明治五年の学制において意識的に使用された新しい教職者の呼称だという[8]。学制において、「小学教師」とは師範学校で何らかの教授を受けた教職者を指し、「小学教員」とは師範学校卒業免状または中学免状を有する教職者を指した。また、免状を持たない教職者（家塾の教師など）は「教員」とは見なされなかった。地域では、「教員」は近代科学の知識・技術の伝達者としての役割だけでなく、人格的モデル（「師」）としての役割も期待された。明治前期では、極めて単純化すると、教職者全体を指して「教師」と呼び、一定の教育を受けて免許状を有した特定の教職者を「教員」と呼んだといえよう。

また、当時の教職者の呼称には、「教授」「教諭」「訓導」「教官」という呼称も使われた。「教授」は高等教育機関の教職者に、「教諭」「訓導」は既成の学問の一部分を若年者に教育する教職者に使われ、とくに「訓導」については師範学校全科卒業免状の取得者のみに使われたという[9]。筑摩県（長野県）では、「訓導」は、免状はなくとも「教授ノ良貴」な各地方の教務を掌る教職者を指し、国からの委託金が交付される学校の教職者を指した[10]。多様な名称の存在は、教員の間にあった資質・立場上の微妙な意味合いの違いを示している。教員は、決して一律・画一的存在として誕生したわけではなかった。

（二）師匠から教員へ

「教員」という呼称の誕生と、実際に「教員」と呼びうる教職者が多数を占めることとは、同一ではない。学制頒布時点で、教員、すなわち近代学校の教壇に立つために必要な免許状を有し、教科書を用いて科学知識・技術を教則に沿って一斉教授できる教職者は、実際の地域には皆無に等しかった。そのような教育を可能にするための施設設備、すなわち西洋風の小学校も、容易に建設できない。学制頒布後、各地域に多数の小学校が設立されたが、その多くは旧来の手習所を転用し、教師にも手習師匠を充てた。もちろん、当局者は、このような事態を放置したわけではなかった。以後、公立学校の建設・整備、師範学校中心の養成制度、講習会などの研修制度、資質の維持・向上と不適格者の排除を目指した免許制度などが徐々に整備されていく。教員は、これらの制度を通して徐々に養成・研修・認定され、事実上誕生することになる。旧師匠たちは、教員誕生過程において、諸制度を活用しながら、従来の自らのあり方を乗り越えて教員になっていかなければならなかった。

明治五年に東京に官立師範学校が設置されたのを嚆矢に、明治七（一八七四）年までに全大学区に一校ずつ官立師範学校が設置され、多くの府県でも教員養成機関が設置された。当初、府県の教員養成機関は「伝習所」「講習所」などと称したが、明治八（一八七五）年までにそれらの多くは「師範学校」に改称再編された。師範学校は、先述のような教員を養成するために設置されたが、わずかな定員に長期間の教育を受けさせるだけでは、地域の需要に応じて教員を供給することはできなかった。その補完をしたのが、検定試験や、伝習・講習による速成の養成課程である。師範学校やその他教員養成機関では、検定や速成課程によって、地域の教職者たちに「教員」資格を付与していった。

このような「師匠から教員へ」という過程は、旧師匠たちに葛藤を生じさせた。筑摩県では、明治六（一八七三）年一〇月から明治七（一八七四）年五月にかけて、教職者の「広般な交替」がみられた。[11] 教職者中の神官・僧侶・

医師・農業出自者が急激に減って士族出自者が増え、平均年齢も四一歳から二八歳へ若年化したのである。このような人員交替が生じた理由には、第一に教職が資格必須の職業となったこと、第二に教則外の書物（往来物や漢籍）の使用禁止によって生じた旧師匠の教育に対する情熱の喪失が挙げられている。[12] 師匠たちは、長年、漢学を共通教養とし、教育方針・内容に位置づけてきた。そんな旧師匠たちは、聖像（孔子像）を掲げず経書を排した小学校に対して強い失望感を覚え、教職を辞する者や、免状取得に抵抗して意識的に教員になろうとしない者もあった。[13] その一方で、広島県山県郡で一八世紀後半から手習所を経営していた神職井上家のように、師範学校卒業ではなく講習を繰り返し受けて教員に転身し、地域へ教育・学問を普及させる役割を積極的に果たそうとした旧師匠の家系もあった。[14]

教員誕生は、地域にも葛藤を生じさせた。地域住民は、自分たちの生活に役立つ知識・技術（農村生活に密着した『百姓往来』や商業生活に密着した『商売往来』の読み書きなど）を身に付けさせ、人格・道徳の感化をもたらすような、従来通りの師匠的役割を教職者に求めていた。しかし、速成された若年士族の多かった教員の実態は、地域の教育要求と乖離しがちであった。[15]「師」としての自覚のない状態で教職に就いた者が、村民たちに「師」として優待され、気をよくして尊大になり、村民を蔑視して、乱れた生活をすることもあった。もちろん、その一方で人望厚く優れた教育を行った教員もおり、すべての教員がこのようだったわけではない。

「教員」は、明治初年に誕生した教職者の呼称であった。「教員」誕生は、師匠の否定から始まったが、実質的に師匠たちの参加なくしては実現しなかった。師匠たちは、教員になるために、教員と旧来の師匠のあり方との違いに葛藤しながら、学習を積み重ねた。「師匠から教員へ」の過程は、旧師匠の葛藤・学習を伴う複雑な道程であった。

二　地域教育改革の主体としての教員―自由民権運動のなかで

（一）学習活動としての自由民権運動

師匠は、自身の学問の深さ・見識・人徳などによって形成された子どもや地域との関係において成立し、教員は、資格証明の免許状によって形成された学校との関係において成立し得たと言われる。[16] しかし、教員が免状を有して学校に所属すれば成立し得るといっても、教職に実際に就けば、目の前の子どもや地域と向き合わないわけにはいかない。教師たちは、葛藤する地域と向き合うなかで、自らのあり方を模索せざるを得なかったであろう。そのような状況下において、地域では自由民権運動が盛んになってきた。

明治七年一月、板垣退助らが左院に提出した民選議院設立建白書は、自由民権運動の端緒となった。この建白書によると、「人間ノ智識」は「之ヲ用ルニ従テ進ム」ため、民撰議院の設立は、国民を「急ニ開明ノ域ニ進マシムル道」である。[17] すなわち、政策過程に参加することで人間は知を進め開明に達するというのである。同年四月に発表された立志社設立之趣意書は、人民が自らを修める（治める）ことによって権利を保有し、「不羈独立」「自主独立」の人民になることによって、国家は隆盛になり、欧米各国と比肩しうるようになると述べた。[18] つまり、民権運動は、国家独立・民権確立・人間形成を切り離せないものと考え、人民の自修自治による知的開明によって、人民・国家の不羈独立が実現し、欧米各国と対等な交流が可能になるという論理構造によって成り立っていた。

民権運動は、政治運動であるとともに、「自己教育運動」であり、かつ「国民が政治のたんなる受容者から主体者へと自己形成することをめざした一大学習運動」であった。[19] 民権運動における学習は、重要な運動方法の一つであった。民権運動の学習活動は、おおむね、西洋の近代的思想をただの知識としてではなく自主独立の人民になるために学び、演説会・討論会において学んだ知識を活用し、気力を興奮させて気力・精神を発達させるという過程を経たようである。[20]

民権運動は、政府に向かって国民としての権利を要求すると同時に、民衆に向かって国民としての自覚を喚起しようとする運動であった。[21]近代国民国家の建設という課題意識においては、政府と共通の立場に立った。民権運動と民衆との関係はどうか。民衆は好んで民権運動の演説会に集まった。しかし、それは民権論を聞くためではなく、政府や役人に対する痛切な批判を聞きたいために集まったにすぎないという。[22]民衆は、近世以来の客分意識によって、政府・国家権力に対して仁政を求める一定の自律的立場に立っており、自らが政治的主体になるという民権論の本旨を理解することは容易でなかった。ただし、民衆は演説会における政府批判に自分たちの不満の代弁を感じ取り、民権家は政府に対抗しうる政治的勢力を獲得するために多くの民衆の支持を必要として、両者の間には、ある種の利害の一致する余地が生じた。過激な言辞や会場の混乱によって生まれる演劇的興奮は、民権家と民衆との間に一体感を生みだした。とくに明治一二（一八七九）年以降になると、書生や壮士たちが活躍し、論理的な政府批判や民権理論の浸透よりも、露骨な悪口や身振り・声の調子などによって演劇的興奮を作り出し、民衆の反官意識と仁政願望を容認・代弁・鼓舞することが多くなった。演劇的興奮のみを求め、民衆の客分意識をそのまま容認するようなやり方は、本来では民権論の否定であり、運動の本旨からの逸脱に他ならなかった。しかし、そうして得られた民衆の熱狂は政府の重大な脅威になる。それゆえに、民権家は民衆の共鳴を高く評価せざるを得なかった。

（二）地域教育の模索への教員の参加

明治一〇年代前半には、民権運動が教育問題に積極的に関わるようになった。民権家たちが、これまで自らの自立のみに向けていた関心を大衆・子どもの教育にも向け、公教育に対する関心を高めたのである。また、民権についての学習が深まるにつれて、民権家の間で、政治的学習だけでなく普通学科の学習の意義が自覚され始め、多くの小学校教員が民権運動に参加するようになった。民権運動家すなわち政治運動家としての教員たちは、学習会・懇談会のような微温的活動だけでなく、過激な政治活動や民権論を説く政治教育を行った。その結果、政府による教員の政治的隔離または「非政治化、脱政治化」政策を招いていくことになった。(23)

学制頒布以来、地域で画一的・形式的教育施策が展開されたが、次第に行き詰まった。民権運動は、画一的教育施策を批判して教育の自由を様々に模索し、教員・地域における自主的集団化、教員の政治参加のあり方、教育課程編成における教員・地域の自主性などを問題化した。(24) 文部省も、地方巡視の結果を受けて、明治一〇(一八七七)年には画一的施策の弊害を認め、明治一一(一八七八)年一月には郡区・学校単位の教則編成を認可するようになった。明治一二年九月の第一次教育令は、学制の行き詰まりに対する明確な軌道修正であり、公教育に対する民衆の自発性喚起をねらって公布された。これら一連の路線を受けて、各地域では学事会議(教育会議)を開催し、そこでの議論を経て様々な教則・教科書を編成して、地域住民が自分たちの状況に応じた自分たちに必要な教育を模索し始めた。教員たちは、学事会議の議員になり、教則・教科書編成などの検討過程において中心的な役割を果たしていく。教員たちはここで、教育の自由化に対する教育の担当者としての責任感を自覚し、主体性と専門性を発揮して教則編成などに参加するとともに、教員の組織化と制度整備によって教員の専門性を高めていく必要性を認識していった。(25)

学事会議は、地域にとって次のような歴史的意義を有していた。(26) 当時の地方吏員は、教育行政という新しい職掌に関して専門的知見を持ち得たわけではなかった。地方吏員と師範学校教員たちが教育施策について自ら手探りをしながら、関連の知見を有する者を動員して意見・智恵を出し合って協議する「協議方式」の学事会議は必要であった。学事会議は、とくに学務課・師範学校が学事振興・拡張のための現実問題に一体的にあたる場になり、「師範学校が県教育行政のパートナーとして施策を翼賛することが当然とする意識」を定着させる機会になった。[27]また、府県に限らず郡町村においても、吏員たちは手探りで教育施策を策定しなければならなかった。郡町村でもしばしば学事会議が開かれ、教育に関する知見を有する指導的立場にあった小学校教員を動員した。指導的立場にあった小学校教員もまた、吏員が地域の教育行政を進める上で欠かせないパートナーになった。

（三）教員の民権運動離れ

先述の通り、明治一二年頃から、民権論の理解を伴わない熱情にかられた政治活動が活発化し、多くの民衆を取り込んだ。教員のなかにも、このような活動に参加する者や、子どもたちを動員する者が現れた。激化・熱狂化する民権運動は、教員に熱狂的感情だけでなく、逆に否定的感情をも引き起こした。民権運動のあり方にも、教員の運動離れを促進するような要因があった。そこへ明治一三（一八八〇）年に教員の政治活動を禁止する集会条例が制定され、教員の民権運動離れをさらに促進した。民権運動を続ける一部の教員がいる一方で、多くの教員たちは次第に民権運動から離れていく。そして、民権運動に関わって見出した民衆啓蒙・国民育成の方法を、政治運動ではなく、学校教育の内的問題の考究・実践に見出すようになっていった。

また、明治一〇年代前半におけるいわゆる「学事衰退」の情況は、教員たちに民権運動との関わり方を問い直させた。とくに第一次教育令公布後には、各地で不就学児童数の増加や公立学校の衰退、手習所風の私立学校設置、教員採用の安易化などが顕著になった。公立学校の廃止や旧来の手習所の復活は、利害当事者であった教員に限らず、民権家にも自由の誤認として問題視された。民権運動の本来のねらいは、自主独立の国民を自治的に育成することであり、地域の勝手気ままを許して教育をなおざりにすることではなかった。

このような情況のなかで、明治一三年前後に、干渉教育・自由教育論争が盛んに行われるようになった。干渉教育論とは、いまだ支持基盤の弱い学校教育を維持・普及させ、教育を受ける権利を社会的に保障するために、行政当局が補助金を出すなどして学事に干渉・保護する必要を認める論であり、[28]自由教育論と対照的に論じられた。自由教育論とは、自由自治の精神を有する主体者として人民を形成するために、教育を町村自治の本質的構成要素として、教育普及と教育の自由の確保とを統一的に進める公教育制度の自主的組織化構想である[29]。民権家は、干渉教育を批判して自由教育論を主張した。しかし、教員や教育普及に熱心であった人々にとっては、自由教育の論旨に共鳴したとしても、教育令公布後の学事衰退や手習所復活・隆盛という現実を見据えると、行政当局の保護・干渉はやはり不可欠であった[30]。

以上のように、教員たちは民権運動から直接間接に肯定的逆説的に影響を受けた。そして、教則編成などにかかわりながら、政治運動家（民権家）としてではなく、教育担当者として、地域教育に対する責任を自覚するに到った。また、自主的・組織的活動への関心を深め、教員の専門性向上の重要性に気づき始めた。さらに、教育普及に相対して、教員・地域の自主性と行政の保護との関係についても考えるようになった。

三　明治一〇年代前半の教員改良政策の展開―「政治」から「学理」へ

（一）品行による自己制御的教員像

明治一一年一〇月、明治天皇が北陸・東海地方を巡幸し、教育の実情を視察して、知育偏重の教育を憂い、道徳教育振興の必要について側近にもらされたという。これを受けて、元田永孚（侍講）は明治一二年夏に「教学聖旨」をまとめ、天皇を通じて伊藤博文（参議兼内務卿）に示した。「教学聖旨」は、主に、欧化を推し進める維新以来の傾向を批判し、儒教道徳を復活させて日本独立の精神として風俗悪化に対することを求め、かつ将来の職業に応じた教育内容を求めた。

同時期の文部省は、人々の「不品行」に対する批判的まなざしを土台にして、「品行」概念に基づく教員処分規範を形成していった[31]。「品行」はconductまたはcharacterの訳語であり、イギリス自由主義思想を背景に、公教育制度形成期における教師論のキーワードであった。民権運動においても、自らを奮い立たせて自らのふるまいを導く規範として重視された。一方、政府は、逆に自発性を制御して逸脱的ふるまいを措定する規範として「品行」を位置づけた。明治一三年一二月公布の第二次教育令では、第三七条第二項に「品行不正ナルモノハ教員タルコトヲ得ズ」と規定された。また、明治一三年の集会条例や、明治一四年の小学校教員心得と学校教員品行検定規則により、政治活動（直接には民権運動）に関わることが「品行」に反する行為となった[32]。岡山・新潟・長崎などでは、新聞・雑誌への寄稿すら教員に禁止した。文部省は、明治一四（一八八一）年六月に公立学校教職員に准官等待遇を適用し、明治一六（一八八三）年五月には官吏懲戒例・管理服務規律なども適用した。その一方で、明治一四年一二月には、品行方正・学力優等・「勉励衆ニ超ユル」教員に対して賞与することを決めた。以後、政府は、禁止と勧奨によって教員の倫理・言動を方向づける施策を展開していくことになる。教員は、教員であり続けるためにも、自らの言動を制御して品行方正であることを求められるようになった。

このような流れのなかで、明治一四年七月八日、小学校教員免許状授与方心得が公布された。この心得は、「碩学老儒等ノ徳望アリテ修身科ノ教授ヲ善クスル者」へ学力検定不要で修身科教授免許状を授与し、訓導とすることを可能にした。修身教授に長けた徳望ある旧師匠たちは、教員に対する品行要求の流れのなかで、問題含みの克服されるべき存在から、正規の教員として認められる存在へ転身した。

（二）小学校教員心得における学習する教員像

先の「教学聖旨」に対し、伊藤博文は「教育議」を奏上して反論した。すなわち、儒教道徳は「政談ノ徒」を育成するのでその復活は危険であり、むしろ科学を奨励して「浮薄激昂ノ習」を解消し、国家富強に貢献する有能な人物を養成すべきだと主張した。また、風俗悪化の直接対策の一つとして、「教官訓条」を施行して教員を生徒の模範にすることを挙げた。この「教官訓条」の構想は、明治一四年六月一八日公布の文部省達第一九号「小学校教員心得」に結実した。

小学校教員心得以前にも、公定の教職倫理はあった。明治六（一八七三）年に文部省は小学教師心得を制定し、その後、府県も小学校教師心得を順次制定した。教職倫理は、文部省の小学教師心得では品行を個人的な性質としてとらえ、国家が制限する教職倫理と見なされてはいなかったが、府県制定の小学校教師心得では直截に国家目的に結びつけられるようになった[33]。明治一〇年代前半、政府は、忠君愛国倫理の模範としての「国民の教化者」という教師の役割を模索していく[34]。そして、明治一四年の小学校教員心得において、教職倫理は明らかに国家の規定する性質をもつようになった[35]。

小学校教員心得は、序文に「小学校教員ノ良否ハ普通教育ノ弛張ニ関シ、普通教育ノ弛張ハ国家ノ隆盛ニ係ル」と記して、小学校教員の良否が普通教育の成否にかかわり、ひいては国家隆盛にかかわることを明記した。これに続く条文では、小学校教員に次のような倫理を実践することを求めた。すなわち、①人倫に通暁して自らを模範として道徳教育を行うこと、②智識を広め材能を長じるように智心教育を行うこと、③体操だけでなく衛生に留意して身体教育を行うこと、④鄙吝陋劣を避けること、⑤快活の気象をもって職務を尽くすため心身の健康を保全すること、⑥教則内の学科はもちろん教則外の学科にも通じること、⑦秩序立てて自らの学識を広めかつ心志を錬磨すること、⑧かつて学習した教育法は常に特質利害を考究取捨して活用すること、⑨講究と経験によって人間の心理・生理の原理と実際とに精通すること、⑩学校管理のため人情・世態を審らかにして道理をわきまえて処務を練習すること、⑪校則を体認・執行すること、⑫熟練・懇切・黽勉であること、⑬剛毅・忍耐・威重・懇誠・勉励などの諸徳をもって学校を統率すること、⑭政治・宗教上の執拗矯激の言論をなさずに寛厚・中正であること、⑮善良な性格と行動を有すること、⑯品行を高くし学識を広め経験を積むこと、以上一六項目の倫理である。

小学校教員心得の諸倫理は、いずれも教授・生徒感化・学校運営上必要な倫理として位置づけられている。これによれば、教員とは、国家隆盛にかかわる知徳体育および学校運営の実践者であることはもちろん、小学校教科およびそれ以外の学問や、教育の原理（心理学・生理学）とその方法について、常に講究と経験によって学び続ける学習者でもある。小学校教員心得は、普通教育を成功させて国家隆盛を実現する良教員となる／であるために、小学校教員に理論と経験から常に学び続けることを求めたものといえる。

(三) 文部省示諭における教員改良構想の提示

文部省は、明治一五（一八八二）年一一月二一日から一二月一五日までの日程で全国各府県の学務課長・府県立学校長を召集して、学事諮問会を開催した。その席上で、府県の担当すべき教育事項に関する文部省の基本方針が説明された。その説明内容を示したのが、「文部省示諭」である。[36] 文部省示諭では、学校などの設置廃止や小中学校などの教則、教科用図書・器械などの方針とともに、師範学校教則や教員資格・改良・待遇などの方針が次のように説明された。すなわち、「善良ノ教育ヲ施サント欲セバ、善良ノ教員ヲ得ザルベカラズ」という原則の下、師範学校教則は、教員になる者へ「其職任ニ堪フルノ徳識才幹」を身に付けさせるように編制する必要がある。小学校を興して就学を督責しても、「善良ノ教員」を得なければ「普通教育ノ好結果」を収めることはできない。しかし、現状では教員養成を十分に行えず、教員は欠乏している。この現状を打開する「師範学科卒業者ノ不足ヲ補フノ便法」こそ、小学校教員免許状授与心得である。

以上を示した後で、文部省示諭は、「小学校教員ノ改良」という方針を掲げた。[37] この方針は、「教育ノ道、年ヲ遂テ開ケ、学芸、日ヲ遂テ新タナリ。教員ノ職ニ従事スルモノ、鋭意学問ノ途ニ進ミ、教授ノ方法ヲ研究セズンバ、何ヲ以テカ此進歩ニ伴ヒ、教育ノ成績ヲ収ムルコトヲ得ンヤ」という教職者認識と、「現今教員其人ニ乏ク、到ル処ノ小学校ハ授業生等ヲ置キ、教授ノ事ヲ助ケシメザルモノナク、其甚シキモノニ至テハ、専ラ授業生ニ教授ノ事ヲ負担セシムルモノアリ」という学校現場認識とに基づいて提案された。また、「教員ノ職タル、己レ自ラ之ヲ軽蔑シ、人モ亦之ヲ賤業視スルモノナキニアラザルガ如シ」という人々や現職教員の教職軽視を問題とし、その理由を「従来ノ弊習」「俸給ノ過少」だけでなく「教員ノ教授法ニ暗キト、統御力ニ乏シキト、其品位ヲ貴クスルコトヲ知ラザル等」に由来すると結論づけている。つまり、「小学校教員ノ改良」は、各地で教育内容・方法に疎い授業生などが教職を務めている現状を打開し、教育・学芸の進歩に応じて学問し、教育方法（教授法・学校管理法）を研究・活用し、自身の品位を高める教員を得るために提案された。教員改良を疎かにすると、「夫ノ子ヲ賊フ」（論語）だけでなく、父兄の信用を失って学校を無用視させることになるという。教員改良の方法としては、教員講習会開設・教育会幇助・巡回訓導設置、および教員が自ら教職を軽蔑・賤業視する弊風を矯正することが挙げられた。

なお、文部省示諭は、その他に、教職に適う者を長くその職に就かせるために、学校長・教員の任用と待遇への配慮を求めた。また、小学校教員心得に基づいて学校長・教員を訓誨せよと求めた。

以上のように、文部省は、明治一五年末に地方教育関係者に対し、師範学校での教員養成だけでなく、小学校教員の改良を推し進める必要があることを示した。普通教育の成果を上げるには「善良ノ教員」を必要とし、そのような良い教員を得るには師範学校卒業生を待つだけでは実現できなかった。また、現実の学校では適切な方法で教育されておらず、現職教員ですら教職を蔑視する者があった現状を打開する必要があった。これらの課題解決策が、小学校教員の改良であった。当時の文部省が構想していた教員改良策は、教員自身による教育方法の習熟と教職意識の向上とを指した。

（四）国家隆替に関与する普通教育の実践者への改良

政府は、明治一六年秋までに、「『国家ノ隆替』に関与する普通教育の実践者」として教員を明確に方向づけ、開発主義的教育改革を推進して教員の関心を「政治」から「学理」へ向かわせ、小学校教員の「改良」施策を進めていった。[38]

まず師範学校については、第二次教育令で師範学校設置を府県に義務づけ、明治一四年八月一九日に師範学校教則大綱、明治一六年七月六日に府県立師範学校通則を公布した。師範学校教則大綱は、師範学校を小学校教員養成機関としてより確かに位置づけ、教育学学校管理法・心理・実地授業という教職専門科目を確立するとともに、普通学科教育を重視した。府県立師範学校通則は、府県師範学校を「忠孝彝倫ノ道」に基づく小学校教員の計画的な養成機関と位置づけ、あわせて管内小学校教育の模範としても位置づけ、かつ物理・化学などの実物教授に必要な施設や教具を整備することを指示した。

明治一六年四月二八日、文部省は、府県選挙師範生徒募集規則を制定して、府県選出の生徒を公費によって東京師範学校に入学させることにした。辻新次普通学務局長は、これに合わせて、「教育ノ改良ハ教員ノ良否ニ起因スル」として、東京師範学校で「良教員」を養成して各地に派遣し、それをもって「教育改良ノ資」にするとしている。[39] 教育改良策としての良教員養成という考え方は、当時の文部省に定着していたと考えられる。明治一〇年代前半の各師範学校は、近代科学に基づく知識・技術とその熟練による専門職業人としての教員を養成するために制度整備を急いだ。ただ、中等教育程度の教養とその上に立つ教職専門教育を成立させた一方で、教育課程における「各科兼熟」の重視と「社会科学的教養の排除」との方針を採ったため、教職の専門性を保障するまでには至らなかったという。[40]

現職教員の再教育についても、新たな動きがあった。明治一五（一八八二）年四月、高嶺秀夫（東京師範学校長）は、本科の欠員が出るこの機会に各府県から臨時の講習生を募集して教職専門教育に準じた講習を施行したいと、文部省へ稟議した。それも、わずか二・三週間の講習や参観ではむしろ害になるとして、長期間の講習を願い出た。その主な講習内容は、高嶺がアメリカから学んできたペスタロッチ主義教授法（開発主義教授法）であった。これにより、各府県から教員が集められ、明治一五年九月から明治一六年七月にかけて、東京師範学校で小学師範学科取調員として講習を受けた。辻新次（文部省普通学務局長）は、講習開業式において、「小学校ノ改良ヲ計画スルニハ先ズ師範学校ヲ改良セザルベカラズ、而シテ師範学校ヲ改良スルニハ主トシテ教育学等ヲ講究セザルベカラズ」とし、取調員に教育学・学校管理法・各科授業法などの講究を求めた。これは、この頃の師範学校改革の主眼が、教育者精神の涵養よりも、教育原理・方法の講究におかれていたことを物語る。[41] このように教育改良の道筋を理解していた辻が、この一年後に大日本教育会のリーダーになったことは留意しておきたい。ただし、辻の後に登壇した福岡孝弟（文部卿）は、教育改良の要点を徳育・国体教育の振興に置いていた。

（五）「政治」から「学理」へ

師範学科取調員の講習そのものは、高嶺・辻らのペースで進められ、明治一六年七月に終了した。講習修了者は、師範学校の中堅・若手教員を中心とした一府二二県の二六名であった。取調員の受けた講習内容は、伊沢修二『教育学』[42]『学校管理法』、ジョホノットやアガッシーの理論、高嶺や若林虎三郎らによる開発主義教授法と推測されている。この講習直後の明治一六年八月一八日、文部省は、府県に達第一六号を発して、以下のように述べた。[43]

小学校ノ教員ヲ益々改良スルハ目下緊要ノ事ニ有之候条、或ハ教員講習所ヲ設ケ、又ハ督業訓導ヲ置ク等、適宜計画シ、其施設ノ規則方法等取調可、伺出此旨相達候事。

但、既ニ教員講習所・督業訓導等ヲ設置セル者ハ、其規則方法等、此際開申可致事。

すなわち、文部省は府県に、小学校教員の改良計画を立てるよう指示した。佐藤秀夫はこれについて、「[師範学科]取調員の帰県に符節を合わせて、彼らおよび各府県師範学校教員らを中心に、現職小学校教員を恒常的に講習・監督するネットワークを形成しようと計画した」と述べている。[44] なお、教員改良策として教員講習所・督業訓導が挙げられているが、「等」が付されている通り、教員改良策をこの二つに限る必要はない。

府県ではこの達を受けて、督業訓導（明治一七年三月以降「小学督業」と改称）を設置したが、最盛期の明治一九（一八八六）年においても設置していたのは一六府県であり、全国的な広がりは見られなかった。その一方で、教員講習は各地で開催された。各府県では、明治一六・一七（一八八四）年頃から、府県単位や郡区学区連合で官主導の教員講習を組織し始め、その受講者が帰郷すると、近隣の助教・授業生らにその成果を伝達する体制を整えていった。府県の講習においても、その内容はペスタロッチ主義教育学・心理学・学校管理法などの「学理」と自然科学的教科を中心とする実物教授法の「実習」とを軸にした。なお、これらの教員講習は多くの教員たちが一か所に集合する機会を与え、恒常的な交流を求めて私立教育会へと発展する機会を提供する場合があった。[45]

高嶺・伊沢・辻などの文部省官僚や東京師範学校教員による開発主義的教育改革は、伊藤博文の「教育議」に見られる「政談」から「科学」へという政策発想を教育実践面で担当するような性格を有したという。[46]というのは、注入的教授を排し、実物観察によって子どもを思考させてその心性を開発することを目指す開発主義的教育改革は、徳育の考究を一時据え置いている。これは、伊藤の望んだように、科学教育の重視によって儒教主義の全面的浸透を阻害する機能を部分的に果たすことになった。また、「教育議」は教育から民権運動を切り離すことも狙っていたが、彼らの改革は、民権運動に向いていた教員の関心を、「学理」やそれを基盤とした「実習」へと方向づけた。開発主義的教育改革は、教員の関心を「政治」（民権運動）から「学理」（教育学などの教職原理）へと方向づけた。

以上のような流れのなかで、教員は「学理」の考究へと向かっていく。その際に重要な場となったのが教育会であった。教育会は、学制頒布後各地に設置されていた行政設置の学事会議（諮問会議）や教員講習会的組織、または有志による教育内容・方法などに関する教育研究会を源流とする教員を含む教育関係者の集団である。教育会は、明治一四（一八八一）年六月の文部省達第二一・二二号から明治一五（一八八二）年末の学事諮問会・文部省示諭に至って、文部省から統制を加えられてきた。この一連の教育会統制は、一般的には、民権運動から教育会を引き離す方策として位置づけられている。ただ、結果として、教育会設立・再編を全国的に促し、教育会のあり方や教員の関心・活力を、政治活動から教育活動へ方向づけていく（囲い込んでいく）重要な契機となった[47]。明治一六年九月結成の大日本教育会には、文部省官僚が積極的に関与し、集会や教員講習、出版刊行などの教員改良策を推進していく。これは、集会条例などの禁止中心の従来型の統制とは異なる関与の仕方といえよう。教育会への関与・協力は、明治一六年文部省達第一六号で明確に奨励されたわけではないが、文部省示諭に述べられたように、教員講習所や督業訓導に並ぶ文部省の教員改良策の一つとして構想されていた。

以上、明治初年から一〇年代半ばまでの教員をめぐる諸情況を検討してきた。これらの結果をふまえて、明治一〇年代前半における教員改良問題の成立過程について整理すると、次のようなことが明らかになった。

まず、第一の教員改良問題は、伝統的な手習師匠的教職者を近代的な教員にいかに改良するかというところにあった。教員は、明治五年、計画的教育による近代西欧科学と教職専門との知識・技術の習得により、手習師匠の伝統的問題を克服することを目指して誕生し始めた。その誕生過程はスムーズに進まず、多くの旧師匠の教職からの脱落と新規の学習とを伴った。教員誕生は、師匠の否定から始まったが、実際には師匠の教員への移行・改良・包摂であった。とくに、子どもを感化するための漢学的道徳性は、明治一〇年代前半における品行重視の傾向において、師匠から教員へ引き継がれた[48]。そのような意味で、教員改良問題には、近世と近代との連続または非連続を見出せる。

第二の教員改良問題は、地域の教育改革に対していかに関わるかというところにあった。教員は、民権運動期において、地域の教育改革に主体的に関わることを経験した。教員は、選択済みの知識・技術を伝達する受動的存在として誕生した。しかし、近代学校制度の導入が行き詰まるにつれて、地域に合った教育内容・方法・課程を選択・計画する場面に参加することになった。多くの教員は、国家目的・方針の範囲のなかで自らの自主性を発揮することを選び、地域における教育政策の実施者として教育改革に参加した。地域と切り離された存在として誕生した教員であったが、このような活動において地域とつながる契機を得た。また、自らの学習成果を改革参加の過程において活用することで、単なる政策の受容者ではなく政策過程の主体者になる契機をも得た。もともと国家に統合された存在として誕生した「教員」であったが、民権運動は、直接・間接に教員の主体性を国家に統合する契機となった。

第三の教員改良問題は、常に学び続け、自らの学識・技能・道徳性・教職意識などを高め続ける存在に、いかに教員がなっていくかというところにあった。教員は、民権運動とそれに刺激された教員施策を通して、理論と実践とによって常に学び続け、教員の専門性を高めることを求められるようになった。民権運動では、地域における自らの地位を確立するために、教員のなかには、組織的・自主的学習によって専門性を高める必要があることに気づく教員が現れた。また、その政治運動家化を阻止するためであったとはいえ、教員は、常に教授・生徒感化・学校運営に関わる講究・修養・実践に努めるとともに、倫理的存在であらねばならないことが確認された。

明治一〇年代前半までの師匠から教員への移行過程において、国家の教育政策を地域に応じて実施・計画し、そのために教授・生徒感化・学校運営上に関わる学習・修養に努める存在へと教員をいかに導くか、という教員改良問題が発生した。この問題は、決して国家・行政当局だけの問題ではなく、単なる教員の個人的問題でもなかった。教員改良問題は、教員という職業全体の問題として発生した。ただし、問題発生の時点で、教員の足並みがそろっていたわけではない。この時はまだ、文部省や行政当局、一部の教員がそれぞれ認識し始めたにすぎず、教員改良の問題意識は断片的に各地域に散らばって存在するに止まった。教育会は、教員や教育行政当局者を組織し、その断片的で散逸した問題意識を出会わせ、交流させ、束ねていく場として、歴史上に登場したのである。

（1）寺崎昌男「歴史がもとめ歴史に参加した教師たち」寺崎昌男・前田一男編『歴史の中の教師Ⅰ』日本の教師二二、ぎょうせい、一九九三年、四～五頁。
（2）大石学『江戸の教育力―近代日本の知的基盤』東京学芸大学出版会、二〇〇七年。
（3）高橋敏『江戸の教育力』ちくま新書、筑摩書房、二〇〇七年。
（4）大石、前掲注（2）、八一～八二頁。
（5）篠田弘「教員養成」国立教育研究所編『日本近代教育百年史』第三巻、教育研究振興会、一九七四年、八六〇頁。
（6）文部省編『明治以降教育制度発達史』第一巻、龍吟社、一九三八年、七七六～七七九頁。
（7）佐藤秀夫によると、明治初期における「教師」の呼称は、主に近代西欧の知識を能動的に提示する少数のお雇い外国人を指し、近代西欧の知識を受動的に伝達・普及させる多数の日本人教授者を法制上指す「教員」とかなり明白に区別されていたという（佐藤秀夫「「近代学校」の創設と教員養成の開始」中内敏夫・川合章編『日本の教師六―教員養成の歴史と構造』明治図書、一九七四年、三一～三二頁。佐藤秀夫「公教育学校における教師像の変遷」『こころの科学』第九八号、二〇〇一年七月、二九頁）。しかし、この伺やその後に出された師範学校設立の布達（明治五年五月文部省布達番外）の段階では、養成された日本人教師も「教師」と呼ばれており、「明白に区別」されていた様子は見られない。また、現代であれば「養成」という言葉を使う場面において、「教導」「伝習」「植成」という言葉は使われているが、「養成」という言葉は使われていない。教員養成と教員研修（伝習）との区別が、明治初期の教員政策において明確に意識されていたわけではなかったことの証左の一つであろう。
（8）宮坂朋幸「教職者の呼称の変化に表れた教職者像に関する研究―明治初期筑摩県伊那地方を事例として」日本教育史研究会編『日本教育史研究』第二二号、二〇〇三年、七一～九七頁。
（9）船寄俊雄「「訓導」職名の成立経緯」中国四国教育学会編『教育学研究紀要』第二九巻、一九八三年、三〇～三三頁。
（10）宮坂、前掲注（8）、八二～八三頁。
（11）名倉英三郎「明治初期における小学校教育の成立過程―近代日本教育制度の発達」『東京女子大学附属比較文化研究所紀要』第四号、一九五七年、一～五九頁。
（12）名倉、同前、二七～二八頁。
（13）宮坂朋幸「明治前期における資格としての『教員』問題」『滋賀文化短期大学研究紀要』第一八号、二〇〇八年、一六一・

一六五頁。
(14) 鈴木理恵『近世近代移行期の地域文化人』塙書房、二〇一二年。
(15) 宮坂、前掲注（8）、一六五～一六六頁。例外的に、度重なる地方当局の指導にもかかわらず、明治後期まで手習所が存続した地域もあった。明治期における手習所の存続は、地域住民の教育要求を「教員」が受け止めきれなかった結果といえるかもしれない。その意味では、「師匠から教員へ」の過程は、地域によっては明治後期まで残るような長期間にわたるものであったと考えられる。
(16) 寺﨑、前掲注（1）、四～五頁。
(17)「民選議院設立ノ建言」吉野作造編『明治文化全集』第四巻（憲政篇）、日本評論社、一九三〇年、三六四～三六六頁。
(18) 宇田友猪・和田三郎編『自由党史』上、五車楼、一九一〇年、一五二～一五六頁。
(19) 片桐芳雄『自由民権期教育史研究―近代公教育と民衆』東京大学出版会、一九九〇年、二六頁。
(20) 片桐、同前、三〇〇～三〇三頁。
(21) 牧原憲夫『客分と国民のあいだ―近代民衆の政治意識』ニューヒストリー近代日本一、吉川弘文館、一九九八年。
(22) 牧原、同前、八九頁。
(23) 石戸谷哲夫『日本教員史研究』野間教育研究所、一九五八年、五九～一一六頁。海原徹『明治教員史の研究』ミネルヴァ書房、一九七三年、四五～一一二頁。
(24) 片桐、前掲注（19）、三頁。
(25) 土方苑子「千葉県における自由民権運動と教育」国民教育研究所・「自由民権運動と教育」研究会編『自由民権運動と教育』草土文化、一九八四年、六九～七六頁。
(26) 梶山雅史「教育会史研究の進捗を願って」梶山編『続・近代日本教育会史研究』学術出版会、二〇一〇年、一〇頁。
(27) 梶山、同前、二二頁。
(28) 黒崎勲『公教育費の研究』青木書店、一九八〇年。黒崎勲「高知県における自由民権運動と教育」、国民教育研究所・「自由民権運動と教育」研究会編、前掲注（25）、一九八頁。
(29) 黒崎勲『公教育費の研究』青木書店、一九八〇年。
(30) 土方、前掲注（25）、八九～九〇頁。田嶋一「静岡県の自由民権運動と教育」、前掲注（25）、一二八～一三一頁。
(31) 尾崎公子『公教育制度における教員管理規範の創出』学術出版会、二〇〇七年。
(32) 唐澤富太郎『教師の歴史』著作集第五巻、ぎょうせい、一九八九年（初版一九五五年）、二九～四四頁。

(33) 船寄俊雄「明治初期府県制定小学校教師心得にみる教師像の性格」日本教育学会編『教育学研究』第五一巻第四号、一九八四年、三二～三八頁。
(34) 大坪嘉昭「近代日本の臣民創制過程における国民像と教員像」石戸谷・門脇編『日本教員社会史研究』亜紀書房、一九八一年、三～三五頁。
(35) 船寄俊雄「一八八〇年代前半における教員政策の転換と小学校教師像の日本的変容」日本教育史研究会編『日本教育史研究』第五号、一九八六年、一～二六頁。
(36) 学事諮問会・文部省示論については、次を参照のこと。国立教育研究所第一研究部教育史料調査室編『学事諮問会と文部省示論』教育史資料一、国立教育研究所、一九七九年。
(37) 文部省『文部省示諭』一八八二年、一二六～一三〇頁。
(38) 佐藤秀夫「教員養成」国立教育研究所編『日本近代教育百年史』第三巻、教育研究振興会、一九七四年、一二八一～一三〇六頁。
(39) 文部省『明治以降教育制度発達史』第二巻、龍吟社、一九三八年、四五〇頁。
(40) 水原克敏『近代日本教員養成史研究』風間書房、一九九〇年、二〇九・四五二頁。
(41) 佐藤秀夫、前掲注(38)、一二九六頁。
(42) 佐藤秀夫、前掲注(38)、一二九七～九八頁。
(43) 文部省『明治以降教育制度発達史』龍吟社、一九三八年、四五二～四五三頁。
(44) 佐藤秀夫、前掲注(38)、一二九八頁。
(45) 例えば、福島私立教育会の例など(福島県教育委員会編『福島県教育史』第一巻、福島県教育委員会、一九七二年、七四一頁)。
(46) 佐藤秀夫、前掲注(38)、一三〇五頁。
(47) 梶山雅史「教育会史研究へのいざない」梶山雅史編『近代日本教育会史研究』学術出版会、一七～一九頁。
(48) もちろんこれは、教員に求められる道徳性を漢学的なものに限るという意味ではない。教員は、漢学道徳とともに近代市民道徳を求められた。

第二章　東京教育会における官立師範学校卒業生の動員

――東京府教育の改良――

本章の目的は、東京教育会の活動実態を検討して、教員をどのように動員していたかを明らかにすることである。その際、動員された教員の多くは、当時数少ない正資格教員である官立師範学校卒業生であった。本章では、彼らの動員のあり方に注目したい。

東京教育会は、明治一〇年代前半に活動していた東京府の地方教育会であり、東京教育学会・大日本教育会・帝国教育会の系譜につながる中央教育会の母胎の一つである[1]。『帝国教育会五十年史』によると、東京教育会は、「府教育界の有志相謀り、明治一一（一八七八）年一二月東京府関係の各学校教員を会員として東京教育会を組織し、事務所を日本橋常磐小学校内に置いて、毎月一回相会して、教育問題の研究を行って居た」とある[2]。東京教育会は、明治一〇年代初期において東京府の教育社会を構成した一団体であり、かつ詳細な活動実態があまりよくわかっていない明治一〇年代前期の教育会の一つでもある[3]。

東京教育会の先行研究には、倉沢剛と渡部宗助の研究がある。倉沢は、東京教育会を教員による授業法の自主的改良組織として捉え、その前身を明治一二（一八七九）年の師範学校教師開催の演説討論会とし、さらに「東京教育会社則」（以下「社則」）の一部を紹介した[4]。渡部は、社則に基づいてその組織構造を検討するとともに、『内外教育新報』を用いて明治一二年の活動を明らかにした[5]。しかし、両研究ともに、東京教育会の機関誌『東京教育会雑誌』を用いず、かつ東京府教育の改良に対して東京教育会が直接的に果たした役割や、教員がどのように動員されたか検討していない。

そこで本章では、東京都公文書館所蔵資料および『東京教育会雑誌』を中心に用いて、東京教育会の活動実態をさらに掘り下げる。そこでまず、その活動目的・方針と組織構造を検討する。次に、東京教育会の活動実態を時系列に整理する。最後に、二つの法令改正への東京教育会の関与について、教員の動員実態に留意しながら、東京府教育改革への影響を分析する。

一．東京教育会の組織構造

（一）本社員と通常社員

まず、東京教育会社則（明治一二年一一月改定）[6]によって、東京教育会の組織構造を検討する。同社則は、制規全三七条、会議規則全一三条、演説規則全四条、刊行規則全三条で構成されていた。社則によると、東京教育会の活動目的は、「本会ハ同志相集リ、教育ノ事理ヲ講窮拡張スル」ことであった（制規第一条）。

東京教育会は、会員（社員）を「本社員」と「通常社員」との二種類に分けた。本社員は、「常ニ討議演説スルノミナラズ、専本社ノ盛衰ヲ負担シ、一切ノ事務ヲ理ム」役員であり、任期一年・定員一〇名であった（制規第八条・九条）。本社員が退社する際は、主幹・本社員全員の承諾を得る必要があった（制規第一五条）。東京教育会の職員は、主幹一名・幹事二名・会頭一名・副会頭一名・録事二名・編輯委員二名の定員九名から成り、会頭と副会頭は全ての社員から選ばれ、後の職員は全て本社員から選ばれた（制規第一七条〜二三条）。東京教育会の運営は、本社員が中心となって行っていた。

本社員の資格は、①「東京府下在留ノ者」、②「本社員投票ノ過半数ヲ得ル者」、③「凡半年以上教育事務ニ関係シ、若クハ本会ニ六会以上出席セシ者」であった（制規第八条）。また、新たに本社員として入会する者は、積金として一円を納入し、臨時費用を払うこともあるとした（制規第二七条）。つまり、本社員となるには、東京在地の教育経験者または東京教育会での活動実績を有する者であると同時に、現本社員に認められる人望と、積金と臨時費用を支払える程度の経済的能力とが必要であった。

通常社員は、会場において演説・討論をする権利を有し、遠く離れた地域からも論説を寄送することで活動に参加することもできた（制規第一二条）。ただし、通常社員になるには、二名以上の保証人付きの上、本社員の承認が必要であった（制規第一一条）。さらに、六月と一二月に改選され、次年度も社員でありたい場合は、本社員の二分の一の承認が必要であった（制規第一四条）。社員が退社したい時は、その理由を記載して幹事に提出し、主幹の承諾を得て集会で社員へ報告することにした（制規第一五条）。このように、通常社員は、本社員によって厳しく管理されていたことがわかる。なお、会費は一か月金一〇銭であり、遠隔地のため出席不能の者の場合にはその半額とした（制規第二六条）。

この社則が定められた明治一〇年代前半は、自由民権運動の最盛期であり、かつ教員の態度が厳しく問われた時期であった。社則には、「会場ニ於テ成法ヲ誹毀シ、或ハ喫烟談話スルヲ禁ズ」と定め（制規第三四条）、「議場紛擾ニ渉リ、或ハ議員違則ノ者アル時ハ、会頭ノ意見ヲ以テ議場ヲ中止シ、或ハ論者ヲシテ黙止及退場セシムルコトアルベシ」とも定めた（会議規則第八条）。東京教育会は、社員に法令を非難する事を禁じ、感情的に議場をあおって紛擾を起こすような行為を禁じた。過激な演劇的興奮をあおっていた当時の民権運動とは、一線を画そうとしていたことがわかる。本社員による社員の管理もその対策のひとつといえる。[7] ただし、明治一三（一八八〇）年六月に社則が改正された際に、本社員を三〇名に増加し、半年毎の通常社員改選を廃止、満期後の本社員の承認も不要とした。[8] これにより、当初の厳格な管理方針が軟化され、社員の活動を制限する拘束性は緩和された。[9]

（二）東京教育会の運営者たち

東京都公文書館所蔵の東京教育会社則には、本社員一五名の氏名が付記されている。これによると本社員は、田辺貞吉・津田清長・芳川修平・大東重善・中山龍尾・武居保・須田要・合志林蔵・丹所啓行・駒野政和・千葉実・多田芳隣・荻島光亭・北畠卓郎・松田方義であった[10]。おおよそ、東京府学務課員・東京府師範学校教員・東京第一中学教員・公立小学校教員で構成されており、公立小学校教員が最も多い。

表1は、本社員一五名について、明治一一～一三年の三年間の職歴を追ったものである。表1によると、公立小学教員経験者が全一五名中一〇名（六七％）、校長・幹事などの学校管理職経験者は七名（四七％）、試験掛経験者は一〇名（六七％）であった。校長・幹事・試験掛は優秀な教員が任命される管理職であった。また、ここに挙げられた公立小学教員経験者は、全員試験掛経験者であった。東京教育会本社員には、小学校教員のう

表1　東京教育会本社員職歴表（明治11～13年）

	田辺	津田	芳川	大東	中山	武居	須田	合志	丹所
東京府学務課	○								
校長・幹事		○	○	○			○		○
府師範学校教員		○	○					○	
公立小学教員				○	○	○	○		○
試験掛				○	○	○	○		○
中学教員									
庶民夜学校教員			○	○	○		○		○
私立小学教員									

	駒野	千葉	多田	荻島	北畠	松田	合計	割合
東京府学務課	○						2	13%
校長・幹事				○		○	7	47%
府師範学校教員	○						4	27%
公立小学教員		○	○	○	○	○	10	67%
試験掛		○	○	○	○	○	10	67%
中学教員	○						1	6%
庶民夜学校教員				○			6	40%
私立小学教員		○				○	2	13%

出典：東京都立教育研究所編『東京教育史資料大系』第4・5巻（1972年）、および東京師範学校『自第一学年至第六学年東京師範学校沿革一覧』（1880年）を用いて作成。

表2　明治13年における東京教育会本社員の一覧

	職業	最終学歴	本籍	役員
田辺　貞吉	東京府学務課二等属官	不明		二代会長
津田　清長	東京府師範学校幹事（受持：作文・理学・地学）	東京師範学校小学師範学科卒（M9.10）	群馬	初代会長
芳川　脩平	東京府師範学校教師（受持：正科・経済）	東京師範学校小学師範学科卒（M9.10）	埼玉	
大東　重善	公立江東・明治・公恵小学校教員（M13.9）	東京師範学校小学師範学科卒（M9.10）	茨城	三代印刷長
中山　龍尾	公立久松小学校三等訓導（M11.3）	東京師範学校小学師範学科卒（M9.4）	山口	初代印刷長
武居　保	公立習成小学校教員（M13.9）	東京師範学校小学師範学科卒（M11.2）	長野	
須田　要	公立桜田小学校教員（M13.9）	東京師範学校小学師範学科卒（M8.10）	宮城	
合志　林蔵	東京府師範学校教師（受持：史学・数学）	東京師範学校小学師範学科卒（M9.10）	熊本	
丹所　啓行	公立番町小学校教員（M13.9）	東京師範学校小学師範学科卒（M10.3）	東京	
駒野　政和	東京府第一中学教師（受持：和洋算術）	不明		
千葉　実	公立常磐小学校訓導（M13.2）	東京師範学校小学師範学科卒（M10.3）	東京	二代編輯長・印刷長
多田　芳隣	公立有間・十思小学校教員（M13.9）	東京師範学校小学師範学科卒（M9.10）	広島	
荻島　光亨	公立千代田小学校教員（M13.9）	東京師範学校小学師範学科卒（M8.11）	千葉	
北畠　卓郎	公立待乳山小学校四等訓導（M11.3）	長崎師範学校卒		初代編輯長
松田　方義	公立桜池小学校教員（M13.9）	不明	三重	

出典：東京師範学校『自第一学年至第六学年東京師範学校沿革一覧』（1880年）および、東京都立教育研究所編『東京教育史資料大系』第4･5巻（1972年）を使用して作成。

ちの実力者が多かったといえる。東京府師範学校教職員経験者は四名（二七%）であった。明治九（一八七六）年から集計すると、府師範学校教職員経験者はこれに田辺・大束・須田・丹所・多田・荻島を加え、計一〇名（六七%）となる。また、津田・芳川・大束・中山・武居・須田・合志・丹所・千葉・多田・荻島は官立東京師範学校出身、北畠は官立長崎師範学校出身であった。官立師範学校の卒業生は一二名（八〇%）であった[11]。

以上のように、東京教育会本社員の六割以上は小学教員経験者であった。また、東京府師範学校の教職員経験者も六割以上であった。さらに、八割が官立師範学校卒業生であった。官立師範卒業生でない残りの三名は、表2の通り、田辺は府学務課幹部であり、駒野は府立中学教員、松田は試験掛の経験を持つ東京府下で実力を認められた教員であった。

（三）『東京教育会雑誌』の担い手

東京教育会の会員数は、明治一二年九月に五〇名、明治一三年九月に七二名、明治一四（一八八一）年九月に六二名であった[12]。しかし名簿は発見されていないため、先の本社員以外の会員を特定することは容易ではない。そこで、会の関心領域や重要人物を具体的に検討する手がかりとして、機関誌記事に注目

表3　『東京教育会雑誌』全記事テーマ一覧

分類	件数	割合	分類	件数	割合
教育論	8	9%	試験	8	9%
教師論	8	9%	学校経営	2	2%
学問論	2	2%	私立学校	11	12%
就学前教育	1	1%	庶民・夜学校	3	3%
初等教育	22	23%	学校衛生	2	2%
中等教育	1	1%	教育行政	24	26%
高等教育	0	0%	文部省	8	9%
女子教育	5	5%	東京府教育事情	38	40%
教師教育	4	4%	県外教育	4	4%
実業教育	2	2%	外国教育情報	3	3%
教科教育	7	7%	会報	15	16%
教員関係情報	13	14%	その他	4	4%
教科書	4	4%	総記事数	94	100%

出典：『東京教育会雑誌』1～10号を使用して作成。

表 4　明治 13 年発行の『東京教育会雑誌』論説題一覧

号	発行日	題名	筆者
1	3/2	演説の主義を論ず	中村敬宇
		捻看者文	加藤熙
		親接の原則	曽田愛三郎
		日本文法論	北畠卓郎
2	4/24	師説	大束重善
		小学校に幼稚室設くべきの説	須田要
3	5/22	気象の教養	城谷謙
		督促教育論	生駒恭人
4	6/26	適度の抑制は教育の根本	朝倉正行
		数理論	駒野政知
		雑録	寒湖漁夫
5	7/24	学問の源流	岡松甕谷
		報知新聞を読む	千葉実
		金石学の要	山縣悌三郎
6	8/28	倭人必需人心論	武居保
		初等植物学教授論	信原謙造
7	9/25	学者必しも教師にあらず	城谷謙
		自由教育果して吾国に適せざるか	千葉実
8	10/23	懲矯院の創設を賛成す	千葉実
		艱難に耐ふるの気象を養成すべきを論ず	隅田彦一
		教科書の誤謬	撫松士
9	11/27	教員貯金論	浅黄直吉
		普通教育の大勢	駒野政知
		文部省報告第 3 号を読む	撫松士
		岡山県学事景況	瓢六迂夫
10	12/11	我国学問の古来他邦に及ばざる原由	城谷謙
		公立小学増築論	合志林蔵
		普通教育の大勢（続き）	駒野政知
		静岡県学事景況一斑	足立要三

出典：『東京教育会雑誌』1 ～ 10 号を使用して作成。

したい。表3は、『東京教育会雑誌』第一～一〇号掲載の全ての記事から、それぞれテーマを抽出して統計を取りまとめたものである。一記事一テーマとは限っていないため、テーマ件数は延べ数である。表4は『東京教育会雑誌』第一～一〇号中の論説題・著者名を一覧にした。

明治一二年一一月改定社則によると、「雑誌」は「社員ノ論弁、演説、及他ノ寄送ヲ登録」するものであった（制規二五条）。同時に、雑誌の利益は人件費などの諸費に充てた（同二九条）。また、『雑誌』第一～一〇号の見返しに掲出されている「例言」には、「本誌ノ目的ハ、遍ク世ノ裨益ヲ謀ラント欲スルニ在レバ、何人ヲ論ゼズ論説ヲ寄贈シ、事実ヲ報道セラレンコトヲ望ム」とある。表3によれば、会報の記事は全体の一六％に留まっている。『東京教育会雑誌』は単なる会報誌ではなく、内容を一般に公開することを目的とした教育雑誌であった。

『雑誌』の内容の傾向はどのようなものであったか。表3を見ると、東京府の教育事情に関する記事の割合が高い。「東京府」「府下」などの言葉を冠して見出しを付けられている号が、第二号から一〇号まで継続的にあった。また、東京府教育事情に関する記事が全体の四〇％（会報を除いて再計算すると四八％）であった。これらは、東京教育会が東京府教育に関して継続的に調査し、報道したことを示している。ただし、教育一般を述べる記事が半分以上を占めたことも無視すべきではない。また、初等教育関係の記事が比較的多いが、本社員の経歴を見れば納得できる。雑誌編集上、小学校教員の問題関心に配慮しようとしていると考えられる。教師論や教員関係情報の記事が多いことも、教員の質や置かれた状況に対する関心のあらわれであろう。

では、誰が『東京教育会雑誌』を作り上げたか。雑誌の印刷・編集者は、職員の編集委員であった。明治一二年一二月から翌年三月までは、編集委員を中山龍尾・北畠卓郎が務めた。そのうち、中山が印刷長、北畠が編集長を担当した。四月に北畠が高知県へ赴任すると、編集長は千葉実に交替した。また、一一月には職員改選によって、印刷長が大束重善と交替した。明治一三年の雑誌は、中山・北畠・千葉・大束によって担われた。彼らは全員、官立師範学校卒業生の公立小学校教員であり、試験掛経験者である。また、表四に挙げた論説二九件のうち一五件（五二％）の論者は官立東京師範学校卒業生であった。つまり、『東京教育会雑誌』は、官立師範学校卒業生たち（とくに東京師範学校卒の指導的小学校教員）が中心となって作り上げていたのである。

二　東京教育会の活動実態

（一）東京教育会の結成

『東京教育会雑誌』第一〇号には「東京教育会沿革略記」（以下「略記」）が掲載されている。[13] この略記を中心に用いて、東京都公文書館所蔵史料と同時期刊行の教育雑誌『内外教育新報』とによって史料を補いながら、東京教育会の活動実態を叙述する。

東京教育会の嚆矢は、明治一二年一月、日本橋区本町常磐小学で行われた「教育に関する演説」を行った演説会であった。[14] 一月一八日、東京府学務課が、津田清長ほか四名が「教育演説会」を開きたい旨を届け出ていることについて稟議書を作成した。[15] これは、同月（日付未記入）に、東京府師範学校教師である津田清長（会主）・合志林蔵（会員）・芳川修平（会員）・中里亮（会員）が連名で「演説会御届」と題し、常磐小学において一九日に「教育の件に付演説討論会」を開催するとともに、二月以降毎月第一日曜日に同様の会を開きたい旨を府学務課に届け出たことを受けたものであった。[16] この後、一月中に、教育に関する演説討論会が開催され、その場で仮規則が頒布された。

続いて一月二一日、学務課は「今般府下公立小学教員、教育演説会毎月一回づつ相開き候付、東京府第一中学講堂借用致度旨申出候処、別段差支も無之候条、御貸候段相成可然乎、此段相伺候也」と稟議書を作成した。[17] これは、知事と書記官の認可を経て二三日に決裁されている。また、二月一日には、前回と同じ府師範学校教師四名により、演説会会場の変更届が提出されている。[18] この変更届は、「教育会場所替御届」となっており、津田ら府師範学校教師たちが「教育会」の名称を文書に使用したのはこれが初めてであった。この届を受けて、府学務課は二月八日に稟議書を作り、書記官の認可を経て決裁した[19]。これ以降、毎月、東京府第一中学講堂において教育会が開かれることが認められた。

『内外教育新報』によると、二月二日、第一中学にて「教育演説討論会」が開かれた[20]。聴衆は「凡百余名」であった。中村正直「演説の目的論」と大束重善「師説」の演説があり、その後に討論会が開かれた（討論題目は不明）。会場は第一中学であり、討論会の議長は先の府学務課へ向けた届に連名した芳川修平が選ばれた。この「教育演説討論会」は上述の教育会であろう。二月二六日付発行の『内外教育新報』第一八九号には、巻末付近に「教育会広告」が掲載された[21]。この広告によると、教育会には「数十名結社」していること、毎月第一日曜日午後一時から東京府第一中学で「教育ノ事理ヲ演説討論」していること、および有志に「入社」を呼びかけていることがわかる。さらに三月二日には、芳川修平「文章論」、河野通（東京府師範学校教師）「教育は当世の急務」、合志林蔵「授業日誌は天の法則」、千葉実「千葉県の学事は最後の目的を得たり」の演説が行われた[22]。また、この日、田辺貞吉以下三名の学務課吏員が、「物を贈って」教育会の開設を祝した。なお、略記によれば、三月に合志と芳川とが幹事に就いた。

図１　津田清長

略記によると、明治一二年四月、会名を「東京教育会」と改名し、委員五名を選んで会則を制定させた。これにより、会頭一名・幹事二名が置かれ、「事務ヲ監理」することになった。この時をもって、継続的組織を有する東京教育会がここに正式に結成されたといえる。同年六月には、幹事交替となり大束・武居が幹事を務め、会場を上野公園地内の教育博物館に移した。

明治一二年一一月、委員四名を選んで「会則」を改正した[23]。このとき成立したのが、東京都公文書館に現存している「東京教育会社則」である。この社則は、本社員・通常社員を置いて管理の制度を定め、会費や積金を継続的に集めること、本局を日本橋区久松町四五番地（久松小学）に置くこと（制規第三条）、その事

図２　田辺貞吉

業については、社員の討議・演説（制規第九条・第一二条）、徳望名誉ある者への演説依頼（制規第一六条）、「東京教育会雑誌」刊行と全社員への雑誌送付（制規第二五条）を定めた。ここにおいて、東京教育会は、ただの臨時的な集会ではなく、継続的な組織を有して事業を展開する団体として確立したことが確認できる。略記は、この時点を、「本会ノ基礎、是ニ於テ始テ鞏固トナル」と位置づけた。一二月には職員の選挙が行われ、主幹に田辺貞吉が選ばれた[24]。田辺は、明治九（一八七六）～一〇（一八七七）年の間、東京府師範学校長を務め、修業年限二年の師範学科制導入や女子師範生徒教則・予備教員養成法の制定実施を行った。主幹選出時は東京府学務課の幹部クラスの人物であった（明治一三年末時点では二等属[25]）。府学務課との関係は先述の通り明治一一年三月にすでに見られるが、田辺を主幹に据えることで、東京教育会は府学務課との連携関係を確固たるものにしたといえる。

（二）活動の活発化

明治一三年一月一三日、教育会員の芳川修平と津田清長から、府学務課に二通の請願書が提出された[26]。そのうちの一通は、社則を設けたので学務課に三部進呈するという内容であった。その後、社則は知事・書記官・学務課に回覧され、各員が目を通したようである。他の一通は、各区役所と各公立小学に社則を一部ずつ配布して欲しいとの請願書であった。学務課は「教育に関する義に付、御聞届相成可然哉」と稟議書を作成、知事の認可を経て決裁された。これにより社則配布が滞り無く行われたとすれば、東京教育会の知名度は東京府の教育関係者の間において向上したと考えられる。

同年二月、第一中学で臨時会を開き、東京府の小学試験法改正に関わった。詳しくは後述する。なお、この議論は二〇余日かかった。おそらく成立したばかりの社則の会議規則に基づいて議論されたと思われる。社則によると、会議は議事と討論に分けて行われ（会議規則第一条）、討論は基本的に午後三時から五時まで（時宜によって会頭が伸縮）行われる（同第二条）。論者の着席順次は、毎会抽籤で決めた（同第三条）。討論題は告知三日前に主幹に提出し、主幹の判決により討議または廃棄され、討議する場合には会頭によって報じられる（同第一二条）。討議はすべて過半数で決し、もし可否数が同じ場合は会頭が専決する（同第一三条）。討論はおおむね三次会まで開き、第一次会は「総体議」、第二次会は「逐条議」、第三次会は「確定議」とした（同第四条）。なお、第一次会では、会頭があらかじめ議案を頒布し、録事が朗読した後に議案説明・質疑応答が行われて総体について可否を討議し、可としてその方法を改良するときには三名の委員を選んで修正して再び一次会を開く。第二次会では、会頭が録事に議案を朗読させ、条ごとに論者が所見を述べて可否の決をとり、修正や諸説が可決したものは三次会の議案になる。第三次会では、会頭が録事に修正案を朗読させ、可否の決をとり、修正の必要があるものは三名以上の賛成者があれば動議することができる。また、議論が紛擾にわたった場合は、小会議を開いて熟議する（同第五条）。賛成者のない動議は認められず（同第六条）、議論が終わらない間は他の発議はしてはならないし（同第九条）、誤解を弁解するなどの場合以外は同じ事をもう一度述べることはできない（同一〇条）。発議者はまず起立して「会頭」と呼び、自分の番号を述べて会頭の応答を待って発言することとし、論者が互いに応答することはできない（同第七条）。議場紛擾または議員違則の場合は、会頭が議場を中止するか論者を黙止・退場させることがある（同第八条）。東京府の小学試験法は、以上の会議規則に基づいて討議されたものと思われる。

三月二日、『東京教育会雑誌』第一号が発行された。裏表一〇枚ほどの小冊子であったが、東京教育会はこれで機関誌を持つことになった。なお、同月に本局を日本橋区久松町四五番地（久松小学の地所）に置いたとある。[27] 本局の位置はすでに社則制規第三条で同じ住所に定められていたが、おそらくこの時に実際に本局を置いたと思われる。これによって、東京教育会の活動拠点が定まった。三月の通常会では「小学教員奨励法」について討論した。[28] ここで、「一定期中皆勤ノ者」に慰労金を、「平生勉強ノ者」に解約時に慰労金を、「平生勉強ニシテ授業ニ煉達スル者」に契約中でも増給を、「契約中死去シタル者」に弔資を与えるという「小学教員待遇案」全四条をまとめ、府庁へ建議することにした[29]。六月以降は、小学教則改正を巡って動きがあった（後述）。

八月二九日、東京教育会社員一四名が発起人となり、両国中村楼において教育親睦会を催した[30]。親睦会には、学務官僚・学務委員・中小学校教員・学校世話掛など約二〇〇名以上の人々が集まったという[31]（詳細は第Ⅰ部第三章参照）。そして、東京教育会は、「爾後は一年ニ二度ヅ、此会ヲ催シ、相識リ相親ミテ普通教化ノ基礎ヲ固メントスル」と記事に記載し、普通教育のための教育関係者・有志者の交流機会に関する継続意欲を示した。

（三）東京府学事を担う当事者としての活動

府県会規則の公布を受けて、明治一二年一月に東京府会が誕生した。府会では地方財政の審議がなされ、学校費の審議も行った（詳しくは後述）。明治一三年八月、府会では、府立中学・師範学校費の全額削除を決定した[32]。その理由は、東京府では中学・小学ともに私学で足りているのだから、公立中学も必要ないし、師範学校での教員養成も必要ないというものであったという[33]。これに対し、『東京教育会雑誌』は、府下学事近況の一記事として、六頁にわたる反論記事を掲載した。

この記事によると、東京府会の例に倣って全国で中学・師範学校廃止説が広まった場合には、人民の不幸にしかならないと、反論の動機が語られている。東京教育会は、まず私立中学の不可測性を説いた。すなわち、東京には私立中学があるとはいえ、私立中学では校主の見込みで教則を決定するので、就学者が目的を誤る可能性がある。また、私学の資金は生徒の月謝が主であり、月謝が少なくなれば教師も減り、生徒も減るため、いつ閉校するかわからない。それゆえに、「今日に存在する学校は、暁星と一般なるべし」とし、私立中学存続の不可測性を指摘した。

次に、教師の貴重性を論じ、師範学校の重要性を説いた。「学者でさへあらば教師とするを得ると云ふは、平凡人の思想なり」とし、アメリカの雄弁家パトリック・ヘンリーの例を出して、有能な雄弁家であっても学校教師としては役に立たないことがあるとした。そして、良い学校の条件は良い教師を得ることだとして、良い教師の「源泉」である師範学校の重要性を示した。さらに、師範学校卒業生を派遣することで私立小学の学習内容も改善できるとして、師範学校の有用性も強調した。

最後に、「碩学俊傑」が中学校・師範学校から出たことはないという論理に対し、普通教育の定義を説いて反論した。普通教育とは、「思想」によって全ての児童・生徒を学者や論士に育てる教育ではなく、「四民一般の学にて普通の智識と普通の学力を得て、日本国の良民とならしむる」教育とした。故に、「碩学俊傑」は「専門学校」で期待すべきものであり、普通教育を授ける場である中学・小学に期待するものではないとした。

以上のように、この記事は、私立学校の不可測性、教師の貴重性、国民教育としての普通教育の重要性を強調して府会の決定に反論した。この記事は、論説ではなく府下学事近況の一記事として掲載された。つまり、東京教育会の一会員の意見としてではなく、東京府学事の事実または当事者の一般的意見として扱われたのである。東京府学事に関する記事で六頁もの頁数を割いている記事は、明治一三年の『東京教育会雑誌』ではこの一件のみであり、この記事の掲載は意図的な編集と考えられる。東京教育会は、この記事を機関誌に掲載することによって、東京府会の決定に対し、東京府学事を担う当事者を代表して反論したといえる。

以上のように、東京教育会は演説や討論、懇親会などを継続的に開催し、活発な活動を行っていた。明治一四年以降の活動については史料が乏しくほぼ不明である。なお、『東京教育会雑誌』の料金は一部四銭であった。五部まとめ買いすると一五銭、一〇部で二八銭になったが、明治一四年一月より、これが五部一七銭、一〇部三二銭に値上がりした[34]。同誌は、第二二号（同年一二月）まで発刊されたようである[35]。その後、明治一五年五月、東京教育会は東京教育協会と合併して東京教育学会に発展し、『東京教育学会雑誌』へとつながった。『東京教育会雑誌』の利益は会の収入の一つであった。明治一三年における活動が活発化した裏で、会計面では困窮し始めていたことを推測させる。

三　「自由」教育令期における小学試験法改正への関与

（一）「保護教育」論

明治一二年九月公布の第一次教育令（いわゆる「自由教育令」）は、地方学事に混乱状態を引き起こした。明治一三年九月、『東京教育会雑誌』編集長で、本社員でもある千葉実は、この問題について次のように述べた。

千葉は、「自由教育果シテ吾国ニ適セザルカ」と題し、教育令誤認の論破を試み、あわせて今後の対策を論じた(36)。千葉がこの論説を書いた理由は、地方教育の荒廃と文部省の教育令改正の動向とに直面したためであった。千葉は、学務委員の就学業務怠慢について、教育令第一五条を引いて就学督励義務を示した。また、学校費の削除については、第一九条を引いて公費による維持義務を示した。地方が適宜に教則を編制することについては、「寒村貧郷」で資力に乏しい所や農村の繁閑期などに対応して、学校を永続させるために必要とした。そして、「学校ノ性質ト教則ノ種類ハ自由ニ委スルモ、其管理ト維持ヲ厳重ニセバ、敢テ今日ノ如ク惨状ヲ顕スニ至ラザルヤ必セリ」とし、教育令後の現場の惨状は管理・維持者の怠慢によるものだと述べた。

千葉は教育令施行を擁護したが、現状においては改正やむなしと判断した。ただし、政府や地方官は「学事ヲ監督シ、能ク学校ヲ永続セシムレバ充分ナリ」とし、教則や教授方法まで干渉することは「吾輩ガ願ハザル所ナリ」とした。その理由は、「官吏ノ更迭アル毎ニ其目的ヲ殊ニシ、到底進歩ヲ期スベカラザル」ためとした。そして、理想的な政府・地方官のあり方とは、「勧奨督励スベキ事ニハ干渉シテ、自由ノ余地ヲ与フベキ場所ニハ寛大ナル者ヲ是レ謂ハンノミ」とし、「此主義ヲ名ケテ保護教育ト称センカ、或ハ漸進自由ト称センカ」とした。つまり千葉は、行政当局には教育の管理のみを望み、実施方法を現場に委任するように求めた。

千葉は、本社員かつ『雑誌』の編集長であり、東京教育会の幹部の一人であった。千葉の意見をそのまま会の意見とするわけにはいかないが、この行政と現場との役割分担に関する考え方は、現実の東京教育会の活動にも現れているようにも思える。特に、次に述べる東京府教育改革への東京教育会の関与には、その傾向が顕著に見られる。

（二）東京教育会の小学試験法への姿勢

東京教育会は、『雑誌』第一号（明治一三年三月発行）において、「曩に東京府学務課より依頼せられたる小学試験法改正の臨時会は、客月二十二日迄に全く局を結べり」と報じた[37]。臨時会の議員は「咸」（全員）東京教育会の社員であったという。略記には、明治一三年二月、「臨時会を第一中学に開き、小学試験法を改正す。以て東京府の諮問に対ふ」と述べられている[38]。ここから、東京教育会が東京府の諮問に応えるために臨時会を開き、答申したことがわかる。臨時会は二月二二日に結論を出し、小学試験法改正の答申を出した。その一か月後の三月二二日、東京府は小学試験法を廃し、「公立小学試験規則」（以下試験規則）を公布した。東京教育会の臨時会は、東京府の小学試験法改正に関する一つの背景といえる。

この臨時会の詳細を示す史料は見当たらない。臨時会の議員は東京教育会の社員たちであったから、東京教育会の試験に対する姿勢は、臨時会の論議を推測する間接的な史料になると思われる。表3によると、臨時会終了後のものではあるが、『東京教育会雑誌』には八件の試験に関する記事が所載された。第四号には、府下学事近況の記事に、日本橋区の公立小学七校の三級後期・四級後期の生徒を有馬小学に集め、試験（読書・作文・算術・筆跡）を行ったという記事がある[39]。この記事では、「此比較試験モ共進ノ益アレバ、亦競争ニ失スルノ弊アルヲ以テ完全無瑕トハ謂ヒ難シ」とした。比較試験は「況テ地方ノ況情ヲ異ニシ、生徒ノ種類モ等シカラザレバ、殆無功ニ属スルモノ」であるが、今回の試験は日本橋区内の小学だけで施行したので妥当であったとした。ここから、東京教育会において、学校同士（または生徒同士）が互いに刺激し合うことを比較試験の利益とし、学校同士の競争に失することを試験の弊害とする考え方があったことがわかる。

試験（特に比較試験）については、すでに明治一〇年代初頭には賛成論と弊害論が存在した[40]。東京教育会の試験に対する見解は、試験の利害ともに認めるものであった。

（三）小学試験法と公立小学試験規則

東京教育会臨時会の審議を背景として制定された東京府の公立小学試験規則は、それまでの試験法とどう違うのか。公立小学試験規則は、直前まで使われていた小学試験法（明治一一年九月全改正、明治一二年三月改正追加）の内、全二一条あったものを第一章「試験法」として全一六条に減らし、さらに第二章「試験掛選挙法」全四条、第三章「試験掛心得」全三条を加えた[41]。以下、改正箇所の特徴を検討する。

【① 臨時試験の削除】 まず、小学試験法では、試験の種類を小試験・定期試験・大試験・臨時試験・集合試験の五種類に分けていた（小学試験法（以下「法」）一条）。これに対し、公立小学試験規則では、臨時試験を削除し、四種類に整理した（試験規則（以下「規」）第一条）。当時の東京府の小学は、尋常科六年六級（前後期）・簡易科四年八級であり、毎年四月・一〇月開催の定期試験に合格すると進級できた。もともと、臨時試験は「抜群俊秀ノ生徒ニシテ定期ヲ待ツ事能ワザルモノニ施ス」試験であった（法第五条）。臨時試験に及第すると飛び級が認められた[42]。この臨時試験が削除されたわけだが、定期試験の規程に「時宜ニヨリ期月ニ拘ハラズ施行スル事モアルベシ」と追加されたので（規第三条）、臨時試験の内容は定期試験にまとめられたようである。

【② 集合試験の定義の変化】 集合試験については、「公立小学校優等ノ生徒ヲ会シ」という規程が（法第六条）、「二校以上ノ生徒ヲ会シ」となった（規第五条）。公立小学校の優等生のみを競わせる試験であったのが、複数校で一緒に行う試験という定義に変わっている。前述の日本橋区の比較試験（集合試験）は、これを受けて施行されたものである。

【③ 試験場所の指定】 小試験・定期試験の施行場所は、小学試験法では指定されていなかったが、試験規則では試験対象の生徒の通学する学校で施行されることになった（規第六条・七条）。しかし、大試験・集合試験については「其場所ヲ指示ス」とだけ規定され、指示主体・方法などは特に規定されなかった（規第一四条）。

【④ 及第の難化】 定期・大試験の及第点についても変化した。定期試験の及第点は、小学試験法では定点の二分の一以上であったが（法第七条）、三分の二以上に変わった（規第一六条）。小学試験法では大試験には及第点の規程はなかったが、試験規則では定期試験と同様の三分の二以上になった（規第一六条）。

【⑤ 試験掛の試験関与・府学務課の最終チェック】 定期・大・集合試験の問題は、小学試験法では「試験掛其受持教員ト協議シ之ヲ定ムベシト雖モ、学務官之ヲ与フル事アルベシ」となっていた（法第九条）。試験規則では、「試験掛之ヲ定ムベシト雖モ、時宜ニヨリ学務官之ヲ与フル事アルベシ」となった（規第九条）。また、小学試験法にあった「試験掛ハ定期試験大試験ニ限リ［略］毎級優等ノ分ヲ抜キ、試験草稿ノママ学務課へ出スベシ」という規程が（法九但書、明治一二年追加分）、試験規則では削除された。試験掛は、明治一〇（一八八七）年四月に設置され、府師範学校・公立小学校訓導から選ばれて、各校の試験を巡回して監督し、東京府の教則・授業改正の協議に参加し、試験が終わるたびにその学校の景況を記録して学務課に上申する職であった(43)。この試験掛は明治一二年三月に廃止され、かわりに各校の首席教員が互いの試験の監督をしていた(44)。しかし、この試験規則で再び復活し、さらに「試験法ニ拠リ試験ヲ施行スルモノ」として規定された（規第二一条）。試験掛は、試験の前には府庁に集合して試験手続きなどを協議し（規第二二条）、各校の「試験票」をチェックして学務課に提出することになった（規第二三条）。また、公立小学の試験掛は、「各公立小学ノ教頭ニ於テ其教頭中ヨリ選挙スル」とされた（規第一七条）。

【⑥ 教頭による卒業証書授与】 卒業証書を授与する者について、試験法では「其校教員之ヲ掌リ」とあったが（法第一〇条）、試験規則では「其校教頭之ヲ掌リ」に変わった（規第一三条）。教頭は、「授業上整理之為」に各校教員の内から一人、「適宜選定之上」選ばれた管理職であった。[45] 教頭選定の基準・主体ははっきりしないが、教頭選定の達は郡区役所・戸長役場・公立小学に同時に通達されたので、いずれかの機関で選定したのであろう。選定後は、学務課に通達されることになっていた。

【⑦ 一般教員の役割の変化】 試験を施す者は、その生徒を教授した教員に限るとしていたのが（病気等の場合は例外、法第一三条）、試験規則では教員は「助行スルモノ」となり、試験掛が施行することになった（規第一〇条・第二一条）。ただ、「時宜ニヨリ、試験掛、教頭ト協議ノ上、他ノ教員ヲシテ代ラシムル事アルベシ」とした（規第一〇条）。

【⑧ 試験方法規程の削除】 各科目の試験方法は、試験法では細かく定められていたが（法第一八条～二六条）、試験規則では採点方法を残してすべて削除された（規第一六条）。例えば、算術試験では「筆算珠算共教師口唱シテ題ヲ与ヘ、或ハ問題ヲ黒盤ニ書シ、或ハ紙ニ書シテ黒盤貼シ答式ヲ作ラシム」とあった試験方法が（法第二一条）、試験規則では全削除された。

【⑨ 試験内容の変化】 試験の定点については、作文試験について、小学試験法では単に「一個八点」とだけあったものが（法・試験定点便覧）、「証券請取三点、公私用文五点、論説記事八点」となった（規・試験定点表）。そのほかにも、読物が「一個八点」（法）から「素読三点、講義五点」（規）へ、画学が「一題五点」（法）から「紋形幾何四点、物品模写五点」（規）へと変化し、試験科目の内容が詳細になった。また、試験科目名の「手芸」が「裁縫」に変わった。これら試験内容からは、試験において、商用・日用の実用的な内容について評価する方針が読み取れる。

【その他】 試験規則では、試験期間中の授業の規程（法第一一条）を削除、試験時間の曖昧な制限規程（法第一二条）を八時間に確定（規第八条）、定期試験受験欠格者の規程の確定（規第一一条）、試験終了後の規程（法第一六条）を削除、試験の成績表を父兄に配布することになっていたのを（法第一七条）学校掲示のみにし（規第一五条）、小試験の結果は学務課に届け出る必要のないことを規定した（規第一五条、ただし他の試験は届け出る）。また、試験優秀者が「満点ヲ得ルモノ」（法第八条）から「優等ノモノ」（規第一二条）へ改定された。試験優秀者に褒賞物を与える者は、試験掛（法第一〇条）から学務官に変わった（規第一三条）。

以上のように、従来の小学試験法と比べて、東京教育会が関与した公立小学試験規則は制度内容の再定義や整理を行った（①②③④⑨）。また、試験内容・方法に対する学務課による直接関与の幅を縮小し、代わりに試験掛・教頭といった選ばれた教員たちに、試験実施に関する権限を拡大した（⑤⑥⑦⑧）。ただし、教頭は自治体によって選定後に学務課に届出され、試験掛はその教頭たちから互選され、さらに試験業務は、最終的に学務課のチェックを必要とした（⑤）。府学務課は、公立小学試験規則の制定によって、試験規則によって試験への直接関与をやめ、最終チェック機関として試験の管理のみを担うことになったといえる。この方針は、府県が学事の総てを取り仕切らず、学校などの教育現場に任せる、という「自由」教育令の精神に則ったといえよう。また、内容・方法は現場に任せ、維持・管理を行政が行うという千葉の保護教育論にも通じる。つまり、東京府は、公立小学試験規則の制定によって、教育令に基づく教育改革を一段進めることに成功した。

しかし、自らの権限の委譲を含んだ制度の制定は、学務課のみで実現できる事業ではなかったと思われる。試験規則の制定に強く影響したと考えられる臨時会答申は、東京教育会社員ばかりで構成された臨時会議員の合意によって作成された。また、公立小学試験規則は試験掛の試験実施における権限を拡大したが、その制定に関わった東京教育会では多くの試験掛経験者が本社員を務めていた。後日、東京教育会は、以前の試験掛の人選は「府庁ノ官撰」であったが、「当春ヨリ各学校教頭ノ互撰」となったと報じており、(46) 東京教育会における試験掛選挙への関心を確認できる。さらに、臨時会の際に成立していたかどうかは不明であるが、公立小学試験規則の原理は、東京教育会本社員の千葉実が数か月後に公にした保護教育論と重なるところがある。公立小学試験規則は、制定過程・内容ともに東京教育会の影響をうかがわせる制度といえる。

四．教育令期における小学教則編成への関与

（一）小学教則改正への東京府の動き

明治一三年六月、東京教育会の例会では「府下小学教則編纂ノ事」を討論した[47]。この例会では、小学教則の編纂が「普通教育上重大の要件」であるから、その目的のみを論議したという。さらに同月一六日に臨時会が開かれ、「現今実行ノ教則ニヨリテ改良ヲ加ヘ、書ニ乏シキモノハ新ニ編纂シ、充分ノ時日ヲ積ミテ殆完全ノモノヲ編制スル」という教則編纂計画を決定した。そして、原案起草委員として、芳川修平・大束重善・丹所啓行・武居保・千葉実の五名を選出した。そして、原案が完成した時には、「衆議ヲ遂ゲ、東京府へ建議スル見込ナリ」とした。

東京教育会が小学教則について論議を交わした六月、東京府に東京府師範学校から以下のような伺が提出された（日付不明）。

今回本庁学務課ヨリ、現行小学教則尋常科・簡易科共可要改正件有之候ハ、其意見上進可致旨御通達相成候ニ付、是迠実際之経験ニ因リ熟考候得者、教科書等不充分ノ条件モ不少、為之進路之幾分ヲ遮リ、授業ノ困難ヲ惹起シ候事モ可有之歟ト奉思察候。依テ右教則改正之案、取調起草上申可致ト奉存候。此挙タル固ヨリ重大之件ニ付、慎重此ニ従事致シ候ハ勿論、広ク衆議ヲ採リ、起草致シ度、只今開会相成居候東京教育会ハ、多ク府下小学屈指之教員結社致シ、是迠之経験土地之事情ニモ暁通致候輩ニ付、該会ヘ諮詢シ、其意見ヲ様知致度、此儀ハ前顕之通リ重大ノ事故、余程労力ヲ要シ候儀ト相察候ニ付、右出来之上ハ、為其報労依嘱之

輩ハ金三拾円相贈リ申度、此段予メ相伺候也。

明治十三年六月　　東京府師範学校幹事津田清長

東京府知事松田道之殿

追而御允件之上ハ、十二年度定額金ヨリ支給致度、此段モ添テ相伺候也。(48)

つまり、東京府師範学校は、府学務課から公立小学尋常・簡易科教則改正を命じられていた。また、実際の経験上、教科書などが不十分なために授業が困難になるというように現行教則の問題点を把握していた。本件は重大な問題であり慎重に取り組みたい。そこで、「広ク衆議ヲ採」るために東京教育会に諮詢したいというのである。府師範学校は、経験を有し、土地の事情にも通暁する、東京府下の「屈指」の小学校教員が多く集まる結社として、東京教育会を評価している。府師範学校が府学務課に求めているのは、小学教則改正諮詢答申に対する三〇円の報酬を明治一二年度定額金から支給することであった。

この件については、六月三〇日に府学務課で稟議書が作成され、知事・書記官・学務課・会計課の認可を経て七月五日に決裁された(49)。その際、稟議書には、「多年府下小学教員ニ従事」している「屈指」の者が結社した東京教育会に対して、その社員から選んで諮詢することは「至極当然」であると書かれている。報酬支給についても、「書面伺之趣、特別ヲ以テ聞置候事」として許可された。

図３　大束重善

東京教育会を学務課に推薦したのは、東京府師範学校幹事であり、かつ創立時から東京教育会の活動を主導してきた本社員の津田清長であった。先述の通り、東京教育会では、六月例会で小学教則について討議を始め、同月一六日に臨時会で教則改良と教科書編纂について決議したところであった。府師範学校を介した小学教則改正に関する諮詢は、東京教育会の活動を後押しする形で出されたのである。

(二) 東京教育会原案起草委員と小学教則草案取調委員

明治一三年一〇月二三日付の『東京教育会雑誌』は、小学教則の原案脱稿を報じた[50]。また、一一月二七日付の『東京教育会雑誌』は、東京教育会起草の小学教則改正案を東京府師範学校で毎週火・木・土に審議していると報じた[51]。府師範学校での会頭は津田清長、副会頭は大束重善であった。大束は東京教育会の教則原案起草委員の一人であった。府師範学校での審議に、ほかの起草委員も参加していた可能性は高い。

同年一一月、東京府学務課は、文部省に公立小学教則を東京府で設定・施行する旨の伺を提出した[52]。しかし、一二月二八日に教育令が改正されたため、この東京府の伺に対し、明治一四年一月一二日に文部大書記官・辻新次から、後に頒布する小学校教則綱領に基づいて東京府で教則を編制するようにと通達があった[53]。そのため、東京教育会・東京府師範学校で審議されて案出された教則改正案は宙に浮いてしまった。

明治一四年一月一五日、小学校教則綱領の公布を待たず、府学務課幹部の田辺貞吉は教則草案の編制に関する稟議書を作成した[54]。田辺が東京教育会主幹でもあったことは先述の通りである。田辺の稟議書は、前述の東京教育会における教則原案起草委員であった府下小学教員の芳川・大束・丹所・武居・千葉の五名と、東京府師範学校幹事であり東京教育会本社員でもある津田清長の計六名に対して、小学教則草案取調委員任命の辞令及び通達を出すという内容であった。知事・書記官・学務課・職務懸の認可を経て、一月一七日に決裁されている。そして、四月二七日、小学教則草案取調委員六名は小学教則草案を脱稿した[55]。五月四日の小学校教則綱領公布後は、綱領に基づいてこの草案を「折衷斟酌精々簡易ヲ主トシ」て編纂が続けられ、九月二八日には一旦、小学教則の草案がまとめられた[56]。最終的には、明治一五（一八八二）年四月五日に東京府知事により小学教則が公布された[57]。

以上、東京教育会の活動実態について検討してきた。東京教育会は、明治一二年の演説討論会の開催を中心とする活動から、明治一三年には東京府学事の当事者としての立場から教育雑誌を編集・発行したり、東京府の教育改革へ参与したりするようになった。東京教育会本社員には、府学務課員や府師範学校教員・府第一中学教員もいたが、そのほとんどは府内で指導的立場にあった公立小学校教員であった。通常社員の履歴は不明だが、おそらく本社員同様に指導的教員が多かったと思われる。彼ら（とくに府師範学校教員と公立小学校教員）は、東京教育会社員として公立小学試験規則の制定過程と小学教則の改正過程とに参加し、教育令期の東京府教育改革において一定の役割を果たした。東京教育会は、東京府下の教員を動員し、教育問題に関する演説・討論やその論述執筆へ参加させ、さらには府の教育政策過程へも参加させた。これらは、先行研究ではまったく明らかでなかった。

東京教育会は、なぜここまで東京府の教育改革に関与できたか。まず第一に、東京教育会は、東京府下の実力派正資格教員の集まる団体であったからである。東京教育会本社員の多くは、ただの教員ではなく、府師範学校教職員や教頭・試験掛などを経験したことのある実力派教員であった。当時数少ない正規の教職課程を受けた官立師範学校卒の公立小学校訓導であった。『東京教育会雑誌』の論説の多くも、官立東京師範学校の卒業生の手によるものであった。

また、東京教育会がここまで東京府の教育に深く関わることができたのは、東京府学務課・東京府師範学校との密接な関係があったからであろう。府学務課との関係は、結成直後の演説会から始まり、後に主幹として学務課幹部の田辺を据えた。学務課は、社則の配布など会の宣伝に協力し、東京教育会は、学務課の諮詢に答申した。東京教育会と府師範学校とは、さらに密接な関係であった。東京教育会の前身の演説討論会の発起人四名については全員が府師範学校の教員であり、本社員には府師範学校教員の現職者・経験者がいた。また、小学教則の諮詢交付は、府師範学校長の津田清長の強い推薦によるものであった。教育会・学務課・師範学校の密接な三者関係は、教育会を教育政策過程に引き込む重要な要因になった。もちろん、教育会に実力がなければ、学務課も師範学校も政策過程に引き込もうとはしない。府師範学校は、東京教育会を土地の事情に詳しい経験豊富な小学校教員の集まる団体として認識し、府学務課もその認識を引き継いだ。府師範学校・府学務課の東京教育会に対する高い評価が、小学試験規則・小学教則の改正を進める過程において、東京教育会ならば有効に衆議を尽くすことができるという判断を導き、東京教育会への諮詢を実現させたといえる。

以上のように、東京教育会は、次第に東京府の地方教育会として実績を積んでいったと思われる。では、なぜこの後「中央教育会」へと発展したのか。その根本的な要因は、中心メンバーが官立師範学校卒業生だったからだと考えられる。彼らは東京府の学校教員であったが、そもそも東京府だけのためでなく、日本国家のために養成された教員たちであった。東京教育会は、その中心メンバーの性質上、東京府の教育問題という地域的な枠を乗り越える性質を本質的に持っていた。そのため、「全国の教育を隆盛ならしめんとの目的を以て同盟結社したる」東京教育協会とも問題なく合併でき[58]、後に東京教育学会・大日本教育会・帝国教育会へと発展する「中央教育会」の母胎にもなり得たのである。

---

(1) 東京教育会はしばしば「東京府教育会」と誤記されるが、別の団体である。東京府教育会は、明治一六年七月に創設された東京府教育談会が、明治二一年七月に再編されて結成された団体である。
(2) 『帝国教育会五十年史』帝国教育会、一九三三年、一二頁。
(3) 明治一〇年代前半の教育会についての研究は、三浦茂一「明治十年代における地方教育会の成立過程」(『地方史研究』第一〇七号、一九七〇年、四四～五八頁）などがある。
(4) 倉沢剛『小学校の歴史Ⅳ』ジャパンライブラリービューロー、一九七一年、五〇～五三頁。
(5) 渡部宗助「教育団体の発足と教員の諸活動」東京都立教育研究所編『東京都教育史』通史編一、東京都立教育研究所、一九九四年、七七五～七七八頁。
(6) 「東京教育会社則」『連合会並集会規則』一八八一年、東京都公文書館所蔵。渡部論文は明治一四年としているが、社則そのものに成立年の表記はない。明治一四年説の根拠は、公文書館所蔵の簿冊の年表記であろう。しかし、この簿冊に収録された他の規則には明治一四年以外の成立年が表記されたものもあるため、成立年の根拠にはならない。一方、倉沢論文では、社則は明治一三年一月に学務課に提出されたものと推測している。詳述は控えるが、「東京教育会沿革略記」（『東京教育会雑誌』第一〇号、東京教育会、一八八〇年一二月、六頁裏～七頁表）に列記されている各改正会則の特徴によれば、明治一二年一一月に改正された「会則」と、社則の内容がほぼ一致する（「会則」に制規・職制・会議規則・演説規則・刊行規則の項目を設定、「会員」を本社員・通常社員に分割、職員を主幹一名・幹事二名・会頭一名・録事二名・編集委員二名と設定）。「社則」と「会則」というように制度名の表記が違うが、略記が規則名を「会則」に統一しているために生じた違いであろう（なお、構成員も「会員」に統一）。「会則」は明治一三年一一月にさらに改正され、社則の内容とまったくかけ離れた内容になった（会則項目が通則・職務・会議・演説・刊行に設定、本社員が常務委員に改名、職員を主幹一名・幹事兼編輯委員二名・会頭一名・副会頭一名・録事二名に変更）。そのため、明治一四年以降のものである可能性は低いと考えられる。従って、社則は明治一二年一一月改定のものと本研究では推定する。ただし、いつ名称が「社則」になったかは、略記からはわからない。

（7）埼玉県では、教育演説会や教育会の構成員は、自由民権運動に参加していた教員が多かったようである（竹内敏晴「明治十年代埼玉県における教員と教育会」『教育運動史研究』第一五号、一九八一年、六〇～七五頁）。

（8）『東京教育会雑誌』第四号、一八八〇年六月、一〇頁表裏。

（9）社則改正の事情を示す史料が残っていないため、確かなことはいえないが、おそらく実際にこの規程を運用すると煩雑になり、かつ組織の安定性が保証できなくなることを恐れたと思われる。または、社員に共有されたために、厳密に規定し続ける必要がなくなった可能性もある。

（10）本社員の列挙順は、東京教育会社則に付記された順に順った。

（11）東京師範学校『自第一学年至第六学年東京師範学校沿革一覧』東京師範学校、一八八〇年。および、橋本美保「官立師範学校教職員表」『明治初期におけるアメリカ教育情報受容の研究』風間書房、一九九八、一九九～二〇二頁参照。

（12）庵地保「第三期ノ教育会」『大日本教育会誌』第一冊、大日本教育会、一八八三年九月、一五～一九頁。

（13）「東京教育会沿革略記」『東京教育会雑誌』第一〇号、六頁裏～七頁表。

（14）東京教育会の嚆矢については、明治一一年一二月に東京府下の公立小学校教員の中の有志が常盤小学校内に東京教育会を新設した、とする史料もある（庵地、前掲注（12）、一五頁）。『帝国教育会五十年史』などの先行の通史でも、明治一一年一二月結成説をとっている。しかし、後述の通り、「東京教育会」を称したのは明治一二年四月であり、本研究では、明治一一年一二月に何らかの動きがあったことを史料で確認できないことから従来の説をとらない。ここでは、結成段階を私的・暗躍的な準備開始の時点ではなく、公的・式典的な集会開催（第一回集会や結成式などの開催）の時点を嚆矢とした。

(15)「教育演説会開催申請常磐小学校」『回議録師範学校』一八七九年、東京都公文書館所蔵。
(16)「教育演説会開催申請常磐小学校」同前。東京府師範学校では明治一〇年以降、中村正直や福沢諭吉などの著名な学者を招聘し、演説を嘱託していた。これは師範学校生徒の教育のためであったが、明治一一年三月になって、「公立小学校主宰教員一名」にも聴かせるようになった（「演説会施行事例」『東京都教育史資料大系』第五巻、東京都立教育研究所、一九七二年、四六〇～四六二頁）。この一連の演説と常磐小学の演説会との直接の関連はないと思われるが、東京府師範学校教員の意識の上で演説会の土台はすでにできあがっていたのではないか。府師範学校でよく演説を嘱託されていた中村が第二回目の演説会に演者として挙がっていることも、興味深い点である。
(17)「教育会々場変更届東京府師範学校」『回議録師範学校』一八七九年、東京都公文書館所蔵。
(18)同前。
(19)同前。
(20)「雑報」『内外教育新報』第一八二号、教育社、一八七九年二月、三頁。
(21)「教育会広告」『内外教育新報』第一八九号、一八七九年二月、二二頁。
(22)「雑報」『内外教育新報』第一九二号、一八七九年三月、五～六頁。
(23)「東京教育会沿革略記」『東京教育会雑誌』第一〇号、七頁裏。
(24)「東京教育会沿革略記」『東京教育会雑誌』第一〇号、七頁裏～八頁表。
(25)「明治十三年本課員職事表」『往復及雑事書類』一八八一年、東京都公文書館所蔵。
(26)「東京教育会社則配布願」『理事彙輯』、一八八〇年、東京都公文書館所蔵。
(27)前掲注(13)、八表。
(28)『東京教育会雑誌』第一号、一八八〇年三月、一〇頁裏。
(29)『東京教育会雑誌』第二号、一八八〇年四月、七頁表。実際に建議したかは不明。
(30)『東京教育会雑誌』第七号、一八八〇年九月、七頁表～八頁表。
(31)『東京教育会雑誌』第七号には「二百五六十名程」、略記には「二百三十余名」とある。
(32)『東京府史』行政篇第五巻、東京府、一九二九年、一七六～一七七頁及び二〇一頁。
(33)『東京教育会雑誌』第六号、一八八〇年八月、七頁表～九頁裏。
(34)『東京教育会雑誌』第一〇号、奥付。
(35)渡部宗助「教育団体の発足と教員の諸活動」『東京都教育史』通史編一、七七六頁。『東京教育会雑誌』第二一号が東京府学

務課に寄贈されたという文書が残っている（『回議録教則教科書類』一八八一、東京都公文書館蔵）。また、明治一五年一月発行の『東京教育協会雑誌』第四号には、『東京教育会雑誌』の休刊が報じられた。
(36) 千葉実「自由教育果して吾国に適せざるか」『東京教育会雑誌』第七号、三頁裏～六頁裏。
(37)『東京教育会雑誌』第一号、一〇頁表裏。および前掲注（13）、八頁表。
(38) 前掲注（13）、八頁表。
(39)『東京教育会雑誌』第四号、九頁表。
(40) 堀松武一『日本教育史研究』岩崎学術出版社、二〇〇三年、三〇四～三二六頁。
(41) 明治一一年改正小学試験法は『東京都教育史資料総覧』第一巻（東京都立教育研究所、一九九二年）の二七二～二七三頁、公立小学試験規則は同二七九～二八〇頁。
(42) 尾形裕康「明治初等教育の試業」『国士舘大学文学部人文学会紀要』第一二号、一～二六頁。
(43)「小学試験法」東京都立教育研究所編『東京教育史資料大系』第三巻、東京都立教育研究所、一九七二年、八〇～八八頁。
(44)「自今小試験を除くの外総て試験の節は各校首席教員互に出張せしむ」前掲註（41）、二七六頁。
(45)「公立小学校教頭制実施伺」東京都立教育研究所編『東京教育史資料大系』第五巻、東京都立教育研究所、一九七二年、一四五頁。
(46)『東京教育会雑誌』第七号、一〇頁裏。
(47)『東京教育会雑誌』第四号、七頁裏～八頁表。この頃の東京教育会の例会は第二日曜日に設定されており、少なくとも六月例会は六月上旬である。
(48)「公立小学校教則一部改正の為東京教育会社へ諮詢の件」『回議録本府師範学校書類』、一八八〇年、東京都公文書館所蔵。
(49) 同前。
(50)『東京教育会雑誌』第八号、一八八〇年一〇月、九頁表。
(51)『東京教育会雑誌』第九号、一八八〇年一一月、一〇頁裏。
(52) 東京府が教則改正に及んだのは、住民の移動が非常に激しいという東京府の特殊性に対応するためであった。つまり、生徒の転校もまた激しいため、文部省のいうように公立小学教則を各校が適宜に選定すると、転校した生徒には様々な教則が適用されることになる。そうなると教科書の新調などが必要となり、「就学之困難ヲ生ジ教育之妨害」を来すというのである。（「公立小学教則之義に付伺」『東京都教育史資料大系』第五巻、六頁）
(53)「教育令改正に付辻大書記官より心得通知」『東京都教育史資料体系』第五巻、七頁。

(54)「教育令改正に付小学教則草案取調委員申付」『回議録教則教科書類』、一八八一年、東京都立公文書館所蔵。
(55)「小学教則草案」『東京都教育史資料大系』第五巻、九～一二頁。
(56)「小学教則草案」同前、八頁。
(57)「小学教則施行ニ付布達」同上、一二頁。
(58)『千葉教育会雑誌』第一号、千葉教育会、一八八二年七月、九頁。

第三章　明治一三年東京教育会における教師論

――普通教育の擁護・推進への視点――

本章の目的は、明治一三（一八八〇）年の東京教育会における教師論を検討し、その意義を明らかにすることである。

序章・第一章で述べたように、明治一〇年代前半以降、教育会は、民権結社に代わって教員のあり方を方向づける新たな組織体となり、時期・地域による多様性を保持しながら様々な役割を果たした。大日本教育会・帝国教育会は、このような教育会の中核に位置した。大日本教育会の機関誌では、教員・教育関係者が教師の地位や資質向上、教職意義などを論じ、教員改良構想を深めていった(1)。全国の教育会運動における中心的存在の原点として、東京教育会の教師論は重要である。

東京教育会は、中央教育会の最初の前身団体であるだけでなく、最初期の私立教育会の一つである。東京教育会の機関誌には、京都大学附属図書館に『東京教育会雑誌』第一～一〇号（明治一三年三～一二月刊）が現存している。最初期の教育会雑誌としては比較的欠号なく現存しており、とくに明治一三年発行の教育会雑誌は非常に貴重である(2)。明治一三年は、私立教育会結成の最初期に位置し、かつ教育会の統制（明治一四年文部省達第二一・二二号）が本格化する前の時期である。私立教育会における教師論の原点を探るにはふさわしい時期と言えよう。

最初期の教育会は、どのように教員のあり方を方向づけようとしたか。また、政府・民権結社とは異なる新たな組織のうちで、教師論はどう展開したか。さらに、最初期の教育会研究において、地方議会との関係は重要な論点になる(3)。東京教育会の論調は、東京府会の議論と関連したかどうか。本章では、これらの問題について、東京教育会の機関誌を駆使して検討する。東京教育会については、東京府の教育関係者による民権結社に通じた団体として捉えた渡部宗助の研究、(4)および東京府学務課・府師範学校との関係に注目して小学試験法・教則編成への参与実態を捉えた筆者の先行研究がある。(5)しかしながら、先述のような問題関心に基づく研究は見当たらない。

そこで、本章では、まず結成直後の活動を検討し、なぜ東京教育会が言論活動を始め、どのような教師論を展開したかを検討する。次に、東京府会の動向を踏まえながら、明治一三年夏の画期を検討する。最後に、東京教育協会・学会の活動および大日本教育会結成を視野に入れて、明治一三年夏以降の教師論とその意義について検討する。

一．東京教育会における教師論の出発点

（一）何のための論か―思慮的・自立的思考とその共有

東京教育会は、明治一二（一八七九）年一月一九日、東京府師範学校教師四名の発起によって開催された、東京府常磐小学における教育演説討論会を嚆矢とする。その幹部は、東京府学務課員を含むが、その九割を占めたのは官立師範学校卒の東京府下小学校・師範学校・中学校教員であった。当時、明治一一年七月の太政官第二九号以来、煽動的な政治結社の禁止、および教員の「不品行」の問題化のなかで、教員の「品行」規範が確立し始めていた。(6)東京教育会は、社則に会議規則（全一三条）と演説規則（全四条）とを備え、「会場ニ於テ成法ヲ誹毀シ、或ハ喫烟談話スルヲ禁ズ」（第三五条）とし、反政府的言動や不品行を自制しようとした。通常社員は、「二名以上ノ保証アリテ本社員ノ承諾ヲ得ル者」とされた（第一一条）。社員は「規則ニ背戻シ、或ハ本社ノ聲誉ヲ汚ス等」

のことがあれば、「退社」させるとした（第三三条）。このように、誰でも自由に入会できるわけではなく、入会には保証人と本社員（すなわち官立師範卒の有資格教員）の承諾を必要とした。東京教育会は、教育の「講窮拡張」を目的とする諸規則や会の名誉を基準として、構成員の言動を自制しようとした(7)。

当時、演説討論会は、必ずしも当たり前の会ではない。演説は speech、討論は debate の翻訳語である。演説・討論は、明治七（一八七四）・八（一八七五）年頃から慶應義塾教員が学術の質を高めるために導入・実践し始め、多くの人の前で自ら思う所を自らの言葉によって確実に伝達し、合意を形成するための外来の新方法であった(8)。東京教育会は、啓蒙思想家の中村敬宇（正直）を登壇させて演説の意義を語らせた。中村は、演説について次のように述べた(9)。演説とは、「他人ノ前、即広人稠衆ニ向ヒ、己ガ思想ヲ十分ニ発」し、「他人ヲシテ己ガ談説ヲ理会セシメムト欲」するものである。演説は、「議論ノ調子ニ乗ジテ平生ノ説ヲ変ズル」などのことなく、「細心ニ思慮シ、事況ノ顛末ヲ察シ、自己ノ良心ニ原キ、認実スルトコロノ考按ヲ立テ、十分ニ論辨ヲ為ス」ようにすべきである。その上で「務メテ胸中ノ実ヲ吐ク」ことができれば、演説は「動力ノ機ヲ己ヨリ発スルモノ」となり、他人をよく「廻転」させることができる。他人に因循したり、「廻転」させられたりしてはならない。

中村が東京教育会の正式な社員だったかどうかは不明である。しかし、この論を機関誌創刊号の巻頭に掲載したことを考えると、中村の演説論は、社員間で実践すべき共通の課題となっていたと思われる。東京教育会における言論の出発点は、教育の「講窮拡張」のために思慮的・自立的に考え、話し合い、意見共有・合意形成を図ることを積極的に目指すところにあった。

図１　中村敬宇

『東京教育会雑誌』（以下『雑誌』）は、言論活動の意義をこのように認めた教員たちによって、明治一三年三月二日に創刊された。例言によると、『雑誌』は、「学事ニ関スル論説及ビ事実ヲ掲載スル」ために広く執筆者を募った(10)。現存する『雑誌』第一～一〇号には、合計九四件の記事が掲載された。以下、これらの記事における教師論を検討する。

(二)教育方法の担い手としての教師論

『雑誌』には、まず徳育・教科教授の担い手としての教師論が見られる。

曽田愛三郎（黒田小学校長・小石川区庶民夜学校幹事）は、教師は「生徒ノ志望ヲ陶造スル模型」であり、「生徒ノ性情ヲ矯正スル規矩」であるため、「常ニ躬、自省ミ、自己ノ性質長短ヲ鑒別」する必要があると述べた。[11]

『雑誌』第三号では、城谷謙（学習院教師）が、自分も含めて、教師に向かって次のように論じた。[12] 教師は、生徒に「独立ノ気象」を養い、「国家ノ元気ヲシテ大ニ拡張セシメン」とする者である。教師の目的は、生徒に「自活ノ道ヲ立テシムル」ことである。しかし、今の小学・中学教員は、「独立」・「自活」できているか。「学務官吏ノ旨意」の「理」がいささか違っても「曲ゲテ之ヲ理」としたり、「学務委員ノ指揮」の是非を問わずに「之ニ服従」していないか。このような状態で、どうして「能ク其生徒ノ独立心ヲ養成スル」ことができようか。教師が「全国人民ノ智識ヲ発達シ富強ノ基ヲナス」ことを「自任」し、自ら「独立ノ元素」を備えなければ、その生徒は「其一身ヲ保持スル」ことはできない。全国の教師は、「節倹力行」に努め、「智識」と「貨財」とを兼有して、人を「独立ノ域」に誘導しなければならない。

『雑誌』第四号では、朝倉正行（政行、小川女子小学教員）が次のように述べている。[13]「教師タル者ノ職分」は、「児童ヲ訓誨シ、天稟ノ才能ヲ琢磨シテ、実用ニ適スルヲ得セシムル」ことである。その主な「障碍物」は、「竊偸」と「自負ノ心」とである。「竊偸」とは「他生ノ答式ヲ偸ミ、字句ヲ奪ヒ、陽ニ以テ己ガ考案ト者スノ類」のことだが、これは「畢竟、他人ノ所為ヲ見テ、以テ己ノ技能ヲ長ゼント欲スル進取ノ念ヨリ出デタル」ものである。そのため、ただ除去すればよいのではなく、「適度ニ之ヲ抑制」する必要がある。また、「自負ノ心」には「適度ノ抑圧」を与え、「深沈大量ノ質ヲ誘発」する必要がある。これら「障碍物」を看破し、「自治ノ精神ヲ損傷セズ、自暴ノ志欲ヲ抑制スル」ことは実に難しく、まさに「教師タル者ノ奥義」という他はない。

駒野政和（東京府第一中学教師）は、数理の原理的理解を次のように教員に求めた。(14)「数ハ天地自然ノ定理」である。数学は「博ク有形ト無形ニ渉リ実学ヲ開達シ、智識ヲ拡充スルノ大本」であり、「人ノ脳漿ヲ増殖シ、思考力ヲ強盛ニスルモノ」である。数理を知れば、「百般ノ学芸其淵源ニ溯リ蘊奥ニ達スル」ことができる。また、数理は「全地球ノ人民ニ無涯ノ大幸福ヲ与ヘタル発明者」を生み出す。

信原謙造（不明、後に山口県師範学校教諭）は、次のように、普通学科における植物学の教授法原理の理解を教師に求めた。(15)植物学は「教フル者ノ過」によって「無益ノ学」となりうる。格物学の第一の本旨は「諸種ノ心力ヲ養成スル」ことであり、植物学のそれは「外覚性ヲ養成」する。第二の本旨は、「其学修セル所ヲ以テ新事物ニ適用スル」ことである。植物学は農業・鉱業に重要な役割を果たす。ただ、「心理教育ノ何タルヲ弁ゼザル」うちは、これらの「植物教育ノ真理」を理解できず、甚だしきは植物学を「無益ノ学」にしてしまう。「真正教育家」は「植物学ヲ貴ブ」が、教授法を得なければその効力は少ない。

以上のように、教師は子どものモデルであり、徳育・教科教授の担い手であるという教師論が見られた。ただし、徳育目的は人々の「自活」、その内容は「独立ノ精神」「進取ノ念」「自治ノ精神」などであり、その方法は教師の「独立」や「奥義」であった。教師の独立や自立のために、教育行政官に盲従しないこと、学力だけでは不十分なことなどについても、教師自身が問題としていた。また、教科教授については、教師はただ漫然と教えるのでなく、なぜその教科目を教えるか、何のために教授するか、教科ごとの原理を理解して教育することを求められた。ただし、その方法は、先述の徳育方法が「奥義」とされて未検討であったと同様、この時点では十分に検討されていない。

図２　朝倉正行

（三）教員軽視への問題意識

次に、教員に対する人々の尊信が検討された。大東重善（江東小学教員）は、教員が人々に認められていない現実を次のように認識し、教員の教職への定着・愛着を求めた[16]。

今日ノ教師ハ何ニ因リテ昔日ノ如ク尊信セラレザルカ。或ハ学術足ラザル所アルカ。否、之ヲ昔日ノ手習師匠ニ比較セヨ。或ハ授業ノ方法拙劣ナルカ。否、各師範学校ニ於テ其方法ヲ伝習シタル教師ニ非ズヤ。或ハ年少弱小ナルカ。否、往々年長ノ人アルトモ、同ジク尊信セラレズ。或ハ品行不正ナルカ。是亦否。品行不正ナル者アレバ、速ニ其職ヲ解クノ成規アリ。然ラバ果シテ何ノ原因アリテ、昔日ノ如ク尊信深カラザルヤ。是他ナシ。今日ノ教師ハ長ク其校ニ安着シテ教導ニ従事セザルニ因ルノミ。

今の教師の多くは、「小学教師ニ安ジテ終ル者」ではなく、官吏・商人になるために「一時当分ノ策略ヨリ転化シタル教師」である。しかし、小学校は、「人ノ智愚邪正」を定める「邦家ノ教育場」または「国民ノ智識ヲ養成スル所」である。しかも今日は「我邦普通教育ノ盛ナルトキ」であり、小学教師は「全国人民ノ智識風俗ニ関係スル大任ヲ負担スル」立場にある。「今日ノ急務」は、教師が「能其職業ヲ愛シテ、生徒父兄ノ尊信ヲ得ルコト」である。

また、『雑誌』第三号の雑録は、府下の教師が尊信されていない現実について、次のように述べた[17]。若い教員は少しの学識を誇って「区内の人望を失ふ」ことがある。「府下当今の小学教員」に対する人々の不信感の原因は、彼らの「倨傲侮慢」ではない。その原因は、「田舎の教員より、割烹店などに就く者」が多いこと、「多く壮年者の青雲の志を遂げざるより、教員と豹変したる者」なので「常に給料の少きを憤る様子」があること、東京には「中小学の教師となる位の人物は箒にても掃ひ切れぬ程もある」ことである。

以上のように、東京教育会では、教員に対する人々の不信感が認識されていた。その原因の一つとして、立身を志す壮年者が集まるという首都東京特有の問題が認識されたが、表面的な言及に止まった。その解決策も、教員の心の有り様や振る舞いの改善・安定に求めるに止まっている。

二　普通教育の擁護者を求めて―明治一三年夏

(一) 反普通教育説への直面

明治一三年七月一四日、『郵便報知新聞』に、栗本鋤雲（報知新聞社印刷長・東京学士会院会員）の「反」普通教育説が掲載された。栗本は発話障碍者の音声・言葉理解に関する実験を東京有馬小学で行ったところ、同校児童に実験を妨碍された。これに怒り、次のように述べた(18)。

嗚呼、一たび小学の教頽れてより生徒輩、復た人間に礼義辞譲の事あるを知らず、無恥無廉真に犬馬の如し。是独り有馬学校のみならず、天下の学校大抵皆此の如し。宜なる哉、人の其子弟の校に入るを好まざるを。鋤雲幸にして児なし。若し不幸にして児あらしめば、必ず倫常を忘れて汝は羊を見たりやの無用学に就かしめじと思ふ。

図３　栗本鋤雲

これに対して、七月二四日付で、千葉実（常盤小学訓導・東京教育会編輯者）は、次のように反論した(19)。「余輩小学教員ガ泰斗視スル東京学士会院ノ一員タル栗本鋤雲君」が「普通小学校ヲ擯斥」した。有馬小学児童の「不敬不遜」はにくむべきだ。しかし、「全国ノ小学訓導」はこの論を「記憶」せよ。この論を「尋常新聞記者ノ一座ノ評論ナリト読過スルコト」はできない。栗本は、自分に子どもがいれば小学には入学させないという「普通小学ヲ厭忌シタルノ言」を発した。「日本教育ノ針路ヲ指点スル」責任を負った学士が、「之ヲ矯正スルノ道ヲ講ゼズ、一時ノ思想ヲ以テ緊要ナル学事ヲ度外ニ抛擲スルノ理」がどこに存在するだろうか。今、「温良淳朴ニシテ廉恥ヲ重スルノ風ヲ養エドモ、自ラ無識ニ陥イルノ嘆」のある「安寧主義」の教育と、「活発敏捷ニシテ智識ヲ貴ブノ習ヲ成セドモ、亦自ラ軽率ニ渉ルノ弊」のある「開進主義」の教育とのどちらを、基本方針とするかが問題となっている。学制頒布以降、「旧来漢学者流ノ教授ヲ一変シテ、普通諸学科ヲ享受スルコト」となり、「心アルノ小学教師者」は、両主義を「折衷」して教育方法を「改良」しようとしている。我が国が「開明」するには、「普通教育ノ效、許多」である。「教育士」がいない今、「信憑」すべきは東京学士会院のみである。「栗本学士ヨ、幸ニ普通小学ノ今日ニ敗壊セシ原因ト、之ヲ矯正スルノ手段ト、又将来ノ目的トヲ教示セラレヨ」。一般の新聞記者のように、これを「厭忌」「抛擲」してはならない。

以上のように、栗本は「普通教育」概念を使っていないが、千葉はこれを「普通教育」の問題として捉え、小学校教員に注意を喚起した。ただ、千葉は、栗本の反普通教育説に直面して動揺・反発しながらも、普通教育推進への参加を要求し続けており、学者に対する期待を捨ててはいないと思われる。

（二）明治一三年夏の東京府会における普通教育費削除問題

そもそも「普通教育」概念は、全人民の子弟が「人ノ人タル智識」を具えて「人ノ人タル義務」を成すことを保障するものとして、明治初期に導入された[20]。ただ、この概念は、明治一二年九月公布の教育令で小学校教育の方向性を指し示す法的概念として初めて使用されたばかりであり、明治一三年時点の日本社会に定着していたとは考え難い。

明治一三年七月末～八月上旬、東京府会第二回通常議会において、第七号議案（明治一三年度予算案）の第二読会・第三読会が行われた。これにより、第一中学校費・第二中学校費・師範学校費・六郡小学補助費が実費のみを残して削除され、第三中学校費は全額削除された。なお、庶民夜学校費と商法講習所費は若干の修正の後、成立した。

明治一三（一八八〇）年夏の東京府会における教育費の審議は、具体的にはどのような過程を経たか。この過程については、倉沢剛の研究がある。倉沢は、この府会での教育費削減の論拠について、「三新法と教育令の基調となった人民自治・自由放任の思想」であったと結論づけた[21]。ここでは、審議過程を詳細に検討して、教育会や指導的教員たちが対抗することになったこの思想の内実について、さらなる具体的な認識を試みる[22]。

東京府会は、明治一一（一八七八）年七月制定の府県会規則に基づく東京府の地方議会である。年一回の通常会を開き、臨時に開くこともあった。議案提出権は府知事にあり、決議執行についても府知事の許可認可が必要であった。府会議員の選挙権は、年間地租五円以上納付の満二〇歳以上の男子に限定され、被選挙権に至っては年間地租五円以上納付の二五歳以上の男子に限定された。府会の目的は、地方税支弁経費の予算と徴収方法を議定することであった。すなわち、府会は、府費による教育費の予算について議定する権限を有していた。

明治一三（一八八〇）年五月二〇日、東京府会において第二回通常会が開催された。同会議には、第七号議案として、昨年度よりも増額された地方費予算（一五区分四八万三八六〇円三六銭一厘、六郡分一一万三八三〇円七銭八厘）が提出された[23]。その費目には、第一中学費、第二中学費、第三中学費（新設）、庶民夜学校費、商法講習所費、師範学校費、六郡小学補助費からなる教育費が含まれた。とくに第三中学新設費については、明治八（一八七五）・九（一八七六）年頃の小学増設による小学卒業生数の増加を受けて、小学卒業生に「高尚普通ノ学科」を修めさせるために、新たに一校増設が必要であると判断して盛り込まれた予算案であった[24]。

東京府会第二回通常会一日目は、松田道之府知事の演説から始まった[25]。松田は、議員に対して「漫ニ費用ヲ節減シテ事業ノ阻塞ヲ致スハ亦経済ノ得タルモノニアラズ」と牽制した。明治一〇年代前半、内務卿や知事・県令の裁可によってその決議を覆すことはできたが、府県の教育費額は、いわゆる地方三新法（郡区町村編制法・府県会規則・地方税規則）により府県会の合意を必要とした。府県会では、政党の民力休養論を受けて予算がしばしば削減された。教育費も同様に削減対象であった[26]。松田が警戒したのは、このような論調と予算削減の傾向であった。

(三) 中学費の審議過程

明治一三年七月二九日、府立学校費（第一中学費）の第二次会が開始された[27]。ここでは、とくに沼間守一（嚶鳴社設立者、東京横浜毎日新聞社長）と銀林綱男（東京府少書記官）とによる中学普通学に関する論戦が中心となった。とくに、「普通学」の解釈と英語教育の必要性とが問題になっている。沼間は、中学を「要スルニ一種ノ物好キノ小学」と断じ、中学で英語を学ばなくとも府下の実績ある私立学校で学べば十分なため、中学費は全学削除すべきと主張した。また、中学教育を「必竟彼レモ学べ、此レヲモ知ルベシト、少シヅツ種々ノ事ヲ知リテ、ツマリ何モ知ラザルニ止マルベシ」と批判し、かつ英語は「普通ノ学科」とはいい難いとした。なお、沼間は「公立小学ノ設ケアリテ戸ニ不文ノモノナク村ニ無学ノ人ナカラシメントノ目的ヲ達セントテ、学課ヲ一般ニナスヲサヘ出来得ベキコトニアラズト思惟スルナリ」として公立小学に対する不信感までも表明した。学びは「自ラ其志ス所ノ師」について行うべきであり、公立中学による学びは「旧時ニ比スレバ学事ノ退歩ニテハアラザルヤ」と述べた。

図４　沼間守一

沼間の論やそれに同調した議員に対し、銀林書記官は要領を得た答弁をできなかった。例えば、中学は「小学卒業生徒ノ歩ヲ勧メテ学バシムルノ場所」であり、教育令に規定されているように小学があれば中学も必要であり、また大学進学のためにも必要だと主張するに止まった。沼間たちの削除論に対しても、昨年度の府会決議（第二中学創設）にもかかわらず翌年すぐに廃止するのは府庁・府会に対する「世上の信用」を失う、とくり返すにすぎなかった。英語は「大学ニ入ルノ階梯」であり、「人才ヲ育養スルノ目的」で設定しているとは答えたが、それ以上の詳しい説明はしていない。

沼間に同調した芳野世経は、沼間・銀林の論戦を聞いた上で、「普通学」とは「要スルニ一人ニテ何カラ何迄ヲ学ビ得ルモノ」あるいは「千金丹ノ如ク功能書キハ種々ナレドモ遂ニ其利用ナキニ類スル」ようなものだと理解してしまった。議員の中にも原案を擁護する者（佐藤正興）や妥協を図る者（馬場半助・鳥山貞利）がいた。しかし、彼らの主張も、大学予備門への進学校の必要性や、廃止しては「事務ノ差閊ヘ」になること、首府である東京には中学が何校かあってもよいこと、といった主張に止まった。結局、削除論への賛成多数（三〇名のうち二七名）により、第一中学費は全額削除になった。

翌日三〇日、第二中学費の第二次会が開催された。[28] 第二中学費の議事においても、一日目同様の論戦が展開した。しかも、前日欠席した府会議長の福地源一郎（東京日日新聞社長、この日は意見があるため議長を務めていない）が出席し、維新以来「普通学」は「進歩」していないと断じた。また、「東京ノ教育ハ政府ノ干渉ノ為メ大ニ悪クナリ、之レガ為メ無学トナリタリト云モ可ナリ」とし、「我々ノ幼時ニハ東京ニ小学校ノ設ケナク、又中学モナシ。然レドモ相応ノ教育ヲ受クルニ差支ナカリシニ非ラズヤ」として現行教育制度を批判した。

審議終盤で、町田今亮（浅草区今戸町総代・開明小学校世話掛）が擁護論を述べた。町田は、「現時裏店ノ小児ト雖モ石板ヲ携ヘテ学校ヘ行クコトニナリタルハ、是レ人民ノ自ラ進ンデ茲ニ至リタルニアラズ。全ク政府ノ干渉ヨリ茲ニ進ミタル」とし、この状況で中学を廃止すれば人民は「夫れ見たか学校はつまらぬ者」と判断して教育は「無益」になると主張した。しかし、結局、削除説への賛成多数（二六名のうち二一名）のため第二中学費も全額削除された。また、その直後に、第三中学費も削除説への賛成多数（二六名のうち二五名）のため全額削除された。

（四）削除された教育費と予算通過した教育費

中学費削除の後、庶民夜学校費の第二次会が開催された。[29] 議事開始直後、町田今亮が、夜学校を廃止すれば「東

図５　福地源一郎

京市中ハ再ビ無学文盲ノ暗世トナラン」とし、原案支持を主張した。福地も、「商人抔ニハ昼間ハ子弟丁稚ヲ教フルノ時間ナキモノ」とし、「東京ニハ随分利益アリ」として必要な地を選ぶことを条件に賛成した。これらに対して、銀林は、夜学校には丁稚だけでなく職人・人力車夫もおり、「職業ノ昼間隙マナキ者ノミ」を教えていると答弁した。沼間は、夜学校対象者を「昼間他へ行キテ謝儀ヲ修ムル能ハザル貧窮人」と改めるべきだと主張したが、予算案には賛成した。結局、全員の賛成により、原案の通りで通過した。

七月三〇日には、師範学校費の第二次会も開催された。[30] 議事開始直後、福地が口火を切り、「今日ハ最早師範学校ヲ要セザレバ、之ヲ削除スベシ」と断言した。福地は自分も「子弟教育ニ熱心スル他人ニ優ルアルモ決テ譲ラザルナリ」「多年心ヲ学事ニ委セリ」と前置きした後、師範学校は「小学教員ノ製造所」であるが、「此ノ製造所ナクバ吾人ガ要用スル教員ヲ鋳出スル所ナシトスルヤ」と問いかけた。そして、銀林が教員三六〇名のうち一〇〇名を師範学校卒の教員にしたいと述べた供給計画（裏を返せば、二六〇名の教員を師範卒以外の教員とする計画）を取り上げ、「現ニ師範学校ナキモ他ニ教員ヲ製造スル場所ニ乏シカラザルヲ証スベシ」と断じた。また、今年度まで師範学校が必要だったのは「学事一定ノ流儀」があったからだが、「今日ハ既ニ自由ノ教育トナレバ」「各校別々ノ教育ヲナスモ差支ナキ」ため、「猶ホ更ラ教員其人ヲ求メ易」くなる。教員は「人ノ師表」であるが、師範卒教員は「年少乳臭ノ書生」「僅カニ芸能アルモ概ネ不品行」であり、[31]「師範学校ヨリ適当ナル教員ヲ鋳出スル」ことは到底望めない。我々は「芸能アルモ概ネ不品行」な師範卒教員より、「芸能ナキモ品行正シ」い他の教員に子弟を託したい。後者の教員は、師範学校には望みがたい。

また、鳥山貞利は、文部省または神奈川県で養成した「売レ余リ者」が沢山おり、「之レヲ択デ買ヘバ、却テ郡村ニテ養成スルヨリ適当ナル人物ヲ得易シ」として、郡でも師範学校は不用だとした。

これら師範学校不要論に対し、銀林は次のように答弁した。すなわち、教育令に師範学校の条文があり教員検定試験などを実施しなければならないので必要であること、「公立小学ノ教則ヲ教フルニ適当スル者」は得がたいこと、郡の教員は土着の者でなければ得がたいことをくり返すに止まった。

この答弁を受けて福地は、検定試験について、「良シヤ才学ノ試験ハ出来得ルモ、道徳ハ試験ヲ以テ知ルベカラズ」とし、試験は必要だが「之レヲ以テ人ヲ得ルニ足ラザルナリ」と断言している。また、「公立学校ハ私立ヨリ多ク人物ヲ鋳出シタルハ未ダ嘗テ其例アルヲ聞カズ」、「文事」も「武芸」も「皆私立ヨリ人物輩出」しているではないかと指摘し、師範学校が廃止されても、「私塾ヨリ教員其人ヲ得ル」ことは難しくないと断言した。

郡教員の供給については、第二次会では大きな議論にはならなかった。結局、削除説の賛成多数（二六名全員）により、師範学校費は削除された。

明治一三年八月二日、六郡小学補助費の第二次会が開催された(32)。この補助費は、各郡で新設計画のある三〇校分の創設費や、「村落ノ公立小学校ハ自カラ資金ニ乏シク、為メニ優等ノ教員ヲ聘スル能ハズ。随テ教授ノ方法整備セザル所アリ」として「各校ノ授業ヲ整頓」し「補授」するために巡回訓導の給与などを補助するものであった(33)。鳥山貞利は、学校維持の方法は確立し、私立学校もあるので、小学校を新たに創立するための費用を出す必要はないと述べた。また、村落の学校は「大概一軒家」であり町村会で「如何様トモナル」ので補助するまでもないため、削除を主張した。また、金子健重は、郡における公立小学の「進歩」のため、「家塾ハ之レガ為メ不幸ヲ受ケタリ」と聞いており、そもそも「郡ノ子供ハ十三・四ニ至レバ区ヘ出ル故ニ、小学ニテ成リ立ツモノハナシ」であるから不用だと主張した。銀林は、この費用をとくに巡回訓導と小学校創立の補助費として強調し、教育令下といっても一定の教則は必要なため「教則ヲ心得シ者ガ一通リ巡回セズバ困マル」と主張した。しかし、結局削除説の賛成多数（四〇名中三八名）のため削除された。

続いて商法講習所費の議事が行われた(34)。商法講習所については議員による調査が行われており、最初に調査委員であった松波宏祚が「有益ナルモノト見認メタリ」と報告した。その理由は、他にない「純然タル専門学校」であり、「外国ト取引ヲナス今日ニテハ実ニ此学科ヲ知ラズバ損ヲナスコト多」く、「東京計ノ利益ニ非ズ、日本全国ニ利スル」ため国庫補助を求めてもよいくらいの学校であり、卒業後「早速立派ナル商人」になれるからであった。これに対して、馬場半助のように、中学校を三校とも廃校するほどの状況下では無用であると主張する者もあった。

しかし、沼間守一は、日本の商業の遅れを踏まえて、かつ「東京ハ商業ノ地」であると認識し、「狡黠ナル外国人」と取引して損失を蒙らないためにも「今ヨリ商業ヲ改良スルハ実ニ必需ナリ」と主張した(35)。沼間の場合は、実際に講習所を訪問して、生徒が「皆」英語を理解し、教師との応答をしている様子を見て、「卒業セバ実際直チニ役ニ立ツ者」だと実感したことが基盤となっていた。結局、削除説は少数のため成立せず、原案の賛成多数（四〇名のうち三三名）により成立した。

（五）三次会における中学費・師範学校費の再議

明治一三年八月一〇日、中学費の三次会が開催され、最後の議論が行われた(36)。二次会よりも比較的復活説を唱える者が多く、若干議場の雰囲気が違っていた。佐藤正興は、中学を「上等小学」と考えれば小学卒業後に必ず中学に入学する必要があること、また既設の英語科は文部省から東京府に引き渡された「大学ニ入ルノ階梯」であること、商法のみを学ぶ商法講習所に地方税を支弁するならば中学にも支弁すべきことなどを主張して中学費復活を主張した。馬場半助は、中学を廃止すると「小学維持ノ方ニモ影響ヲ生ズル」として佐藤に賛成した。多羅尾光応は、二次会で財政困難に配慮して削除説に賛成したが、二次会終了後に支出概算を把握した上で再考した場合には、父兄は「子弟ヲシテ十分ニ教育セシムル設置アルコトヲ喜ブ」だろうから中学一校くらいは残してよいと主張した。

しかしここでも沼間は、賛成者に「人間ノ一般普通ニ知リ弁ヘベキコトトヤラハ如何カナルモノナルヤ、如何ナル教科書ニシテ如何カナル学問ヲナスノ考案ナルヤ」と問いかけ、「中学」の二字を好んでいるだけではないかと怪しんだ。また、英語は「普通人間ノ知ルベキモノ」ではなく、中学卒業程度では「立派ナ学者」にもなれず、「高尚ナル化学・窮理学」を教えれば、それは「普通学」ではなくなるのであり、「中学ハナクモ十分ニ子弟ヲ教育スルノ路アリ」と主張した。丸山伝右衛門は、「何ニモ苦シキ中ニテ人民ヲシテ悉ク普通学トヤラヲナサシメテ学者ニ仕立ツルニ及バズ」として中学費復活に反対した。

町田今亮は、「中学ハ完全無欠ナルモノニシテ、之ヲ通過セシモノニアラザレバ人間ニナラレヌ」という考え方に疑問を示し、本当に欠くことのできないことなら私立学校が興るはずだと主張した。牧山源兵衛は、「他ノ地方ニテハ或ハ中学ハ必用ナルモ、我ガ府下ニシテ斯ク私学ノ盛ンナルニ、何ンノ頼ム所アリテ中学ヲ建テントスルヤ」として、私学の盛んな東京だからこそ不要なのだと主張した。

なお、銀林は復活説を「幸ヒ」としたが、結局二次会の主張をくり返すに過ぎなかった。結局、中学費回復説は少数（三七名のうち九名）のため成立せず、第一・第二中学費は実費のみ支弁することになり、第三中学費は削除された。続いて議事に移った庶民夜学校費は異議なく確定した。なお、商法講習所費についても減額説が出たが、少数のため成立せず、原案通りになった。

八月一一日、師範学校費の三次会が行われた[37]。二次会の師範学校廃止論者の中心的存在であった福地源一郎は欠席していた。銀林も、公立小学校があるため師範学校廃止は差し支えること、郡村には教員が着任したがらないため、次の生徒募集は郡村に土着する生徒を入学させて卒業後郷里に派遣する予定であるから「郡村ニ派遣スルコト能ハザルコト」になっては差し支えることを主張した。また、予算案から唱歌費・新営費を省いて半額程度にして再提案した。馬場半助が「之レヲ廃スルハ小学ニモ差支ヲ生ジテ不都合」として修正案に賛成したが、動議に必要な賛成議員数が一名足りず、動議に至らなかった。実費支弁のみの動議は成立したため、実費支弁のみ賛成多数（三〇名のうち二九名）のため成立した。なお、六郡小学補助費についても実費支弁のみ成立した。

以上のように、中学費・師範学校費・六郡小学補助費の審議過程（とくに中学費の審議過程）では、府会議員たちの「普通学」理解（「普通学＝悉く知る」という理解）に基づく公立学校への不信感、旧教育（学問）・私立学校教育への信頼感、教育を個人的なものと見なす教育観、大学進学・教育令準拠のみを目指す学校制度観、「東京には良質な私立学校が豊富」という東京観などが見られた。一方、庶民夜学校費・商法講習所費は、若干の修正を加えるに止まった。その審議過程には、商業活動に対する議員たちの実感のこもった理解と、商業者に必要な学校としての庶民夜学校・商法講習所観、実際の学校訪問に基づく実感、「東京＝商業地」という東京観などが見られた。

以上、府が提出した第七号議案の説明、および教育費関係の第二・第三読会議事録をすべて検討したが府会議員の発言にも、府の説明にも、「普通教育」という言葉は一度も見出せない。中学校費の審議において、多くの議員は、府立中学の教育を「普通学」と見なし、「普通学」を「我国ノ人ガ悉ク之レヲ学ブ」ものと理解した。そして、府立中学の「普通学」の教育程度は低いと断定し、府内に私立学校が多いことを理由に府立中学廃止を主張している。東京府会の議員も府の説明員も、「普通教育」概念を使っていない。そのため、府会が普通教育を妨害したとはいえない。しかし、このときの東京府会の決議は、結果的に普通教育推進に必要な費用を削除してしまった。その背景には、旧教育・私立学校への信頼感と公立学校や師範卒教員に対する府会議員の不信感とが存在した。

（六）東京府会の教育費削除決議への批判—普通教育の擁護

以上のような東京府会の教育費削除決議に対し、東京教育会は、八月二八日付で、長文の無記名批判文を「府下学事近況」記事として発表した。この記事は、次のように述べた[38]。このたびの東京府会の決議は、「普通教育を萎微」させるものである。この決議を受けて、各地方で「中学や師範校に代ふべき学校のあらぬに、此例に倣ひて廃止説など行はれては、却りて人民の不幸」である。東京でも公立中学に代替できる私立中学は二か所程度であり、まして「師範学校に更ふべき者、絶へてなし」の現況である。「小学教員位は瓦礫啻ならず。一朝新聞紙尾を以て広告せば、立ころに数十人を得ん」などといっても、それで集まるのは「下等学者」であり、「下等教師にだもすること能はざるもの」である。「学者でさへあらば教師とするを得る」というのは、「平几《ママ》人の思想」である。学校改良には良教師が必要だという「理」を知って、「其源泉たる師範校」を廃止するのはどういうことか。また、中学校・師範学校に「碩学俊傑」の輩出を求めることは「蓋し普通教育の真理を知らざるの語」である。普通教育は「四民一般の学」であり、「普通の智識と普通の学力を得て、日本国の良民とならしむる」ことを目指す。「碩学俊傑」は「専門学校に望むべきこと」である。また、「普通教育の行はれたる国には普通選挙法も行はるべき」ことは、「当時の府県会議員も承知せられたる」ことにもかかわらず、このような決議をするとはどういうことか。

別の記事では、師範学校費削除にもかかわらず商法講習所費が増額されたことについて、師範学校は「邦語を以て普通学の教員を養成して幼童の発育を開誘する」ものであり、「此二種の学校の国家に関するは孰れが軽、孰れが重ならん」と問いかけている[39]。さらに、六郡小学補助費は巡回訓導費を含んでいたが、巡回訓導が郡村小学の教授・監督・学事整理をしていたことを指摘し、「此訓導ヲ置クノ利ト、些ノ地方税ヲ減ズルノ益トハ何レニ在ルヲ知ラズ。独府会議員ノ活眼ニ依倚スルノミ」と、府会議員に皮肉を述べている[40]。

東京府会は、府知事の府会議決不認可の動きを察し、府会の体面を保つために師範学校費を再議して可決した[41]。この事実は、明治一三年一〇月刊の『東京教育会雑誌』に次のように報じられた[42]。「衆議員中ニモ師範学校ノ普通教育上緊要ナルノ論点ヨリ保存スルハ甚少ク」、ただ全廃によって生じる「理事者ノ為ニ不都合」と「官民軋轢」とを避けるために、復活可決されたという。なお、師範学校廃止論は明治一四年の府会でも再議されている。その時の論旨は、「都下は碩学大樹の淵藪」であるため、師範学校を廃止しても「小学校教員を得ることは必ずしも困難でない」というものであった[43]。これでは、師範学校費の復活によって普通教育の重要性が認められたとは考えられない。なお、第一・第二中学の廃止は、府十五区共有金利子の活用により避けられた[44]。

以上のように、明治一三年夏、自らを普通教育の担い手として自覚していた東京教育会の会員たちは、新たな境地に立たされた。すなわち、普通教育の「厭忌」「抛擲」に抵抗しながら、普通教育を積極的に擁護していく必要性にさらされたのである。

三　普通教育の推進者を求めて

(一) 普通教育推進のための教員と教育行政官との協同

明治一三年八月二九日、東京教育会は、中小学校教員・学校世話掛・学務官・学務委員など約二五〇～二六〇名を集めて教育親睦会を開催した[45]。この席上では、千葉実が発起人代表として開催主意を述べ、大東重善が「普通教育ノ緊要ナルコト、其沿革」を説いた。また、客員の藤田茂吉(報知新聞社主幹)が「教育ノ勢力」を演説して「将ニ萎微セントスルノ教育ヲ振起スベシ」と述べた。島田三郎(文部権大書記官)は「普通教育ハ政府ノ干渉ヲ要スル」ことを述べた。東京教育会が外部者を招いてこのような大規模な教育集会を開催したのは、結成以来初めてであった。東京教育会は、「相識リ相親ミテ普通教化ノ基礎ヲ固メントスル」ために定期的にこのような親睦会を開く意欲を見せた。なお、会社主幹が出席した報知新聞社は、反普通教育説を発表した栗本が印刷長を務める新聞社であった。栗本と同じ東京学士会院員の加藤弘之も、寄附金を出して賛意を伝えた。東京教育会は、東京府会決議の直後、普通教育の重要性に賛同する教員・教育行政関係者・学者を糾合して交流を深めたのである。

この後、東京教育協会・学会も同様の集会を開いた。明治一四年一二月一八日には、東京教育協会が協会員三〇余名と学務官数十名とで学事懇談会を開催している[46]。これは、公務のため上京する地方学務課員から、協会員と「互ニ従来教育ノ実験ト向後ノ目的等ヲ懇談シ、地方学務課相互ノ関係及ビ諸ノ教育会ト親睦交通ノ端ヲ開

図６　藤田茂吉

図７　島田三郎

図８　加藤弘之

キ度」という発意があったことが契機であった。なお、この学事懇談会の同日直前に行われた討議会「巡回訓導ハ郡区ニ委スベカラズ」では、次のような教員たちの郡吏観・学務課員観が見てとれる[47]。すなわち、郡区長・郡吏は「訓導ノ学力・教業ノ巧拙ヲ察セズシテ、依怙贔屓ヲナシ、私情ノ為メニ公益ヲ害スル」者、または「学校管理及授業法ヲ知ラザル」者、「大抵教育ノ事理ニ通暁セザル者」との非難が現れた。他方、学務課は「私情ヲ去リ、恣ニ非難セラル、」ことはなく、巡回訓導を「学務課ノ直管」にすれば「教員ノ相談ヲ受クルニ尤モ便利」であり、「教育ノ振起ヲ望ム」ことができるとした。

東京教育学会も、明治一五年一二月三日、文部省の学事諮問会のため上京していた教育行政官五三名と東京教育学会員六三名とを集め、教育懇話会を開催した[48]。その席上で、東京教育学会長・西村貞（文部官僚）は次のように述べている[49]。この懇話会に集まった者は「皆斉シク教育ヲ中心トシテ従事スル者」であり、「共ニ同一ノ範囲内ニ棲息」し、「共ニ語ルベキノ士」である。本学会は、「専普通教育ノ部内ニ於テ官民ノ間ニ幇助センコトヲ冀期」し、その主義は「当路者操ル所ノ者ニ異ナルナシ」といってもよい。皆とともに「当路発スル所ノ法令条規ノ下ニ在リテ、教育ノ田ニ耕スベキノ業甚多々ナルヲ信ジ、敢テ奮進労苦セン」ことを願う。

東京教育会・協会・学会は、教育会の目的（普通教育推進）と教育行政の目的（普通教育推進）とを重ね合わせ、教育行政官との協同を試みた。ただし、それは、教育行政官を会長にしたり、当局への従順姿勢を見せたりするなどのように、教育行政に教育会が取り込まれる形での協同であった。東京教育会の教員たちは、自身のあり方について、どのように考えながら教育行政に接近していったのだろうか。次項ではこの問題を検討する。

（二）教師・教育行政・学者の役割分担論

東京教育会は、教育親睦会直後に発行した『東京教育会雑誌』第七号（明治一三年九月刊）に、次の二つの論説を発表した。第一は、城谷謙の教師論である。城谷は、「良教師」になるには、「博学」であることも必要であるが、「教師ノ重ズル所ハ博学ニ在ラザルヤ明」であり、「我意ヲ人ニ通ジテ能ク人ヲ開誘スル」ことが必要であるとした(50)。教える能力こそ教師の十分条件であり、博学知識は必要条件でしかないと、この時期に改めて強調・再確認した。

第二は、千葉実の学者・教育行政官論である。千葉は、教育令公布後における地方学事の「頽廃」に関して、次のように述べた(51)。府県町村会議員は「減費ヲ喜ビテ学事ヲ抹却シタルノ議」を免れるべきか。「国会開設ヲ唱ヘテ其基礎タル普通教育ヲ遮断スル」のは、どういうつもりか。「政府ノ本職」は「学校ヲ監督保護スル」ことである。「学者ノ本分」は「理論ヲ嵩メ、教授ヲ改良スル」ことである。地方官が教則・教方まで干渉するのは「吾輩ガ願ハザル所」であり、政府は「能ク学事ヲ監督シ、能ク学校ヲ永続セシムレバ充分」である。もし政府が学者の役割を兼ねて「其内部ニマデ干渉スル」と、「教育ノ事業ハ死物トナリ、器械トナリ、学校アリトモ唯文字ヲ伝授スルノ場所」となって、当局者の「指揮」がなければ「更ニ進歩ノ実功ヲ奏スル」ことのできない状況に陥る。「教育者ガ人智ヲ開誘スルノ事業」は、「警察官ガ違式詿違律ヲ実施スル」こととは違う。「政府ノ為スベキ事ト学者ノ為スベキ事ハ、自ラ殊別」である。

千葉の学者論は、栗本批判の翌々月、府会決議の翌月に発表されたことを考えると、府会決議を契機とした学者に対する普通教育擁護・推進への再要求と位置づけられる。東京教育会は、教育親睦会の開催直後、教師はただの学者ではなく教える存在であることを強調するとともに、学者には理論と実際に基づいて普通教育の内的事項を改良する役割を果たすように再要求し、教育行政当局には普通教育の管理・保護と内的事項への不干渉を要求した。

また、明治一三年一一月の機関誌では、浅黄直吉（深川区庶民夜学校教員）が次のように述べた[52]。すなわち、今の小学教員は、「勢力ハ微々タル」ために「殆蒙昧無学ナル工夫ト同一視」され、「資産ニ乏シ」く、「寒貧書生ノ異形」でなければ「世事ニ迂ナルノ漢学者流」だとされている。「世ノ教員タル者ハ恬然トシテ之ニ対フル所ナキカ」。これに対抗するには、「金力」を持って「財」を生じなければならない。そこで、「大ニ結合力ヲ逞クシ、同心戮力シテ以テ夫ノ財本タラザル者ヲ変ジテ財本ト為」すようにしてはどうか。「若シ能ク此主義ヲ拡張シテ、全国五万ノ小学ニ普及セシメバ、其巨額実ニ喫驚スルニ足ルベキ」状況になるはずだ。以上のような浅黄の提案に対して、編輯長の千葉は、「目下ノ急務」として評価した。

以上のように、東京教育会は、八月の教育親睦会以降、教員・教育行政官・学者の役割分担を確認し、かつ教員独自の組織的活動の必要性を確認していく。また、先述の通り、もともと東京教育会でも、教育行政に対する教師の独立・自立の必要性が認識されていた。なお、明治一五年八月一三日の東京教育学会討論会「撃剣ヲ以テ体操科ノ一部トナス可シ」でも、文部官僚と教員との間で次のような注目すべき問答があった[53]。この討論会で文部官僚の西村貞は、撃剣は相手を敵視する「情感」を起こし「徳性ヲ傷ル」として、「今体操ニ撃剣ヲ入ル、コトハ余ノ大ニ排撃スル所ナリ」と述べた。それに対して並河尚鑑（学習院教師）は、「三番（西村）ノ論ニ徳育ヲ害スルノ論アレドモ、是亦空想ニシテ、実際ノ論ニアラズ」と述べた。並河が学習院教師という特殊な立場にいたことが反論を可能にした背景にあるだろうが、東京教育学会で、文部官僚が強く主張した内容に対し、教師が「実際」の立場から反論を行ったのは重要な事実である。教員たちは、教員の独自の役割と自立性を自覚しつつ、教育行政官との協同に取り組もうとしていた。

（三）「普通教育」概念の考究―大日本教育会への道

明治一三年夏以後、東京教育会の重要課題は、「普通教育」概念の考究とその共有とになったと思われる。それは、普通教育に従事する教師自身の仕事を自ら論究することでもあった。

明治一三年夏以後の東京教育会では、大きく分けて次の二つの普通教育論を展開している。第一には、普通知識発達・国民育成論としての普通教育論である。千葉実は、普通教育と幼年犯罪者の矯正教育とを区別して、普通知識の発達を目指す「普通教育」と、良心の成長を目指す「教誨」とを区別した。[54]駒野政和は、明治一三年夏の府会決議を普通教育への圧迫として明示し、それに対する挽回と国民育成のために、教育会員とともに「普通教育」の勢いを作ることを求めている。[55]なお、駒野は、「普通教育」を「欧米諸邦ノ教育法ヲ酌量シタルモノニシテ、其主義ハ人間ノ感覚智力及性情ヲシテ道理ト良心トノ二者ニ従依セシメテ、全体ノ諸能力ヲ陶成シテ、自ラ活動スルノ志気ヲ養ハシムル」ことと定義し、「尋常普通ノ良民ヲ養成スルノ模型」と見なして「教育ノ正体」として位置づけた。また、小学・中学を卒業すれば、「何業ニ志スモ其向フ所ニ応ゼザルハナシ」という状態となるため、普通教育は「人民ノ欠クベカラザル最緊要ノモノ」になる、と述べた。

第二に、徳育論のさらなる検討である。隅田彦一は、次のように述べた。[56]隅田は、単独で論じがちな知育と徳育とを関連させ、かつそれらが「処世」にもつながることを示して、知育のなかでの「自奮自為ノ精神」の養成を求めている。城谷謙は、「孔孟」の学を「卑屈以テ最上ノ徳」とした学問とし、「進取ノ気象」を抑えて「活発有為ノ志」を制するものとして次のように批判した。[57]城谷は、「泰西ノ学」を学んでも「事ノ正否ヲ論ゼズ、之ヲ尊ビ之ヲ喜ブ」ようでは以前と同じであり、「我国文学」は「踏襲ヲ知リテ剏創ヲ務メザルヨリ醸成セル弊害」を改めなければ「幾百年ヲ経ルモ外国ト文華ヲ争フコト」はできない、とした。なお、城谷は後に、『東京教育学会雑誌』でも積極的に儒学的徳目を批判した。[58]ここでは、「利」を道徳の基準とし、「仁義」ですら「最大ノ利ノ異名」であると論じている。

以後、東京教育協会・学会に至ると、知育・徳育論の更新だけでなく体育論も盛んになった。また、教育学研究を希求する論が登場し[59]、原理的把握および三育論を基盤として「普通教育」または「教育」概念が追究されていく。そして、明治一六年七月、『東京教育学会雑誌』第一三号に「大日本教育会興スベシ」が発表され、次のように述べた[60]。教育全体の進歩のためには、「外面上」の進歩だけでなく、教育方針の確定、教授法の確立、技芸の社会貢献、教育会の全国展開などの「内部」の進歩が必要である。「政論ニ酖酔スル急躁ノ徒輩」は、教育を「小事」とし、「奇論異議」によって教育を「遮障」し、「教育ノ退歩」を生じさせている。これを「傍観黙視」することはできない。今こそ、「博学有識ノ義士ヲ糾合シ、大日本教育会ヲ興シ、教育全体ノ進歩ヲ図ラシムル」ことが必要である。以上のような論説の発表直後、明治一六年九月九日、大日本教育会が結成され、「教育ノ普及改良及ビ上進」を目指す全国的運動が本格化することになる[61]。

以上、東京教育会における教師論を検討してきた。そのなかで、次のようなことが新たに明らかになった。

東京教育会は、最初期の私立教育会の一つである。その活動は、官立師範卒教員を中心とする指導的教員によって、思慮的・自立的に思考した結果を共有することを目指す言論活動として始められた。その会員となった教員たちは、徳育の担い手や教科教授原理の理解者として、子どもたちの善良な性質や自立心などを育てるために自らのあり方を考え、互いに共有し合おうとした。教員に対する人々の不信感は認識していたが、その背景にある普通教育に対する不信感までは積極的に問題化しなかった。

そのような状況下で、東京府会において、公立学校や普通教育教員に対する不信感を背景として、普通教育費削除が決議された。明治一三年夏の東京府会では、商法講習所と庶民夜学校費以外の教育費が大幅に削減された。教育費削除を決めた二次会・三次会の議事録を見る限りでは、議員たちの「普通学」に対する無理解・不信感や、旧教育・私立学校の教育への信頼、教育を個人的なものとみる教育観などが見て取れる。他方、府官吏の答弁を見ると、大学進学や教育令準拠のための中学校・師範学校観しか見られず、国家隆盛・国民育成の基盤としての普通教育への理解がまったく不十分であったといわざるを得ない。商法講習所費や庶民夜学校費が原案通り通過した背景には、商業活動に対する議員たちの実感のこもった理解があった。結局のところ、このときの中学校・師範学校費および小学補助費の削除は、府会議員・府官吏における普通教育の意義や実態に対する理解不足が招いたものと言える。明治一三年夏、東京教育会・普通教育関係者は、このような根深い問題に直面した。

東京教育会は、明治一三年夏の東京府会における教育費削除決議を普通教育の「萎靡」と捉え、危機感を強めた。教員たちが普通教育の改良・推進の担い手として期待していたのは学者であった。しかし、同じ頃、学者の代表である東京学士会院のメンバーが反普通教育説を発表していた。このような状況においては、教員たちは学者の奮起を求めるだけでなく、自ら普通教育の擁護に立つほかなかった。府会決議後、東京教育会は教員・教育行政官・学者のそれぞれの役割を確認しながらそれらの協同を模索するとともに、その協同のキーワード、かつ教職の中核たる「普通教育」概念を問い始めた。

東京教育会における教師論は、政府の教員政策や師範制度、自由民権運動内の教員に関する先行研究の明らかにしてきた教師論とは必ずしも同一視できない。東京教育会では、徳育や師表性の意義を認め、儒学的道徳を批判対象とし、「自立」「進取」などの近代市民的道徳を重視して、教師にその体現を求めた。その意味では民権運動における教師論に近いが、教育会は意識的に民権運動と距離をとり、明治一三年夏以降は議会議員への対抗姿勢をとっている。また、それは「学理」と親和的ではあったが、「政治」を契機とする論調を多分に含んでいた。明治一三年の東京教育会には、政府の立場からでも民権結社の立場からでもない、第三の立場からとも言うべき独特の教師論が展開していた。

明治一三年夏の東京府会決議は、東京教育会に教育親睦会を開催させ、府下の教員・教育行政関係者を糾合させた。以後、東京教育会は、同様の活動を行っていた東京教育協会と合併し、東京教育学会・大日本教育会へと発展していく。それらの教育会でも同様に、教員たちは教育行政官との協同を図っていく。その過程では、普通教育の推進のために、教育行政官と親和的・協力的でなくてはならないと考える教師論が見え隠れした。教育行政官との協同は、教育擁護・推進に必要であったが、同時に教員が教育行政の思惑に取り込まれ、自立性を見失う危険と背中合わせになることでもあった[62]。東京教育会は、このような緊張のなかで教師論を展開する最初のきっかけを作ったのである。

（1）中国四国教育学会編『教育学研究紀要』第五四・五六・五七巻（二〇〇八～二〇一一年）掲載の拙稿参照。
（2）明治期における教育雑誌の名前・創刊年月を示した榑松かほる・菅原亮芳・小熊伸一「近代日本教育雑誌史研究（一）」（桜美林大学編『桜美林論集』一般教育篇、第一七号、一九九〇年、四九～六八頁）の表によると、『東京教育会雑誌』の創刊は教育会名義の雑誌の中で最も早い。
（3）最初期の教育会の一つとして知られる千葉教育会（明治一二年八月結成）は、千葉県会と密接にかかわった（土方苑子「千葉県における自由民権運動と教育」、国民教育研究所・「自由民権運動と教育」研究会編『自由民権運動と教育』草土文化、一九八四年、五五～一〇〇頁）。
（4）渡部宗助「教育団体の発足と教員の諸活動」東京都立教育研究所編『東京都教育史』通史編一、一九九四年、七七五～八〇二頁。
（5）白石崇人「東京教育会の活動実態―東京府学務課・府師範学校との関係」全国地方教育史学会編『地方教育史研究』第二五号、二〇〇四年、四七～六八頁。
（6）尾崎公子『公教育制度における教員管理規範の創出』学術出版会、二〇〇七年。
（7）当時の時代背景を踏まえるとこのような規程は珍しくはないが、一定の規範を定めて自制する態度は、教職の自律性確立において重要であり、注目に値するものである。
（8）松崎欣一『三田演説会と慶應義塾系演説会』慶應義塾大学出版会、一九九八年。
（9）中村敬宇「演説ノ主義ヲ論ズ」『東京教育会雑誌』第一号、一八八〇年三月、一頁表～三頁裏。明治一二年一二月二日、第二回目の演説討論会で行われた演説内容と思われる。

(10)「例言」『東京教育会雑誌』第一号、裏表紙。
(11)曾田愛三郎「親接ノ原則」『東京教育会雑誌』第一号、四頁表～六頁裏。
(12)城谷謙「気象ノ教養」『東京教育会雑誌』第三号、一八八〇年五月、一頁表～三頁表。
(13)朝倉正行「適度ノ抑制ハ教育ノ根本」『東京教育会雑誌』第四号、一八八〇年六月、一頁表～二頁裏。
(14)駒野政和「数理論」同前、二頁裏～六頁表。
(15)信原謙造「初等植物学教授論」『東京教育会雑誌』第六号、一八八〇年八月、四頁表～六頁裏。
(16)大東重善「師説」『東京教育会雑誌』第二号、一八八〇年四月、一頁表～四頁表。
(17)「雑録」『東京教育会雑誌』第三号、七頁裏～一〇頁裏。
(18)「再び聴音器を試る記」『郵便報知新聞』第二二三四号、報知社、一八八〇年七月一四日、三～四頁。
(19)千葉実「報知新聞ヲ読ム」『東京教育会雑誌』第五号、一八八〇年七月、四頁裏～七頁裏。
(20)武田晃二「明治初期における「普通教育」概念」『岩手大学教育学部研究年報』第五〇巻第一号、一九九〇年、八三～一〇三頁。武田晃二「嶋田三郎の「普通教育」論―改正教育令制定前後の文部省普通教育政策に関する一考察」『岩手大学教育学部研究年報』第五一巻第一号、一九九一年、五九～八〇頁。武田晃二「明治初期における『普通学』・『普通教育』概念の連関構造」『日本の教育史学』第三四集、教育史学会、一九九一年、三五～四九頁。武田晃二「『文部省示諭』における「普通教育」概念」『岩手大学教育学部研究年報』第五二巻第一号、一九九二年、一一三～一二九頁。
(21)倉沢剛『小学校の歴史Ⅳ―府県小学校の成立過程・後編』日本放送出版協会、一九八九年（ジャパンライブラリービューロー、一九七一年）、六二一～六三三頁。
(22)『第弐回通常会議案　議場備』明治一三年度、東京都公文書館蔵、一三〇～一三二枚目。および東京府調査掛『通常会議事録』明治十三年（東京都公文書館蔵）に、『明治十三年東京府通常会議事録』が綴られており、教育費の第二読会・第三読会の審議過程をすべて確認可能。
(23)『第弐回通常会議案　議場備』同前、一二六枚目）。明治一二年度予算より、一五区分は一一万五五三八円一二銭七厘、六郡分は二万九八四八円九〇銭八厘の増額。
(24)同上、一三〇～一三二枚目。
(25)『明治十三年東京府通常会議事録』第一号（東京府調査掛『通常会議事録』明治十三年、東京都公文書館蔵）。同議事録には欠号が多いが、幸い教育費予算審議の第二次会・三次会の議事録部分が東京都公文書館に残されていたため、それを参照した。
(26)教育費削減は、例えば京都府会・千葉県会でも見られた（本山幸彦編『京都府会と教育政策』日本図書センター、一九九〇年、五五～一〇七頁。千葉県教育百年史編さん委員会編『千葉県教育百年史』第一巻通史編（明治）、千葉県教育委員会、一九七三年、五〇八頁）。倉沢剛によると、その論拠は、明治一一（一八七八）年七月公布の地方三新法と、明治一二（一八七九）年八月公布の教育令における「人民自治・自由放任の思想」だったという（倉沢剛『小学校の歴史Ⅳ―府県小学校の成立過程・後編』、六二一～六二三頁）。

(27)『明治十三年東京府通常会議事録』第四二号。
(28)『明治十三年東京府通常会議事録』第四三号、一一～一二頁。
(29) 同前、一二～一五頁。
(30) 同前、一五～二二頁。
(31) なお、福地は、第二中学費第二次会においても、現職の中学教師を「未ダ世事ノ何ニタルヲ知ラズ、未ダ艱難ヲ嘗メズ、乳臭ノ少年ナリ」としている（同前、八頁）。
(32)『明治十三年東京府通常会議事録』第四四号、一～五頁。
(33)『第弐回通常会議案　議場備』、八三～八五枚目。
(34) 前掲注（32）、五～一九頁。
(35) 前掲注（32）、一二～一四頁。
(36)『明治十三年東京府通常会議事録』第四九号、一～二三頁。
(37)『明治十三年東京府通常会議事録』第五〇号、八～一五頁。
(38)「府下学事近況」『東京教育会雑誌』第六号、七頁表～九頁裏。
(39)「府下学事近況」同前、九頁裏～一〇頁裏。
(40)「府下学事近況」『東京教育会雑誌』第七号、一八八〇年九月、一〇頁表。
(41) 倉沢、前掲注（21）、六二三頁。
(42)「府下学事近況」『東京教育会雑誌』第八号、一八八〇年一〇月、八頁裏。
(43) 東京府編『東京府史』行政編第五巻、東京府、一九二九年、一七七～一七八頁。
(44) 神辺靖光『明治前期中学校形成史』府県別編Ⅰ、梓出版社、二〇〇六年、一六三～一六五頁。
(45)「府下学事近況」『東京教育会雑誌』第七号、七頁表～八頁表。
(46)「本会報告」『東京教育協会雑誌』第四号、東京教育協会、一八八二年一月、二五～二八頁。
(47)「討論筆記」『東京教育協会雑誌』第四号、一七～一九頁。城谷謙・後藤謙次郎・前田宗一の発言。教育行政官の傍聴下での

討議であったことが関係している可能性はある。
(48)「本会録事」『東京教育学会雑誌』第七号、東京教育学会、一八八二年一二月、二五～二七頁。
(49)「本月三日学事懇話会ノ節西村貞君ノ演説」『東京教育学会雑誌』第七号、四頁。
(50)城谷謙「学者必シモ教師ニアラズ」『東京教育会雑誌』第七号、一頁表～三頁表。
(51)千葉実「自由教育果シテ吾国ニ適セザルカ」『東京教育会雑誌』第七号、三頁裏～六頁裏。
(52)浅黄直吉「教員貯金論」『東京教育会雑誌』第九号、一頁表～三頁裏。
(53)「討論筆記」『東京教育学会雑誌』第三号、一九～二〇頁・二三頁。
(54)千葉実「懲矯院ノ創設ヲ賛成ス」『東京教育会雑誌』第八号、一頁表～三頁裏。
(55)駒野政和「普通教育ノ大勢」『東京教育会雑誌』第九号、一八八〇年一一月、四頁表～六頁裏。同『東京教育会雑誌』第一〇号、一八八〇年一二月、五頁裏～六頁裏。
(56)隅田彦一「艱難ニ耐フルノ気象ヲ養成スベキヲ論ズ」『東京教育会雑誌』第八号、四頁表～五頁裏。
(57)城谷謙「我国学問ノ古来他邦ニ及バザル原由」『東京教育会雑誌』第一〇号、一頁表～三頁表。
(58)城谷謙「修身学ノ基礎」『東京教育学会雑誌』第一号、七～一一頁。城谷謙「修身学ノ基礎」『東京教育学会雑誌』第二号、一～五頁。城谷謙「修身学ノ基礎」『東京教育学会雑誌』第四号、一三～一六頁。
(59)例えば、西村貞「教育学ヲ論ズ」(『東京教育学会雑誌』第一号、一～七頁)など。
(60)峙菴子「大日本教育会興スベシ」『東京教育学会雑誌』第一三号、一八八三年七月、七～一〇頁。筆者本名は不明。
(61)大日本教育会結成後の全国運動の展開については白石崇人「全国教育者大集会の開催背景」(梶山雅史編『続・近代日本教育会史研究』学術出版会、二〇一〇年、一〇九～一三二頁)および本書第Ⅳ部第五章を参照。
(62)教育行政官も、国家目的の範囲内ではあるが教員の自立的行動を必要とした(例えば、辻新次「大日本教育会第一回開会ノ祝詞」『大日本教育会雑誌』第一号、大日本教育会、一五～一九頁)。『大日本教育会雑誌』では、教育の成否や国家の盛衰は教員の自立的行動にかかっているという教師論が教員以外からも多く主張されている。教員が自立性を保つことは容易ではなかったが、それ故に大日本教育会は教員を激励し続けなければならなかったと思われる。

第四章　東京教育学会から大日本教育会へ
――全国教育の進歩を目指して――

本章の目的は、大日本教育会結成を推し進めた問題意識について、文部官僚の意図だけでなく、東京教育学会内部の経緯やその他の新入会員の要求をも踏まえて、多元的な視点から明らかにすることである。

明治一四（一八八一）年一〇月、いわゆる明治一四年の政変を経て、明治二三（一八九〇）年の帝国議会開設に関する勅諭が渙発された。明治一五（一八八二）年三月には、伊藤博文らが憲法調査のために海外へ出張し、憲法・議会を中心とする新しい国家体制の模索が本格化した。また、民権派は政党を組織し、地方議会で予算編成などに影響力を行使していた。大日本教育会が、明治一六（一八八三）年九月九日に東京教育学会を改称再編して結成したのは、このような状況下であった。『帝国教育会五十年史』によると、大日本教育会は、東京府に範囲が限られていた東京教育学会の組織を、全国的な組織に改造するために結成されたという(1)。

先行研究では、文部官僚の存在や意図を強調して、大日本教育会結成の問題意識を説明することが多い(2)。とはいえ、大日本教育会は文部省・政府に対する圧力団体的役割を果たした時期もあり、その性格は政府・文部省の論理だけでは必ずしも説明できない。大日本教育会結成には、大学教員も新入会員として参加している。大日本教育会結成において、これらの立場からどのような要求が出されたか。また、なぜ東京教育学会は大日本教育会の結成母胎になったのか。文部官僚の意図の重要性は否定しない。しかし、大日本教育会結成は、文部官僚以外の期待や背景をも含めて多元的に検討する必要がある。

以上の課題設定に基づき、本章は次のように進める。まず、東京教育学会とはどのような団体であったかを検討する。次に、東京教育学会と文部省の関係を検討する。さらに、なぜ東京教育学会は大日本教育会に改称再編しなければならなかったのか、学会内部の事情や論理を中心に検討する。そして、大日本教育会結成に向けた文部省官僚・東京教育学会会員・新入会員の要求や期待を検討する。これらの結果によって、大日本教育会結成に寄せられた課題意識や期待を整理し、大日本教育会結成の同時代的意義を明らかにしたい。

一．東京教育学会の活動実態

（一）東京教育協会の全国志向

明治一五（一八八二）年五月、東京教育会と東京教育協会との合併により、東京教育学会が結成された[3]。東京教育学会結成の詳しい事情は、今のところ史料に乏しく、不明な点が多い。同会長の西村貞によると、明治一五年の二・三月頃、東京教育会と東京教育協会の間で合併の話し合いがもたれ、互いに会の目的を審議したところ、目指すところが同じであったため、合併に踏み切ったという[4]。また、『千葉教育会雑誌』によると、「全国の教育を隆盛ならしめんとの目的を以て同盟結社したる東京教育協会は、東京教育会と其目的等も同じければとて去る六月双方相談の上にて合併」したという[5]。東京教育学会の毎月の例会は東京教育協会の例会会場であった学習院で行われており、千葉教育会の報道の仕方も踏まえると、東京教育学会結成における東京教育協会の相対的優位を感じさせる[6]。

東京教育協会についてはさらに不明な点が多い。『帝国教育会五十年史』によると、「明治一二年に至り学習院在職教員等を会員とする東京教育協会といふのが起った」とある[7]。しかし、明治一六年九月付の庵地保（東京府学務課員）の回顧によると、「明治一三年八月ノ頃ニ、学習院ノ教員中有志諸君等相謀テ、神田錦町三丁目同院内ニ東京教育協会ナルモノヲ開設シタル」とある。[8] 当時の史料が見当たらないため判断は難しいが、東京教育協会は、少なくとも明治一三年八月には学習院に事務所を置いて、学習院教員を構成員として活動していた。[9] 同協会の規則や会員名簿は残っていない。しかし、唯一現存している『東京教育協会雑誌』第四号には、[10] 論説や討議会などの論者として、城谷謙（学習院教師）・生駒恭人（学習院教師）・財満久純（学習院教師）・佐野安（学習院教師）・榧木寛則（小学教文雑誌主筆）・能勢栄（学習院教師）・西村貞（文部省一等属）・並河尚鑑（学習院教師）・後藤謙次郎（不明）・前田宗一（学習院教師）・太田忠恕（不明）・工藤一記（学習院教師）の一二名が見出せる。このうち八名が学習院教師であった。また、城谷・生駒・佐野・榧木・並河・太田・工藤の七名は、官立東京師範学校の卒業生であった。さらに、能勢栄はアメリカのパシフィック大学卒、西村貞は大学南校卒で文部省留学生としてイギリス留学の経験を持つ人物であった。

なお、このうち東京教育協会の中心人物は、能勢栄（明治一四年一〇月開催の討論会議長）、城谷謙（明治一四年一二月東京教育協会主催の学事懇談会代表）、財満久純（編集兼印刷長）の三名であった。いずれも学習院教師であった。後の回顧によると、東京教育協会の会員数は、明治一三年九月の二五名から明治一四年九月の六〇名へと増加している。[11] 明治一五年一月発行の『東京教育協会雑誌』第四号には、新規入会者が多数記載されている。その内訳は、函館一名・後志一名・栃木二名・茨城一名・千葉一名・神奈川一名・東京二名・京都二名・兵庫三名・愛媛一名であった。また、雑誌第四号掲載の「府県学事雑報」欄の記事は計四件であり、そのうち東京府の記事は『東京教育会雑誌』の休刊の記事と、学習院の記事の二件であった。その他は、『教育衛生新誌』を参照した新潟県の記事一件と、山口県の記事一件であった。また、『東京教育協会雑誌』第四号には、外国教育情報を用いた記事が総件数九件のうち三件（三三％）掲載された。生駒は、古代ギリシャ史からスパルタの過酷な教育の事例、近世日本の教育の事例を引き、道徳教育の欠如および普通教育の軽視に対して注意を促した。[12] 財満は、ベンサム、ミル、ソクラテスを引き、道徳の必要性を述べた。[13] 能勢栄執筆の「外国教育」は、ベルギーを事例に大学の学部・学科と中学校の組織・教員・学科について述べ、文末に「（以下次号）」と表記されている。[14] 東京教育協会は、明

図１　野村彦四郎

治一五年一月時点には、すでに東京府域を越えた活動・組織作りに取り組んでいたようである。

　東京教育協会の全国志向は、明治一四年一二月一八日開催の学事懇談会に明確に見られた。同月一七日、福岡孝弟文部卿が府知事県令を文部省に集めて教育の要旨を訓示したが[15]、府知事県令に随行して上京した学務課員から、「互ニ従来教育ノ実験ト向後ノ目的等ヲ懇談シ、地方学務課相互ノ関係及ビ諸ノ教育会ト親睦交通ノ端ヲ開キ度」という発意があったため、東京教育協会はその仲介役として学事懇談会を開催したのであった[16]。学会員との交流に限定せず、学務課相互の交流を意図した点も興味深い。なお、学事懇談会が開かれる直前の同日午前には、東京教育協会の例会が開かれ、手島精一（東京教育博物館長）・福田晋（茨城県学務課）の傍聴を受けた。

　同協会は、懇談会に辻新次（文部大書記官・普通学務局長）、浜尾新（文部権大書記官・専門学務局長）、久保田譲（文部少書記官）を招待したが、彼らは公務により参加しなかった。文部省からは吉村某（文部権少書記官）が参加し[17]、東京・京都・千葉・茨城・栃木・山形・神奈川・兵庫・岡山の学務官一〇数名、および東京教育協会会員三〇余名、総勢約五〇名が参加した。懇談会は、最初に東京教育協会代表として城谷謙が「教育協会及ビ今日此筵ノ成立」を述べた。次いで、野村彦四郎（京都府学務課長）、太田忠恕（会員）、工藤一記（会員）、竹下康之（京都）、生駒恭人（会員）、本山彦一（兵庫）、能勢栄（会員）、西村貞（会員）、吉村書記官、長倉雄平（東京府学務課員）、並河尚鑑（会員）、庵地保（東京府学務課員）の順に演説が行われた。なお、福田・野村・竹下の三名は翌年一月までの間に東京教育協会に入会している。この懇談会が入会の直接的契機となったと思われる。

　以上のように、学習院教師を中心に運営されていた東京教育協会は、文部官僚を入会させるとともに、明治一四年末以降には地方の学務課員と交流してその入会を受け入れた。そこには、全国的組織を備えたと言えないまでも、全国志向の芽生えを見出せる。

（二）東京教育学会の全国志向の発展

東京教育学会の会則の現存は確認できないが、明治一六年六月発行の『東京教育学会雑誌』第一二号には、「東京教育学会規則略」が掲載されている[18]。これによると、東京教育学会の目的は、「同志結合シテ我邦教育ノ隆盛ヲ図ル」ことであった。そしてその目的達成のための事業として、「討論演説会ヲ開クコト」、「内外教育ノ実況ヲ調査スルコト」、「雑誌ヲ刊行スルコト」、「各地ノ教育会若クハ教育家ト交通諮詢スルコト」の四項目を挙げ、毎月第二日曜日を「開会日」とした。また、「公撰」によって会長一名・副会長一名・事務委員四名・編集委員二名・常置委員一六名を選ぶことにしている。入会希望者は、会員一名を紹介者とし、事務委員を通して会長の許諾を受ける必要があった。また、退会希望者は事務委員に申し出ることになっていた。この規則略を見る限り、その活動範囲は「東京」限定ではなく「我邦」であり、国内だけでなく国外の実況調査も事業の一つに位置づけていることがわかる。

表1は『東京教育学会雑誌』に掲載された論説と外国教育記事を一覧にしたものである。外国情報を含む論説には○をつけた。表1によると、東京教育学会が毎月何らかの形で外国情報を報道したことがわかる。表2は、同雑誌の「府県学事雑報」欄で報道された府県と、巻末に報道された入会者の地域ごとの数を示したものである。おおよそ毎月、東京以外の地域の教育情報を報道している。また、明治一五年六月から一六年七月までの一年余りの間に、東京以外の地域の入会者が増えている様子がわかる。後の回顧によると、明治一五年九月の時点で会員総数は二〇三名に達したという[19]。また、表3は、毎月の例会で実施された演説・討論題目を示したものである（実施を確認できないものは除外）。表3によれば、毎月一回例会を開いて、複数名が演説を行い、時に討論を行っていた。また、佐野安・加藤弥三郎の演説題からわかるように、東京以外の他県の教育情報を提供する演説も行われたことがわかる。

表1　『東京教育学会雑誌』各号の論説題目・筆者一覧および外国教育記事の有無

号数	発行年月	題　　目	筆者	外国情報
1	明治15年6月	教育学ヲ論ズ	西村貞	○
		修身学ノ基礎（途中）	城谷謙	
		歴史ト地理ノ関係ヲ論ジ併テ挿図ノ必要ヲ説ク	鈴木治三郎	
		外国教育（日耳曼大学）	能勢栄	○
2	明治15年7月	修身学ノ基礎（続き）	城谷謙	
		完備ノ教育（『東京教育協会雑誌』第6号の続き）	佐野安	
		教育論	管見子	
		体操伝習所ニ於テノ演説	西村貞	
		外国教育（英国教育沿革）	西村貞	○
3	明治15年8月	退険料ヲ論ズ	生駒恭人	○
		小学暑中休課廃スベシ	城谷謙	
4	明治15年9月	教育学講ゼザルベカラズ	中川元	○
		競争心ヲ論ズ	荒野文雄	
		修身学ノ基礎	城谷謙	
		理学教育ノ要用ヲ論ズ	西村貞	○
		偶感	青巷子	
5	明治15年10月	科学的ノ思想ヲ説キ併セテ其発達ヲ論ズ	庵地保	
		修身学ノ主義	佐久間治三郎	○
7	明治15年12月	本月三日学事懇話会ノ節西村貞君ノ演説	西村貞	
		右同会ニテ中川元君ノ演説	中川元	○
		右同会ニテ東京師範学校長高嶺秀夫君ノ演説	高嶺秀夫	
		徳育上ノ一考案	小池民治	○
12	明治16年6月	農商学校ノ設ケ速ニセザル可ラズ	高島子信	
		算術教授考案	多田房之輔	
		外国教育（仏国リヲン府小学師範学校）	野口保興	○
		外国教育（墨哥士格国教育一班）	傀陰生	○
13	明治16年7月	人性学（第一章）	武居保	
		大日本教育会興スベシ	崝菴子	
		識者ノ本分ヲ論ジ并セテ教育家ノ一ヲ明カニス	西村貞	○
		普通教育ハ民生ト相伴ハザル可ラズ	（著者不明）	○
		外国教育（英国教員及生徒等）	（著者不明）	○
		外国教育（丁抹国教育）	（著者不明）	○

出典：『東京教育学会雑誌』第1～5、7、12・13号を参照して作成。外国情報を含む論説には○をつけた。

表2 『東京教育学会雑誌』に報道された府県と地方入会者

号	報道された府県	入会者報道
1	東京	－
2	石川・千葉・埼玉・群馬	大阪1、群馬1、千葉5、福井1、東京5、茨城3（以上6月） 千葉9、東京9、長野1（以上7月）
3	神奈川	東京1（以上6月） 茨城1（以上7月） 東京8、埼玉1、新潟1（以上8月）
4	東京・函館・群馬	埼玉5、長野1、姫路2、三重2、滋賀1、千葉1（以上8月） 東京5（以上9月）
5	静岡	東京5、茨城2、三重4、大分1、栃木2、大阪1、広島1（以上10月）
7	埼玉・新潟・石川	三重1、東京2、埼玉9、丹波1、栃木9（以上11月） 東京6、京都1、札幌1（以上12月）
12	静岡・東京	越後1、栃木1、群馬1、千葉2、鳥取2、埼玉1、備後1（以上4月） 東京3、神奈川1、播磨1、丹波1、千葉1、栃木1（以上5月） 東京2（以上6月）
13	東京・千葉	東京3、宮城1、長野1（以上6月） 茨城2、埼玉1、山形1、千葉1、大分1、伊賀1、大阪2、東京2、埼玉1（以上7月）

出典：『東京教育学会雑誌』第1～5、7、12・13号を参照して作成。

表3　東京教育学会例会における演説討論題目・提出者一覧

例会日	分類	題目	論題提出者
明治15年6月11日	演説	小学口授論	久保田鼎
		学校教師ノ困難	能勢栄
		教育学ヲ論ズ	西村貞
明治15年7月9日	演説	退隠料ヲ論ズ	生駒恭人
		小学暑中休暇廃スベシ	城谷謙
		授業法論	佐野安
		私立学校ヲ論ズ	日下部三之介
		(論題不明)	多田房之助
	討論	撃劍ヲ以テ体操科ノ一部トナル可シ	生駒恭人
明治15年8月13日	演説	群馬栃木両県学事ノ景況	佐野安
		私立小学教師試験ノ利害	加藤弥三郎
	討論	撃劍ヲ以テ体操科ノ一部トナス可シ	生駒恭人
明治15年9月10日	演説	女子教育論	武居保
		干渉ノ定度	加藤弥三郎
		政府干渉ノ区域	大束重善
		理学教育ノ要用ナルコト	西村貞
明治15年10月	演説	科学的ノ思想ヲ説キ併セテ其発達ヲ論ズ	庵地保
		鹿児島県学事ノ景況ニ付感アリ	加藤弥三郎
明治16年7月8日	演説	人性学	武居保

出典：『東京教育学会雑誌』第1～5、7、12・13号を参照して作成。

図２　小池民次

明治一五年六月一一日、学習院で結成後初の東京教育学会例会が開かれた。この例会には、千葉教育会員の渡辺政吉・小池民次（民治）・桜木功・多田房之輔・栗林淳蔵・勝呂正近の六名、および東京・群馬・埼玉などの学務課長・課員が出席した[20]。東京教育学会第一回例会の前日に開催された千葉教育会第四回総集会では、千葉県令より教育会維持法に関する諮問を受けて草案取調委員を設置するとともに、東京教育学会に「通信」を送ることを決定している[21]。小池は千葉教育会を代表して東京教育学会第一回例会に参加して次のように演説した[22]。小池は、まず教育会の有益性を強調した。その一方で、活動費と活動的な会員の不足からくる千葉教育会の苦しい状況を述べた。そしてその対策として、東京教育学会と「交通ヲ親密」にすることにより「此［東京教育］学会ノ光輝ヲモ千葉全県下ニ被ラシメ」て千葉教育会の活発化につなげたいと述べた。

東京教育学会側から地方教育会・地方教育家に接触することもあった。明治一五年一二月三日、同学会は教育懇話会を開催した。これは、明治一五年一一月二一日から一二月一五日という長期間にわたって文部省が開催した学事諮問会に合わせて開かれた集会であり、東京教育学会会員六二名と学事諮問会会員五三名の計一二一名が、芝の紅葉館に集まった[23]。なお、学事諮問会会員は四三府県の府県学務課長・府県立学校長など計八九名であり[24]、そのうち半数以上が東京教育学会主催の懇話会に参加したことになる。この席上で、西村貞会長は、彼ら学事諮問会員に入会と今後の通信とを求め、かつ「目下諸府県ニ於テ開設セル教育会ト気脈ヲ通ジテ、以テ相互ノ利益ヲ図ラン」として同学会と地方教育会との「誘掖ノ労」を取ることを求め、教育会同士の交流は「教育会相互ノ幸福」につながると述べた[25]。

なお、明治一五年の前半頃（日付は不明）、東京教育学会は、文部省発行教育雑誌掲載用の教育意見・東京府学事景況に関する通信委員について、東京府から委嘱された[26]。同年六月七日、東京教育学会は、城谷謙を通信委員総代とする届けを出した[27]。教育通信の概目は、「徳育智育及体育」「授教ノ方法」「専門教育」「農業教育」「商業教育」「職工教育」「学校ノ管理方」「学校ノ維持法」「学校ノ建築法」「学校ノ器械等」「巡廻授業」「貧民聾唖ノ教育」「幼稚園書籍館等」「地方学事状況及之ニ関スル意見、其他教育上必要ノ件」であった。(28) 府県は、教育通信を地方教育会にしばしば委嘱したようである。(29) 東京府は東京教育学会に東京の地方教育会としての役割を期待し、同学会もその役割を応えようとしていた。

（三）なぜ「学会」であったか

東京教育学会の編集委員を務めていた日下部三之介は、後に回顧して、「東京教育学会トシタ時ハ正ニ学会トアリマシタ。其時ノ会長、今ノ本会ノ常議員長西村貞君デアッタ。其時西村君ハ始終言ッテ居ッタ。教育トイフモノハドウシテモ教育学トイフコトヲ研究スルガ必要デアルト言テ、学会トイフ名称ヲ付ケラレタモ先生ノ心カラ出タコトデアラウト思フ」と述べている。(30) 西村貞会長は、『東京教育学会雑誌』第一号の巻頭に「教育学ヲ論ズ」と題して、次のように述べた。

熟、欧洲文化ノ情勢ヲ察スルニ、現時極メテ開進ノ域ニ在リト謂ハザルヲ得ズ。而シテ其ノ然ル所以ノ基ヲ推ストキハ、畢竟学芸ノ進歩ニ在リト言フモ敢テ不当ノ言ニ非ズト信ズルナリ。然レドモ其ノ謂ハユル学芸ノ進歩ナルモノハ、決シテ一朝一夕ノ致ス所ニ非ザルヤ明ケシ。或ハ数年ノ臆説ヲ窮メテ一段ノ理説ヲ確立シ、或ハ数世ノ定説ヲ玩味シテ、其ノ虚妄ヲ弁シ、事実以テ徴シ、実験以テ推シ、遂ニ今日ノ成績ヲ馴致スルニ至レリ。［略］我ガ帝国ハ、万世一系ノ聖天子ヲ戴キ世々無窮ノ鴻沢ニ浴シ、加フルニ一タビ大戸ヲ米国水師提督ペリーニ開キシヨリ以来、又幾多ノ快楽福祉ノ源ヲ学芸ノ田ヨリ享クルノ地歩ニ達シ、広ク坤輿ノ民士ニ接シテ、共ニ万有ノ学生ト為リ、欧洲諸国ヲシテ独学芸ノ甘味ヲ専占セシメザルノ今日トハ成レリ。而シテ予ノ浅学卑識ナルモ教育学会ノ一員ヲ忝フシ、共ニ教育ノ理法ヲ研究シ、其ノ実験ヲ討悉シ、其

図３　西村　貞

ノ当務ヲ査理シ、広ク教育ノ田ニ耕スノ快事ヲ操ラント欲ス。依リテ茲ニ一言ヲ述ベテ諸彦ノ静聴ヲ汚サントスル者ハ他ニ非ズ。教育ハ則一ノ理学ナルコトヲ主張スルニ在リ。(31)

西村は、東京教育学会の一員となった理由について、教育理法の研究、教育実験の討議、教育事務の調査を他の会員と一緒に行いたいからと述べている。また、詳細については第Ⅳ部第三章で述べるが、西村は教育を一つの理学（サイエンス）として捉えた。そして、欧州文化の開進は学芸の進歩により、学芸は理説の吟味確立や実験によって進歩すると捉えた。西村にとっては、教育学もその学芸の一分野であるから、その研究・実験・討議・調査は畢竟、国家における欧州列強並みの文化開進につながるというのである。東京教育学会は、そのような課題意識を抱いていた西村を会長にして結成された。日下部によれば、「学会」の名は西村のこのような課題意識の現れであった。

東京教育学会は、東京の地方教育会としての役割を果たそうとし、東京府からもその役割を期待された。しかし、同学会の目的は、東京に限らない「我邦教育」の隆盛を図ることであった。結成にあたっては、教育の研究調査による国家の文化開進という一地域に限らない課題意識を背景とし、文部官僚の西村を会長に据えて、学会を名乗った。また、東京以外の地域や外国の教育情報も積極的に取り扱い、東京以外の地域の会員も多く入会させた。東京教育学会は、結成以後、東京に限らない目的意識・組織範囲・活動実態を整えていった。その過程からは、東京教育協会以上に全国志向を強めていった様子を見出せる。

二．大日本教育会結成の背景

（一）東京教育学会会員と文部省高官の交流

明治一四（一八八一）年六月、明治政府は、小学校教員心得において、「教員タル者ハ常ニ寛厚ノ量ヲ養ヒ、中正ノ見ヲ持シ、就中政治及宗教上ニ渉リ、執拗矯激ノ言論ヲナス等ノコトアルベカラズ」と定め、教員の政治的発言を制限した。また、明治一三（一八八〇）年四月の集会条例公布や明治一五（一八八二）年六月の集会条例改正追加などによって、教員の政談集会参加と政社加入を禁止した。これらによって、教員の政治的隔離が進められた。この時期、明治一四年一〇月一二日の国会開設の勅諭渙発を受けて、民権運動は政党の組織運動に移行していた。同月一八日には板垣退助を党首とした自由党が結成され、明治一五年三月一四日には大隈重信を党首とした立憲改進党が結成されている。文部官僚たちは、明治一五年中の地方学事巡視を通して、民権運動の教育に対する影響を実感していった。

明治一五年一一～一二月、文部省は、地方巡視の結果を踏まえて、地方学事の担当官を召集して学事諮問会を開催した。学事諮問会席上で配られた文部省示諭には、「教育会」に対する監視統制が、教育政策上の課題の一つとして挙げられている。すでに文部省は、明治一四年六月に第二一・二二号達を公布し、府県区町村に「学事ニ就キ諮詢攻究等ノ為メ」開設した教育会の規則・議事顛末などを届け出ることを指示していた。文部省示諭によると、これらの文部省達は、教育事務に関する諮詢または授業法・管理法の講究のために開設された教育会が、「一ノ演説会場ニ擬シ、或ハ奇僻ノ教育説ヲ唱ヘ、若クハ妄ニ成法ヲ議シテ」かつ「議論精密確実ナラズシテ軽躁詭激ニ渉リ、放言邪詞モ顧ミザル」ような状態に陥ることを防ぐため、規則制定・会長会員選挙などの時点か

図４　浜尾　新

図５　久保田譲

ら取り締まることを目的としたものであった。[32] 学事諮問会の段階では、文部省は教育会について、教育事務や教育方法に関する諮詢講究などを行って問題解決を目指す場であると同時に、民権運動の演説会場のように監視統制すべき場として認識していた。

そのような状況において、明治一五年一二月三日、東京教育学会は、学事諮問会の会期中に文部省官僚と学事諮問会員を招待して教育（学事）懇話会を開催した。[33] ここで重要なことは、辻新次（文部省大書記官・普通学務局長）・浜尾新（同大書記官・専門学務局長）・久保田譲（同少書記官・普通学務局副長）という、文部省高官を東京教育学会員との直接交流の場に引き出した点にある。明治一四年一二月、東京教育協会が学事懇談会を開催した際には、辻・濱尾・久保田とも招待されながら公務を理由に欠席していた。なお、他に文部官僚から、高嶺秀夫（東京師範学校長）・手島精一（東京教育博物館長）の出席があった。

東京教育学会員が文部省高官との直接交流に成功した背景には、地方学事巡視などを経て、文部省において教育会への注目が集まったことや、文部省官僚の東京教育学会への入会が進んでいたことが考えられる。とくに、西村貞（文部省御用掛・体操伝習所主幹、東京教育学会初代会長）と中川元（文部省一等属官、明治一五年八月入会、後会長）は、役員を務めるとともに、例会での演説や『東京教育学会雑誌』への寄稿を積極的に行って、活動している。西村や中川は、明治一五年までに文部官僚として地方巡視に向かい、教育に対する民権運動の影響と教育の質的改善の必要性とを自ら確認してきた。彼らは、文部官僚として教育会の問題性・有用性を実感していた。このような人物が文部省内に現れたことを背景にして、東京教育学会員と文部省高官との直接交流は実現した。

（二）「教育」を中心概念とする同業者意識

東京教育学会会員と文部省高官との直接交流を実現させた論理は、どのような内容であったのか。

東京教育学会長・西村貞は、東京教育学会会員総代として、教育懇話会の席上で次のように述べた[34]。西村は、「職ニ鞅掌スルノ緒彦モ私ニ協会ヲ設ケテ努力スル者モ、皆斉シク教育ヲ中心トシテ従事スル者」と述べ、懇話会参加者はすべて「教育」を中心に従事する同業者であると見なした。西村は続いて、東京教育学会は「専普通教育ノ部内ニ於テ官民ノ間ニ幇助センコトヲ冀期」すると述べ、かつその主義は「当路者操ル所ノ者ニ異ナルナシト云ヒテ可ナリ」と断言した。東京教育学会と教育行政官との協同可能性を主張したのである。また、学事諮問会員である地方学務当局者に向かって、その入会と地方教育会との交流仲介を要求した。西村の言によれば、東京教育学会は、教育懇話会という交流機会を設定して、中央・地方教育行政当局と東京教育学会、そして地方教育会との協同を目指したといえる。

また、文部官僚であり東京教育学会員でもあり、後に東京教育学会長に就く中川元が、西村に続いて演説した[35]。中川は、小学校教育を「国家ノ基礎」とし、国力の盛衰に直結する仕事と位置づけた。また、臨場の文部官僚・地方学務当局者・東京教育学会員を、自分と同じ任務と責任を負う者と捉えた。そして、ともに助け合いながら教育に尽くそうと呼びかけたのである。

図６　中川　元

以上のように、教育懇話会で語られた東京教育学会員と文部官僚・地方学務当局者との関係は、監視される者と監視する者の関係ではなかった。そこに見られたのは、国家隆盛に関わる「教育」の責務をともに担い、助け合うべき同業者の関係であった。東京教育学会は、教育懇話会の開催によって、かつては十分行えなかった文部省高官との交流を実現させ、彼らをも「教育」の同業者意識のなかへ取り込もうとしたのである。

（三）大日本教育会結成への胎動―地方教育会的機能の分離

明治一六年五月、東京教育学会は組織改革に取りかかった[36]。同月一三日、例会において常置委員一六名（表四）が新設された。その内訳を確認すると、東京府の中堅学務課員が八名（五〇・〇％）、府師範附小も含めた東京府内の公立小学校教員が四名（二五・〇％）であり、東京府の教育関係者が七〇％を越えていた（その他文部官僚一名、出版社長一名、不明者三名）。また、同日、役員の半数が改選され、副会長に長倉雄平（東京府二等属、重任）、事務委員に佐野安（学習院教師、重任）と高橋館蔵（履歴不明、大東重善の辞退による当選）、編集委員に日下部三之介（公立青山小学校長、荒野文雄の辞退による当選）が選出された。改選のなかった残り半数の役員については、名簿がないため不明である。ただ、明治一五年一〇月の改選により選ばれた事務委員は並河尚鑑（学習院教師）と丹所啓行（公立小学校教員）、編集委員は生駒恭人（東京師範学校職員・元学習院教師）であった[37]。当時の東京教育学会長は中川元であったから、東京教育学会の組織は、文部官僚を頂点として、副会長に東京府学務課員を据え、事務委員・編集委員には元・現学習院教師（旧東京教育協会系）と指導的公立小学校教員（旧東京教

表4　東京教育学会常置委員一覧

氏名	役職
庵地保	東京府学務課四等属
大東重善	東京府学務課七等属
片桐譲之	東京府学務課五等属
須田要	東京府七等属
帖佐雄介	東京府学務課五等属
埴原和三郎	東京府学務課六等属
松崎省吾	東京府学務課四等属兼東京府中学校長
荻島光亨	公立千代田小学校教員
加藤弥三郎	東京府師範学校附属小学校訓導
武居保	小学校教員
多田房之輔	小学校教員
林吾一郎	文部省四等属
原亮三郎	金港堂主
色川圀士	不明
下啓介	不明
春山克郎	不明

注：「本会録事」『東京教育学会雑誌』第12号、22～23頁を用いて作成。

育会系）とを組み合わせて動かしていたと思われる。

六月一〇日、常置委員会が開かれ、「会務拡張ノコト」を議論した。六月三〇日、常置委員・職員会議を開き、規則修正について協議したが、同日、辻新次（文部大書記官）が入会し、同会議に出席した(38)。その後、九月九日に大日本教育会が結成され、辻新次が会長に選出（ただし辞退して会長空席のまま副会長就任）、中川元が副会長に選出された（辞退して幹事に就任(39)）。大日本教育会幹事には、中川元と、佐野安、大束重善、丹所啓行、長倉雄平、庵地保、生駒恭人、日下部三之介、武居保、並河尚鑑の一〇名が選ばれた（西村貞は幹事選挙に当選したが、辻・中川の降格に合わせて幹事を辞退した）。幹事については、おおむね教育行政官（中川・長倉・庵地）、小学校教員経験者（大束・丹所・日下部・武居）、学習院教師経験者（佐野・生駒・並河）の三グループに分けられる(40)。また、東京教育会系（大束・丹所・武居）、東京教育協会系（佐野・生駒・並河）、東京教育学会系（中川・長倉・庵地・日下部）にも分けられる。大日本教育会結成時の組織は、文部省高官を頂点に据え、前身団体を支えてきた功労者から選出された幹事によって構成されたといえよう。それは、文部省の傘下で、教育行政官と教員経験者とが直接に協力関係を結んだことを意味する。なお、大日本教育会の会員は、明治一六年九月時点で六三〇名に達し、明治一五年九月時点での東京教育学会の会員数二〇三名を大きく超えた(41)。明治一六年一二月現在の通常会員の名簿には、一、四九九名の氏名があり、会務拡張の方針は成功したといえよう。

図７　庵地　保

図８　須田　要

図９　長倉雄平

図10　日下部三之介

一方、大日本教育会結成に向けた動向と同時進行で、東京府の地方教育会である東京府教育談会の結成が画策された[42]。これは、明治一六年六月、長倉雄平・津田重輝（履歴不明、のち大日本教育会雑誌持主兼印刷者）・日下部三之介の三名が東京教育社の総代人になって、東京府下の学事関係者・教育篤志者に対して「府下教育ノ気脈ヲ通暢シ、其改良進歩ヲ図ルハ今日緊要ノ事ナリ」と呼びかけたのが始まりであった。その声に応えて、六月三日、有志一二〇余名が商法講習所会議所に集会し、「府下ニ一ノ私立教育会ヲ設置スル」ことを決した。七月一日、協議会を文海学校で開いて規則を定め、職員を選挙して、会名を東京府教育談会と称することにした。会長は銀林綱男（東京府少書記官）、副会長は長倉雄平、幹事は日下部三之介・小寺安敦（京橋区学務委員）・須田要であった。六月三日の商法講習所での集会においては、辻新次・伊沢修二（文部少書記官）・西村貞などの臨席があったという[43]。また、九月二三日開催の集会にも、大日本教育会幹部の辻・西村・中川などが臨場して演説した。

このように、東京教育学会の会務拡張の審議中に、同学会副会長と編集委員が別の私立教育会を結成するという事態が起こっていた。ただし、結成後の東京府教育談会と大日本教育会との関係は悪くなかったと思われる。東京府教育談会の会員は、その多くが大日本教育会の会員でもあった。いわば、文部省高官を頂点とする全国教育会の結成に伴って、東京教育学会の地方教育会的機能を分離し、その代替・補完的団体として東京府教育談会の結成が進められたと考えられる。ただし、東京府教育談会が東京府の地方教育会として認められるまでは、時間がかかったようである。例えば、東京府の通信委員は、明治一六年末の時点でも大日本教育会に任された状態であった[44]。

(四)　対決すべき「教育ノ退歩」と目指すべき「教育全体ノ進歩」

大日本教育会の結成準備は、どのような論理に基づいてなされたか。『東京教育学会雑誌』第一三号（明治一六年七月二八日発行）には、峙菴子「大日本教育会興スベシ」が掲載された。峙菴子なる人物の詳細は不明である。

この論説には、「大日本教育会」結成の必要性が以下のように述べられた。

政論ニ酖酔スル急躁ノ徒輩ハ、其浅学無識ナルヨリ、事物ノ進歩スル達徳ノ改良スル其起因結果ハ皆教育ノ如何ニ在ルノ真理ヲ見出ル能ハザルヨリ、教育ヲ以テ小事トシ、之ヲ議論スルヤ軽佻浮薄徒ラニ奇論異議ヲ呈出シテ以テ得タリトナス。是ヲ以テ其遮障スル所トナルモノ鮮カラズ。〔略〕教育ノ退歩ハ吾輩之ヲ傍観黙視スル能ハズ。之ヲ如何セバ可ナルヤ。曰ク博学有識ノ義士ヲ糾合シ、大日本教育会ヲ興シ、教育全体ノ進歩ヲ図ラシムルニアルノミ。(45)

すなわち、政論の徒は、教育を小事とし、奇論異議を唱えることによって「遮障」「教育ノ退歩」を生じさせる。大日本教育会結成の必要性は、そのことによる「遮障」「教育ノ退歩」を防ぎ、「教育全体ノ進歩」を図る点にある。「浅学無識」の政論の徒との対決を視野において、「博学有識ノ義士」を組織化し、「大日本教育会」を結成して「教育全体ノ進歩」を図らなければならないというのである。

では、「博学有識ノ義士」たちが対決すべき「教育ノ退歩」とは、具体的には何を指しているのか。当時、小学校費は町村協議費の支出第一位を占めた。とくに明治一五年頃から、減額決議が全国の町村会で見られるようになったという。(46)また、府県会では、先述の東京府会の例や京都府会・千葉県会の例のように、明治一五年以前から起こっていた。(47)教育費削減論は、法令で認められた予算審議の場である地方議会で唱えられたために、教育政策過程における影響力は無視できないものであった。地方議会・民権運動・政党における教育費削減論は、教育関係者に危機感を感じさせた。文部省示諭は、地方議会には「教育事業上ニ暗キモノ」があり、そのために地方教育の事業実施は「困難」を来すと述べている。(48)文部省は、地方議会の教育への理解不足を問題視し、その認識を学事諮問会において地方学事当局者と共有した。

また、東京のように、地方議会で教育費削減が議決されたことのある地域の教育関係者は、なおさら実感のこもった危機感を感じていたであろう。『東京教育学会雑誌』は、各地の教育関係者の熱心な活動を報道する傾向が強いが、場合によっては「県内ノ小学校等ニ就キ実況ヲ見聞スルニ、或ハ放棄スルナキヤノ疑ヲ生ズルモノアリ」と報じた記事も掲載された(49)。文部省や地方学事当局者だけでなく、東京教育学会員にとっても、「教育ノ退歩」は常に起こり得る状況であった。折しも、明治一四年の帝国議会開設に関する詔勅を受けて、政党が活発に活動していた時期である。当時の教育関係者は、全国各地で起こりうる「教育ノ退歩」を防ぐ体制を何としても構築しなくてはならなかった。

では、大日本教育会が目指すべき「教育全体ノ進歩」とは何か。論説「大日本教育会興スベシ」では、次のように述べられた(50)。まず、小・中・大学の設立、専門教育の方法の整備、各地での地方教育会の結成、学者の学問研究などが当時行われるようになったことを、「外面上」の進歩として認めた。しかし、この論者はこれでは不十分だとして、さらに、教育方針の確定・安定化、教授法の完全化、技芸進歩による社会貢献、教育会の活動の全国的展開などを求めた。大日本教育会結成の問題意識の一つであった「教育全体ノ進歩」とは、学校設立・団体結成などの外形的な進歩に限らず、教育方針確定・教授法開発などの内的な進歩をも意味したのである。

東京教育学会会員にとって大日本教育会結成とは、教育行政当局者を含む教育関係者の全国的な団結によって、教育費削減論などから引き起こされる「教育ノ退歩」を防ぎ、教育政策の安定化や教育方法の確立などを実現し、「教育全体ノ進歩」を目指すことであった。

三　大日本教育会結成に対する期待

（一）全国職能団体的教育会による自主的施政翼賛―辻新次の期待

明治一六（一八八三）年九月九日、東京教育学会の改称再編により、大日本教育会が結成された。大日本教育会は、規則第一条に「本会ノ目的ハ同志結合シテ我邦教育ノ普及改良及ビ其上進ヲ図リ、併セテ教育上ノ施政ヲ翼賛スルニアリ」と掲げた。ここに見られる施政翼賛規程・同志結合規程については、明治一九（一八八六）年四月の規則改定で削除されたが、それゆえにこれらの二つの規程は大日本教育会結成時の特徴ともいえる。

同年一〇月一四日、大日本教育会結成後初めての集会である第一回常集会が開催された。このとき、辻新次・西村貞・伊沢修二・外山正一の四名が演説した[51]。伊沢の演説内容は江戸以来の日本教育史を解説したに止まるが、辻・西村・外山の演説内容は今後の大日本教育会が進むべき道筋を示している。ここでは、辻・西村・外山の演説について、大日本教育会結成に対する期待を表明した最初期のものとして検討する。

まず、文部大書記官・辻新次の演説を検討しよう。辻は、次のように祝詞を述べた。

予ハ此際ニ於テ聊カ以テ会同ノ要用ナル所以ト本会設立ノ趣旨トヲ略言センニ、凡ソ社会ノ事タル政府ノ施設周到ニシテ遺ス所ナシト雖モ、臣民タル者モ亦各其ノ分ニ応ジテ政府ノ施設ヲ補翼シ、以テ世上一般ノ利益ヲ図ラズバアルベカラズ。然レドモ是等ノ事業ノ如キ一人一箇ノ力ニテハ固ヨリ之ヲ為シ得ベキニアラズ。必ズヤ衆人ノ相会同スルヲ要トスルナリ[52]。

図11　辻　新次

辻は、大日本教育会に政府施策の翼賛を期待していた。ただ、その意味するところには注意が必要である。辻は、国家安寧・人民幸福を目指す全国教育の普及改良上進を、政府だけに任せるのではなく、教育関係者・篤志者が自主的に協同して行っていかなくてはならないと述べた。辻が大日本教育会に求める政府翼賛とは、教育関係者の自主性と団結とによるものであった。

この方法論はどこから発想したのか。辻は、欧米諸国において、職能団体によって文明開化が進められ、教育会によって教育普及・改良・上進および教員研修が進められていることに言及した[53]。とくに、ドイツ・アメリカなどにおいて、「干渉教育」的普及・改良を教育会が促進している点を評価し、具体的事例として、アメリカのＮＥＡ（National Educational Association 全米教育協会）が全国の著名な教育家を構成員として教育上の利益を与えていることを挙げた[54]。そして、ＮＥＡのような教育関係者の団結と助力とによって、国家安寧・人民幸福の淵源である教育の普及・改良・上進は実現できるとした。

辻は、国家による教育普及・改良・上進を進めて国家安寧・人民幸福を図る上で、全国の主要な教育関係者の自主的な協同による職能団体的な教育会が必要であるということを、欧米諸国の事例から発想し、実行に移した。明治一六年九月制定の大日本教育会規則緒言（前文）には、先の辻の言葉と同様の内容が記されている[55]。

（二）教員改良施策の補完―西村貞の期待

辻の祝詞の後、体操伝習所主幹であり東京教育協会以来の会員であった西村貞が、次のように述べた[56]。現今の教員は、「其ノ教授ノ材幹未甚全カラズ」、その知識とくに理学知識の欠乏を補うことが必要である。その手段は「正統」と「副統」の正副二種類に分けられ、講習所が「正統」手段である。「副統」の手段は、「小学科ノ理学科ニ就キ極メテ平易ナル言語文章ヲ用ヒテ講義体ノ解釈ヲ夫々教員ニ配布スルノ道ヲ開クニ在リ」とし、器械使用法に関する講義録を配付することである。小学校における物理化学などの器械設備の充実にもかかわらず、ほとんどの教員がこれらを完全に使用できないでいる現状は打開しなければならない。

西村は、このアイディアを市川盛三郎（東京大学教授）のものだと紹介し、手島精一（教育博物館長）から聞いて感動したと述べている。[57] つまり、印刷物発行によって現職教員に不足する知識・技術を提供する構想が、明治一六年八月の文部省達一六号の教員改良施策（教員講習等）を補完するものとして、西村ら官立教育関係施設の教職員たちから提案されたのである。この構想は、明治一六（一八八三）年一一月の月刊『大日本教育会雑誌』創刊や、明治一八（一八八五）年六月の『教育者必携』第一冊の出版発行などの形で実行に移された（『教育者必携』は第三冊まで続刊）。とくに『大日本教育会雑誌』は、六〇頁から場合によっては一〇〇頁を超えて編集発行され、中央の著名な教育関係者による教育論を多く掲載した。

なお、文部省は、明治六（一八七三）年以来、官民啓蒙のために教育雑誌を編集発行していたが、[58] 明治一六年四月ごろ、これを実質廃刊にした。[59] 明治一七（一八八四）年一月七日、文部省報告局長は、教育上参考に資すべき情報を『官報』以外に『大日本教育会雑誌』『東京日々新聞』に登載するのでそれぞれ配付すると、東京府知事宛に伝えた。[60] すなわち、文部省は、『大日本教育会雑誌』に教育情報に関する啓蒙機能を一部委託し、文部施策の補完を期待した。西村らの構想は、文部省の情報提供により、さらに充実することになった。

（三）衆議による合理的判断・合意形成―外山正一の期待

大日本教育会第一回常集会では、東京大学文学部長・外山正一が次のように述べた。[61] 大日本教育会結成に合わせた入会者には、文部省普通学務局長（辻）が主唱した会であるため入会した者もいるようだ。しかし、私（外山）の入会理由はそれとは異なる。規則第一条の「翼賛」規程は、文部省だけではできないさらなる教育改良を求めている。これは文部官僚の意図であろう。人民は、その思いをしっかり受け止めなければならない。

図12　外山正一

外山は次のようにも述べた[62]。教育は将来の国家の安危に関わるものであり、現在の教育は我が国の人民に適したものとはいえない。今の学校は実験場であり、学校教員は実験者であり、国と子孫を大事に思う人々はその実験結果をよく観察しなければならない。現在、愛国者・父母・教師が考えるべき教育問題は数多く存在している。問題に対する個人的意見は他人の意見に照合させて、合理的であるかを判断し、大勢の合意を得て実行に移す必要がある。愛国者・保護者・教師がともに考えるべき教育問題には、日本人に適した教育、学校教育の教授内容、暗記暗誦の有効性、子どもに教授する「道徳主義」の内容のあり方という四つの課題がある。外山は以上のように主張した。

外山は、新入会員の一部に文部省に対する依存心を見て取って批判し、文部省からの自立を促している。そして、反省的に大日本教育会設立を主唱した文部官僚の期待に応え、かつ国家や自分たちの問題として教育問題を受け止めなければならないと主張した。その方法としては、教育関係者だけでなく保護者・愛国者を含めた衆議を経て、学校現場での実験結果を踏まえた問題解決策の合理的判断と合意形成を図り、その後に実行に移すという構想を示した。

外山の構想は、後の大日本教育会において十分実現したとはいい難い[63]。とはいえ、教育関係者に対して、文部省に対する依存ではなく、主体的な衆議・合意と現場での実験結果とを背景にして、共に教育問題を解決していくことの重要性を述べている。そのような合意形成・問題解決の場になるように大日本教育会に期待していたことは注目に値する。

以上、前身団体の経緯を踏まえつつ、大日本教育会結成に当たって発表された期待・要求を検討した。これにより、大日本教育会結成の背景には次のような意識があったことを新たに明らかにできた。

まず第一に、活動の全国的展開を志向する意識である。全国志向は、東京教育協会の頃からその萌芽が見られ、東京教育学会において組織・活動ともに充実し始めた。つまり、全国志向は、文部官僚の発想で初めて生じたものではなく、前身団体以来のものであった。その全国志向は、ついには東京教育会以来の地方教育会的機能を切り離し、名実ともに全国団体である大日本教育会を結成させた。

第二に、教育問題の研究調査や合理的判断に関する意識である。東京教育学会は、教育学の研究・調査・実験などによって教育の隆盛ひいては国家の文化開進を目指すという問題意識を含み込んで結成された。大日本教育会結成にあたっては、外山の期待に見られるように、学校教育の実験結果を踏まえて問題解決策の合理的判断を行うことが求められた。

第三に、「教育」を中心概念とする同業者意識である。東京教育会以来、懇談的集会を通して、教育会員と教育行政官との協同関係が形成されてきた。とくに東京教育学会の教育懇話会では、教育会員も教育行政官も「教育」に従事する同業者であるとの認識が表明され、その範囲は文部省高官にも及んだ。文部省高官たちは、教育会員による自主的な文政翼賛を期待しつつ、大日本教育会結成に賛同しその活動に身を投じていった。この「教育」概念の指すものは、国家隆盛・人民幸福の淵源としての教育であり、小学校普通教育を中心とする文部省の学校教育施策であった。ただし、文部施策の独自性・優位性を前提にしたとはいえ、大日本教育会結成は、教員・教育行政官の協同的関係の構築と文部省に対する一方的依存の否定とを伴った。(64)

第四に、「教育ノ退歩」と対決しながら「教育全体ノ進歩」を目指すという意識である。地方議会成立後の教育費削減の論理・事実は、「教育ノ退歩」を生み出す元凶として教育関係者に認識され、教育関係者共通の対決姿勢を形成した。また、「教育全体ノ進歩」すなわち教育の外形的事項だけでなく内的な進歩を希求し、さらにその普及に励もうとする方向性を強化した。これらの姿勢・方向性は、「教育」の同業者意識に目的を与えて教育関係者の結束を促し、大日本教育会結成へとつながった。大日本教育会は、普通教育擁護・推進を支持する教員・教育行政官と、「民力休養」および旧教育を支持する地方議会・政党関係者との緊張関係の間で生み出された。それゆえに、教育問題の合理的判断と衆議による合意形成とによって、「教育ノ退歩」への抵抗と「教育全体ノ進歩」の実現とを両立させる体制を整えることは、以後の重要な課題となっていく。

第五に、教員改良に対する問題意識である。大日本教育会結成において、明治一六年の文部省達第一六号を受けた教員改良施策を、理学思想や教育方法の活字化・公表によって補完するという構想が表明された。その構想は文部省施策と関連しながら、大日本教育会独自の事業を展開させた。ここに、文部省の教員改良策とは異なる独自性をもった、大日本教育会の教員改良の芽生えが見られる。

明治一四年の国会開設勅諭以降、政党勢力が国家の政策過程に参加することが濃厚になった当時、全国規模の合意形成が可能な教育団体は、文部省だけでなく教育擁護・推進を目指す関係者全員にとって必要だった。大日本教育会は、このような重大な課題を背負う全国教育団体として結成されたのである。

(1) 帝国教育会編『帝国教育会五十年史』帝国教育会、一九三三年、一二頁。
(2) 上田庄三郎「教育団体史―教育会の発展と没落」石山脩平・海後宗臣・村上俊亮・梅根悟編『教育文化史大系Ⅴ』金子書房、一九五四年、二二八頁。石戸谷哲夫『日本教員史研究』野間教育研究所、一九五八年、二二九～二三〇頁。蛭田道春「大日本教育会の成立過程―中川元の参画を中心にして」鈴木博雄編『日本近代教育史の研究』振学出版、一九九〇年、一九三～二三二頁。
(3) 資料によっては六月とするものもある。『東京教育学会雑誌』第一号にもその経緯を説明していないため、ここでは『帝国教育会五十年史』に依拠する。
(4) 西村貞「本月三日学事懇話会ノ節西村貞君ノ演説」『東京教育学会雑誌』第七号、東京教育学会、一八八二年一二月、三頁。
(5) 『千葉教育会雑誌』第一号、千葉教育会、一八八二年、九頁。
(6) そもそも東京教育会は、明治一五年一月に機関誌を休刊した（『東京教育協会雑誌』第四号、東京教育協会、一八八二年一月、一九頁、玉川大学附属図書館木戸文庫所蔵）。東京教育会は、何らかの原因で活動継続に困り、その存続をかけて東京教育協会との合併を受け入れた可能性がある。また、同協会での中心人物の中には、官立東京師範学校卒業生が多かったが、そこには東京教育会本社員よりも先に卒業した先輩が見られる。本文次段落で紹介した七名の官立東京師範学校卒業生は、東京教育会本社員の中で最も早く卒業した須田要（明治八年一〇月卒）より前の卒業である。官立東京師範学校同窓の先輩後輩関係も働いていた可能性は十分考えられる。とはいえ、最も早く卒業した城谷・太田・榧木は明治八年一月卒であり、数か月の違いである。

(7) 帝国教育会編、前掲注（1）、一二頁。

(8) 庵地保「第三期ノ教育会」『大日本教育会誌』第一冊、一八八三年九月、一五頁。

(9) 東京教育会では、学習院教師であった城谷謙が熱心に活動しており（しかし明治一三年時点で本社員には連名していない）、明治一二年説は東京教育会での活動と混同している可能性もある。

(10) 玉川大学附属図書館木戸文庫所蔵。雑誌の奥付には「毎月一回発兌」とある。逆算すると、第一号の発行は明治一四年一〇月と推測される。また、定価が示され、発行所・編集印刷責任者・出版所が明記されており、公刊された雑誌であったことがわかる。

(11) 庵地、前掲注（8）、一七頁。

(12) 生駒恭人「世人ハ普通教育ノ勢力ヲ忘ル、ニ非ル乎」『東京教育協会雑誌』第四号、六～一〇頁。

(13) 財満久純「修身論」同前、一〇～一四頁。

(14) 能勢栄「外国教育」同前、二一～二五頁。

(15) また、一二月六日からも、内務省で地方官諮問会が開かれていた（「諮問会は傍聴禁止」『東京日々新聞』一八八一年一二月七日）。

(16)「本会報告」『東京教育協会雑誌』第四号、二五～二八頁。

(17) おそらく吉村寅太郎（文部省御用掛）と思われる。

(18)「東京教育学会規則略」『東京教育学会雑誌』第一二号、一八八三年六月、二四～二五頁。

(19) 庵地、前掲注（8）、一七頁。

(20)『千葉教育会雑誌』第一号、九頁。

(21) 三浦茂一「明治十年代における地方教育会の成立過程」『地方史研究』第一〇七号、一九七〇年、五〇頁。

(22)「本会報告」『東京教育学会雑誌』第一号、一八八二年六月、一二七～一二八頁。

(23)『東京教育学会雑誌』第七号、二五頁。

(24) 国立教育研究所第一研究部教育史料調査室編『学事諮問会と文部省示諭』教育史資料一、国立教育研究所、一九七九年、一三頁。
(25) 西村貞「本月三日学事懇話会ノ節西村貞君ノ演説」『東京教育学会雑誌』第七号、一八八二年一二月、五頁。
(26) 「本会通信」『東京教育学会雑誌』第一号、二八頁。
(27) 「文部省より教育通信負担校社及委員照会に付通報　慶應議塾他八校」『往復録』東京都立公文書館所蔵、一八八二年。通信委員の事務取扱については、明治一五年九月の例会で「議シ」たというが、どのような内容を「議シ」たかは不明（「本会録事」『東京教育学会雑誌』第四号、一八八二年九月、二八頁）。
(28) 「本会録事」『東京教育学会雑誌』第二号、一八八二年七月、二四～二五頁。
(29) 例えば、千葉教育会も明治一五年一二月一日発行の『千葉教育会雑誌』第一〇号において、教育通信を委嘱されたと報じている。
(30) 日下部三之介「大日本教育会ノ過去将来」『大日本教育会雑誌』第一四一号、大日本教育会、一八九四年二月、九頁。
(31) 西村貞「教育学ヲ論ズ」『東京教育学会雑誌』第一号、一八八二年六月、一～二頁。
(32) 『文部省示諭』一八八二年、二六五～二六六頁。
(33) この懇話会の名称は、『東京教育学会雑誌』第七号において、「教育懇話会」または「学事懇話会」と表記されており、一定していない。
(34) 「本月三日学事懇話会ノ節西村貞君ノ演説」『東京教育学会雑誌』七号、一～二頁。
(35) 「右同会ニテ中川元君ノ演説」『東京教育学会雑誌』七号、六～一三頁。
(36) 「本会録事」『東京教育学会雑誌』第一二号、二二～二三頁。
(37) 「本会録事」『東京教育学会雑誌』第五号、一八八二年一〇月、三一～三二頁。
(38) 「本会録事」『東京教育学会雑誌』第一三号、一八八三年七月、三一頁。
(39) 「本会録事」「臨時集会」『大日本教育会誌』第一冊、三～八頁。
(40) 大束は当時東京府属であり教育行政官にあたるが、小学校教員経験が長いため小学校教員経験者に分類した。生駒は当時東京師範学校職員であったが、学習院教師経験が長いため学習院教師経験者に分類した。
(41) 庵地保「第三期ノ教育会」『大日本教育会誌』第一冊、一七頁。なお、当時の新聞報道（「辻新次が入会拡張をはかる」『東京横浜毎日新聞』一八八三年七月一九日）によると、明治一六年七月時点で一、三〇〇名に達したという。庵地の報告とずいぶん差があり、真偽のほどを確かめる史料はないが、少なくとも、入会希望者が多かったことは見て取れる。
(42) 「本会設置以来ノ記事大略」『東京府教育談会報告書』第一冊、東京府教育談会、一八八四年八月、一～二頁。

(43)「東京府教育談会」『東京教育学会雑誌』第一三号、二八頁。
(44)大日本教育会は、明治一六年一二月付で、東京府庁委嘱の教育通信の事務主任を決めている(「雑件」『大日本教育会雑誌』第二号、大日本教育会、一八八三年一二月、七九頁)。
(45)崻菴子「大日本教育会興スベシ」『東京教育学会雑誌』第一三号、七～一〇頁。蛭田(前掲注(2)、一九九〇年)もこの論説を取り上げたが、内容分析を行っていない。
(46)大田捷「教育財政・明治前期」海後宗臣監修『日本近代教育史事典』平凡社、一九七一年、四四頁。
(47)教育費削減の議決は、京都府会・千葉県会でも見られた(本山幸彦編『京都府会と教育政策』日本図書センター、一九九〇年、五五～一〇七頁。千葉県教育百年史編さん委員会編『千葉県教育百年史』第一巻通史編(明治)、千葉県教育委員会、一九七三年、五〇八頁)。
(48)『文部省示諭』四四～四五頁。
(49)「群馬県学事実況」『東京教育学会雑誌』第四号、二五頁。
(50)崻菴子「大日本教育会興スベシ」『東京教育学会雑誌』第一三号、七～八頁。
(51)「常集会」『大日本教育会雑誌』第一号、一八八三年一一月、五六～五七頁。
(52)辻新次「大日本教育会第一回開会ノ祝詞」『大日本教育会雑誌』第一号、一六頁。
(53)辻、同前、一六～一八頁。
(54)一九世紀後半のNEAについては、大桃敏行「初期全米教育協会の組織構成」(『東北大学教育学部研究年報』第三八集、一九九〇年、三一～五一頁)参照。
(55)「本会規則ノ沿革」『大日本教育会雑誌』号外総集会記事第一、一八八八年九月、二一一頁。
(56)西村貞「教育改良ノ一二方案」『大日本教育会雑誌』第一号、二三～二四頁。
(57)西村、同前、二四頁。
(58)榑松かほる・菅原亮芳・小熊伸一「近代日本教育雑誌史研究(一)」桜美林大学編『桜美林論集』一般教育篇一八号、一九九一年、二九頁。
(59)佐藤秀夫「解題」『明治前期文部省刊行誌集成』別巻、歴史文献、一九八一年、二六四頁。
(60)「文部省へ大日本教育会雑誌送付依頼」『往復録』一八八四年、東京都立公文書館所蔵。
(61)外山正一「大日本教育会起さずんばあるべからざる理由」『大日本教育会雑誌』第一一号、一八八四年九月、四二～四五頁。
(62)外山、同前、四六～四八・六二～六四頁。

(63) 教育関係者の衆議による合理的判断・合意形成の体制については、討議会、部門会議、全国連合教育会などの実施によって、次第に整えられていった。しかし、保護者との合意形成については、結局実現していない。

(64) なお、十分に実現しなかったとはいえ、協同的関係に愛国者・保護者をも含もうとする問題意識があった。これについては、「教育」の同業者意識が地方議会との対決姿勢をともなったことが実現を難しくしたのではないか。この歴史的問題の実証には、さらなる研究が必要であり、ここに仮説として付記するにとどめる。

第五章　明治期大日本教育会・帝国教育会と指導的教員

第Ⅱ部以降では、明治期大日本教育会・帝国教育会の教員改良の実態を検討する。その前に、両教育会組織の基本的特徴について、指導的教員との関連に注目しながら整理する。

本研究における指導的教員とは、序章で説明した通り、明治五（一八七二）年の学制頒布以降、学校教員や地域住民を指導して教育の普及・改良・地位向上に努めた小学校教員を指す。明治期の指導的教員は、自分の活動地域にある地方教育会に入会すると同時に、中央教育会にも入会することが多かった。とくに東京在住の指導的教員は、明治期大日本教育会・帝国教育会の組織に深く関わっている。指導的教員の所属組織であった両教育会は、どのような性格を有していたのか。そして、指導的教員は両教育会にどのように関わったか。

以上の問題意識に基づき、次のように整理を進める。まず、両教育会組織の基本的特徴について、規則における目的・事業規程・会員数の変遷から検討する。次に、幹部（総裁・会長・理事・評議員など）の職業構成の変遷から検討する。最後に、幹部や一般会員における指導的教員を特定し、その概要を把握する。

一．明治期大日本教育会・帝国教育会の組織

（一）組織的活動による教育の普及・改良・上進を目指して

大日本教育会・帝国教育会の基本的な沿革は、図1の通りである。大日本教育会は、東京教育会・東京教育協会の合併によって成立した東京教育学会を母胎として、明治一六（一八八三）年九月に結成された（第Ⅰ部第二章〜四章参照）。そして、明治二九（一八九六）年一二月に帝国教育会に改称再編し、昭和一九（一九四四）年まで名称を維持した。両教育会は、前身・後身の関係にある。

明治期大日本教育会・帝国教育会の目的・組織概要は、「大日本教育会規則」（明治一六年九月九日制定）、「帝国教育会規則」（明治二九年一二月二〇日制定）に示された。この二つの規則は、会の名称・目的・事業・役員などについて基本的な組織のあり方を規定した。細かい改正をも含めれば、大日本教育会規則の制定以来、計一七回改正されている[1]。改正の間隔は、おおよそ半年間から六年間であった。最も長く改正されずに実施された規則は、明治三二（一八九九）年一一月改正の帝国教育会規則である（明治三八年一二月まで）。

大日本教育会・帝国教育会規則の目的規程は、帝国教育復刻版刊行委員会編『帝国教育』解説で整理されている[2]。しかし、この解説では、昭和三（一九二八）年より前の規程変遷は整理されておらず、明治三二年一一月の改正についても言及されていない。そのため、改めて大日本教育会・帝国教育会規則の目的規程を前身団体を含めて整理したのが表1である。

表1によれば、次の三つの特徴を確認できる。第一に、大日本教育会結成から昭和三年の改正までの四五年間、目的に教育の「普及」「改良」「上進」を一貫して掲げたことである。第二の特徴は、「同志結合」や「我国教育

図１　大日本教育会・帝国教育会沿革図

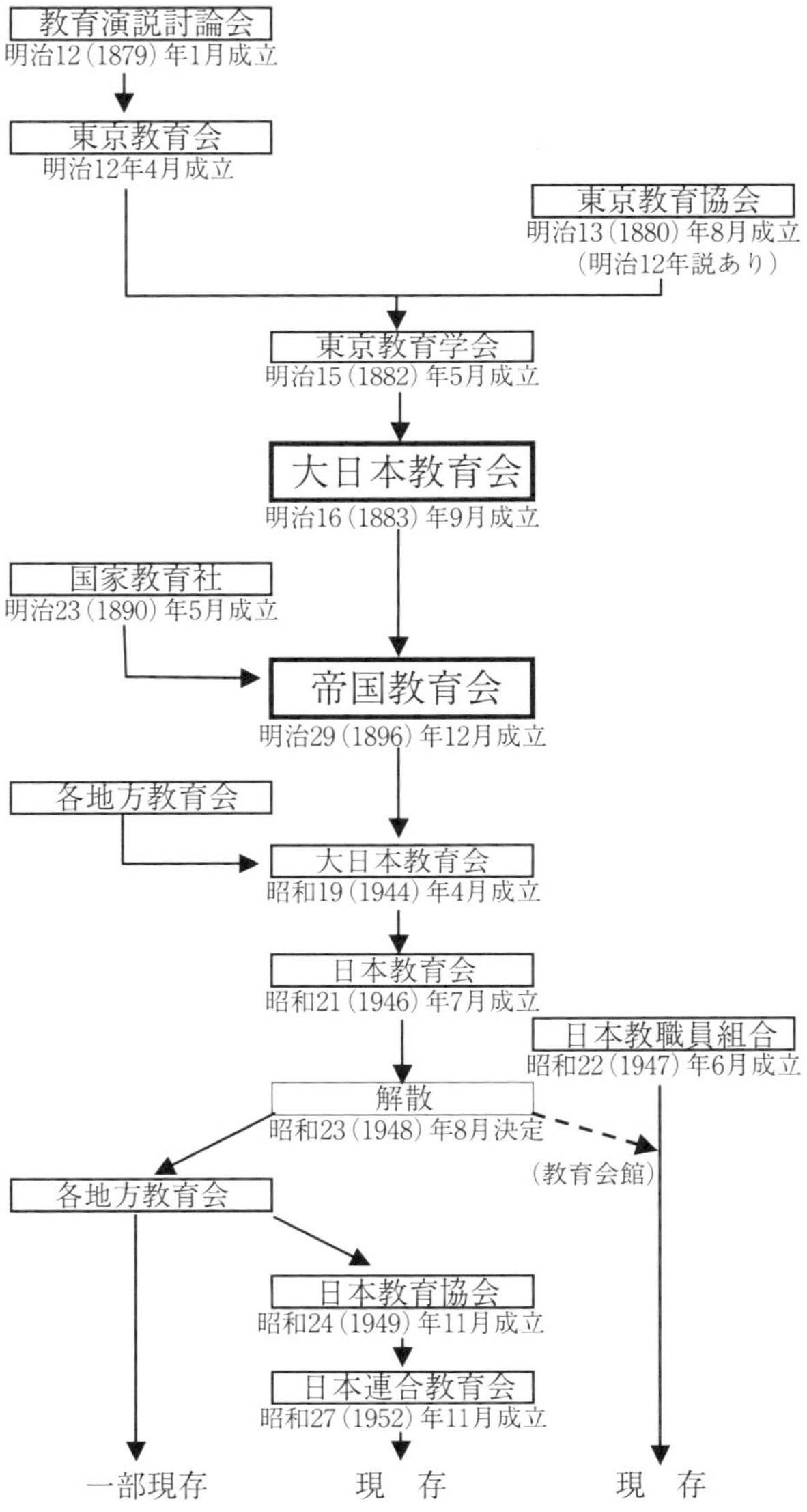

出典：筆者が作成。

社会」などの文言を用いて、組織的行動を目的達成の前提としたことである。前身団体から明治一九（一八八六）年までは、個人の集合による組織的行動を示す「同志結合」という表現を用いたが、明治一九年にいったん削除された。明治二九年には「教育社会の中央機関」、明治三一（一八九八）年には「教育社会の共同機関」、明治三二年以降は「教育社会の中央機関」というように、社会の存在を前提とした表現を

表1　大日本教育会・帝国教育会規則および前身団体の規則における目的規程の変遷

年月	目的規程
明治12（1879）年11月	第1条：本会は、同志相集り教育の事理を講窮拡張するを以て目的とす　（東京教育会社則）
明治16（1883）年9月	第1条：本会の目的は、同志結合して我邦教育の普及改良及び上進を図り、併せて教育上の施政を翼賛することにあり（大日本教育会規則）
明治19（1886）年4月	第1条：本会は我邦教育の普及改良及上進を図ることを目的とす
明治29（1896）年12月	第1条：本会は我国教育社会の中央機関となり、教育の普及改良及び上進を図ることを目的とす　（帝国教育会規則）
明治31（1898）年11月	第1条：帝国教育会は帝国教育社会の共同機関となり、教育の普及改良を図るを以て目的とす
明治32（1899）年11月	第1条：本会は我国教育社会の中央機関となり、教育の普及改良及上進を図るを以て目的とす
明治40（1907）年4月	第1条：本会は我帝国教育社会の中央機関となり、教育の普及改良及上進を図るを以て目的とす
昭和3（1928）年5月	第1条：本会は我帝国教育社会の中央機関となり、教育の普及改善及向上を図るを以て目的とす
昭和9（1934）年11月	第3条：本会は我国教育界の中央機関として、全国各教育団体の連絡統制を図り、教育の進歩改善並に文化の進展に貢献するを以て目的とす　（帝国教育会定款）

出典：次の資料を用いて作成。「東京教育会社則」『連合会並集会規則』1881年、東京都公文書館所蔵。「規則沿革」『大日本教育会雑誌』号外総集会記事第一、1888年、210～226頁。「帝国教育会規則」『教育公報』186号、1897年1月1日、28頁。「帝国教育会規則」『教育公報』218号、1898年12月、広告欄。「帝国教育会規則」『教育公報』230号、1899年12月、30頁。「会告」『教育公報』309号、1907年6月、広告欄。「改正帝国教育会規則」『帝国教育』551号、1928年7月、117頁。「帝国教育会定款」『帝国教育』663号、1934年12月、2頁。

用いた。第三の特徴は、施政翼賛を目的に掲げた時期は短いことである。施政翼賛の目的規程は、大日本教育会結成時に掲げられたものの、明治一九年の改正時に削除されて以降、再度規定されることはなかった。

明治一九年の規則改正は、「同志結合」や「施政翼賛」の文言を削除した。これは、条文の「整頓」のために提案され、入会している教育行政関係者からの抵抗もなかった(3)。組織的行動や施政翼賛は当然のことで、明文化の必要なしと判断されたものと思われる。また、明治二九年制定の帝国教育会規則は、大日本教育会・国家教育社という二つの中央教育団体を合併する上で制定されたものであった。これは、教育社会における中央機関の統合を目指して、組織的行動を前提とする文言が定められたものと思われる。また、「中央機関」から「共同機関」へ、さらに「共同機関」から「中央機関」への文言の変遷は、帝国教育会と地方教育会との関係を模索する過程で行われた。これは、教育社会における帝国教育会の位置づけの変容を示していると思われる。

以上のように、目的規程の文言は時期ごとに異なるが、明治期大日本教育会・帝国教育会は、基本的には組織的活動による教育の普及・改良・上進を目指した。この目的は、施政翼賛と矛盾・対立するよりも一体的に進められ、個人の単純な集合的行動だけではなく教育団体の統一・協力関係において実現するものとして位置づけられていた。

（二）常に検討され続けた事業規程

規則における「事業」という文言の初出は、明治二六（一八九三）年一二月改正規則である。ただ、それ以前の規則にも事業に類する事項は規定されていた。ここでは、事業を、団体が一定の社会的行為を一定の目的と計画とに基づいて行うこととし、「事業」の初出以前を含めて明治期大日本教育会・帝国教育会の事業規程の変遷を整理したい。

表2は、明治期大日本教育会・帝国教育会の事業規程について、改正規則ごとに一覧表にしたものである。た

だし、事業規程の有無は必ずしも実施を伴わず、逆に規程されていなくても実施された事業もある。例えば、明治二〇（一八八七）年新設の東京留学の支援や、明治二二（一八八九）年新設の互助法奨励・博物館開設は、実施された形跡を見出せない。すなわち、表2は、両教育会における当該事業の位置づけの変化を表すに止まり、いつ何が両教育会の事業として重視されたかを示すものである。

　表2によると、事業規程は徐々に加除されている。規定後、明治末まで維持され続けた事業は、集会、学術講義会・講習会の開設、書籍館の運営、教育の研究、教育の調査、教育社会の公議発表、教育倶楽部の開設、全国小学校教員会議の開設、青年教育の指導奨励である。これらは、明治期大日本教育会・帝国教育会が、規定後一貫して重要視した主要な事業といえる。また、教育雑誌の刊行、教育上有益な図書の刊行、教育功績者の表彰、互助法の奨励、全国連合教育会の開設は、一

表2　事業規程の変遷

事業	M16	M19	M20	M21	M22	M25	M26	M29	M31	M32	M40	M42
集会（演説・談話・討議・諮問会等）	○	○	○	○	○	○	○	○	○	○	○	○
教育雑誌・会報の発行	○	○	○	○	○	○	○	○	○	○	○	○
教育上有益な図書の刊行		○	○	○		○	○	○	○	○	○	○
学術講義会・講習会の開設		○	○	○	○	○	○	○	○	○	○	○
教育集会への会員派出			○	○	○	○	○	○				
書籍館の運営			○	○	○	○	○	○	○	○	○	○
東京留学の支援			○									
教員就職の紹介			○									
教育の研究					○	○	○	○	○	○	○	○
教育功績者の表彰					○	○	○	○			○	○
教育関係者互助法の奨励					○						○	○
博物館の開設					○	○	○	○				
教育会間の交流（全国連合教育会含む）					○	○	○	○	○		○	○
教育の調査							○	○	○	○	○	○
教育社会の公議の発表									○	○	○	○
教育倶楽部の開設									○	○	○	○
全国小学校教員会議の開設											○	○
青年教育の指導奨励											○	○
その他必要な事業									○	○	○	○

出典：表1と同じ。

度削除されたが、後年再び規定されて明治末年まで維持された。[4]これらは、不安定な位置づけのなかで再評価されるに至った事業といえる。

また、事業規程に挙がっていない事業の事例として、教育目的に関わるものを示しておきたい。明治二四年一〇月三〇日、大日本教育会は勅語下賜記念会を開催した。それ以来、ほぼ毎年一〇月末に、幹部などを集めて教育勅語の奉読式を行っている（総集会で奉読した事例もある）。明治四二（一九〇九）年以降は戊申詔書の奉読式も同時に行った。なお、勅語や国家的象徴に関する事業としては、教育勅語と軍人勅諭との趣意を解説した『聖諭略解』（明治二七年刊）、明治三二年改正条約（内地雑居）に関する詔勅の解説を加えた『訂正増補聖諭略解』（明治三五年刊）、および『戊申詔書述義』（明治四二年刊）を編集発行し、真田鶴松著『日章旗考』（明治四四年刊）をも発行している。

以上のように、明治期大日本教育会・帝国教育会の事業規程、すなわち会内部で重視された事業は、常に変動し、多様であった。次第に、諸会議の開催、書籍館（図書館）の運営、教育の研究調査、講義・講習の開設、教育社会の公議発表、教育雑誌・図書の刊行、教育功績者の表彰などが主要事業として位置づいた。教育普及・改良・上進のための組織的活動とは、これらの事業を指すのである。

（三）一、六〇〇名以上の教育普及・改良従事者の入会

明治期大日本教育会・帝国教育会には、東京在住者を中心に、全国各道府県の教育関係者が入会した。図2は、明治期大日本教育会・帝国教育会の会員数（通常会員・名誉会員・終身会員などの合計）を示したものである。[5]図2によれば、最低会員数は明治一六年の一、六〇一名、最多会員数は明治三六（一九〇三）年の五、一五二名であった。また、明治一六～二〇（一八八七）年度、明治二六～二八（一八九五）年度、明治二九～三〇（一八九七）年度、明治三五（一九〇二）～三六（一九〇三）年度に、会員数の急激な変動が見られる。明治一六～二〇年度の会員数急

図２　明治期大日本教育会・帝国教育会員数の推移

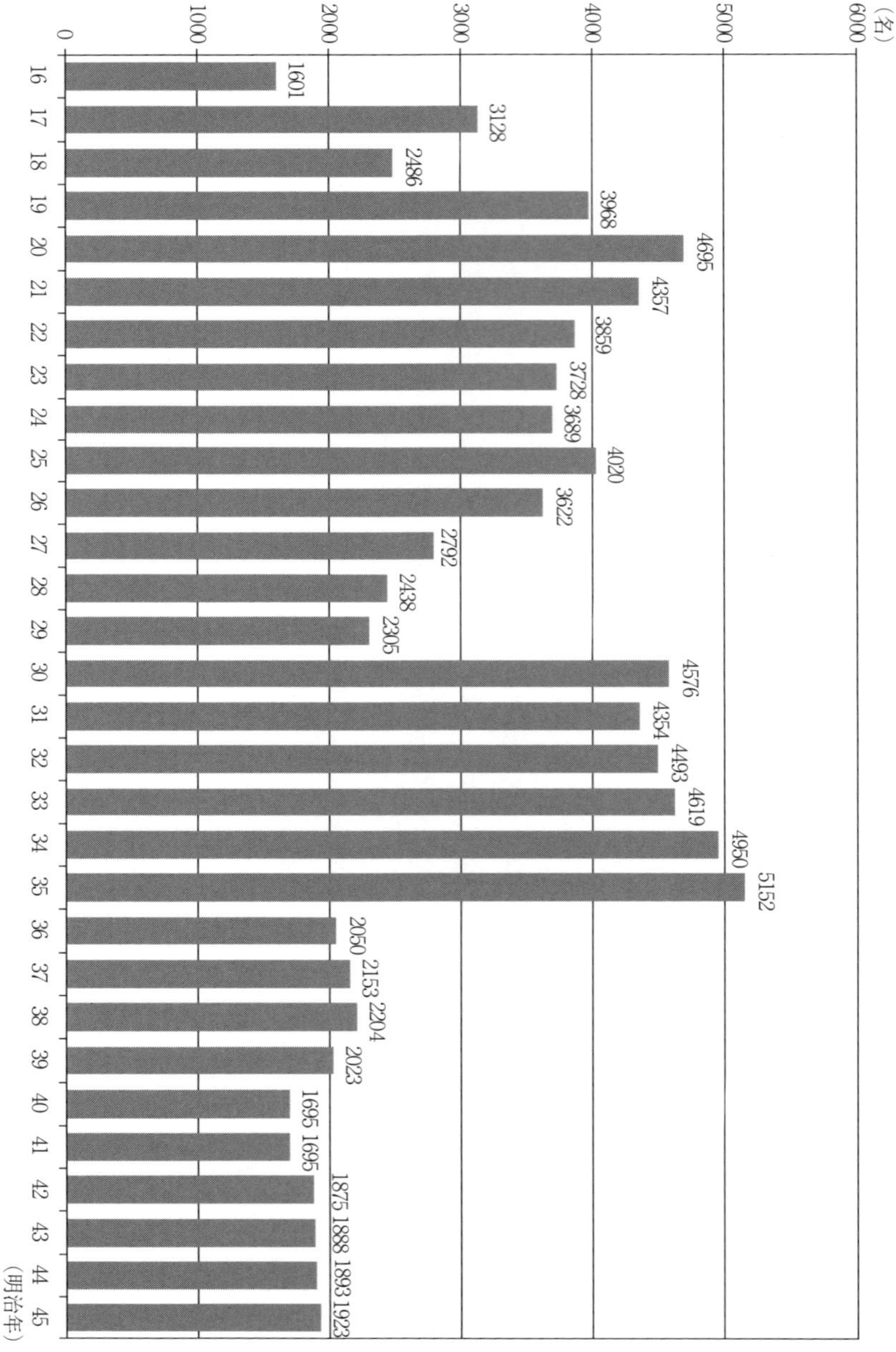

出典：各年度の総集会報告によって作成。

増からは、結成直後の大日本教育会に対する教育関係者の高い期待を見て取れる。[6]明治二六～二八年度の急減は、政治運動を行う教育会への教員の入会を禁止した明治二六（一八八三）年一〇月の文部省訓令第一一号（箝口訓令）によって、退会者が増えた結果である。ただ、それでも二、〇〇〇名を超える会員数を維持したことは特記しておきたい。なお、この時期の会員減は他の教育会でも同様であり、全国的な傾向であった。明治二九～三〇年度の急増は、帝国教育会結成とほぼ同時に行われた国家教育社との合併に伴うものであろう。明治三六年度の会員数激減は、多く在籍していた会費未納者（二か年以上）に対する処分の結果のようである。[7]

以上のように、大日本教育会・帝国教育会の会員数は、多くの退会者・未納者の存在や政治的圧迫を背景としながら、明治期を通して激しく増減した。それでも、結成年度の会員数一、六〇一名を切ることはなかった。組織的活動による教育普及・改良・上進という会の目的に賛同し、熱心に両教育会の活動を支えた者が、常に一、六〇〇名以上存在したことがわかる。

二　明治期大日本教育会・帝国教育会の幹部組織

（一）代表—皇室・外国・政界・学界との結節点

明治期大日本教育会・帝国教育会の組織は、時期によって細かい差異はあるが、基本的には次のように運営された。まず、推戴員から一名だけ選ばれる「総裁」の統攝を受け、「会長」が会務を総理し、「副会長」が会長を輔佐する。そして、「評議員」（常議員等）の評決を経て、「幹事」（主事等）が実務を処理する。両教育会を実質的に動かしていたのは、これらの幹部であった。また、諸方面の権威ある人物を「推戴員」や「名誉会員」に推し、会の威信を高めていた。

図３　有栖川宮熾仁親王

図４　有栖川宮威仁親王

図５　清国貝子　載振

まず、会の代表ともいえる総裁・推戴員・名誉会員・会長・副会長について整理する。総裁は、明治一七（一八八四）年八月の規則改正によって設置された。総裁には、有栖川宮熾仁《たるひと》親王が就いた。総裁は、明治二六年一〇月の熾仁親王辞退後に空席となり、明治二九年一二月に廃止された。推戴員は、パトロンを得るべしという森有礼文部大臣の意見を受けて、明治二〇年一一月に新設された。推戴員は、明治二一年三月、有栖川宮威仁《たけひと》親王と小松宮彰仁《あきひと》親王が就いた。また、明治三六年五月に清国貝子（皇族）の載振を推戴し、明治三七（一九〇四）年三月には清国貝勒（皇族）の溥倫を推戴した。載振は、日中関係の歴史への敬意と学問・教育上の相互扶助、さらに世界文化への貢献を目指して推戴された[8]。名誉会員には、政界・学界の権威的人物や、外国の公使などを適宜推した。例えば、明治二六年時点では、福岡孝弟・大木喬任などの文部卿・大臣経験者や、加藤弘之・西周・福沢諭吉などの著名学者、米・露・英・独・仏・伊・澳・葡・清・朝鮮の公使などが名誉会員であった。なお、東京専門学校設立者であり、かつ立憲改進党・憲政本党の党首である大隈重信も名誉会員であった。一方、自由党系の党首である板垣退助は名誉会員ではなかった。なお、推戴員・名誉会員は、集会などに出席することはあったが、会の実務に関わった形跡は見当たらない。

会長は、総集会における投票で選挙され、任期は二年（明治一九～二二年と明治四〇年以降は四年）、再選も可能であった。初代会長（明治一六年九月）は、辻新次（文部権大書記官）だったが、在任一週間で辞任した。その際、副会長の元東京教育学会長・中川元《はじめ》（文部省一等属官）も辞任した。以後しばらく会長を空席とし、辻は副会長、中川は幹事を務めた。第二代会長（明治一七年六月～明治一九年四月）は、九鬼隆一（文部少輔）であった。しかし、九鬼は会長着任三か月で在米公使として渡米、以後、辻副会長が会長代理を務めた。第三代会長（明治一九年四月一〇日～明治二九年一一月二八日）は、辻新次（文部次官）であった。辻の会長就任以降、副会長は空席になった。なお、明治二五（一八九二）年一〇月、辻は文部次官の依願免官と同時に会長も辞職したが、後任が決まらずに再選した。辻はその後、明治二七年に教員の生活救済を目的とした仁寿生命合資会社の社長に就任、かつ明治二九年には貴族院議員に勅任された。第四代会長（明治二九年一一月～一二月）および帝国教育会初代会長（明治二九年一二月～明治三一年五月）は、近衛篤麿（公爵・学習院長・貴族院議員）であった。近衛の後任には、辻新次が帝国教育会第二代会長に選挙された（明治三一年一一月二〇日～大正四年一二月）。辻は結局、大日本教育会結成から約三〇年間、死去するまで会務を総理し続けた。

以上のように、明治期大日本教育会・帝国教育会は、総裁・推戴員・名誉会員を推して皇室・外国・政界・学界の人脈とつながっていた。また、会長・副会長に関係者が就任して文部省や貴族院とつながっていた。なお、政界の人脈は、文部省系・改進党系であった。また、明治二五～二六年における文部省の不祥事と大日本教育会・文部省間の関係性の変化とにより、それ以降、文部省現職高官の会長就任という慣例がなくなり、一部の時期を除いて、辻新次が会長であり続けた。

図６　九鬼隆一

図７　近衛篤麿

（二）役員―文部官僚・高師教員・小学校教員ほか

ここでは、評議系役員と事務系役員について検討する。評議系役員は、審査員・商議委員・議員・評議員・常議員といった、評議によって庶務・会計などの会務方針に発言権を持った役員を指すことにする。事務系役員は、庶務・会計・編輯などを担当した幹事・理事・参事員・主事・会務主幹・参事・財務監督を指

28	29	30	31	32	33	34	35	36	37	38	39	40	41	42	43	44	45
3	4	6	5	4	5	5	5	3	3	3	3	3	5	4	4	4	4
		1	1	3	1	1	1	1	1	1	2	2	2	2	2	2	2
1	1	1	1			1	1	2	2	2	1	1	1	1	1	1	1
2	1																
	1	3	2	3	2	2	2	1	1	2	2	2	5	7	7	7	6
7	6	10	10	6	6	6	6	3	3	3	3	3	7	6	5	5	5
1	1	1	1	1	1			1	1	1	2	2	2	4	3	3	3
1	1	2	2	1	1	1	1						1	2	3	3	3
1	1	1	1	1	1	1	1	2	2	2	2	2	2	2	1	1	1
2	1	2	2	1									2	1	1	1	1
4	5	8	8	8	9	10	10	9	9	9	9	9	11	10	9	9	9
													1	1	1	1	1
		1	1										1				
1	1	1	1	2	3	3	3	4	4	3	3	3	3	3	3	3	3
		1	1	1	1	1	1	2	2	2	2	2	2	2	2	2	2
			1	1	2	2	2	2	2	2	2	1	3	4	4	4	4
1	1	1	2	1	2	2	2	3	3	3	2	2	5	4	4	4	4
1				1	1						1	2	2	2	2	2	2

1886年～1912年。彦根正三編『改正官員録』博公書院、1883～1885年。『大日本教育会雑誌』『教
理助『自由人となるまで』培風館、1922年。唐澤富太郎編『図説教育人物事典』ぎょうせい、1984年。
『東京市内小学校名簿』東京市学務委員会、1896年。『貴族院要覧』貴族院事務局、1911年。専
および中等程度の各種学校も含む。

すことにする。書記は会務への発言権を持たない事務員であったため、事務系役員には含めなかった。

表3は、評議系役員の職業構成を人数で示したものである。兼職者はそれぞれ重複して算出した。なお、評議系役員は、明治二一～二二年の議員を例外として、すべて東京在住者から選挙された。表3によると、評議系役員における職業構成は多様であり、時期ごとにそれぞれ数を変動させていることがわかる。最大の集団は、明治二六年までは文部省官僚であったが、明治二七～三一年は高師・女高師教職員、明治三二年以降は小学校教職員であった。なお、結成期から明治二二年までの時期は、高師教職員の勢力よりも帝国大学教職員の勢力の方が大きかったことは注意しておきたい。

表4は、事務系役員の職業構成を示したものである。兼職者は重複して算出した。表4によれば、事務系役員の職業構

表３　評議系役員の職業構成

職業＼明治年	16	17	18	19	20	21	22	23	24	25	26	27
文部省官僚	-	19	19	16	14	21	30	10	7	16	13	4
府県市官吏	-			4	4	6	21	3	2	2	2	
帝国大学教職員	-	16	16			14	21			1	1	1
高中・高等学校教職員	-	1	1			7	15			1	1	1
専門学校教職員	-					7	9			5	4	2
高師・女高師教職員	-	5	5			11	15		1	5	3	6
師範学校教職員	-			1	1	6	32	3	2	3	3	1
中学校教職員	-						6		1	2	2	
高等女学校教職員	-					5	6	1	1	1	1	1
学習院・華族女学校教職員	-			4	3	4	3	1	1	1	1	3
小学校教職員	-			2	2	2	8	5	5	8	8	3
盲唖学校教職員	-			2	1	2	2	1	1	3	3	
幼稚園関係者	-						1					
教育書誌関係者	-			7	6	3	9	3	3	6	6	1
軍関係者	-					1	1		1	1	1	1
帝国議会議員	-							3	2			
その他	-	5	5	2	2	11	18	3	3	4	4	1
不明	-			4	6	10	29	1		1	4	2

出典：次の史料を用いて作成。各年度の総集会記事または年始挨拶の記事。『職員録』官報附
育公報』『帝国教育』『東京府教育会雑誌』『日本之小学教師』『教育時論』『教育報知』。川
『東京府学事関係職員録』東京府教育会、1903 年。彦根正三編『東京市員録』博公書院、1889 年
門学校教職員には、明治 33 年以前の東京音楽・美術・高等工業・高等商業・高等農林学

成もまた、時期ごとに変化して多様であったことがわかる。ほとんどの時期で文部省官僚や東京府官吏が事務を担当し、明治三三（一九〇〇）年以降は教育書誌関係者も継続的に担当していたことがわかる。高師・女高師教職員は明治三四年以降担当者が出ているが、これはすべて女高師教員であり、高師教員は一度も事務系役員を務めていない。また、高等学校教職員は一度も事務系役員を務めなかった。事務は、教員よりも官吏やジャーナリストが取り仕切っていたといえる。

以上のように、明治期大日本教育会・帝国教育会では、多くの教員が評議系・事務系役員を務めた。数多くの小学校教員が役員を務め、役員の多数を占めた。多くの高師・女高師の教員も活動した。また、帝国大学・専門学校の教員や、東京府師範学校・中学校・高等女学校の教員もいた。ただし、実業学校教員はほと

30	31	32	33	34	35	36	37	38	39	40	41	42	43	44	45
		1						1	1	1	1	2	2	2	2
			1	1	1	1	1	1	1	1					
		1										1	1	1	1
				1	1	1						1	1	1	1
		1	1												
												1	1	1	1
1	1														
		2	1	1	1	1	1								
			1	1	1	1	2	2	2	2	2	2	2	2	2
								1	1	1	1	1	1	1	1
			1	1	2	2	1	1	1	1	2	2	1	1	1

んど見られなかった。役員における教員は、ほぼ普通教育関係者であったといえる。

三　明治期大日本教育会・帝国教育会の組織における指導的教員

（一）幹部組織における指導的教員

先述の通り、評議系役員には多くの教員が選出された。その多数を占めたのは、小学校教員・高師教員であった。ここでは、この小学校教員・高師教員を具体的に特定する。

役員として両教育会に深く関わった小学校教員は、表5の二二名であった（師範学校教員を兼ねていた師範附小主事は省略）。公私立様々であるが、全て東京府内の小学校長であった。出身不明者三名を除く一九名の小学校教員のうち、一五名が師範学校卒業生、三名が小学校教員検定試験を経た免許取得者、一名が帝大卒業生であった。一四名が明治三三年までに「品行方正ニシテ学術及授業超衆ノ者」（小学校教員検定等ニ関スル規則第二一条）または高師卒・官立高等教育機関卒の小学校教員に与えられる小学校普通免許状を取得しており、稀少・優秀・有能な教員で

表４　実務系役員の職業構成

職業＼明治年	16	17	18	19	20	21	22	23	24	25	
文部省官僚	2	2	2		2	4	5	3	2		26〜29書記のみ
東京府官吏	2	2	2					1	1		
帝国大学教職員						1	1				
専門学校教職員											
高師・女高師教職員											
東京府師範学校教職員	1	1	1								
中学校教職員									1		
高等女学校教職員								1	1		
学習院・華族女学校教職員	2	2	2		1	1					
小学校教職員	1	1	1								
教育書誌関係者				1	1			1	2		
軍関係者											
その他	1	1	1	2	1	2	2	1		1	

出典：表３と同じ。

あったことがわかる。例として、明治年間だけで役員年数二〇年を超えている二名を取り上げる。

まず、丹所啓行は、明治一〇（一八七七）年に官立東京師範学校小学師範学科を卒業し、明治一一（一八七八）年に麹町区番町小学校長を拝命した。以降、麹町区長を務めた期間を除いて、二〇年以上同校長を務め続けた。明治三七（一九〇四）年に私立高千穂学校小学部の主事に迎えられた。官立師範では千葉実と同期卒業生であり、東京教育会の頃から教育会経営に関わって、大日本教育会・帝国教育会結成時にも幹部役員を務めた。大正七（一九一八）年まで帝国教育会評議員を歴任している。その人格は高く評価され、「丹所啓行氏如き師表的人格者は、現今幾十万の教育者中匹儔罕に見る所にして、真に斯界後進者の模範」とされている。(9)

次いで、山崎彦八は、栃木師範卒業後、明治二二年に大規模校の富士見小学校に校長として着任、明治三六（一九〇三）年から有馬小学校長となった。明治四三（一九一〇）年に東華小学校長に移った後、明治四五（一九一二）年に死去した。多数の著書を著し、『教授の秘訣』（明治三一年）、『現今小学校之欠点』（明治三六年）などがある。その人格だけでなく学識・技術・言説いずれも評価され、「日本第一流の小学校長」、「其の学に於て、其徳に於て、其の術に於て、実に小学校教師の模範」、「才

図８　丹所啓行

図９　山崎彦八

器の超絶、言論の卓落なるに至っては、一般教育社会に傑出」などとされている。[10]

また、普通免許状取得者でない小学校教員のなかにも、有力教員といえる人物がいた。例えば、梅沢親行は麹町区私立小学校組合長、井上守久は京橋区私立小学校組合長であった。また、金子治喜は神田区私立小学校組合長であり、かつ東京府全体の私立小学校組合長を務めていた。表5に挙げた川田以外の教員は、何らかの形で東京府・市教育会の役員を務めていた。なお、川田鐵弥（銕彌）は、文部省官僚・陸軍幼年学校教授を務めた後、明治三五年に退職して私立高千穂学校を設立、明治三六年に小学部を開設した人物である。[11]

高師・女高師教員で両教育会に深く関わったのは、表6の二一名であった（明治二一～二二年の議員しか務めなかった者は省略）。明治年間だけで役員歴が二〇年を超えている二名について述べる。後藤牧太は、慶應義塾で学び、明治一〇年から

表5　明治期大日本教育会・帝国教育会幹部の小学校教員

氏名	役員時の主な略歴（小学校）	特記事項	役員歴	役員年数
丹所啓行	公立番町小学校長・私立高千穂学校小学部主事 ※明治30年～32年：麹町区長	官立東京師範卒、普通免許状	明治16年～18年：幹事、19年～20年：商議委員、21年～22年：議員、23年～30年・32年～45年：評議員（常議員） ※麹町区長在職時も歴任	27年
山崎彦八	公立富士見小学校長・公立有馬小学校長	栃木師範卒、普通免許状	明治23年～26年・29年～45年：評議員、32年：幹事	21年
梅沢親行	私立稚松小学校長		明治30年～45年：評議員	16年
逸見幸太郎	私立逸見小学校長	教員検定	明治31年～45年：評議員	15年
水野浩	公立常磐小学校長	官立東京師範卒、普通免許状	明治25年～26年・明治35年～45年：評議員	13年

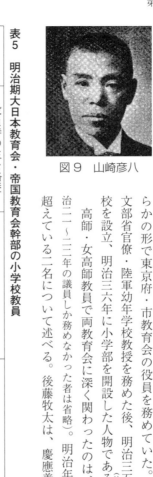

井上守久	私立鍋町女子小学校長	教員検定	明治29年～41年：評議員、明治32年～37年：幹事・主事	12年
金子治喜	私立芳林小学校長		明治19年～20年：商議委員、23年～31年：評議員（常議員）	11年
湯沢直蔵	公立錦華・神田小学校長	福島師範卒、普通免許状	明治35年～45年：評議員	11年
千葉喜作	私立垂珠小学校長・公立月島小学校長	山梨師範卒	明治33年～42年：評議員	10年
多田房之輔	公立麹町小学校長	千葉師範卒、普通免許状	明治22年：議員、23年～26年・28～31年：評議員（常議員）　※退職後も歴任	9年
市川雅飭	公立本郷小学校長	東京府師範卒、普通免許状	明治25年～26年・明治31年～35年：評議員	7年
今井市三郎	公立文海小学校長	教員検定、普通免許状	明治29年～35年：評議員	7年
松下専吉	公立本郷小学校長	東京府師範卒	明治39年～45年：評議員	7年
川田鐵弥	私立高千穂小学校長	東京帝国大学文科大学卒	明治40年～45年：評議員	6年
杉浦恂太郎	公立誠之小学校長	官立東京師範卒、普通免許状	明治40年～45年：評議員	6年
村田亮輔	公立錦華小学校長	長野師範卒、普通免許状	明治31年～35年：評議員	5年
金子忠平	公立寶田小学校長、公立浅草小学校長		明治35年～39年：評議員	5年
清水直義	公立富士見小学校長、公立鞆絵小学校長	東京府師範（速成）、普通免許状	明治22年：議員、29年～31年：評議員　※退職後も歴任	4年
岡村増太郎	公立桜川小学校長	官立東京師範卒、普通免許状	明治23年～26年：評議員	4年
伊藤房太郎	公立鞆絵小学校長、芝小学校長	東京府師範卒、普通免許状	明治43年～45年：評議員　※府視学在職時も歴任	3年
和田貫一郎	公立鞆絵小学校長	千葉師範卒、普通免許状	明治25年～26年：評議員	2年
森田勝	公立有馬小学校長	東京府師範卒、普通免許状	明治29年～30年：常議員	2年

出典：『大日本教育会雑誌』『教育公報』『帝国教育』等を参照して作成。役員年数は小学校在職時の概数で、別の職に在職時の時期は含めない、明治年間に限る。

表6　明治期大日本教育会・帝国教育会幹部の高師・女高師教員

氏名	役員時の高師・女高師関連略歴	高師・女高師教員在任時の役員歴	役員年数
後藤牧太	東京師範学校教諭・教授	明治17年～18年：審査員、22年：議員、25年～45年：評議員（常議員）	24年
篠田利英	高等師範学校教諭・教授、女子高等師範学校教授・女高師附属高等女学校主事	明治22年：議員、明治26年～45年：評議員（常議員）	21年
町田則文	高等師範学校教授・附属学校主事、女子高等師範学校教授	明治26年～28年・33年～45年：評議員（常議員）	16年
中川謙二郎	東京女子師範学校御用掛、高等師範学校教諭、女子高等師範学校教授	明治17年～18年：審査員、21年～22年：議員、26～32年・43年～45年：評議員（常議員）※転任後も役員を歴任	14年
嘉納治五郎	高等師範学校長	明治26年～31年・40年～45年：評議員（常議員）	12年
高嶺秀夫	東京師範学校長・教頭、東京女子高等師範学校長	明治17年～18年：審査員、21年～22年：議員、25・26年・40年～42年：評議員	9年
那珂通世	東京女子師範学校長、高等師範学校教授	明治17年～18年：審査員、明治26年～31年：評議員（常議員）	8年
野尻精一	高等師範学校教授	明治24年～30年：評議員　※転任後も役員を歴任	7年
三宅米吉	高等師範学校講師・教授	明治25年～31年：評議員（常議員）	7年
黒田定治	高等師範学校教授・附属小学校主事	明治29年～35年：評議員	7年
野口保興	高等師範学校教授、女子高等師範学校教授	明治30年～35年：評議員	6年
三島通良	高等師範学校教授	明治30年～35年：評議員	6年
桜井房記	東京師範学校教諭兼幹事	明治17年～18年：審査員、21年～22年：議員	4年
瀧沢菊太郎	高等師範学校教諭・舎監・教授	明治26年～29年：評議員（常議員）	4年
岡五郎	高等師範学校教授	明治25年～26年：評議員	2年
伊村則久	高等師範学校教諭	明治25年～26年：評議員	2年
村岡範為馳	女子高等師範学校教授	明治25年～26年：評議員	2年

上原六四郎	高等師範学校附属音楽学校主事	明治30年～31年：評議員	2年
大久保介寿	女子高等師範学校教授・附属幼稚園主事	明治30年～31年：評議員	2年
中村五六	東京女子高等師範学校教授・附属幼稚園主事	明治40年～41年：評議員	2年
田中敬一	女子高等師範学校教授・附属小学校主事	明治29年：評議員（常議員）※転任後も役員を歴任	1年

出典：『大日本教育会雑誌』『教育公報』『帝国教育』等を参照して作成。役員歴が議員のみの者は省略。役員年数は高師・女高師在任時の概数で、別の職に在職時の時期は含めない、明治年間に限る。

官立東京師範学校に着任した。開発主義的物理教育の提唱、スウェーデン由来の手工教育の導入、国字改良による実用的文字の追究などで活躍した。著書・共著は多数である。その人柄は、「温厚篤実の君子」と評されている[12]。

図10　後藤牧太

図11　篠田利英

篠田利英は、同人社・慶應義塾を経て、明治一五（一八八二）年に東京師範学校中学師範学科を卒業した。群馬県師範学校教諭、高等師範学校訓導を経て、明治一九年に師範学科取調のためアメリカに留学し、明治二三（一八九〇）年に帰国した。その後、女子高等師範学校教授となり、長く教員養成・女子教育に携わった。ほとんど著書・論説を残していないが、アメリカの児童研究の影響を受けていたことは確認できる[13]。その人柄は「聡明怜悧」「温厚謹直」で、事務的才幹に富み、「処世術にも巧み」であったという[14]。その他の人々も、それぞれの分野で指導的立場に立って活躍した人物ばかりである。

以上、幹部組織に見られる教員を概説した。大日本教育会・帝国教育会の幹部組織には、高等教育機関の教員や中等教員だけでなく、それぞれの地域・分野で活躍した指導的小学校教員も深く関わった。なお、退職教員も多かった。例えば能勢栄は、役員になった時には文部官僚または民間著作家であったが、彼は元学習院・師範学校教員であった。教育書誌関係者のうち、日下部三之介（元小学校教員）、田中登作（元師範学校・中学校教員）、山縣悌三郎（元師範学校教員）、湯本武比古（元学習院教員）、多田房之輔（元小学校教員）、樋口勘治郎（元小学校教員）なども、全て退職教員である。

（二）地域の指導的教員の入会―広島県会員を事例に

最後に、広島県会員を事例としながら、一般会員における指導的教員について検討する。明治期の大日本教育会・帝国教育会広島県会員については別稿で詳細に検討したので、[15]ここではその概要を述べるに止める。なお、広島県会員は、全国のなかでも平均的な数を保ちながら、全体の増減傾向とほぼ並行して増減しており、典型的な事例と考えられる。

明治二〇～大正四（一九一五）年の大日本教育会・帝国教育会広島県会員数は約三〇～六〇名であった。そのうち、五～七割の会員が現職教員であった。現職教員の六～八割が小学校教員、その全員が訓導（正教員）であり、その七～八割が校長であった。[16]現職の中等教員は、一～三割であった。広島高等師範学校教員もわずかながら入会していた。また、全体の一～三割は県・郡行政官であったが、そこには学事関係官吏（内務・学務）や県視学・郡視学を多く含んでいた。入会していた視学のほとんどは、小学校教員経験者であった。小学校教員のうちの広島県師範学校卒業生は、明治期には二～四割であった。明治三〇年度の全国小学校正教員数における師範学校卒業生数の割合は約四割であったから、[17]明治期の両教育会における師範学校卒小学校教員の割合はそれほど多くなかった。検定教員の全体像をつかむことは難しいが、例えば、井上贇馨（山県郡の小学校教員、明治二〇年には入会済）のように、検定試験によって教員免許を上進させた正教員が入会していた。

広島県会員中の教員は、地域教育を牽引する実力者であった。[18]例えば、県師範学校長の大田義弼・弘瀬時治や、県中学校長の浅井馨・宮本正貫、私立広島（山中）高等女学校を設立した山中正雄・松岡ミチなどがいる。小学校教員では、例えば次のような教員がいた。山本象六（明治二〇年には入会済）は、明治九（一八七六）年に広島県師範学校を卒業後、山県郡などで小学校教員を務めた。明治一八（一八八五）年には沼田・高宮・山県三郡小学督業に任命され、小学校教員の改良に従事した。後再び教員となり、明治三八（一九〇五）年には第一回文部大臣選奨小学教育功績者として表彰された。明治四五年から沼隈郡視学を務めた。県教育会でも、地方委員などとして活躍していた。その他、住本権蔵（私立開成舎長）のように、県教育会雑誌を通して、開発主義教授法に関する教材研究の成果を発表した私立小学校教員もいた。

以上のように、広島県会員は、普通教育関係の中等教員および小学校の校長・正教員が大半を占めた。両教育会員の多くは、広島県私立教育会の幹部・会員でもあった。また、豊田郡教育会・深安郡教育会・御調郡教育会のように、郡教育会の幹部のなかにも明治期大日本教育会・帝国教育会の会員をしばしば見ることが出来る。両教育会の会員の多くは、地元の教育会において活動していた教育普及・改良活動の従事者でもあった。このような傾向は、広島県に限らず、他府県の会員でも同様に見られる。

以上、明治期大日本教育会・帝国教育会の組織における指導的教員を検討してきた。全国各地の中等教員や指導的小学校教員は、地域教育の普及・改良を求めて地方教育会において活動をしていたが、同時に大日本教育会・帝国教育会にも入会した。両教育会は、組織的活動による教育の普及・改良・上進を目的として、会議の開催、教育

図 12　大田義弼

図 13　弘瀬時治

図 14　山本象六

図 15　住本権蔵

研究・調査、講義・講習の開設、図書館の運営、教育社会の公議発表、教育雑誌・図書の刊行、教育功績者の表彰などを主要事業とした。これらの事業は皇室・外国・政界・学界の権威の下に運営された。指導的教員たちは、両教育会の各種事業を運営・利用し、または動員された。両教育会は、全国各地の指導的教員を含む一、六〇〇名から五、〇〇〇名ほどの会員を教育の普及・改良・上進へと動員した。このような動員を受けて、指導的教員は、教育普及・改良・上進に向けた学習・思索・表現へと導かれていった。

（1）大日本教育会規則は明治一六年九月に制定、明治一七年八月・明治一八年三月（追加）・明治一九年四月・明治二〇年一一月・明治二一年五月・明治二二年一二月・明治二五年五月・明治二六年七月・明治二六年一二月に改正された。帝国教育会規則は、大日本教育会規則を引き継ぐ形で明治二九年一二月に制定、明治三一年六月・明治三一年一一月・明治三二年一一月・明治三八年一二月・明治四〇年四月・明治四二年二月・明治四四年六月に改正された。その後、大正三年五月・大正九年一月・昭和三年五月に改正され、昭和九年一一月に帝国教育会定款に改称改正された。

（2）帝国教育復刻版刊行委員会編『帝国教育』総目次・解説、上・中・下巻、雄松堂出版、一九九〇年。

（3）「議事」『大日本教育会雑誌』第三〇号、大日本教育会、一八八六年四月、一三〇〜一七三頁。

（4）なお、全国連合教育会の前身事業である大日本教育会の全国教育連合会は、明治二四年に開催された。この会議は、明治二五年には全国連合教育会と改称された。明治二六年〜二九年の間は、開催されていない。明治二九年一二月制定の帝国教育会規則において、主要事業として「連合教育会ヲ開催スルコト」と規定され、明治三〇年一〇月に再開された。以後、隔年で開催され続けることになる。ただ、規則上では位置づけが不安定であった。まず、明治三一年一一月、主要事業の項目から削除された代わりに、帝国教育会代議員と同盟地方教育会代議員とによる「教育議会」（第二章）が規定された。しかし、明治三二年一一月の改正規則では、「教育議会」規程が削除され、かつ連合教育会に関する主要事業規程が復活しなかった。全国連合教育会に関する主要事業規程が復活したのは、明治四〇年四月の改正規則である。明治三四〜三八年開催の全国連合教育会は、主要事業規程の第一項「教育社会の公議を発表すること」もしくは第六項「其他本会の目的を達する為め必要と認むる事業」に基づいて開催されたものと思われる。この一連の経緯は、全国連合教育会の位置づけに関わる事象であり、今後、詳細な研究が必要と思われる。

（5）各年度の総集会報告による。『大日本教育会雑誌』第八号・第三〇号・第五三号・総集会記事第一～第五・第一五〇号・第一七二号、『教育公報』第一八六号・第二〇六号・第二一二号・第二三〇号・第二四二号・第二五四号・第二六六号・第二七八号・第二九一号・第三〇二号・第三一四号、『帝国教育会報告』（明治四〇年）、『帝国教育』第三二〇号・第三三〇号・第三四二号・第三五四号・第三六七号を参照。総集会報告の様式変更に応じて、明治三〇年度までは各年一二月時点、明治三一年～三九年は各年七月～翌年六月時点の数字。明治四〇年度・四一年度は、年度期間が明治四〇年七月～明治四一年一一月に一括されたため、同じ数字とした。明治四二年度は明治四一年一二月～明治四二年一一月の数字、以降も同様。なお、会員数は、会員・通常会員・正会員・総裁・推戴員・名誉会員・終身会員・賛助員の合計。

（6）明治一八年度の急減は入会者よりも退会者が上回ったため（「第三回総集会」『大日本教育会雑誌』第三〇号、一八八六年四月、七九頁）。翌年には回復している。

（7）「理事会」『教育公報』第二八〇号、帝国教育会、一九〇四年二月、二七頁。

（8）「貝子載振殿下歓迎会」『教育公報』第二七二号、一九〇三年六月、二〇頁。

（9）「丹所啓行」教育実成会編『大日本現代教育家銘鑑』第三編、教育実成会、一九一七年、四〇二頁。

（10）「山崎彦八」教育実成会編『明治聖代教育家銘鑑』第一編、教育実成会、一九一二年、五五三頁。

（11）厳密には川田は小学校教員とは言えない可能性もあるが、参考までに挙げておきたい。

（12）「高等師範学校教授後藤牧太先生小伝」『日本之小学教師』第一巻第二号、国民教育学会、四二一～四三頁。

（13）「女子高等師範学校教授　篠田利英君小伝」『日本之小学教師』第一巻第四号、一八九九年、四一頁。篠田利英「小児ノ観察ニ就テ」（『大日本教育会雑誌』第一一五号、一八九二年三月、一四九～一五八頁）では、観察による児童研究の必要を主張している。

（14）藤原喜代蔵『人物評論学界の賢人愚人』文教会、一九一三年、五八二頁。

（15）白石崇人「大日本教育会および帝国教育会における広島県会員の特徴―明治一六年の結成から大正四年の辻会長期まで」『広島大学大学院教育学研究科紀要』第三部第五四号、二〇〇五年、八七～九五頁。

（16）明治二八年の小学校教員一六人中一二人（七五・〇％）が校長、明治三八年の小学校教員一四人中一二人（八五・七％）が校長、大正四年の小学校教員五四人中四五人（八三・三％）が校長であった。

（17）明治三〇年度の正教員四三、八九六人の内訳は、本科正教員四二、〇一五人・専科正教員八八一人であり、師範学校卒の正教員は一七、五〇八人（四〇・六％）であった。（『日本帝国文部省第二十五年報』文部大臣官房文書課、一八九八年、四三・

四七・五九頁。なお、同六一頁に「正教員（師範学校卒業生ニアラザル者）」が合計二五、五八二人とある。師範卒業生数との合計数が、全体の正教員数と一致しないが、原因は現在のところ不明）

(18) 詳しくは白石崇人「大日本教育会・帝国教育会の群像」(http://sky.ap.teacup.com/siraisi/) または白石崇人『大日本教育会・帝国教育会の群像』（私家版、二〇〇八年）を参照。

第Ⅰ部の小括

第Ⅰ部では、前身団体の実態を中心に検討し、明治期大日本教育会・帝国教育会の教員改良の原点を明らかにしてきた。

第一章では、江戸期から明治一〇年代前半までの教職者の問題について、先行研究を参照しながら整理した。明治五（一八七二）年以降の「師匠から教員へ」の移行過程は、旧師匠や地域住民に葛藤をもたらし、地域における教職者の職務内容や地位を動揺させた。教員のなかには、地域において民権運動の影響を受けながら、主体性と専門性とを発揮して地域の教育政策過程に参加し、教育担当者としての地域教育に対する責任を自覚していく教員もあった。明治一〇年代前半に入り、文部省は、民権運動対策の意図を含めながら教員の倫理的問題に本格的に取り組み、国家隆替に関わる普通教育の成否を小学校教員の良否と関係づけて、教育方法を実施する上で必要な教職倫理を確立し、教育の理論講究と経験蓄積とによって常に学び続ける教員の像を形成した。そして、教育内容・方法に疎い教員が教職に就き、地域住民の尊敬を失っている学校現場の現状を確認したとき、教員改良を問題化した。文部省は、教員改良のために、教育学・開発主義教授法の学習と品位向上とを奨励し、教員講習・督業訓導の設置と並行して教育会の奨励・支援を進めた。

第二章以降は、先行研究とは異なる問題意識・史料に基づいて検討した。以下、新しく明らかになったことを中心に、各章をまとめる。

第二章では、教育令期の東京府教育改革における東京教育会の活動を検討した。東京教育会は、明治一二（一八七九）年に結成され、東京府学務課・府師範学校と連携しながら、官立師範学校卒の指導的小学校教員を多数とする幹部組織によって運営され、感情的な民権運動と一線を画して教育の理を講窮拡張することを方針として活動した。また、行政による教育勧奨督励を必要とする干渉主義的立場に立ちながら、行政と学校現場との役割分担を意識して、第一次教育令期東京府の小学試験法・小学教則の改正に参与した。試験法は小学生の進級体制・方法を定める法令、小学教則は小学校教育の内容・方法を定める公的な教育課程であった。第一次教育令は地方に教則などの策定を委ねた。東京教育会は、第一次教育令期東京府小学校教育の重要な政策過程に参画し、そこに会員の指導的教員を動員した。

第三章では、明治一三（一八八〇）年の東京教育会における教員改良構想を検討した。東京教育会は、教育の講究拡張を目指して、教育問題について思慮的・自立的に考え、話し合い、意見を共有し、合意を形成するために言論活動を開始した。明治一三年前半の東京教育会には、国民教育の方法（徳育・各科教授）の担い手として教員を捉え、教職意義と教授原理の理解とを求める論調があった。そのなかで、教員の低待遇問題は各教員が地域住民の尊敬を失った結果として捉えられ、いわば教員個人の責任問題として取り扱われていた。明治一三年夏、東京学士院会員の小学校非難と東京府会の教育費削除問題を経て、東京教育会では普通教育擁護への関心が急激に高まり、指導的教員・教育行政官・学者などによる教育擁護・推進の集団を形成し始めた。以後、学者育成・英雄養成・矯正教育と国民育成としての普通教育との違いや、自発性・進取性の育成に関わる徳育原理・方法などのような、教員改良の根本に関わる論究が進められた。また、学者・教育行政官に導かれるという限界を有したが、教員の自立的な組織的活動をも求められ始めた。

第四章では、大日本教育会の結成過程を検討した。大日本教育会結成の背景には、活動の全国的展開への意識、教育問題の研究調査や合理的判断に関する意識、「教育」を中心概念とする同業者意識、「教育ノ退歩」と対決しながら「教育全体ノ進歩」を目指すという意識、教員改良への問題意識があった。これらの意識は、結成にあたって文部省高官から初めて示されたものではなく、前身団体以来の活動などから由来したものであった。また、文部施策の優位性を前提にしながらも、文部省に対する一方的依存の否定を伴った。大日本教育会結成は、文部省が教員を民権運動から引き離そうとした一方的な結果というよりも、「教育ノ退歩」に対する抵抗と教育擁護・推進とを共通課題にして指導的教員・教育行政官・学者が協同した結果であった。明治憲法体制が具体的に模索されていた当時、全国規模での合意形成を可能にする教育団体は、普通教育擁護・推進を目指す関係者全員にとって必要だった。大日本教育会は、いわば、明治憲法体制における普通教育関係者の利益・圧力団体となるべく結成されたのである。

東京教育会は、教育令期の東京府における教育改革に参与しながら、教員のあり方を教育方法や待遇問題と関連づけて考究し、意見を共有し合おうとしていた。明治一三年夏の東京府会による教育費削減問題は、東京教育会の指導的教員を、普通教育擁護・推進を目指す教育行政官・学者との協同へと駆り立てた。東京教育協会と合併して東京教育学会になった後には、全国志向を強めてわが国の教育隆盛を目指し、「教育」の名の下に、文部省高官との交流を実現した。そして、東京府の地方教育会としての機能を分離し、かつ教育の外的発展だけでなく質的発展を目指して、大日本教育会結成へと向かっていった。

大日本教育会は、前身団体以来の組織や人材を基盤とし、「教育」概念を中心とした同業者意識を核として、普通教育の質的発展を目指す全国運動へ教育関係者を糾合して結成された。明治期大日本教育会・帝国教育会の教員改良は、以上のような問題意識や組織活動を原点とした。全国各地の指導的教員は、この組織のなかで、全国の教育普及・改良・上進へと動員され、教員改良に関わっていくことになる。第五章では、以後の両教育会について、指導的教員の存在に留意しながら概覧し、全体像を示した。

第Ⅱ部　国家隆盛を目指した教員資質の組織的向上構想

はじめに

第Ⅱ部では、大日本教育会結成以降を対象時期として、明治期大日本教育会・帝国教育会の教員改良構想の変遷を明らかにする。まず大日本教育会は、結成以降どのような教員改良構想を発表していたか。そのなかで、教員の専門性や組織的取り組みについてはどのように意識されていたか。そして、何のために教員を改良しようとしたか。これらの問題に留意しながら、その教員改良構想を検討する。

第一章では、大日本教育会結成以降、どのような教員改良構想が発表されていたかを問題とする。具体的には、明治一六（一八八三）年～二〇（一八八七）年の『大日本教育会雑誌』に掲載された教員関係記事を検討する。

第二章では、明治二三（一八九〇）年前後において、どのような教員改良構想が発表されていたかを取り上げる。明治二三年に焦点を当てた理由は、この年の帝国議会開設が大日本教育会の教員改良構想にも大きな影響を与えたからである。そこで、明治二一（一八八八）～二四（一八九一）年の『大日本教育会雑誌』に掲載された教員関係記事を検討する。

第三章では、大日本教育会末期の教員改良構想を検討する。明治二七（一八九四）年設置の大日本教育会単級教授法研究組合は、学級制という新しい学校制度に対応する教育方法を研究し、報告書にまとめた。そこには、教育方法の担い手としての教員改良構想が見出せる。そこで、同時期に発表された高等師範学校附属単級学校の研究成果と比較しながら、単級教授法研究組合の研究成果について教員のあり方に関する観点から検討する。

第四章では、帝国教育会の教員改良構想を検討する。帝国教育会では、明治三四（一九〇一）年から三五（一九〇二）年にかけて、新しい社会体制に対応する教育方法として公徳養成法を研究し、その成果をまとめた。

もちろんそこには、公徳養成法の担い手としての教員改良構想が見出せる。しかもその成果は広く合意をとられ、多くの教育関係者が合意する構想になった。そこで、帝国教育会における公徳養成研究の成果を検討し、どのように教員を改良しようとしたのかを検討する。

第五章では、明治期大日本教育会・帝国教育会における教育勅語解釈の分析を通して、大日本帝国の教育目的に関わる教員改良構想を検討する。大日本教育会は、明治二七年に『聖諭略解』を編集出版して、「教育ニ関スル勅語」を初めて組織的事業として解釈した。また、明治三五（一九〇二）年に時代状況に応じて再解釈し、『訂正増補聖諭略解』を出版した。明治四一（一九〇八）・四三（一九一〇）年には増刷を行っている。これらの文章表現の変化や、解釈・再解釈を導いた社会的背景や意図などを明らかにする。それによって、国家レベルの教育目的であった教育勅語を解釈するなかで、どのように教員改良が構想されたかを検討する。

以上により、明治期大日本教育会・帝国教育会の教員改良構想の実態を探る。

第一章　大日本教育会結成期における教員改良構想

――教職の専門性への言及――

本章は、大日本教育会結成以後の『大日本教育会雑誌』における教員関係記事を検討し、結成当初の教員改良構想を明らかにすることを目的とする。対象時期は、明治一〇年代後半すなわち明治一六（一八八三）～二〇（一八八七）年とする。

明治一〇年代後半、文部省が学制以来推し進めてきた普通教育政策は、危機的状況に陥った。小学校の費用は、明治一三（一八八〇）年の第二次教育令から明治一九（一八八六）年の小学校令までの間、基本的に町村協議費によって負担されていた（授業料は明治一八年七月まで任意徴収）。明治一〇年代後半、全国各地の農村は、松方財政による農産物価格の下落を受け、不況に陥っていた。このような状況におかれた町村は、次々に小学校費を減額して不況に対応した。学校費の大半は教員の給与である。町村では、高給取りの師範学校卒の正資格教員を雇わず、低額の非正規教員を雇うようになった。当時の小学校教育関係者は、いわば「生き残り」をかけた対処に迫られていた。教員の待遇は、明治一〇年代後半以降の町村の不況以来、なかなか好転しなかった。ただし、明治一九（一八八六）年の学区改正による教育費負担の軽減に伴って、教員が地域に定着し、就学率・進学率を高め、地域の問題を解決してくれることを願って、その待遇改善を試みる地域もあった。[1]明治一〇年代末には、教員の質への期待が、実際の待遇改善を導くこともあったのである。

当時、教育の普及・改良は教員の良否に左右される、という考え方があった。大日本教育会の主要な目的は、「我邦教育ノ普及改良及其上進」であった。小学校教育の危機的状況下で結成された大日本教育会にとって、教員改良の目標ともいえる理想的教員像は、重要な問題であったと思われる。上沼八郎は、機関誌『大日本教育会雑誌』に教員関係記事が数多く掲載されたことを明らかにした。(2) しかし、上沼は記事数を示すに止まり、その記事の示す教員改良構想の検討には至っていない。そこで、明治一〇年代後半の『大日本教育会雑誌』における教員関係記事を対象とし、当時、教育普及と改良を目指す人々が抱いた教員改良構想を検討する。

以上の問題設定により、本章では次のように進める。まず、明治二〇年までの『大日本教育会雑誌』から、「教員」を主題とする記事を抽出する。次に、それらの記事に見られる理想的教員像を検討して、教員をいかに改良しようとしていたか検討する。

一．結成期の『大日本教育会雑誌』における教員関係記事

本章をまとめるにあたって、明治一六～二〇年に発行された大日本教育会の機関誌（『大日本教育会誌』第一冊および『大日本教育会雑誌』第一～七〇号）を通覧し、「教員」「教師」「教育者」「教育家」を主題名に掲げた記事を教員関係記事として調査した。「教師」「教育者」「教育家」は、必ずしも教員だけを指す言葉ではないが、教員を広い意味で含む言葉として検索対象とした。ただし、例えば「六月廿二日文部大臣福島県ニ於テ県官・郡区長及教員等へ説示ノ要旨」（第六二号）のように、教員のあり方に直接関わらない記事は除いた。

教員関係記事に見られる教員像は、論者・紹介者の個人的に抱いた像とはいえ、機関誌編集者が全会員で共有すべきと判断したものとして位置づけられる。なお、教員像は、教育全般を論じた記事や、師範学校・講習会（「教員」などの言葉を含まないもの）・地方の教育実況などの記事にも示されている。しかし、本章では、教員への問題関心をより集中的に鮮明に展開させた記事として、教員を論じた／報じた記事に絞り、そこに見られる教員像を検討した。

以上の観点で抽出した教員関係記事は計六八件であった。なお、明治二〇年には計二七件見られる。この年に

表１　明治 16 〜 19 年発行の『大日本教育会雑誌』に掲載された「教員」「教師」「教育者」「教育家」を主題名に挙げた記事

種類		筆者	論題	記事欄	掲載号	掲載年月	
①教師論		西村貞	教員改良の一二方案	論説	1	M16	11
		西村貞	小学校教員の急務	内国教育の景況	2	M16	12
		外山正一	小学及び中学教員心得	内国教育の景況	10	M17	8
		小竹啓次郎	小学校教師と人民との間を親密ならしむるは目今の要務	論説	23	M18	9
		某	教師と父兄との間の実況を論ず	論説	23	M18	9
		永見（山形県学務課員）	教員亀鑑	内国教育の景況	24	M18	10
		阿部秀正	教育論者多きより教育家の多きを望む	論説	27	M19	1
		大窪実	教育者の名誉何を以て維持せん乎	論説	32	M19	6
		箕作麟祥	恐る可き事と恐る可からざる事の差別を教育家に望む	論説	39	M19	9
		浅黄直吉	使教員重於九鼎論	論説	41	M19	10
		渡邊長矩	小学教員に勲章及年金を付与するの意見	論説	45	M19	12
②海外（英米独仏）の教員情報	教員論	—	仏国小学教員	外国教育の景況	10	M17	8
		—	独逸国学校教員の兵役	外国教育の景況	17	M18	3
		フィルブリック（米）	教員職期改正論	外国教育の景況	25	M18	11
		フィルブリック（米）	教員職期改正論	外国教育の景況	26	M18	12
	教員会議情報	—	孛漏士国高等学校教員会	外国教育の景況	16	M18	2
		塚本克己訳	グレートブリテン及アイルランド教員協会趣旨書	外国教育の景況	21	M18	7
		塚本克己訳	グレートブリテン及アイルランド教員協会第一会議録	外国教育の景況	21	M18	7
		塚本克己訳	グレートブリテン及アイルランド教員協会第一会議録	外国教育の景況	22	M18	8
		塚本克己訳	グレートブリテン及アイルランド教員協会第一会議録	外国教育の景況	23	M18	9
		土屋政朝	仏蘭西国ハーヴル港小学教員万国教育会	外国教育の景況	27	M19	1
		土屋政朝	仏蘭西国ハーヴル港小学教員万国教育会	外国教育の景況	28	M19	2
		土屋政朝	仏蘭西国ハーヴル港小学教員万国教育会	外国教育の景況	29	M19	3
		土屋政朝	仏蘭西国ハーヴル港小学教員万国教育会	彙報	31	M19	5
		土屋政朝	仏蘭西国ハーヴル港小学教員万国教育会	彙報	32	M19	6
		土屋政朝	仏蘭西国ハーヴル港小学教員万国教育会	彙報	33	M19	6
		土屋政朝	仏蘭西国ハーヴル港小学教員万国教育会	彙報	34	M19	6
		土屋政朝	仏蘭西国ハーヴル港小学教員万国教育会	彙報	35	M19	7
③講習会		—	上州渋川駅教員講習会	内国教育の景況	11	M17	9
		河村重固	明治十七年十月府下荏原郡教員講習会演説	論説	19	M18	5
		—	新潟県教員講習会一斑	内国教育の景況	25	M18	11
		宮原久次郎	長野県上伊那郡教員講習会概況	内国教育の景況	29	M19	3
④中等教員免許		—	中学校師範学校教員免許	内国教育の景況	15	M18	1
		—	第一回中学校師範学校教員免許学力試験委員	内国教育の景況	16	M18	2
		—	第一回中学校師範学校教員免許学力試験委員	内国教育の景況	17	M18	3
		—	教員認定	内国教育の景況	24	M18	10
		—	教員学力検定	内国教育の景況	26	M18	12
		—	第二回中学校師範学校教員免許試験	内国教育の景況	29	M19	3
		—	第二回中学校師範学校教員免許学力試験	彙報	33	M19	6
⑤その他		—	石川県加賀国河北郡より小学校教員貯金規則之儀	内国教育の景況	26	M18	12
		—	東京商業学校教師	彙報	45	M19	12

出典：明治 16 〜 19 年発行の『大日本教育会誌』および『大日本教育会雑誌』を用いて作成。

は、教員関係情報の極端な集中が見られるため、時期区分して別に検討する。明治一六〜一九年の教員関係記事（計四一件）は、表1の通り、大きく五つに分類された。①教師（教員・教育者・教育家）論（一一件）、②海外教員情報（一七件）、③教員講習会（四件）、④中等教員免許（七件）、⑤その他（二件）である。③については、前もって対象から外した講習会記事と内容上大差ない。④については、明治一七（一八八四）年八月公布の中学校師範学校教員免許規程による同試験の試験委員および受験者数などを報じたものであり、教員像を鮮明に示すものではない。本章で主要対象とすべきは、①と②に分類される教員関係記事であろう。内容の傾向（後述）から①と②の教員記事が発表された時期を区分すると、明治一六年末から一八年前半までの前半期（一一件）と、明治一八年後半から明治一九年末までの後半期（三〇件）とに分かれる。比較的、前半期よりも後半期の方が記事数が多く、しかも欧米列強（英米独仏）についての連載記事が多い。前半期と後半期との画期を特定することは難しい。ただ、後半期において②の外国教員記事が集中したことについては、明治一八年三月開催の第二回総集会における規則追加によって、外国人通信会員設置を決定したという事実に注目したい。通信会員は、「教育及ビ学術上有名ナル外国人ニシテ本会ニ裨益アリト認ムル者」であり、一般会員とは違って「教育上ノ事項ヲ通信スルニ止ルモノ」とされた(3)。通信会員を誰に依嘱したか、どのような活動実態を持ったかは不明である。ただ、明治一八年三月以降、大日本教育会が、外国教育に関する情報収集力の強化を意図的に図ったことは確認できよう。後半期については、①の論説とともに、②の情報にも等閑視できない教員像が含まれている可能性が高い。

また明治二〇年の教員関係記事（計二七件）は、表2の通り、大きく六つに分類される。すなわち、①教師（教員・教育者・教育家）論（一三件）、②教員集団（四件）、③教員養成（二件）、④教員検定（三件）、⑤教員講習（二件）、⑥その他（九件）である。④の記事は、中等教員学力試験検定の委員と実施概要を報じたものであり、教員像を鮮明に示さない。⑤の記事は、先述のように抽出から除いた講習会記事と同様である。⑥の記事は、当時の大日本教育会が行っていた教員紹介事業の実況記事（七件）がほとんどである。明治二〇年の記事については、①②③の記事を中心に分析していく。なお、明治二〇年には、海外情報のみを紹介した教員記事が一件しかない。海外

表 2　明治 20 年発行の『大日本教育会雑誌』に掲載された「教員」「教師」「教育者」「教育家」を主題名に挙げた記事

備考	筆者	論題	記事欄	掲載号	掲載年月
①教師論	木村匡	女子を以て小学教員に充つべき説	論説	51	3 月
	松沢常四郎	小学教員の功労に報ずる方案	論説	52	3 月
	浅黄直吉	教員奨励方案	論説	58	6 月
	平賀勇太郎	小学校教員採用方	論説	58	6 月
	上月景政	教育者の義挙	彙報	63	9 月
	伊達行平	師範学校中学校又は高等女学校の教員は必教育学を講究すべし	論説	67	11 月
	長田勝吉	業務の尊卑を論じて小学教員の地位を進むるの方法に及ぶ	論説	69	12 月
	生駒恭人	小学校教員の位置を如何せん	論説	70	12 月
②教員集団	山口加米之助	京都教員協会規約及其開会式の概況	彙報	51	3 月
	大坂貫	茨城県結城岡田豊田三郡公立学校教員集会	彙報	53	4 月
	亀井章三	茨城県北相馬郡教員集会	彙報	64	9 月
	日下部三之介	教師組合を設くるの必要	論説	65	10 月
③教員養成	—	墺地利国公立小学男女教員養成所組織条例	論説	56	5 月
	ハウスクネヒト	善良なる中学教員養成法	論説	59	7 月
④教員検定	—	教員検定委員	彙報	48	1 月
	—	尋常師範学校尋常中学校高等女学校教員の検定	彙報	49	2 月
	—	第三回尋常師範学校尋常中学校高等女学校教員学力試験	彙報	57	6 月
⑤教員講習	八鍬亀吉	羽前国最上郡教員講習会	彙報	48	1 月
⑥その他	—	二教師来着	彙報	48	1 月
	—	官立府県立公立私立の学校教員	報告	55	5 月
	—	教育家十二傑の投票	彙報	55	5 月
	—	官立府県立公立私立の学校教員	報告	56	5 月
	—	官立府県立公立私立の学校教員	報告	60	7 月
	—	官立府県立公立私立の学校教員	報告	61	8 月
	—	官立府県立公立私立の学校教員	報告	62	8 月
	—	府県立公私立の学校等より左記の教員需用あり	報告	65	10 月
	—	教員需用	報告	67	11 月

出典：明治 20 年発行の『大日本教育会雑誌』を用いて作成。

教員情報を引用する記事はもちろん少なくないが、海外情報の紹介に限定した記事は以前と比べて減っている。

このような教員関係記事にあらわれる理想的教員像について、以下、明治一〇年代後半の前半期（明治一六年末～一八年前半）、同後半期（明治一八年後半～一九年末）、明治二〇年の三期に分けて検討する。

二　理学・教育学の知識習得と教授法の熟達

明治一六年一一月発行の『大日本教育会雑誌』（以下『雑誌』と省略）第一号には、西村貞（文部省御用掛・体操伝習所主幹）の「教員改良ノ一二方案」が掲載された(4)。西村は、教員講習を補完する諸事業により、教員の理学知識の欠乏を補いたいと考えた（第Ⅰ部第四章参照）。この西村の発想は、市川盛三郎（会員、東京大学教授）・手島精一（会員、教育博物館長）らの考案から来ている。西村は、理学教授について、教科書の文字を教えるだけでなくその観念に及び、物事の真理を領解させて迷信を除去し、社会の改進に寄与しなくてはならないと考えていた(5)。また、同年一二月発行の『雑誌』第二号には、西村貞の「小学校教員ノ急務」が掲載された(6)。同年九月、埼玉県不動岡村小学校にて、埼玉県教育懇談会の依頼で大日本教育会員として演説した時の筆記である。西村はここでも教員の理学知識について述べた。西村によると、小中大の学校およびその児童・生徒・学生に理学思想を培養するため、教員の理学知識を高めなくてはならない。そのために、教員は有志団結し、学務課員・府県立学校教員・学務委員などの賛助を得て、理学講習所の類を設け、実験・授業法を修練することが勧められた。教員の理学知識は、学校生徒などに理学思想を培養し、人々の迷信除去や社会改良を進めるために必要とされた。

西村は、先の「小学校教員ノ急務」で次のようにも述べた(7)。小学校教員の改良上、急務なことは次の三点ある。第一は、修身教授に関する原理的把握と口授法の修練である。修身教授の原理は、動作を起こす動機となる「感触」にある。感触は、実物や実際の現象によって発生・刺激されるなどの四つの法則によって現れる(8)。また、口

表３　結成期『大日本教育会雑誌』における各科教授法論

筆者	役職	論題	掲載号	掲載年
村岡範為馳	東京大学教授	物理学授業法	2・3	明治 16 ～ 17
後藤牧太	東京師範学校教諭	簡単なる器械を用いて物理学を教ふること	3	明治 17
高嶺秀夫	東京師範学校長	中小学校理学教授の説	4	明治 17
桜井錠二	東京大学教授	化学授業法	6	明治 17
那珂通世	東京女子師範学校長	文学の授業法	6・7	明治 17
桜井房記	東京師範学校教諭	算術教授上の心得	7・8	明治 17
山岡成章	東京大学予備門助教諭	画学教授法	7	明治 17

出典：『大日本教育会雑誌』（明治 16・17 年発行分）を用いて作成。

授法の巧拙は、師範学校で練磨したかどうかではなく、教員が各々修練した結果である。教員は、それぞれ口授法を精巧にするため、有志団結して互いに実地での講究を行う必要がある。教員改良の急務の第二は、理学知識を高めることである。第三は、体操科の実施である。郡区内で醵金して、壮年有為の小学校教員二・三名を公選して体操伝習所に送り、その伝習（六か月）を受けさせ、卒業後に元の郡区に帰って、可能な限り多くの教員を集めて伝習させる。以上の西村の論説には、修身科教授を原理的に理解する教員像、および体操科を教授できる教員像を認めることができる。

結成から明治一七年半ば頃までの大日本教育会では、いくつかの教科目について各科教授法を取り上げた。『雑誌』に掲載された各科教授法の論説を挙げると、表三の通りである。山岡の論説以外は、すべて大日本教育会主催の集会で講演された時の筆記である。初期の大日本教育会では、東京大学・東京師範学校などの教員を動員して、主に物理学・化学・算術・画学などの理学系の各科教授法について講演・活字化を行った。

明治一七年八月発行の『雑誌』第一〇号には、外山正一（東京大学文学部長）の「小学及び中学教員心得」が掲載された[9]。これは、明治一六年一一月の東京府教育談会において、大日本教育会員として演説した時の筆記である。外山によると、人間を対象とする教育は至難の業である。教員は、学科内容をよく理解するだけでなく、人間の性質、しかも発達途中の小学生・中学生の性質を知らなくては教育することはできない。教員は、能力発達の順序、精神発達の年齢差・男女差などをよく調べなくてはならない。そのため、教員は心理学を学び、児童・生徒の精神の働きを研究しなければならない。また、子どもは、よく大人の言語・挙動を真似して自らの性格を形作る。そのため、教員は常に言語・挙動を慎まなければならない。これらを教育会でよく調べれば、必ず教育上大いに裨益ある結果を得られるだろう。外山は、心理学の知識を有し、児童生徒の精神を研究し、子どもの性格形成への影響を想定して言動を慎む教員像を描いている。

その他、明治一七年八月発行『雑誌』第一〇号には、「仏国小学教員」が掲載された[10]。同記事は、フランスの小学校教員が国会議員選挙へ関与を禁止されたこと、および県令による教員統轄を報じた。明治一八年三月発行『雑誌』第一七号には、「独逸国学校教員の兵役」が掲載された[11]。同記事は、公立小学校教員が、短期演習によって兵役を完了し、予備兵資格を与えられていると報じた。これらは、集会条例の運用や徴兵令改正といった時事的問題に似た事例を、西欧に求めたものと思われる。

以上のように、明治一六年から明治一八年前半、とくに明治一七年半ば頃までの大日本教育会では、理学知識に富み、言動を慎み、各科（とくに理学科）教授法を教育学・心理学の観点から原理的に理解し、個人的な修練と集団的な講究によって教授法に熟達するという教員改良構想が描かれていた。この構想は、明治一〇年代半ば以来、文部省が示してきた教員改良施策の目指す方向性と重なっている。

三　教員像の転換の兆し

（一）村民との誠実な交流

明治一八年九月発行の『雑誌』第二三号には、在大分県某氏の「教師ト父兄トノ間ノ実況ヲ論ズ」が掲載された[12]。同記事によると、大分県の教員の三分の二は無免許教員であり、他に適職なく、芸能なき者であった。訓導も、明治一二（一八七九）年以前の師範学校卒業生か、簡単な検定試験の合格者であり、「未ダ教育ノ真理ヲ熟知セザル輩」である。日々の教授方法は、「鸚鵡的訓練法」か「機械的注入法」であり、旧弊を脱しない。学力は劣等、理学思想の如きは夢にも見たこともない者が多い。そんな状態だから、父兄は教員を軽く見る。この大分県某の言は、種々の教員改良の努力にもかかわらず、地方教員は従来のままであり、教員に対する父兄の不信が募っていることを示している。

同第二三号には、小竹啓次郎（三重県多気郡中村修文小学校長）の「小学校教師ト人民トノ問ヲ親密ナラシムルハ目今ノ要務」も掲載された(13)。小竹によると、ただでさえ人民は教育費を払おうとしないのに、これに加えて村は不況に陥った。ここで挽回しなくては、教育は萎靡頽廃するおそれがある。対策は、小学校教員と人民との関係を親密にすることである。児童の父兄や有志者によって教育談話会を組織させ、学校で教育についてや家庭の心得などを講談し、児童の成績を報告し、生徒の性質・品行などについて相談して、教育の貴重さと家庭教育の重要性を知らせる。そのようにすれば、人々は教師の熱心を感じ取り、子どものために節約して学校へ寄附金を出すようになるだろう。小竹は、不況による教育費不払い・出し渋りを予想して、積極的に村民と対話する教員像を示している。

翌一〇月発行の『雑誌』第二四号には、永見裕（山形県学務課員）の「教員亀鑑」が掲載された(14)。これは、野村綱（文部権少書記官）の勧めで書いた記事である。この記事は、平賀摠三郎（山形県東置賜郡東大塚学校教員）の事蹟を記し、それを教員の鑑として紹介した。平賀の職務勉励・教訓懇篤・黽勉刻苦によって、児童は日々学力を進歩させた。いったん山形師範に入学した平賀だったが、村民に請われて退校し、ふたたび東大塚学校へ赴任する。その後、村内の壮年のために夜学を開き、修身を教導した。村民は品行正しくなり、村の風儀は一変したという。しかし、肺病のため、平賀は明治一五（一八八二）年七月に享年二一歳で死去した。このように、青年教員・平賀摠三郎は、児童への懇切な教訓と村民への温厚篤実な対応をもって、「実に世の亀鑑と謂ふべし」とされている。

明治一九年一～七月発行の『雑誌』第二七～三五号にかけて、土屋政朝（文部省学務局第二課長）が訳した「仏蘭西国ハーヴル港小学教員万国教育会」が掲載された。土屋の翻訳紹介のねらいは、いずれ日本で全国規模の教育会議を開くことを想定し、その組織計画と盛況とを紹介することだった。(15)この記事は、フランスや諸外国の教育関係者・小学校教員が集まった万国会議を開催するにあたって、ハーヴル港市民八万人の全面的な献身・協力があったことを強調した。(16)教員が全国的運動を展開するにあたって、小学校教員と市民との良好な関係が重要になることをうかがわせている。

図１　土屋政朝

後半期の教員像には、前半期に求められた知識・技術の向上に代わって、村民との良好な関係づくりの態度が強調された。この理想像は、地方の教員や教育関係者から提示され、文部省官僚の後押しや外国情報によって強化された。このような転換の背景には、知識・技術向上を目指す教員改良策の効果がなかなか上がらなかったことや、不況による教育費不払い・出し渋りの兆しに対する地方教育関係者の危機意識、それに対する文部省官僚の同意・承認があったことを見出せる。

（二）専門職的意識の勃興

明治一八年七～九月発行の『雑誌』第二一～二三号には、塚本克己（履歴不明）の訳でイギリスの教員協会結成の情報が伝えられた。同記事によると、この教員協会は、老後・疾病に備えた互助会的機能を発揮することを本旨とし、公私立・男女・大中小学の違いにかかわらず全教員が協同することを求めて結成された。(17)一八八四年二月に開催された第一回会議では、政府要職者などの教員以外の者が参集し、互助会的機能だけでなく教員の勤倹習慣の養成、教育問題に関する輿論喚起、教育方法研究のための外国派遣の実施を、協会に期待した。(18)また、教員間における知識経験の交換、または教員の地位向上・待遇改善を目指す教員個人の利益とともに、一般社会の利益を求めるように勧めている。[19] この記事からは、政府要職者や教員以外の篤志者の協力・保護を背景に、団結して生活改善や地位向上などの自身の利益を追求しながら、公益実現をも目指す教員像が示された。

明治一八年一一月発行の『雑誌』第二五号には、ジョン・D・フィルブリック（高橋達郎訳）の「教員職期改正論」が掲載された。[20] フィルブリックは、「教育ノ事ト教員ノ事トハ全ク一タルナリ」と断言し、教員の性質・品行が学校の効否を決めるとした。彼によると、教員養成機関である師範学校こそ、学校制度の元素である。師範学校の成果を最も発揮する方略は、師範学校を卒業する教員のために、適切な「身分」を創設することである。アメリカの教員人事は、五〇年前からとってきた不定・短期在職制に代えて、安全確実・気力充実・品行方正な間は在職し続けられる終身在職制に転換すべきである。教員の終身在職制は、大きな公益をもたらす。すなわち、①教員に対する好感度が増加する、②公費を使用しないで教員に対する無量の恩賜となる、③教員の労力に対する報酬となる、④才学ある教員を得る一因となる。プロイセンは、教員の終身在職制を用いて、「近世教育制度ヲ組織シ発達スルノ先導者」となった。

フィルブリックの説はさらに続いた。[21] マサチューセッツ州の国公立学校教員は、一般的に、学校事務局の多数決によって一年間を期して選任されるが、期間内に罷免されることもある。罷免された教員は、法律上、罷免予告を受ける権利や上庁へ控訴上告する権利を持っていない。ニューヨーク府などの例外はあるが、他の州でも概して同じである。アメリカの公立学校教員は、一年という短期間ですら、安んじて在職できない。このような待遇の教職は、少年・婦人に適している。少年は、教職を進学資金を得る方便とし、四〜五年以上勤めようとしない。女教員は、概して結婚を求めて一度良縁を得るや、退職するのが普通である。このような事態は、教員の在職期限が短く、不定であるために起こる。教員の終身在職制を実施するにあたっては、①師範教育における専門教育・教育実習の充実、②連邦政府から教員証書を授与する制度の創設、③試補制度の導入、④在職期限中の減給の禁止、⑤昇進制度の導入、⑥年金制度の導入が必要である。教員は、これらの制度導入を目指して輿論を喚起し、マサチューセッツ州会に働きかけなくてはならない。以上のようなフィルブリックの状況認識の正否を判断する用意は筆者にはないが、ともかく、生涯を通して教職を務めることを理想とする教員像が読者に伝えられている。

このような教員像が提示されるなか、会員たちの示す教員像も変化し始めた。明治一九年一月発行の『雑誌』第二七号には、阿部秀正（第一高等中学校舎監）の小論「教育論者多キヨリ教育家ノ多キヲ望ム」が掲載された。(22)ここで阿部は、「真正ノ教育家」が多年の経験実効と練磨してきた術業を演述し、その論理・実歴を取捨折衷し自在に運用できるようにすることを望んでいる。阿部のいう「真正ノ教育家」とは、基礎知識の成就、学校における勤務、数年間の教育実践経験、練磨・工夫・実験への積極的態度、教育を一生の仕事にする意志、教育を自らの仕事にする自覚を持ち合わせた学校教員のことであった。

明治一九年後半には、俸給増額や年金・保険・賞与・勲章などを主題とする論説が現れた。大窪実（文部省総務局属官・訓盲唖院主幹）の「教育者ノ名誉何ヲ以テ維持セン乎」（第三三号、六月刊）、浅黄直吉（東京府荏原郡下北沢村代沢小学校長）の「使教員重於九鼎論」（第四一号、一〇月刊）、渡辺長矩（教員）の「小学教員ニ勲章及年金ヲ付与スルノ意見」（第四五号、一二月刊）がそれである。これらは単に教員の生活保障を主張するだけではなかった。いずれも、小学校教員の頻繁な異動や転職を防ぎ、教員の地位を獲得・向上させ、その名誉を守り、父兄の尊敬を得て、教育事業ひいては国家が隆盛となることを願った。なお、浅黄は、教員の社会的地位が低いのは、自ら公益事業を起こさないからだと見ていた。(23)そのため、教員の社会的地位の向上を実現するには、教員自身が団結して自らの金を集め、公益事業を興す必要があるとした。そして、それは教育の成績を大にし、国家の教育振興・文明推進につながると述べた。

以上のように、明治一八年後半～一九年における教員像では、知識・経験の充実と練磨だけでなく、教育を自らの一生の仕事にする意志と自ら社会・国家に貢献する態度とが強調された。これらの教員像は、明治一三（一八八〇）年の東京教育会における教員像と近似しており、その発展形とも見られる。ただし、この時期における教員像は、まず英米の教職論や教員団体情報のなかに現れた。外国の教員関係情報は、教員の不安定な生活・

地位を改善する取り組みや、教員を社会・国家に参加させようとする取り組みを伝えていた。

四．教員資質と人件費削減との関係

（一）教員の収入増額のねらい─熟練の教師を求めて

『雑誌』第五二号（明治二〇年三月刊）には、松沢常四郎（履歴不明）の「小学教員ノ功労ニ報ズル方案」が掲載されている。松沢は、次のように述べた[24]。教員は、政府公布の教育制度を「運用・操縦」する「名誉アル職業」である。しかし、教職を一時の糊口の資とし、ある程度収入を得れば転職する者が少なくない。一生教職に就こうとする者も、学校を「旅舎」のように渡り歩く。このように進退の軽い教員は、教育の「利害盛衰」に関心なく、「教育ノ真理、教授ノ術」の学習でなく「官吏受験ノ予習」に過ぎない読書をし、「熱心ナル教育家」でなく「佞ヲ愛シ媚ヲ悦ブ猾徒」に過ぎない者と交際している。これでは、「経験ト熟練トヲ積テ、渾用ノ任ニ当ル」ことはできない。このようになっている理由は、「俸給ト熟練トハ必ズ逆比例ヲナス」現状にある。教員に対して、長く一校に従事し、十分な学力と熟練を求めるならば、苦労に応じた報酬が必要である。

『雑誌』第五八号（明治二〇年六月刊）には、浅黄直吉の「教員奨励方案」が掲載された。浅黄は、教員を教育活動に集中させるためには「利ヲ以テ之ヲ誘フ」必要があるとして、甲乙二種の方法を示した[25]。まず「甲種奨励法」は、在職年数と学力・努力によって、より学校規模や俸給額の大きな学校へ転任させたり、官吏や中等教員に登用したりする方法である。「乙種奨励法」は、長年教職に従事して勤功ある者に対し、在職年限・勤務態度・功績にしたがって、年々、賞与金を与える。この賞与金は、各教員の出金による積立資本金で賄う。いずれその利子で賄えるようになれば、有志出金のみに移行し、恩給年金や学校建設・病院・貧院・貧生補助・公共事業に使う。

以上のように、明治二〇年には、明治一九年に引き続いて、教員俸給の増額または他の方法での収入増額を目指す論説が発表された。松沢・浅黄の論は、転職や転任の多い教員の実態に基づき、教職に多くの教員を引き留めるための方策論であったが、そのねらいは、長期にわたって教育経験を積み、実際教育に熟練した教員を生み出すことにあった。

（二）教育費節減に伴う教員の専門性軽視

『雑誌』第五一号（明治二〇年二月）では、木村匡（文部省会計局属）が論説「女子ヲ以テ小学教員ニ充ツベキ説」で次のように述べた[26]。教育費は、「民力」に適合する額でなければ、「教育却テ人民ノ不平ヲ致ス」事態を招く。給料は「生計費用ヲ目的トシテ算出シタルモノ」である。人力車夫と小学校教員との生活費用は、「大差違アルベキニ非ズ」である。「今後小学教員ノ性質ヲ今日ニ同ジクスルカ、（寧ロ勝ラシメテ）、而シテ金ヲ増サズ、（寧ロ減ジテ）之ヲ雇ハントセバ」（括弧は原文の通り）、生計費用の安い者を用いる他に方策はない。女子は、男子に比べて少ない生活費用ですみ、場合によっては男子によって養われる者もいる。そのため、女子を小学教員に充てれば、二分の一、三分の一の給料で雇うことができ、全国の小学教員の俸給を減額することができる。男性教員は、「小学教員ノ地位ヲ去リテ糊口ニ苦ム程ノ人物」ならば教員にしておくわけにはいかない。「其存廃有無ハ学校ノ張弛ニ得失ナキモノ」であるから、速かに「面黜」すべきだ。女性教員の奨励は、女性の社会進出による社会改良のためにもよい。教員は、手工・産婆に並んで、「其職業ノ初歩」として適切な職である。女子の稼ぎは、男子の負担を軽減する。社会分業の観点からも、「静的事業」に属する小学校教育に女子を従事させることは適している。小学教育は、「其内外ノ起居ニ至ルマデ注意セザルベラカラザル」ものである。小学教員は、「五尺ノ男子」を用いるまでもない職業である。

『雑誌』第五八号（明治二〇年六月）では、平賀勇太郎（履歴不明）が論説「小学校教員採用方」で次のように述べた[27]。小学校令の公布により、地方では改革が進んでいるが、多くの県では学校費の支出に苦しみ、教員俸給の減額などによって節減に努めている。町村会では、「尋常［小］学校ノ学科ハ甚ダ易ク、敢テ高給ノ訓導ヲ要セズ、従来ノ授業生ニテ足レリ」という主張がある。これらは、「教育ノ面」に配慮なく、「偏ニ経費ヲ少クセントノ婆心」に過ぎない。教育費減額のためには、俸給が安く済む地元の者を用いるのが良い。教員は学校管理者（校長または首座教員）と教授分担者（訓導、授業生、助手）とに分けられる。学校管理者には威厳がなくてはならないため、地元の者と一定の距離を保つことのできる遠地出身者から、資格の高い者を招聘するべきである。学校管理者に「十全ノ人」を得たならば、教授分担者は必ずしも高給の者を要せず、「地方又ハ近地相当ノモノニテ足ル」のである。

木村・平賀の論は、教育費節減を推進する方策論であった。両者とも、一応、経費節減による教育の質低下に配慮しているが、教員の専門性への配慮には欠けている。経費節減を優先した結果、教員俸給の減額を平然と奨励し、または校長・首座教員以外の教員の専門性を無視していた。

五．教員の専門性への言及

（一）教員の自覚と「教育家」「当局者」の支援

『雑誌』第六九号（明治二〇年一二月刊）には、長田勝吉（履歴不明）の論説「業務ノ尊卑ヲ論ジテ小学教員ノ地位ヲ進ムルノ方法ニ及ブ」が掲載された。長田は次のように主張した[28]。我が国では小学校教員の地位は低い。教員自身も「村夫子」として自らを軽く見る。教職の地位を高めるには、次の七種類の方法がある。①小学校教育が直接の利益を生ずるようにする。「中央政府」は小学教員に「臨機応変ノ教授ヲ施スノ余地」を与え、「教育家」は小学教員に「価値アル忠告」を与え、小学教員は「能ク土地ノ事情ニ通ジ、生徒ノ状態ニ適応スルノ教育ヲ施ス」ように、それぞれ努めなければならない。②小学教育は卑下すべき職業でないことを人々に確信させる。「教育家」は、己の責任として、「輿論」によって「小学教育ノ大利大益」を知らせ、社会風潮を変えなくてはならない。③教育を進歩させる。教育学者や「教育家」は、国の文明を促進させるように、教育学や教育制度を進歩させなくてはならない。④小学校教員の報酬を増加させる。教育費負担の重さを訴える者がいるが、今の教員の報酬は「到底一家ヲ支フルニタラザル」程度である。⑤教職に栄誉と「勢力」とを伴わせる。「教育家」は、教育の必要性を唱えて、教育には後世を支配する力があることを強調すべきである。⑥小学校教育の困難を発揚する。幼時の子どもは「外来ノ刺撃」に強く影響されるため、「悪法ヲ避ケ、善方ヲ撰ンデ之ヲ幼者ニ施スコト」は、容易なことではない。「教育家」はこのような小学教育の困難を発揚し、教員は自らその困難を知って自重すべきである。⑦小学校教員が知的職業であることを諸方に知らせる。小学校教員は、「小児心性ノ発達」に従って「適当ノ方法」を施す。「書籍ノ講究」だけでは応用するには不十分である。「多少ノ観察」が必要である。これは、「機敏ナル観察家」でなくてはできない。また、子どもの「活動ノ紀律」に応じて「適当ノ教授」を施すには、「英秀ノ理性」が必要である。子どもを「公平無私、能ク愛憎ノ情ヲ抑制」して「撫育」するには、「強壮ノ智力」が必要である。すなわち、「小学教師ノ職ハ最モ智力ヲ要スルモノ」である。「教育家」は、自らの責任として、人々の「迷想ヲ喝破」し、小学校教員を「反省」させなくてはならない。

なお、明治二一（一八八八）年年頭の論説であるが、『雑誌』第七一号（明治二一年一月）には、杉浦重剛の論説「教員ノ資格ヲ論ズ」が発表され、次のように述べた[29]。「其学問ニ品行ニ、生徒ノ案内者タル」教員を得るには、教員自身の努力以外に、官私の別なく「最上級」の待遇を与えなくてはならない。でなければ、教員は、おのおの内職を始め、教育上に大害を被ることになる。「当局者」（行政）には待遇改善を望む。

以上のような長田や杉浦の論は、教員の地位向上の方法として、教員自身の努力と周囲（「教育家」や「当局者」）

の支援とによる教員の資質向上に着目したことに特徴があった。長田は、小学校教育・教員の仕事について、民衆だけでなく、教員自身も十分に理解しなくてはならないと主張した。その際に、民衆啓蒙と教員の反省を促進させる方法として、「教育家」の活用が挙げられた。当時の「教育家」とは、教育の普及・拡張や、特定の主義に基づいて教育に尽力する者を指すことがあった（教員含む）[30]。長田のいう「教育家」とは、教育・教職の意義を啓蒙する学者・思想家・評論家などを指すと思われる。

（二）教員集団における専門性向上

『雑誌』第六五号（明治二〇年一〇月刊）では、日下部三之介（東京教育社長）の論説「教師組合ヲ設クルノ必要」が掲載された。日下部は次のように述べた[31]。集団全体に対して「利害、得失、褒貶、毀誉」が向けられた場合、それに対抗するには集団の「量見・判断」が必要である。教師の地位・品格を保持し、増進させる方法は、全国各郡区に教師組合を設けて、教師を加入させ、次の規則を実行させることである。すなわち、①「組合員ノ位地・品格ヲ保ツベキコト」、②「組合員ハ学力・智識ノ交換ヲナスベキコト」、③「互助ノ法ヲ行フコト」、④「職務上ノ打チ合セヲナスベキコト」である。組合員になるには、「教師タルノ対面ヲ保持スルコト、学力研究ヲ怠ラザルコト、軽シク転任セザルコト、職務ヲ誠実ニ行フコト等」を必ず「起誓」させる。そうすることで、そのうちに教師の地位・品格は高まる。

図２　生駒恭人

『雑誌』第七〇号（明治二〇年一二月刊）には、生駒恭人（文部省官房参事官室・学務局属官）の論説「小学校教員ノ位置ヲ如何セン」が掲載された。生駒は次のように述べた[32]。小学校教員は優遇されるべきだが、「己レノ位置ハ、己レノ品位ニ伴フテ来ルベキ」である。教員自身も、学識・志操を高めて、「愈々益々自ラ己レヲ研磨シテ、天爵ヲ増スコトヲ勧ムル」べきである。教育当局は、教員における

「天爵ニ相当セザル低キ人爵」を「平均」にするように促すべきだ。そのためには、ドイツ・ベルギー・スイスなどのように、「教員相互ノ研磨・苦心・競争ヲ激励スルノ目的」をもった教員が集まり、小学督業や師範学校教諭が会長になって教員たちの論説を批評するような、「改正教育会」を設けることが必要である。本職を怠らないように注意しながら、副業による生計補助のために、小学校教員授産所を設ける。互助法も必要である。また、まず地方の上位の人々が教員を「郡村紳士」として扱うようにする必要がある。

日下部や生駒の主張の背景には、日本各地での教員集団の実践があったと思われる。『雑誌』第五一号（明治二〇年三月刊）には、明治二〇年二月一一日、京都下京区第十五区弥栄校で「小学校教員同志」による教員協会の開会式が開かれたことが報じられた[33]。教員協会規約の第二条には、「本会々員ハ倫理ヲ重ジ、信義ニ拠ルヲ以テ、各自ノ幸福ヲ完クスルヲ期シ」て、次の項目を掲げた。即ち、第一項「教員ノ品格ヲ保全ス」、第二項「会員相互ニ救済ス」、第三項「会員ノ智識ヲ増進ス」、第四項「会員ノ健全ヲ牢固ニス」である。入会には会員の紹介が必要であり、会の体面を汚す者は除名と定めた。

『雑誌』第五三号（明治二〇年四月刊）には、明治二〇年三月二二〜二五日に茨城県豊田郡下栗尋常小学校で開催された教員集会が、県学務課員や郡長の諮問に答え、様々な実際的問題を「実地主義」に基づいて議論したことが報じられている[34]。他にも、『雑誌』第六四号（明治二〇年九月刊）に掲載された亀井章三の報告「茨城県北相馬郡教員集会」も、教育研究活動や教育方法の諮問答申、相互研鑽の実践などの様子を報じている[35]。

日下部や生駒の論は、西欧や日本国内の教員集団の実践情報を背景に、教員自身の資質形成・向上を目指して、相互研鑽・補助のための教員集団を形成することを主張した。

（三）養成段階における専門性形成

『雑誌』第五六号（明治二〇年五月刊）には、「千八百八十六年七月三十一日文部省達墺地利国公立小学男女教員

養成所組織条例」が掲載された。ここでは、「普通及専門ノ学識技能ヲ有シ、且其風裁ニ於テモ小学校令ノ期待スル所ニ応ズルニ足ルベキ教員ヲ養成スル」ことを目的とした「公立小学男女教員養成所」について紹介された。[36] この翻訳記事によると、同養成所では、男女課程とも教科筆頭に「宗教」「教育学及其実地練習」を挙げている。通常四か年の本科・練習科（定員四〇名）から成り、予備級も置かれた。同校長・教員は、「師範生徒ヲ要請スルニ足ルベキ十分ノ能力ヲ証明スル者」に限り、少なくとも「平民学校ノ教員適格証ト、三年間実地教員ノ職務ニ従事シタルコトノ証」を要する。予備級では、「談話」「算術」に熟練させることを目的にして、入学に「体質健勝」「品行端正」「相当ノ予備教育」を要する上に、三か月以内に資格不適当と認めた生徒には退学を命ずる。予備級の授業はなるべく同一の教員に担任させる。予備級での授業法は、「観念開発ノ授業法」により、常に勉励と練習とを絶やすことなく、授業時間を「研修ノ時間」にして、教材をなるべく「詳解審釈」する。授業中の説明は、一段落ごとに理解しやすい「結辞」を付して、その時間の終わりに、さらにこれを「統説」する。また、補習と精究・記憶奨励のため、教員の「節正監督」の下、課外読書を課す。授業時間や交際の際にも、勉めて「端正ナル意志ノ発表」と「土音ノ混淆セザル談話」とを奨励する。

次に、これは中等教員養成に関する記事ではあるが、『雑誌』第五九号（明治二〇年七月）には、E・ハウスクネヒト（帝国大学文科大学教育学教師）の「善良ナル中学教員養成法」が掲載された。ハウスクネヒトは、次のように述べた。[37] 学校を良くするには、教員を「改正」するしかない。「良教師」を得るには、次の三つの手段が必要である。①「教員ノ教育ヲ完全ニスルコト」、②「教員ノ俸給ヲ良クスルコト」、③「教員ノ学力ニ応ジ、且ツ社会ニ対スル所ノ度ニ従テ其教員ノ位置ヲ高クスルコト」である。教員養成には、①「完全ナル専門学ノ智識」（担当学科の専門知識）、②「充分ナル教育学ノ智識」、③「高等普通教育ノ智識」に留意する必要がある。教育学史の学習も重要である。これにより、教育学の種々の意味と問題とを明らかにし、成功・失敗例を通して問題を十分に考え、著名な教育学者の考えに触れ

図３　ハウスクネヒト

て教育学者の職務を明らかにし、困難な問題を理解し、過去をもって現在を判断できるようになる。独・墺・匈・仏・伊・露の各国では、「善良ノ教員」を養成するため、授業・教育の理論だけでなく、「実地ノ教育上ノ養成」を行う。プロイセンでは試補制度・初任者研修を行っている。ただ、これは数十年前から教員集会での議論や教育学研究によって形成されてきた「良キ教授法」があるから可能であり、日本ではまだ難しい。

オーストリアの事例やハウスクネヒトの論は、教員志望者が普通教育と同時に専門的知識・技能を学習する必要性を提示するものであった。そこでは、養成段階における教育学教育、担当教科に関する専門教育、普通教育の必要が主張された。また、中等教員養成校の授業法に対する関心も見られた。

(四) 中等教育の独自性に基づく教員の専門性

ハウスクネヒトは先述の論説で、次のようにも述べた[38]。小学校・中学校は「人ノ智識ヲ博メテ精神ヲ発育サセル」が、中学校では「小学校トハ全ク異ナリタル授業法」を用いなければならない。中学校は、「将来生徒ヲシテ此世ノ中ヲ導キ、活発ニシ、且ツ物ヲ創造スル所ノオアル人ヲ拵ル処」である。生徒に事実・事物の現象を覚えさせるだけでは成り立たない。「事実ノ原理及ビ現象ノ規則」を教え、「生徒ノ固有ナル精神力ヲ其主意ニ発達セシムルコト」が重要である。これにより、生徒は今までに習っていない事柄をも自ら知ることになり、他の学問にも活用し、自ら智識を博めることができるようになる。中学校の授業法は、「創造力ヲ生徒ニ与フルモノ」である。プロイセンでは、とくに「学級教員」を置いて、「生徒ノ薫陶ト教育」にあたらせている。

『雑誌』第六七号（明治二〇年一一月刊）には、伊達行平（長崎県尋常師範学校教諭）の論説「師範学校中学校又ハ高等女学校ノ教員ハ必教育学ヲ講究スベシ」が掲載された。伊達は、次のように述べた[39]。師範学校・中学校・高等女学校の教員のうち、大卒者や検定試験合格者は学力面では十分である。しかし、「教育ノ理法ト実地授業ノ方法等」について「通暁」する者が少ない。教員のなかには、「余何々学者ナリ、教育者ニアラズ。故ニ教育ノ事ヲ解セザルナリ」と述べる者もいる。教師が教育するには、第一に「受持学科ニ於テ学識」を有し、かつ「人生ノ性質・種類・関係及其発達ノ順序方法」から、「能力ノ正当完美ナル啓発育養ヲ遂ゲシムルニ必須ナル方便」、並びに「其使用上ニ関スル諸原則及技術ノ細節」に深く通じる必要がある。某学科に通じていれば教育原則・技術は不必要だという主張は、医者には製薬調剤の法を知れば十分であるといっているようなものである。これからは、師範学校・中学校等の教員に「教育学及教授法等ノ研究」を奨励しなければならない。

以上のようなハウスクネヒトや伊達の論は、中等教員における教育学の学習・研究の必要性を主張した。これは、いわば一般人や中等教員の間に見られる「中等教員＝学者≠教育者」観の批判であった。小学校教員の専門性論が安定的に論じられるようになった時期に、中等教員の専門性へも注目が始まったのである。

以上、明治一六～二〇年の『大日本教育会雑誌』に見られた教師論を用いて、そこに見られる理想的教員像・教員改良構想を検討してきた。

通説によれば、明治一〇年代後半、制度上、儒教道徳を基礎として学識と技術との熟練を目指す教員像が主流だったとされる。しかし、大日本教育会では、教員個々人の道徳・学識・経験の追究だけに止まらず、教職への一体感を媒介にして一つの集団を形成し、共同で国家・社会に貢献する教員像が描かれていた。その背景には、不況をうけた普通教育の停滞に対する指導的教員の危機感、それに対する地方学務課員や文部省官僚の同意・共感、従来の教員改良策が効果を上げていないという認識、欧米列強の動向などがあった。

明治一〇年代後半の農村不況の際、従来の教員改良策による儒教道徳や学識・技術の熟練のみでは教員の待遇改善にはつながらなかった。明治一〇年代末の大日本教育会では、教育費削減や教員改良の低い効果などの地域の現実と向き合いながら、教員や教育関係者が何をすべきかを考えた結果が発表されていた。明治二〇年には教員改良構想の方向性が絞られ始め、教員の社会的地位と専門性をどのように確保するかを問題にする構想が多く発表されていく。教育費節減を優先するあまりに教員の専門性を軽視する論が現れる一方で、大日本教育会では、教員の地位向上や待遇改善の方法として、資質向上・専門性確保論が主に展開した。この論は、教員自身の自覚と努力、行政や学者などによる支援、教員集団における相互研鑽、養成課程の充実・改善といった論点から深められていく。これらの論説背景には、欧米の動向だけでなく、国内の実践があった。さらに中等教員の資質・専門性をも問題化した。

明治一〇年代後半の大日本教育会は、地域の実情や海外情報を媒介として、独特の教員改良構想を醸成した。そして明治二〇年に至り、大日本教育会における教員改良構想は、教員の社会的地位向上の必要を契機に、教員の組織的な資質向上を問題化した。そして、その具体的方策として、教育関係者に支えられた教員集団の形成、および教員養成の改善を目標化した。

（1）坂本紀子「一八八六年の学区改正期にみる分校問題と教員―静岡県駿東郡御宿村外一〇ヶ村を事例として」教育史学会編『日本の教育史学』第四〇集、一九九七年、七五～九二頁。
（2）上沼八郎「『大日本教育会雑誌』解説―大日本教育会の活動と機関雑誌」帝国教育復刻版刊行委員会編『帝国教育』総目次・解説、上巻、雄松堂出版、一九九〇年、二五～五一頁。
（3）「大日本教育会規則追加」『大日本教育会雑誌』第一七号、大日本教育会、一八八五年三月、一〇〇頁。なお、第二回総集会では、規則追加により地方支会設置をも決定し、地方組織の強化という流れも確認できる。
（4）西村貞「教員改良ノ一二方策」『大日本教育会雑誌』第一号、一八八三年一一月、一九～二五頁。
（5）西村貞「文部省第十六号達ヲ読ム」『大日本教育会誌』第一冊、大日本教育会、一八八三年九月、二四～二九頁。
（6）西村貞「小学校教員ノ急務」『大日本教育会雑誌』第二号、一八八三年一二月、三五～四七頁。
（7）西村、同前。
（8）西村の「感触」論は、西村貞『小学教育新編』（明治一四年刊）に詳しい。
（9）外山正一「小学及び中学教員心得」『大日本教育会雑誌』第一〇号、一八八四年一〇月、五七～六四頁。

(10)「仏国小学教員」『大日本教育会雑誌』第一〇号、一八八四年八月、八五～八六頁。
(11)「独逸国学校教員の兵役」『大日本教育会雑誌』第一七号、一八八五年三月、五七～五八頁。
(12)某「教師ト父兄トノ間ノ実況ヲ論ズ」『大日本教育会雑誌』第二三号、一八八五年九月、四六～五四頁。
(13)小竹啓次郎「小学校教師ト人民トノ間ヲ親密ナラシムルハ目今ノ要務」、同上、三八～四六頁。
(14)「教員亀鑑」『大日本教育会雑誌』第二四号、一八八五年一〇月、八三～八六頁。
(15)土屋政朝訳「仏蘭西国ハーヴル港小学教員万国教育会」『大日本教育会雑誌』第二七号、一八八六年一月、一一四～一一五頁。
(16)土屋政朝訳「仏蘭西国ハーヴル港小学教員万国教育会」『大日本教育会雑誌』第三四号、一八八六年六月、五〇～五七頁。
(17)塚本克己訳「グレートブリテン及アイルランド教員協会趣旨書」『大日本教育会雑誌』第二一号、一八八五年七月、一〇一～一〇五頁。
(18)塚本克己訳「グレートブリテン及アイルランド教員協会第一会議録」『大日本教育会雑誌』第二一号、一〇五～一〇九頁。
(19)塚本克己訳「グレートブリテン及アイルランド教員協会第一会議録」『大日本教育会雑誌』第二三号、一二一～一二七頁。
(20)ジョン・D・フィルブリック(高橋達郎訳)「教員職期改正論」『大日本教育会雑誌』第二五号、一八八五年一一月、一二四～一三四頁。
(21)ジョン・D・フィルブリック(高橋達郎訳)「教員職期改正論」『大日本教育会雑誌』第二六号、一八八五年一二月、一二四～一二七頁。
(22)阿部秀正「教育論者多キヨリ教育家ノ多キヲ望ム」『大日本教育会雑誌』第二七号、一八八六年一月、六八頁。
(23)浅黄直吉「使教員重於九鼎論」『大日本教育会雑誌』第四一号、一八八六年一〇月、二三～三二頁。
(24)松沢常四郎「小学教員ノ功労ニ報ズル方案」『大日本教育会雑誌』第五二号、大日本教育会、一八八七年三月、六～八頁。
(25)浅黄直吉「教員奨励方案」『大日本教育会雑誌』第五八号、一八八七年六月、三四一～三四三頁。
(26)木村匡「女子ヲ以テ小学教員ニ充ツベキ説」『大日本教育会雑誌』第五一号、一八八七年三月、八～一一頁。
(27)平賀勇太郎「小学校教員採用方」『大日本教育会雑誌』第五八号、三四三～三四四頁。
(28)長田勝吉「業務ノ尊卑ヲ論ジテ小学教員ノ地位ヲ進ムルノ方法ニ及ブ」『大日本教育会雑誌』第六九号、一八八七年一二月、八四一～八四八頁。
(29)杉浦重剛「教員ノ資格ヲ論ズ」『大日本教育会雑誌』第七一号、一八八八年一月、二七～三一頁。
(30)「教育家十二傑ノ投票」『大日本教育会雑誌』第五五号、一八八七年五月、二一〇頁。
(31)日下部三之介「教師組合ヲ設クルノ必要」『大日本教育会雑誌』第六五号、一八八七年一〇月、六七八～六八四頁。

(32) 生駒恭人「小学校教員ノ位置ヲ如何セン」『大日本教育会雑誌』第七〇号、一八八七年一二月、八八八～八九二頁。
(33) 山口加米之助「京都教員協会規約及其開会式ノ概況」『大日本教育会雑誌』第五一号、二八～三〇頁。
(34) 大坂貫「茨城県結城岡田豊田三郡公立学校教員集会」『大日本教育会雑誌』第五三号、一八八七年四月、九四頁。
(35) 亀井章三「茨城県北相馬郡教員集会」『大日本教育会雑誌』第六四号、一八八七年九月、六三六～六三七頁。
(36)「千八百八十六年七月三十一日文部省達墺地利国公立小学男女教員養成所組織条例」『大日本教育会雑誌』第五六号、一八八七年五月、二二三～二二九頁。
(37) ハウスクネヒト「善良ナル中学教員養成法」『大日本教育会雑誌』第五九号、一八八七年七月、三七七～三八六頁。
(38) ハウスクネヒト、同前。
(39) 伊達行平「師範学校中学校又ハ高等女学校ノ教員ハ必教育学ヲ講究スベシ」『大日本教育会雑誌』第六七号、一八八七年一一月、七五八～七六二頁。

第二章　明治二三年前後における教員改良構想

――教職意義の拡大と深化――

本章の目的は、明治二三（一八九〇）年前後の『大日本教育会雑誌』における教員関係記事を検討し、当時の教師論・教員改良構想を明らかにすることである。対象時期は、具体的には明治二一（一八八八）～二四（一八九一）年とする。

明治二三年前後は、教員をめぐる諸制度が確立し始めた時期であった。明治二二（一八八九）年以降、大日本帝国憲法に基づく政治体制の大枠が確立した。明治二三年には、教育勅語の頒布や第二次小学校令公布により、道徳教育・国民教育の基盤を整備する動きが本格化した。また、軽工業中心の産業革命の進展を背景にして、小学校の教育課程では実用的な知識技能が重視されていく。さらに、教育費軽減などの理由により単級小学校の必要性が指摘され、不十分ながらも単級教授法の研究が進められた。明治二四年には、学級編制に伴う教員配置基準の設定によって教員組織の基準が整い、かつ教員免許状や教員検定の制度整備によって教員資格制度が整っていった。さらに、国家富強のための教育を主張する輿論が高まり、明治二三年には国家教育社が結成され、明治二〇年代半ばの国立教育運動へとつながっていく。教育雑誌などでは、教員の専門性・自律性も主張され始めていた。明治二〇年代前半は、教員たちを取り巻く諸制度が大きく変化し、求められる知識・技能・資質などが変わり始めた時期であった。

このような時期に、大日本教育会でどのような教員像・教員改良構想が発表されたか。海原徹は、師範タイプ・国立教育運動の観点から『大日本教育会雑誌』などの教師論を検討した[1]。しかし、海原自身が述べたように、この時期の教師論を明治末期に形成された師範タイプの観点から説明することには無理がある。また、大日本教育会の結成以来の文脈においてその教師論を検討する先行研究はない。

以上の問題意識に基づき、本章は、前章までの結果を踏まえて『大日本教育会雑誌』の教員関係記事から教員像・教師論を検討し、そこから教員改良構想を明らかにする。

一．明治二一～二四年の『大日本教育会雑誌』における教員関係記事

本章をまとめるにあたり、明治二一～二四年に発行された大日本教育会の機関誌『大日本教育会雑誌』（以下『雑誌』）の官報欄を除く全記事を通覧し、「教師」「教員」「教育者」「教育家」を主題名に掲げた記事を教員関係記事として抽出した。ただし、明治二四年一一月以降の彙報欄中に掲載された文部省に対する伺および文部省の通牒は、別の時期には官報欄に所収されていた性質の記事とみなして抽出対象から除いた。また、例えば「関東東北地方教育者講談会ニ於ケル本会長ノ演説」（第一一二号）のように、状況説明のみで論説内容に関わる題ではない記事も除いた。ただし、「質教育家諸君」（第八七号）などのように、教員に直接呼びかける記事は、教員に求める何物かを含むものとして抽出した。これらの教員関係記事に見られる教師論は、論者・紹介者の個人的な論であるが、それは同時に機関誌編集者が全会員で共有すべきと判断した情報でもある。

なお、教員像は、教育全般を論じた記事や、師範学校・講習会（「教員」などの言葉を含まないもの）・地方の教育実況などの記事にも含まれている。しかし、本章では、教員への問題関心をより集中的に鮮明に展開させた記事として、教員を論じた／報じた記事に注目し、そこに見られる教員像・教師論を検討した。

以上の基準で抽出した教員関係記事計二八件（明治二一年六件＋明治二二年四件＋明治二三年八件＋明治二四年一〇件）は、表1の通り大きく三つに分類した。すなわち、①教師（教員・教育者・教育家）論（一八件）、②教員集団（七件）、

表1　明治21～24年の『大日本教育会雑誌』における教員関係記事一覧

種類	筆　者	論　題	記事欄	号	掲載年月	
教　師　論	杉浦重剛	教員ノ資格ヲ論ズ	論説	71	M 21	1
	林吾一	玩具ノ改良ハ教育者ノ務ナリ	論説	71	M 21	1
	本会会員外国人某	如何セバ日本諸学校ニ英語ノ良教員ヲ供給スベキヤ	論説	73	M 21	3
	浅黄直吉	教員年金方案	論説	75	M 21	5
	浅黄直吉	教員年金方案	論説	77	M 21	7
	白仁武	質教育家諸君	論説	86	M 22	5
	柏田盛文	教育者ノ責任	論説	87	M 22	6
	白仁武	質教育家諸君	論説	87	M 22	6
	清水直義	全国ノ教育家ニ望ム	論説	87	M 22	6
	有地品之允	海事ヲ論ジテ教育家諸君ニ望ム	論説	99	M 23	8
	増田豊彦	小学教師待遇上ノ意見	彙報	101	M 23	10
	—	小学校職員ニ関スル設備ノ標準	彙報	106	M 24	5
	—	受業生訓陶要旨	彙報	106	M 24	5
	肝付兼行	海軍軍人トシテ教育家諸君ニ望ム所ヲ述ブ	演説	総4	M 24	6
	沢柳政太郎	教員ハ愉快ナル職務ナリ	論説	109	M 24	9
	手島精一	仙台市ニ於ケル教育家諸君ニ望ム所アリ	論説	112	M 24	12
	千葉県私立望陀郡教育会	貴顕ノ肖像ト題シ坊間ニ鬻売スル絵画ニ付全国ノ教育者ニ質ス	輿論一斑	112	M 24	12
	関谷清景	今回ノ震災ニ就キ教育家諸君ニ告ゲ併テ学生ノ修学旅行ヲ促ス	彙報	112	M 24	12
教員集団	—	全国教育者大集会	付録	95	M 23	3
	—	全国教育者集会方法取調委員会	報告	95	M 23	3
	—	全国教育者大集会	付録	96	M 23	4
	—	全国教育者大集会概況	報告	98	M 23	6
	—	教員互助会	彙報	106	M 24	5
	—	教育者懇談会	報告	111	M 24	11
	—	関東東北地方教育者講談会	報告	112	M 24	12
養成・講習	—	教員講習会	彙報	80	M 21	11
	田口某	東京府簡易科小学校教員速成伝習所	彙報	99	M 23	8
	—	福島県楢葉標葉両郡教員講習会出張広告	報告	100	M 23	9

出典：『大日本教育会雑誌』（明治21～24年発行分）を用いて作成。

③教員養成・講習（三件）に分類した。③の記事は、今回抽出から除いた師範学校・講習会記事と同様のものである。本章では、①②の記事を中心に分析していく。

二　教員の人格的資格および協同

『雑誌』第七一号（明治二一年一月刊）では、杉浦重剛が論説「教員ノ資格ヲ論ズ」を発表し、次のように述べた[2]。教育制度だけを良くしても、教育に適した人がいなければ、教育は死物と化してしまう。「洋学者流」の教員のなかには、品行上の問題のある教員がいる。そのため、人々は、「寺子屋然」たる「漢学者流」の「旧式ノ先生」に厚く信用をよせる。しかし、「品行」は、「瑣瑣タル礼ノ末節」ではない。日本では、西洋諸国のように「宗教」にて「束縛」することはできないため、教員が人民一般の徳義を涵養する必要がある。これが、「日本ノ教員ガ西洋ノ教員ニ比シテ其責任ノ重キ所以」である。そのため、我が国の教員には、「心ヲ生徒ノ誘導養成ニ専ラニシ、親切丁寧ニシテ、其志操ノ鄙野ナラズシテ定見アルモノ」を採用する必要がある。教員は、その弟子の内から「出藍ノ才」、または「己レト其力ヲ同フスルダケノ門人」を出すよう勉めなければならない。教員は、「啻ニ生徒ヲ誘導シテ其学力性行ヲ進歩ノ域ニ達セシムルヲ勉ムルノミナラズ、己モ亦共ニ進歩セザルベカラズ」。「西洋日新ノ学問」は、一日新聞雑誌を読まなければ一日遅れをとる。「若シ教員ニシテ進取ノ気象ナクンバ、其薫陶スル生徒ノ如キモ［略］決シテ進取性ノモノノ出来ル様ナシ」である。教員は「其学問ニ品行ニ、生徒ノ案内者タル」必要がある。

『雑誌』第七三号（明治二一年三月刊）では、会員外国人某が論説「如何セバ日本諸学校ニ英語ノ良教員ヲ供給スベキヤ」で次のように述べた[3]。英語教育の任に適した日本人英語教師は少ない。そのため、「授業法ニ熟シ、自国ノ語学ヲ教授スルヲ得ル善良ノ外国教師」を雇い入れることが必要である。しかし、「無職業ニシテ一事業ヲ求メテ之ニ就カント欲スル人」を教師にするのは、「甚危険」である。この類の人々は、「不適任」か「不品行」であるからである。

『雑誌』第七一号には、林吾一が論説「玩具ノ改良ハ教育者ノ務ナリ」で次のように述べている。(4) 児童の知識の根源は、すべて「経験」から来る。幼稚園は、「遊戯・玩具等ニ就テ、尤モ児童ノ悦ブ所ニシテ尤モ智識ヲ得ルニ益アルモノヲ選択シテ、之ニ順序方法ヲ立テ」て編制したものである。フレーベルの恩物はその方法の一つである。多くの児童は、おおよそ不完全の教育を受けたに止まる婦女子によって家庭で成長するため、完全な保育を得られない。その際、頼みになるのは玩具などである。玩具は教育上重要であり、教育の考えもなく物理上の智識もない者に製造を放任しておくことは、「教育者ノ本分」ではない。教育者は玩具の改良に務めるべきである。

図１　杉浦重剛

図２　林　吾一

『雑誌』第七五・七七号（明治二一年五・七月刊）では、浅黄直吉が論説「教員年金方案」で次のように述べた。(5) 教職は天下の人物を造り出す重大な任であり、その業は困難である。しかし、待遇はなかなか改善されない。二万七千有余の教員を結合して教育の衰頽を救うことはできないだろうか。その方策としては、第一に社会公共の事業を為して教員の地位を重くすること、第二に教員の進路を開いて教員を奨励すること、第三に年金法である。年金は「今日ノ急務」である。年金を得ることができれば、教員は永年従事するようになる。年金を創設するには、教員が協同一致して出金すべきである。

以上のように、明治二一年には、教員の人格的資格を重視する教師論や、教員の団結による教材改良や互助を論じる教師論が見られた。杉浦のように、子どもの進取性を育てるための教師自身の進取性などを論じる論説もあったが、おおよそ従来の教師論の傾向から見て根本的な変化はない。

三.「教育者」の一員としての教員

(一) 教育を防衛・改良する「教育家」「教育者」

明治二二年以降は、従来と異なる論調が現れた。『雑誌』第八七号（明治二二年六月刊）には、清水直義（富士見小学校長）の「全国ノ教育家ニ望ム」が掲載されている。清水は、明治二三年に開設予定の帝国議会について、従来の府県会にはなかった立法協賛権・建議権に着目して、次のように述べた。[6] 府県会が「余輩教育家」を満足させた事例は知らない。府県会の有する権限は財政上に限定されたので、当局者の「法律規則」によって教育への「妨害」を防ぐことができた。しかし、帝国議会は立法にも影響力を有するため、その「妨害」は府県会の比ではない。「教育ノ盛衰ハ国家ノ盛衰ヲ成ス」のであり、帝国議会で教育を「冷淡視」するおそれがあるならば、「余輩教育家」たるものは「全力ヲ尽シテ」対策を計らなければならない。「全国ノ教育家」は、大同をとって「教育党」を組成してはどうか。「教育党」とは、「在朝在野ノ有力者」と「一般人民」とを加入させ、党員から府県会・帝国議会議員を出し、「何人タルヲ論ゼズ教育ニ妨害ヲ与フルモノノ論説ヲ攻撃」する集団とする。

『雑誌』第一一二号（明治二四年一二月刊）には、千葉県私立望陀郡教育会の投稿「貴顕ノ肖像ト題シ坊間ニ鬻売スル絵画ニ付全国ノ教育者ニ質ス」が掲載された。同教育会は、天皇陛下を模した絵画が市中で売買され、「普通ノ同装飾物ト同視」されていることを問題視して、次のように述べた。[7]「吾吾教育ノ任ヲ担フモノ」は、教育勅語に応じて「必ズヤ鞠躬尽砕其職ヲ守リ、児童教育ノ任ニ膺リ、死シテ後止ムノ赤誠ヲ致シ、以テ国民的ノ教育ニ留意シ、忠愛義烈ノ思想ヲ養成」しなくてはならない。純良で模倣性に富む児童を善となすも悪となすも、「社会ノ境遇」と「家庭」と「学校教育」の三者如何にある。現状では、「吾人教育者」が熱心に児童の智識を開発しても、「家庭ニ於テ頑夫ガ一夜笑話ノ為メニ滅却」されてしまう。児童は、小学校にいるほかは、社会と家庭に接している。学校教育と同時に「家庭・社会」の教育も改良すべきである。「全国教育者」は陛下の絵画の取扱い方を諭示するため、自ら諭示するか対策をその筋へ建議するか考えるべきだ。

『雑誌』第八六・八七号（明治二二年五・六月刊）には、白仁武（帝国大学法科大学政治学科学生）の「質教育家諸君」が掲載されている。その主旨は高等中学・大学における第二外国語必修制度を見直すことを主張するところにあったが、「教育家」について次のように述べている。[8]「教育家」とは、「国家ノ為ニ自ラ任ジテ教育ノ進歩ヲ企図スルノ士」であり、「人間ノ真相ト国家ノ隆興」とを目的として「教育策」を考える人々である。「徳」を修めなければ自分を潤すことができず、「知」が至らなければ他を潤すことができない。教育は「潤自潤他ノ功ヲ遂ゲシムルヲ期スル」ものである。必要性もなく身につくはずもない第二外国語よりも、人間が社会に立つ「資」として「格知立徳」を修める学問「人間学」（この場合は白仁の造語）を学習することの方が重要である。学校はかつて「教化ヲ行フノ処」であったが、今や「知識ヲ売買スルノ一市場」や「職ヲ求ムルノ工場」となり、父兄が教育費を「富講ノ掛金」と理解しても致し方ない状況にある。

『雑誌』一一二号（明治二四年一二月刊）には、手島精一（東京工業学校長）が関東東北地方教育者懇談会に寄せた文章「仙台市ニ於ケル教育家諸君ニ望ム所アリ」が掲載された。手島は仙台の教育家へ、次のように訴えた。[9]仙台市に「工業的教育ノ素地ヲ為スノ学校」を設けることを希望する。「実業教育ヲ以テ任ズル者」は、「費用ノ節約」「結果ノ次第」「実業ノ進度」を斟酌して「易ヨリ難ニ及ブノ順序」によって漸次歩を進める必要がある。人口五千人以上の町村の小学校では手工科を実施してもよい。五千人以下の町村の小学校では、手工科の代わりに、尋常小学三年から図画を加え、四年から理科を課し、「実用的ニ教授」すればよい。図画・理科の教授は「専門ノ士」でなければ難しいため、数校連合して「専門教師」を巡回教授させてもよい。「目下ノ急務」は、「工業教育ノ素地ヲ造ル為メ、其誘導開掖

図３　手島精一

等ニ於ケル方法」について、漸次その「主意方針」を進め、「他日工業振起ノ原素ヲ資養スルコト」である。これは、「教育者ノ務ムベキコト」である。

『雑誌』第一一二号には、関谷清景（帝国大学理科大学地震学教授）の投稿による「今回ノ震災ニ就キ教育家諸君ニ告ゲ併テ学生ノ修学旅行ヲ促ス」も掲載された。関谷は、明治二四年一〇月二八日の濃尾大地震の被害観察を「教育家」「宗教家」「学生」に勧めた[10]。震災の影響を「悉ク研究ノ好資料」とし、これを「教育学、心理学、社会学ノ上ニ応用」することを「教育家及宗教家ノ方ニ進ンデ為スベキノ業務」と位置づけている。また、「学生ヲ率ヒテ修学旅行ヲ試ミルコト」は、学生にとって「地文学、地質学ノ実地練習」になり、「自カラ最善ノ心ヲ勧誘シ、徳性涵養ノ好方便」になるはずだと勧めた。ここで関谷のいう「教育家」とは、教育学者、または教育学・心理学などの研究に関わりながら青年子弟の学習・徳性涵養を行う教員、おそらく中学校・師範学校教員を指すと思われる。

以上の論における「教育家」「教育者」には、教員が、その重要な一員として含まれている。従来の教員改良構想では、教員について、自身の資質向上と相互扶助に努める主体的立場とが強調される一方で、他の関係者から支援を受けて地位向上を期待する受動的立場に位置づけられていた。しかし、明治二二年以降の構想では、教員は、議会における教育への無理解や家庭・社会による教育効果の減却に対抗するために、ほかの教育関係者とともに共同で教育を防衛し、教育を改良する主体的立場に位置づけられるようになった。なお、この場合の「教育」は、子どもたちの知識や思想を養って国民を育成する国家富強に関わるものであり、既存の教育事象全般を指しているわけではない。当時各地で見られた、知識の切り売りや就職を直接斡旋するような学校の教育や、教育勅語に基づく教育成果を減却するような家庭・社会の教育は、克服すべきものに位置づけられている。

（二）「教育者」としての共同意識の形成

『雑誌』第九五～九八号（明治二三年三月～六月刊）には、「全国教育者大集会」に関わる記事が掲載された。これらの記事からは、次のようなことが明らかになる。[11]全国教育者大集会は、明治二三年五月二五～三〇日に「教育者ノ気脈ヲ通ジ懇親ヲ厚フセン為」に開催された、大日本教育会主催の全国集会であった。教育に関する演説・談話・討議・懇親会・学校参観などを行い、討議題には「小学校ニ於テ実業教育ヲ施設スル方法 土地の状況、人民生活ノ有様、学校ノ種類、生徒ノ年齢、教科細目」と「学齢児童ノ就学ヲ増加スル方法 附貧民子女就学方法」が挙げられた。また、この集会は名前の通り「教育者」の会であった。「参会者ノ資格」を有する者は、大日本教育会員、地方教育会員、学校長、教員、学事関係職員、および公職者（学区会議員・学校委員・府県会議員・市町村会議員・市町村吏員）であった。集会当日は、合計一道三府三八県から八八〇名の「教育者」が集まったと報告されている。すなわち、大日本教育会は「教育者」の定義を示し、全国から八〇〇名以上の「教育者」を集め、懇親の機会を提供したのである。

『雑誌』第一一一号（明治二四年一一月刊）には、「教育者懇談会」が広告された。これは、明治二四年一一月二二・二三日、大日本教育会の主催で、「関東東北地方（北海道・東京・神奈川・新潟・埼玉・群馬・千葉・茨城・栃木・宮城・福島・岩手・青森・山形・秋田）」の「教育者」を仙台に集めて懇談会を開き、演説・討論・「教育学術上ノ実験談話」などを行うことを報じた宣伝であった。[12]大日本教育会員と当該地方の地方教育会員とを特に対象とした。この会は、『雑誌』第一一二号（明治二四年一二月刊）に「関東東北地方教育者懇談会」と題して報告されている。[13]二二日の出席者は約六五〇名、二三日の出席者は約八五〇名集まり、中央・地方の教育関係者が演説や教育意見を発表した。辻新次会長は、この席上で、大日本教育会は「本邦教育ノ普及改良及上進ヲ図ルノ目的」で従来東京だけで集会してきたが、今後は「地方教育者ノ為」に地方集会を開設する予定であり、この懇談会はその

第一回であると述べた。なお、同教育会は、明治二五年一〇月一五～一七日に、京都にて関西地方教育者大集会を主催し、三日間で延べ約三、〇〇〇名の出席者を集めた⒁。

大日本教育会は、「教育者」「教育家」論が大きく展開する時期に、全国の「教育者」を特定して実際に集め、「教育者」としての共同意識を形成する機会を提供した。とくに全国教育者大集会は、「教育者」の定義を最初に明示した。ここで「教育者」とは、討議題に示されたような小学校教育に対する関心を共有した全国各地の教育会員・教員・教育行政官・議会議員などを指した。これにより教員は、「教育者」の一員として実際に位置づけられ、職業・学校・地域を越えた共同意識を要求されることになった。

四．教職意義の拡大・深化の試み

（一）国民育成に関する責任内容の拡大―海軍の期待

明治二三年に入ると、海軍将校が教員を論じ始めた。『雑誌』第九九号（明治二三年八月刊）には、有地品之允（海軍参謀部長・少将）の「海事ヲ論ジテ教育家諸君ニ望ム」が掲載された。有地は、次のように求めた⒂。現在の日本の地位および東洋の情勢上、海軍の拡張は必要である。そのためには、「全国民一般ノ頭脳ヨリ、瞬間モ海国ト云フ考ヘヲ離スコト無ク」する必要がある。英国とは違って、今の国民は「海事ヲ重ンズル者ナク、又航海者ヲ貴ブノ気風ナシ」という状態である。「当路者ガ何程尽力シタレバトテ、国民一般ノ思想ガ海軍ニ傾カザル以上ハ、充分ノ効果ヲ見ル能ハザラン」。そこで、「教育家」とくに中学校・小学校教員には、全国の中・小学生に「今日ノ形勢ト、海事ノ重ンズベキコト」を知らせて、「生徒ノ頭脳ヨリ常ニ海国ト云フ思想サラシメザラン」ことを希望する。

次に、『雑誌』号外総集会記事第四（明治二四年六月刊）には、肝付兼行（海軍水路部長・大佐）の「海軍軍人トシテ教育家諸君ニ望ム所ヲ述ブ」が掲載された。明治二四年四月二五日、大日本教育会第八回総集会において、肝付は次のように求めた[16]。今国家のために多数養成すべき人材は、二種類ある。第一に、「今日兵備ノ充実」に欠かせない「器械」をよく扱える「剛勇精錬」かつ「狂乱怒濤ノ中ニ立テ動止乱レズ、砲烟弾雨ノ中ニ立テ神色変ゼズ」の「忠勇ニシテ軍人ニ適スル人」である。第二に、「金儲ケヲ上手ニスル」「忍耐アッテ産業者ニ適スル人」である。我が国は土地が狭い割に領海が広く、「領海ヲ十分ニ資用スルコト」を考えなければならない。これを護るには海軍が、これを富ませるには海産業が必要である。しかし、我が国の海軍の兵備は十分ではなく、領海内にある「無尽蔵ノ富源」を活かすべき漁業・海外運輸業は「幼稚」である。「内地雑居」後には白人に目をつけられるだろう。また、我が国民は「海事思想」に「冷淡」である。「海国民ニシテ船ニ乗ルコトヲ嫌ヒ、船ニ乗ルコトガ出来」ないならば、「其国ノ特性ニ適当シテオル風俗」とはいえない。「海事思想」への「冷淡」さは、「大和魂ノ発達」を妨げている。国はその国民をその国の特性に適するように務めなくてはならず、その国の特性に関する国民教育を全国に普及させなくてはならない。教育家には、「自今ハ其責任トシテ」国民教育における海事思想の養成に関心を向けて、その「考按者」「実行者」になり、この「新気風ノ養成」に尽力してほしい。

図４　有地品之允

図５　肝付兼行

以上のように新たに海軍から教員に向けられた期待は、教員の責任内容を拡大させた[17]。教育者に対する海軍の接近は、全国教育者大集会から本格化した。当時の海軍は、明治二三年末の第一回帝国議会での予算通過を目指していた。国民の海事思想の欠如状態を問題視し、それを打開すべく世論形成の協力者として教員に接近しようとしたと思われる。

（二）教職への帰属意識形成—自重心と「愉快」への注目

この時期にも、従来のように、待遇改善によって教員の教職に対する帰属意識が形成されれば教育普及・改良につながるという構想が論じられた。まず『雑誌』第一〇一号（明治二三年一〇月刊）には、増田豊彦（熊本県内小学校教員）の投稿論説「小学教師待遇上ノ意見」が掲載された。増田は次のように述べた[18]。いくら教員が「学力優等、品行端正ニシテ生徒ノ標準トナリ、励精注意、児女ヲ教化善良ナラシメン」と欲しても、父兄が教員に対する「尊敬ノ心」を失っていると、「学校ノ教化熱ハ家庭ニ冷却」してしまい、「薫陶ノ目的」を達し難い。そのためにも、「小学教員ノ待遇法ヲ改良」することは「今日ノ一大急務」である。授業生にも進達の途を開くようにすべきだ。そうすると、小学教員の地位は大いに上進し、「畢生ヲ小学教育ニ犠牲トス可キ英雄」も輩出されるはずだ。また、『雑誌』第一〇六号（明治二四年五月刊）には、『愛知教育会雑誌』からの転載記事「小学校職員ニ関スル設備ノ標準」が掲載された。この記事は、明治二四年度経費予算審議の時期に際して、愛知県が各郡市長へ回示した「小学校職員ノ配置及俸給支給額標準」「小学校設備標準」を紹介するものであった[19]。これは、俸給節減を主方針として小学校教員の配置・俸給額などの適切を欠く各郡市の状況を踏まえたものであり、明治二四年四月公布の文部省令第二号「小学校設備準則」よりも具体的な指示であった。地方の小学校教員待遇改善の先駆的試みをいち早く伝えたものと思われる。さらに、『雑誌』第一〇六号には、一八四三年以来のフランスの教員互助会の概要が紹介されるとともに[20]、イギリス文部省が小学校授業生を改良するために出した「授業生訓陶要旨」が紹介された[21]。

他方、教職意識に直接言及する論も発表された。『雑誌』第八七号（明治二二年六月刊）には、柏田盛文（第四高等中学校長）の「教育者ノ責任」が掲載された。柏田は、次のように述べた[22]。人々は、「教育者」を「低帽短袴」の「子供相手ニ日ヲ送ル者」として軽く見る。その理由は、「教育者」自身が自らを軽んじるからである。「教育者」が自らを軽んじるのは、教育の「力ノ真相」を認識していないからである。教育の目的は「子弟ヲシテ天賦ノ良智良能ヲ十分ニ発達セシムル」ことであり、教育の良否は国家の隆盛にも衰滅にも密接に関係する。国民が「国家ノ大義」を真に遵守し、国家が安泰になるかどうかは、「一ニ教員ノ一脳裏ニ存在」する。教育者の地位を高めるには、他に頼るのではなく、自らを頼らなければならない。教育者には「教育者ヲシテ自分ノ地位ヲ高ムル自重心」が必要である。この「自重心」を惹起する方法は、利録・名誉ではなく、「真ニ国家ノ為メニ重大ナル関係ヲ有スル地位ニアルヲ識得セシムル」ことだけである。「教育ノ先覚者」である大日本教育会員は、「法令ニ代リテ尚減ゼザル厳格ノ輿論」を作って「全国教員ノ脳裏ニ自重ノ心意ヲ発揮」させなければならない。

図６　柏田盛文

図７　沢柳政太郎

『雑誌』第一〇九号（明治二四年九月刊）には、沢柳政太郎（文部大臣秘書官）の「教員ハ愉快ナル職務ナリ」が掲載された。沢柳は、明治二四年八月二三日の大日本教育会夏季講習会懇談会において、「教員ノ職務」「教職」について次のように述べた(23)。従来、教員の責任は多く論じられたが、「教員タル職務ハ、最モ愉快ナル職務デアル」ことは十分論じられていない。教職は次の四つの理由から「愉快」である。第一に、教職は、「一人一個ニ利益」を及ぼすだけでなく「広ク国家社会ニ利益ヲ及ス」からである。第二に、教職は「艱難ナル仕事」であり「六ヶ敷ヒ職分」だからである。人は「成スコトヲ難ンズル六ヶ敷事ヲ能ク仕遂ゲテ」愉快を感じる。教職は、「始終活動発育シテ居ル人間」を相手にし、とくに人間において最も「霊妙」な「心」を相手にする、「実験ニ徴シ、学理ニ考ヘテ、能ク工風ヲ廻ラシテ」教授しなければならない「艱難ナ仕事」である。第三に、「銘々ノ考ヲ実地ニ施ス余地ガ実ニ沢山アル」からである。「小学ノ教員」や「幼稚園ノ保姆」は、種々の工夫と考えを施さなければ十分にその職務を尽くすことが出来ず、「機械的」に働くと少しもその効果をおさめることができない職分である。第四に、教職は「実力」が認められるからである。学問や商業の世界では、世間の評判や先祖伝来のことが必要で、「実力」が周囲に十分に認められない。しかし、教員の実力は「小児ノ発達心性ノ発達ノ上ニ光ヲ放ツ」ため、教職歴の長短で区別されない。

以上のように、この時期の待遇改善の構想は、さらに具体化された。授業生への視点は目新しいが、大筋では従来の延長線上にある。教師論もまた、従来の論調のように、教員の国家に対する責任からその自重心の重要性を強調した。ただ、沢柳は、単なる責任論を乗り越え、教員の専門性論の流れを受けながら新しい切り口で教師論を論じている。すなわち、教職の難しさや専門的工夫の必要などを前提として、教職独自の「おもしろさ」を追求し、教員の帰属意識を刺激しようとしたのである。

以上、明治二三年前後の『大日本教育会雑誌』に見られる教師論・教員像を検討してきた。ここから、どのような教員改良の構想が示されていたか整理すると、新たに以下のことが明らかになった。

大日本教育会の教員改良構想は、明治二〇年まで、教員集団の形成を目標化する傾向が強かった。そこでは、教員の地位向上と資質向上が主な趣旨であったため、あくまで教員中心の問題であった。しかし、明治二一年以降になると、教員と他の教育関係者との共同・合同が問題として具体化した。これは、明治二三年の帝国議会開設などをきっかけにして、議会や一般の人々の無理解に対峙して、教育関係者の共同によって教育を防衛・改良する必要性が再認識されたためであった。ここで大日本教育会は「教育者」としての共同意識を形成する機会を実際に提供していく。そのなかで教員は、教育の防衛・改良主体である「教育者」の一員として明確に位置づけられ、職業・学校・地域を越えた共同意識を求められた。

明治二〇年代前半には、教職の独自性・専門性に関する論究も深められた。明治二一年には、教員の人格的資質が問われ、子どもの進取性養成のための教師の進取性などが論じられたが、これらは再論といってもよい（第Ⅰ部第三章参照）。明治二一年以降になると、明治一〇年代後半以降主流であった教員の知識・技術の問題よりも、自重心や教職への帰属意識などの精神的問題の方が主に取り上げられるようになった。明治二〇年代前半の教師論は、知識・技術面だけでなく、精神面にも深みをもって教員資質を認識しようとするものであった。なお、この精神的資質は、教員の社会的地位向上の手段であり、かつ国家隆盛のための教育を実現する手段として位置づけられていた。

明治二〇年代前半の大日本教育会における教師論は、教員集団のあり方や教職の意義、その独自性・専門性に関する論究を深め、教職の国家的・社会的意義を従来以上に拡大・深化させた。それらの教師論には、教員が「教育者」の一員として一致団結し、教職への誇りと帰属意識とを高めていこうとする教員改良構想が見られる。なお、それらの教員改良問題は、今や海軍からも注目されるようになっていた。

(1) 海原徹『明治教員史の研究』ミネルヴァ書房、一九七三年。
(2) 杉浦重剛「教員ノ資格ヲ論ズ」『大日本教育会雑誌』第七一号、大日本教育会、一八八八年一月、二七～三二頁。
(3) 本会会員外国人某「如何セバ日本諸学校ニ英語ノ良教師ヲ供給スベキヤ」『大日本教育会雑誌』第七三号、一八八八年三月、二〇二～二〇五頁。
(4) 林吾一「玩具ノ改良ハ教育者ノ務ナリ」『大日本教育会雑誌』第七一号、三一～三三頁。
(5) 浅黄直吉「教員年金方案」『大日本教育会雑誌』第七五号、一八八八年五月、三四二～三四八頁。浅黄直吉「教員年金方案」『大日本教育会雑誌』第七七号、一八八八年七月、五二八～五三三頁。
(6) 清水直義「全国ノ教育家ニ望ム」『大日本教育会雑誌』第八七号、一八八九年六月、四九四～四九七頁。
(7) 千葉県私立望陀郡教育会「貴顕ノ肖像ト題シ坊間ニ鬻売スル絵画ニ付全国ノ教育者ニ質ス」『大日本教育会雑誌』第一一二号、一八九一年一二月、七一一～七一四頁。
(8) 白仁武「質教育家諸君」『大日本教育会雑誌』第八六号、一八八九年五月、三七〇～三八三頁。白仁武「質教育家諸君」『大日本教育会雑誌』第八七号、一八八九年六月、四八五～四九四頁。
(9) 手島精一「仙台市ニ於ケル教育家諸君ニ望ム所アリ」『大日本教育会雑誌』第一一二号、六八八～六八九頁。

(10) 関谷清景「今回ノ震災ニ就キ教育家諸君ニ告ゲ併テ学生ノ修学旅行ヲ促ス」『大日本教育会雑誌』第一一二号、七二五〜七二六頁。
(11)「全国教育者大集会」『大日本教育会雑誌』第九五号・九六号、一八九〇年三月・四月、広告。「全国教育者大集会概況」『大日本教育会雑誌』第九八号、一八九〇年六月、二四四〜二四六頁。
(12)「教育者懇談会」『大日本教育会雑誌』第一一一号、一八九一年一一月、広告。
(13)「関東東北地方教育者懇談会」『大日本教育会雑誌』第一一二号、一八九一年一二月、六六一〜六六三頁。
(14)「関西地方教育者大集会」『大日本教育会雑誌』第一二二号、一八九二年一〇月、六五八〜六六三頁。
(15) 有地品之允「海事ヲ論ジテ教育家諸君ニ望ム」『大日本教育会雑誌』第九九号、一八九〇年八月、三〇七〜三〇九頁。
(16) 肝付兼行「海軍軍人トシテ教育家諸君ニ望ム所ヲ述ブ」『大日本教育会雑誌』号外総集会記事第四、一八九一年六月、四四〜六〇頁。
(17) 大日本教育会結成以来の会員であった肝付兼行が大集会事務取扱委員長となり、軍艦見学等を正式な日程に入れた。肝付は、明治中後期の海軍広報担当と評価する研究がある（柴崎力栄「海軍の広報を担当した肝付兼行」『大阪工業大学紀要』人文社会編 Vol.55 No.2、二〇一一年、三九〜四三頁）。
(18) 増田豊彦「小学教師待遇上ノ意見」『大日本教育会雑誌』第一〇一号、一八九〇年一〇月、四二二〜四二五頁。
(19)「小学校職員ニ関スル設備ノ標準」『大日本教育会雑誌』第一〇六号、一八九一年五月、三二七〜三二八頁。
(20)「教員互助会」『大日本教育会雑誌』第一〇六号、三三四頁。
(21)「授業生訓陶要旨」『大日本教育会雑誌』第一〇六号、三三四〜三三五頁。
(22) 柏田盛文「教育者ノ責任」『大日本教育会雑誌』第八七号、四八一〜四八四頁。
(23) 沢柳政太郎「教員ハ愉快ナル職務ナリ」『大日本教育会雑誌』第一〇九号、一八九一年九月、四八〇〜四八七頁。

第三章　大日本教育会末期の教員改良構想
――単級教授法研究組合報告と高等師範学校附属学校編『単級学校ノ理論及実験』との比較から――

本章の目的は、明治二七（一八九四）・二八（一八九五）年に発表された大日本教育会単級教授法研究組合の報告内容について、高等師範学校附属学校編『単級学校ノ理論及実験』（明治二七年刊、以下「高師編」）の内容と比較して検討することである。とくに、教員のあり方に関わるものとしてその内容を整理し、大日本教育会末期においてどのような教員改良構想が提示されていたか検討する。

明治二六（一八九三）年一二月、大日本教育会で研究組合制度が創設された（第Ⅳ部第四章参照）。現場で行われている教育方法を改良するには、まず現職教員が自らの教育方法を改良する必要がある。この問題意識から研究組合制度は設けられ、専門的研究による成果を現職教員に提示して現職教員の研究活動を刺激・支援することを目指した。研究組合には、多くの高等師範学校教員や東京在住の教員・学者が動員され、毎月一回から二回程度集まって各種のテーマに基づいて研究活動を行った。単級教授法研究組合は、最も初めに設立された研究組合であり、共同研究の成果をひとまずまとめて全国に向けて発表した。

明治二〇年代後半において、学級が一つしかない学校を単級学校といい、単級学校での教授法を単級教授法という(1)。当時の尋常小学校のなかで、単級学校は最も多い種類の小学校であった。例えば明治二八年時点で尋常小学校は公私立・分校合わせて二六、六二九校であり、そのなかの八、八五七校（三三％）が単級学校であった。すなわち、全国一万校近くの小学校において、単級教授を行わなくてはならなかったのである。また、単級教授法は、小学校教育を普及・改良する場合、重要な研究テーマの一つでもあった。その理由は、明治二四（一八九一）

年制定の「学級編制等ニ関スル規則」により、集団としての学級制が小学校で初めて導入され、それまで現場で採用されていた等級制に基づく教授法は使えなくなったからである。つまり、明治二〇年代後半は、学級制に適合した教育方法を新しく開発するという課題を抱えた時期であった。当時、単級教授法研究の需要は極めて大きかった。

大日本教育会単級教授法研究組合の報告書は、当時最先端の研究を行っていた研究者・実践家の共同研究の成果であり、現職教員向けの教育研究資料または自己修養教材としてまとめられた。同報告は、単なる個人の意見とはいえない。明治二六年末以降の大日本教育会改革の一つの目玉であった研究組合でまとめられ、かつ同会の機関誌で「大日本教育会」の名を冠して発表された報告書である。とくに、明治二〇年代後半の単級教授法研究の成果は、当時の教員たちに差し迫って求められた知識技能の内実を示している。大日本教育会が、単級学校の多い現状に関わって、教員にどのような資質能力を求めたか。そのような観点から単級教授法研究組合報告を検討した先行研究は見当たらない。

以上の問題意識に基づいて、本章は次のように構成した。まず、研究組合の報告よりも先に公刊された高等師範学校附属学校編『単級学校ノ理論及実験』について、先行研究に基づきながら検討し、その特徴を整理する。[2]次に、明治二八年一一月に発行された『単級教授法研究組合に於て研究したる事項』(明治二七年八月・明治二八年二月公開の単級教授法研究組合報告をまとめたもの)を分析し、単級教授法研究組合の研究成果の特徴を明らかにする。[3]次に、研究組合は、どのような教育方法の担い手として現職教員を改良しようとしたか。高師編との比較により、その教員改良構想の特徴が明らかになる。

一．単級教授法研究組合報告の基本的特徴

（一）高師編『単級学校ノ理論及実験』の基本的性格

高等師範学校附属学校編『単級学校ノ理論及実験』は、明治二七年三月、茗渓会から刊行された[4]。実質的な著者は、同校訓導の勝田松太郎であった。その内容は、明治二五（一八九二）年九月頃から明治二六年七月頃までの間にほぼ完成したという。当時の高師の単級学校には、第一単級学校（修業年限四年、椅子・高机、定員七〇名）と第二単級学校（修業年限三年、畳敷き・平机、定員六〇名）とが設けられていた。勝田の研究は、これらの学校での実践をもとに進められた。

高師の単級教授法研究は、もともと明治二〇（一八八七）年二月に設置された合級教場（のち単級教場）における研究を前身としている。そこでの単級教授法研究は、貧民子弟の就学を容易にするため、一学級一教員による安価な普通教育施設で用いられる教授法を開発するためのものであった。高師附属学校における単級教授法研究は、当時就学困難であった貧民子弟を就学させることによって、就学の拡大すなわち普通教育の普及という政策課題に答えるために始められた。高師附属学校単級教場は、明治二五年四月、単級学校と改称された。このとき、単級学校の教育対象は、貧民子弟を含む中等以下の子弟に拡大した。当時の未就学児童の大半は中等以下の子弟であった。単級学校の教育は、中等以下の社会に適応するための教授・訓練とされた。単級学校は、子どもたちに共同体の構成員としての意識を形成することを目指した。

図１　勝田松太郎

高師の単級教授法は、明治二四年一二月進達の『高等師範学校附属学校単級教

場報告』以来、大きく変化していないという。その単級教授法の基本は、学力年齢の異なる一学級の児童を同時に教授するために、児童を数組に分けて、一人の教師が同時間に各組交替で教授する方法をとった。

高師編では、単級教授法の利点として、次の四点を指摘した。第一に、自働練習の教育的価値を活用できる点である。自働練習はもともと単級学校教員の忙しさに対処するために提案されたものであった。しかし、第二次小学校令や小学校教則大綱は、道徳教育と国民教育とによる徳性の涵養を第一目的に定め、知育方針を多量・粗雑から少量・精確に変化させて、生活に必須な範囲で量・質を限定して反復練習を重視した[5]。高師編では、単級教授は、児童に対して、教授内容の定着のために反復練習の機会を与えることができ、かつ教員自ら物事を経営しようとする意識の養成にもつながると考えられていた。高師編はこのような意味で、教師の多忙対策に限定せずに自働練習の教育価値を認めた。

第二に、教授内容の定着を確実にすることができる点である。従来の多級学校では、教授量が多くなり過ぎて児童の力に適した教授を行えず、知識を授けることにのみ傾斜して教育全体を洞察し難かった。しかし、単級学校では、教授量が少なくなる代わりに知識の定着が確実になり、かつ児童の知識欲を喚起することができるとした。

第三に、各科教授を統一しやすい点である。従来の多級学校は、児童の学力年齢に対応して多くの学級を組織するため、薄識・無資格の授業生を乱用し、教授の効果を個々分散させてしまった。しかし、一学校一教員で運営される単級学校は、各科教授を教員一人の下に合流させ、教授の効果を完成させることができるとした。

第四に、生徒の学力程度に応じて学級内の組を自在に組み替えられる点であった。従来の多級学校・合級教授では、児童の所属集団は等級制に基づいて固定化され、教員の判断を介することはなかった。単級学校の組は、学力年齢の同質集団を流動的に区分することができ、教授に資するとされた。

また、高師編の単級学校論は教授法論だけではなかった。単級学校論は、明治前半の小学校で行われた多級学校に対する批判に基づいていた。教授面については上記の通りであるが、訓練面については、次の四点について単級学校の優越性が主張された。第一に、単級学校は、維新前の師弟関係のように一人の教員と全校児童とを擬家族的共同体とすることによって、一人の教員が全校児童を継続的に薫陶感化することが可能となる点である。第二に、異年齢構成の児童集団における児童相互のかかわりを促し、秩序意識や家族的同胞愛の醸成が期待される点である。第三に、教員の児童管理動作が少ないために、所与の規範に基づく身辺処理の自律化を促す点である。第四に、児童が教員の各種活動（監督・教授・整理）を補助することにより、学校運営および児童の徳性涵養上に一定の効果がもたらされる点である。以上四点の訓練論は、教科教授に限定されない徳性涵養に注目し、単級学校が対象とする中等以下の子弟に教育勅語の諸徳目を理解させ、それらを実践躬行する意識を養成して、我が国固有の精神的気風・国体に同調させるものだった(6)。

高師編は、もともと国の指示を受けて、教員養成の最高機関である高等師範学校附属学校で研究された成果の報告書であった。他方、研究組合の報告は、研究組合の成立経緯からして、現職教員（実態として師範学校教員も含まれた）の研究資料、または現職教員自身の教育方法に関する知識・技能の更新や向上を意図して作成された。その意味では、教育政策の資料や教員養成機関の改革資料であった高師編に対して、研究組合報告は教育方法の研究資料または教員の自修教材であったことに特徴が見出せる。

（二）単級教授法研究組合報告と高師編との比較――内容構成と単級学校論

表一は、単級教授法研究組合報告と高師編との内容構成を比較したものである。高師編は、第一章や第二章において、現行法令や外国事例などによって単級学校の編制原理を論じ、単級小学校の利点、正当性、意義などを明らかにした。第三章では、グループ分け・教授細目・カリキュラム・時間配当編成の原理や方法を、ドイツの理論をふんだんに引用して論じた。また、助手の活用方法にも配慮しながら、教科目ごとの教授法を明らかにし、教授草案を示して具体的な教授法を示した。なお、この教授草案は、高師の実習生や高師附属学校の准教員が

表1　単級教授法研究組合と高等師範学校附属学校との研究成果の構成比較

森武次郎編『単級教授法研究組合に於て研究したる事項』　明治二八年一一月発行

第一、単級小学校の意義
第二、単級教授と合級教授との区別
第三、生徒の補助すべき事柄
（第一）教授の補助　（第二）訓練の補助
（第三）管理の補助
第四、正教員と准教員との関係
第五、多級小学校と単級小学校との利害得失の比較
（第一）、訓練
（一）統一　（二）生徒の性質の観察　（三）生徒の依頼心
（四）生徒の自治心　（五）生徒の協同心
（六）生徒の親睦の情　（七）教師と生徒との情誼
（八）生徒の従順性
（第二）、教授
（一）学力の進歩　（二）生徒の心力の観察
（三）教授の統一　（四）教授の連絡　（五）教授の変化
（第三）、管理
（第四）、教師の労力
（第五）、経費
（第六）、結論
第六、単級小学校教師の性格
（第一）、徳望　（第二）、才幹　（第三）、控御の術
（第四）、身体壮健　（第五）、熱心勤勉　（第六）、周到緻密
（第七）、勤続忍耐　（第八）、世の事情に通ずべき事
第七、単級小学校器具の配置
（第一）、生徒　（第二）、平机と高机の比較（欠）
（第三）、教師机　（第四）、黒板　（第五）、教壇　（第六）、水入
第八、単級小学校時間割標準
（第一）、（第八）
第九、単級小学校管理法

高等師範学校附属学校編『単級学校ノ理論及実験』　明治二七年三月発行

第一章：学級ノ編制法
一　単級小学校ノ意義
二　学級ノ意義
三　我邦ノ学級編制法及其沿革
四　欧米諸邦ノ学級編制法概要
五　比較結論
第二章：単級小学校ノ編制
一　単級小学校教授上ノ得失
二　単級小学校訓練上ノ得失
三　単級小学校ト半日小学校ノ優劣
四　単級小学校ト貧民小学校トノ関係
五　我邦ノ単級小学校ト外国ノ単級小学校トノ異同
第三章：単級小学校ノ実地方法
一　組分法　附各組ノ方向、排置、教室
①修身科　②読書科　③作文科　④習字科
⑤算術科　⑥図画科　⑦唱歌科　⑧体操科
⑨地理・歴史・理科
⑩各組の方向　⑪各組の排置　⑫教室
二　各学科教授細目ノ選択法及其組立法
（一）各学科教授細目ノ選択法
第一要件（①修身科、②読書科、③作文科、④算術科、
⑤習字科）
第二要件（①修身科、②算術科、③作文科、④地理科、
⑤歴史科、⑥理科、⑦唱歌科）
第三要件　第四要件　第五要件　第六要件
（二）各学科教授細目ノ組立法
三　日課表
四　各組ノ課業及時間ノ配当
①修身科　②読書科及習字科　③作文科

(第一)、教権を確立する事
(第二)、規律を厳正にすること
(第三)、従順の習慣を養成すること
(第四)、親切心を涵養すること
(第五)、自治の精神を発起すること
(第六)、長幼の序を明かにすること
(第七)、事物の秩序を確守する習慣を養成すること
(第八)、清潔の習慣を養成すること
(第九)、礼儀作法を重ずる習慣を養成すること
(第十)、賞罰を厳正にすること
第十、単級小学校教授時間割雛形
第十一、単級小学校の敷地及び校舎
第十二、単級小学校各学科教授の順序及び方法
(第一)　修身科
(第二)　読書科・習字科・図画科
(一) 復習　(二) 予習　(三) 素読及び講義練習
(四) 書取　(五) 筆写
【習字科】(一) 準備　(二) 手本の読方及び意義　(三) 書方
(四) 練習
【図画科】(一) 問答　(二) 描写法　(三) 練習
(第三)　作文科
(第四)　算術科
(一) 教材の分量　(二) 教材の選択　(三) 教材の排列
(四) 発題の方法
(第五)　唱歌科
(一) 組別　(二) 教授の手続　(三) 注意
(第六)　体操科
(第七)　裁縫科
(一) 用具の解説及び取扱上の注意　(二) 運針の説明
(三) 運針練習

④算術科　⑤体操科　⑥唱歌科
五　助手法
(一) 助手生徒
①修身科　②読書科　③作文科　④習字科
⑤算術科　⑥体操科・唱歌科
(二) 准教員
六　教授草案
第四章：単級小学校ノ教師及生徒
一　生徒
(一) 従順　(二) 規律　(三) 自治
二　教師
(一) 熱心勉強ナルベキコト
(二) 気力強壮・身体壮健ナルベキコト
(三) 秩序ヲ守ルコト
(四) 活発機敏ナルベキコト
(五) 注意周到ナルベキコト
(六) 技芸熟練ナルベキコト
(七) 教師ハ能弁ナルヲ要セズ、而シテ言語ノ明亮ナルヲ要ス
(八) 予備ノ要用ナルコト
(九) 教師ハ生涯其校ニ従事スルノ覚悟ナカルベカラズ
(十) 賞罰ハ須ラク生徒間ノ制裁ヲ重ンズルコトニ帰向セシムベシ
(十一) 単級小学校教師ハ経済家ナラザルベカラズ
(十二) 単級小学校ノ教師ハ最親実ナラザルベカラズ
附　録
一　尋常師範学校附属単級小学校ノ単級
(一) 主任ノ選択　(二) 校舎並ニ校具ノ設備
(三) 生徒ノ選択　(四) 秩序並ニ躾方
(五) 教生ノ配当　(六) 教生練習順序
二　高等師範学校附属単級小学校沿革ノ概要

出典：両著を参照して作成。

作ったものであった。第四章では、単級学校を実際に運営するための生徒および教師のあり方を論じた。附録には、高師のあり方をモデルとした尋常師範学校附属単級小学校の運営方針と、高師の附属単級学校の沿革が述べられた。高師編は、単級学校を運営するための学校編制・教育方法原理および教師・生徒論で構成されていた。

一方、研究組合報告の内容は、第一から第六までにおいて、単級教授法の前提となる諸要素（学校・学級・児童・教師）の性質を明らかにした。第七以降においては、単級小学校の管理法、時間割、施設設備、各科教授法という具体的教育方法・条件を論じた。教授草案は、最後の第十二に含まれている。また、学校の施設設備や管理法に関する章を設定したのも、高師編と比べて内容構成上異なる点である。研究組合報告の内容は、高師編よりも具体的教育方法・教育条件に関する記述に重点が置かれていたと思われる。

ここで、両著の基本的特徴を探るために、単級学校に対する評価を比較しておきたい。両著の単級学校論は、次のような重要な相違点があった。

高師編では、単級学校の様々な欠点を補いつつ、多級学校と比べて優位な点を挙げている。例えば、単級学校では教師の教授時間が乏しいが、むしろそのために自習せざるをえなくなって知識が定着しやすくなるという(7)。また、子どもの「弁舌練習」（コミュニケーションの練習機会）も少ないが、それゆえに「沈思熟考」する慣習を身につけ、独自の判断ができるようになる、とも述べている(8)。

研究組合報告では、単級学校と多級学校との優劣を訓練、教授、管理、教師の労力、経費の面で検討しているが、一部、単級学校の欠点を補おうとしていないところがある。例えば、次のような部分である(9)。すなわち、多級学校では教師に余裕があるので、新工夫を案出して教授上に変化を与え、興味を添えることができる。しかし、単級学校では教師の余裕はほとんどなく、そのために教え方は一定のものに制限され、教授上の変化・興味は極めて少なくなる。また、次のようにも述べた(10)。単級学校として「観るべきもの」は甚だ少ないため、多級学校と単級学校との優劣を論じても「坐上の空論」に過ぎないかもしれない。あえて結論するならば、未熟な教員数名による多級学校より、老練な教師一人による単級学校の方が優れているとしかいえない。なお、単級教授法研究組合の報告は、分担執筆されていた（詳細は第V部第四章参照）。この部分の執筆を担当したのは東京府尋常師範学校教諭の鈴木光愛（元高師教員）であった。

以上のように、研究組合報告では、単級学校だから優れている、多級学校だから劣っているというような学校論にあまり意味を見出さず、むしろ単級学校における教師の質を問題にした点に特徴があった。

二　単級教授法論の特徴―高師経由ヘルバルト派教授法の応用

（一）研究組合報告の修身科教授法

研究組合報告における教授論・訓練論には、高師編に見られたような特徴を見出すことができる。論の基本的枠組み、方法原理などについては、時系列・関係者のつながりを見ても、高師編のものを踏襲したと考えてよい。ただし、具体化された教授法には、かなり異なる点を見出すことができる。以下、事例として、修身科教授法と、読書科・習字科の組合せによる教授法を検討する。

研究組合報告では、修身科教授法について、次のように述べた。修身科は、甲乙丙三組に分けた各組に対し、同時に同一教材によって（つまり異年齢集団を同一教材によって）教授し、上級生には上級生に適した問いかけを、下級生には下級生に適した問いかけを行う[11]。この基本姿勢は高師編と同じといえる。ただ、高師編の修身科教授法が理論と概要とを示すに止めたのに対し、研究組合報告では、予備・教授・応用の三段教授法に基づく教授案を作成するまでに至っている[12]。五段ではなく三段の教授法は、明治二六年作成の高等師範学校附属小学校教授細目に見られるものであり、谷本富ら

図２　鈴木光愛

表2　単級教授法研究組合報告の修身科教授案一例（下組生向け）

目的。	報恩の心を起さしむ。
例話。	蟻の恩を報じたる話。
大意。	或時一疋の蟻水溜に陥り、将に死せんとするとき、一羽の鳩、水の上より一枚の葉を落したれば、蟻は之に匍ひ上りて危難を免れたり。其の後鳩、猫のために襲はれんとしたるとき、蟻は猫の足に噛みつきて鳩の危難を救ひたりと云ふ。
方法。	此の例話は下組を主眼として説話するものにして之を二節に分ち、第一節は蟻の鳩に助けられたることを叙し、第二節は蟻の善く其の恩に報したることを説く。
五分 予備。	蟻の水に困しむ有り様、蟻の窮したるときは噛みつくことあること、及び猫の肉食を好むこと等を問答す。 (主として下組生を指名すれども間々上組生に答へしむ)。
十五分 教授。	蟻の水に陥りて苦しみ居たることを話し。 斯くして時を経たらんには、蟻は如何になるべきかを問ひ下組生に答へしむ。 蟻の木葉に上りて助かりたることを話し、 以上下組生に復演せしめ、蟻は如何にして助かりたるかを問答し、蟻の鳩に恩を受けたることを知らしむ。 鳩は猫の為めに狙はれて少しも之を知らざりしことを説き、 此の瞬間に鳩は如何になるべきかを問答す。 鳩は驚き飛び去り、為めに危難を免がれたることを説き、以上下組生に復演せしめ、蟻は鳩のために助けられたることを記し、恩を報ひんため鳩の危難を救ひたることを知らしむ。 蟻の如き小虫にても善く其の恩を報ずることを知る、人たるもの恩を受けたるときは常に忘る、ことなく、必之に報ずべし、然れども恩を人に施しては其の報を望むべからざることを教訓す。 左の格言を書板し、上組生をして読講し、後之を記帳せしむ。(但此の間下組には人の世話になりたるとき、又人より物を貰ひたるときは謝礼を述ぶべきことを問答す)。 恩をうけては忘るべからず。
五分 応用。	吾人は如何なる人より恩を受け居るか、数多の恩の中にて何の恩を最重しとするかを問ひ、簡単に君父師の恩は恩中の最大なるものなることを教ふ。

出典：森武次郎編『単級教授法研究組合に於て研究したる事項』牧田有穀、一八九五年、四四～四六頁。

表3　単級教授法研究組合報告の修身科教授案一例（上組生向け）

目的。	仝前。　［報恩の心を起さしむ］
例話。	喜兵衛の恩を報じたる話。
大意。	喜兵衛は七郎右衛門の下男なるが善く其の主人に仕へしかば七郎右衛門は万事の世話をなし、貸家に住まはせ、田畑を作らせ商売をもなさしめたり。後七郎右衛門の家火災に罹り、家財悉焼け失せしかば、喜兵衛は妻と共に旧主の許に帰り、自貯へたる金を出して之を助け、何くれとなく心を用ゐたり。程なく七郎右衛門死しければ、其の子を扶けて家の再興を謀れり、然るに其の子も亦死し、幼子のみ遺りしが、喜兵衛は之を輔けて、其の成長を待てり。村人喜兵衛の年老いて子なきを見て、養子を勧めたれども、喜兵衛之に従はず、只管旧主の子を養育せり。後此の事領主に聞こえ賞を賜はりしと云ふ。
方法。	此の例話は上組を主眼として説話するものにして、三節に分ち第一節は喜兵衛の善く其の主につかへ其の主人の世話にて家を構へたること、第二節は喜兵衛の善く旧主家のために尽くしたること、第三節は喜兵衛の善行領主の耳に入り賞を賜はりたることを説く。
五分　予備。	前回の教授を復習し、（主として下組生に述べしむ）、夫れより喜兵衛の下男となりて其の主人に仕ふること、（主として上組生）及び火災に逢ひたるもの、惨状（上下組共）を問答す。
十分　教授。	主人の世話にて家を構へたることまでを話し。 上組生に復演せしめ、喜兵衛が一家を構へしは誰の力なるかを問答し、喜兵衛は此の恩人に対して如何なることをなしゝかを話さんとて、第二節に遷る。 喜兵衛が善く主家に尽くしたることを説き。 上組生に復演せしめ、喜兵衛主人の家の類焼したるとき、顧みざりしならば如何、村人の勧めに従はざりしは何故なるかを問答す。（主として上組生を指名す）。 賞を受けたることを説きて、説話の結尾をなす。 喜兵衛の恩を報じたる話。行ひ真に感ずるに余りあることを問答し、 人は貴賤の別なく世に在る間は人より恩を受けずといふことなし、凡べて恩を受けたるときは其の恩誼に感じ、報恩の心掛けを為すべし［。］仮りにも恩人の難儀を余所に看なすべからざることを諭す。
五分　応用。	上組生をして前回授けたる格言を述べ其の意を解述せしむ（此の所にては新格言を授けず）。 前回に於て恩中の最大なるものは君父師の恩なることを訓べたれば、之を復習して此等の恩に報ずるには如何に為すべきかを問答し、忠孝等のことにつき簡単に述べしめ、忠孝を尽くして君父の恩に報ひ模範となりたる人の話を知るものあらば列挙せしむ。 恩をうけては忘るべからず。

出典：森編『単級教授法研究組合に於て研究したる事項』、四六〜四八頁。

のヘルバルト派教育学説の受容とは別に、高師を通して受容された教授段階説の系譜に基づくものと思われる。[13]単級教授法研究組合のメンバーだった野尻精一や黒田定治、町田則文などの高師教員たちは、高師附小の教授細目を作成した当事者またはそれに基づく教授法の提唱者であった（メンバーは第Ⅳ部第四章参照）。研究組合報告は、彼らの影響を強く受けたと見てもよい。

研究組合報告の教授案は、次のように各段階を構成した。[14]まず、予備段階では、「問答法に由り、今授けんと欲する事実に関係を有する観念を喚起して、教授の準備をなす」とし、すでに持っている知識・観念によって子どもの注意を喚起する。次の教授段階では、「例話を説話」して教材を提示し、「之を自己の行為に適用すべきことを知らしめ」て、すでにもっている知識・経験と新たに学んだ知識とを比較して結びつけ、「格言を授けて教授せし事の統括をなす」とした。そして、応用段階では、「問答法に由り教授したることを他の事柄に適用することを知らしむ」とし、生活に役立てるように仕向けている。

教授案は、下級生対象（表2）と上級生対象（表3）との二種類を作成した。[15]下級生対象の教授案は、「報恩」という道徳的概念を起こさせることを目的にし、ハトに助けられたアリが恩に報いたという例話を教材にした。そして、五分の予備段階、一五分の教授段階、五分の応用段階で授業を構成し、それぞれ予備・教授・応用段階の目指すところに沿いながら教授案を作成している。上級生対象の教授案は、下級生対象の教授案の目的とそろえて「報恩」を起こさせることを目的とし、下男である喜兵衛が世話になった主家のために尽くすという例話を教材とした。下級・上級対象ともに、五分の予備段階、一〇分の教授段階、五分の応用段階で構成された。下級生・上級生とも同じ教室にいて授業を受けるので、両案ともに目的をそろえ、下級生・上級生それぞれへの問いかけを設定した。また、とくに上級生対象の教材は、明らかに日本の伝統的生活に基づく教材になっている。

（二）研究組合報告の読書科・習字科教授法

次に、読書科・習字科教授法を検討しよう。研究組合では、読書科・習字科を組み合わせて、甲乙丙三組（ただし甲組は第三・第四学年によって編制するので実質は四組）に対する一時間分の教授案を二つ作成した[16]。習字科は、教

表4　単級教授法研究組合報告と高師編との時間配当表比較

研究組合報告
（甲組に習字を授け、乙丙二組に読書を授くるもの）

時間＼程度	甲		乙		丙	
此間一〇分	自	予備［予習?］	自	予習	教	前日の復習
	自	同	自	同	教	授読
此間三〇分	自	練習	教	前日の復習	自	練読
	教	教授	自	同	自	同
	自	練習	教	授読	自	同
	自	同	自	練読	教	書方教授
	教	巡視訂正	自	同	自	書方練習
	自	練習	自	同	教	授講
	自	同	教	授講	自	練講
	自	同	自	練講	教	書取
此間一〇分	教	巡視訂正	自	筆写或ハ書取	自	同
		練習	教　自		教　自	同

高師編
（読書二組習字一組ヲ組合ハスルトキハ例ヘバ左ノ如シ）

時間	上ノ組		中ノ組		下ノ組	
五分	自	読本予習	自	習字準備	教	複習［復習］
五分	教	読方教授	自	習字練習	補	複習
五分	自	読方練習	教	手本読講	補	書取
五分	教	講義練習	自	手本読講	補	書取
五分	自	講義練習	自	習字練習	教	予備
五分	自	筆写	自	習字練習	教	読方教授
五分	自	筆写	自	習字練習	教	書方教授
五分	補	書方前日ノ複習	教	筆法教授	補	書方練習
五分	教	講読複習	自	習字練習	教	読方練習

出典：次を用いて作成。森編『単級教授法研究組合に於て研究したる事項』、五五頁。高師編、一一八頁。元史料はどちらも上から丙乙甲、下中上の順。表5と合わせるため、順番を入れ替えた。

表5　単級教授法研究組合の習字科・読書科教授案

（甲組に習字を授け乙丙二組に読書を授くるもの）

時間＼程度	甲（四学年生）	甲（三学年生）	乙	丙
	（手本行書） 新年之御慶申納候貴下御揃御超歳之段奉賀候 （各自に手本を持つ）	仝 新年之御慶申納候御揃御越年之段奉賀候。 自（紙に書き黒板に掲ぐ）	文部省編輯局出版尋常小学読本巻三第十五課（正作病気になりし話）廿五枚の裏行目より廿六枚の表七行目まで。 （前日の教授完了）	仝巻一第廿課（ちんと猫の話）廿五枚の裏一行目より八行目まで。 （前日の教授完了）
此一間一〇分	習字用具を机上に排置し、硯に水を入れ、墨を磨らしむ。		自　予習 小黒板に本日授くる所の文字を初め、既に授けたる所の文字にても未能く読み得ざる文字を交へて摘書し、読みと意義とを仮名にて付したるものを掲げ、之に依りて下調をなさしむ。	教　前日の復習 前日授けし所の白赤毛等の漢字を一字づゝ、黒板に摘書し、読み得る者に挙手せしめ（往々読み得ざる者も共に挙手することあれば、常に最劣等生より先きに指名すべし）其の中の一名を指名して読ましめ、他の一生を指名して摘書せし文字に仮名を附せしむ。然る後、又一生に命じ、読本に就きて読ましむ。若読み得ざる時は挙手せし者を指し、教へしむ、斯すること二三名にして止む（時々一列位づゝ、斉読せしむることあり）。
	自　同		自　同	教　授読 読本の挿画を見せしめ、本日授くる所の大意を説明問答して後、新出の漢字を摘書して教へ（前日より教授する所の文章長きも未知の文字は僅に（外）の一字なり）、然る後優等生を指名して読ましむ。
	自　練習 磨墨を止めしめ、予て定むる所の順に随ひ、二三名に手本を読ましめ直ちに練習せしむ。		教　前日の復習 劣等生より指名して講読せしむ。	自　練読 上席の者より順次読めと命じ、或は優等生に適宜指名せしめ、又教師乙組の復習を聞

			きつ、指名することあるべし。
	教　教授　手本の読方意義を問答して後、黒板上に白黒にて書き方を教へ、又は古新聞紙等を黒板に掲げ、毛筆を以て墨にて書き方を示す。	自　同　一生読み終れば随意に他生に指名せしめて読ましめ、又優等生に命じて適宜指名せしむ。	自　同　同上
	自　練習　教師乙組に教授するの傍、各生の執筆姿勢等に注意して之を正す。	教　授読　本日授くる所の正作病気になりし話の全体を簡単に述べて後、直ちに優等生を指名して読ましむ。	自　同　同上
	自　同　同上	自　練読　一生読み終れば随意に次の読者を指名せしむ。	教　書方教授　(外)の字の書き方を授く。
	教　巡視訂正　机間を巡り、劣等生より順次優等生の手を持ちて教ふ。	自　同　同上	自　書方練習　教師文字の数を定めて石盤に習はしむ。
	自　練習	自　同　同上	自　授講　教師一回講話して聞かしむ。
此間二〇分	自　同	教　受講　優等生を指名して講話せしめ、其の誤りたる所を教ふ。	自　練読　優等生より順次講話せしむ。
	自　同	自　練講　優等生より順次講話せしむ。	教　書取　教師本日授けし所を口唱して書取らしむ。
	教　巡視訂正	自　書取　各生に読本に就て書取らしむ。	自　同　各生に読本に就て書取らしむ。
此間一〇分	自　練習	教　同　丙二組に交互	教　同　教師朗読して乙に書取らしむ。

出典：森編『単級教授法研究組合に於て研究したる事項』、五八～六〇頁を用いて作成。

表6　高師附属学校編の読書科・習字科教授案

明治廿五年十月十五日第四時（読書、習字）

時間＼程度	甲組	乙組	丙組
	尋常小学読本巻之六、 六枚ノ表ノ第三課ヨリ七枚ノ表初行迄 前日ノ教授課了	手本　本日新ナリ 先日御注文之品此者ニ持セ差上 候	尋常小学読本巻之一、 四枚ノ表ノ終ノ行ヨリ同裏ノ四行目迄 前日ノ教授完了
五分	自　複［復］習 首席ヨリ一人置キニ読方並ニ講義ヲナサシメ、文法上ノ質問ヲモナサシム	自　手習準備 教　手本ノ講読	補　書取 助手甲組佐藤三郎、書取スベキ文字ヲ予メ示シ置クモノトス
五分	補　書取 交互ニ読上ゲテ書取ラシム	教　筆法教授 注、品、持、差、ノ間架結構運筆ノ関係	自　予習 小黒板ニ予メ摘書。人、ヒト、犬、イヌ、小、チイサイ、大、オホキイ
以上十分間			
五分	自　予習 交互ニ板上ニ摘書セシム	自　練習 習字自働	教　読方教授 予習シタル所ノ意義ヲ問答シ、直チニ優等生ニ読マシメ、二人読ミタルトキ模範読ヲ示ス
以上十五分間			
五分	教　読方教授 予備トシテ簡単ニ今予習シタル所ノ意義ヲ問答シ、直チニ優等生ヨリ読マシム	自　同上	補　読方練習 優等生森田ニ命ズ
以上二十分間			
五分	自　読方練習 交互指名	自　練習	教　講義教授 直チニ優等生ヨリ順ニ談話セシム
以上廿五分間			
五分	自　筆写	教　講読練習及運筆位置等ノ批評	補　講義練習 優等生青木ニ助手ヲ命ズ

以上三十分間			
五分	自　同上	自　習字練習	教　復習 講読ノ終結ヲナシ、図ニ就テ問答シ畜類ニ対スル注意ヲ与フ
以上卅五分間			
五分	教　講義教授 難字句ヲ問答シ、後チ講ゼシム 三四人講義ノ後、文法上ノ注意ヲナス	自　同上	自　筆写
以上四十分間			
五分	教　講義練習 文典上ノ質問並ニ講義ノ補充ヲナス	自　同上	自　筆写 時間アレバ交換シテ検査セシム
以上四十五分間			

出典：高師編、一七三〜一七七頁を用いて作成。なお、元史料は上から丙組・乙組・甲組の順。また「自」「教」の字は下側。比較しやすくするために研究組合報告の順に合わせて入れ替えた。

師が直接教授する必要のある部分と、子どもの自修自働にまかせる部分とによって構成され、同時に異なる学科を異なる程度で教授できる科目として位置づけられている。[17] 読書科は、発音と教師の直接教授とを必要とする科目であるので、これを同時に異なる程度で教授する場合には組数をなるべく少なくし、組み合わせる場合には自働部分の大きい習字科・図画科・裁縫科・作文科の四科目のいずれかと組み合わせるとよいとされている。[18] 基本的に、読書科と習字科という組み合せは、教授の利便性に基づくものといえる。なお、これらの教科組み合わせの論理は、高師編でもほぼ同様に論じられている。[19]

読書科と習字科との組合せに関する時間配当表（表4）によると、研究組合では、甲組に習字、乙丙両組に読書を教授する時間配当表が作られた。ここでは三列あり、それぞれ甲組（第三・第四学年）、乙組（第二学年）、丙組（第一学年）の時間配当・活動内容を分けて計画している。なお、甲組が第三・第四学年合同になっているのは、当時の尋常小学校の修業年限が三か年または四か年になっていたことに対応したものと思われる。時間配当表は、教師の動きを追うと確認しやすい。研究組合の配当表では、まず教師は、授業開始後、丙組に前日の復習と授読を教授する。その間、甲組・乙組は予習をする。開始一〇分経って丙組が練読（読方練習）を始めると、教師は乙組に移って前日の復習を行い、甲組は自分たちで練習を始める。五分ほど経つと、教師は甲組に移って習字の教授をし、残された乙組は自分で復習をする。五分後、教師は乙組に行って授読を行い、甲組は自働で練習を始める。その後も、各組に移動して別々の教授を続ける。このような時間配当に従って、表5の教授草案は作られている。なお、教員は基本的に丙組に多く張り付くように計画されていた。

一方、高師編の時間配当表はどうか。組合報告のような甲組習字・乙丙組読書の組合せの配当表がなかったため、表四では高師編の配当表は甲組と丙組が読書科、乙組が習字の表を取り上げた。詳細な検討は省略するが、研究組合報告の例とは異なる時間配当になっている。表6と対照させると、時間配当表と対応していないところがあちこちにあり、配当表の原理と教授案との整合性がうまくとれていない。時間配当表や教授草案が具体的な教授法を示しているとすると、研究組合報告の理論と具体的方法との整合性は、高師編よりも高かったといえる。

三　単級教授法の担い手としての教員 ―高度な専門性の要求

最後に、教師論を比較する。先に見てきた単級教授法の具体例によると、単級学校の教員は、授業前に周到な教授案を準備して、授業中には常に各組の間を動き回り、的確な指示を行って子どもたちの活動を促していかなくてはならない。その上に、訓練・管理をも行う必要があった。単級教授法を駆使するには、教員にかなりの専門性と熟練が要求される。この点では、高師編・研究組合報告、ともに同様である。

高師編では、単級学校教員の要件として、次の一二点が挙げられた[20]。すなわち、①熱心・努力、②気力強壮・

身体壮健、③秩序を守る習慣、④活発さ・機敏さ、⑤周到な注意力、⑥学校実務の熟練、⑦発語の明瞭さ、⑧授業準備の習慣、⑨生涯その学校に勤務する覚悟、⑩賞罰における自治・自制の尊重、⑪節倹、⑫親切・誠意の心であった。

研究組合報告では、単級学校教員に特に必要な性格として、次の八つの「性格」が強調された。すなわち、①徳望、②才幹、③「控御の術」（威厳によって子どもたちが自然と服従する制御のわざ）、④身体壮健、⑤「熱心勤勉」の態度、⑥「周到緻密」の態度、⑦「勤続忍耐」（同一校へ勤続する意志、およびなかなか教育効果のあらわれない状況下で子どもたちを教育する忍耐）、⑧世の事情に通じる事、であった。[21]

ここで、第一に子どもの模範となるための徳望が挙げられたのは、次のような理由が考えられる。まずは、第二次小学校令によって強化された、教師自らの模範と教化によって子どもの徳性涵養や良習慣の養成を担うべきとする教師論が濃厚に反映していると思われる。ただ、徳望以上に紙幅が費やされたのは、才幹に関する説明であった。[22]才幹とは、異年齢児童を同時に管理・制御する無形の能力であり、教師の「方寸」中にあって箇条書きできない全体性を持つものとして取り扱われた。才幹のなかで最も重要なことは、「子どもの注意を惹起する才幹」だという。これは、子どもをして自己の我意を抑制させ、教師に従う性質を養成するためのものとして位置づけられている。この才幹は、単級学校教師の主な職務の特殊性から求められた。単級学校では、子ども自身が自分の学習すべき学科に向き合って、他人の抑制を受けず、自分から興味を向けようとする性質が必要である。教師はこの性質の訓練を子どもに課さなければならないが、そのためには、まず教師自身が、自分の意志の力によって自己の注意力を支配・制御していく「一心不乱の習慣」を得るよう勉めるべきだというのである。このような才幹をもって、児童に作業を課し、自働練習をさせ、不行儀を予防していく必要がある。また、いかなる才幹も、児童管理に関する「手練」すなわち熟練を基盤とする。単級学校の教師は、常に八方に心を配り、間断なく注意を払いながら、よく自らを顧みて勉励奮発する必要があった。

なお、高師編でも単級学校教師に「技芸熟練ナルベキコト」を求めたが、熟練により「能ク全力ヲ活動・有効ナラシム」ことができると述べたに過ぎない。[23] この場合の「技芸」概念が指している内容も不明である。高師編も教師の熟練を軽視したわけではないが、研究組合での言及に比べると論証不足は否めない。

その他、世の事情に通じることが教師の資質として挙げられた。これは次のような趣旨に基づいていた。[24] 今の教師は、日進開明の世の中に必要な人物を養成するため、世間の事情に通じなくてはならない。とくに単級学校教員は、一人で全校児童を陶冶養成して社会へ送り出すことになる。そのため、よく世態・人事に通じ、一般普通の事情をわきまえ、周囲社会の必要を察し、世評・輿論を聴き、過去を顧み、将来を推し量り、児童が卒業後に各自で自己と時世とに適当な職業を選択する準備をすることができるようにしなければならない。世の事情に通じることは教員の一般的資質としても位置づけられているが、小学生が卒業後すぐに就職する当時の状況と、子どもの教育に対する責任を一身に担う単級学校教員だからこそ、一層求められていた。

以上のように、大日本教育会単級教授法研究組合の研究成果について、高師附属学校の研究成果と比較して検討した。本章では、次のことが新たに明らかになった。

単級教授法研究組合は、才幹論に見られるように教師の熟練に重点を置いて単級教授法研究を進め、理論との整合性をとりながら、高い専門性と熟練とを必要とする教授草案を計画して、高師編よりもより整合性・具体性の高い単級教授法を提示した。そこでは、教師の熟練（手練）は、単級教授法を使いこなすための基本的要素として位置づけられていた。当時の小学校教員の状況、例えば、東京府における小学校教員のうち在職年数五年未満の教員が全体の四六％を占めていた実情を考えると、現状のままでは教師の熟練を必要とする単級学校教育を実施できないことは容易に予想できたであろう。全国八、〇〇〇校以上の単級学校が現実に設置されていた当時、教師の資質向上は急務であったといえる。教師の資質向上のために編纂された研究組合報告は、まさに時機に応じたものと思われる。

研究組合報告は、理論面では高師編との共通点も多いが、段階教授法の具体化などの相違点を見出すことができる。とくに実践面では、高師編に比べ、理論との整合性や実践内容の具体性の面で、より具体化・実際化が進められていた。高師編も教育方法論に言及しているが、未だ単級学校制度の確立そのものが重要なテーマとして残っており、単級学校論に比重がかかっていた。しかし、単級教授法研究組合報告は、学校制度論に深入りせず、教育方法論に集中した。つまり、同研究組合報告は、高師編に比べて学校制度論よりも教育方法論に比重をおき、高師編の理論を教育方法の観点から追加・再構成し、より実際化を進めたものと位置づけられる。

単級教授法研究組合は、学級制を前提とした教育方法の具体的内容の研究を、高師編からさらに一歩進めた。それは、単級教授法研究を通して学級制に基づく教員の専門性を具体的・意識的に追究し、新しい時代の教員改良構想を独自にまとめたことを同時に意味している。

（1）単級教授法・単級学校については次の研究を参照。平松秋夫「単級学校に関する一考察」『東京学芸大学紀要』第一部二六号、一九七五年、一三三～一四四頁。平松秋夫「単級学校教授法の形成過程における第一次小学校令期の位置づけ―山田邦彦、木場貞長の文部省令第八号（明治一九年）把握の検討を中心に」『弘前学院大学・弘前学院短期大学紀要』第一六号、一九八〇年、一三五～一四七頁。麻生千明「第二次小学校令期における単級教授論の紹介導入と展開―「単級」と「合級」の理念上・概念上の識別と教授方法論における折衷」『弘前学院大学・弘前学院短期大学紀要』第一七号、一九八一年、九五～一一三頁。麻生千明「明治期教授法養護としての「単級」をめぐる諸問題―「単級・多級」教授法から「複式・単式」教授法へ」『弘前学院大学・弘前学院短期大学紀要』第一八号、一九八二年、四一～五一頁。門脇正俊「「複式教育」用語の歴史的系譜についての一考察」『北海道教育大学紀要』第一部C第四一巻第一号、一九九〇年、五九～七一頁。楠本恭之「単級学校における教授方法の形成―「自働」概念の変容に着目して」『広島大学教育学部研究紀要』第一部四五号、一九九六年、一八七～一九六頁。楠本恭之「学校管理法教科書にみる学級論の変容」教育史学会編『日本の教育史学』第四〇集、一九九七年、一五一～一六八頁。柳治男『〈学級〉の歴史学―自明視された空間を疑う』講談社、二〇〇五年。佐藤秀夫「教育慣行における軍と学校―学校の集団性形成過程における「軍隊的なるもの」の意味と役割」佐藤秀夫『教育の文化史二―学校の文化』阿吽社、二〇〇五年、

二一～六七頁。
(2) 高等師範学校附属学校編『単級学校ノ理論及実験』茗渓会、一八九四年。
(3) 森武次郎編『単級教授法研究組合に於て研究したる事項』牧田有穀、一八九五年。
(4) 以下、高師編については、主に笠間賢二「高等師範学校附属学校における単級学校論の形成過程」(『東北大学教育学部研究年報』第三二号、一九八四年、七七～一〇六頁）を参照しつつ、高師編の当該部分を参照して記述した。
(5) 笠間、同前、九七頁。
(6) 笠間、同前、一〇二～一〇三頁。
(7) 高師編、前掲注（2）、三三頁。
(8) 高師編、同前、三八頁。
(9) 森編、前掲注（3）、一一～一二頁。
(10) 森編、前掲注（3）、一三頁。
(11) 森編、前掲注（3）、四二～四三頁。
(12) 森編、前掲注（3）、四三～四四頁。
(13) 稲垣忠彦『増補版明治教授理論史研究』評論社、一九九五年（初版一九六六年）、一四五～一四七頁・一五〇～一五一頁。
(14) 森編、前掲注（3）、四四頁。
(15) 森編、前掲注（3）、四四～四八頁。
(16) 森編、前掲注（3）、五八～六四頁。
(17) 森編、前掲注（3）、二五～二六頁。作文・算術・図画科も同様。
(18) 森編、前掲注（3）、二六～二七頁。
(19) 高師編、前掲注（2）、一一七頁。
(20) 高師編、前掲注（2）、二〇一～二〇九頁。
(21) 森編、前掲注（3）、一三～二一頁。
(22) 森編、前掲注（3）、一五～一七頁。
(23) 高師編、前掲注（2）、二〇四～二〇五頁。
(24) 森編、前掲注（3）、二〇～二一頁。

第四章　明治期帝国教育会の教員改良構想

――日清・日露戦間期の公徳養成問題に注目して――

本章の目的は、日清戦争後から日露戦争前にかけての「公徳養成」問題に対する帝国教育会の取り組みを通して、明治期帝国教育会の教員改良構想を検討することにある。

明治二八（一八九五）から明治三六（一九〇三）年にかけての日清・日露戦間期は、道徳教育の動揺期であった。日本は、明治二八年の日清戦争勝利、明治三三（一九〇〇）年の北清事変を通して、国内のナショナリズムを興隆させながら、その国際的地位を向上させた。明治三二（一八九九）年の外国人居留地廃止と内地雑居実施は、多くの日本人に否応なく外国人の存在を意識させた。企業の勃興、繊維工業の発展、工場労働者の増加、都市への人口流入、貧民の増加、農村共同体の秩序崩壊、親族集団の衰退など、激しい社会変動を受けて、人々の生活様式は大きく変わっていった。政府内部では、激化する国際競争に打ち勝つ国民を育成するため、教育勅語の再検討が試みられた(1)。帝国議会では、教育勅語の示す臣民像と立憲体制・経済発展を支える国民像とを融合し、忠孝・立憲・実業精神の涵養が徳育の中心課題として要請されていた(2)。日清・日露戦間期には、変動する日本社会の秩序維持のために、教育勅語の家族的・儒教的道徳を補完する、新たな道徳が模索されていた(3)。

当時、道徳教育の方法・内容も変わり始めていた。明治一九（一八八六）年の文部省令第八号では修身教授を口授法で行うと規定したのに対し、明治二四（一八九一）年の訓令第五号では修身教科書を必ず使用するように通達し、さらに明治二七（一八九四）年の訓令第九号では再び修身教科書の随意使用を認めた(4)。明治二九（一八九六）年以降の帝国議会では、検定制が生み出した腐敗を背景に、修身教科書の国定化が要請されていく(5)。明治三〇年代に入ると、ヘルバルト主義の導入を背景として、人物主義の修身教科書が編纂されるようになった[6]。兵式体操・人物査定・学校儀式などの重視に見られるように、徳育の場は修身科に限られなかった。明治二〇年代には、単級学校の普及を契機として、学校訓育に注目が集まり始めた[7]。明治三〇年代には、修身教授における実践的効果の欠乏を補完するため、訓育・訓練論が勃興した[8]。日清・日露戦間期は、修身科教育の方法・内容の転換のみならず、修身科に限定されない道徳教育が模索されていた時期であった。

このような時期において、社会的道徳、すなわち公徳をいかに養成すべきかという問題が、新たな道徳教育問題として発生した。明治三三（一九〇〇）年八月公布の小学校令施行規則には、尋常小学校修身科の課程において「公徳ヲ尚バシメ」ることが新たに規定された。小学校修身科用の検定教科書にも、公徳を項目として設けるものが現れた。この時期の公徳養成に関する先行研究は少ないが、沖田行司や山東功の研究がある。沖田は、「日本における経済倫理の確立を目指した最も早い人物のひとり」である渋沢栄一の公徳論に言及している[9]。渋沢の公徳論は、利益追求を主とする商業を日本の近代化の基盤に据えるため、理財と道徳との一致を求め、国民道徳論とは異なる次元で説かれ、大正期には国際的な平和融合を展望するに至った。また、山東によると、公徳論は、教育勅語以降の国民道徳形成過程において、アカデミズム内で形成された倫理学・国民道徳論に対し、教育体系内で形成された近代的市民倫理として共役的に機能したものであり、導入しやすさという技術的利点から唱歌の形式を借りて、具体的な道徳実践から忠君愛国へと結びつけて公徳を養成しようとした[10]。このように公徳養成の需要が高まるなか、帝国教育会は『公徳養成』を編集して公徳養成の定義を行い、『公徳養成国民唱歌』という公徳唱歌を編纂し、この問題に対して活発な活動を行った。

沖田は、公徳論には言及したが公徳養成論に言及していない。山東は、公徳養成問題に対する唱歌の技術的役割を明らかにしたに止まる。全国道府県教育会の中枢組織であった帝国教育会は、公徳養成問題にどう対応し、どのような解決策を提示したのか。政治過程を課題設定・政策形成・政策決定・政策実施の四つの過程に分けると[11]、学校教員・教育行政官中心に組織されていた帝国教育会などの教育会は、教育政策実施段階を担う者の影響力の強い圧力団体として捉えることができる。日清・日露戦間期の道徳教育問題は、政策決定を担う政府や帝国議会でさえも解決策を模索中であった。このような問題に対して政策実施者による圧力団体であった教育会が示した解決策は、徳育政策実施者の立場から独自にまとめられたものとして、道徳教育史において見逃せない事実であろう。また、公徳養成は新しい道徳教育のあり方に関わる問題であった。公徳養成を実践するのは教員である。そのため、公徳養成は教員の新しいあり方に関わる問題であり、教員改良に関わる問題といえる。この観点から研究した先行研究は見当たらない。

本章は、以上の問題設定に基づき研究を進める。まず、日清・日露戦間期における公徳問題を整理する。次に、『公徳養成国民唱歌』と『公徳養成』との編纂過程をそれぞれ検討し、帝国教育会の公徳養成問題の検討過程とその解決策の特徴を明らかにする。

一．公徳とは何か

（一）共同体のルール遵守と公共事業の推進

明治三三年八月、小学校令施行規則が公布された。同施行規則は、同月の第三次小学校令公布を受けて小学校の教育課程を定めたものである。同施行規則において、尋常小学校修身科の課程に初めて「公徳」の言葉が入った。なお、明治二四（一八九一）年一一月公布の小学校教則大綱には、「公徳」という言葉はない。小学校令施行規則は、尋常小学校修身科教育を二段階に分けている。まず、孝悌・親愛・勤倹・恭敬・信実・義勇などの諸徳目について、実践に適切で、身近かつ簡易な事項を教授する。次に、国家社会に対する責務について教授し、品位を高め、志操を固くし、進取の気象を長じ、公徳を尊び、忠君愛国の志気を養う。公徳は、徳目の教授後、国家社会に対する責務と関連して重んじるよう、尋常小学校修身科において指導されるべきものとされた。

小学校令施行規則の公布は、修身教科書の内容に「公徳」を盛り込むことを要請した。例えば、明治三四（一九〇一）年の検定修身教科書『尋常小学修身教本』（育英舎）は、第一八課「公徳（一）」と第一九課「公徳（二）」とを設けている。第一八課では、「凡て人は、己れが住む町村の、害となるべきことをなすことを、さけざるべからず」として、町村の規約遵守、侵入禁止場所への立入禁止、共有物の取り扱い注意、人の往来妨害の禁止、水を汚さないこと、田畑荒らしの禁止、約束時間の遵守を促した。第一九課では、「進んで、其の町村の利となるべきことを起さざるべからず」として、学校の隆盛、地産の増加、交通の便利、不幸の者を助けることを促した。両課は、「進んで公益を広めよ」と結論づけられている。この教科書では、尋常小学校で養成すべき公徳とは、共同体のルールを遵守し、公共事業を積極的に推進する態度として捉えられている。

小学校令施行規則によると、高等小学校修身科では、他の徳目と一緒に一層堅実に重んじるよう指導することになっていた。中学校・高等女学校の各施行規則では、「公徳」という言葉を用いていないが、国家社会に対する責務を知らせるという目標を定めている。明治三三年以降、公徳は、法令上、尋常小学校において特に養い、上級学校に進むにつれて国家社会に対する責務と関連させて継続的に養うものとして位置づけられた。

（二）社会構成員の生存幸福を保護増進する行為

公徳はどのような論理に基づいたか。ここでは、明治三一（一八九八）年訂正版の井上哲次郎・高山林次郎『新編倫理教科書』（全五巻、金港堂）を用いて検討する。

同著は明治三〇（一八九七）年に訂正前のものが出版されているが、施行規則公布に近い時期の公徳論を検討するために訂正版を用いた。この教科書は、主に尋常中学校倫理科用だったが、師範学校でも使われており、小学校教員志望者にも影響力のあった教科書と思われる。また、著者の井上哲次郎は、アカデミズム哲学を担う帝国大学文科大学教授であり、国民道徳論の第一人者であった。高山林次郎（樗牛）は、帝大哲学科を卒業後、雑誌『太陽』の編集主幹になり、日清戦後のナショナリズム興隆のなかで日本主義を鼓吹した人物である。『新編倫理教科書』の公徳論は、国民道徳論とも関わる、当時の代表的な公徳論の一例と考えられる。

『新編倫理教科書』によると、公徳は、社会に対する本務を尽くし、社会における一般人民の利益を計る道徳である。社会とは、生存・幸福の利害を同じくする人民の間に存在する結合体であり、父母・兄弟・夫婦・朋友、および国家とは一応別の人間関係を示す。社会では、単独で生存できない個人または家族が互いに交流し、生活の資を得、安全な生活を営む。社会に対する個人の本務は、まず、他人の権利を侵害しないという「公義」の遵守である。公義によって遵守すべきものは、①生命、②財産、③名誉の三点である。

ただ、公義を守るだけでは「悪人ではない」だけで、「善人」ではない。社会に対する本務を全く尽くして「善人」となるには、「公徳」を行わなければならない。公徳とは、「博愛慈善の積極的道徳」である。これは、孟子の「惻隠の心」（仁の基礎）を拡張したものであり、自分の利益を捨て、他人のために尽力し、なお報酬を期待しない。具体的には、困厄危難にある他人を援助し、貧窶窮乏を救済し、進んで公益事業を興し、社会の秩序・徳義を子孫に伝承することである。

図１　井上哲次郎

図２　高山樗牛

以上のような公徳は、一般的な人類社会の道徳である。しかし、社会の特性は国家の特性に由来する。社会は、国家によってその秩序を統制され、国家の風土・人種・風俗・歴史などに基づく特別の道徳を偏有する。公徳もまた、わが国の歴史、君民関係、家族制度に基づき、固有の道徳である「忠孝」と切り離されない。日本社会の公徳の独自性は、「礼儀」「謙譲」または「礼文」に現れる。礼儀・謙譲は、自他の感触を傷つけず、その名誉を尊重し、互いに敬愛する念を表す、人間関係における整理された慣例であり、とくに社会に対するものを礼文という。これは、例えば、娯楽のための宴会において憂鬱や不満を示さない、悲哀に満ちた葬式においてみだりに談笑しないなどの公衆マナーにあたる。なお、その形式は生活状態によって規定されるため、欧米化の進む日本社会においては、欧米社会の形式にも通暁しなくてはならない。

『新編倫理教科書』によると、公徳とは、他人の不幸を救い、公益事業を行うなどして、社会構成員相互の生存・幸福を保護または増進する行為であった。日本社会の公徳は、日本国家の特性によって制限を受け、具体的な人間関係の場面において忠孝道徳と関連すると考えられた。なお、教育勅語の徳目「博愛」「公益」「世務」に関わるとされた。

（三）憲法政治・産業経済を発展させる原動力

明治三三年六月二六日、穂積陳重（東京帝国大学法科大学教授）は、国家学会において公徳問題に触れた。続いて、明治三三年一二月二日、帝国教育会第一七回総集会でも公徳問題を取り上げた。穂積は、日本初の法学博士であり、帝国憲法体制の構築において、民法・商法・刑法などの立法に関わったドイツ法学の権威であった。国家学会には、帝大教員や当時の有力学者が集まった。帝国教育会第一七回総集会には、文部官僚を含む同教育会役員が集まり、松田正之（文部大臣）も出席した。これらの場における穂積の問題提起は、帝国教育会だけでなく、学界・文部省にも少なからず影響したと思われる。穂積は帝国教育会においてどのような公徳問題を提起したのか[12]。

穂積は、明治三二（一八九九）年にイタリアで開催された万国東洋学会に参加し、かつ欧米諸国巡回の任を終えて、明治三三年五月に帰国したばかりであった。国家学会では、自ら見てきた欧米諸国の衣服・飲食・美術・音楽・徳義などを日本のそれらと比較しながら、日本の文化的な未発達を論じた。国家学会では、公徳問題は多様な文化問題の一つであった。ところが、穂積は帝国教育会総集会を「日本で一番有力な、一番大きな此教育社会の総会」と位置づけた上で、公徳問題を教育問題に焦点化し、「公徳教育に就て」と題して演説した。

穂積によると、「道徳の進化」には普遍的歴史段階があり、日本の道徳もそこに位置づく。道徳は、「家族的道徳」の時代（第一期）、「社会的道徳」（公徳）の時代（第二期）、「人類的道徳」の時代（第三期）の順にどの国でも必ず発達する。現在、欧米諸国は第二期、日本は第一期にある。公徳は、このうちの第二期の社会的道徳を指し、「政治的道徳」と「単に社会的道徳と云ふべきもの」の二種類があって、政体や社会構造の変化とともに、その内容を変化させる。日本の道徳は、主に家族的道徳（祖先崇拝・五倫の教）を発達させたに止まる。日本では、「武士時代」に対応する「君臣の教」や「武士道」という公徳を発達させてきた。しかし、この公徳は現状には対応していない。国民の政治参加を許す憲法政治や、欧米諸国との貿易を念頭に置いて産業経済に対応する公徳が未発達であるため、いまだ第一期にある。公徳は、大日本帝国憲法下における国民の義務権利の確立と、商工業を中心とした産業経済を発展させるための問題である。

穂積によれば、日本の目指すべき憲法時代の公徳は、国民一般の政治参加という憲法政治の特質に対応しなくてはならない。この公徳は、国民自ら自治制を運用していく基礎として、法律を守り、自分の権利を守り、義務を重んじ、他人の権利を尊重し、国や国民に対して守るべき道徳である。また、現在の経済社会の特質は、欧米諸国との貿易にある。欧米諸国の商業上の特質は「契約」にあるため、契約を守る風習を教育することが必要である。穂積は、このような憲法政治と経済発展との基礎になる公徳の養成を、教育の「其価の三分の二位」を占める重要な役割とした。そして、学校教育とくに普通教育こそ、この公徳問題を解決する役割を担うべきだと主張した。

穂積は、井上・高山とは異なり、公徳を忠孝などの家族的道徳よりも進歩的な道徳とし、憲法政治・産業経済の発展に対応して国家社会を発展させる原動力として捉えた。このように捉えることによって、公徳は、ナショナリズム興隆期の日清・日露戦間期において積極的に養成すべきものとして浮上してくる。穂積

図３　穂積陳重

は、このような公徳養成を学校普通教育に期待し、帝国教育会を通じて問題提起した。

二．公徳養成教材の開発

（一）文部省諮問に対する帝国教育会の指導例検討

穂積陳重の「公徳教育に就て」から約二か月後、文部省が動いた。文部省は、明治三四年二月二二日、帝国教育会主催の第三回全国連合教育会に対する諮問として、①「小学校及中学校ニ於テ公徳ヲ養成スルノ方法如何」、②「小学校・中学校・師範学校生徒ノ礼式ヲ一定スルノ可否」、③「半日学校実施ノ方法如何」の三題を帝国教育会に交付した[13]。公徳養成問題は、唯一ではないが筆頭諮問題であった。

野尻精一（文部省視学官）は、この諮問について、「各小学校に於て修身教授を為すと雖も、現今我社会の公徳発達の遅々たるは、識者の共に憂ふる所也、故に之を小、中学の生徒より養成するの方法を案定するは、目下の急務たるを信ずる」と説明している[14]。野尻のいう「識者の共に憂ふる所」には、先の穂積の主張が含まれているだろう。公徳養成問題の範囲を修身科に限定していない点にも注意すべきである。この諮問を受け付けた帝国教育会は、参加予定の各府県市教育会へ通達した。また、公徳養成問題を第一号議案（地方教育会提出問題も含めて全三二議案中）として、他の二題とともに事前審議を行った。こうして、文部省の諮問した公徳養成問題は、帝国教育会および各府県市教育会の間で共有する問題になった。

明治三四年三月一三日、帝国教育会では全国連合教育会代議員会が開かれ、文部省諮問の公徳養成問題について後藤牧太（高師教授）・根本正（衆議院議員）・湯本武比古（開発社長）を委員とし、事前調査を行うことを決定した[15]。委員作成の原案は、四月九日の代議員会の修正を経て、「文部省諮問案ニ関スル意見案（帝国教育会）」にまとめられた(16)。この公徳養成方法案は、「公徳ノ意義」「公徳養成ノ方法」の二項目から成った。「公徳ノ意義」では、公徳を「個人ガ公共体ニ対シテ行フベキ道徳」とし、個人間（父子・兄弟・夫婦・朋友等）で行われる「個人的道徳」とは異なると定義した。「公徳養成ノ方法」では、学校教育を公徳養成に「格好ナルモノ」とし、適切な学校教育が行われた場合には公徳は自然に養成されるとした。ただ、殊に公徳養成を期すれば、①教員による公徳的行動の模範的示例、②管理訓練による良慣習の養成、③教訓による公徳上の知識教授を行う必要があるとし、それぞれ具体的に指導例を説明した。

①については、教員が学校社会を家族のように見なすように促した。具体的には、学校の設備や消耗品を自家のもののように用いること、学校内の人間関係の和合を図ること、生徒・父母に対して公徳の模範たることを期すことにした。

②については、公共の事物を個人に属する事物のように扱う習慣を扶植することを促した。具体的には、公共物（校舎・教具・器械・標本・備品・樹木・門墻など）を破毀汚損せず、清潔保護を図る慣習、自己の利害よりクラスや同級生全体の利害を先にする慣習、および衆人の不利・不快になる言動を避け、利益・愉快になる言動をなす慣習を養うこととした。なお、遠足・修学旅行などの校外で公共の事物に接する機会を利用するように促した。

③については、「社会国家ノ必要ナルコト」と「社会国家ニ対スル個人ノ務メ」とを分けて、小中学校ごとに説明した。例えば、社会国家の必要を知らしめるため、小学生には「単独ニテハ出来ズ又ハ出来得ベキモ非常ニ困難ナルヲ、多数共同スル時ハ、容易ニ出来得ル事実ヲ示シ、談話ヲナスベシ」とし、中学生には「分業行ハレ、各個人ガ其ノ適シタル業務ニ練熟シ、随ヒテ多クノ報償ヲ得ルハ社会ノ賜ナルコトヲ知ラシム」とした。小学生には共同作業の重要を説き、中学生には社会の分業・役割・報酬を説いて、小中学校を通した段階的理解を構想している。全体として、小学校では所属学級・学校を社会に模して、個人間ですべきこと／すべきでないことから共同体に属するすべきこと／す

図４　根本　正

べきでないことへと及ぼし、中学校に至って小学校で得た観念を拡充し、自治思想を喚起して、法制経済の観点から各個人の社会国家に対する権利・義務などを知らせるように指導を求めた。

公徳養成問題は、明治三四年の文部省諮問を契機に、全国の教育会が共有すべき問題となった。これを受けて、帝国教育会は、教員の模範的役割・管理訓練・教訓教授による公徳養成方法を、具体的な指導例とともに独自にまとめた。

（二）公徳養成方法に関する全国連合教育会の合意

第三回全国連合教育会は、明治三四年四月一三日、高等商業学校講堂で開会した。文部省諮問の公徳養成問題は、最初の審議にかけられた。まず、野尻が文部省の説明委員として先述のように諮問理由を説明し、若干の質疑応答を行った。次に、湯本が帝国教育会の意見案を説明し、質疑応答を行った。その後、調査委員に付託された。文部省諮問に限らず、全ての議案をなるべく委員付託で調査することを、帝国教育会の代議員会で事前に打合せていたので、[17]調査委員付託は特別な事例ではない。公徳養成問題の調査委員は表1の九名で構成された。原案作成者の湯本・後藤と元高師教授の中川、そして地域の普通教育を牽引する中等教員や指導的立場にあった教員六名であった。委員長には、江原素六が就いた。

図５　江原素六

同月一四日、調査委員作成の諮問案が全体会議で審議された。[18]調査委員は、帝国教育会意見案の詳細な公徳養成方法を徹底的に整理して答申案を作成し、公徳養成の注意点を次の三項目にまとめた。

（一）教員自から公徳を重んじ、生徒の模範となること
（二）学校内外に於ける生徒の行為をして常に公徳を実行せしむること

（三）公徳に関する知識を与ふること（修身書及教科書を改正して、公徳に関する教材を多からしむること）

調査委員は、帝国教育会の意見案で詳細に例示されていた指導例を全削除し、公徳養成方法の要点に限定した。調査委員が独自に追加したものは、（三）の修身書・教科書改正による公徳教材増加案であった。

この答申案に対し、全体会議では活発な意見交換が行われた。[19] 川面松衛（広島県私立教育会、広島県師範学校教諭）と高橋新平（新潟県教育会）は、現在の教科書・教授で十分公徳を養成できているとの現状認識を示した。矢島錦蔵（上野教育会、群馬県師範学校長）は、公徳養成問題は学校や文部省に限定された問題でなく、国民と国家との問題であると主張した。

全体会議では大体において諮問案を不十分とする意見が多く出され、次のような追加案が出された。川面は、表面上の公徳養成は学校教育に任せ、その裏で「唱歌の如きものに依り、社会より之を養成すべし」と提案した。神谷勇三（私立秋田県教育会、山本郡水沢尋常高等小学校訓導兼校長）は、「其筋に於ても取締に注意する事」という項目の追加を提案した。町田則文（帝国教育会、女子高等師範学校教授）ほか一〇名は、「（四）公徳実行に関し其の筋にて取締方法を設くること」を提案した。[20] 高橋恕（私立兵庫県教育会、小学校長・元飾磨郡視学）ほか一〇名は、新聞雑誌や演劇落語などにより、政府や社会が主体となって公徳養成を進める方法を答申案に加えることを提案した。

全体会議での追加案は、文部省や穂積のように公徳養成を学校教育に限定せず、国家・社会・国民全体で担うべきことを確認するものであった。追加案の

表１　第３回全国連合教育会における公徳養成法に関する調査委員

氏名	委員時の本務	所属教育会
湯本武比古	開発社長	帝国教育会
後藤牧太	高等師範学校教授	帝国教育会
中川謙二郎	文部省視学官・東京工業学校教授	帝国教育会
里村勝次郎	宮城県師範学校長	宮城県教育会
江原素六	私立麻布中学校長	東京市教育会
甫守謹吾	名古屋高等女学校長	名古屋市教育会
進藤貞範	岡山県師範学校附属小学校訓導	岡山県教育会
中山民生	東京府師範学校教諭	東京府教育会
神矢粛一	兵庫尋常高等小学校長	私立兵庫県教育会

図６　川面松衛

図７　矢島錦蔵

図８　高橋　恕

採決にあたって、調査委員の湯本は、文部省諮問の趣旨は小中学校において出来うる範囲内の方法を質問するところにある、と確認した。そして最終的に、川面の提案は未採決、町田ら（神谷）の提案は多数可決、高橋らの提案は少数否決となり、調査委員の答申案は多数可決となった。

しかし、公徳は学校以外でも広く養成すべきことが確認された以上、小中学校に範囲を限った答申案だけで終わることはできなかった。四月一五日、川面松衛ほか一二名から、①「公徳養成の目的を達せんがため、公徳に関する歌及曲譜を調製すること」、②「右取調方は帝国教育会へ一任すること」とする第四〇号建議案が提出され、賛成多数により可決された(21)。諮問答申案は、帝国教育会における語句修正後、明治三四年五月一〇日、以下のように文部省に答申された(22)。

第一諮問案　小学校及中学校に於て公徳を養成する方法如何

（決議）小学校及中学校に於て公徳を養成するには、左の諸件に注意を要する事。

（一）教員自から公徳を重んじ、生徒の模範たらんことを期すべき事。

（二）学校内外を論ぜず、生徒の行為をして常に公徳を実行せしめんことを期すべき事。

（三）教訓に依り生徒に公徳に関する知識を与へんことを期すべき事。

本文を実行せんが為め、現行の修身書及其の他の教科書を改正し、成るべく多く公徳に関する教材を加へんことを期すべき事。

（四）学校外に於て、生徒に公徳を実行せしめんが為め、政府は相当なる取締法を設けらるべき事。
（備考）右決議の外「公徳養成の目的を達せんが為め、帝国教育会をして公徳に関する歌及曲譜を調製せしめんとする建議案」を可決せり。

このように、第三回全国連合教育会の公徳養成に関する答申は、ほぼ調査委員の答申案と町田ら（神谷）の追加案とに依拠している。ただ、（三）への「教訓」の追加、川面らの第四〇号建議案に依拠した備考の追加が見られる。これらは、四月三〇日頃、帝国教育会の字句修正過程で追加されたと思われる(23)。

全国連合教育会で合意を得た公徳養成方法は、①教員の模範的示例、②学校内外における公徳実践の奨励、③公徳教材の教授であった。ただし、全体会議では国家・社会・国民による公徳養成の必要性が主張され、公徳実践のための取締を加えた。また、公徳に関する歌曲が教材化されることになった。歌曲については、帝国教育会に一任された。

（三）帝国教育会における公徳養成唱歌の開発

帝国教育会は、第三回全国連合教育会の決議、すなわち全国の府県市教育会代表の合意により、公徳養成に関する歌曲調製を開始した。明治三四年四月二六日、評議員会が開かれ、「公徳養成に関する歌及曲譜取調委員」の設置を決定した。委員は会長一任で指名され、後藤牧太・湯本武比古・町田則文・久保田鼎（東京美術学校長・帝室博物館主事）・梅沢親行（私立稚松尋常高等小学校長）に依嘱された。

委員が作成した報告書を受け、同年五月四日の臨時評議員会ではこれに少し修正を加えて、歌曲調製方法を大まかに決定した。これにより、帝国教育会で唱歌と楽譜を製作し、小学生向けと中学生向けとで差異を設け、学校内外における人と物とに対するテーマについて、それぞれ公徳の具体例を示して作者の参考に供することにし

図９　湯本武比古

た[24]。同月一四日、公徳養成歌曲に関する委員会が開かれ、懸賞をつけて唱歌（歌詞・曲譜）を広く募集することを決定した。五月二七日、同委員会は唱歌募集の公告文「公徳養成に関する唱歌募集広告」を決定し、同広告を『教育公報』や各教育雑誌、および地方教育会に紹介して機関誌への無料掲載を依頼することを決めた[25]。六月一一日の理事会では、同広告を各府県教育会雑誌・各新聞に掲載して趣旨を唱導させ、府県師範学校・中学校・小学校の各方面に唱歌製作を勧誘することを協議した[26]。帝国教育会は、教育雑誌の読者、教育会員、学校構成員に広く働きかけ、公徳養成唱歌の開発事業に動員しようとした。

この広告文には、次の三つの特徴があった[27]。第一に、第三回全国連合教育会の決議による事業であることを明記した。第二に、唱歌製作の参考として、児童生徒の日常生活に対応した公徳実践の具体例が示された。この具体例は、「教室内に於ては同級生の為め静粛なること」「人家稠密の場所にて火を弄ばざること」「学校の垣根・樹木等を破傷せざること」「路上に遊戯して通行人を妨げざること」などであり、第三回全国連合教育会へ提出された帝国教育会の意見案に挙げられた指導例から抜粋したものであった。第三に、「唱歌の歌詞は生徒に分り易き文句を用ひ、歌調は成るべく興味あるものたるべきこと」として、教育対象である子どもを意識するように注意書きされた。

公徳養成唱歌の応募作品は、六月に広告して八月末日に募集を締切ったが、短期間にもかかわらず、二一一作品も集まった[28]。各作品は、会長・常任理事と公徳養成に関する歌及曲譜取調委員によって審査され、田草川喜作（山梨県師範学校教諭）の作品が最優秀に選ばれた。同唱歌は、上真行（宮内省式部局雅楽師・元音楽取調掛員）と鳥居忱（東京音楽学校教授）の歌詞添削かつ田村虎蔵（同助教授）の作曲によって体裁を整え、明治三六（一九〇三）年四月に『公徳養成国民唱歌』として松聲堂から出版された[29]。なお、『公徳養成国民唱歌』は、同年九月一一日、文部省の高等小学校唱歌用図書検定を通過した[30]。

『公徳養成国民唱歌』は、ハ調四分の二拍子二四小節を一番として二〇番まである。全体を通して、歌詞は七五調、拍子はピョンコ節（一拍を付点八分音符＋一六分音符で構成）である。これは、「雅さ」と口ずさみ易さとを表現し、歌詞暗記による知識や徳目の学習を主要な目的とする「際物唱歌」の典型的形式であった。[31]歌詞の内容は、思いやりと協力の必要を説くところから始まって、詳細な公徳実践例に至り、終盤で公徳を『論語』の「忠恕」（仁の道、思いやり）へと転化させて、最終的に天皇制国体との関わりを感じさせるようになっている。[32]この論じ方は、井上・高山の国民道徳論的公徳論と同様である。公徳養成は、学校生活から一般生活へと段階的に実践を積み重ね、最終的には儒教道徳を媒介として国家とつながるようにまとめられた。

帝国教育会は、小中学生の日常生活を意識した具体的教材の開発を第三回全国連合教育会の合意によって大義名分化し、教育会の人的・組織的ネットワークを積極的に活用して、全国各地の教育関係者を動員した。そして、帝国教育会は教材開発の結果を評価し、さらに高等小学校唱歌科の検定教科書にまで押し上げた。『公徳養成国民唱歌』は、単なる唱歌ではない。新たな社会に対応する道徳教育のために開発された、教育会公認の道徳教育教材ともいうべきものであった。

三　公徳養成指導の資質

（一）教育者の参考書『公徳養成』の編纂

第三回全国連合教育会が公徳養成問題に対して帝国教育会に直接的に求めたのは、唱歌調製であった。ただ、帝国教育会では、唱歌調製だけに止まらず、公徳養成理論の研究を行った。実は、連合教育会後に様々な公徳唱歌が発表され、明治三五（一九〇二）年には東京府教育会が先んじて『東京府民公徳唱歌』を出版していた。そ

図10　岡　五郎

図12　川村理助

図11　井上守久

図13　中島泰蔵

の上、小学校令施行規則に準拠して「公徳」を課目化した修身教科書が、各教科書会社から出版され始めていた[33]。公徳養成の指導原理は、早急に研究され始めなければならない状況にあった。

公徳養成理論研究の発端となったのは、明治三四年五月一〇日、第三回全国連合教育会答申を文部省に提出した同日に開かれた、帝国教育会の理事会であった[34]。同理事会では、公徳養成に関する教育者の参考書の編纂、菅公（菅原道真）に関する道徳書の編纂出版、『聖諭略解』（明治二七年出版の教育勅語等の勅語解説書）改訂の計画が審議された。これらの事業は、五月一四日の評議員会の決定を経て、それぞれ委員を設置して実行された。明治三四年五月以降、先述の公徳養成唱歌の開発に並行して、公徳養成理論研究、菅公に関する道徳教材の開発、教育勅語研究が実施に移された。なお、公徳養成理論研究は帝国教育会編『公徳養成』（金港堂、明治三五年）に、菅公教材開発は帝国教育会編『菅公頌徳談』（東洋社、明治三五年）に、教育勅語研究は帝国教育会編『訂正増補聖諭略解』（帝国教育会、明治三五年）に結実した。

公徳養成理論研究は、「公徳養成に関する教育者の参考書籍編纂委員会」（以下、公徳養成編纂委員会）において行われた。同委員会の構成員は、辻新次（会長）・岡五郎（参事、文部省視学官）・井上守久（主事、私立鍋町女子尋常高等小学校長）・川村理助（主事、東京機械製造株式会社教育部取締役）・清水直義（常務委員、元小学校長）の帝国教育会理事クラスの幹部陣と、湯本・後藤・町田・久保田・梅沢の公徳養成に関する唱歌及曲譜取調委員によって組織された。研究方針や内容の実質的な決定権は、彼らにあった。公徳養成編纂委員会の方針は、第三回全国連合教育会の公徳養成方法に関する文部省諮問答申および同歌曲調製決議を編纂出版の直接的動機として、国民教育に従事する者の参考資料として、国民に公徳思想を養成する一助となる参考書を編纂することであった[35]。

『公徳養成』の編集主任は、中島泰蔵（東京帝国大学文科大学心理取調員・慶應義塾大学部講師）であった。五月一三日、公徳養成編纂委員会では、理論書作成の原案起稿を中島泰蔵に委嘱することを決定した[36]。中島は、明治二四（一八九一）年に渡米し、コロラド大学を卒業して哲学士となり、ハーバード大学で実験心理学を学んで明治二七（一八九四）年に帰国した。アメリカでは科学的心理学（新心理学）としての実験心理学を学んだが、旧来の哲学的・倫理学的・道徳学的・宗教学的心理学にも通じていたようである。帝国教育会では、明治三四年四月二七日～六月二九日に開催された高等学術講義会「近世心理学」の講師として、近世心理学の理論およびその応用・実験法を講義した。中島は、帝国教育会にも注目されていた新進気鋭の学者であった。

明治三四年一一月七日、中島を交えて公徳養成編纂委員会が開催され、中島立案の『公徳養成』綱目の審議を行った[37]。結果、同綱目による書籍編纂を中島に嘱託し、書名を『公徳養成』とすることにした。中島立案の『公徳養成』綱目は、「倫理総論」「直観説と公徳」「利己主義と公徳」「実利主義と公徳」「形式主義と自由主義との長短比較」「公徳と私徳との関係」「公徳の基礎」「公徳養成の方法（其一）」「仝（其二）」「仝（其三）」「公徳誤解の弊害」「自由寛容の精神」「公徳の自然的発生と其養成」を項目とし、大きく倫理学理論と公徳養成方法の二領域から構成された。このうち、「直覚説と公徳」「利己主義と公徳」「公徳と私徳との関係」「公徳養成の方法（其一）」「仝（其二）」「仝（其三）」以外の内容は、かなりの程度細目が定まっていた。逆を言えば、中島は、研究開始から約半年、公徳養成方法の研究を十分進めていなかったのである。同委員会ではこの綱目発表を受けて、編纂方針として、公徳養成方法の重視、愛国心・武士道などの精神を妨げないこと、簡易な普通文の文体によること、の三つの注意点を確認した。明治三五年一月二一日には、評議員会で『公徳養成』の出版が協議された。

明治三五年四月二一日、公徳養成編纂委員会が開催された。同委員会では、『公徳養成』原稿を精査するとともに、来る三〇日に委員と起稿者との打合会を開くことが決定された。四月三〇日、中島も出席するなかで同委員会が開かれ、『公徳養成』を帝国教育会名義（中島泰蔵起草）で出版すること、および後藤・町田・久保田が「公徳私徳の関係及び実例等」について中島に材料を提供することを決定した[38]。六月一〇日、再び委員会が開かれ、久保田立案の「公徳私徳の定義」を可決、中島は委員会での審議と久保田の案を参考にして原稿を訂正することになった[39]。公徳と私徳の関係については、私徳から公徳へ段階的に及ぼす際に必要な論点である。第二節で見てきたように、個人（私）のものから公のものへと及ぼす段階的指導は、公徳養成の導入として採用されていた。

中島は公徳養成方法の研究および実例の開発にかなり苦労したようである。中島一人では解決できなかった方法・教材上の問題は、経験豊かな委員たちによって補完された[40]。明治三五年九月、ようやく帝国教育会編『公徳養成』が金港堂から出版された。

（二）『公徳養成』の求める教員資質―倫理学知と公徳

『公徳養成』は、国民教育従事者、即ち主に普通教育機関の教員のための参考書であった。そこで求められた知・徳は、即ち公徳養成に従事する教員の資質といえる。では、どのような資質が求められたか。

『公徳養成』は、公徳養成の理論的根拠を倫理学理論に求め、かつ「養成の二字を含むが故に、畢竟教育問題にして、且実際問題たるなり」とした[41]。なお、明治三四年一二月に湯本が閲覧して発行した八木原真之輔『公徳養成之栞』（開発社）では、「公徳問題は法制的経済的問題なり」と定義し、行政法・刑法・民法・商法などの法律と公徳の関係を中心的に論じた[42]。表2は『公徳養成』と『公徳養成之栞』との章構成を比較したものである。『公徳養成』は、倫理学理論から公徳養成方法の具体例に至るように論じられ、それが公徳養成論としての独自性になっている。

『公徳養成』の公徳理論は、利己主義・直覚説（倫理的直観主義）を徹底的に批判し、最大多数の最大幸福を求める実利主義理論に主に依拠した（第二章～第五章）。また、国家は、最大の規模を持つ最も組織の整頓された社会であり、その法律・規定は構成員全般の福利をはかるためのものであり、社会の維持進歩のために健全な働きをなす個人の自由な活動を妨げてはならない。そのため、国家の福利と個人の福利とは調和すべきものと捉えた（第五章第三節Ⅱ）。このような国家・社会・個人観に基づき、公徳の基礎として、消極的な法律規則の遵守よりも、社会国家の一員として自ら積極的に法律を守り、社会国家の福利を図る「自治」の気風を重視した（第六章）。模範的人間像として英国のジェントルマンを挙げ、その自治上の美風として、①よく秩序命令を守ること、②沈着冷静、③繁文縟礼の弊なく簡便に行うこと、④信用の厚いことを評価している。これらは、穂積の論じた公徳、すなわち立憲政治・産業経済を発展させる原動力としての公徳に対応している。なお、一身一家に対する道徳（私徳）と社会公衆に対する道徳（公徳）とを厳密に区別し（第五章）、私徳に属する忠孝道徳については論じていない。

『公徳養成』の公徳養成方法とくに指導例は、

表２　『公徳養成』と他の公徳養成理論書との章構成比較

帝国教育会編『公徳養成』（金港堂、1902 年）	湯本武比古閲・八木原真之輔『公徳養成之栞』（開発社、1901 年）
1. 公徳養成緒論	1. 公徳と私徳　2. 公徳と歴史
2. 道徳の二大標準	3. 日本現時の公徳　4. 公徳と経済
3. 主観的道徳	5. 公徳と法律（上）
4. 主観的道徳の価値	6. 公徳と法律（下）
5. 公徳とは何ぞや	7. 何人が国の公徳を養成すべき
6. 公徳の基礎	8. 何物が最も公徳の悪魔なる
7. 公徳養成法序言	9. 公徳養成の材料・憲法に就ての概念
8. 会国家の大切なることを知らしむること	10. 前章の続き　11. 国家的作用
	12. 行政法　13. 刑法
9. 社会国家に対する個人の務を知らしむ	14. 民法及び他の諸法
	15. 前章の続き・商法
10. 管理訓練及び教員の示例	16. 相互警戒の事
11. 自由寛容の気風	17. 公徳と諸学科との関係
12. 公徳の自然的発生と其の養成	18. 積極的公徳
	19. 帝国教育会の意見案　20. 雑事
	21. 公徳上より敢て世の父兄に一言を呈す

出典：両著を参照して作成。

小中学生を対象にした。いくつか新たに追加された指導例もあるが、ほぼ第三回全国連合教育会に提出された帝国教育会の公徳養成に関する意見案を踏襲したものであった（第七～一〇章）。例えば、中学生に社会国家の必要を指導する一例、「分業行われて各個人が其の適したる業務に熟練し、相当の報償を受け得るは社会の賜なることを知らしむること」などは、先の意見案の一部を若干語句修正したものである。公徳養成方法は、大きく三項目に分けられ、教員の訓戒、管理訓練、実践躬行による示例によって行うとした。この公徳養成方法も、先の第三回全国連合教育会で合意をとった項目を踏襲した。なお、指導例は掲載したものが全てではないとし、後日の公徳養成資料の大成を期して、読者各自の観察による資料蒐集を奨励した。(43) 謙遜とも受け取れるが、一方では、現場の自主的な教材研究を期待する記述とも受け取れる。

『公徳養成』における公徳は、実利主義倫理学を理論的根拠とし、社会国家の維持進歩をはかる個人の自由な自治的活動を成立させるものとして示された。この公徳は、家族的・儒教的道徳とは一応別に構想された。そして、立憲政治・産業経済発展の原動力として必要とされた内容を含んでいる。このような公徳理論とそれに基づく具体的な指導例とは、公徳養成に従事する教員に求められる知識であった。また、これらは公徳実践のあり方でもあり、教員が児童生徒の模範として実践すべき道徳でもあった。

以上、日清・日露戦間期における帝国教育会の公徳養成問題を検討してきた。この時期には、日本の国際的位置の変化に伴って、教育勅語に示された忠孝道徳や修身科教授の限界が確認された。明治三三年、西欧諸国の生活様式と比較して日本人の公共心不足が問題視され、かつ国家と社会との関係が支配―統制関係でなく共時的発展関係において捉えられ、立憲政治・産業経済を発展させる必要が確認された時、公徳は学校で積極的に養成されるべきものと捉えられた。以下、第四章で新たに明らかになったことをまとめる。

帝国教育会の公徳養成問題は、公徳概念の理念的問題ではなく、公徳を養成するための実践的問題であった。明治三四年の第三回全国連合教育会に対する文部省諮問は、公徳問題を公徳養成問題へと方向づけた決定的契機になった。帝国教育会は、この諮問を受けて、公徳養成問題を全国の教育会と共有した。公徳養成問題は、第三回全国連合教育会の答申に結実した。また、同会議で示された公徳養成に関する独自の要求は、唱歌教科書『公徳養成国民唱歌』に結実した。さらに、帝国教育会の公徳養成理論の研究に発展し、公徳養成教材と教員資質をまとめた参考書『公徳養成』に結実した。その結果、教員の模範的示例、管理訓練による良慣習の養成、教訓教授という教育会公認の公徳養成方法、および帝国教育会の第三回全国連合教育会代議員会がまとめた教材案、そして公徳養成編纂委員会がまとめた実利主義的倫理学知に基づく自由・自治的公徳論は、公徳養成に従事する教員に求められる知識・道徳として集約された。

帝国教育会の公徳養成問題は、教材と方法の問題であり、ひいては小中学校教員の資質問題であった。教育会員であった中等教員や指導的教員たちは、官僚・思想家・学者などと一緒に、激しい社会変動に対応する新しい秩序を模索した。日清・日露戦間期における帝国教育会の公徳養成問題は、激動の社会変動に対応した新しい道徳を模索し、自分・同僚・部下・教え子の仕事と生き方とを改良しようとした指導的教員たちの自律的活動をも喚起した。公徳養成問題は、教員改良の活動をも喚起したのである。

---

(1) 小股憲明「日清・日露戦間期における新教育勅語案について」京都大学人文科学研究所編『人文学報』第六四号、一九八九年、七一～一〇二頁。

(2) 小股憲明「天皇制立憲体制下の公認国民像―日露戦争前までの議会を中心にして」『京都大学教育学部紀要』第二三号、一九七七年、一一八～一二九頁。

(3) 日露戦後、教育勅語の権威は、社会政策的観点から帝国議会（とくに衆議院）において増幅され、学校儀式の徹底や明治四一（一九〇八）年の戊申詔書渙発によって補完、翻訳事業によって国際的正当性を付与されていく。日露戦後の道徳教育史については、次を参照。梶山雅史「明治末期の徳育論議―大逆事件後の帝国議会」日本思想史懇話会編『季刊日本思想史』第七号、ぺりかん社、一九七八年、一一〇～一三三頁。平田諭治『教育勅語国際関係史の研究―鑑定翻訳教育勅語を中心として』風間書房、一九九七年。千田栄美「戊申詔書の発布とその反響」『日本の教育史学』第四四集、教育史学会、二〇〇一年、四〇～五七頁。佐藤秀夫『教育の文化史一―学校の構造』阿吽社、二〇〇四年。
(4) 山田昇「教科用図書および徳育」海後宗臣編『井上毅の教育政策』東京大学出版会、一九六八年、九一四～九二八頁。
(5) 梶山雅史『近代日本教科書史研究』ミネルヴァ書房、一九八八年。
(6) 海後宗臣・仲新・寺﨑昌男『教科書でみる近現代日本の教育』東京書籍、一九九九年。
(7) 佐藤秀夫『教育の文化史二―学校の文化』阿吽社、二〇〇五年。
(8) 国立教育研究所編『日本近代教育百年史』第四巻、教育研究振興会、一九七四年、九八二～九九九頁。
(9) 沖田行司『新訂版 日本近代教育の思想史研究―国際化の思想系譜』学術出版会、二〇〇七年、三五八～三七七頁。
(10) 山東功『唱歌と国語―明治近代化の装置』講談社、二〇〇八年、一一六～一二三頁。
(11) 伊東光利・田中愛治・真渕勝『政治過程論』有斐閣、二〇〇〇年。
(12) 穂積陳重「公徳教育に就て」『教育公報』第二四三号、帝国教育会、一九〇一年一月、九～一九頁。国家学会での演説は、穂積陳重「西遊所感」『国家学会雑誌』第一六二号、国家学会、一九〇〇年八月、一～五頁参照。
(13)「文部省諮問案」『教育公報』第二四三号、三二頁。
(14)「第三回全国連合教育会」『教育時論』第五七七号、開発社、一九〇一年四月、三一頁。
(15)「代議員会」『教育公報』第二四六号、一九〇一年四月、六五頁。
(16) 意見案は、「文部省諮問案に関する意見案」『教育公報』第二四六号、六九～七二頁。
(17)「代議員会」『教育公報』第二四六号、六九頁。
(18)「第三回全国連合教育会記事」『教育公報』第二四七号、一九〇一年五月、三三～三七頁。
(19)「第三回全国連合教育会」『教育時論』第五七七号、三七頁。
(20)「第三回全国連合教育会記事」『教育公報』第二四七号、四二～四三頁。
(21)「第三回全国連合教育会記事」『教育公報』第二四七号、五五頁。
(22)「第三回全国連合教育会文部省諮問案に対する答申」『教育公報』第二四七号、二〇頁。
(23)「各種委員会」『教育公報』第二四七号、一八頁。字句修正にあたったのは、山崎彦八（富士見小学校長）と今井市三郎（文海小学校長）であった。
(24)「臨時評議員会」『教育公報』第二四七号、一九頁。

（25）「公徳養成に関する唱歌委員会」『教育公報』第二四八号、一九〇一年六月、四一～四二頁。
（26）「理事会」『教育公報』第二四九号、一九〇一年七月、四四頁。
（27）「公徳養成ニ関スル唱歌募集広告」『教育公報』第二四八号、附録。
（28）「公徳養成に関する歌及び曲譜取調委員会」『教育公報』第二五二号、一九〇一年一〇月、五三頁。
（29）帝国教育会編『公徳養成国民唱歌』松聲堂、一九〇三年、序言。
（30）「公徳養成国民唱歌検定済」『教育公報』第二七六号、一九〇三年一〇月、二八頁。
（31）詳しくは、山東、前掲注（10）参照。
（32）歌詞を要約すると一番から二〇番まで次の通り。①思いやりと協力の必要、②農村の仕事の重要性、③学校・教室での心構え、④我が儘の戒め、遊戯場・校舎の掃除、⑤教科の人間形成的意義、⑥施設・設備・器具の毀損の戒め、⑦遊びで人に迷惑をかけないこと、⑧外国人への配慮、⑨火を使う際の注意、⑩神社・共有施設への悪戯禁止、⑪流行病への対応、⑫病気予防のための清潔、⑬河川・並木・街灯の保全、⑭ルールの遵守、⑮墓や記念物の尊重、⑯地理歴史教材としての道しるべ・石仏の意義、⑰汽車・渡船乗降のマナー、⑱人の集会所での我が儘の戒め、⑲公徳すなわち忠恕、⑳天皇制とのつながり。
（33）例えば、『尋常小学修身訓』（金港堂）、『小学新修身』（文学社）、『尋常小学修身教本』（育英舎）、『新編修身教典』（普及舎）など。
（34）「理事会」「評議員会」『教育公報』第二四八号、三七頁～三八頁。
（35）帝国教育会編『公徳養成』金港堂、一九〇二年、緒言一～二頁。
（36）「公徳養成に関する教育家の参考書編纂委員会」『教育公報』第二四八号、三八頁。
（37）「公徳養成に関する教育者の参考書類編纂委員会」『教育公報』第二五三号、一九〇一年一〇月、三一～三二頁。
（38）「公徳養成編纂委員会」『教育公報』第二五九号、一九〇二年五月、二七頁。
（39）「『公徳養成』編纂員委会」『教育公報』第二六一号、一九〇二年七月、三二頁。
（40）辻・久保田以外の構成員は、師範学校・小学校での教育経験を有している。辻・久保田は、長年文部行政に携わってきた。
（41）帝国教育会編、前掲注（35）、三頁。
（42）湯本武比古閲・八木原真之輔『公徳養成之栞』開発社、一九〇一年。
（43）帝国教育会編、前掲注（35）、一二九頁。

第五章　教育勅語解釈に基づく教員改良構想

――国家・社会の改良のための臣民育成を目指して――

本章の目的は、明治期大日本教育会・帝国教育会における教育勅語解釈を検討し、そこに示された教育関係者の動員構想を明らかにすることである。

明治二三（一八九〇）年一〇月三〇日、天皇の言葉として「教育ニ関スル勅語」（教育勅語）が渙発された。教育勅語は、天皇制日本の教育目的を根本的に規定するものであったが、渙発以来、常にその取り扱いが問題になったことは周知の通りである。教育勅語の位置づけは、明治二五（一八九二）年の第一次「教育と宗教の衝突」論争以降、日本の国際的地位の変動や資本主義社会の発展によってたびたび揺らぎ、明治四〇年代の戊申詔書による追加措置や家族国家観に基づく再解釈によって一応安定した[1]。とくに日清・日露戦間期には、教育勅語の撤回が話題に上がるほどに緊迫した状況にあった。

教育勅語の解釈は、「教育勅語衍義書」と呼ばれる解説書に見られる。明治期には多くの衍義書が出版され、そのなかに大日本教育会・帝国教育会によるものがあった。大日本教育会は、明治二七（一八九四）年九月一四日に教育勅語に関する衍義書『聖諭略解』を発行し、同年一一月三〇日時点で、九〇、一二七部を全国各地に配布したという。また、明治二九（一八九六）年に大日本教育会から改称再編した帝国教育会は、明治三五（一九〇二）年にこれを増訂して『訂正増補聖諭略解』を発行し、明治四一（一九〇八）年・四三（一九一〇）年に増刷した。このように、両教育会は、教育勅語の取扱いをめぐって日本社会が揺らいでいた時期に、訂正を加えながら衍義書を世に出している。

前章までに、両教育会の教員改良構想が根本的には国家隆盛を目指したことに言及してきた。両教育会の教員改良構想が盛んにしようとした「国家」とは何か。この問題を検討する上で、『聖諭略解』に見られる教育勅語の解釈は、重要な研究対象になると考える。明治期大日本教育会・帝国教育会は、教育勅語の取り扱いが大きく変動するなかで、どのように勅語を解釈したか。この問題は、両教育会が天皇制日本のあり方や教育目的をどう解釈したかという問題であり、教育普及・改良・上進を目指した両教育会の教員改良活動の根底に関わる。『聖諭略解』に言及した先行研究には、『教育勅語関係資料』第五巻[2]、小山常実[3]、山本哲生のものがある[4]。しかし、いずれもその内容を詳細に検討しておらず、その改訂増刷に言及していない。

以上の問題意識に基づき、本章では両教育会の教育勅語観を検討する。まず、明治二七年発行の『聖諭略解』における勅語解釈について、その編集・出版過程を踏まえて検討を進める。次に、明治三五年の改訂増補による勅語解釈の変容を検討しながら、明治四〇年代の増刷を巡る事情を検討する。

一．『聖諭略解』における教育勅語解釈

（一）『聖諭略解』の編集・発行過程

明治二七（一八九四）年七月三〇日、大日本教育会は、臨時常議員会を開いて、教育勅語と軍人勅諭とを合わせた衍義書を作成することを決定した[5]。これが大日本教育会が『聖諭略解』をまとめる最初のきっかけであった。しかし、この教育勅語解釈の計画については、これまでの幹部会議の議題に上がった形跡は一度もなく、突然の決定であった。大日本教育会は、なぜこのとき、教育勅語の解釈に踏み切ったか。

当時、明治二七（一八九四）年六月の閣議で一個旅団の朝鮮派遣が決定されて以来、日清戦争勃発は容易に予

図１　浅岡　一

想のつく緊迫した状況にあった。日本政府は、七月二〇日には朝鮮政府に最後通告を行い、八月一日には清国に宣戦布告を行っている。この最中、先述の大日本教育会臨時常議員会において、辻新次会長は、日清関係が「急迫ノ形勢」に陥った現状で本会がなすべき「当然ノ責務」について、次の二つを述べた[6]。すなわち、①教育勅語・軍人勅諭を平易・通俗的に衍義すること、②その衍義書を約六万部印刷して、「地方枢要ノ地ニ在ル者」（知事、郡市町村長、学務委員、府県郡教育会、小学校長等）に頒布し、主に学校教育を受けていない者たちに衍義を示すように依頼することである。辻は、日清戦争勃発を直前にした現状について、人民に聖旨を一層・十分に「肝銘貫徹」するためには「実ニ今日機宜ヲ得タルモノ」として認識していた。以上の趣旨説明を受けて、臨時常議員会は一同異議なく会長の提案を決定し、慎重を期すために方法・手続きを調査する委員五名を設けた。委員には、会長によって、西村貞（常議員会議長・元文部省参事官）、椿蓁一郎（文部省参事官・華族女学校幹事）、中川謙二郎（女高師教授）、浅岡一（華族女学校教授）、篠田利英（高師・女高師教授）が指名された。

八月一五日付発行の『大日本教育会雑誌』第一五三号には、委員会の調査は大体結了したと報じられている[7]。八月二七日、臨時常議員会において委員から調査顛末が報告された[8]。そして、九月一四日には、勅語衍義をまとめて『聖諭略解』を発行し、同月一七日には約八五、〇〇〇部を会長名義の書面を添えて地方官に回送した[9]。このときの会長名義の書面には、日清関係が急迫する状況下について、臣民は奮って国威宣揚に全力を尽くし、忠君愛国の志気を大いに激励し、それぞれその本分を守って覚悟を固くすべき時であると捉えている。そして、『聖諭略解』を分配して一般国民に聖旨を「肝銘服膺」させることにより、「御国ノ威烈ヲ奉翼シ、忠孝ノ観念ヲ高メ、義勇奉公ノ敵愾心ヲ固クスルノ手段」を助けることを、教育者の目下の急務として位置づけた。そして、この計画を立てた大日本教育会の試みを「国家ノ万一ニ報ユル赤誠」によるものと捉え、配布先を指定して地方官に配布を依頼した。

一一月三〇日付の調査によれば、[10]『聖諭略解』は総計九〇、一二七部を印刷・配布し、そのうち五七、一六二部は宮内省・地方庁・大日本教育会員・有志者に配布、三二、九六四部は学習院・華族女学校・高師・女高師・尋常師範・尋常中学・高等女学校・郡衙・町村役場・教育会・学校教員・一般篤志者などに配布した。地方庁からは、郡・市・区役所、町村・戸長役場、島庁、市町村学務委員長、小学校長または首座教員、教育会などに配送したという。配送経費などの一切は、大日本教育会で負担した。

以上のように、大日本教育会が同会初の組織的な教育勅語解釈を試みたのは、一般の人々に聖旨を貫徹・服膺させるためであった。これは、日清戦争の想定・勃発を受けて発想され、国威宣揚・忠君愛国・社会分業の精神を昂揚するために全国の教育関係者を動員した社会（通俗）教育的事業として構想された。この事業は、各地の地方官や指導的教員を動員して進められた。解釈の質向上よりも急迫する時事的状況に対する対応を優先したためか、決定から実行までわずか約一か月半であった。極めて急激に進められたと言える。また、『聖諭略解』の起稿者は秋山四郎（漢学者、のち華族女学校教授）であったが、[11]このとき彼の名前は一切伏せられた。大日本教育会による教育勅語解釈と配布は、個人の業績ではなく組織的業績として意識的に位置づけられていた。

なお、この時期の大日本教育会では、明治二六（一八九三）年一二月以来、嘉納治五郎（高師校長）らの教育研究推進派と、日下部三之介（東京教育社長）らの教育費国庫補助運動推進派との間で主導権争いが引き続き行われていた。[12]明治二七年六月一六日の第一一回総集会においても、日下部ら提出の小学校教員年功加俸国庫補助法に関する討議案を巡って、議場が紛糾したばかりであった。[13]大日本教育会は、方々に向いていた会員の関心を一定方向に集め、内紛状態に陥っていた組織を整え直す必要があった。『聖諭略解』の発行・配布は、このような内部事情を解消するための一手でもあったと考えられる。

（二）日清戦争完遂のための臣民育成教材

『聖諭略解』は、日清戦争を遂行するための大日本教育会の具体的協力事業として編集・発行された。教育勅語衍義書における勅語解釈の論点は、籠谷次郎によれば、①第二段中の「以テ智能ヲ啓発シ」の「以テ」の意味、②同「進テ公益ヲ広メ」の「進テ」の意味、③同末尾の「皇運ヲ扶翼スベシ」にかかるもの、④第三段頭の「斯ノ道ハ」の意味、⑤第一・三段の解釈有無（第二段の諸徳目のみの言及）を挙げられる。[14] しかし、これらの論点が『聖諭略解』において深められているとは言えない。『聖諭略解』は、日清戦争の勃発した現状に対してかなり意訳的に勅語を解釈しており、井上哲次郎『勅語衍義』のような、字義的・逐語的解釈をあまり行っていない。なお、原文の段落構成も勅語解釈の重要問題の一つであるが、『聖諭略解』の解釈部分ではおおよそ、冒頭、「爾臣民父母ニ孝ニ」以降、「斯ノ道ハ」以降の三段構成で解釈している。

『聖諭略解』の巻頭には、辻新次会長による緒言が収録された。ここでは最初に、教育者を、平常学校教育に尽くして学校普及・改良・上進を図る「当務者」、かつ「広く社会を教育する任務」を免れない者として定義した。そして、大日本教育会は、これらの教育者の「多数」を率いて成り立つ団体であり、教育者に課せられた先述の任務を果たすべき「力」を合わせた存在であるとして定義している。『聖諭略解』の発行・配布については、「聖旨の普く我が海内に貫徹せんことを計る」ための事業として捉えた。教育勅語については、「一般臣民の当に務むべき本分」を訓誡したもの、かつ臣民はみな「拳拳服膺」すべきものと述べている。現状については、「今日の時勢は、明かに臣民の本分を守り、其の覚悟を固くすべき最も大切なる場合」と認識した。辻は、これらの使命観・現状認識に基づいて、大日本教育会員と「国家機関の要部に立てる者」とが、『聖諭略解』を「学校教育の範囲外に在るもの、及び身を軍籍に置かぬ者にて、未だ此の勅語と「軍人」勅諭との御趣意をよく心得居らぬ者」に対して説き、聖旨を「一般社会に普く貫徹」させることを希望している。

では、『聖諭略解』における教育勅語の解釈を具体的に見ていこう。『聖諭略解』の教育勅語解釈部分は、四八字×八九行、全一一段落で構成された。上下巻でまとめられている井上『勅語衍義』と比べると、小論といえる。『聖諭略解』の教育勅語解釈は、その内容から大きく四つの段落群に分けられる。まず、第一～三段落では、教育勅語の趣旨を解釈している。第一段落には、教育勅語には「大御心」が尽くされており、臣民は老幼男女の別なくその趣意を奉戴・恪守しなければならないことが述べられた。第二段落では、わが国の開闢から千万年後まで変わらない「大道」があることが述べられた。そして、その「大道」とは「忠孝」であり、天皇の先祖・代々が立てて自ら実行し、時々臣民に訓誡して一定したものであると述べられた。第三段落には、二、五〇〇年余りの歴史において上下臣民が皆忠孝を重んじてきたことが述べられた。また、この歴史は外国人にうらやまれるほどであり、今後も益々勉めなければならないと述べられた。

第四～六段落は、勅語本文の解釈が展開されている。第四段落では、勅語冒頭の「朕惟フニ…教育ノ淵源亦実ニ此ニ存ス」について簡易に解釈した。そして、日本国民が皆心を一つにして忠孝の美徳をなすことは、万国に優れた「我国柄」であり、「教育の大本」であると述べた。第五段落では、「爾臣民父母ニ孝ニ…皇運ヲ扶翼スベシ」について簡易に解釈した。そして、これらの徳目の実践は、天皇に対する忠義だけでなく、先祖に対する孝行にもなることを述べている。他の多くの衍義書ではこの部分の論述に力点を置くことが多いが、『聖諭略解』では、勅語に沿って徳目を羅列するに止まり、それぞれの解釈にはほとんど踏み込んでいない。なお、「特に今日の如く外国と戦争の始まりたる時勢に在りては」と限定して、「一旦緩急アレバ義勇公ニ奉ジ以テ天壌無窮ノ皇運ヲ扶翼スベシ」の部分を「最も大切の事」として強調している点は特徴的である。第六段落では、第五段落で述べた忠孝原理の根拠をさらに検討した。ここでは、日本国は「大なる一軒の家」、国民同士は皆兄弟、天皇・皇后は「我々の親」であると捉え、これを「大に我が国の外国と異なる所」として強調している。

第七～八段落は、日清戦争に対する国民の姿勢について勅語に基づいて考察している。第七段落では、清国との戦争に対する国民の姿勢を説き、日本という一軒の家に関して、親である天皇を悩ませるおりであるから、子である国民は奮発して君・国のために骨を折ることは「当然の事」と述べている。また、「一旦緩急アレバ云々」を引いて、「今日の如き場合に臨みて、忠義を尽さぬ者は、日本の国民とはいはれざるなり」と断言している。第八段落では、武勇によって命をなげうつ伝統の「日本魂」だけでない、多様な義勇奉公の仕方を説いた。ここでは、現役・予備役はもちろん国民軍になることも義勇奉公であるが、金銭・貨物を献納して軍資を補い、軍人を慰労しその家族を扶助することや、「正しき道」を行うことも義勇奉公であると述べた。とくに、最も慎むべきことは「血気の勇」にはやって物が手に付かず徒に騒ぎ立てることであると述べ、落ち着いて自分の職業に励むことを勧めている。

第九～一一段落は、解釈のまとめとして天皇の大御心を意識させようとしている。第九段落では、忠孝の道は、天皇を始め日本臣民が必ず守るべきものであり、「いづれの国にても通じて行はるべき天下の大道」であり、「此の上もなくありがたき御遺訓」であると述べられた[15]。また、天皇は、臣民とともに「忠孝の人」になることを望んでいると解釈している。第一〇段落では、「天子様の御盛徳の一端」として、「御政事向の事」、教育勅語、軍人勅諭、巡幸、救恤など挙げ、人民に大御心を尽くす様子を説明している。第一一段落では、忠孝の実践により、君臣徳を一にし、上下心を同じくして、風俗は厚く文化も進み、富国強兵、国威は天下に輝く、とまとめて解釈を終えている。

以上のように、『聖諭略解』は、日清戦争を機に、忠孝道徳を実践する臣民を育成するために、教員をはじめとする教育者が活用すべき社会教育の教材として発行された。『聖諭略解』の教育勅語解釈は、基本的には井上哲次郎『勅語衍義』などの解釈と比べて目立った違いは見当たらないが、諸徳の逐語的解釈にこだわらず、日清戦争への協力という時事的立場からの大略的解釈であったところにその特徴があった。『聖諭略解』のねらいは、教育勅語の解釈を通して国民の戦争協力を引き出すことにあったが、その主眼は、国民が落ち着いて自分の職業生活に取り組むようにするところにあった。なお、日清戦争の意味については、天皇の大御心を悩ます国民的事件、または教育勅語にいう義勇奉公の機会として述べられたに止まった。

二 『訂正増補聖諭略解』における教育勅語解釈

（一）明治三〇年代前半における『聖諭略解』の改訂

『聖諭略解』の教育勅語解釈は、日清戦争勃発直後という特殊な事態に対応するための解釈であった。そのため、その解釈は日清戦争の終結とともに無効になる。大日本教育会は、旅順占領後の明治二七年一二月一日、常議員会において、戦後教育のあり方について会員や地方教育会などを交えて議論することを決めた(16)。その諮問に対する地方教育会や個人の意見をまとめたものが、明治二九（一八九六）年一一月発行の『将来ノ教育ニ関スル意見』である(17)。この冊子には、府県郡教育会四四団体と地方教育関係者一一名との日清戦後の教育方針に関する意見が収録されている。これらの意見を通覧すると、教育勅語に言及する意見はほとんど見当たらず、言及しても「教育ニ関スル勅語［略］ノ旨趣ヲ奉戴シテ」と述べる形式的な言及に止まった(18)。

日清戦後、西園寺公望文相が新しい教育勅語渙発を計画するなど、教育勅語は時代の要求に応じきれず、誤報・憶測織り交ぜながらその撤回が噂されるようになった。しかし、同時に教育勅語の再解釈も始まり、明治三〇（一八九七）年台湾における漢訳教育勅語の公布（準備は伊沢修二主導で戦中から開始）や、明治三二（一八九九）年における井上哲次郎の『勅語衍義』改訂などが現れた。これらは、帝国主義・資本主義の進展に応じた教育勅語の再解釈の結果であった。明治二九年一二月に大日本教育会から改称再編した帝国教育会は、これらの動きに少し遅れて『聖諭略解』を改訂し、明治三五（一九〇二）年九月四日、『訂正増補聖諭略解』を発行した(19)。

帝国教育会の『聖諭略解』改訂は、明治三四年五月一〇日の理事会において初めて協議され、同月一四日の評議員会で会長から報告された(20)。この時の評議員会では、公徳養成に関する教育者参考書の編纂や、菅公千年祭に際した道徳関係書の編纂および菅公頌徳唱歌の製作などが議題に上がっていた。この前の同年四月一三～一五日には、第三回全国連合教育会が開かれ、内地雑居への対応や憲法政治・産業経済の発展を背景とした公徳養成問題を取り上げていた。[21]また、延喜三（九〇三）年の菅原道真死去から千年目である明治三五（一九〇二）年に向けて、黒田長成侯爵を会長として成立した菅公会に対し、帝国教育会が協力することになっていた。また、四月二九日には皇孫（のちの昭和天皇）が誕生した。このように、『聖諭略解』の改訂は、帝国教育会において道徳教育や皇室への関心が高まっていた時期に実行に移された。なお、五月一四日の評議員会における議題は、のちに『公徳養成』（明治三五年発行）、『菅公頌徳談』（明治三五年発行）、『菅公唱歌』（明治三五年発行）として形にされている。

『聖諭略解』の改訂は、辻新次会長と、三宅米吉（文学博士・高師教授）、中川謙二郎（文部省視学官・東京高等工業学校教授）、篠田利英（女高師教授）、秋山四郎（華族女学校教授）によって進められた。のちに、清水直義（帝国教育会常務委員）も委員会に出席している。明治三四年六月六日、辻・三宅・篠田が集まり、編集方針を定めた。[22]ここで、引き続き教育勅語・軍人勅諭の略解を行うことに加え、新たに条約改正に関する詔勅の解釈を行うこと、起稿を秋山に依頼すること、字音仮名遣を文部省制定のものに依拠することを決めた。条約改正に関する詔勅とは、領事裁判権撤廃や関税自主権一部回復などを定めた欧米諸国と結んだ通商航海条約について、明治三二（一八九九）年六月三〇日に出されたものである。この条約は、治外法権撤廃と引き替えに外国人の内地雑居を認めたものであった。この詔勅解釈を挿入した経緯は不明であるが、完成原稿には、これからは外国人の生命財産などを保護し、「外国との対等の交際」をすることに一層配慮する必要があると述べられている。[23]『聖諭略解』の改訂は、明らかに、日本を取り巻く国際情勢の変化に対応する時代の要請に応じて進められていた。

改訂原稿は、明治三五年四月二二日に開かれた聖諭略解訂正委員会で決定された。[24]なお、前年六月に立てた編集方針にも見られるが、『聖諭略解』の改訂は、振り仮名の改訂にかなりこだわって進められた。仮名遣いは勅語の読み方の問題であり、奉読式の重視など教育勅語の権威化が始まった当時の時代状況に対応するためにも重要な問題であった。同年五月二七日の同委員会では、教育勅語・条約改正に関する勅語の振り仮名を文部省所定の字音仮名遣に依ること、および軍人勅諭の振り仮名は陸軍省に問合せて決定することが協定されている。[25]『訂正増補聖諭略解』の発行は九月四日であるから、原稿決定から五か月近く経っていることがわかる。文部省所定の字音仮名遣とは、明治三三年八月公布の小学校令施行規則における教授用字音仮名遣のことであった。いわゆる棒引き仮名「ー」が取り入れられ、国字改良に関心ある人々の間で激論が交わされていた。当時の帝国教育会は、国字改良運動に積極的に関与しており、様々な主義主張を持つ学者・教員などが出入りした。編集方針を立てた後、発行まで一年以上もかかっており、仮名遣い決定までに何らかの困難に直面していたことが予想される。経緯の詳細は不明だが、結局、文部省・陸軍省の決めた仮名遣いを採用することで落ち着いた。

以上のような経緯を経て、『訂正増補聖諭略解』は発行された。この事業は、日清戦後における日本の国際的地位の変動や、帝国主義・資本主義の台頭、憲法政治・産業経済の発展、内地雑居実施に伴う公徳への関心の高まり、国字改良運動の隆盛など、極めて複雑な時代状況の変化に応じて進められた。明治二七年の初版発行時とは異なり、一年半近くの期間を使って改訂が進められた。また、以前のように数万部もの配布を行うことはせず（発行部数は不明）、出版して開発社を通して定価四銭で発売し、かつ宮内省や東宮御所、小松宮・有栖川宮両推戴員、各省大臣に献納・贈呈するに止めた。[26]『聖諭略解』と『訂正増補聖諭略解』は初版と改訂版であったが、それぞれの性質は異なるものと考えなければならない。

（二）国家・社会改良のための国民生活の改善に向けて

『訂正増補聖諭略解』の教育勅語解釈の本文は、二七字×一六八行であり、旧版より少し字数を増やしたが大幅な字数増とはいえない。文章には、旧版と共通する文章が多い。天皇を親とし、国民を子とする家族国家的解釈、および忠孝を実践する臣民育成のための社会教育教材という位置づけもそのまま変更はなかった。しかし、改訂版においては、二つの重要な変更があった。第一の変更点は、旧版が日清戦争への対応を説いたのに対して、改訂版ではそれらの部分を時勢変遷を理由に全て削除したことである。[27]そして、段落構成を再編し、大幅な訂正を加えて、諸徳、とくに公徳（社会的道徳）にかかわる勅語解釈を大幅に追加している。これが第二の変更点である。

第二の変更点について詳しく検討すると、次の三つのことがわかる。まず、旧第二・三段落が合併され、大幅に訂正を加えている。とくに、旧第二段落末にあった「我国の歴史を見れば、明に分ることとなり」などの文言や、旧第三段落にあった二、五〇〇年間に天皇・大臣・民が忠孝を重んじてきた歴史についての言及がほとんど削減され、今日以後忠孝実践を勉励すべきことについての言及のみ残されている。開闢以来忠孝実践を重視してきたという論理に変更はないが、とくに実証困難な部分を省いたものと思われる。

次に、旧第五段落が大幅に改訂され、戦争時の心得を解説した部分が削除され、代わりに「爾臣民父母ニ孝ニ」以降の諸徳に関してより詳しく解釈している。旧版では諸徳を勅語原文に沿って羅列したに過ぎなかったが、訂正増補版では、諸徳の根拠を示しながら極めて簡潔な説明を加えた。諸徳の説明の冒頭では、孝を「人間百行の本にして、最も大切なるもの」として諸徳の根本に位置づけ、忠孝の重要性を改めて強調している。なお、「一旦緩急アレバ義勇公ニ奉ジ」以降の解釈も行われたが、旧版で「外国と戦争の始まりたる時勢」と具体的に戦争について述べていたところは、「国家の事変に臨みたる時」というように表現が変更された。天皇を悩ませる国家の事変に際して尽力することは、自分の家のために尽力することと同じことであるという家族国家的論理は変更されていない。

第三に、「公益ヲ広メ」以降について、新しく三段落を設けて詳しく解釈した。その代わり、旧第八段落で示されていた「義勇公ニ奉ジ」の解釈における戦時に忠義を尽くすための国民・職業生活という論理は省略されている。新しい第五段落では、「人々の必ず守らねばならぬ徳」として、他人の生命・財産・権利・名誉の尊重、公共物（神社・仏閣・学校・病院・公園など）を大切にすること、多人数の集まりにおける静粛・混雑回避、時間厳守によって他人に迷惑をかけないことなどと具体例を挙げた。新第六段落では、公益・世務の徳について詳しく解釈された。ここでは、自分の修身の後に、進んで世のため、人のためになる公益事業を行い、国家社会を益々よくすることを心がける、という道徳実践の過程が示された。また、公益を定義して、農工商の改良進歩を計って社会公衆の利益にするために、自分が進めることだけでなく、他人の公益事業に賛成・投資することも公益に含めた。そして、公益を妨害して私利を営む者を非難し、協同一致してこれを制する必要性を述べ、国家社会を改良する責任を自覚し、改良に尽力するために、実業の知識と道徳を養うことが公益を図る上で最も大切なことだと述べた。新第七段落では、「人として心得居らねばならぬ事」として「掟を守る事」を位置づけ、憲法・法律・規則・禁制などに服することについて解説した。禁制を犯して掟を守る者を「馬鹿正直」とあざける所行について、心得違いの最も甚だしいとして厳しく戒めた。このように、「国憲ヲ重ジ、国法ニ遵ヒ」という勅語原文の表面的解釈に終始したためか、遵法のみが強調され、既存のルールを批判し、場合によっては変更すべきことについては言及されていない。

以上のように、『訂正増補聖諭略解』は、日清戦争勃発という時勢に沿った教育勅語解釈を改め、忠孝実践・実業振興・遵法による国家社会改良を目指す目的意識に沿って、教育勅語を再解釈した。いわば、資本主義社会の発展や憲法体制の一層の確立という、明治三〇年代の時勢に沿った教育勅語解釈といえる。このとき、戦争遂行のための臣民・国民生活という論理が、国家社会の改良のための生活という論理にすり替わっている。旧版において、戦争は、天皇の心を悩ます国民的事件や義勇奉公の機会として抽象的に捉えられていたに過ぎず、戦争遂行の論理と国家社会改良の論理とをすり替えたとしても、論理的・倫理的問題はなかったと思われる。ただし、この論理のすり替えは、帝国教育会が戦争支援を放棄した結果とは考えにくい(28)。なお、旧版同様、忠孝の道は「いづれの国にても通じて行はるべき天下の大道」とされているが、この「国」が国内の地域を指すか外国をも指すかは明確に判別つけがたい(29)。

（三）『訂正増補聖諭略解』の増刷と再改訂断念

『訂正増補聖諭略解』は、明治四一（一九〇八）年三月一九日、理事会において売り切れのため新たに印刷することが決まった。[30]このとき、改訂の話は会議報告に上がっていない。その後、明治四三（一九一〇）年四月二三日、理事会において、中川・三宅・篠田・秋山・牧瀬某を委員に挙げて『聖諭略解』の「改正」を依嘱することが協議された。[31]委員に挙げられた最初の四名は、前委員の中川謙二郎・三宅米吉・篠田利英・秋山四郎であろう。牧瀬某とは、評議員の牧瀬五一郎（文部省参事官・陸軍中央幼年学校教授）を指すと思われ、『聖諭略解』中の軍人勅諭の改訂を期待した人選であろう。五月二七日には聖諭略解訂正委員会が設けられ、表題・内容について討議が行われた。[32]しかし、六月三日の同委員会では、種々協議の上まとまらず、旧来のまま再印刷することに決定している。[33]以後、『聖諭略解』の再訂は議題に上がることはなかった。[34]

帝国教育会は、明治四一年と四三年に、『訂正増補聖諭略解』を再改訂せずに増刷した。この事実はどのように解釈できるか。まず明治四一年三月前後には、青年・学生層の文化的潮流と拝金主義の勃興とによる思想・風紀悪化の風潮が問題化されており、この状況を打開するために詔勅が要求され、後の戊申詔書渙発につながる状況が形成されていた。[35]また、日露戦争後の欧米諸国における日本の道徳教育に対する関心の高まりにより、明治四〇年に牧野伸顕文政下で官定英訳教育勅語が成立し、菊池大麓によって海外で紹介されていたことが指摘できる。[36]菊池は、明治三九（一九〇六）年から国内でも自作の英訳教育勅語を発表し、教育勅語翻訳に関する国民の関心を高めていた。教育勅語の翻訳はその再解釈を伴う作業であった。これらの時代状況の中で、『訂正増補聖諭略解』は売り切れ、増刷された。帝国教育会の教育勅語解釈を参照するため、人々が買い求め、帝国教育会もそれに応じたといえる。明治四一年に改訂の必要性が問題にならなかったのは、実業知識・道徳の涵養やルールの遵守などによる社会改良という『訂正増補聖諭略解』の勅語解釈を改訂する段階にないと判断したからであろう。

しかし、明治四三年四月に再び改訂が議論された。その議論の詳細や経緯は不明であるため、時代背景を整理してこの時期に再改訂論が出た意味を考えてみよう。再改訂の提案が出された背景としては、直接には、明治四一年九月の小学校施行規則改正によって、漢字数制限の撤廃や棒引き仮名の廃止などが行われたことが大きいと思われる。『訂正増補聖諭略解』は、先述の通り、このときに変更された文部省所定の仮名遣いに基づいて記述されていたからである。しかし、この時期、教育勅語解釈を仮名遣いの変更だけに止められる状況にはなかった。明治四一年一〇月には、教育勅語の限界性を克服することが求められるなかで戊申詔書が発布され、帝国教育会は明治四二年三月一日に『戊申詔書述義』を発行している。また、明治四二（一九〇九）年一二月には、小松原文政下の文部省が『漢英仏独教育勅語訳纂』を出版し、東アジアにおける天皇制教育理念の移植・普及を目指して、教育勅語に対する国際的な承認を取り付ける試みが進められた。さらに、明治四三年三月には小学校修身教育の徹底について文部省訓令が発布され、年度初めから第二期国定教科書が使用され始めた。明治期における教育勅語解釈を決定づけた国民道徳論は、同年一二月の師範学校修身科教員講習会における講演で初めて提唱されたため、同年四月の段階ではまだ勅語解釈の方向性は明確になっていなかった。

帝国教育会には多くの会員がおり、そのなかには井上哲次郎や吉田熊次もいた。場合によっては、教育勅語再解釈に会員を動員することも可能だったはずである。しかし、帝国教育会は再改訂を断念し、仮名遣いを改訂することもせず、増刷に止めた。明治四三年、帝国教育会は、組織的な教育勅語解釈を放棄したのである。

以上、『聖諭略解』の編集・発行・改訂過程を検討し、明治期大日本教育会・帝国教育会の教育勅語解釈とその意義を明らかにした。第五章で明らかにしたことは、次の通りにまとめられる。

『聖諭略解』の編集・出版は、日清戦争勃発を契機に教育勅語の趣旨徹底を図ることをねらった突然の決定であった。大日本教育会にとって日清戦争は、天皇を悩ませる国家的事件または義勇奉公の機会として捉えられ、教育勅語の普及・徹底すべき時機として位置づけられた。一か月半という短期間で突貫的に進められた教育勅語の解釈は、『聖諭略解』としてまとめられ、全国の指導的教員・教育行政関係者などに配布された。『聖諭略解』は、いわば教育勅語に基づく臣民育成のための指導者用教材であった。日清戦争前後における教育勅語は、国内・国際情勢の変化によって限界を露呈し、教育現場で不安定な扱いを受けていた。大日本教育会は、そのような環境にあった指導的教員・教育行政関係者を、『聖諭略解』による教育勅語の普及活動に動員しようとした。『聖諭略解』は、指導的教員を教育勅語普及の担い手として改良する構想を伴って成立したと考えられる。

『聖諭略解』の改訂は、日清戦争後における道徳教育に対する関心の高まりのなかで、帝国教育会において一年以上かけて進められた。そうして上梓された『訂正増補聖諭略解』の教育勅語解釈は、家族国家的解釈による忠孝実践の重視という基本的傾向に変化はなかったが、新たに公徳実践の強調による国民生活の改善を求めるものに変化していた。これは、明治三〇年代前半における日本の国際的地位変動や憲法政治・資本主義社会の発展、内地雑居後の公徳に対する関心の高まり、教育勅語再解釈と並行して行われていた公徳養成研究の進展などに対応する解釈であったと考えられる。このとき、教育勅語の再解釈は、旧版の特徴であった戦争協力の論理を、国家・社会改良を目指す忠孝実践・実業振興・遵法精神の実践論理にすり替えて進められた。明治三五年の改訂後、増刷機会は二度あったが、『訂正増補聖諭略解』の教育勅語解釈が改訂されることはなかった。

明治期大日本教育会・帝国教育会は、「国家」について、天皇と国民との間で結ばれる擬制家族的関係によって成立し、擬制家族的関係と忠孝道徳とによって国民の犠牲的献身を要求するものとして、教育勅語に基づいて解釈した。全国の指導的教員は、このような国家を実現するために、学校だけでなく社会においても臣民育成に従事することを求められた。両教育会は、教育勅語の解釈を通して、天皇制国家に対する国民の献身を引き出すために、指導的教員の改良構想を形成した。このような教育勅語解釈に基づく教員改良構想は、天皇制国家の実現・隆盛に寄与するという指導的教員の社会的地位・役割を明確化した。しかし、このことは、『訂正増補聖諭略解』の勅語解釈に見られたように、国家の行いや既成のルールに対する批判的姿勢をとることをも困難にしてしまったのである。

なお、帝国教育会の帝国主義的傾向は、教育勅語解釈ではなく、別の機会に現れた（第Ⅱ部第四章、第Ⅲ部第二章、第Ⅳ部第七章参照）。『聖諭略解』の教育勅語解釈には、大陸侵出や植民地経営などについて一切触れて居らず、帝国主義的傾向を明確に確認することはできない。帝国教育会は明治四三年に『聖諭略解』を改訂しようとしたが、実現しなかった。結果的に、帝国教育会は、この時期に求められていた帝国主義的な教育勅語解釈に、十分に踏み込めなかった。

（1）明治後期の教育勅語に関する先行研究は、注（2）以下のものに加えて次を参照。梶山雅史「明治末期の徳育論議―大逆事件後の帝国議会」日本思想史懇話会編『季刊日本思想史』第七号、ぺりかん社、一九七八年、一一〇～一三三頁。久木幸男「一九世紀末の文部省廃止論―天皇制教育体制確立―動揺期における試行錯誤」『横浜国立大学教育紀要』第二六号、一九八六年、七一～九〇頁。小股憲明「日清・日露戦間期における新教育勅語案について」京都大学人文科学研究所『人文学報』第六四号、一九八八年、七一～一〇二頁。小股憲明「教育勅語撤回風説事件と中島徳蔵」『人文学報』第六七号、一九九〇年、一四四～一六七頁。森川輝紀『教育勅語への道』三元社、一九九〇年。久木幸男「江原素六教育勅語変更演説事件」仏教大学学会『教育学部論集』第四号、一九九三年、一～二四頁。久木幸男「明治期天皇制教育研究補遺」仏教大学教育学部『教育学部論集』第六号、一九九五年、一二五～一四二頁。千田栄美「戊申詔書の発布とその反響」『日本の教育史学』第四四集、教育史学会、二〇〇一年、四〇～五七頁。森川輝紀『国民道徳論の道―「伝統」と「近代化」の相克』三元社、二〇〇三年。佐藤秀夫『教育の文化史一―学校の構造』阿吽社、二〇〇四年。小股憲明『近代日本の国民像と天皇像』大阪公立大学共同出版会、二〇〇五年。

（2）日本大学精神文化研究所・日本大学教育制度研究所編『教育勅語関係資料』第五巻、一九七八年、一～二頁。この資料集に収録された原本は、私立岡山県教育会の機関誌附録であったという。『聖諭略解』は、地方教育会雑誌を通して、さらに提示機会を拡大したようである。

（3）小山常実『天皇機関説と国民教育』アカデミア出版会、一九八九年、四七三頁。

（4）山本哲生「教育勅語衍義書の教育史的一考察―明治二〇年代の場合」『日本大学精神文化研究所・教育制度研究所紀要』第六号、一九七四年、八三～一二四頁。
（5）「臨時常議員会」『大日本教育会雑誌』第一五三号、大日本教育会、一八九四年八月、五二～五三頁。
（6）同前、五二頁。
（7）「委員会」『大日本教育会雑誌』第一五三号、五三頁。なお、この号以降、明治一六年一〇月に海軍兵学校が出版した軍人勅諭衍義（近藤真琴編）が連載された。
（8）「臨時常議員会」『大日本教育会雑誌』第一五五号、一八九四年一〇月、四三頁。
（9）「聖諭略解頒布」『大日本教育会雑誌』第一五五号、四二～四三頁。
（10）「聖諭略解頒布の景況」『大日本教育会雑誌』第一六〇号、一八九四年一二月、三三一～三三三頁。
（11）帝国教育会編『訂正増補聖諭略解』、帝国教育会、一九〇二年、一頁。
（12）教育研究推進派の動きについては、白石崇人「明治二〇年代後半における大日本教育会研究組合の成立」日本教育学会編『教育学研究』第七五巻第三号、二〇〇八年、一～一二頁および本書第Ⅳ部第四章参照。
（13）「大日本教育会第十一回総集会」『大日本教育会雑誌』第一五〇号、一八九四年七月、一二二頁。
（14）籠谷次郎『近代日本における教育と国家の思想』阿吽社、一九九四年、一三一～一四六頁。
（15）『聖諭略解』では、段落頭が一字下げになっていないため、第八段落と第九段落との区別が分からなくなっている。しかし、内容上のまとまりから考えると、第八段落の内容は五頁一行目末の句点までであり、二行目から第九段落が始まると考えるべきだろう。
（16）「常議員会」『大日本教育会雑誌』第一六〇号、三三二頁。
（17）大日本教育会『将来ノ教育ニ関スル意見』大日本教育会、一八九六年。
（18）例えば福井県私立教育会の意見。大日本教育会、前掲注（17）、四三頁。
（19）「理事会」『教育公報』第二四八号、帝国教育会、一九〇一年六月、三七頁。
（20）「評議員会」『教育公報』第二四八号、三八頁。
（21）帝国教育会における公徳養成研究については、白石崇人「日清・日露戦間期における帝国教育会の公徳養成問題―社会的道徳教育のための教材と教員資質」『広島大学大学院教育学研究科紀要』第三部第五七号、二〇〇八年、一一一～一二〇頁および本書第Ⅱ部第四章参照。
（22）「聖諭略解訂正に関する委員会」『教育公報』第二四八号、四三頁。なお、同月九日には、勅語奉読連合演説会を開き、近衛篤麿（公爵・元帝国教育会長）に勅語を奉読させている（「勅語奉読連合演説会」『教育公報』第二四八号、四四頁）。
(23) 帝国教育会編『訂正増補聖諭略解』帝国教育会、一九〇二年、三五頁。
(24)「聖諭略解訂正委員会」『教育公報』第二五九号、一九〇二年五月、二五頁。
(25)「聖諭略解訂正委員会」『教育公報』第二六〇号、一九〇二年六月、二八頁。
(26)「献納及贈呈」『教育公報』第二六四号、一九〇二年一〇月、三二頁。
(27)『訂正増補聖諭略解』、緒言一頁。
(28) 明治三七（一九〇四）年三月、帝国教育会は、前月の日露戦争勃発に際して一枚刷りの「戦時に於ける国民の心得」をまとめ、『教育公報』第二八一号の附録にするとともに広告して一枚一銭で販売し、その広告の下にしばらく掲載されていなかった『訂正増補聖諭略解』の広告を掲載した。『聖諭略解』と並べて広告された「戦時に於ける国民の心得」の内容は、日本の自衛とロシアの不当を訴え、朝鮮半島侵出を正当化し、日露戦争を国民各自の役割に基づいて推進することを主張したものであった（「戦時に於ける国民の心得」『教育公報』第二八一号、附録）。
(29) 帝国主義的傾向を確認するためにここに一言述べた。『訂正増補聖諭略解』の一四頁に、天皇の人民に対する徳の事例として、「御自ら諸国に御巡幸ありて、民の働く様を親しく御覧ぜられ」とある。海外の諸国については「外国」と記してあり、ただ「国」と記した場合は、国内の各地域を指した可能性がある。なお、「戦時に於ける国民の心得」は明らかに帝国主義的な内容を有している。
(30)「理事会」『教育時論』第八二九号、開発社、一九〇八年四月、四八頁。
(31)「理事会」『帝国教育』第三三四号、帝国教育会、一九一〇年五月、一〇八頁。
(32)「聖諭略解訂正委員会」『帝国教育』第三三五号、一九一〇年六月、九三頁。
(33)「聖諭略解訂正委員会」『帝国教育』第三三六号、一九一〇年七月、九四頁。
(34) なお、大正二（一九一三）年一〇月二〇日、帝国教育会理事会は、盲人教育のための『聖諭略解』の「点写請求」について協定した（「理事会」『帝国教育』第三七七号、一九一三年一二月、一二一頁）。この試みが実現したかどうかは、史料では確認できていない。
(35) 尾崎ムゲン「戊申詔書と教育」日本思想史懇話会編『季刊日本思想史』第七号、ぺりかん社、一九七八年、九三～一〇九頁。
(36) 平田諭治『教育勅語国際関係史の研究―官定翻訳教育勅語を中心として』風間書房、一九九七年。

第Ⅱ部の小括

第Ⅱ部では、明治期大日本教育会・帝国教育会の教員改良構想の変遷を明らかにしてきた。以下に、新たに明らかになったことを中心にまとめる。

第一章では、『大日本教育会雑誌』を史料にして、結成期の大日本教育会における教員改良構想を検討した。明治一八（一八八五）年前半までは、大日本教育会では、理学・教育学の学習と教授法熟達とを重視した従来通りの教員改良構想が提唱されていた。同年後半以降、農村不況や従来の教員改良策の不振、外国の教員関係情報の受容などを背景にして、教員改良構想の傾向が変化した。すなわち、地域住民との良好な関係を築くための誠実さ・社会性や、教員の地位向上や待遇改善のための学力向上・技術錬磨・教職意義理解・社会貢献の必要性が論じられた。また、教育関係者の支援を得ながら集団で協同して専門性を向上させる構想や、教員養成における普通教育・専門的学習の重要性への言及もあった。つまり、結成期の大日本教育会では、教員の専門性に基づく教員改良構想が多く発表されたといえる。ただし、経済効率の観点から教員の専門性を軽視する論も見られ、この時期に大日本教育会のなかで、教員の専門性について十分な合意が形成されていたとはいいがたい。

第二章では、『大日本教育会雑誌』を史料にして、明治二三（一八九〇）年前後の教員改良構想を検討した。この時期、大日本教育会では、「教育者」の一員としての自覚をもって一致団結することを教員に求めながら、国民育成に対する責任内容を拡大させ、教職の独自性を肯定的に捉えて教職への誇りと帰属意識を高めようとする構想が発表されていた。これらの構想は、明治二三年の帝国議会開設に伴う教育費削減の可能性や、教育を知識の切り売りや就職斡旋所と見なす傾向などに対する対策であった。教育軽視の傾向に対する防衛意識と教職意義の重要性とを共有した上で、小学校教員を含めた教育関係者による専門的な輿論形成・政策参加の体制を作り出し、かつ知識・技術面だけでなく精神面にも深みをもった教員の専門性を確立することを問題とした。先述の通り、大日本教育会結成における最大課題の一つは、全国レベルの「教育ノ退歩」への抵抗と「教育全体ノ進歩」の推進とを目指して、教員・教育行政官・学者の協同による合意形成体制を整備することであった。いわば、明治二三年前後には結成以来の課題が国会開設に際して再認識され、教員改良を含む構想として具体化・発表されたのである。

第三章では、大日本教育会単級教授法研究組合の報告内容を検討して、大日本教育会末期の教員改良構想を明らかにした。明治二七（一八九四）年から二八（一八九五）年にかけて、大日本教育会単級教授法研究組合は、学級制導入（明治二四年）後における全国の小学校・師範学校教員の切実な問題を背景に、単級教授法の研究を行った。高等師範学校附属学校の研究は単級学校制度論に比重を置いたが、同研究組合の研究は教員の熟練に比重を置き、ヘルバルト派教授法理論と整合性を取りながら単級教授法を追求した。同研究組合は、高師編の理論を追加・再構成して具体性・整合性を高め、高い専門性と熟練とを必要とする教授草案をまとめている。同研究組合は、学級制に基づく小学校教員の専門性を追究した。

第四章では、帝国教育会の公徳養成問題への取り組みを検討して、明治期帝国教育会の教員改良構想を明らかにした。帝国教育会は、日本の国際的地位の変化から際だった日本人の公共心不足への対策と、立憲政治・産業経済の発展とが求められる日清戦争後の状況下において、明治三四（一九〇一）年から三五（一九〇二）年にかけて、公徳養成問題に取り組んだ。全国連合教育会の答申案をまとめ、その建議を受けて、公徳養成に関する唱歌教科書『公徳養成国民唱歌』と教員参考書『公徳養成』とを編纂した。『公徳養成』は、実利主義的倫理学知に基づく自由・自治的公徳論と公徳養成方法・指導例とを内容にして、公徳養成の主体たる教員に求められる資質をまとめた。帝国教育会の公徳養成問題に対する取り組みは、公徳概念の理念的追究に限定せずに小中学校における公徳養成の実践方法を追究したものであり、教員の知識・態度の改良に関わるものであった。このような教員改良構想の編纂過程には、官僚・思想家・学者と一緒に指導的教員も加わっていた。

第五章では、明治期大日本教育会・帝国教育会における教育勅語解釈を検討して、天皇制国家の隆盛に関わる教員改良構想を明らかにした。大日本教育会は、明治二七年、日清戦争の勃発を直接の契機にして教育勅語の趣旨徹底を図り、『聖諭略解』をまとめて、教育勅語に基づく教員改良構想を形成した。当初、この構想は日清戦争という状況対応に特化していたが、明治三〇年代の国内・国際情勢の変動に応じて、明治三五年に『訂正増補聖諭略解』として改訂された。『聖諭略解』の編集・発行・改訂過程において両教育会が目指した目的は、教育勅語に基づく天皇制国家に対する国民の犠牲的献身の喚起であり、そのための学校・社会における国民育成の推進であった。両教育会は、この目的に向けて全国の指導的教員を改良しようとした。

明治期大日本教育会・帝国教育会の教員改良構想は、結成当初は文部省の教員改良構想の影響を強く受けていたが、農村不況や従来の教員改良策の不振という地域の現実や外国の動向に対峙した時、独自の展開を始めた。そして、とくに教員の地位向上・待遇改善の要求や国民育成に対する責任内容の拡大は、従来に増して教員の知識・技術・精神的資質の向上を要求し、教員の団結による組織的活動をその重要な手段として浮上させた。また、帝国議会開設や、海軍という新しい教育支持層の登場、学級制導入という職場の変容、日本の国際的地位の変化などは、国民育成に対する教職の責任内容を拡大・深化させ、教員の専門性をさらに高度化する刺激となった。明治期大日本教育会・帝国教育会の教員改良構想は、教員の専門性を時代の変化に応じた形で高度化し、教員の団結による組織的活動を実質化・活発化して、その知的・技術的・精神的資質を向上させ、刻々と拡大・深化する国民育成に対する責任に対応させようとするものであった。その構想は、全国集会や教育方法研究の形で実現し、指導的教員の団結や教員の専門性の高度化を導いていった。

なお、明治期大日本教育会・帝国教育会は、日清戦争勃発以降、教育勅語による臣民育成の推進を教員改良の目的として設定した。それは、全国の指導的教員の手で天皇制国家を実現する道筋を示そうとしたものであった。両教育会の教員改良構想は、天皇制国家を実現する担い手として指導的教員を位置づけ、従来不安定であった教員の社会的地位の理想的あり方を明確化した。しかし、それは同時に、国家や既存のルールに対する指導的教員の批判姿勢を弱めることを伴っていた。

第Ⅲ部　教員講習による学力向上・教職理解の機会提供

はじめに

第Ⅲ部では、明治期大日本教育会・帝国教育会が直接に教員改良に取り組んだ事業として、教員講習事業の変遷を明らかにする。両教育会は、何をねらって、誰を講師とし、どのような科目・内容の講習を設定したか。どのような教員がそれらの講習を受け、どのような学習・発想を得たか。また、講習に付帯して、どのような行事が組まれたか。以上一連の問題に留意しながら、それらの教員講習の実態と意義とを精査する。

大日本教育会は、明治二四（一八九一）年に夏期（夏季）講習会を初めて開催した。明治二七（一八九四）年には、夏期講習会に並行して、教員対象の学術講義を開講するようになった。そこで、第一・二章では大日本教育会の教員講習事業を検討する。第一章では、明治二四年から明治二六（一八九三）年の夏季講習会について、現職教員をどのような目的・体制・内容によって改良しようとしたかを問題とする。その開催に至る過程や受講者・講師の実態とともに、幹部などの言説から講習会開催に込められた多様なねらいについても検討する。第二章では、明治二七年から明治二九（一八九六）年までの学術講義・夏期講習会について、大日本教育会がどのような目的・体制・内容によって現職教員を改良しようとしたかを問題とする。

第三～五章では、帝国教育会の教員講習事業を検討する。第三章では、明治三〇（一八九七）年から明治三一（一八九八）年までの教員講習事業に注目して、結成直後の帝国教育会がどのような目的・体制・内容によって現職教員を改良しようとしたかを問題とする。対象時期を明治三一年までにした理由は、大日本教育会末期から引き継いだ学術講義の位置づけがこの年に根本的に変化し、教員講習としての役割に限らなくなったためである。第四章では、明治三二（一八九八）年から明治四五（一九一二）年までの教員講習事業について、その展開過程を問題にする。夏期講習会を中心にその日程・受講者数・教科・講師・受講対象者などを整理し、また夏期講習会以外の講習についてもその開設趣旨などを検討して、明治期帝国教育会の教員講習の全体的概要を把握する。第五章では、帝国教育会の新しい教員講習事業として、明治三三（一九〇〇）年から明治三六（一九〇三）年の間に設置された中等教員講習所を対象に、中等教員をいかに養成しようとしたのか、または教員をいかに改良しようとしたかを問題とする。その際には、講習所設置過程、組織、学科・カリキュラム・講師、講習生などを検討するとともに、幹部の言説などから講習に込められたねらいについても分析する。

以上により、明治期大日本教育会・帝国教育会の教員講習の実態とその意義を探る。

第一章　夏季講習会による教員講習の開始

本章の目的は、明治二四（一八九一）年に開始された大日本教育会夏季（期）講習会について、明治二六（一八九三）年までにおけるその実態と意義とを明らかにすることである。

明治二〇年代半ばという時期は、普通教育教員資格の歴史上、重要な時期である。小学校教員資格制度は、明治二四年一一月制定の小学校教員検定等ニ関スル規則により、尋常／高等、正科／専科、正／准という区分から成る基本構造を確立した。[1] このことは、教員講習会の役割変容、すなわち学力補修・授業法の伝習から教員数確保のための教員資格取得手段への移行を後押しした。[2] 以後、小学校教員たちは、資格取得または上進へと方向づけられ、講習会参加に駆り立てられることになる。地方教育会は、この小学校教員の講習需要を引き受け、講習会と検定試験とを連結させて、変則的教員養成に取り組んだ。[3]

また、中等教員資格についても、この時期に注目すべきことがあった。明治一九（一八八六）年以降、尋常師範学校尋常中学校及高等女学校教員免許規則に基づき、検定試験いわゆる「文検」が実施された。明治二二（一八八九）年度・二三（一八九〇）年度の「文検」は、受験者（中等教員志望者）の学力不足を理由に行われず、明治二四年九月にようやく再開されたが、[4] この直前の明治二四年八月に、大日本教育会夏季講習会が中等教員志望者を対象に含めて初めて開催された。ところが、後述の通り、大日本教育会は「文検」との関連性をほとんど強調していない。大日本教育会は何のために夏季講習会を開始したか。

第Ⅱ部で検討したように、大日本教育会は、明治一六（一八八三）年の結成当初から、初等・中等教員の力量とその自己改良を問題にしてきた。明治二四年開始の夏季講習会は、大日本教育会が結成以来課題にしてきた初等・中等教員の改良に直接取り組んだものと考えられる。なお、大日本教育会では、明治二七（一八九四）年以降、教員講習事業のあり方が変化した。それ以前とそれ以降の講習会については、別に検討する必要があるだろう。また、佐竹道盛は、この明治二四年の大日本教育会夏期講習会について、ヘルバルト派教育学の普及伝達のために組織された夏期講習の最も早い例であると指摘した(5)。しかし、これは主に『帝国教育会五十年史』の回顧的記述を用いた指摘に止まっており、同時代的史料に詳細に立ち入って研究されていない。夏季講習会開講は、ヘルバルト派教育学の普及伝達のみを目的としたのか。以上のような問題意識に基づく先行研究は見当たらない。

そこで本章では、まず明治二四～二六年の大日本教育会が夏季講習会をどのように準備・開催したかを検討する。次に、その講習内容の程度について検討する。最後に、夏季講習会開催によって大日本教育会が実際に何をねらっていたか、さらに検討する。

一．明治二四～二六年における夏季講習会の開催

（一）夏季講習会の開始―中等教員養成と学科研究

大日本教育会は、結成当初、常集会・総集会を開き、教育に関する演説会を実施した。各集会では、教育の原理的問題や各科教授法がしばしば論じられた。明治一八（一八八五）年以降は、学術講義が継続的に開催され、そのなかには教育学科講義もあった。また、結成以来、大日本教育会は、関東各地で開催された教育会・教員講習会に多くの講師を派遣した。それは、「教員改良」の方策の一つとして位置づけられていた(6)。当時の『大日本教育会雑誌』の会報を見ると、派遣先で定期的な出講を約束して帰ってくる講師も多かった様子がすぐにわかる。大日本教育会による講師派遣は、各地での講習会開催を内容的に支える事業になっていたと思われる。明治二二

年一二月、大日本教育会は規則を改正し、第一八条に「本会ハ便宜ニ依リ、書籍館、博物館、及学術講習会等ヲ開設スベシ」と規定した。これにより、副次的・臨時的事業という位置づけではあるが、講習会が制度化された。しかし、講習会はすぐには開催されなかった。

明治二四年五月二〇日、大日本教育会評議員会にて、「尋常師範学校・尋常中学校・高等女学校ノ教員及其教員志願者ノ為メニ講習会ヲ開ク件」が可決された[7]。これを受け、講習会の開催方法を調査するために委員が設けられた。調査委員は、峯是三郎（学習院教授）・杉浦重剛（東京英語学校長）・大束重善（東京府高等女学校長）の三名であった。峯は師範学校・中学校の現場を知り、杉浦は大学予備門としての中等教育を知り、大束は小学校と高等女学校の現場を知る人物であった。調査委員は「夏季講習会要項」を作成した。同要項は、六月一八日の評議員会で可決された。同要項は、次のように定めている[8]。講習会の目的は、「尋常師範学校・尋常中学校・高等女学校ノ教員、及該教員志願者、其他左ノ学科研究志望者ノ為メ」である。講習学科は教育学と博物学とした。講習料は前納（一学科二円・二学科三円）とし、「成績相当ノ者」には「証明状」を授与する。講習時間は科目ごとに毎日二時間ずつ（日曜休業）、参加者が四〇名未満の場合は開会しない。予算は、一一〇円（講習料一〇〇円・本会補助一〇円）とした。支出は、講師報酬に九〇円、会場諸費に二〇円かかると見積もった。講習料収入は、「講習員一人ニ付、平均講習料金弐円五拾銭ト見積、四十人分」として算出されている。講習会の参加者はせいぜい四〇名程度と、かなり控えめに見積もられていたことがわかる。

図１　峯是三郎

（二）多様な受講者と受講意欲

明治二四年八月一日〜三一日、高等師範学校附属小学校を会場として、夏季講習会が初めて開催された。企画当初の見積りに反して、全国各地から二〇三名の受講者がこの講習会に殺到した[9]。表1のように、明治二四年の講習会受講者は、

全国から集まった。例えば、長野県の参加者五名は、気賀沢玉童（大日本教育会員（以下会員）、南安曇郡東穂高尋常小学校長）、臼井毅（非会員、県尋常師範学校教諭心得兼訓導）、河西健吉（非会員、県尋常師範学校附属小学校訓導）、斉藤順（会員、県尋常中学校助教諭）、小林翠（会員、北安曇郡会染村学校勤務）であった。また、山梨県の参加者六名は、岩下彦太郎（非会員、不明）、坂田寛作（非会員、県尋常師範学校附属小学校訓導）、篠原直（非会員、北巨摩郡韮崎尋常小学校長）、村田与三郎（非会員、甲府高等尋常小学校訓導）、小泉英男（非会員、南巨摩郡増穂尋常小学校長）、古屋定一郎（非会員、東山梨郡高等小学校訓導）であった。

このように、明治二四年の夏季講習会には、大日本教育会員だけでなく非会員も参加し、公立小学校長・師範附小訓導・中学校助教諭などが参加した。なかには、『改正教授術』の著者の一人である白井毅のように、全国的にも著名な教員も参加していた。なお、これらの参加者の大部分にとって、講習料二〜三円は決して安価ではなかったと思われる。例えば、高等小学

表1　大日本教育会夏季講習会受講者数府県別表（明治24・26年）

	M24	M26		M24	M26		M24	M26
東京	60	21	新潟	5	9	岡山	2	3
北海道	0	1	富山	1	2	広島	2	2
青森	0	5	石川	1	1	山口	2	3
岩手	2	0	福井	0	1	愛媛	2	0
宮城	2	4	岐阜	4	5	香川	0	1
秋田	0	4	静岡	5	10	徳島	0	2
山形	4	3	愛知	6	14	高知	2	1
福島	0	1	三重	5	2	大分	0	0
茨城	10	5	滋賀	11	8	福岡	2	6
栃木	5	0	京都	4	12	佐賀	4	1
群馬	3	3	奈良	2	0	長崎	0	4
埼玉	4	8	和歌山	0	0	熊本	1	2
千葉	9	7	大阪	1	1	宮崎	1	1
神奈川	18	13	兵庫	3	0	鹿児島	1	4
山梨	6	8	鳥取	3	0	沖縄	0	0
長野	5	9	島根	5	9	総計	203	196

出典：次の史料を使用して作成。「本会夏季講習会」『大日本教育会雑誌』第109号、463〜465頁。「夏季講習会に就て」『大日本教育会雑誌』第131号、53頁。なお後者の記事中（52頁）に「講習に従事するものは二百人」とあるが、府県別の人数表に従って作成。明治25年度分は史料未発見。

校教員の古屋定一郎は、明治二四年一〇月時点で月俸八円であった[10]。つまり、古屋は月俸の約四割にあたる講習料を支払って講習会に参加したことになる。この上に旅費・滞在費の必要を考えると、かなりの高額になるだろう。講習会員は、高額の講習料を払ってでも講習を受けたいという意欲をもって受講したことが予想される[11]。

（三）現職小学校教員への学習機会の提供

明治二五（一八九二）年にも講習会は開かれた。しかし、この段階では、夏季講習会はまだ不安定な位置づけにあったようである。夏季講習会は、同年七月二〇日の評議員会で、ようやく開催決定した[12]。また、辻新次会長が定員四〇名未満の場合の中止可能性を確認したところ、種々異論が出た。結局、山縣悌三郎（『少年園』主幹、元師範学校教員）の意見を受け、定員未満でもなるべく開会することにした（会長一任）。明治二五年八月一日、高師附属学校講堂にて夏季講習会が開会された[13]。明治二四年ほど人数は集まらなかったが、企画段階の不安に反して、定員を超える講習会員一〇七名（全科目合計）が集まった。

明治二六年四月一〇日、評議員会において、評議員の互選により夏季講習会委員が選ばれた[14]。委員は、西村貞（在野）・杉浦重剛・伊村則久（文部省普通学務局第三課長・高師附属中学校教諭）・山縣悌三郎・峯是三郎の五名であった。五月二日、夏季講習会調査報告が評議員会の議案に上がった[15]。ここで、教育学科の講師候補者一名に断わられた場合には教育学科を開設しないという原案が議題に上がった。この原案には、一部の評議員から反対の声が上がった。多田房之輔（麹町尋常高等小学校長）は、「教育学科は尤も必要のものにて欠くべからずと思考する」ため、「飽くまで此科は設けたし」と希望を述べた。清水直義（文部省普通学務局第三課属・元小学校長）は、多田に同意し、断られた場合も会長に人選を一任し、やむを得ないところまで尽力してほしいと述べた。評議員会に提出された原案には、教育学講師に日高真実

図２　多田房之輔

図３　日高真実

（文学士、高師教授兼文科大学教授）の名が挙がっていた可能性が高い[16]。日高はドイツ留学経験者（明治二一年～二五年）であり、すでに『日本教育論』を発表し、さらに新刊の出版準備を進めていたが、肺患の徴候を抱えながら高師・帝大での教育学講義の準備に追われ、多忙を極めていた[17]。おそらく、代案なしの原案は、日高に引き受けてもらうための委員なりの工夫だったと思われる。ただ、評議員にとっては、教育学科の廃止だけは避けたかったのであろう。現役・元小学校教員の評議員から、教育学科継続の要求が強く主張されて合意を得たことは注目に値する。

また、同日の評議員会では、日下部三之介（東京教育社長）から、講習中に教育に関する講話を開催することを夏季講習会要項に加えることが求められ、可決された。なお、講習目的は、明治二四年度と同様の「尋常師範学校・尋常中学校・高等女学校ノ教員及該教員志望者、其他左ノ学科研究志望者ノ為」とされた[18]。

明治二六年八月一日、大日本教育会講堂にて夏季講習会が開催された。八月二五日付で報告されたものによると、講習会の状況は次のようであった[19]。講習会員は、講習会員二〇〇名（申込者二一〇名・退会者一〇名）であり、府県別の内訳は前掲表1の通りである。職業別内訳は、小学校教員一六六名、尋常師範・中学校教員二名、学生一四名、その他一八名であった。このうち、最終的に講習証明状を受領したのは、教育学一六五名、倫理学一六五名、数学一三四名、国語一五九名、歴史一六七名であった[20]。このうち、井田秀生（非会員・履歴不明）は、明治二四年の第一回講習会から皆勤で参加した。今井市三郎（文海尋常高等小学校長）のように、普通免許状を有する小学校長も講習に参加した（今井は教育学・倫理学・国語・歴史を受講）。今井の真意は不明だが、明治三五（一九〇二）年に死去するまで文海小学校長を務め続けた今井にとって、中等教員への上進が唯一の受講動機だったとは断定し難い。教員にとって、「学科研究」という目的も動機として少なからず意味をもっていたと思われる。

明治二五年度・二六年度の夏季講習会は、関係者の不安や講習方針の若干の動揺をよそに、多くの講習会員を集めた。決して安くはない講習料を払って二度・三度と継続して受講する者や、普通免許状という当時最も程度の高い教員免許を持つ小学校長も講習を受けた。明治二六年には、講習会員二〇〇名のうち、約八割が小学校教員であった。大日本教育会は、とくに現職小学校教員の学習意欲に突き動かされて、彼らに学習機会を提供したといえる。

二．高等教育機関の学者による最先端の講習内容

（一）明治二四年の夏季講習会の様子と講師

「夏季講習所規則」により、講習会の様子を再現すると、次のようになる。[21] 講習会員は、袴もしくは洋服を着用する。講習は、午前九時から始まった。会場の高師附小にやってくると、本会交付の「講習会員証」を掛員に渡して入場する。講習中は「整粛」にし、講師・掛員の指示に従う。質問は講師の許可を得て行う。講習筆記の公開は講師の許可が必要である。午前の講習は基本的に一一時まで、午後の講習は基本的に四時から六時まで行われる。同規則や大日本教育会の指示に従わなければ、除名される可能性もあった。このような日程に従い、講習会員は、夏の東京で講習を受けた。

明治二四年の講習科目は、教育学と博物学（動物・植物・鉱物）であった。教育学講師は、国府寺新作（文学士、高等師範学校教授）と篠田利英（女子高等師範学校教授）であった。博物学講師は、動物ノ部に飯島魁（理学士、理科大学教授）・石川千代松（理学士、農科大学教授）、植物ノ部に矢田部良吉（理学博士、理科大学教授）、鉱物ノ部に松島鉦四郎（理学士、第一高等中学校教授）であった。高師・女高師・大学・高中教授六名が講師となり、かつその内の五名は学士・博士であった。

講習内容を詳しく示す史料が見当たらないため、各講師の当時の学問的立場を確認してこれに代えたい。まず

教育学講師二名はどうか。国府寺は、帝国大学文科大学哲学科卒、すでに『魯氏教育学』などを訳し、明治二四年二月に英米独の教育書の原著から参酌してまとめた『普通教育学』を出版したばかりであった。『普通教育学』ではリンドネル・ケルンなどのヘルバルト派教育学にも配慮しているが、構成を見ると三育論や開発主義の影響が強いように思われる。篠田は、生涯あまり著作を残さなかったが、師範学科取調のためにアメリカに留学し（明治一九年～二三年）、S・ホールに師事して実験心理学・児童研究について学んだ人物であった[22]。

博物学講師の飯島・石川・矢田部・松島はどうか。飯島は、ドイツ留学経験者であり、当時すでに『人体寄生動物編』や『中等教育動物学教科書』を著していた。石川は、すでに『動物進化論』を著して日本に初めて進化論を体系的に紹介し、明治二四年にも『進化新論』を刊行している。飯島・石川ともに、東京大学在学中にモースの影響を受けた動物学者であった。矢田部は、東大の植物学の初代教授で、植物学会長を務めながら、植物分類学の理解と植物標本の採集とに努めた。また、グレー『植物通解』やフーカー『植物学初歩』を訳している。松島は、小藤文次郎・神保小虎とともに『鉱物字彙』を編集し、明治二四年一二月には富山房編『鉱物学新書』を校閲して出版している。

講師の多くは、当時、新たな研究を世に出していた新進気鋭の学者であった。講習会員は、これらの学者から教育学や博物学などを直接に学ぶ機会を得たといえる。夏季講習会はヘルバルト派教育学の普及伝達を目指したとされてきたが、講師の専門性から見ると、それに限らない広い知識習得の機会となったと思われる。

（二）明治二五年の夏季講習会の様子と講師

明治二五年八月一日、高師附属学校講堂において大日本教育会夏期講習会が開会された[23]。講習科目は、教育学（教育学・心理学・単級教授法）と物理学であった。両科目合計一〇七名の講習会員が集まり、八月三〇日に講習終了となった。講習中は、各官立学校に依頼し、各教室などを参観させた。とくに帝国大学・高等師範学校・東京工業学校・高等商業学校・東京美術学校・東京盲唖学校などは、「特に親切に」参観の便宜を図ったという。なお、八月二七日には、講習員内の教育会員三六名を招集して、大日本教育会への入会を促す事業説明が行われた。また、二八日には、加藤弘之（帝国大学総長）「日本人」と西村正三郎（開発社長）「意育の概目」の談話が行われるとともに、大日本教育会長・講師・職員・講習員などで写真撮影が行われた。

明治二五年の講習科目は、教育学（教育学・心理学・単級教授法）と物理学であった。教育学講師には、教育学に国府寺新作（外務省翻訳官）、心理学に元良勇次郎（文学博士、文科大学教授）、単級教授法に勝田松太郎（高等師範学校附属小学校単級教場訓導）が就いた。物理学講師には、谷田部梅吉（理学士、東京物理学校教師・高等商業学校教授兼舎監）が就き、助手に高島卯吉（東京物理学校物理学教師）が就いた。国府寺は昨年に続いての登壇であるが、明治二五年一月に英独の研究書を斟酌して『実用心理学』上巻を刊行し（下巻は一一月刊）、同年五月には相沢英一郎とともに『新式教授学』を刊行していた。元良は、アメリカの大学で学位を得た日本最初の心理学者として知られているが、当時は主に旧来の倫理学的心理学を主に研究し、『教育新論』『心理学』などの著書を著していた。勝田は、高師附属単級教場の実地研究担当者であり、明治二四年一二月に『高等師範学校附属学校単級教場報告』をまとめている。谷田部は、高等中学校・高師程度の物理学・化学・数学などを教授した東京物理学校創立メンバーの一人であり、主に数学（幾何・代数）や三角測量法を専門としていたようである。助手という立場であるが、東京物理学校で物理学を教えていた高島が、おそらく講習の実際を担当していたと思われる。

図４　元良勇次郎

図５　谷田部梅吉

以上のように、明治二五年の夏季講習会の講師は、前年度に引き続いて高等教育機関教員が選出された。講習内容は、元良の心理学や単級教授法という新式の教授法、私立東京物理学校の物理学などであった。

図６　三宅　秀

図７　西村茂樹

図８　北条時敬

（三）明治二六年の夏季講習会の様子と講師

明治二六年の夏季講習会では、開会中の日曜ごとに講談会が設定された。八月六日には肝付兼行と中川謙二郎、一三日には西村貞と三宅秀、二〇日には西村茂樹と井上哲次郎、二七日には杉浦重剛と後藤牧太の講談が行われた。中川の講談については後述する。西村貞は、教育会は「教育家の教育政談会」「教育会員の教育政論会」ではないこと、実業教育の趣旨、教科書の文言、師弟関係について述べている[24]。三宅は、老人の生理について談じた[25]。西村茂樹は、昔からの教育方法をやめて別の教育をすることでは教育はできないとして、「徳育の歴史」が必要なことを述べ、「封建時代の徳育」を論じた[26]。井上は、学術と迷信とは両立できないこと、信仰は学術に基づくことで迷信を脱すること、教育家が学術に迷信を混入することは避けたいことなどを論じた[27]。杉浦は、「日本国に居て日本の教育はどうしたら善からうか」という問題意識から、教育勅語、博愛主義、教育の意義（地理・衛生・犯罪など）、実業教育について談じた[28]。後藤は、音と声、発音について講義した[29]。

明治二六年の講習科目は、教育学・倫理学、数学、国語、歴史であった。教育学・倫理学講師は沢柳政太郎（文学士、元文部官僚）、数学講師は北条時敬（理学士、第一高等中学校教授）、国語講師は落合直文（第一高等中学校教授）、歴史講師は三上参次（女高師教授兼文科大学助教授）であった。

沢柳は、明治二五年一一月に修身教科書機密漏洩事件の責任を取って文部省を依願免官となり、当時、在野の人であった。東京専門学校と哲学館において教育学を講じ、明治二五年一二月に立花銑太郎と合訳でヘルバルト派のケルンを訳して『格氏普通教育学』を刊行、明治二六年九月には『格氏特殊教育学』を刊行する予定であった。北条は、この頃の著書がないため学問的立場はよくわからないが、明治二一年に大学院に所属していた際は微分方程式を専攻していた。落合は、小中村義象と共著で『日本文典』や『家庭教育歴史読本』全一二編の執筆を行いながら、『新撰歌典』『日本文学全書』などの編集執筆に尽力していた国文学者であった。三上は、実証的歴史研究を行って、すでに『日本文学史』上下巻（高津鍬三郎と共著、落合が協力）や『白河楽翁公と徳川時代』を著していた日本史学者であった。

以上のように、明治二四年から二六年の夏季講習会について、一般的様子と講師について確認してきた。講習会講師を見る限り、大日本教育会夏季講習会は、高等教育機関所属の最先端の学者から直接学ぶ機会を、現職教員たちに提供した「学術講習会」といえる。なお、明治二五年の講習内容には、単級教授法が組み込まれている。本来、小学校特有の問題である単級教授法を中学校・高等女学校教員に教授する必要はない。実際、講習会員は小学校教員が大半であった。夏季講習会は、明治二五年以降、小学校教員の学習機会としての性格を強めたように思われる。

三．夏季講習会の本当のねらい

（一）学力形成・教職意義の理解による教員の品位向上

以上のように、夏季講習会は中等教員養成・改良を主要な目的として開講された。しかし、実際の講習会員や科目の構成を見た場合、それだけでは収まらないものであったことがわかる。講習会中の関係者の言説を精査すると、夏季講習会のねらいは中等教員養成の他にもあったようである。関係者の言説を整理・検討していくと、以下のようになる。

明治二四年、大日本教育会長・辻新次（文部次官）は、講習会員に対して次のように述べた。[30] 夏季講習会開設の主な理由は、「目下教職ニ従事セラルル者、及将来教職ニ従事セントスル者ノ為メ、充分ノ学力ヲ与ヘ、以テ教職ニ従事スル者ノ品位ヲ高フスル」ことにある。講習所規則を守り、「講習会ノ妨」をしないことが重要である。講習終了後に「学力ノ成績ヲ徴シ」て証明状を交付するため、「覚悟」をもって講習に臨み、全員が証明状を得られることを望む。このように、辻会長は、夏季講習会開設について、免許上進よりむしろ、学力形成による教員の品位向上を第一の理由に挙げていた。

同年八月二三日、講習会員を集めて懇談会が開かれた。ここでは、辻や西村貞（文部省視学官）、沢柳政太郎（文部大臣秘書官）などによる談話が行われた。このときの沢柳の談話が「教員ハ愉快ナル職務ナリ」である（第Ⅱ部第二章参照）。沢柳の論旨は、責任論に止まらない教員の専門性論であり、教職の難しさや専門的工夫の必要などを前提として小学校・幼稚園の教職独自の「おもしろさ」を追究し、教員の教職への帰属意識を刺激しようとしたものであった。[31] また、八月三一日、小石川の帝国大学植物園で、夏季講習会証明状授与式が行われた。証明状を授与されたのは、教育学一六一名・博物学一二九名であった。[32] この式では、会長と矢田部講師が祝詞、講習員総代として今井匡之（神奈川県内小学校長）と気賀沢玉童が答辞を述べた。また、井上哲次郎（文学博士・文科大学教授）が「勅語ノ衍義ニ就テ」と題して演説した。[33] 井上は、『教育勅語衍義』（上下、明治二四年刊）の要旨を述べるとともに、小学校・師範学校・中学校教員に対して、「協同愛国ノ精神」の教授と「日本全国ノ人民ノ精神ヲ統一スル事」とに尽力することを求めた。

明治二五年八月二八日に開かれた談話会では、加藤弘之と西村正三郎が次のように述べた。加藤は、世界万国の一独立国としての日本を論じ、「特殊ノ性質」としての「なしよなりてい」（nationality）を守っていく精神を土台にして「人間ヲ教育」するように教員に求めた。[34] 西村は、「意育」を「意思ノ教育」と定義し、欲の問題と「礼」

「義」「仁」の問題とを儒学と西洋の道徳学とを用いて論じ、小中学校教員に伝えようとした(35)。

明治二六年八月三一日には、証明状授与式兼慰労会が開催された。辻会長は証明状を授与した後、次のように述べた(36)。大日本教育会夏季講習会員は、「幾層」にも学力を進めた。講習会員が講習を受けていない者と異なっていることを、世に示したい。教育を推進・改良する「道」は、教員にふさわしい人物を得るより外はない。教員は、自ずから学力・心性を錬磨する必要がある。それを促進するためにも、相応の待遇が必要である。教員が児童の教育に限らず、その郡町村などの「先導者」・「師表」となるには、父兄や土地の人などから尊敬・信用されなければならない。人々から十分に尊敬を受けられるように教員が「道を尽す」ことは、わが国の教育を益々進める一方法であろう。諸君には、さらに教職に尽くし、世間の尊敬を増して欲しい。辻会長はこのように力説した。

大日本教育会は、座学に並行して式典や懇談会・講談会を開き、教職意義などに関する談話・演説を行った。大日本教育会は、初等・中等教員に高等教育機関教員から学ぶ機会を提供するだけでなく、教職意義をも伝達して、教員改良を実現しようとした。そしてそれは、免許上進に限らず、教員の品位向上につながることが強調されていた。

(二)「研究」する教員を求めて

明治二五年八月三一日、小石川後楽園において夏期講習会証書授与式を兼ねて慰労会が行われた(37)。ここで、講習員一〇七名のうち、一〇二名に教育学、八三名に物理学の証書が授与された。辻会長は授与式で次のように述べた。講習員の多くは「地方に在りて、平素教職に従事せらるゝ諸君」である。わずか一か月間の講習で、ある学科を研究した、または学得したと思うのは「大なる誤謬」である。なお孜々として怠ることなく、講習学科について「研究」することを欲する。大日本教育会は、来年も夏季講習会を開設するだろうから、諸君に「其研究

図９　中川謙二郎

を継続」することを希望する。

明治二六年の講習会では、毎週日曜に講談会が開かれた。八月六日、中川謙二郎は次のように論じた(38)。学校教育の目的達成のためには、必ず諸教員が互いに「同心協力」し、心を一つにして児童を教育することが重要である。しかし、各教員が色々考え、講究し、ともに議論しなければ「進歩」はない。また、教員はよく児童を愛し、よくその威厳を保つことによって、教育の目的を達することができる。児童が教員を「第二の父」と慕う状態が理想的であるが、現状は大いに憂うべき状態にある。もし教員・児童間の関係を重要な問題でないとするならば、学校教員は「器械」でもよい、「活きた人間」を使うには及ばないということになってしまう。教員は、教科書がなくとも、教科書のある時と同様の教授力を発揮しなければばならない。教員は教科書に「使役」されて「書物の奴隷」になるのではなく、教科書と「一体」になって教科書を「使用」するようになる必要がある。

明治二六年の証明状授与式兼慰労会では、辻会長のほかにも演説者があった。三上参次は、講師総代として次のように述べた(39)。倫理・数学・日本歴史・国語という科目の講習は、今年初めて開かれた。このような普通教育の重要な学科を百幾人が聴き、地方に帰って実践し、もしくは自分でなお「研究」する際の参考にすると思えば、喜ばしい。また、篠田利英は、次のように述べた(40)。自分は、最近教育家に会うと、よく「近頃何か教育上の新しい本は無いか」と問われる。「日新の学問に少しも怠りのないと云ふ精神」は感服するが、前に出版された本を充分「研究」したかどうか。たとえ卑近なものでも「一つ自分の腹にスッカリ這入ったもの」があれば、それを「土台」にして他の書物を渉猟すれば、益はある。少しかじったり「本の上ッ面ばかり滑って通る」ようだと、いくら目を通しても「脳中に入った所のものが錯雑」して少しも役に立たない。講習会員には、今度得たことを「聞き放し」にせず、「充分に熟読翫味」して「土台」にして、新しい内容と思っている事と見比べてその相違点・類似点をよく見極めてほしいと思う。

辻・三上・篠田に続いて、色川圀士は次のように述べた[41]。講習会員諸君は、故郷に帰って、今回講究した学識を弟子に授けるのであろうから、「学識ヲ得ルハ終極ノ目的デハナク、弟子ニ之ヲ授クルガ終極ノ目的」であろう。諸君の学んだ国史国語などには未だ完全な教授法は成立していない。和算も習字も同様であり、他の学科にも西洋風の教授法はあっても、わが国独自のものはない。「諸君ガ耕スベキ教育ノ田畝」は「多望」である。心理には西洋・東洋の別はないと言うが、私はそうは思わない。人種の如何、其国の風俗如何などにより、学術講究上に多少の差異がある。人情風俗を異にする以上は、教授術にも相違があると思う。ついては、諸君にそのように教授法を講究することを「御注文」申し上げる。諸君の注意の方が、博士学士の無頓着よりも、生徒に利益を与えることは多いと思う。

明治二五・二六年の夏季講習会では、初年度と同じく中等教員養成・改良の目的が掲げられた。しかし、先述の通り、講習会員に中等教員は少ない。また、最終日の証明書授与式における主催者側の諸演説を確認しても、講習会員に中等教員になることを強く求めていた事実は読み取れない。主催側が求めていたのは、免許上進よりも、教科書に使役されないための学力や教育能力、父兄や地域住民に尊敬されるような人格修養、帰国後の研究継続などであった。とくに、各科教授法については、講習内容を越えて自ら研究するように求める要求もあった。ここには、研究する教員を希求し、その研究を励まそうとする大日本教育会の姿が見えてくる。大日本教育会は、講習会員とくに教職者に対する課題として、講習後の研究継続を求めたのである[42]。

図10　色川圀士

以上のように、大日本教育会夏季講習会は、「学術講習会」として、明治二四年以降の毎年八月、継続的に開催された。以下、本章で新たに明らかになったことをまとめる。

教員講習は、明治一〇年代半ばから行政当局の教員改良策の一つであったが、明治一〇年代末頃からその停滞を報じられていた（第Ⅱ部第一章参照）。そこで新たな講習の担い手として現れたのが、地方教育会などであった。結成後の大日本教育会は、この地方の動きを後押しするように、関東中心に講師派遣を行った。夏季講習会開始は、この派遣中心の従来の姿勢から、教員講習を自ら積極的に計画・実施する姿勢へ変化する転機になった。大日本教育会は、夏期講習会開催以後、自ら教員改良に取り組み始めたのである。

夏季講習会は、企画側の予想を超えて、全国各地の指導的教員たちに歓迎された。大日本教育会は、当時研究活動を熱心に行っていた講師を招聘し、彼らによる学習機会を講習会員に提供した。この際、教育学の学習機会を提供することが重要視された。受講者の大半を占める小学校教員たちには、尋常高等小学校長・師範附小教員や普通免許状所有者といった地域の実力者も混じっていた。このような指導的教員たちに、高等教育機関所属の最先端の学者による講習内容が教授された。

夏季講習会は、中等教員養成・改良を目的の一つに掲げたが、その目的実現に対する姿勢については疑問が残る。実態としては、主に指導的小学校教員の学習意欲を満たし、高度な学力を形成する機会や教職意義に触れる機会を提供した。これらの機会は、免許上進よりも教員の品位向上につながると考えられた。また、講習終了後における学科研究の継続を講習会員に求め、明治二六年には講習内容を基盤とした各科教授法研究をも促している。明治二四～二六年の大日本教育会夏季講習会の実質的な目的は、中等教員養成・改良以上に、小学校教員の学力向上・教職意義理解の促進にあったと思われる。小学校教員免許上進を主に目指す、後の地方教育会の教員講習とは異なる特徴を有していたことがわかる。

なお、先行研究のように明治二〇年代半ばの夏季講習会の意義をヘルバルト派教育学の普及伝達に限定しては、当時の大日本教育会夏季講習会がヘルバルト派に限らない広い理論を扱っていた事実を認識することができない。明治二四年には、英米独の教育学原著を研究して何冊も教育学書をまとめていた国府寺新作と、アメリカで本場の児童研究を学んでいた篠田利英とを教育学講師に選んだ。明治二五年には、国府寺に加えて、当時国内最高位の心理学者であった元良勇次郎と、当時中央で最先端の単級教授法研究を行っていた高師附小訓導の勝田松太郎とを教育学講師に選んだ。明治二六年の夏期講習会では、ヘルバルト派教育学の原典を研究していた沢柳政太郎が教育学講師を務めた。しかし、元の候補には、当時ドイツの社会的教育学を学んでいた新進気鋭の教育学者であった日高真実が挙がっていた。開発主義教育学の流行が落ち着き、明治二〇年代後半以降のヘルバルト派教育学の隆盛を前にしたこの時期に、最新の心理学・教授法・ドイツ教育学の研究者から学ぶ機会を指導的教員に提供し、流行に流されない着実な研究を促そうとしたことは注目に値する。これらの講師による教育学講習が、以後の教員社会における教育学受容にどのような影響を与えたのか、興味深い研究課題である。

（1）牧昌見『日本教員資格制度史研究』風間書房、一九七一年、一五六頁。
（2）佐藤幹男『近代日本教員現職研修史研究』風間書房、一九九九年、一五四～一五六頁。
（3）笠間賢二「小学校教員検定に関する基礎的研究」『宮城教育大学紀要』第四〇巻、二〇〇五年、二二九～二四三頁。笠間賢二「近代日本における『もう一つ』の教員養成」梶山雅史編『続・近代日本教育会史研究』学術出版会、二〇一〇年、二五一～二八一頁。
（4）船寄俊雄「『文検』の制度と歴史」寺﨑昌男・「文検」研究会編『「文検」の研究―文部省教員検定試験と戦前教育学』学文社、二〇〇三年、二一～二二頁。
（5）佐竹道盛「教員夏期講習の起源に関する一考察」『北海道教育大学紀要』第一部C教育科学編、第三二巻第二号、一九八二年、一～一三頁。佐竹道盛「教員研修史の諸問題」北海道教育大学函館人文学会編『人文論究』第四三号、一九八三年、一一一～一二五頁。
（6）西村貞「教員改良ノ一二方案」『大日本教育会雑誌』第一号、大日本教育会、一八八三年一一月、一九～二五頁。
（7）「評議員会」『大日本教育会雑誌』第一〇七号、一八九一年七月、三四九頁。
（8）「夏季講習会」『大日本教育会雑誌』第一〇七号、三五〇頁。
（9）「本会夏季講習会」『大日本教育会雑誌』第一〇九号、一八九一年九月、四六三～四六五頁。
（10）平井益一郎編『山梨県職員録』一八九一年、三三頁。

(11) 地方教員の講習参加に対して地方教育会の補助があった可能性は十分ある。教員の受講意欲を喚起・支援した仕組みの解明は、今後の課題である。
(12) 「大日本教育会評議員会」『大日本教育会雑誌』第一一九号、一八九二年八月、四八七～四八八頁。
(13) 「夏季講習会」『大日本教育会雑誌』第一二〇号、一八九二年九月、五五四～五五五頁。
(14) 「同上（第三）」『大日本教育会雑誌』第一二七号、一八九三年四月、五二頁。
(15) 「評議員会」『大日本教育会雑誌』第一二八号、一八九三年五月、二九頁。
(16) 「夏季講習会」『大日本教育会雑誌』第一二七号、五四頁。
(17) 平田宗史『日本の教育学の祖・日高真実伝』溪水社、二〇〇三年。
(18) 「夏季講習会開設広告」『大日本教育会雑誌』第一二八号、広告。
(19) 「夏季講習会に就て」『大日本教育会雑誌』第一三一号、一八九三年八月、五二～五三頁。
(20) 「広告」『大日本教育会雑誌』第一三二号、一八九三年九月、広告。
(21) 「夏季講習所規則」『大日本教育会雑誌』第一〇八号、一八九一年八月、四〇八～四〇九頁。
(22) 「女子高等師範学校教授　篠田利英君小伝」『日本之小学教師』第一巻第四号、国民教育学会、一八九九年、四一頁。篠田利英「小児ノ観察ニ就テ」（『大日本教育会雑誌』第一一五号、一八九二年三月、一四九～一五八頁）では、観察による児童研究の必要を主張している。
(23) 「夏季講習会」前掲注（13）、五五四～五五五頁。
(24) 西村貞「教育時談」『大日本教育会雑誌』第一三四号、一八九三年一〇月、三～一六頁。
(25) 三宅秀「大日本教育会夏季講習会演説」『大日本教育会雑誌』第一三三号、二四～三一頁。
(26) 西村茂樹「封建時代の徳育」『大日本教育会雑誌』第一三四号、一六～二六頁。
(27) 井上哲次郎「学術ト迷信」『大日本教育会雑誌』第一三六号、一八九三年一一月、一～一五頁。
(28) 杉浦重剛「大日本教育会夏期講習会演説」『大日本教育会雑誌』第一三五号、一八九三年一一月、一～一四頁。
(29) 後藤牧太「音色ノ話」『大日本教育会雑誌』第一三九号、一八九四年一月、九～二三頁。
(30) 「会長ノ演述」『大日本教育会雑誌』第一〇八号、四〇九頁。記事の日付は「去ル五月三十一日」。しかし、発言の中で「講習所規則」を守るべきことを「夏季講習会員一同」に述べており、夏季講習所規則制定後・夏季講習会員確定後の発言と思われる。夏季講習会要項すら未定の五月三一日の時点でこの発言があったとは考え難い。「去ル」が付記されており、日付は「七月」の誤記か。

(31) 拙稿「明治二〇年代前半の大日本教育会における教師論」中国四国教育学会編『教育学研究紀要』(CD-ROM版)第五七巻、二〇一一年、二三七頁。
(32)「本会夏季講習会」前掲注(9)、四六三頁。落第者数などは不明。
(33) 井上哲二郎「勅語ノ衍義ニ就テ」『大日本教育会雑誌』第一一〇号、一八九一年一〇月、五五七〜五六八頁。
(34) 加藤弘之「日本人」『大日本教育会雑誌』第一一二号、一八九二年一一月、六八五〜六九五頁。
(35) 西村正三郎「意育ノ要領」『大日本教育会雑誌』第一二二号、一八九二年一〇月、六〇二〜六二三頁。
(36)「夏期講習会」『大日本教育会雑誌』第一三二号、五六〜六〇頁。
(37)「全講習証書授与式並慰労会」『大日本教育会雑誌』第一二〇号、五五五〜五五八頁。
(38) 中川謙二郎「大日本教育会夏季講習会演説」『大日本教育会雑誌』第一三三号、一八九三年一〇月、一〜二四頁。
(39)「夏期講習会」前掲注(36)、六〇〜六二頁。
(40) 同前、六二〜六四頁。
(41) 色川圀士「大日本教育会第三回夏期講習会証明状授与式席上ノ演説」『大日本教育会雑誌』第一三七号、一八九三年一二月、一〜一〇頁。
(42) ただし、特別に研究方法の指導をしたようには見えない。講習は基本的に一斉講義であった。この場合の「研究」とは、およそ書籍や講義ノートなどを使った復習や吟味・検討、そして実践への応用・工夫という意味であろう。

第二章　大日本教育会による教員講習の拡充
――年間を通した学力向上の機会提供――

本章の目的は、明治期大日本教育会の教員講習の拡充過程を検討し、指導的小学校教員に学力向上の機会がいかに提供されたかを明らかにすることである。

明治一六（一八八三）年八月、文部省は府県に達第一六号を発し、小学校教員の改良を目指して教員講習所の設置を奨励した。以後、地方自治体や師範学校は教員講習を実施し、多くの小学校教員に教育学・教授法や学科知識などを伝習した。ただ、行政当局による講習は応急的・補足的かつ臨時的・非組織的であったため、校内研修、自己研修、そして教育会の教員講習によって補完され始めていた(1)。大日本教育会は、明治二四（一八九一）年以降、夏期（夏季）講習会を開催した。夏期講習会は、小学校教員の品位向上のために、中等教員程度までの学力向上と学科研究の継続とを求める教員改良の具体的事業の一つであった。では、明治二七（一八九四）年以降の夏期講習会は、どのように実施されたのであろうか。

大日本教育会は、明治二九（一八九六）年一二月に帝国教育会に改称再編した。従来、夏期講習会は便宜的事業である「学術講習会」の一種であったが、帝国教育会結成に伴って、主要事業の一つとしての「学術講義会」の一種に格上げされた。教員講習事業は、帝国教育会結成に伴って、「学術講義会」として主要事業化されたのである(2)。帝国教育会は、なぜ「夏期講習会」ではなく「学術講義会」として教員講習事業を主要事業化したのか。「講義」と銘打った事業は、明治一九（一八八六）年から実施されていた。大日本教育会における講習事業の拡充過程を認識するには、講義との関係を無視できない。

しかし、以上のような問題に取り組んだ先行研究は見当たらない。そこで、本章では新たに次のように研究を進める。まず、明治一九年以来の大日本教育会の講義会に注目し、その開催状況を検討する。次に、明治二四年の夏期講習会開催以後の講義会についてその開催状況を検討し、あわせて明治二七年以降の夏期講習会の開催状況を検討する。これらにより、大日本教育会の教員講習事業の拡充過程について、夏期講習会と講義会との両視点から総合的に明らかにする。

一．「講義」から「学術講習会」へ

講義または講習は、大日本教育会の事業としていつどのように現れたか。まず先に事業化されたのは「講義」であった。同会の事業規則における「講義」という文言の初出は、明治一九年四月の改正規則であった。[3]この規則第一〇・一一条は、常集会・総集会の内容の一つとして「教育ニ関スル演説、講義、談話及討議」を挙げた。また、第一三条は、「会員ハ其家族知友ヲ本会会場ニ誘致シ、演説講義等ヲ聴聞セシムルコトヲ得」と定めた。明治一六年九月結成時の大日本教育会規則は、常集会・総集会の当該内容に「議題ノ討議」「会員ノ演説」「教育上ノ談話」を挙げていた。「講義」は、明治一九年四月、「演説」「討議」「談話」に次ぐ新たな集会内容として誕生したのである。

明治一九年九月七日、商議会において「教育学科講義会新設ノ件」が議され、[4]九月中に大日本教育会教育学科講義規則が定められた。[5]同規則前文によると、同規則は、「本会ノ会員及教育ニ志アルモノ、為ニ、専門ノ学者ニ嘱シ、教育上須要ノ学科ノ講義ヲナシ、教育ノ進歩ヲ図ラン」として定められた。そして、定員およそ二五〇名と定め、講師をフランス人教師フーク（元開成学校教師）に委嘱し、訳者に古賀護太郎をつけた。同講義は、題目を「教育学ノ理論及実地」とし、期間を一〇か月（全四〇回）と予定、おおよそ三か月を一期とし、毎週土曜日午後二時から四時まで帝国大学講義室で開講することにした。教育学科講義の第一期第一回（一〇月二日）・第二回（一〇月九日）の聴衆は一六〇〜一七〇名と報じられたが、聴衆は、訳者を介して講義内容を理解することに苦しんだ様子である。[6]第三回目以降の聴衆数は報じられていない。この教育学講義のほか、明治二〇（一八八七）年一月より大沢謙二（帝国大学教授）講師の生理学講義が、明治二〇年一〇月より辰巳小二郎講師の日本神学講義が開講された。

「講習」という文言は、明治二二（一八八九）年一二月の改正規則において、大日本教育会の「事業」として初めて規定された。この時の改正規則は、常集会の内容規程を削除し、第一八条に「本会ハ便宜ニ依リ書籍館、博物館及学術講習会等ヲ開設スベシ」、第一九条に「本会ハ教育ニ関スル演説、談話、討議及諮問会等ヲ開クコトアルベシ」と定めた。[7]つまり、「演説」「談話」「討議」に併記されていた「講義」を削除し、かつ「書籍館」「博物館」「学術講習会」を「便宜」の事業として設定したことになる。「講義」の文言は、明治二一年の改正規則では集会内容として維持されていたため、明治二二年の改正規則の時に削除されたことがわかる。

先述の改正規則第一八・一九条は、規則改正案調査委員によって同年一〇月三〇日に提出された改正案に依拠していた。これらの条文は、総集会での規則改正会議の話題に上っていない。[8]当時の会員の間では、「学術講習会」の新設に特別異議はなかったようである。しかし、「講習」という文言には重要な意味が込められていた。規則改正案調査委員の一人であった伊沢修二は、「学術講習会」の新設について、次のように述べた。[9]学術講習会を設けて「学科ノ講習」をなすことは、「会員ノ便益」を図ることにつながる。数か月にわたる期間の講習は、「一場ノ演説ニ比スレバ、着実有効ナル結果ヲ収メヤウ」と思われる。

伊沢によれば、「学術講習会」は「演説」と対比されて新設された。より長期的・連続的な事業として、臨時的・一過的な「演説」とは異なる学習効果を挙げることを期待されたためであった。しかし、「講習」という文言を使った具体的事業は、しばらく実施されなかった。明治二三（一八九〇）年三月以降、能勢栄を講師とした教育学の「学術講談会」が連続開講されたが、[10]常集会で「演説」「談話」「講義」などと混在して開講された。また、対象者の設定も行われていなかった。

「学術講習会」は、一過性の「演説」とは異なる継続的な学習効果を期待され、「講義」に代えて事業化された。しかし、明治二三年の段階では、本格的な実施に至らなかった。

二　明治二七〜二九年の夏期講習会の実態

（一）夏期講習会の定着

「学術講習会」は、明治二四年八月の夏季講習会（明治二七年から夏期講習会に表記変更）から本格実施された。表1は、大日本教育会夏期（夏季）講習会の対象・目的・会場・受講生数・学科目・講師を示した一覧である。表1によれば、講習会は、基本的に中等学校教員・同教員志望者・当該学科研究志望者を対象にした[11]。教科目は、明治二四・二五（一八九二）年は二科目を基本としてさらに細目化して設定されたが、明治二六（一八九三）年以降にはおおよそ四〜五科目を設定した。講習生数は、明治二四年と明治二六年をピークとして、明治二七・二八（一八九五）年に一〇〇名を切ったが、明治二九（一八九六）年には一五五名まで回復した。夏期講習会は、不安定ながらも一定数の講習生を確保して実施された。

表2は、明治二六〜二九年の講習生内訳を道府県別にしたものである。人数の増減などに規則性はとくに見出せないが、東京・福島・茨城・群馬・長野・新潟・愛知・滋賀などの特定の府県から、一定数の講習生が安定して出ていたことがわかる。表3は、明治二六〜二九年の講習生の職業内訳を一覧にしたものである。表3によれば、明治二七年以降、次第に中等学校教員の割合が高まっている。しかし、それでも小学校教員の割合が圧倒的に高かった。また、明治二四〜二六年の事例を踏まえると、そのなかには指導的教員が相当数含まれていたこと

表1　大日本教育会夏季（夏期）講習会一覧（明治二四～二九年）

開催年	西暦	期間	対象	会場	受講者数	教科目	講師	講師略歴
明治二四年	一八九一	八月一日～三一日	尋常師範学校、尋常中学校、高等女学校ノ教員、及該教員志願者、其他左ノ学科研究志望者ノ為	高等師範学校附属小学校	二〇三名（教育学一六四名）（博物学一三三名）	教育学	国府寺新作	文学士、高等師範学校教授
							篠田利英	女子高等師範学校教授
						博物学（動物）	飯島魁	理学士、理科大学教授
							石川千代松	理学士、農科大学教授
						博物学（植物）	矢田部良吉	理学博士、理科大学教授兼教頭・帝国大学植物園管理
						博物学（鉱物）	松島鉦四郎	理学士、第一高等中学校教授・陸軍幼年学校教授
明治二五年	一八九二	八月一日～三一日	—	高等師範学校附属学校	一〇七名	教育学（教育学）	国府寺新作	文学士、外務省翻訳官
						教育学（心理学）	元良勇次郎	文学博士、文科大学教授
						教育学（単級教授法）	勝田松太郎	高等師範学校附属小学校訓導（単級学校担当）
						物理学	谷田部梅吉	高等商業学校教授兼舎監
							高島卯吉	（助手）東京物理学校教師
明治二六年	一八九三	八月一日～三一日	—	？	二〇〇名（教育学一七〇名）（倫理学一六五名）（数学一四二名）（国語一六三名）（歴史一六五名）	教育学	沢柳政太郎	文学士、元文部官僚、東京専門学校・哲学館講師（教育学）
						倫理学	沢柳政太郎	
						数学	北条時敬	理学士、第一高等中学校教授
						国語	落合直文	第一高等中学校教授
						歴史	三上参次	女子高等師範学校教授兼文科大学助教授

明治二七年	一八九四	八月一日〜三一日	尋常師範学校・尋常中学校・高等女学校ノ教員及該教員志願者、其他左ノ学科研究志望者ノ為	大日本教育会講堂	九五名	教育学	湯本武比古	学習院・高等師範学校講師
						国語	落合直文	第一高等中学校教授
							畠山健	皇典講究所講師？
						地理	野口保興	女子高等師範学校教授
						水産	松原新之助	水産調査会委員（後、水産講習所監事）
						東洋歴史	那珂通世	高等師範学校教授兼第一高等中学校教授
						単級教授法	勝田松太郎	福島県尋常高等小学校長（元高師附属単級学校訓導）
明治二八年	一八九五	八月一日〜三〇日	尋常師範学校・尋常中学校・高等女学校の教員及び該教員志願者の為	？	八〇名	教育学	谷本富	高等師範学校教授
						現行制度大要	中川小十郎	法学士、文部大臣秘書官・専門学務局第三課長
						国語	上田万年	文学士、文科大学教授
						学校衛生	三島通良	医学士、文部省学校衛生主事
明治二九年	一八九六	八月一日〜二五日	尋常師範学校・尋常中学校・高等女学校ノ教員及該教員志願者、其他左ノ学科研究志望者ノ為	？	一五五名	商業	飯田旗郎	高等商業学校教授
						国語	芳賀矢一	文学士、第一高等学校教授兼高等師範学校教授
						教育学	波多野貞之助	高等師範学校教授
						農業	横井時敬	農学士、農科大学教授
						天文・地文学	後藤牧太	高等師範学校教授

出典：次の史料を用いて作成。『大日本教育会雑誌』一〇七・一〇八・一二〇・一三一・一三二・一五三・一五四・一六七・一六九号、『教育公報』一八六号、各年度の『職員録』。

表２　大日本教育会夏季講習会員数府県別表（明治 26 ～ 29 年）

	M26	M27	M28	M29		M26	M27	M28	M29		M26	M27	M28	M29
東京	21	12	10	10	新潟	9	7	7	8	岡山	3	1	0	6
北海道	1	0	0	5	富山	2	0	0	2	広島	2	2	1	1
青森	5	1	2	0	石川	1	2	2	4	山口	3	0	2	3
岩手	0	1	1	2	福井	1	1	3	6	愛媛	0	1	0	0
宮城	4	1	0	5	岐阜	5	1	1	5	香川	1	1	0	1
秋田	4	0	2	2	静岡	10	2	1	7	徳島	2	1	2	0
山形	3	1	2	1	愛知	14	6	8	5	高知	1	1	0	0
福島	1	3	3	7	三重	2	1	1	1	大分	0	1	0	0
茨城	5	1	2	12	滋賀	8	6	4	6	福岡	6	1	0	2
栃木	0	3	1	2	京都	12	5	0	4	佐賀	1	2	0	2
群馬	3	3	3	4	奈良	0	0	0	1	長崎	4	1	0	1
埼玉	8	1	0	6	和歌山	0	0	1	3	熊本	2	0	1	4
千葉	7	2	0	1	大阪	1	1	0	1	宮崎	1	0	0	0
神奈川	13	3	0	2	兵庫	0	1	2	5	鹿児島	4	2	0	1
山梨	8	4	2	2	鳥取	0	1	0	0	沖縄	0	1	0	0
長野	9	6	14	13	島根	9	3	0	2	総計	196	94	78	155

出典：次の史料を使用して作成。「夏季講習会に就て」『大日本教育会雑誌』第 131 号、53 頁。「大日本教育会夏期講習会」『大日本教育会雑誌』第 153 号、1894 年 8 月、53 頁。「夏期講習会員地方別」『大日本教育会雑誌』第 170 号、1895 年 10 月、79 頁。「大日本教育会夏季講習会」『大日本教育会雑誌』第 181 号、1896 年 9 月、64 頁。総計は記事の同府県別人数を合計したもの（記事中の合計数とは異なる場合がある）。

表３　大日本教育会夏期講習会講習会員の内訳

<table>
<tr><th rowspan="2"></th><th colspan="2">明治 26 年</th><th colspan="2">明治 27 年</th><th colspan="2">明治 28 年</th><th colspan="2">明治 29 年</th></tr>
<tr><th>人数</th><th>%</th><th>人数</th><th>%</th><th>人数</th><th>%</th><th>人数</th><th>%</th></tr>
<tr><td>小学校教員</td><td>166</td><td>83.0%</td><td>72</td><td>75.8%</td><td rowspan="3">66</td><td rowspan="3">82.5%</td><td>98</td><td>63.2%</td></tr>
<tr><td>中等学校教員</td><td>2</td><td>1.0%</td><td>16</td><td>16.8%</td><td>22</td><td>14.2%</td></tr>
<tr><td>その他の学校教員</td><td>0</td><td>0.0%</td><td>2</td><td>2.1%</td><td>10</td><td>6.5%</td></tr>
<tr><td>学生</td><td>14</td><td>7.0%</td><td>4</td><td>4.2%</td><td rowspan="2">14</td><td rowspan="2">17.5%</td><td>17</td><td>11.0%</td></tr>
<tr><td>その他</td><td>18</td><td>9.0%</td><td>1</td><td>1.1%</td><td>8</td><td>5.2%</td></tr>
<tr><td>合計</td><td>200</td><td>100.0%</td><td>95</td><td>100.0%</td><td>80</td><td>100.0%</td><td>155</td><td>100.0%</td></tr>
</table>

出典：表２と同じ史料を用いて作成。

は十分予想できる。なお、明治二七年には各種学校教員が、明治二八年には郡視学・郡書記・記者が少数ながら出席していた[12]。

明治二六年以降の夏期講習会も、多数の小学校教員に学習機会を提供していた。なお、明治二六年以降、四月上旬の常議員会で講習会の開催を決定して、開催準備を開始するのが通例になった[13]。また、明治二九年には、七月二三日の常議員会で、講習会準備の委員とは別に、講習会中に時々来会して「監督」するために委員六名を選出した[14]。これらによって夏期講習会は比較的安定して準備・運営されるようになった。明治二五年には準備時点で不安定要素を抱えていたが（第Ⅲ部第一章参照）、この時期にようやく定例事業として確立したと言える。なお、明治二七年二月三日、常議員会にて、夏期講習会における学力成績などの優秀者に尋常師範学校尋常中学校及高等女学校教員免許状を授与することをその筋に請願する議案が提出された[15]。議案提出者は不明である。この件は結局、種々審議の末に「当分見合ス」ことになった。地方教育会の教員講習会と違って、大日本教育会はついに検定制度に直結する講習体制を整備しなかった。

図１　谷本　富

図２　波多野貞之助

この時期の講師の詳しい検討は省略するが、表一を見る限り、この時期の講師も明治二四〜二六年と同様、おおむね当時の高等教育機関所属の新進気鋭の学者であったといえる。例えば、教育学講師は次の通りである。夏期講習会の教育学講師は、明治二七年には湯本武比古、明治二八年には谷本富、明治二九年には波多野貞之助であった。湯本は、明治二二年から皇族教育の研究のためにドイツに留学し、明治二六年八月に帰国したばかりであった。谷本は、留学経験はまだないものの（後に留学）、帝国大学文科大学特約生教育学科に在籍してハウスクネヒトから教育学を学んだ人物であり、当時、高等師範学校教授を務めていた。波多野は、明治二五（一八九二）年に文部省留学生として師範学校・実業補習学校研究のためドイツに留学し、明治二九年一月に満期となって帰国したばかりであった。いずれも当時新進気鋭の教育学者といえる。なお、大日本教育会夏期講習会は、谷本富の業績を生み出す場になったことが明らかになっている[16]。湯本も、大日本教育会夏期講習会ではドイツから持ち帰った新説と従来研究してきた国学とを参酌して講義し[17]、出講直後の明治二七年一〇月に『新編教育学』を出版した。大日本教育会夏期講習会は、学者の研究発表・推進の場の一つにもなっていた。

(二) 夏期講習会後の自主学習の手引き

明治二六年までの夏季講習会では、主催側が、講習後さらに学科研究を継続するよう講習生に対して要求した(前章参照)。同様に、明治二七年以降の講習会でも、研究継続の態度を求めた事例を見出せる。

明治二七年八月三一日、夏期講習会閉会式において、能勢栄(教育学者、著述家)は「教育学研究の順序」と題して次のように演説した[18]。小学校教員は多忙であるが、世の中の急激な進歩に合わせて進みながら自分の地位を保つためには、日進月歩の新説を学ばなければならない。ただ、新説とはいえ、いきなりヘルバルト派の書に取りかかるのは「大いなる間違」である。欧米の教育学書には、三種の時期がある。第一期の教育学書は、ページ、ノルゼント、ウィッケルシャムなどのアメリカの書で、「実地学校を管理し、児童を取り扱ふことを懇切に説きたるもの」である。第二期の教育学書は、スペンサー・ジョホノット・ベインなどのスペンサーに影響を受けた書で、第一期の書に比べて高尚・系統的であり、智力開発を重視し、理学の価値を称揚し、旧来の暗誦的教育法を「攻撃」して体育・智育と実用知識とに重点を置く。第三期の教育学書は、コンペーレ・リンドネル・ケルンなどのフランス・ドイツの書で、批評的見識やヘルバルト主義によって教育の目的方法を合理的・科学的に詳論したものである。「真正にシッカリシタ意志の堅固なる教育家」になるには、第一期・第二期の書をくわしく研究した上で、第三期の書を読まなければならない。この順に読むことで、実地の役に立つような「感情暖かに知識多くして、意志の強き人」になり、「肉もあり、血もあり、骨もある教育家」になることができる。また、「我が邦に適する教育の主義」を鞏固にするには、単に翻訳書に頼らず、二・三の外国教育家の説に偏することなく、西洋から受けた影響を参考にして、過去を顧み、将来を慮って行う必要がある。自分（能勢）はその方針に基づいて『新教育学』を著述した。この本を先の三期の書に加えて研究することを希望する。これらのことは、諸君が帰郷したときに、諸君の同僚・兄弟・教育家に伝えて欲しい。

明治二九年八月一九日には、夏期講習会中の臨時講談会において、中島力造（帝国大学文科大学教授）が「普通学科と専修学科」と題して次のように講談した[19]。今、世の進歩とともに分業が進み、学問でも専門分化が進んできた。広く学問するよりも、深く学問をすることが必要になってきた。しかし、学問を深く研究し、他人に授けるには、論理的精神、論理的な心意の練習や智力の発達、想像力・記憶力・弁別力が必要である。これらの習練は、普通教育による。また、人は普通学科を修めることによって教化され、「culture」を得ることで、「小さな人間」になることを避けられる。これは、「生徒の模範」になるべき普通教育の教員には重要なことである。さらに、学問はそれぞれ連結し、互いに関係している。そのため、例えば教育学を修めようとすれば、教育学書だけでなく、心理学・倫理学・生理学・社会学の研究をしなければならない。新説にすぐに雷同することもいけない。流行に雷同するのは、教育学に関係する種々の学問を十分に修めず、学説そのものについて判断することができないからである。学説に対して受け身になってしまってはいけない。ただ、新説を研究しようとしても、今の我が国には日本語で書かれた学問書が十分にない。そのため、西洋の語学ができなければ、十分に学問を修めることはできないし、学問の進歩に伴っていくことができない。諸君には、外国語で倫理なり心理なり教育なりの書物を講読なさるように願う。講習会から帰った後、これらに配慮しながら研究しなければならない。講習会の目的は、ただ新しいことを聞くだけでない。

図３　能勢　栄

図４　中島力造

以上のように、明治二七〜二九年の夏期講習会でも、以前の講習会と同様、講習生に研究の態度が求められた。能勢は、現職教員が感情・知識・意志のそろった「真正の教育家」となるために、多様な教育学書の学習を講習生に奨励した。中島は、確かな学識と豊かな人間性とに基づいて教育する普通教育の教育者となるために、専門分野の学習だけでなく、多様な学問分野と外国語の学習とを講習生に奨励した。とくに、中島は、学説に対して受け身ではなく主体的・批判的に学習するために、関連分野の学習が必要だと主張した。いずれも現職教員に向けて発せられた言葉である。

三　学校教員対象の各種講義の開講

明治二六年一二月、大日本教育会の大規模な組織改革が行われたが、「学術講習会」の表記は問題化されなかった。ただ、これ以後、夏期講習会とは別の機会に講義の連続開講が再び試みられた。この時期以後の講義は、従来とは異なる展開を見せた。

明治二七年二月四日、大日本教育会は、同会講堂において、後藤牧太（高等師範学校教授）を講師として「光学講義」を開講した。以後、毎月一回第一日曜日の午後二時より開講した。この講義開講がいつどのように決まったかは不明だが、明治二七年一月三一日発行の『大日本教育会雑誌』第一四〇号に、広告・彙報欄で宣伝されたのが確認される最初の史料である。この広告によると、光学講義は「専ラ学校教員ノ為ニスルモノナレバ、本会ノ会員ハ勿論、会員外ト雖会員ノ誘引ニヨリ聴講随意タルベシ」と趣旨説明され、聴講料は無料であった[20]。二月四日の第一回目の講義は、次のように報じられた[21]。当日、開講前の午後一二時過ぎには続々と人々が来集し、講義開始の午後二時には五〇〇名に達したという。午後二時になると、辻新次会長が登壇して注意点を述べた。注意点は、この講義は教員のために設けたものだから、なるべく多数の教員が毎回出席聴講して欲しいこと、質問を許すこと、講義筆記は各自の「学修」用に供するのみとして新聞雑誌などへの掲載を厳禁とすること、であった。続いて後藤講師が登壇し、講義対象を「専ラ小学校教員」とし、その内容程度を「師範学校・中学校ニ於ケルヨリハ稍高キ」と前置きして講義を始めた。第一回目の講義内容は、簡単な器械を示しながら光学理論を説明するものであった。後藤は、午後四時の講義終了後、数十分間聴講者の質問を受け、丁寧に応答した。光学講義の第二回目の講義は、聴講者三〇〇名、「講師ニ対スル敬礼」に関する注意を受けて満場静粛のなかで行われ、午後四時四〇分に講義終了したが、さらに数十分間の質疑応答が行われた[22]。聴講者の内訳は不明だが、なかには「地方ヨリ遠路ヲモ厭ハズ毎会必ズ出席セル者」もあったという[23]。光学講義は、当初全六回の予定であったが、大幅に予定を変更して明治二八年二月三日に全一二回で結了した。

明治二八年一月一三日（日）、午前一〇時二〇分から一二時三〇分まで、那珂通世（高等師範学校教授）を講師として「東洋地理歴史講義」が開講された[24]。東洋地理歴史講義第一回目の聴講者は一五〇余名であった。那珂は、講義内容を「総論」「亜細亜の地理」「朝鮮の沿革」「支那の沿革」「東南亜細亜の沿革」「印度の沿革」「西亜細亜の沿革」「露西亜亜細亜の沿革」の八項目に構成し、第一回の講義冒頭で次のように述べた[25]。東洋の地理歴史は、東洋人にとって深く研究しなければならないことである。自国に接近した諸国の地理歴史の知識は、軍事上だけでなく「平和の交通即貿易等の事」に関しても必要である。中国と貿易をしようとすれば、「支那の言語」「支那の地理」をつまびらかにすべきだが、普通教育ではその方面にさほど力を入れてこなかった。その意味で、我が普通教育は、海陸軍の軍事教育に対して、一歩遅れを取っていないだろうか。商業・貿易上からいえば、日本人は朝鮮・中国だけでなくシベリア・安南・印度まで詳しく心得なければならない。それは、ヨーロッパや南アメリカなどの地理よりも「余程大切」である。また、我々「東洋人」は、まず東洋史を研究した後に西洋史を研究して、はじめて世界史を研究したといえる。なお、講義題の「東洋」とは、西洋に対する言葉であり、太平洋や「オリエンタル」の訳語ではなく、お

図5　那珂通世

図６　山口鋭之助

およそ「亜細亜の大部分」である。

那珂の講義も、「学校教員ノ為」に会員および会員外に無料で提供された[26]。質疑応答もしていたようである[27]。東洋地理歴史講義は全一〇回、明治二九年一月一二日に完結した。また、同年三月八日（日）、午後一時から三時まで、山口鋭之助（第一高等学校教授）を講師として力学講義が開講され、一〇〇余名の聴講者を集めた[28]。力学講義は全四回、明治二九年六月一四日に完結した。

以上のように、「学術講習会」としての講義は、明治二七年以降、明確に学校教員を対象にする事業として位置づけられて開講された。一〇〇名を超える小学校教員（おそらく指導的教員を相当数含む）に、毎月一回日曜日、中等教育以上の内容程度の学習機会を提供した。しかも、一方的な講義だけに終始せず、聴講者からの質問も許した。

以上、従来未検討であった明治期大日本教育会における教員講習事業の拡充過程について、検討してきた。以下には、本章で新たに明らかになったことを整理する。

大日本教育会は、演説における学習の一過性に対する批判的立場から、継続的な学習効果を期待して講習事業を始め、明治二四年の夏季講習会開始によって自ら教員改良に取り組み始めた。大日本教育会の教員講習事業は、教員検定試験と直結せず、免許取得とも直結しなかった。夏期講習会は、教員に対して単に専門学科の学習機会を提供しただけでなく、主体的・批判的に学んで学識・人間性を高めることを求めた。また、明治二七年以降は教員対象の各種講義が毎月一回開催され、従来夏期限定であった教員講習の機会が年間を通して提供されるようになった。この各種講義では、従来の一斉講義のみの手法ではなく、講義・質疑応答併用の交流的手法を採用した。帝国教育会結成時における「学術講義会」としての教員講習の主要事業化は、このような実績を踏まえたものであった。

明治二〇年代後半の教員講習は、ヘルバルト派教育学説の普及に役立ったという[29]。しかし、大日本教育会の夏期講習会・各種講義の内容を見ると、それには止まらなかった。むしろ、能勢のようにヘルバルト派教育学説を批判的に取り扱ったり、物理学などの基礎的な知識を取り扱ったりして、一学派に偏しない広い内容を講義した。先行研究によると、教育会の教員講習は、次第に行政当局の補完的事業、または小学校教員検定試験の受験準備機会となっていく。しかし、大日本教育会の教員講習は、会独自の過程を経て開始・拡充され、中等教員程度の学力形成や人間性向上を目指した主体的・継続的学習を指導的教員に対して奨励する機会となった。また、那珂の講義趣旨に見られるように、日本人のアジア進出を見据えた学科内容理解を求めて、教員に講義したことも重要な事実である。

明治三〇年代以降どのような展開を経るかについては、次章以降で検討したい。

（1）佐藤幹男『近代日本教員現職研修史研究』風間書房、一九九九年。
（2）ただし、夏期講習会を「学術講義会」と別にして独立的に取り扱ったのは、明治四〇年の規則改正であった。
（3）「本会規則ノ沿革」『大日本教育会雑誌』号外総集会記事第一、大日本教育会、一八八八年九月、二一九頁。
（4）「商議会」『大日本教育会雑誌』第三九号、一八八六年九月、一四一頁。商議会は、明治一九年五月四日に設置された、会務に関する会長の諮詢に対する答申および意見提出を行う商議委員による会議であり（「商議委員規程」『大日本教育会雑誌』第三二号、一八八六年五月、六九頁）、明治一九年四月改正規則に基づく会務改革のために設けられた組織であった。
（5）「教育学科講義」『大日本教育会雑誌』第三九号、一四四～一四六頁。
（6）「教育学科講義」『大日本教育会雑誌』第四一号、一八八六年一〇月、一三六頁。
（7）「報告」『大日本教育会雑誌』第九三号、一八九〇年一月、一一頁。
（8）同前、一一～一三頁。
（9）伊沢修二「本会規則改正後ノ運動ニ就キテノ意見」『大日本教育会雑誌』第九三号、四三頁。

(10) 明治二三年四月二六日には、能勢「教育学ノ梗概」とともに、井上円了「哲学総論」が継続開講を前提に開催された。井上の「哲学総論」は、一回目から間を空けて、同年一〇月四日に第二回目を開講して終了している。
(11) 明治二八年のみ、開催広告を発見できなかった。明治二八年の記事では、教員・教員志望者以外の学科研究志望者について言及していないが、その意図は不明である。
(12)「大日本教育会夏期講習会」『大日本教育会雑誌』第一五三号、一八九四年八月、五三頁。「大日本教育会夏季講習会」『大日本教育会雑誌』第一八一号、一八九六年九月、六四頁。
(13) 明治二八年には夏期講習会委員を設置するのが遅れたが（それまでは四月に設置したが、この年は七月に設置）、学科・講師などは七月一日付で決まっている。委員設置以前の準備担当者は不明だが、四月の開催決定から七月の委員設置までの間にも準備は行われていたようである。
(14)「常議員会」『大日本教育会雑誌』第一八一号、巻頭広告欄。
(15)「常議員会」『大日本教育会雑誌』第一四一号、一八九四年二月、四八頁。
(16) 佐竹道盛「明治期における小学校教員現職教育の諸問題」『北海道教育大学紀要』第一部C教育科学編第三〇巻第二号、一九八〇年、八一頁。
(17) 能勢栄「教育学研究の順序」『大日本教育会雑誌』第一五六号、一八九四年一〇月、三四頁。
(18) 能勢栄「教育学研究の順序」『大日本教育会雑誌』第一五六号、三四～四二頁。
(19) 中島力造「普通学科と専修学科」『大日本教育会雑誌』第一八二号、一八九六年一〇月、二一～三六頁。
(20)「広告」『大日本教育会雑誌』第一四〇号、一八九四年一月、巻頭広告欄。
(21)「光学講義景況第二」『大日本教育会雑誌』第一四一号、一八九四年二月、四九～五〇頁。
(22)「光学講義景況第二」『大日本教育会雑誌』第一四三号、一八九四年三月、三五頁。
(23)「光学講義景況第四」『大日本教育会雑誌』第一四八号、一八九四年五月、二六頁。第八回講義に、千葉県・埼玉県から数名来たことが報じられている（「光学講義景況第八」『大日本教育会雑誌』第一五六号、五〇頁）。
(24)「東洋地理歴史講義景況第二」『大日本教育会雑誌』第一六二号、一八九五年二月、三～四頁。
(25) 那珂通世「東洋地理歴史講義」『大日本教育会雑誌』第一六二号、二四～三八頁。
(26)「大日本教育会広告」『大日本教育会雑誌』第一六一号、一八九五年一月、巻頭広告欄。
(27)「東洋地理歴史講義」『大日本教育会雑誌』第一六四号、一八九五年四月、四頁。
(28)「力学講義第一回」『大日本教育会雑誌』第一七六号、一八九六年四月、巻頭広告欄。力学講義には光学・東洋地理歴史講義

のように学校教員に限定するという表記は見当たらないが、おそらく前の二つの講義に準じていると見てよかろう。

（29）佐竹道盛「教員夏期講習の起源に関する一考察」『北海道教育大学紀要』第一部C教育科学編第三一巻第二号、一九八二年、一～一三頁。佐竹道盛「教員研修史の諸問題」北海道教育大学函館人文学会編『人文論究』第四三号、一九八三年、一一一～一二五頁。

第三章　帝国教育会結成直後の教員講習

――教員の学習意欲・自律性への働きかけ――

本章の目的は、帝国教育会結成直後の教員講習について、その実態について明らかにすることである。具体的には、明治二九（一八九六）年末～三一（一八九八）年を主な対象時期とする。

明治二九年一二月、大日本教育会は、国家教育社と合流して帝国教育会に改称再編した。従来、夏期講習会は、便宜的事業としての「学術講習会」の一種であった。帝国教育会結成に伴う規則改正により、「学術講習会」は「学術講義会」に改称され、かつ主要な事業の一つとして位置づけられた。帝国教育会の教員講習事業は、結成と同時に、「学術講義会」として主要事業化された。[1]「学術講義会」という名称は、現職教員の講習事業というよりも、一般人に対する社会教育（通俗教育）的な事業を想起する。[2]ところが、第二章で述べた通り、大日本教育会末期における学術講義は実質的に教員講習事業であった。帝国教育会結成後の学術講義会は、大日本教育会末期の教員講習としての学術講義会と同様の事業であるか、それとも異なる特徴を有するか。また、地方教育会の教員講習事業は、次第に小学校教員検定試験と連動させて変則的教員養成の体制を備えていった。[3]それでは、結成直後の帝国教育会の場合はどうだったのか。結成直後の教員講習事業の実態は、帝国教育会の同事業の出発点を探る上で重要である。

しかし、以上のような問題に取り組んだ先行研究は見当たらない。そこで、本章では次のように研究を進める。まず、大日本教育会の教員養成事業の開始・拡充過程を検討する。次に、明治二九年末から明治三一年までの学術講義会の開催状況について、講義会・夏期講習会ともにそれぞれ開催情況を検討する。

一．「学術講習会」から「学術講義会」へ

（一）教員講習事業の継承と発展

大日本教育会の教員講習事業は、明治二四（一八九一）年の夏季講習会以降本格的に実施され、明治二七（一八九四）年には毎月開催の各種講義を加えて拡充された（第Ⅲ部第一・二章参照）。その講習事業は、毎年のべ数百名の全国の小学校教員（指導的教員含む）に高等教育機関教員から学ぶことのできる機会を与えた。各種講義に至っては、日曜日を活用して年間を通して学習機会を提供し、質疑応答を許して交流的な学習機会をも提供した。地方教育会では教員講習と検定試験とを直結させていったが、大日本教育会ではそのような体制を整えなかった。

帝国教育会の結成は明治二九年一二月二〇日であるが、教員講習事業については、その直前から改革が検討されていた。同年九月一九日、大日本教育会常議員会は、中川謙二郎（女高師教授）の建議案「本会事業トシテ更ニ講義科ヲ設置スル」を検討し、計画全般を調査するために委員三名を選挙した。委員は、中川・多田房之輔（小学校長）・塩谷吟策（明治義会社長）に委嘱された。国家教育社との合同を視野に入れた大規模な組織改革が進められているなかで、講義事業の強化を図ろうとした事実は注目される。また、塩谷は民間で教員講習事業を大規模に展開していた明治義会の社長でもあり、教員講習企画・運営のノウハウを吸収しようとしたとも取れる。委員の調査結果は、一〇月三日の常議員会に報告され、討議の上可決された[4]。一〇月一五日の常議員会では、講師の承諾を得たことが報告され、かつ講

図１　塩谷吟策

表 1　帝国教育会講義会一覧（明治 29 ～ 31 年）

科目	講師	略歴	第 1 回開講予定日	回数	開講頻度	時間	会場	対象	受講者数	証明状授与者数
心理学	元良勇次郎	文学博士、東京帝国大学文科大学教授	明治 29 年 11 月 20 日	全 10 回	週 1（金曜）	午後 6 時～ 2 時間	本会講堂	尋常師範学校、尋常中学校、高等女学校ノ教員、及該教員志望者、其ノ他篤志者	115（第 7 回時）	63
本邦歴史	重野　安繹	文学博士、元帝国大学文科大学教授	明治 30 年 1 月 12 日	全 10 回	週 1（火曜）	午後 6 時～ 2 時間	本会講堂	同上	78（第 4 回時）	51
倫理学	中島　力造	ドクトル、東京帝国大学文科大学教授	明治 30 年 4 月 9 日	全 10 回	週 1（金曜）	午後 6 時～ 2 時間	本会講堂	同上	?	51
地文学	山上萬次郎	理学士、学習院教授	明治 30 年 4 月 27 日	全 10 回	週 1（火曜）	午後 6 時～ 2 時間	本会講堂	尋常師範学校、尋常中学校、高等女学校の教員、及該教員志望者、其の他篤志者	?	44
教育学	谷本　　富	高等師範学校教授	明治 30 年 9 月 24 日	?	?	?	?	?	?	121
生理学	坪井　次郎	医学博士、東京帝国大学医科大学助教授	明治 30 年 10 月 12 日	全 10 回	週 1（火曜）	午後 6 時～ 2 時間	本会講堂	尋常師範学校、尋常中学校、高等女学校ノ教員、及該教員志望者、其ノ他篤志者	?	40
国語学	岡倉由三郎	高等師範学校教授	明治 31 年 3 月 1 日	全 10 回	週 1（火曜）	午後 6 時～ 2 時間	本会講堂	同上	?	?
数　学	千本　福隆	高等師範学校教授	明治 31 年 3 月 4 日	全 10 回	週 1（金曜）	午後 6 時～ 2 時間	本会講堂	同上	?	?

出典：次の史料を使用して作成。「大日本教育会講義会開設広告」『教育公報』第 183 号、1896 年 11 月、29 頁。「大日本教育会講義会開設広告」『教育公報』第 185 号、1896 年 12 月、32 頁。「講義会」『教育公報』第 187 号、1897 年 2 月、51 頁。「帝国教育会講義会開設広告」『教育公報』第 189 号、1897 年 3 月、1 頁。「帝国教育会講義会開設広告」『教育公報』第 191 号、1897 年 4 月、28 頁。「講義会証明状授与」『教育公報』第 197 号、1897 年 7 月、28 頁。「講義会委員会」『教育公報』第 200 号、1897 年 9 月、28 頁。「講義会開設広告」『教育公報』第 208 号、1898 年 2 月、巻頭広告。

義会委員を常議員互選三名および会員若干名に嘱託することを決定した(5)。このとき、講義会委員に互選された常議員は、渡部（渡辺）董之介（文部省参事官）・多田房之輔・丹所啓行（小学校長）であった。以後、帝国教育会結成以後も含めて、表1の通り各種の講義会が開講された。

　明治二九年一二月二〇日、帝国教育会結成にともない、帝国教育会規則が制定された。同規則には「主要ノ事項」が九項目規定された。そのなかで、大日本教育会以来の事業事項であった教育学術研究・教育調査・教育功績者表彰に続いて、第四項目に「書籍館、博物館及ビ学術講義会等ヲ開設スルコト」が掲げられた。これは、従来大日本教育会で便宜的な事業として「学術講習会」と表記されていたものが「学術講義会」と改称され、さらに主要な事業の一つとして位置づけられたことを意味する。明治三一年一一月の規則改正では、この事業規程から「博物館」が削除されて「教育倶楽部」が新規に挿入されたが、「学術講義会」は維持された。以後、明治四〇（一九〇七）年四月の規則改正まで、この事業規程の表記に変化はなかった(6)。規則の審議過程も付帯説明も不明なため、「学術講義会」への改称理由は定かではない。ただ、直前に講義事業が再出発していたことを考えると、明治二七年以来の各種講義の実績を肯定的に捉えた上での改称と思われる。

　表1によれば、再出発した講義会は、おおよそ高等教育機関の教員を講師として、中等教員・中等教員志望者・その他篤志者を対象に、週一回午後六時から二時間、全一〇回で講義会が開講されたことがわかる。聴講料はいずれも金一円であり、二科以上兼ねる場合には一割五分減、帝国教育会会員も一割五分減であった。日曜日ではなく平日の夜間に開講され、聴講料を取った点は従来と異なる点であった。なお、中島力造の倫理学講義は、全一〇回の予定であったが、聴講者の希望を受けて、倫理学書についての質問・批評のため、さらに三回開講した(7)。再出発後の講義会もまた、交流的な学習機会を提供していた。講義会の科目・講師などは、実質的に講義会委員によって決定したようである(8)。例えば、明治三〇年九月一日、講義会委員会は谷本富の教育学講義開設を決議した。この時の講義会委員は、表2の

図２　渡部董之介

表2　明治30年9月における講義会委員

氏名	略歴
渡部董之介	文部省参事官・図書課長
多田房之輔	麹町小学校長
丹所啓行	番町小学校長
今井市三郎	文海小学校長
横須賀純	浅草小学校長
小西金次郎	私立金生小学校長
宮川盛	練塀小学校長
清水直義	鞆絵小学校長
山崎彦八	富士見小学校長
逸見幸太郎	私立逸見小学校長
井上守久	私立鍋町小学校長
金子治喜	私立芳林小学校長

出典：「本会総集会」（『教育公報』第206号、1897年12月、29頁）を基礎に作成。肩書きは、『東京府教育会雑誌』各号、および『東京市内小学校名簿』東京市学務委員会、1896年などを参照。

図３　横須賀純

図４　宮川　盛

図５　逸見幸太郎

図６　後藤胤保

通りである。同委員は、渡部以外、全員、現職の東京の公私立小学校長であった。なお、大日本教育会の最後の講義会委員であった渡部・丹所・多田の名前も見られる。この三人の留任は、帝国教育会結成直後に「継続就任」を承諾した結果であった[9]。

講習会の修了者は、それぞれ証明状を授与された。証明状授与者の履歴は不明なため、表3に一例として、『職員録』、および『東京府教育会雑誌』掲載の異動情報を用いて、履歴のわかる者を整理した。表3によれば、高等師範学校訓導、女高師助教諭、東京府尋常師範学校教諭・訓導、東京府内の小学校長・訓導が見出せる。東京府内の公立中学校教員の名前は見出せなかった。聴講者全員の履歴が判明しないため全容は不明だが、少なくとも、講義会は、東京府内の指導的小学校教員や師範学校教員の学習機会になっていた。

以上のように、帝国教育会講義会は、明治二七年以来継続的に開講されていた大日本教育会講義会を発展的に継承するに止まらず、さらに高い頻度で開講されるようになった。年間を通して毎週平日の夜間に開講された各種講義会は、東京府内の指導的教員や師範学校教員に、中等教員程度の高度な学習機会を提供した。その科目決定には、多くの指導的教員が関わった。明治三一年までの講義会は、まさに教員講習事業であった。

（二）講義会の変容―教員講習から大学公開講座へ

講義会は、大日本教育会以来、教員対象で開催されていた。しかし、明治三一年三月開講の国語学・数学講義の終了後、そのあり方を根本的に変えていく。明治三一年七月四日、帝国教育会常議員会は「大学講義開設ノ件」を決議し、大学講義部長を野尻精一（東京府尋常師範学校長）に、同理事を今井市三郎（東京市立文海尋常高等小学校長）に依嘱した。[10] 提案された「大学講義」構想の詳細や提案者などについては史料が見当たらない。

明治三一年一一月二六日、臨時総集会において、辻新次（貴族院議員・仁寿生命保険会社長）が新会長に当選した。先の「大学講義」構想は、辻会長の下で、高等学術講義会として実現した。高等学術講義会は、「欧米に行はる、大学公開講義に則り、常に最新の学説を社会に紹介し、及高等学術をして独り専門家の特有たらしめず、弘く一般国民をして之を玩味せしめ、以て自由討究の精神を鼓吹し、思想の進歩を促し、兼て学理と応用とを近接せしめんとの目的」による事業であった。[11] また、類似した事業として学術講談会が開催された。学術講談会は、「学術の普及と一般公衆の知識啓発とを計り、知名の学者、教育家、又は徳望ある大家を聘して其講談を乞ふ」ことを目的とし、ほぼ月に一回程度開催された。[12] 高等学術講義会も学術講談会も、いずれも学術の普及を目指すものであった。

このように、明治三二年以降、講義は、内外大学の学術研究を一般に還元する事業になった。講義は、明治

表3　帝国教育会講義会の証明状授与者の一例

氏名	略歴	心理学	本邦歴史	倫理学	地文学	教育学	生理学
江見文吾	高等師範学校附属小学校訓導	○					
池田義郎	高等師範学校附属小学校訓導					○	
後藤胤保	高等師範学校附属小学校訓導	○				○	
朝倉政行	高等師範学校附属小学校訓導					○	
井口あくり	女高師附属高等女学校助教諭					○	
中山民生	東京府尋常師範学校教諭	○					
伊藤房太郎	東京府尋常師範学校附属小訓導		○				
村田亮輔	錦華小学校長					○	
岸田松次郎	小川女子小学校長	○		○		○	
伊藤政良	久松小学校長					○	
石井勇太郎	小川小学校長			○			
大塚政策	小松原・明徳小学校長					○	
長尾菊次郎	泰明小学校長						○
渡辺勇助	渡辺小学校長					○	
佐野鉀次	東盛小学校長					○	
飯盛哲造	敬業小学校長	○					
玉井房之助	浅草小学校訓導	○	○	○	○		
中田金次郎	精華小学校訓導	○				○	○
風当サク	麹町小学校訓導				○	○	

出典：表1の出典、および『職員録』『東京府教育会雑誌』などを参照して作成。

図9　村田亮輔

図8　中山民生

図7　井口あくり

二七年から明治三一年の間、教員講習の一種であったが、明治三二年以降、対象を教員に限らない社会教育的・通俗教育的事業として位置づけ直された。講義会を位置づけ直した結果、以後、教員講習もまた、さらなる展開を見せることになる（第Ⅲ部第四章参照）。

二　夏期講習会の展開

（一）夏期講習会の継続

表4は、明治三〇（一八九七）・三一（一八九八）年の夏期講習会の期間・対象・会場・受講者数・講師の一覧である。明治三〇年の夏期講習会については、詳細が機関誌『教育公報』において広告されていないため、対象範囲や教育学・東洋倫理の講師は不明である[13]。明治三一年を見ると、対象は中等教員・同志望者・当該学科研究志望者の三者であり、明治二四年以来の方針に変更はなかった。受講者数は漸増し、大日本教育会時のピークであった明治二六年の受講者数二一〇名にほぼ達した。また、多様な科目を設定し、新進気鋭の学者に講師を委嘱したことがわかる。なかでも明治三一年の講師陣は特徴的である。この年は、教育学に蔵原惟郭（一八六一年生）、倫理学に中島徳蔵（一八六四年生）、日本文学史に芳賀矢一（一八六七年生）、児童心理学に松本孝次郎（一八七〇年生）、日本画に岡倉秋水（一八六九年生）というように二〇～三〇代の若手学者・画家を講師として、特徴的な講習を設定した。

表5は、明治三一年のデータが見出せないため、明治二九年の夏期講習会員数を府県別にして明治三〇年の数と比較したものである。表5と大日本教育会夏期講習会の府県別人数とを合わせて確認しても（第Ⅲ部第二章表2参照）、これといった規則性は見出せない。ただし、毎年多くの講習会員を送る府県と、そうでない府県とがあり、

図10　中島徳蔵

図11　芳賀矢一

図12　松本孝次郎

表4　帝国教育会結成期の夏期講習会一覧

開催年	期間	対象	会場	受講者数	教科目	講師	講師略歴
明治三〇年	八月二日～三一日	?	帝国教育会講堂	一五二名	教育学	?	
					東洋倫理	?	
					国語	大槻文彦	
					漢文	重野安繹?	文学博士、元東京帝国大学文科大学教授
					地質鉱物学	佐藤伝蔵	東京帝国大学理科大学助手
					植物学	三好学?	理学博士、東京帝国大学理科大学教授
					人類学	坪井正五郎?	東京帝国大学理科大学教授
明治三一年	八月一日～二八日	師範学校・尋常中学校・高等女学校ノ教員及該教員志望者其他左ノ学科研究志望者ノ為	?	二〇五名	教育学	蔵原惟郭	ドクトル
					倫理学	中島徳蔵	哲学館講師
					日本文学史	芳賀矢一	文学士、東京帝国大学文科大学助教授・高等師範学校教授
					児童心理学	松本孝次郎	文学士、東京帝国大学文科大学講師
					日本画	岡倉秋水	日本画家

出典：次の史料を用いて作成。『教育公報』一九九号・二一二号・二一三号・二一七号。各年度の『職員録』。

表5　大日本教育会末期と帝国教育会結成期の夏期講習会員数府県別表

	M29	M30
東京	10	12
北海道	5	1
青森	0	0
岩手	2	2
宮城	5	5
秋田	2	2
山形	1	2
福島	7	1
茨城	12	11
栃木	2	4
群馬	4	7
埼玉	6	4
千葉	1	10
神奈川	2	4
山梨	2	2
長野	13	9

	M29	M30
新潟	8	8
富山	2	2
石川	4	1
福井	6	1
岐阜	5	3
静岡	7	11
愛知	5	1
三重	1	8
滋賀	6	3
京都	4	4
奈良	1	0
和歌山	3	0
大阪	1	1
兵庫	5	8
鳥取	0	2
島根	2	2

	M29	M30
岡山	6	3
広島	1	1
山口	3	1
愛媛	0	2
香川	1	0
徳島	0	3
高知	0	1
大分	0	1
福岡	2	1
佐賀	2	0
長崎	1	1
熊本	4	2
宮崎	0	0
鹿児島	1	1
沖縄	0	0
総計	155	148

出典：次の史料を使用して作成。「大日本教育会夏季講習会」『大日本教育会雑誌』第181号、1896年9月、64頁。「講習会員府県別」『教育公報』第199号、1897年9月、28頁。総計は記事の同府県別人数を合計したもの（記事中の合計数とは異なる場合がある）。明治31年のデータは未発見。

表6　帝国教育会夏期講習会講習会員の内訳

	明治29年		明治30年	
	人数	%	人数	%
小学校教員	98	63.2%	139	91.4%
中等学校教員	22	14.2%	3	2.0%
その他の学校教員	10	6.5%	0	0.0%
学生	17	11.0%	8	5.3%
その他	8	5.2%	2	1.3%
合計	155	100.0%	152	100.0%

出典：表5と同じ史料を使用して作成。

かつ年によって増減があり、不安定であった。なお、明治二四年以後、毎年多くの講習会員を送っていた府県は、東京・長野・新潟・静岡などである。茨城は、明治二九年から急増した。また、表6は、明治二九年と三〇年の夏期講習会員の職業別内訳を比べたものである。明治二四年以来、小学校教員が講習会員の大多数を占めており、明治二七年から二九年にかけて中等教員や学生が少し増えたが、明治三〇年には小学校教員の割合が再び上昇して全体の九〇％を占めた。

また、従来のように、講習後の学習・研究継続を求めた事例も確認できる。明治三〇年八月三一日、夏期講習会閉会式の席上にて、近衛篤麿帝国教育会長は次のように述べた[14]。帝国教育会が夏期講習会を開いた趣旨は、地元で自ら研究することができない人々に、その道の大家に就いて親しく聴講する機会を提供することにある。帰郷後も、熱心に怠ることなく講習の学科を研究するよう望む。また、来年も講習会を開くから、また上京して研究を継続されることを望む。以上のように、主催側は、大日本教育会時と同様に、夏期講習会後の研究継続を奨励した[15]。

つまり、帝国教育会結成後の夏期講習会もまた、多くの小学校教員に学習機会を提供し、継続的学習を奨励して、大日本教育会以来の性格を引き継いだことがわかる。

（二）夏期講習会に対する小学校教員の要求

では、明治二四年以来開催され続けてきた夏期講習会について、講習会員はどのように受け止めていたのか。まず、講習会員の公式見解を確認しよう。明治三〇年八月三一日、講習会員総代の富田悦三（愛知県内小学校教員）は、先述の近衛会長の言葉に対して次のように答辞を述べた[16]。夏期講習会証明状の授与は名誉なことである。日清戦後において教育に人々の期待が集まっている時代に、学び続け、その成果を他に影響させることは、教師として重要なことである。講習成果を地元に還元することも教師の使命である。以上のように講習を総括して、富田は帝国教育会夏期講習会の証明状を受け取った。

浜中仁三郎（東京府内小学校教員）は、明治三〇年の帝国教育会夏期講習会員の一人で、教育・東洋倫理・国語・植物・人類学の証明状を受領した人物である。浜中は、明治三〇年九月二〇日発行の帝国教育会機関誌『教育公報』第二〇〇号において、夏期講習会について意見を述べた[17]。夏期講習会に当事者や講師が熱心に携わるのは、「教育家を一堂に会し、夏季休課を利用して之に智識を与へたらんには、後来必ず国家に利益あるべし」と信じるからである。東京開催の大きな夏期講習会には、明治義会・帝国教育会・文部省開催の各講習会がある。明治三〇年の三つの講習会の講習員は合計四三八名であった。「益々人文の発達を来さんとするの状勢」にある今日、夏期講習会を益々隆盛させなければならない。それは、国家のためだけでなく、「斯学」のためにである。そのため、講師は「最も熱心に且つ詳密たる考査探究」を踏まえて開口し、「粗漏の調査」を踏まえて誤謬をなくし、会員を「感動」させ、「終生此愉快なる業務に服事せんとの深念」を起こさせなければならない。全国の教育者が遠くから酷暑を侵して講習会に出席するのは、単に新知識を得るためだけではなく、講師を「永く師と仰ぎ、共に国家に尽さんとの一念」に他ならない。地方の教育者は、学識浅く、業務繁劇にして勉学の暇がないために学問上の後援を乞うのであり、講師から路傍の人のように冷淡に見られれば失望してしまう。また、私（浜中）は、中島力造の「教育者たるものは少くとも一つの外国語に通ぜざるべからず」という説を「真に然り」と確信する。外国の原書を読めなければ、教育者は、「世の進歩に伴ふこと能わず、常に人後に落ち、所謂学問界の古物となる」ことになる。ましてや外国語に通じていなければ、講習会に出席して先達者に取り次いでもらって「新知識を収得する方法」を講じなければならない。さらに、上京未経験の地方教育者が、東京の文物や帝都の有様を見て新知識を「収得」し、帰国後その学んだことを施せば、「国家の洪益」となるだろう。

以上の浜中の夏期講習会論は一般的に論じられているが、帝国教育会夏期講習会修了直後に帝国教育会機関誌『教育公報』誌上で発表され、浜中自身もこの講習会修了者であった。浜中が主に想定したのは、帝国教育会夏期講習会と考えてよいだろう。浜中は、知識欲と国家利益に対する使命観、または時勢に遅れまい、人後に落ちまいとする焦りや競争心をもって、同講習会に要求を突きつけた。帝国教育会は、この教員の要求を機関誌に掲載して受け止めたのである。明治三一年に新進気鋭の講師をそろえたのは、その結果とも考えられる。また、高等教育機関の教員は、夏期講習会講師を務める上で、熱心・詳細・緻密な研究による教育・学術研究の徹底を求められ、かつ小学校教員と師弟関係を結び、教職に対する積極的姿勢を喚起するような感情的影響力を求められた。なお、地方教員にとっての帝国教育会夏期講習会は、明治義会・文部省の講習会と同列に挙げられ、上京を伴って見聞を広め、地元にその学習成果を還元する機会として位置づけられていた。

以上のように、富田・浜中は、帝国教育会夏期講習会の経験を踏まえて、講師である高等教育教員に対して要求した。すなわち、小学校教員と高等教育教員との間に師弟関係を結び国家隆盛の目的に方向づけることや、高等教育教員の専門的・人格的成長について、指導的教員（小学校正教員）の側から要求したのである。

（三）教員の団結と自律性への言及

明治三一年八月六日、帝国教育会は、同会夏期講習会員だけでなく文部省講習員・明治議会講習員を含む五〇〇有余名を集め、教育演説会を開催した(18)。夏期講習会に連動した会合で、ここまで大規模なものはこれが初めてであった。この演説会では、竹越与三郎（元文部大臣秘書官兼参事官・元衆議院議員）・高田早苗（文部省参事官・元衆議院議員）・嘉納治五郎（文部省普通学務局長・帝国教育会会長事務取扱委員）が登壇した。さらに八月二二日には、六日と同様の三つの夏期講習会員、および東京市内の教育家に呼びかけ、来会者五〇〇余名に及ぶ大規模な茶話会を開催した(19)。開会時の嘉納の説明によると、この茶話会は、東京でも地方でも教育関係者が直接顔を合わせて話をする機会が少ないことを受けて設けられており、全国教育の進歩のために互いに話し、知己を増やし、相互に刺激し合う機会であった。茶話会では、嘉納、蔵原惟廓（惟郭、帝国教育会会務主幹・元岐阜県尋常中学校長）、尾崎行雄（文部大臣）、柏田盛文（文部次官）、講習員三名（権太政・竹内周吉・弘丑彦）が演説した。

蔵原惟廓は、「帝国教育会の現今の精神及び将来の希望」と題して次のように演説した。[20] 日清戦争後、外交上の関係が日増しに複雑になり、社会のあらゆる方面で「国家的公共の思想と国民の一致協力の精神を大に発揮養成せねばならん」必要がわき起こっている。今もっとも必要なことは、「公共的有機的一大団結力を増進する一事」であり、「団結心」の涵養である。しかし、「現時の教育社会」には、「統一ある団結的運動若くは連合生活」が欠けている。諸君と我々は「我国家国民の尤も最大必要なる公共的団結力を養成し、此団結心を以て国家全体の生活を動す所の習慣性情を養成し、此方面の精神を最高度に発達せねばならぬと言ふ大責任」がある。「公共の精神」「団結の元気」という「国民の公徳」を養成する責任は、普通教育に任ずる者の双肩にある。高等教育会議が近々開催される今、教育者・教育関係者は、「上下の差別を忘れ、相互の感情の行違を拋ち、小党分立的の争擾を打破し、一致団結して我国の教育を根本より一新し、我国の将来即ち第二の大国民的精神気象を有する時代を造る覚悟」がなければならない。「国民の教育社会の全体の思想、殊に普通教育社会の思想精神を代表して、さうして其活動を同ふし、其目的理想を共にする所の公明正大なる一大団体」が教育者の間に起らなくてはならない。帝国教育会はその「斡旋の労」をとるために「大革新」を施し、「大団体の公議を集め、之を社会に発表し、教育上の刷新を図り、増進を企つる所の有為有力なる一大機関」となりたい。帝国の教育社会には、「教育社会の輿論希望精神意志を代表する所のもの」が必要である。このような「一大機関」を利用するかどうかは、「帝国の教育を握り、帝国の前途の命運を左右するの権力を有する国民教育者たる諸君の決心如何」にある。以上のように、蔵原は力説した。

図 13　蔵原惟廓

蔵原の演説後、尾崎行雄文部大臣が登壇し次のように演説した。[21] 先日、文部省が教員の政治活動を禁止してきた多くの訓令・省令を廃止した。[22] しかし、これですべての自由を与えられたかのように誤解してはならない。これは「出来る丈の自由を与へたい」「無用な束縛無用」という考えで行ったものである。「立派に人の子弟を教育し、日本将来の大国民を製造すると云ふ重大なる責任」をもってい

図14　尾崎行雄

る諸君に対し、「言ふ迄もなき事柄」を訓令・達として全国に配ることは、諸君に対して「無礼」なだけでなく、「世界列国に対して笑ひもの」である。これは「帝国の恥」であると考え、廃止した。それと同時に、諸君には、「全部の責任」を負わせ、人間が「己の常識」に訴えて「是は為すべき事、是は為すべからざる事」ということを、他人の指図を待たずして判断することを期待する。教育者は文部省に意見書を出すべきである。意見がたくさん集まって「当局者の不便不利」になっても、それが「国家学制の利益」となるならば「当局者の喜び」となる。私は、諸君に「十分なる権利」と「十分なる自由」とを与えたい。国家に大きな責任を負っていることを自覚し、自重して後、社会をして諸君を敬重させなくては、諸君が真正に任務を尽くすことはできない。あくまで諸君の「御熟考」あらんことを希望する。以上のように、尾崎は力説した。

明治三一年八月の帝国教育会は、夏期講習会にあわせて、以上のようなメッセージを教員たちに訴えた。嘉納は、全国教育の進歩のために教育関係者が互いに交流して刺激し合うことの重要性を伝えた。蔵原は、教育者・教育関係者が団結して教育社会の輿論を形成することについて、その重要性を訴えた。尾崎の演説の主な趣旨は、教員の自重・自律性の重要性を訴えることにあった。明治三一年の夏期講習会は、参加した小学校教員に対して、学科の学習機会だけでなく、教員の団結心と自律性に対する自覚とを直接呼びかける機会となったといえる。なお、尾崎の演説は、翌日、先述以外の部分で社会問題化し（共和演説問題）、後の動きを直接先導したとは考え難い。しかし、本章では、教員の自律的判断と行動を期待して政治的活動の禁止に関する訓令・省令を廃止したことを、現職文部大臣が夏期講習会員に直接伝えたことに注目したい。

以上、帝国教育会結成直後の教員講習を検討してきた。本章で新たに明らかになったことを整理すると、次の三つに整理できる。

まず第一に、帝国教育会結成直後の教員講習は、年間を通して教員に学習機会を提供したことが判明した。これは、大日本教育会末期の事業を引き継いで、夏期には夏期講習会、それ以外の時期には講義会として教員講習を開講した結果である。この時期の講義会が教員講習会であり、教員に年間を通して学習機会を提供したことは、本章で初めて明らかになった。講義会は明治三二年に教員講習事業と一旦区別され、社会教育的事業に発展したが、夏期講習会をはじめとする教員講習事業は以後拡充されていく（第Ⅲ部第四章参照）。

第二に、明治三〇年の事例から、夏期講習会講師の高等教育機関教員に対して、指導的小学校教員の側から内容・態度改善の要求が出たことが判明した。先行研究では、講習会に対する指導的教員の需要がいつどのように生じたか不明確であった。本研究により、帝国教育会夏期講習会に対する需要発生の時期・動機が明らかになった。指導的教員の夏期講習会の需要は、知識欲と国家隆盛に対する使命観、そして時勢・他人に対する焦りや競争心から生じていた[23]。そのような需要は、帝国教育会や高等教育機関の教員に対する自己改良までも要求した。すなわち、明治三〇年には、帝国教育会夏期講習会を受講した指導的教員が、帝国教育会や高等教育機関教員から提供される学習機会をただ受け止めるだけでなく、逆に学習機会の質向上を要求するようになった。

第三に、明治三一年の夏期講習会は、参加した教員に、学力向上の機会に加えて、団結心・自律性を喚起する機会をも提供したことが判明した。先行研究では、明治三〇年代以降における教育会の教員講習は、主に検定試験準備の機会であった。しかし、帝国教育会の教員講習はそれとは別の意義を持った。すなわち、意図的かどうかは不明だが、結成期の帝国教育会は、大日本教育会末期の方針をあえて変えることなく、講習事業と検定試験とを直結しなかった。帝国教育会は、高等教育機関の新進気鋭の学者を講師として教員講習事業を展開し、主に小学校教員に対して中等教員程度の学力向上の機会を提供した。この機会の利用者のなかには、教職を務め上げて国家に奉仕するために自覚的に学び続ける指導的教員が現れた。さらに、夏期講習会のために全国各地の教員が上京したことを機に、教育社会と国家の利益のために教員が自ら自律的に判断し、団結して輿論形成・教育刷新を図る重要性について、直接訴えかけた。

明治二〇年代、教員は、教職に対する帰属意識や自重心の不足を指摘されていた（第Ⅱ部第二章参照）。明治二〇年代後半の大日本教育会は、夏期講習会開催によって、指導的教員の学習意欲や教職に対する帰属意識を刺激していた。帝国教育会はその事業を引き継いだだけでなく、さらに指導的教員の団結心や自律性に直接働きかける機会を設けた。帝国教育会の教員講習は、教育行政当局や地方教育会の講習のような教員補充事業であるよりも、むしろ指導的教員の学習・団結・自律を求めて働きかける教員改良を目指す事業であった。

（1）ただし、夏期講習会を「学術講義会」と別に独立的に取り扱うまでになるのは、明治四〇年の規則改正以降になる。
（2）明治期大日本教育会・帝国教育会の通俗・社会教育活動については、まとまった研究はない。唯一、蛭田道春「明治二〇年前後における大日本教育会の通俗教育活動」（鈴木博雄編『日本教育史研究』第一法規、一九九三年、二五一～二七五頁）がある。
（3）笠間賢二「小学校教員検定に関する基礎的研究」『宮城教育大学紀要』第四〇巻、二〇〇五年、二二九～二四三頁。笠間賢二「近代日本における「もう一つ」の教員養成」梶山雅史編『続・近代日本教育会史研究』学術出版会、二〇一〇年、二五一～二八一頁。
（4）「常議員会」『教育公報』第一八三号、帝国教育会、一八九六年一一月、二八頁。
（5）同前。
（6）明治四〇年四月の規則改正では、帝国教育会は主要事業を見直し、第六項に「教育図書館、学術講義会、夏期講習会、教育倶楽部等を開設すること」と定めた。「学術講義会」とは別に「夏期講習会」が定められたのである。規則改正のための臨時総会では、講義会と講習会の別置は特に話題に昇らなかった。
（7）「講義会」『教育公報』第一九六号、一八九七年七月、二七頁。
（8）「講義会委員会」『教育公報』第二〇〇号、一八九七年九月、二八頁。委員交代の日時は不明。
（9）「常議員会」『教育公報』第一八五号。一八九六年一二月、三一頁。
（10）「常議員会」「委員嘱託」『教育公報』第二一三号、一八九八年七月、広告一頁。

(11) 帝国教育会『帝国教育会沿革志』帝国教育会、一九〇八年、一三六頁。
(12) 帝国教育会、同前、一三九頁。
(13) 「講習中に於ける雑件」（『教育公報』第一九九号、一八九七年九月、二六頁）には、「地質鉱物学講師佐藤伝蔵君」と「国語学講師大槻文彦君」とある。また、「夏期講習会開会」および「夏期講習会閉会式」（『教育公報』第一九九号、一八九七年九月、二六頁）によると、其の他の講師の姓が、「重野博士」（漢文）、「坪井博士」（人類学）、「三好」、「山口」と挙がっている。「重野博士」は重野安繹（文学博士）、「坪井博士」は坪井正五郎（理学博士）、「三好」は三好学（理学博士）であろう。「山口」は不明。
(14) 「夏期講習会閉会式」『教育公報』第一九九号、二六頁。
(15) ただし、従来の「研究」の意味は実際に応用するための考察・工夫等も含んでいた。近衛のいう「研究」はどちらかというと「学習」の意味に近いと思われる。
(16) 前掲注（14）。富田は、明治三四年七月時点で、名古屋市前津尋常小学校訓導（校長ではない）を務めている（『愛知教育雑誌』第一七二号参照）。
(17) 濱中仁三郎「夏季講習会の風潮及傾向」『教育公報』第二〇〇号、一八九七年九月、一七～一八頁。濱中は、明治三五年一二月時点で、南足立郡花畑尋常高等小学校訓導（校長ではない）を務めている。
(18) 「帝国教育会教育演説会」『教育公報』第二一五号、一八九八年九月、四九頁。
(19) 「帝国教育会茶話会」『教育公報』第二一五号、四九～五一頁。日程については、一一日という説もある。
(20) 蔵原惟廓「帝国教育会の現今の精神及び将来の希望」『教育公報』第二一五号、四〇～四三頁。
(21) 尾崎行雄「文部大臣の演説」『教育公報』第二一五号、二七～三三頁。
(22) 明治三一年八月一一日、尾崎文相は、教員・学生生徒の政治的活動に関する過去の法令を廃止した。具体的には、明治三一年八月一一日文部省令第一六号によって、明治二二年一二月二〇日文部省令第一二号を廃止。また、明治三一年八月一一日文部省訓令第七号によって、以下の文部省訓令・達・内達・内訓類を廃止。明治一四年一二月二八日文部省達第三八号、明治一五年六月一〇日文部省内達、同年六月二四日文部省内達、同年七月三日文部省内達、明治一六年一月二三日文部省内達、同年一月二四日文部省内達、明治一七年四月五日文部省達、明治一八年一月二三日文部省達第二号、同年一月二四日文部省達第三号、明治一九年一二月一三日文部大臣訓令、明治二二年一〇月九日文部大臣訓令、同年一〇月九日文部大臣訓令、明治二三年一月一四日文部省訓令第一号、明治二五年一二月一五日文部大臣内訓、明治二六年五月二日文部省訓令第四号、同年五月二日文部省訓令第五号、同年五月二二日文部省訓令第六号、明治二七年一月一二日文部省訓令第二号、同年一月二三日文部省訓

令第三号、明治二八年一月一八日文部省訓令第一号、明治三〇年一〇月一三日文部省訓令第一〇号、明治三一年二月四日文部省訓令第一号。なお、明治二六年文部省訓令第一一号（いわゆる「箝口訓令」）は、蜂須賀文政時の明治三〇年一〇月一三日に文部省訓令第九号をもって廃止されていたが、同日発令の文部省訓令第一〇号によって学校教員の政治活動を改めて禁止していた。つまり、明治三一年八月一一日には、「箝口訓令」の代わりに発令されていた明治三〇年文部省訓令第一〇号が廃止されたのである。これらの法令廃止により、教員の政治活動禁止の法的根拠は集会及政社法（第四条・第二五条）に収斂された。

（23）明治三〇年代初頭には、このような学習意欲・使命観・焦りなどが地方の指導的教員にも拡がっており、それが教員集団・教育会改革の要求につながることもあった（白石崇人「明治三〇年代初頭の鳥取県倉吉における教員集団の組織化過程―地方小学校教員集団の質的変容に関する一実態」中国四国教育学会編『教育学研究ジャーナル』第九号、二〇一一年、三一～四〇頁参照）。

第四章　明治期帝国教育会における教員講習の展開

——帝国大学卒・高等師範学校卒の学者による小学校教員に対する中等教員程度の学力向上機会の提供——

本章の目的は、明治三二（一八九九）〜四五（一九一二）年（大正元年）の帝国教育会における教員講習の展開過程を明らかにすることである。とくに、小学校教員の取り扱い・動向に注目する。

現在、地方公文書館に所蔵されている明治後期の小学校教員の履歴書を見ると、講習暦が多数記入されていることがわかる。例えば秋田県では、明治三四（一九〇一）年に中学・高等女学校卒業生で一年以上小学校教育に従事した教員に対して、履修不足の教科目を「補修」することにより、無試験検定によって小学校本科正教員免許状を授与する制度が設けられた[1]。明治三〇年代以降、教員講習は、小学校教員にとって免許上進を保障する機会になっていった。当時の教員履歴書における多数の講習暦は、免許上進を目指した跡と言える。行政当局は、教員不足を解消するために教員補充の機能を教員講習に期待し、奨励した。教員講習は、教員・行政両方にとって必要なものであった。

明治三〇年代以降、教員講習は地方において多様に多数実施されたが、中央においても大規模なものが定期的に行われた。近年、地方の制度実態をモノグラフ的に検討する教員講習史研究が進んでいるが[2]、中央の教員講習に注目する先行研究はほとんど見当たらない。主な中央の講習には、文部省主催のものや、大日本教育会・帝国教育会、明治義会、育成会などの私立団体主催のものがある。第Ⅲ部第一〜三章で述べた通り、大日本教育会・帝国教育会は、教員講習の実施によって、一般教員の補充よりも指導的教員のさらなる学力向上・教職理解増進を進め、小学校教員の学力を中等教員程度まで高めて教員の社会的地位を向上させようとした。また、講習内容は、開発主義教育学やヘルバルト派教育学などの特定の教育学や教科教授法一辺倒ではなく様々な学問領域にわたる多様なものであり、主に高等教育機関の教員が講習したこともわかった。明治三一年までの両教育会の教員講習は、先行研究が指摘してきた教員補充・免許上進機能だけでは十分に説明できない。

前章までに明らかにしてきた両教育会の教員講習の特質は、明治三一年以降の講習にも引き継がれたか。また、これ以降の帝国教育会は、夏期講習会に加えて、中等教員講習所や夜間講習、女子講習、冬期講習という従来帝国教育会が実施してこなかった形態の教員講習を開講した。大日本教育会・帝国教育会の教員改良の歴史において、これらの新規事業はどのような意味をもったか。中等教員講習所については第Ⅲ部第五章において詳しく検討するが、本章ではそれ以外の講習に注目して検討したい。第三・四・五章を合わせることで、明治期帝国教育会の教員講習の全容を把握することができる。

以上の問題意識に基づき、本章は次のように研究を進める。まず、明治三一年以降の帝国教育会が教員講習を拡充・展開していった組織的背景を検討する。次に、夏期講習会・夏季夜間講義会・女子講習会・冬期講習会について検討し、その拡充・展開の過程を把握する。最後に、講習内容について教育学講師に注目しながら検討する。

一．会員の期待に支えられた教員講習の拡充

前章で述べた通り、帝国教育会は、辻新次会長が着任した明治三一年一一月、講義会を社会（通俗）教育的事業に発展させた。以後しばらく、教員講習事業は夏期講習会に限られた。帝国教育会夏期講習会は、明治三一年以降ますます活気づいた。明治三〇年まで二〇〇名を超えなかった受講者数が、明治三一年二〇五名、三二年三三九名、三三年五〇〇名、三四（一九〇一）年六七〇名というように急増したのである。この現象は、同時期

の地方教育会の講習会でも同様であったことを踏まえると、[3]全国的傾向と軌を一にするものと思われる。明治三〇年代の夏期講習会受講者の職業別内訳数を通覧できる史料は見当たらないが、参考までに明治三九（一九〇七）年の夏期講習会の内訳数は次の通りである。同年の受講者は三九〇名、その内訳は「小学校教育に従事する者」二三五名（六〇・二％）、「中等教育に従事する者」一〇四名（二六・七％）、「学生」一五名（三・八％）、「官吏其他のもの」三六名（九・二％）であった。[4]受講者の内訳では、従来通り小学校教員が多数を占め、その実数をも増やした。また、明治二〇年代の受講者傾向に比べ、中等教員も増加した。明治三一年以降の受講者数急増の原因は、小学校教員の受講数増に加えて、中等教員の受講数増が重なったためと思われる。

明治三一年一一月二六日の辻新次の会長着任は、帝国教育会にとって転機であった。これより前の同年五月、帝国教育会初代会長の近衛篤麿が辞任し、以後半年にわたって会長職の空席状態が続いていた。一一月二六日の臨時総集会において、ようやく新会長が決定した。新会長に当選したのは、旧大日本教育会の会長を長年勤めた実績を持つ、辻新次（貴族院議員・仁寿生命保険会社長）であった。辻新会長は、帝国教育会の改革を進めた。着任直後における最大の課題は、解散要求にまで発展していた帝国教育会に対する「不評判」の払拭と、数千円に上る負債解消であった。一二月二三日、辻会長は第一回幹事会において、経常収入の範囲内による会務拡張と基金創設による負債解消とを、今後の基本方針にした。[5]この方針に基づいて、夏期講習会準備の早期開始（従来の五月頃開始から一月開始へ）、『教育公報』の保証金納付、教育倶楽部の再設置、高等学術講義会の開設、学術講談会の再開、学制調査部・国字改良部の設置などを行い、積極的な事業拡張を実行した。

帝国教育会は、このような事業拡張を進めながら、順調に組織を立て直した。明治三二年二月二五日、民法第三七条にもとづく社団法人の認可を受け、三月一三日に法人登記を完了した。[6]また、同年五月発行の『教育公報』第二二三号では、「本会ノ事業ヲ永ク継続センガ為メ」、基金の募集を開始した。[7]基金寄附の第一回報告を確認すると、寄附者名には帝国教育会旧・現職幹部の名が見出せる。[8]とくに、辻新次会長と教育関係の出版社長との寄附金額が抜きん出ている。[9]小学校・中等学校教員も寄附した。基金寄附は、おおよそ帝国教育会員と思われる寄附者の支援によって順調に集まり、明治三四年九月までに一八、〇六一円五〇銭（明治三三年度経常費収入四、二八四円八九銭五厘の約四倍）に達した[10]。その結果、抱えていた多額の負債は明治三三年一二月二九日までに完済されている[11]。そのため、明治三三年中には返済の見通しは立っていたと思われる。次の課題は、この巨額の基金の使い道を考えることだったと思われる。

以上によれば、帝国教育会は、明治三一年以降、基金寄附者すなわち会員を中心とする教育関係者・篤志者の支援を受けて、組織立て直しをかけた事業拡充に取り組んだことがわかる。その結果の一つが、これ以降の教員講習の拡充・展開であった。

二　教員講習の拡充・展開

（一）受講対象者としての小学校教員の明記

表1・2は、明治三一年以降の明治期帝国教育会の教員講習を一覧にした表である。まず夏期（夏季）講習会に絞って検討する。

帝国教育会は明治三〇年から毎年八月一日から約三～四週間、教員・教員志望者のために夏期講習会を開催した。前身の大日本教育会の頃から数えると、明治二四（一八九一）年以来、毎年必ず夏期に教員講習を実施してきたことがわかる。各学科目は、おおよそ二週間ずつ、二時間ずつ開始日・時間を変えて実施された。例えば明治三六（一九〇三）年には、教育学・地理学は午前九時から、人類学は午後三時から、化学・日本史は午前七時から開始されている[12]。夏期講習会は、おおよそ昼間の講習であった。一方、明治三四（一九〇一）～三八（一九〇五）年の五年間、夜間の講習も同時並行で実施された。明治三六年の事例では、午後五～八時の三時間講習が行われた。夜間講習は「夏季夜間講義会」と呼称されたが、表1の目的欄を見れば明らかなように、これは教員講習であった。当時の帝国教育会規則において教員講習は「学術講義会」の一種と考えられていたが[13]、この事例も同様であった。夜間講習を始めた趣旨などを解明できる史料はまだ見つかっていないが、帝国教育会は明治二九年から夜間に講義会を開講し、明治三三年から常設の夜間課程である中等教員講習所を設けていた。帝国教育会は、講義会や中等教員講習所の実績をもって、夜間の夏期講習会を始めたことがわかる。

講習料は受講学科数によって増額され、一円五〇銭（一学科）～三円五〇銭（三学科以上）であった。この金額は、他の私立講習会と比べてもほぼ同額であったが、講師のほとんどは、高等教育機関教員や学位所有者であった。受講者数は、年度によって変動したが、最低一七七名（明治三七年）・最大五四二名（明治四四年）、明治三一～四五年までにのべ五、五八二名、年平均三九八・七名にのぼった。例えば、明治四五年（大正元年）の受講者総数五三四名の内訳を見ると、男子三七三名・女子一二一名、小学校教員四〇一名・中等教員八六名・学生一五名・郡視学五名・その他三七名であった[14]。なお、明治二九年の大日本教育会夏期講習会では、受講者一五五名のうち女子はわずか四名、小学校教員九八名・中等教員（師範・中学・高女合計）二二名・学生一七名・その他一八名であった。小学校教員が半数以上を占める状態は大日本教育会以来のことであったが、明治期を通して、女子受講者（その大半は教員）の割合・実数が増加し、中等教員の実数も増加したことがわかる。

夏期講習会の対象は、基本的に、普通教育の中等教員やその志望者、講習学科の研究志望者であった。ただ、明治三八・三九年には実業学校教員が対象者として明記された。この講習対象者の表記は不安定であり、例えば明治三八年二月に出された「夏季講習会及夏季夜間講義会予告」には「師範学校、中学校、高等女学校、小学校教員及び該教員志望者並に左の学科研究志望者の為」と書かれていたが[15]、六月に出された同広告には「小学校教員」が削除されて「実業学校教員」に替えられた[16]。変更理由に関する史料を発見できないが、おそらく、夜間講義会の学科目を応用電気学・商業にしたため、従来中等教員のうち除外してきた実業学校教員を講習対象に含めたい意図があったのではないか。しかし、明治四〇年以降は再び実業学校教員は除外され、普通教育教員のみに

表1　明治期帝国教育会における教員講習一覧（明治三二～三八年）

開催年	西暦	期間	目的	受講者数	教科目	講師	講師略歴
明治三二年	一八九九	八月一日～二八日	師範学校・尋常中学校・高等女学校の教員及該教員志望者其他左の学科研究志望者の為	三三九名	教育学	大瀬甚太郎	文学士、高等師範学校教授
					東洋歴史	那珂通世	高等師範学校教授
					動物学	丘浅治郎	理学博士、高等師範学校教授
					衛生学	横手千代之助	医学士、医科大学助教授
					法律大意	岡村司	法学士、陸軍教授
明治三三年	一九〇〇	八月一日～二八日	師範学校・中学校・高等女学校の教員及び該教員志望者、其の他左の学科研究志望者の為	五〇〇名	教育学	中島半次郎	東京音楽学校・東京商業教員養成所講師
					国語学	藤岡勝二	文学士、東京帝国大学文科大学院生
					植物学	三好学	理学博士、東京帝国大学理科大学教授
					地質鉱物学	佐藤伝蔵	理学士、高等師範学校教授
					社会学	浮田和民	東京専門学校講師
明治三四年	一九〇一	八月一日～二八日	師範学校・中学校・高等女学校の教員及び該教員志望者、其の他左の学科研究志望者の為	四五三名	教育学	熊谷五郎	文学士、高等師範学校・哲学館講師
					教育行政	木場貞長	法学博士、東京帝国大学法科大学講師
					国語	岡田正美	文学士、東京帝国大学文科大学・女子高等師範学校講師
					動物学	石川千代松	理学博士、東京帝国大学農科大学教授
					心理学	塚原政次	文学士、東京帝国大学農科大学・哲学館講師
		一日～二四日	師範学校、中学校、高等女学校教員及其志望者並ニ数学科研究者ノタメ	夜間 二一七名	算術（夜間）	千本福隆	理学士、東京高等師範学校教授
					代数（夜間）	中川銓吉	理学士、東京高等師範学校教授
					幾何（夜間）	国枝元治	理学士、東京高等師範学校教授
明治三五年	一九〇二	二月二日～一一月三〇日	中等教育ニ従事セントスル女子ニ必要ナル学科ヲ講習スルヲ以テ目的トス	最多時一六五名 修了者四三名	教育	篠田利英	女子高等師範学校教授
					数学	森岩太郎	女子高等師範学校教授
					国語	岡田正美	文学士、女子高等師範学校・文科大学講師
		八月一日～二四日	師範学校・中学校・高等女学校の教員及び該教員志望者、其の他左の学科研究志望者の為	三〇七名	教育学	波多野貞之助	高等師範学校教授
					実験心理	三宅亥四郎	ドクトルフィロソフィー
					西洋歴史	中川正信	文学士、東京帝国大学文科大学院生
					法制経済	葛岡信虎	（のち中島、のち東京高師教授）
					応用植物学	斉田功太郎	理学博士、高等師範学校教授

明治三五年	一九〇二	八月一日～二五日	師範学校、中学校、高等女学校の教員及同教員志望者並に英語研究志望者のため	夜間九七名	文典訳読（夜間）	永井尚行	？
					会話和文英訳（夜間）	元田作之進	ドクトル、立教中学校長
					訳読	平田喜一	高等師範学校教授
明治三六年	一九〇三	八月一日～二五日	師範学校・中学校・高等女学校の教員及び該教員志望者、其の他左の学科研究志望者の為	三三一名	教育学	吉田熊次	文学士、東京女子高等師範学校教授
					地理学	矢津昌永	東京高等師範学校教授
					人類学	坪井正五郎	理学博士、東京帝国大学理科大学教授
					化学通論	大幸勇吉	理学博士、東京高等師範学校教授
					日本史	岡部精一	文学士、日本女子大学講師
		八月一日～二五日	師範学校・中学校・高等女学校の教員及び該教員志望者、其の他左の学科研究志望者の為	夜間二五五名	漢文（夜間）	重野安繹	文学博士、東京学士会院幹事
						信夫粲	（恕軒）漢学者
					国文典（夜間）	大槻文彦	文学博士、高等教育会議員
					日本文学史（夜間）	芳賀矢一	文学博士、文科大学教授
						鈴木暢幸	（代講）文学士
明治三七年	一九〇四	八月一日～二五日	師範学校・中学校・高等女学校の教員及び該教員志望者、其の他左の学科研究志望者の為	一七七名	教育学	金子馬治	早稲田大学講師
					植物生態学	三好学	理学博士、東京帝国大学理科大学教授
					地質鉱物学	石川成章	理学士、不明
					進化論	丘浅次郎	理学博士、東京高等師範学校教授
					国法学	中村進午	法学博士、学習院教授
		八月一日～二五日	師範学校・中学校・高等女学校の教員及び該教員志望者、其の他左の学科研究志望者のため	夜間八五名	漢文（夜間）	有馬祐政	文学史、早稲田大学講師
						信夫粲	（恕軒）漢学者
					国語（夜間）	金沢庄三郎	文学博士、東京外国語学校教授
						保科孝一	文学士、東京帝国大学文科大学助教授
明治三八年	一九〇五	八月一日～二六日	師範学校、中学校、高等女学校、実業学校教員及び該教員志望者並に左の学科研究志望者の為め	三一五名	教育学	大瀬甚太郎	文学士、東京高等師範学校教授
					教育行政	松本順吉	法学士、文部省参事官
					国語	保科孝一	文学士、東京高等師範学校教授
					地理	志賀重昂	農学士、早稲田大学講師
					歴史	岡部精一	文学士、陸軍編輯
		八月一日～二五日	同前	夜間五九名	応用電気学（夜間）	山川義太郎	法学博士、東京帝国大学工科大学教授
					商業（夜間）	上田貞次郎	東京高等商業学校教授

出典：次の史料を用いて作成。『教育公報』二二五号・二二六号・二三九号・二四八号・二五一号・二五四号・二六二号・二六三号・二七三号・二七四号・二七五号・二八四号・二八七号・二九六号・二九九号・三〇九号・三一一号・三一九号。『帝国教育会沿革誌』一九〇八年。『帝国教育』三二〇号・三二三号・三二六号・三三四号・三三八号・三四七号・三五〇号・三五三号・三五四号・三六三号・三六七号。各年度の『職員録』。

表2　明治期帝国教育会の教員講習一覧（明治三九～四五年）

開催年	西暦	期間	目的	受講者数	教科目	講師	講師略歴
明治三九年	一九〇六	八月一日～二四日	師範学校、中学校、高等女学校、実業学校の教員及該教員志望者並に左の学科研究志望者の為め	三九〇名 夜間なし	教育学	林博太郎	文学士、学習院教授・東京帝国大学文科大学講師
					国語	藤岡勝二	文学士、東京帝国大学文科大学助教授
					中学校に於ける数学科	寺尾壽	理学博士、東京帝国大学理科大学教授・東京天文台長
					物理	後藤牧太	東京高等師範学校教授
					化学	池田菊苗	理学博士、東京帝国大学理科大学教授
					園芸	原熈	農学士、東京帝国大学農科大学助教授
明治四〇年	一九〇七	八月一日～二四日	師範学校、中学校、高等女学校、小学校教員及ビ該教員志望者並ニ左ノ学科研究志望者ノ為	四三三名	教育学	森岡常蔵	東京高等師範学校教授兼文部編輯
					国語	保科孝一	文学士、東京高等師範学校教授・東京帝国大学文科大学助教授
					化学	小川正孝	理学士、東京高等師範学校教授
					植物	斉田功太郎	理学博士、東京高等師範学校教授
					教育衛生	三宅秀	医学博士、東京帝国大学名誉教授・帝国学士院会員
					家事	宮川寿美子	東京女子高等師範学校教授
明治四一年	一九〇八	八月一日～二四日	？	三七一名	実験教育学	乙竹岩造	東京高等師範学校教授、文部省視学官
					植物学	斉田功太郎	理学博士、東京高等師範学校教授
					理科及算術教授法	川上瀧男	文部省編修官
					教育衛生	駿河尚庸	文部省学校衛生事項取調嘱託医
					地理科	大日方順三	東京高等師範学校教授
					家事科	宮川寿美子	東京女子高等師範学校教授
明治四二年	一九〇九	八月一日～四週間	師範学校、中学校、高等女学校該教員志望者及視学、学務員等並ニ左ノ学科研究志望者ノ為	三六七名	教育学	乙竹岩造	東京高等師範学校教授
					物理学実験講義	後藤牧太	東京高等師範学校教授
					化学実験講義	和田猪三郎	東京高等師範学校教授
					欧米教育制度一斑	服部教一	文部省視学官
					家政科	宮川寿美子	東京女子高等師範学校教授

明治四三年	一九一〇	八月一日～二二日	？	五四二名	教育学	乙竹岩造	東京高等師範学校教授
					倫理学科	藤井健次郎	早稲田大学講師
					図画科	白浜徴	東京美術学校教授
					体操及遊戯科	永井道明	東京高等師範学校教授
					家政科	宮川寿美子	東京女子高等師範学校教授
明治四四年	一九一一	八月一日～二二日	師範学校、中学校、高等女学校、小学校教員、該教員志望者及視学等並ニ左ノ学科研究志望者ノ為	五二二名	教育学	乙竹岩造	東京高等師範学校教授
					数学	林鶴一	東北帝国大学理科大学教授
					国語	金沢庄三郎	東京外国語学校教授
					地理	志賀重昂	早稲田大学講師
					図画	白浜徴	東京美術学校教授
					家政	宮川寿美子	東京女子高等師範学校教授
		一二月二五日～三〇日	師範学校、中学校、高等女学校、小学校教員、視学及左記ノ学科研究志望者ノ為	四一九名	教育学	佐々木吉三郎	東京高等師範学校教授
					心理学	福來友吉	文学博士、東京帝国大学文科大学助教授
					国語（言語論）	藤岡勝二	東京帝国大学文科大学教授
					国語（作文法）	佐々政一	東京高等師範学校教授
明治四五年大正元年	一九一二	八月一日～二四日	師範学校、中学校、高等女学校、小学校教員、該教員志望者並に左の学科研究志望者の為	五三四名	修身	吉田熊次	文学博士、東京帝国大学文科大学教授
					教育学	佐々木吉三郎	東京高等師範学校教授・附属小学校主事
					教授法	棚橋源太郎	東京高等師範学校教授
					国語	金沢庄三郎	東京外国語学校教授
					家事科	宮川寿美子	東京女子高等師範学校教授
		一二月二五日～三〇日	師範学校、中学校、高等女学校、小学校教員、視学及左記ノ学科研究志望者ノ為	二二一名	修身	井上哲次郎	文学博士、東京帝国大学文科大学教授
						吉田熊次	文学博士、東京帝国大学文科大学教授
					国語（作文法）	佐々政一	文学博士、東京高等師範学校教授
					算術（算術及算術教授上の注意）	生駒万治	文部省視学官

出典：次の史料を用いて作成。『教育公報』三〇九号・三一一号・三一九号。『帝国教育会沿革誌』。『帝国教育』三二〇号・三二三号・三二六号・三三四号・三三八号・三四七号・三五〇号・三五三号・三五四号・三六三号・三六七号。『教育時論』九七八号。各年度の『職員録』。

対象を絞った。

明治四〇年以降、夏季講習会の対象に小学校教員が明記された。明治四二年に除外され、講習対象としての小学校教員の位置は不安定であったが、明治四四（一九一一）・四五（一九一二）年には再び明記された。それまで小学校教員は中等教員志望者または講習学科研究志望者として受講していたが、明治四〇年代以降、小学校教員は小学校教員として受講できるようになった。なお、地方自治体や地方教育会主催の教員講習は、講習後に教員検定試験を設けて、教員の補充・免許上進機能を果たしたが、明治期帝国教育会の講習はそのような設定はされなかった。これは、教員補充よりも学力向上による社会的地位向上という大日本教育会以来の教員講習方針が引き継がれた結果と思われる。

明治四〇年四月二五日、帝国教育会は総会の決議によって規則を改正した[17]。このとき、主要事業の第六項において、教育図書館・学術講義会・教育倶楽部に並んで夏期講習会が規定された。夏期講習会が規則に明記されたのはこれが初めてのことである[18]。規則に明記されて以来初めて開催された明治四〇年の夏期講習会は、初めて小学校教員を受講対象として明記した。これは見逃せない事実である。明治四〇年代に入って、帝国教育会は、夏期講習会の講習、すなわち高等教育機関教員による中等教員程度の学力形成機会を小学校教員に正式に開放したのである。

（二）小学校女教員に対する中等教員程度の学力向上機会の提供

表1・2によれば、明治三五年と明治四四・四五年とに八月以外の日程で教員講習が開催されたことがわかる。明治三四年一一月二九日、帝国教育会評議員会は女子講習会規定を可決し、翌年二月から開設することを決定した[19]。女子講習会は、「中等教育に従事せんとする女子に必要なる学科を講習する」ことを目的にし、教育・国語・数学の三学科を講習することにした。講習料は毎月六〇銭であり、同時期に開講していた中等教員講習所（共学、

表3　帝国教育会女子講習会委員一覧

氏名	履歴	氏名	履歴
篠田利英	女子高等師範学校教授・附属高等女学校主事	成瀬勝文	誠之尋常高等小学校長
中川謙二郎	共立女子職業学校長・東京工業学校教授	三谷保	下谷尋常高等小学校長
野口保興	女子高等師範学校教授	宮川盛	練屏尋常高等小学校長
黒田定治	女子高等師範学校教授	渡辺六郎	私立渡辺尋常高等小学校長・下谷女子技芸学校長
林吾一	東京府女子師範学校長・第二高等女学校長事務取扱	三田利徳	柳北女子尋常高等小学校長
		加藤忠三郎	精華尋常高等小学校長
中山民生	東京府師範学校教諭	小沢政胤	江東尋常高等小学校長・江東女子尋常高等小学校長
山崎彦八	富士見尋常高等小学校長	大沢正巳	明治尋常高等小学校長
高橋鐵蔵	番町尋常高等小学校長	長坂頼幸	私立開発尋常高等小学校教員
梅沢親行	私立稚松尋常高等小学校長	磯部武者五郎	小石川区学務委員長
村田亮輔	錦華尋常高等小学校長	横井たま子	私立女子美術学校長
岸田松二郎	小川女子尋常高等小学校長	三輪田真佐子	三輪田女学校長
中島行徳	阪本尋常高等小学校長	国枝操子	私立東京女学館教員
千葉喜作	私立垂珠尋常高等小学校長	田島ひで子	私立実践女学校教諭
鈴木勝太郎	文海尋常高等小学校長	星つね子	東京府第三高等女学校教諭
原錠次郎	桜川尋常高等小学校長	木村貞子	華族女学校教授
伊藤諦丈	私立共栄尋常高等小学校長	石川よね子	？
木村金之助	麻布尋常高等小学校長	水谷直孝	私立成女学校主幹
桜井光華	青山尋常高等小学校長	西島富寿	女子高等師範学校附属高等女学校教諭
風当朔朗	四谷尋常高等小学校長	小杉くら子	私立共立女子職業学校教員
小沢卯之助	愛日尋常高等小学校長	西田敬止	私立東京女学館監事
山本英範	礫川尋常高等小学校長	小谷野ちよ子	東京府女子師範学校附属小学校訓導
杉浦恂太郎	湯島尋常高等小学校長	穂積ぎん子	？

出典：次の史料を参照して作成。「帝国教育会女子講習会委員嘱託」『教育公報』第二五四号、三六頁。『職員録』。東京府教育会編『東京府学事関係職員録』一九〇二年。中等教科書協会編『中等教育諸学校職員録』一九〇八年。

講習料毎月二円）よりも安価であった。明治三四年一一月三日、辻新次会長は表3に示した四五名に女子講習会委員を嘱託した。履歴を把握できる四三名について見ると、ほぼ女子高等師範学校、府高等女学校、私立女学校、公私立小学校の教員で構成されたことがわかる。とくに公私立小学校長が二四名おり、半数以上を占めていた。

開会式式辞などは残っていないが、明治三四年一二月一〇日の女子講習会委員会における辻新次会長の説明によると、開講の理由は、中等教員の欠乏を補い、かつ教員を希望する女子に便宜を与えるためであった。[20]とはいえ、中等教員検定受験の便宜を特別に図った事実は確認できない。

一二月七日の準備委員会では、高等女学校第一・第二学年（高等小学校上級女児に相当）の生徒を教育するために十分な学力を得させることを目的とし、教授時間を毎週日曜午前三時間として合計四〇日一二〇時間にすることが協議された。[21]女子講習会委員会ではこれらについて委員の合意を得て、明治三五年二月二日に開会式が行われた。講師は表一の通り、女高師教員であった。女子講習会は、当初、明治三六年一月まで一年間かける予定であったが、結局明治三五年一一月三〇日に閉会式を実施した。講習日程繰り上げの理由は、「講習程度等に斟酌を加ふる」ためと説明されたに止まる。[22]閉会式では、出席日数三分の二以上の者四三名に証明書を授与した。全証明書受領者の履歴内訳は不明だが、受領者のなかには例えば、保見菊代（桜川尋常高等小学校准訓導）、加藤あい（練屏尋常高等小学校訓導）、風当たま（豊多摩郡華園尋常高等小学校准訓導）がいた。訓導に混じって准訓導も受講・修了したことがわかる。なお、受領者が中等教員になれたかどうかは確認できていない。

以上のように、帝国教育会は、明治三五年、女子教育家や指導的小学校教員の合意をもって、小学校女教員に対して中等教員程度の学力向上の機会を提供した。受講者のなかには准教員もいた。

（三）冬期における小学校教員の学力向上機会の提供

明治四四年九月六日、高等学術講義会委員会において、一二月末の約一週間、冬期講習会を開催することが決定した[23]。従来、教員講習は夏期講習会委員会などで協議・準備していたが、この頃は高等学術講義会委員会が協議・準備するようになっていた。九月六日の委員会には、辻新次会長・多田房之輔主事（国民教育社長）・樋口勘治郎主事（『帝国教育』主筆・早稲田大学講師）が出席したことを確認できる。その他に出席委員一七名の名字が表記されている。委員名と照合すると、彼らの多くは府内の公私立小学校長（確認できるのは、石上弥助・林俊弥・堀越源治郎・小菅吉蔵・吉岡泰平・高橋鐵蔵・長坂頼幸・松下専吉・前田捨松・湯沢直蔵・森川滉の一一名）であり、冬期講習会開催の決定過程にも指導的小学校教員の合意・要求が直接関わったことがわかる。

こうして、同年一二月二五〜三〇日、中等教員・小学校教員・視学・講習学科研究志望者のため、冬期講習会が開かれた。受講者数は四一九名（男子三九二名・女子二七名）、その内訳は小学校教員三九三名・中等教員七名・視学五名・学生四名・その他一〇名であった[24]。夏期講習会並みの大規模な講習であったことがわかる。冬期講習会は、夏期講習会同様の規模で、小学校教員に対して中等教員程度の学力向上機会として提供された。以後、冬期講習会は毎年末の恒例事業になった。明治末年にいたって、従来夏期限定であった小学校教員の学力向上事業は、冬期にも拡大された。

三　講習内容の概要―教育学講師に注目して

表1・2の通り、明治三二年以降の教員講習においても多様な学科目が開講された。ここでは、毎年ほぼ毎回欠かさず開講された教育学について、その講習内容を検討する。なかには講習後に講義録が公刊され、詳しい内容を検討することができるものもあるが、ここでは講師の履歴や講習要旨を検討して、その内容傾向を把握するに止める。

明治三二年の教育学講師は、大瀬甚太郎であった。大瀬は、帝国大学文科大学哲学科卒であり、明治二六〜

図１　大瀬甚太郎

図２　中島半次郎

三〇年の間、独仏英に留学して教育学を学んだ人物である。当時、明治三一年に『教育学教科書』を著し、高等師範学校で教授を務めて教育学を教え、帝国大学文科大学でも教育学の講師を務めていた。明治三二年の講習内容は、『教育公報』第二四三号（明治三四年一月刊）以降に連載されている。また、大瀬は、明治三三年の中等教員講習所数学科教育学講師や、明治三八年夏期講習会の教育学講師も務めている。明治三三年以降、シュライエルマッヘルやナトルプの教育学解説に取り組み、明治三八年八月には『欧洲教育史』巻の一を公刊して体系的な西洋教育史研究を発表したところであった。

明治三三年の講師は、中島半次郎であった。中島は、東京専門学校を卒業後、『教育時論』の主任記者を務め、かつ高等師範学校研究科で教育学を専攻して明治三二年三月に修了した人物であった。高師研究科では、ローゼンクランツ、ライン、ラウリーの教育学を参照して、尺秀三郎との共著として『教育学原理』をまとめている。明治三三年の夏期講習会の講習内容は、同年一二月に単著『普通教育学要義』としてまとめて出版された。また、講習会直後の明治三三年九月、東京専門学校の講師に着任し、以後この学校で教育学を教え続けることになる。中島にとって、帝国教育会夏期講習会講師の経験は、結果として単著をまとめ、かつ雄飛の契機になったと思われる。

明治三四年の講師は、熊谷五郎であった。熊谷は、明治二八年に帝国大学文科大学を卒業し、続いて大学院で教育学原理を研究しながら高師・哲学館で講師を務めていた。哲学館での講義はコメニウス、モンテーニュ、ロック、ルソーの学説史であったが、夏期講習後の明治三四年一一月、トイセルに依拠して『教育学』をまとめて出版した。また、講習後に文部省留学生としてドイツに留学し、教育学を研究している。熊谷にとっても、帝国教育会夏期講習会は、教育学者としての一つの節目となったように思われる。[25]

明治三五年の講師は、篠田利英と波多野貞之助であった。篠田は明治二四年、波多野は明治二九年に夏期講習会教育学講師を務めている（第Ⅲ部第二章参照）。両者はあまり著書を残していないが、ともに留学経験者であり、すでに教育社会では名の知られた人物であった。篠田は、明治三三年にコンペーレの教育説を解説し、また、中島力造と共著で明治三四年に『師範学校用修身教科書』全四巻、明治三五年に『婦女修身訓』全三巻をまとめていた。波多野は、明治三四年六月にラインの教育学を解説している。

明治三六年の講師は、吉田熊次であった。吉田は、明治三三年に東京帝国大学文科大学哲学科を卒業し、明治三四年から文部省修身教科書起草委員を務め、第一期国定修身教科書の編纂に携わった。明治三四年にはベルゲマンとドェーリングの教育学説を解説し、かつ倫理学研究を進めて、明治三六年二月に『倫理学講義』（富山県私立教育会夏期講習会の講義録）を出版した。夏期講習後の明治三七年、東京女高師・高師教授になり、ドイツに留学して倫理学・教育学を研究した。その後、東京帝大教授となり、東京帝大初の教育学講座を運営した。吉田もまた、新進気鋭の教育学者であり、結果的に夏期講習会後に雄飛している。また、吉田は、明治四〇年代以降、国民道徳論の主唱者の一人になって活躍し、明治四五年の帝国教育会夏期講習会では修身講師として出講した。

図３　吉田熊次

図４　金子馬治

明治三七年の講師は、金子馬治であった。金子は、明治二六年に東京専門学校文学科を卒業後すぐに同校講師に着任し、明治三三年に同校海外留学生に選ばれてドイツに留学、明治三七年一月に帰国した人物であった。この年三月から早稲田大学文学科教務主任を務めている。留学前から教育学史・心理学・哲学を講じており、留学時は哲学を研究した。履歴から考えて、帝国教育会は、金子の留学経験を踏まえた新しい教育学の講義を期待して夏期講習会の講師に指名したものと思われる。ただ、金子は、留学前にまとめていた古代から近代までの教育学説

図５　林博太郎

図６　森岡常蔵

史を講義したか、留学中に研究した哲学に基づく教育学を講じたか今のところ不明である。

明治三九年の講師は、林博太郎であった。林は、明治三二年に東京帝国大学文科大学を卒業した後、ドイツに留学して教育学を研究し、明治三六年に帰国した。林はあまり著書を残していないため、日本教育学説史上の位置づけは判然としない。明治三九年の夏期講習会では、遺伝と教育の関係について講義している(26)。当時のヨーロッパで支持されていた優生思想に関わって、教育論を展開したものと思われる。

明治四〇年の講師は、森岡常蔵であった。森岡は、明治三〇年に高等師範学校を卒業した後、同校附属小学校訓導を兼任しながら高師の教壇に立った。明治三二年から教授法研究のためにドイツに留学し、明治三五年に帰国した。明治三二年にすでに『小学教授法』を出版していたが、留学後の明治三八年三月に『各科教授法精義』、明治三九年二月に『教育学精義』を出版した。森岡の講習要項は事前に公表されており、その内容項目は、彼の主著『教育学精義』の構成とほぼ一致する(27)。教育学の学問的性質から教育方法までを包括して論じており、受講者の半数以上を占めた小学校教員にとって理解しやすい講習であったと思われる。なお、『教育学精義』の原稿は、留学中に肝銘を受けたレーマンの教育学説を基礎にしながら、明治三七年の熊本県私立教育会における講習を契機にまとめたものであった。つまり、帝国教育会夏期講習会は、森岡が留学と地方の教員講習とで鍛えてきた学説の発表機会であったといえる。

明治四一～四四年の教育学講師は、乙竹岩造であった。明治年間のうち、四年間も連続して教育学講師を務めたのは乙竹だけである。乙竹は、明治二八年に高等師範学校を卒業後、附属中学校教諭・附属小学校訓導を務めた。明治三七年から欧米に留学し、明治四〇年に帰国して、文部省視学官と高等師範学校教授とを兼任した。後に高師専任になり、教育学・教育史を担当した。留学前から『小学校教授訓練提要』上下巻（明治三六年刊）や『小学校各教科教授法』（明治三七年刊、小泉又一と共編）を著していたが、留学後の明治四一年には『欧米教育視察報告十二集』『低能児教育法』『実験教育学』、明治四二年には『新教授法』、明治四三年には『不良児教育法』を刊行した。このうちの『実験教育学』は、ライとモイマンの学説に基づきながら、文部省や帝国教育会の夏期講習会などで講義した内容をまとめたものであった。また、『低能児教育法』は明治四〇年一一月の帝国教育会高等学術講義会（特殊教育論）で講義した速記録、『不良児教育法』も明治四〇年以降の帝国教育会夏期講習会などで講義した速記録、『新教授法』も明治四二年四月の帝国教育会高等学術講義会（実験教授論）の速記録であった。乙竹は、帝国教育会の提供する機会やその他の機会を最大限に活用して、自説をまとめ、教員などに対して発表していったのである。

図７　乙竹岩造

図８　佐々木吉三郎

明治四五年の講師は、佐々木吉三郎であった。佐々木は、明治三二年に高等師範学校を卒業し、同校附属小学校訓導を務めた。明治三七年から同校教授に昇任、明治四〇年からドイツに留学して教育学・教授法を研究した。明治四二年に帰国し、東京高師附属小学校主事を務めている。留学前から著書多数だが、明治四四年一〇月から翌年七月にかけて『教育的美学』上中下巻を刊行した。ただ、帝国教育会夏期講習会の要項によると、佐々木の教育学講習の主題は「教育の実際」であり、項目は「一、道徳教育」「二、知識教育」「三、芸術教育」「四、身体教育」の四つしか挙がっていない[28]。『教育的美学』の内容は「三、芸術教育」において論じた可能性があるが、講習内容の一部にすぎない。

以上は、帝国教育会教員講習の教育学講師の履歴と傾向である。ここから講習内容の傾向を検討すると、次のようなことがわかる。帝国教育会の教育学講習の内容は、留学経験または欧米（とくにドイツ）教育学研究を進めていた帝大卒・高師卒の教育学者によって提供されたものであった。その場合、必ずしも教育社会に名の知れた学者を起用したわけではなく、若い新進の学者が起用されることがあった。思惑が外れることもあったようだが、帝国教育会は、すでに定着した常識的な教育学説に基づく講習よりも、欧米（とくにドイツ）由来の新しい教育学説に基づく講習内容を、小学校教員を中心とする受講者に提供しようとして講師人事を進めたと思われる。

以上、明治期帝国教育会における教員講習の展開実態を明らかにしてきた。従来筆者が明らかにしてきた通り、帝国教育会の教員講習は、明治三二年以降にも、教員補充というよりも学力向上そのものを目指す教員改良事業であったことが確認できた。

本章では、次のことが新たに明らかになった。第一に、明治期帝国教育会は、教員講習を明治期を通して継続して開講し、毎年平均約四〇〇名の受講生（半数以上は小学校教員）を集めたことが明らかになった。第二に、明治四〇年以降、教員講習の対象として小学校教員が明記され、高等教育機関教員による中等教員程度の学力形成機会を小学校教員に正式に開放するようになったことが明らかになった。第三に、中等教員講習所（次章参照）の他に、夏期夜間・女子・冬期という従来実施してこなかった時期・対象の講習を実現し、その企画過程に多くの在京の指導的小学校教員が関わったことが明らかになった。第四には、少なからぬ女性小学校教員（明治末年には一〇〇名近く受講）が夏期講習を受講し、女子講習会開講にあたっては女子中等教員養成が企図されたことが明らかになった。第五に、教育学講習の事例によると、教員講習の内容は、欧米由来の最新学説を研究していた新進の帝大卒・高師卒学者から提供されたことが明らかになった。

以上のように、明治期帝国教育会は、多くの指導的小学校教員の合意・要求を踏まえて、高等教育機関教員による中等教員程度の学力向上を目指す自分・同僚・部下の教員講習機会を提供した。その学力向上の根拠になるべき講習内容は、基本的に、帝大卒・高師卒の学者が提供する欧米の最新学説に基づいた専門的知識を予定していた。なお、このような講習を受ける機会は、女性教員や准教員にも提供されていた。

（1）釜田史『秋田県小学校教員養成史研究序説』学文社、二〇一二年、一四七頁。
（2）山本朗登「戦前兵庫県における乙種講習科に関する研究」『神戸大学発達科学部研究紀要』第一四巻第二号、二〇〇六年、七九～八八頁。山本朗登「一九〇〇年前後における兵庫県教育界の教員養成事業」『日本教師教育学会年報』第一七号、二〇〇八年、一二六～一三五頁。釜田、前掲注（1）。
（3）山本朗登「一九〇〇年前後における兵庫県教育会の教員養成事業」『日本教師教育学会年報』第一七号、二〇〇八年、一二六～一三五頁。
（4）「明治三十九年帝国教育会夏期講習会報告」『教育公報』第三一一号、帝国教育会、一九〇六年九月、六頁。
（5）「帝国教育会第一回幹事会」『教育公報』第二一九号、一八九九年一月、三九～四〇頁。
（6）「社団法人認可」「法人登記」『教育公報』第二二二号、一八九九年四月、四二頁。
（7）「基金募集要項」『教育公報』第二二三号、一八九九年五月、広告。
（8）「帝国教育会基金寄附第一回報告」『教育公報』第二三九号、一九〇〇年九月、広告。
（9）寄附金第一位は辻新次会長二〇〇〇円（月賦払）、第二位は原亮三郎（金港堂）一四〇〇円（一括）、第三位は小林義則（文学社）一一〇〇円（年賦）・小林八郎（集英堂）一一〇〇円（一括）であった。その他は、五円～一〇〇円程度の寄附が多い。教育関係書肆・教科書販売会社が高額の寄附を行っているのは当然といえば当然であるが、辻の寄附金はそれ以上に飛び抜けている。辻は大日本教育会の頃から、会長を務め続け、莫大な金額を寄附し続けた。彼の大日本教育会・帝国教育会にかけた期待は並々ならぬものであったといえる。
（10）「基金報告」『教育公報』第二五四号、一九〇一年一二月、四六～四七頁。
（11）「本会負債償却結了」『教育公報』第二四三号、一九〇一年一月、四八頁。
（12）「夏季講習会広告」『教育公報』第二七三号、帝国教育会、一九〇三年七月、表紙裏広告。
（13）第Ⅲ部第三章参照。
（14）「第二十二回夏期講習会」『帝国教育』第三六三号、帝国教育会、一九一二年九月、九八頁。
（15）「夏季講習会及夏季夜間講義会予告」『教育公報』第二九二号、一九〇五年二月、広告。
（16）「帝国教育会夏季講習会及夏季夜間講義会広告」『教育公報』第二九六号、一九〇五年六月、広告。
（17）「臨時総会」『教育公報』第三一八号、一九〇七年五月、一～三頁。

(18) これ以前の規則では、明治二二年一二月から「学術講習会」、明治二九年一二月から「学術講義会」と規定されていたが、「夏期講習会」として規定されたのは初めて。

(19)「評議員会」『教育公報』第二五四号、一九〇一年一二月、三二～三三頁。

(20)「女子講習会委員会」『教育公報』第二五五号、一九〇二年一月、三一頁。

(21)「女子講習会準備委員会」『教育公報』第二五四号、三七頁。

(22)「女子講習会閉会式」『教育公報』第二六六号、一九〇二年一二月、一二頁。

(23)「高等学術講義会委員会」『帝国教育』第三五一号、一九一一年一〇月、一〇〇頁。

(24)「冬期講習会」『帝国教育』第三五五号、一九一二年二月、一三〇頁。

(25) 熊谷は、留学中、ベルゲマンとジッテスを翻訳し、それぞれ『社会的教育学』と『教授法』として出版した。その後、留学半ばで帰国、早世した。

(26) 林博太郎「教育の可能即遺伝論と教育」『教育公報』第三二一号、一九〇六年九月、六～一一頁。

(27)「夏期講習会広告」『教育公報』第三一九号、一九〇七年六月、四頁。広告されている講習項目は次の通り。総論、第一章「教育の意義」、第一節「外界の感化」、第二節「内界の発展」、第二章「教育の学及術」、第三章「個人的教育学及社会的教育学」、本論、第四章「教育の目的」、第一節「歴史上の諸説」、第二節「余が信ぜる教育の目的」、第五章「教育の方法」、第六章「教授」、第一節「目的」、第二節「輔導と自修」、第三節「興味」、第四節「教科課程論」、第五節「教材取扱法」、第七章「訓育」、第一節「目的」、第二節「習慣と自治」、第三節「家庭並に学校の位置」、第四節「賞罰」、第五節「徳化」、第六節「美的陶冶」、余論、第八章「学校論」、第九章「男女共学論」。

(28)「四十五年帝国教育講習会」『教育時論』第九七八号、開発社、一九一二年六月、三七頁。

第五章　帝国教育会による教員講習の拡充

―中等教員講習所に焦点をあてて―

本章の目的は、明治三〇年代半ばに設置された帝国教育会中等教員講習所に焦点をあて、帝国教育会の教員講習の拡充過程を明らかにすることである。

明治三〇年代、中等教育は新しい段階を迎えた。明治三一（一八九八）年には師範教育令、明治三二（一八九九）年には中学校令・高等女学校令・実業学校令が公布された。これらの制度に基づく中等学校の量的拡大は、従来以上の中等教員不足と、中等教員養成制度の再整備を招いた。明治三三（一九〇〇）年には、教員免許令にもとづく「教員検定ニ関スル規程」により、許可学校制度が確立した[1]。明治三五（一九〇二）年には、臨時教員養成所の設置が開始され[2]、かつ広島高等師範学校が設置された[3]。明治三〇年代半ば以降、中等教員は、高師・指定学校（主に官立学校）・許可学校（主に公私立学校）・臨時教員養成所・文部省師範学校中学校高等女学校教員検定試験（いわゆる「文検」試験検定）といった多様な養成制度によって供給された。

中等教員の量的拡大は、その質的問題を伴った。明治三五年以降、高師卒教員と帝大・臨時教員養成所・許可学校卒教員との優劣問題が起こり、教育学的教養や実地経験、または深い学識が中等教員に求められていく[4]。また、日清戦争頃から、各地の中等学校で教員の知的・倫理的資質を原因とした学校紛擾が頻発したが、明治三〇年代も同様であった[5]。沢柳政太郎は、明治三八（一九〇五）年刊の著書『教師論』において、師弟関係を改善するには教師の人格による感化だけでなく、「教授法ノ改良」をも必要だと主張した[6]。さらに、「文検」の試験検定では、明治二九（一八九六）年以降、中等教員に高師程度の学力と当該学科の教授法を求めていたが、明治四〇

（一九〇七）年以降には、当該学科の内容だけでなく教育学の大要に通じることを求めて、全受験者に「教育ノ大意」を受験させた。(7)

以上のように、明治三〇年代の中等教員問題は量的拡大と質的改良とを軸に展開した。教員養成の問題は、そのなかでも重要な問題の一つであった。この時期の中等教員養成を認識するには、高師・帝大に注目するだけでは十分ではない。戦前の中等教員の上位は高師・大学卒業者に占められたとはいえ、全中等教員（男）の一割から四割は「文検」試験検定出身者であった。(8) 臨時教員養成所新卒者が、中等教員の平均または平均以上の俸給を得ていたこともあった。(9) 許可学校も中等教員養成の一部を担っていた。(10) また、明治期における小学校教員の量的拡大・質的改良は、地方教育会の教員講習によるところが大きかった。この観点から、私立教育会の教員養成的機能に注目が集まっている。(11) 中等教員に関しては、教育会の講習による養成方式は存在しなかったか。

第Ⅲ部第四章で言及したように、明治三〇年代の帝国教育会は、中等教員の養成・講習に積極的に取り組もうとした。この時期の帝国教育会は、日本の教育社会の「中央機関」または「共同機関」として「教育ノ普及改良及ビ上進ヲ図ルコト」を目指して、様々な事業を展開した。(12) その事業の一つとして、明治三三年から明治三六（一九〇三）年まで、中等教員養成を目的として中等教員講習所を設置した。常設の講習所設置は、帝国教育会にとって初めてのことである。この中等教員講習所については、帝国教育会編『帝国教育会五十年史』では本文・年表とも触れられていない。(13) また、立教大学大学院日本教育史研究会編『帝国教育会の研究資料集』Ⅰ・Ⅱでは年表に若干記録されたが、研究には至っていない。(14) 帝国教育会は、なぜ中等教員講習所を設置し、どのように運営したか。

地方教育会の教員講習は、教員検定（無試験・試験）に直接接続することによって小学校教員養成の機能を果たしていた。(15) しかし、前章まで明らかにしてきたように、明治期大日本教育会・帝国教育会は教員講習と教員検定とを直接接続しなかった。帝国教育会中等教員講習所についても教員検定と接続していない（後述）。そのような形式でも中等教員養成を目指して常設講習所を設置したことには、どのような意味があるか。また、夏期講習会などによる両教育会の教員講習は、指導的小学校教員の学習意欲を背景にした学力・教職意識向上の機会になっていた。中等教員講習所は、指導的教員にどのような機会を提供したのか。これらの問題に関する先行研究は見当たらない。

本章では、以上の問題意識に基づき、帝国教育会における教員講習の顕著な拡充例として中等教員講習所に焦点をあて、その実態と意義とを明らかにする。まず、その設置過程を明らかにする。次に、その講習内容・結果について、可能な限り明らかにする。

一．中等教員講習所の設置と運営

（一）中等教員講習所の設置過程

中等教員講習所は、『帝国教育会五十年史』にはまったく触れられていないが、明治四一（一九〇八）年刊の『帝国教育会沿革誌』では「現時は既に廃止に帰したるも、既往に於ける本会の事業として伝ふべき価値あるものなり」と評価されている[16]。明治三三年一一月五日、辻会長は、中等教員講習所設置認可願をまとめて、神田区長経由で東京府知事に提出し、一一月九日に認可を得た[17]。この願によれば、講習所の入学資格は、「年齢十六年以上ニシテ師範学校中学校高等女学校ヲ卒業シタル者又ハ之ト同等ノ学力ヲ有スル者」に設定されている。一二月一五日には、講習所の代表者を辻新次会長が務めることを府知事に願い出、一二月一八日に認可を受けた[18]。帝国教育会中等教員講習所は、一二月二日に開所式を挙行し、三日から授業を開始した。この講習所は、なぜ設置されたのか。

明治三三年一月、辻会長は「新年の辞」で、昨年以来の「宿題」および「本年内に於て攻究処理すべき教育問

図１　朝夷六郎

図２　松見文平

題の主要なるもの」として、次の九件の課題を挙げた[19]。すなわち、「学制改良」「国字改良」「初等中等学校教員不足補充」「小学校教育費国庫補助及小学校教員年功加俸」「小学校教科用図書審査」「高等学校及大学其他諸学校増設」「女子教育」「徳育上我国人民行為の根底を何れに定むべきか」「学生の風紀改良の件並に公徳養成」である。このように辻は、初等教員と中等教員との補充問題を、帝国教育会および日本社会の主要問題の一つとしてセットで捉えていた。

　同年六月二一日、帝国教育会評議員会は、「中等教員養成所設立のこと」「小学校教員養成講義会開設のこと」を審議し、これらを委員調査事項と決めた[20]。このうち、「中等教員養成所設立のこと」は評議員の建議によるものであった[21]。同月二五日には、「中等教員養成に関する取調委員」が設置され、後藤牧太（高師教授）、町田則文（女高師教授）、朝夷六郎（高師教授）、日下部三之介（東京教育社長）、松見文平（私立順天中学校長）の五人に嘱託された[22]。なお、同日、「小学校教員養成に関する取調委員」も設置された。同年九月二一日、評議員会が開かれ、中等教員養成に関する取調委員が作成した「中等教員養成方法案」を検討し、ほぼ原案の通り可決した[23]。この議事に先立ち、辻会長が十分に審議するように注意をしており、その積極的姿勢がうかがわれる。説明委員は朝夷であった。この時の案は、中等教員養成のために「中等教員講習所」を設置し、夜間三時間の授業を行うことにし、その講義内容は講義録にして発行して通信講習を可能とするように案出されていた。中等教員養成に関する取調委員は、そのまま中等教員講習所実施委員に移行した。一〇月一四日には、実施委員と講師とが集まって、教授方法・時間配当などに関する協議を行った[24]。

　同年一〇月、「帝国教育会中等教員講習所規程」全一三条が、次のように定められた[25]。講習所の目的は「師範学校、中学校、高等女学校ノ教員タルニ必要ナル学科ヲ講習スル」ことである（第一条）。「帝国教育会中等教員講習所」を正式名称とし（第二条）、位置を東京神田区一つ橋通町二一番地（帝国教育会の住所）に定める（第三条）。学科は、一八か月五学期制の地理歴史科（日本地理・外国地理・日本歴史・東洋史・西洋史・教育学）と一一か月三学期制の数学科（算術・代数・幾何・三角法・解析幾何・微分・積分・簿記・教育学）とする（第四条・第六条）。教授時間数は表2・3（後掲）の通りである。数学科・地理歴史科ともに、明治三三年一二月三日より、毎日午後五時三〇分から授業開始する（第五条）。講習期限は、講習終了後に卒業試験を行い、合格者には証明状を授与する（第七条）。入所料は金一円、講習料は毎月金二円とする（第八条・第九条）。休業日は日曜・祝日・大祭日・夏季休業（八月一日～三一日）、冬季休業（一二月二五日～一月七日）とする（第一〇条）。入所志望者は履歴書を添えて帝国教育会に願書を提出するが、願書書式には「半途ニ於テ猥リニ退所致間敷候」と記す（第一一条）。所長は辻新次、講師は表1・2の通りである（第一二条）。講習応募者八〇名未満の場合は講習を開かない（第一三条）。この規程を九月の中等教員養成方法案と比べた場合、重要な変更点は、通信講習生の規程を「都合ニヨリ当分見合タリ」として全削除した点である[26]。

続いて、一一月までに、講習所委員が、先述の元取調・実施委員五名と、沢田吾一（高等商業学校教授）、森本清蔵（高師教授兼附属小学校主事）、棚橋源太郎（高師教授兼訓導）、清水直義（帝国教育会主事）の四名とに委嘱された[27]。委員長は後藤牧太に決まり、後に常務員を清水が務めた。一一月二八日には、講師・委員の打合せ会が行われ、地理歴史科は帝国教育会講堂を、数学科は同附属書籍館を教室とし、証明状は希望者に二種の証明状（試験合格の証明状、および出席数によって授与する講習修了の証明状）を授与することにした[28]。

以上のように、帝国教育会中等教員講習所は、中等教員養成のために構想され、中等教員として必要な学科を講習することを目的とし、明治三三年一一月に東京府の設置認可を受けて設置された。その課

図３　森本清蔵

図４　棚橋源太郎

程は、中等学校卒業程度の学力を必要とする約一年から一年半の夜間課程であった。

なお、小学校教員養成に関する取調委員は、明治三三年一一月一日の評議員会に「尋常小学校教員養成規程」を提出したが、「当分実施を見合する事」となった(29)。その理由を示す史料は見当たらないが、同規程がほとんど具体的な内容を持たなかったことや、例えば東京府教育会附属小学校教員伝習所（小学校本科・家事科・英語科）のような地方教育会の小学校教員養成事業との競合を避けたことが、その理由として考えられる。何より、中等教員講習所の設置が確定した直後であったことを考慮すると、帝国教育会評議員会が小学校教員養成事業の新規計画よりも中等教員養成事業の実施を優先したためと思われる。

（二）中等教員・文検受験者養成を目指す講習

中等教員講習所の開所にあたり、数学科一七三名（男一六六名・女七名）、地理歴史科二九二名（男二七一名・女二一名）、合計四六五名が集まった(30)。辻によると、この人数は「予想より人数が多かった」が、それは志望者を全員入所させた結果であった(31)。志望者のなかには「現在職に就いて居る人が其職を罷めてわざわざ来られたといふ人」もいたという。講習生には、「師弟と云ふ御心得」に基づく講師との関係づくりを期待した。

辻会長は、講習所の開所式に臨んで次のように述べた(32)。中等教員講習所は、「一の師範学校と見て宜かろう」と思う。今日、「中等教員の養成」のために、不十分でも「なきに優る」くらいの考えで設置した。文検試験検定受験者を養成する所がないため、文検志望者のためにこの講習所を設けた。本所で証明状を取得して直ちに中等教員になることはできないが、「講師の丹精」と「講習生の勉強」とによって「信用」を増せば、本所は「教員たるものに便利なる一つの方法」になるだろうと信じている。また、辻に続いて演説した後藤講習所委員長は、講習所の卒業試験は教員検定試験とは違うので、後日の検定試験のために講義以外にも十分な「自修独学」が必要だと述べた(33)。設置者側の代表である辻・後藤は、ともに講習所について、文検受験者（＝中等教員候補者）を養

表１　中等教員講習所の各学科一覧

学科名	講習期間	受講者数（開始時）	修了者数	修了率	試験合格証受領者数	修了者／受領者数	修了者中の文検予備試験合格者数	修了者中の文検本試験合格者数
数学科	明治33年12月2日～明治34年11月29日	173	153	88.4%	70（うち女4名）	45.7%	数学　6	数学　5
地理歴史科	明治33年12月2日～明治35年6月30日	292	237	81.2%	105（うち女7名）	44.3%	地理　15 日本史・東洋史　6 西洋史　9	地理　5 日本史・東洋史　2 西洋史　7
国語漢文科	明治34年12月2日～明治36年11月24日	167	75	44.9%	56（うち女8名）	74.7%	国語漢文　4	国語漢文　1
英語科	明治35年9月10日～明治36年7月20日	77	21	27.3%	13（うち女0名）	61.9%	英語　0	英語　0
計		709	486	68.5%	244	50.2%	40	20

注：『教育公報』『官報』を参照して作成。講習開始後にも講習生の入退所があったようなので、修了率は参考までの数字。修了者中の文検予備・本試験合格者数は、講習終了後の最も近い時期に実施された文検試験のもの。

成する所として認識していた。

辻は、講習所設置前の明治三三年八月に、夏期講習会をも養成事業の一環と見なす発言をした。明治三三年八月二六日、夏期講習会証明状授与式において、辻会長は次のように述べている(34)。教員養成問題は、目下「最急務」の課題の一つである。明治三三年の小学校令改正により、「良教員」を得ることが益々必要になった。帝国教育会が夏期講習会を設けて師範学校・中学校・高等女学校・小学校などの教員の「教成」に尽力するのは、「今日急務中の急なる教員養成ということに出来る丈け力を尽して見やうといふに外ならぬ次第」である。なお、帝国教育会では、講習者数の急増に並行して、明治三四年から三八年の間、昼間の講習会に加えて夜間講習会を開講した。また、明治三五年二月から明治三六（一九〇二）年一月の間には、「中等教育に従事せんとする女子に必要なる学科を講習する」ことを目的として帝国教育会女子講習会を設置し、教育・国語・数学を講習した(35)。

帝国教育会は、初等・中等教員の資質向上に限らず、その養成をも意図して、教員講習の拡充に努めたのである。以上の発言をした一年後の明治三四年八月一一日、夏期講習会中に開かれた教育有志者茶話会において、辻会長は次のように述べている。[36] 夏期講習会は「教員の品性学力を養成する考へ」で行う事業であり、中等教員講習所は「中等教員の養成」のために設けている。まだ実現していないが、いずれ「中等教員養成の事に付ては独り其講習所に止めずして、どうぞ中等教員の養成学校といふ者を拵へて見たい」と思う。すなわち、辻会長は講習所設置後に、夏期講習会を教員の資質向上のための事業、中等教員講習所を中等教員養成に直接関わる文検受験者養成の事業として区別した。中等教員講習所の設置は、帝国教育会の教員講習における教員研修機能と教員養成機能とを分化させるきっかけの一つになったのである。

先述の通り、講習所の設置準備は明治三三年六月二一日の評議員会で開始された。その前に、同月一日公布の「教員検定ニ関スル規程」により、中等教員検定制度が整備されている。帝国教育会幹部は、文検を意識して中等教員講習所を設置したと考えられる。しかし、文検受験者養成を目指しながら、講習所と文検制度とを直結させた事実はその後も見出せない。これは、中等教員講習所をいわゆる文検予備校から早期に脱して、中等教員を直接に養成する学校に発展させたいという希望の方が強かったためと思われる。

(三) 修了生の輩出と中等教員養成講義録への発展

中等教員講習所は、設置時に数学科・地理歴史科、後に国語漢文科と英語科とを設置し、それぞれ多くの修了生を出した。[37] 表1は、講習期間・受講者数・修了者数・修了者中の文検合格者数などを一覧にしたものである。これによれば、国語漢文科・英語科は、数学科・地歴科と比べて修了率がかなり低く、受講生にとって難解な講習であったと推測される。また、講習終了時に行われた試験に合格した試験合格証受領者数は、全体で二四四名であった。詳細は後述するが、各科目の講師は官私立高等教育機関教員であった。二〇〇名を超える受講生が、高等教育機関教員が認めるほどの学力を身につけるに至ったのである。

中等教員講習所は、地方教育会の講習のように講習後に検定試験を直接誘致することはなかった。しかし、表一によれば、修了者のうち四〇名が文検予備試験に合格し、そのうち二〇名が文検本試験に合格している。講習所は、結果的に文検受験者を養成し、二〇名の本試験合格者（＝中等教員免許状取得者）を輩出したのである。明治三五年の場合、文検受験者は五、一五八名（試験検定四、七七七名・無試験検定三八一名）であり、合格者は七八四名（試験検定四八〇名・無試験検定三〇四名）であった。[38] 文検合格者数全体で見ると、中等教員講習所修了者中の文検合格者数はわずかな数であるが、教科目ごとの文検合格者数で見ると、見逃せない事実が見出せることは注記しておきたい。とくに、文検西洋史科の本試験合格者は一四名であったが、その中には講習所地理歴史科修了生七名（合格者の五〇・〇％）を含んだ。[39] 西洋史科では、文検合格者の半数を講習所修了生が占めたのである。

以上のような中等教員講習所の結果は、さらなる新事業に発展した。講習所の構想に通信教育の構想が含まれたことは先述したが、明治三六年に入ってその構想が実現に移された。同年一月二七日、辻会長は、全国連合教育会の要望を受けて、小学校卒業生補習講義録（のち『自修読本』）発行に関する調査委員を設置するとともに、中等教員養成講義録発行に関する調査委員を設置した。[40] 帝国教育会編『中等教員養成講義録』は、第一号を明治三六年六月一〇日に発行し、以降月二回発行した。講義録の広告には次のように述べられている。[41]

> 帝国教育会は数年前より「中等教員講習所」を付設し、既に多数の修業者を出したるも、今や中等教員の欠乏益々甚しきを憂へ、或は業務の為め、来会の余暇なき者、又は地方に在て良師を得ざる者等に、普ねく自宅講習の便を得しめんことを期し、之に適切なる講義録を編纂刊行して、来る六月より通信教授を開始す。

『中等教員養成講義録』の発行は、定員制・東京在住者限定という中等教員講習所の限界を踏まえて、中等教員養成事業を発展させようとした結果であったことがうかがえる。

（四）中等教員講習所の廃止

『中等教員養成講義録』は長く続かなかった。講義録は第二〇号まで発行されたが、明治三七年六月一日付で第二一号の発行を延期することになった。[42]その理由は、講習会員の経済上の理由によって休学申請者が同年三月頃から増加し、講習継続者が全体の五分の一に達したことにあった。苦学の遂行は一般的に困難であった。[43]『中等教員養成講義録』の再開は結局実現されず、実質打ち切りとなった。

また、中等教員講習所は、明治三六年一一月に全講習を終了した。同年九月一五日の講習所講師委員会は、地理歴史科の再設置を決定し、[44]明治三七年四月からの講習開始を予定していた。しかし、この企画は、日露開戦の影響で予定の講習員数を得難いという見通しから、明治三七年二月、開講延期になった。[45]明治四一年発行の『帝国教育会沿革志』は、講習所の中止について、「時たまたま日露戦役に際したるを以て暫時之を中止する」と説明している。[46]

中等教員養成所の中止理由については、公表された理由以外に、中等教員無試験検定の許可学校が増えていたという同時代的事情を考慮に入れる必要もあるだろう。[47]明治三五年、東京専門学校が早稲田大学に改称し、翌明治三六年二月に専門部、同年一一月に高等師範部において、英語・国語及漢文科などの無試験検定を許可された。慶應義塾も、明治三七年四月に大学部文学科において修身・教育・英語の無試験検定を許可された。國學院は、明治三七年四月に師範部の国語及漢文・歴史の無試験検定が許可された。青山学院は明治三三年九月に英語の無試験検定を許可されている。哲学館は、明治三五年に哲学館事件に遭って許可を取り消されていたが、もともと第一部では修身・教育、第二部では修身・国語及漢文の無試験検定を許可されていた。中等教員講習所の学科に直接関係するだけでも、これだけの私立学校が中等教員養成に参入していた。

これらの私立学校の有力者が、帝国教育会の会員である場合も多かった。例えば、早稲田の大隈重信（名誉会員）、慶應の鎌田栄吉（終身会員）、國學院の佐々木高行（名誉会員）、青山学院の本多庸一（通常会員）、哲学館の井上円了（通常会員）は会員であった。帝国教育会主事を長年務めていた湯本武比古も、哲学館系列の京北中学校に深く関係している。明らかな因果関係を示す史料は見当たらないが、中等教員講習所の廃止の背景として、利害関係者に対する配慮があった可能性は十分にある。なお、教員講習事業を実質的に支えていた基金について、基金寄附者の中にも、湯本（明治三二年七月～三三年七月頃寄附）・鎌田（明治三四年一〇月～一二月頃寄附）・本多（明治三五年九月～一〇月頃寄附）などの名前を見出せる。(48)

帝国教育会の中等教員養成事業は、明治三六年に常設講習所形式から通信教育形式へと徐々に転換しようとした。しかし、日露戦争に向かう慌ただしさと、中等教員無試験検定の許可学校の増加とを背景にして、存続が難しくなり、ついに廃止された。

二　中等教員講習所における講習内容とその結果

（一）現職小学校教員が通える夜間課程

中等教員講習所は、明治三三年から明治三六年までの間に、七〇〇名を超える中等教員志望者を、中等教員養成（直接には文検受験者養成）のための講習に取り組ませた。そして、二〇〇名を超える講習生に、講師（高等教育機関教員）が中等教員に必要と認める程度の学力を身につけさせた。講習生たちは、どのように講習を受けたのか。ここで、「帝国教育会中等教員講習所講習生規約」（明治三三年一二月発表）(49)と、先述の中等教員講習所規程とに基づいて、講習の様子を再現してみよう。

講習は、毎日午後五時三〇分から開始された。一週に合計一八時間の授業があり、日曜日のみ休業日であった

図5　三橋伝蔵

から、毎日三時間、授業が行われたようである。地理歴史科の教室は帝国教育会講堂、数学科の教室は帝国教育会附属書籍館であった。講習生は、出席の都度、教室の入り口に備え付けている講習生出席簿に、各自捺印した。出席の際には、なるべく講習生章を携帯し、男子は洋服または袴を着用するようになっている（女子は規程なし）。やむを得ない場合を除き、遅刻は禁止する。講習中は静粛にし、講師の指示命令を守る。講習料は前月の二五日以降に必ず前納する。一か月間の欠席および退所する者は、事故を記した書面を届け出る必要があった。現住所変更の場合も書面で届け出る。講習生には教室のほかに控え室が設定され、他の場所をみだりに徘徊してはいけなかった。なお、日曜のほかに、祝日大祭日・八月・年末年始は休業日であった。一学期はそれぞれ三〜四か月であり、学期ごとに週の時間割は変更された。

講習所は夜間課程であった。入所条件は、中等学校卒業程度の学力を身につけた一六歳以上であったため、様々な人々が入所していたと思われる。講習生のなかには現職教員の姿もあった。例えば、地理歴史科に所属した三橋伝蔵は、東京府師範学校附属小学校訓導に在職しながら、講習を受け続けた。中等教員講習所は夜間課程であったので、現職小学校教員に対して、中等教員程度の学力向上の機会を提供可能であった。

なお、三橋は、明治三五年四月には、新設の余丁町尋常小学校の校長に就任して明治四一年三月まで在職し、以後は神田尋常小学校長兼神田商業補習学校長を務めている。三橋は、教育実成会編『明治聖代教育家銘鑑』第一編において、「優等の成績を以て東京府師範学校を卒業し、茲に十有五年孜々初等教育に従事し、之を以て一生の事業となし、恬淡顕栄を求めず、利達を欲せず、真に教育を楽しむの士と云ふべく、教育界其人多しと雖ども、氏の如き篤実の人は亦稀なり」と評された[50]。史料不足のため三橋の心中を明らかにすることはできないが、少なくとも、中等教員に対する彼の志望は周囲に伝わるほどではなかったと思われる。となれば、三橋は、中等教員免許への上進機会というよりも、学力向上目的の自己研修機会として中等教員講習所を利用した可能性が高い。講習所は、東京で開かれた夜間課程だからこそ、現職を続けながら知的欲求を満たすことが可能だった。

（二）地方小学校教員への学習機会の提供

東京在住の小学校教員は、現職のまま講習所の講習を受講できたが、地方の教員にはそれはできなかった。地方教員の中には、現職を辞めて上京・受講した者もあった。講習生の履歴を一覧できる史料は見当たらないが、東京都公文書館には、明治三〇年代半ばに提出された小学校教員無試験検定関係の公文書の中に、帝国教育会中等教員講習所に入所するために上京した地方の小学校教員の履歴書がいくつか残されている。その履歴書には、受講のため上京してきた小学校教員が講習期間中に何をしていたかを示す記述もある。小学校教員資格を有した講習生が講習所入所のために上京したことは、何をもたらしたのか、目立った事例を用いて以下検討しよう。

まず、教員がどんな理由で上京したかを確認する。例えば、千葉県で尋常小学校本科正教員免許状をもっていたA（仮名、数学科受講）は、直前まで千葉県豊里尋常高等小学校訓導を務めていたが、明治三三年一一月八日、「帝国教育会中等教員講習所へ入所ノ為」依願退職した。[51]また、宮城県で尋常小学校本科正教員免許状をもっていたB（仮名、国語漢文科受講）は、牝鹿郡蛇田尋常小学校訓導を務めていたが、明治三四年九月一四日に「学術研究ノタメ上京留学」につき依願退職した。[52]Bの場合は、講習所より先に東京正則英語学校に入学し、講習所在学中にも二松学舎・国語伝習所高等科に入学していた。なお、Bのような事例は他には見当たらないため、例外と見なしてもよかろう。

受講中に職を得る者もあった。静岡県で尋常小学校本科正教員免許状をもっていたC（仮名、地理歴史科受講）は、直前まで引佐郡引佐高等小学校で専科正教員扱いの訓導を務めていたが、明治三三年一二月三日付で依願退職し、同日講習所に入学したことになっている。[53]Cは、明治三四年一月九日、下谷区根岸尋常高等小学校試用教員に雇われ、続けて三月に同校訓導（尋常本科正教員勤務）に任用された。講習受講中の出来事である。また、三重県で尋常小学校本科准教員免許状をもっていたD（仮名、地理歴史科受講）は、直前まで安濃郡塔世尋常小学校教員を務めていたが、明治三三年一二月から講習所に入所した。(54) Dは、明治三四年一月から検定願を作成した九月まで、子爵有馬頼之のところで家庭教師を務めた。なお、Dは、明治三四年四～六月開講の帝国教育会主催の近世心理学講義（中島泰蔵講師）も聴講している。

このように、中等教員講習所入所は、地方の小学校訓導が上京する口実となった。そうして、講習所は、東京在住の指導的小学校教員に学習機会を提供しただけでなく、地方の指導的教員にも学習機会を提供したのである。付随して、場合によっては、東京で教職に就く機会や、その他の学習機会を得る機会を伴った。ただし、それは同時に地方における指導的教員の退職を誘発し、当該地方から有資格教員を奪うことでもあった。

（三）数学科の教育課程とその結果

以下、各学科ごとの特徴を検討する。まず、中等教員講習所数学科の教育課程表と講師は、表2の通りである。これによると、数学科は、主に、第一学期に算術・代数・幾何を課し、第二学期以降は算術の代わりに三角術（第二学期）・解析幾何（第二～第三学期）・微積分（第三学期）を課すような課程になっている。第一・第二学期に簿記に週一時間配当されているのは、当時の文検数学科では、数学全科を合格するには簿記の試験に合格する必要があったためであろう。(55)

数学科の講習内容の詳細を示す史料は見当たらない。参考までに、講師の履歴を検討する。算術・三角術・微積分講師の沢田吾一は、帝国大学理科大学卒の数学者であった。当時、東京高等商業学校で教授を務め、数学・物理学を教えていた。代数・解析幾何などに関する中学校教科書や、この頃すでに『算術新教科書』（明治三〇年刊・三二年改訂版）および『初等平面三角法教科書』（菊池大麓と共編、明治二六年刊・三二年改訂版）を編集している。微積分に関する特別な業績があったかどうかは不明である。代数講師の中川銓吉は、帝国大学理科大学卒の数学者である。当時は、高等師範学校で教授を務め、数学を教えていた。幾何講師の国枝元治も、帝大卒の数学者であり、高等師範学校で教授を務め、同窓の中川とともに数学を教えていた。国枝は『代数学教科書』（明治三三年刊）をすでに編集している。なぜ国枝が代数を教えずに幾何を教えたのかは不明である。なお、中川・国枝は、明治三三年度・三四年度の文検数学科臨時委員を務め、国枝は明治三五年度にも務めた。解析幾何講師の千本福隆は、貢進生出身であり、高師で教授を務め、中川・国枝とともに数学を教えていた。編著した教科書には代数を主題とするものが多い。簿記講師の東奭五郎は、東京高等商業学校で簿記と商業実践を教えていた人物である。明治三四年二月には『複式商業簿記法』を校閲し、五月には『簡易簿記教科書』を著した。教育学講師の大瀬甚太郎は、留学経験ありの帝大卒教育学者であった（第Ⅲ部第四章参照）。

以上のように、数学科の講師には、中等教育教科書の執筆能力を有した新進気鋭の帝大卒の学者がそろっていた。同講師のなかには、文検数学科臨時委員を務める者もいた。その専門分野と担当科目との間の整合性に不明な点が若干残るが、その内容程度は、中等教育程度か、講師が普段教鞭をとっていた高師・高等商業学校程度であったと思われる。

図６　国枝元治

図７　千本福隆

講習生の履歴や修了後の状況について、簡単に触れる。数学科は各科目ごとに修了試験を行って合計七〇名の合格者を出し（科目内訳は不明）、八七名（のち一〇名追加）に修了証を授与した。[56]この修了試験合格者・修了証授与者の氏名と、明治三五年度の文検数学科の予備試験合格者（八月試験）・本試験合格者（一〇～一一月試験）の氏名とを照合させると、次のようなことが判明した。明治三五年度文検予備試験の数学科（算術・代数・幾何）合格者は八一名であったが、[57]そのうちの六名が中等教員講習所数学科修了生（相田喜之助・桑田源蔵・小泉伊之助・瀬川広一・新倉啓助・森啓助）であった。相田・桑田・小泉・瀬川・森は、この後、本試験に

表 2　帝国教育会中等教員養成所　数学科の課程表（明治 33 年 10 月）

学科目	第一学期	第二学期	第三学期	講師	講師略歴
算　術	5	0	0	沢田　吾一	理学士、高等商業学校教授
代　数	5	4	4	中川　銓吉	理学士、高等師範学校教授
幾　何	5	4	4	国枝　元治	理学士、高等師範学校教授
三角術	0	5	0	沢田　吾一	前掲
解析幾何	0	2	3	千本　福隆	理学士、高等師範学校教授
微積分	0	0	5	沢田　吾一	前掲
簿　記	1	1	0	東　奭五郎	高等商業学校教授
教育学	2	2	2	大瀬甚太郎	文学士、高等師範学校教授
計	18	18	18		

出典：課程表は『教育公報』第 240 号、講師名は『教育公報』第 241 号を参照して作成。
学期は 3 か月～ 4 か月。数字は毎週の時間数。

も合格し、教員免許状を取得した。なお、講習所数学科では、桑田（広島）は八科目の全試験に合格し、相田（東京）は六科目の試験に合格、森（東京）は五科目、小泉（京都）は四科目、新倉（東京）は四科目、瀬川（愛知）は二科目の試験に合格していた。試験合格ゼロ科目で修了証のみ取得した者のなかに文検合格者はいなかった。必ずしも試験合格者全員が文検に合格したわけではないが、講習所数学科の科目試験を合格できなければ文検合格の望みは薄かったと思われる。

帝国教育会は、講習終了直後の明治三四年一一月、『教育公報』誌上に「中学校及び高等女学校当事者に告ぐ」という広告を掲示した[58]。そこでは、数学科の講習生のうち優等者が十数名（六科～全科試験合格者ほか）いたことが知らされ、「以上の優等者は未だ多くは中等教員免許状を有せざれども、実力は優に中等教員たるに足るべきものたることは本会の認むる処」とした。かつ、そのうち小学校本科正教員免許状を有する者は「中学校・高等女学校等に於いて其の一・二年の生徒を教養せしめんが為めには最適良の資格を有するもの」と位置づけ、中学校・高等女学校に採用を薦めた。以上の推薦実績は不明であるが、講習所数学科で好成績を修めた桑田源蔵は、明治三五年五月一日現在で、広島県立福山中学校の教師兼舎監を務めている（その後、文検数学科に合格して中等教員免許状を取得した）。なお、講習所数学科では修了試験一科目合格・修了証授与のみであったE（仮名）は、文検に合格したわけではないが、明治三五年五月以降から明治三六年四月までの間に東京府立某中学校助教諭に着任している。中等教員講習所数学科は、講習生から文検合格者・中等教員（無資格・有資格問わず）を輩出し、中等教員養成の実績を上げた。

なお、講習修了の学歴は、講習生にどのように位置づけられていたのか。数学科修了のF（仮名）は、もともと小学校本科正教員免許状（試験検定で取得）を有しており、新潟県の某小学校訓導を務めていたが、講習所入所のため「休職」・上京した[59]。講習受講中に無試験検定を受け、講習修了後の明治三五年四月に東京市立某小学校訓導に着任し、四〇年四月まで務めた。その間にも某私立大学を卒業するなど、苦学を続け、明治四三年五月には中等程度以上の学校に入学するための私立学校を設立しようとした。Fは、履歴を見る限り、中等教員への夢を絶ちがたかったようだが、結局、中等教員になれないままに学習を続けた。講習所数学科でのFは、修了試験一科目のみの合格に止まり、中等教員程度の学力に達していなかったと思われる。なお、Fの履歴書には、「学業」の欄に、正教員免許状取得や某大学卒業と並んで講習所「卒業」の旨が明記された。講習所修了は、中等教員を目指す教職者にとって、重要な学歴だったのである。

（四）地理歴史科の教育課程とその結果

中等教員講習所地理歴史科の教育課程表と講師は、表3の通りである。表3によると、地理歴史科は、全学期の週時間合計九〇時間を、日本系科目（日本地理・日本歴史）一三時間、外国系科目（外国地理・東洋史・西洋史）五一時間、自然地理学（地文）一一時間で配当した。外国地理・東洋史が全学期に平均して配当される一方で、日本地理・地文・日本歴史・西洋史は前半と後半とで週時間の配当が異なる。第一〜第三学期（第一期）と第四〜第五学期（第二期）との二期に分けるとすると、第一期では西洋史と日本史との学習を重視しながら日本地歴・外国地歴をまんべんなく学んだ後、第二期では地文に週時間を集中的に回す課程となっている。なお、教育学は第一・第二学期には教えず、第三学期から教えた。

図８　野口保興

図９　佐藤伝蔵

図10　喜田貞吉

図11　桑原隲蔵

地歴科の場合も、講習内容を示す史料は見当たらない。参考までに、講師の履歴を整理しよう。

日本地理講師の野口保興は、女子高等師範学校で教授を務め、数学と地理を教えていた。算数や地理の教科書・資料集を多く編著し、明治三三年一月には『中等教育普通地理教科書』本邦之部の改訂版を発行したばかりであった。外国地理講師の矢津昌永は、高等師範学校で教授を務め、地理を教えていた。日本地理に関する教科書・資料集も多く編著したが、外国地理に関する教科書・資料集も多く編著した。地文講師の佐藤伝蔵は、帝国大学理科大学地質学科卒、高師で教授を務め、地学・鉱物を教えていた。すでに『中等教育地理学教科書』（明治三〇年）などを編著し、自然地理（地文）にも力点を置いた中等地理教科書をまとめている。明治三五年五月一七日・一八日には、地文担当の佐藤の引率により、青梅の地質探検のため「修学旅行」を行っており[60]、机上だけでなく実地演習も行った。

日本歴史講師の喜田貞吉は、帝国大学文科大学国史科卒、東京専門学校で講師を務めていた。すでに編著していた教科書は地理関係であったが、大学院で近畿地方の歴史地理を研究し、後に歴史研究で博士号を取得した。東洋史講師の桑原隲蔵は、帝国大学文科大学漢文科卒、高等師範学校で教授を務めて東洋史を教えるとともに、附属中学校でも漢文を教えていた。東洋史関係の教科書も多く著し、明治三三年三月には中学校用教科書の『初等東洋史』の改訂版を発行していた。西洋史講師の中川正信は、明治三〇年に帝国大学文科大学史学科卒、東京専門学校で講師を務めていた。めぼしい著作はないが、大学院では西域史を研究していた。教育学講師の大瀬甚

表３　帝国教育会中等教員養成所　地理歴史科の課程表（明治33年10月）

学科目	第一学期	第二学期	第三学期	第四学期	第五学期	講師	講師略歴
日本地理	3	3	3	0	0	野口　保興	女子高等師範学校教授
外国地理	3	3	3	3	3	矢津　昌永	高等師範学校教授
地　文	0	0	0	5	6	佐藤　伝蔵	理学士、高等師範学校教授
日本歴史	4	4	2	2	2	喜田　貞吉	文学士、東京専門学校講師
東洋史	3	3	3	3	2	桑原　隲蔵	文学士、高等師範学校教授
西洋史	5	5	5	3	3	中川　正信	文学士、東京専門学校講師
教育学	0	0	2	2	2	大瀬甚太郎	文学士、高等師範学校教授
計	18	18	18	18	18		

出典：課程表は『教育公報』第240号、講師名は『教育公報』第241号を参照して作成。学期は３か月〜４か月。教育学講師は、明治34年９月上旬より大瀬から中島半次郎へ交代。数字は毎週の時間数。

太郎は、明治三四年九月上旬から中島半次郎に交代した[61]。第二学期が同年七月まで、八月は夏期休暇とすると、大瀬は実際にはほとんどまたは全く出講していないと思われる（中島については、第Ⅲ部第四章を参照）。

以上のように、地歴科もまた、中等教育教科書を執筆するほどの新進気鋭の学者を講師にそろえていた。その内容程度は、地理・東洋史についてはおおよそ高等師範学校程度、日本史・西洋史については東京専門学校程度であったと思われる。修了時には、各科目ごとで試験を行い、合計一〇五名の合格者を出した。地歴科は各科目ごとの受験者数・合格者数が残っており、これを表にしたものが表四である。地理歴史科の受講生は二〇〇名を超えていたから、全員が全科目を受験したわけではないことがわかる。また、科目ごとに合格率が違い、全科目にかなりの数の不合格者があった。中等教員講習所地理歴史科の講習内容を修了することは、決して容易ではなかった。

地歴科各科目の試験合格者・講習証受領者を、明治三五年度の文検地理科・歴史科の予備試験および本試験合格者と照合した場合、結果は次のようになる[62]。文検地理科の予備試験合格者は七五名であったが[63]、そのなかには講習所地歴科修了生一五名（予備試験合格者数の二〇％）を含んだ。文検地理科の本試験合格者は二三名であったが[64]、このなかには講習所地歴科修了者五名（岡本牧夫・佐々井信太郎・砂崎実三・西田卯八・藤田きく）を含んでいる。明治三五年度文検本試験合格

表4　中等教員講習所地理歴史科の修了時試験合格者数（科目別）

学科目	受験者数	合格者数	合格率
日本地理	66	60	90.9%
外国地理	83	73	88.0%
地文	52	27	51.9%
日本歴史	70	46	65.7%
東洋史	67	26	38.8%
西洋史	38	22	57.9%
教育学	59	47	79.7%

出典：『教育公報』第261号を用いて作成。

者のうち、佐々井・砂崎・西田は講習所の日本地理・外国地理・地文の修了試験に合格、藤田は日本地理・外国地理の試験に合格していた。なお、明治三五年度の本試験で合格できなかったが、三六年度の文検地理科予備試験に合格した四名のうち[65]、戸村順次と宮崎徳治郎の二名は本試験にも合格した[66]。また、明治三五年度には予備試験を通過できなかったG（仮名）は、明治三六年度には予備試験を通過した。

地歴科各科目の試験合格者・講習証受領者を、明治三五年度の文検歴史科および日本史・東洋史科、西洋史科の予備試験および本試験合格者と照合した場合、結果は次の通りである[67]。中等教員講習所修了生は、文検歴史科では予備試験にも合格できなかった。しかし、文検日本史・東洋史科の予備試験合格者は三七名であったが、このなかには講習所地歴科修了生六名（合格者数の一六・二％）を含んだ[68]。文検日本史・東洋史科の本試験合格者は一四名であったが、このなかには修了生二名（合格者の一四・三％、妻木忠太・布施秀治）を含んだ[69]。本試験合格者二名は、やはり講習所の東洋史の修了試験に合格している。文検西洋史科の予備試験合格者は二四名であったが、このなかには講習所地歴科修了生九名（三七・五％）を含んだ[70]。西洋史の本試験合格者中の講習所修了生は、先述の通り七名であった。この講習所修了生七名（岩谷良蔵・片岡ちやう・亀岡松次郎・武田良助・戸田与作・原年雄・最上鏡三郎）は、全員、講習所西洋史の修了試験合格者であった。

文検合格に講習所の修了試験合格が必要だったとは必ずしもいえないが、以上の事例から、講習所地歴科の修了試験合格者は、文検合格レベルに近い学力を有していたと思われる。とくに、中川の西洋史科は本試験合格者を七名も出した。地理歴史科の場合も、講習終了直後の明治三五年七月、『教育公報』誌上に、中等学校に対して優等者の採用を薦める広告が出されている[71]。優等者の実力を中等教員免許状を有していなくとも「中等教員たるに足るべきもの」と認め、小学校本科正教員の資格を持つ者は中等学校での生徒の教養に「最適良の資格」を有するとする点は数学科と同様であった。ただし、呼びかけの対象に中学校・高等女学校だけに限定せず、師範学校を加えた点で異なっていた。講習所修了生のうち、明治三六年五月一日時点では、武田良助が埼玉県師範学校教諭、最上鏡三郎が長崎県島原中学校教諭に着任していた。また、文検地理科に合格して教員免許を取得した佐々井信太郎は、神奈川県第二中学校教諭に着任している。なお、H（仮名）は、講習所の外国地理の修了試験を合格したにもかかわらず文検には合格しなかったが、群馬県立某中学校教諭に着任した。地理歴史科修了生にもまた、文検合格を経由せずに中等教員になった修了生があった。中等教員講習所地理歴史科も、やはり中等教員を輩出した。

（五）国語漢文科の教育課程とその結果

中等教員講習所国語漢文科は、次のような過程を経て設置された。まず、明治三四年五月六日、講習所委員会が開かれ（辻・後藤・森本・沢田・日下部・清水出席）、数学科の講習結了後に国語漢文科を開講すること、吉田弥平（高等師範学校教授）と石川倉次（東京盲唖学校訓導・帝国教育会国字改良部役員）に講習所委員を嘱託することを決めた。[72]明治三三年の小学校令改正以来、国字改良・言文一致運動が活発化したが、帝国教育会も国字改良部を設置してこれに関与した。明治三四年四月一三～一五日に開催された第三回全国連合教育会では、小学校教科・国語科における言文一致や共通仮名遣に関する問題が議題に上がった。帝国議会にも国語調査会が設置され、当時、国語は重要問題であった。従来、研究・普及運動中心であった帝国教育会が、国語科教員養成にまで取り組もうとした画期とも見られる。吉田は高師の国文学者であり、石川は点字開発や仮名文字・文典研究を行っていた人物である。帝国教育会は、彼らを委員に加え、国語漢文科開設を本格的に進めようとした。

六月四日、講習所委員会が開かれ、国語漢文科に関する講習所規程を定めた。[73]科目は国語・漢文・英語・言語

表5　帝国教育会中等教員養成所　国語漢文科の課程表（明治34年10月）

学科目	第一学期	第二学期	第三学期	第四学期	第五学期	第六学期	講師	講師略歴
国　語	8	8	7	7	7	7	今井彦三郎	第一高等学校教授
							石川　倉次	高等師範学校教諭
							落合　直文	國學院講師
漢　文	6	6	7	7	7	7	那珂　通世	文学博士、高等師範学校教授
							長尾槇太郎	高等師範学校教授・文部省図書審査官
							桑原　隲蔵	文学士、高等師範学校教授
英　語	2	2	2	2	2	2	熊本謙二郎	高等師範学校教授
言語学	0	0	0	2	2	2	新村　出	文学士、文科大学助手
教育学	2	2	2	0	0	0	波多野貞之助	高等師範学校教授
計	18	18	18	18	18	18		

出典：『教育公報』第252号を参照して作成。数字は毎週の時間数。

学・教育学とし、六学期制とした。他の規程は数学科・地歴科とほぼ同様であったが、退所手続きの上は事由を具して申し出ること（第一三条）、「不良の行為ありたる者」は退所させること（第一六条）といった従来なかった条文が追加されている。一一月二八日、辻会長は、国語漢文科設置に伴う学科課程・修業年限の改正認可を府知事に願い出、一二月二日に認可が下りた(74)。

国語漢文科の教育課程表と講師は表5の通りである。これによると、国語漢文科の時間数は、全学期を通して、国語・漢文に一八時間のうち一四時間（七七・八％）配当されている。英語に週二時間ずつ配当されており、かつ第四学期以降、言語学にも週二時間ずつ配当されていることが特徴である。教育学については、第一〜第三学期に集中して週二時間ずつ配当されている。ただし、国語漢文科では講師が頻繁に交代し(75)、教育課程も途中変更した(76)。

国語漢文科については、第一・第二学期の使用教科書が判明している(77)。国語は、第一学期に『徒然草』『保元平治物語』（今井分）、『はなしことばのきそく（文典）』（石川分）、『増鏡』『古今集』（落合分）を使用した。漢文は、第一学期に『論語』（那珂分）、『文章軌範』（長尾分）、『十八史略』（桑原分）、第二学期に『論語』『高等漢文読本 巻之七』（那珂分）、『高等漢文読本 巻之六・巻之八』『中庸』『詩文』（長尾分、ただし第一学期にも使用）、『十八略』『孟子』（桑原分）

を使用した。古典の原典を使う講師が多かったことがわかる。なお、英語は使用教科書未定、教育学は口授であった。

次に、国語漢文科の試験合格者・講習証受領者合計八三名について、明治三七年度の文検国語及漢文科の予備試験および本試験合格者と照合する。[78]その結果は、予備試験合格者四名、本試験合格者一名（高瀬七十七）であった。国語漢文科修了後には、中等学校に優秀者の採用を薦める広告が発表されていない。とはいえ、高瀬は、明治三九年五月一日現在、東京府立第一中学校教諭であった。なお、修了生の一人のＩ（仮名）は、修了試験には合格していないが、明治三八年五月一日現在、埼玉県立某中学校教諭心得であった。国語漢文科も、他学科と比べて少数だが、中等教員養成に関わった。

（六）英語科の教育課程とその結果

中等教員講習所英語科の設置過程は、次の通りである。明治三五年一月一六日、講習所講師委員会で地理歴史科の終了後に教育倫理科を設置することを決めたが、[79]同月三一日の同委員会では教育倫理科設置を見合わせて英語科を設置することを決定した。[80]明治三五年九月一六日、辻会長は府知事に、英語科設置に伴う学科課程・修業年限などの改正認可を願い出、九月一八日に認可が下りた。[81]帝国教育会では、英語科設置決定から府の認可までの間に、英語教育に対する関心が高まっていた。とくに、明治三五年七月五日、Ｅ・Ｂ・ヒュースを招いての英語授業法講演会（高等学術講義会）を開催し、加えて七月二一日の評議員会において外国語（英語）教授法研究部を設置することを決定した。[82]英語科は、帝国教育会内で英語教授法の関心が高まっている状況下で設置され、講習を開始した。

英語科の教育課程と講師は表6の通りである。従来の学科と違って、学期制ではなく、学年制になった。また、明らかに英語講読中心の課程であり、第二学年に英文で教育学を教えるようにしていたことが特徴であった。た

表6　帝国教育会中等教員養成所　英語科の課程表（明治35年7月）

学科目		第一学年	第二学年	講師	講師略歴
英語	講読	8	7	花輪虎太郎	東京高等商業学校教授
				熊本謙二郎	東京高等師範学校教授
				元田作之進	哲学博士、立教中学校長
	文法	3	1	花輪虎太郎	前掲
				熊本謙二郎	前掲
				元田作之進	前掲
	作文	3	2	花輪虎太郎	前掲
				熊本謙二郎	前掲
				元田作之進	前掲
	会話	3	4	花輪虎太郎	前掲
				元田作之進	前掲
				M・C・レナード	東京高等師範学校教師
英文学		1	2	上田　敏	文学士、東京高等師範学校教授
教育学(英文)		0	2	中島半次郎	東京専門学校講師
計		18	18		

出典：『課程表は『教育公報』第261号を参照して作成。数字は毎週の時間数。なお、1年間で講習終了したため、実質、第二学年の講習は行っていないと思われる。

だし、英語科そのものが予定を繰り上げて明治三六年七月二〇日に終了したため、[83]第二学年の教育課程は実質的には行われていない。英語科の教科書は、Macaulay の *"Lord Bacon", "Stories and Anecdotes", "Selections from Book of Tales"*, 花輪虎太郎の *"First Book in English Grammar"*, 元田作之進の *"Text Books for Translating from Japanes into English III"*, ヒュースの *"English Literature"* が指定された。[84]

英語科講習生は、開始時七七名（最多時一〇六名）であった。最終的に、終了証受領者は二四名、試験合格証受領者は一三名であった。[85]このうち、明治三六年八月実施の文検予備試験に合格した者はいなかった。[86]英語科がなぜ一年間で講習を中止したのかは不明である。『教育公報』誌上に優秀者の採用推薦の広告が掲載されることもなかった。

以上、明治期帝国教育会の教員講習拡充過程について、中等教員講習所に焦点を当てて検討してきた。以下、本章で新たに明らかになったことをまとめる。

帝国教育会は、中等教員の需要が拡大する一方で、養成機関が十分に整備されていなかった明治三三～三六年という限定的な時期に、夏期講習会（昼間・夜間）・中等教員講習所・女子講習会・中等教員養成講義録など、中等教員養成に関わる講習事業を積極的に展開した。中等教員講習所は、「教員検定ニ関スル規程」公布直後の明治三三年六月から、中等教員養成（実質は文検受験者養成）を目指して設置された。その後、明治三六年一一月の国語漢文科の講習終了をもって、実質的にその役割を終えた。講習所は、従来夏期講習会などの講習事業に教員研修機能とあわせて期待されていた中等教員養成機能を、一時、分化・拡充させた発展的事例であった。

中等教員講習所は、中等学校卒業程度の者を対象にする夜間課程として、高等師範学校・高等商業学校・東京専門学校などの官私立高等教育機関の教員を講師として設置された。明治後期の地方教育会の教員講習会・講習所が、小学校教員養成を目的として朝から昼過ぎまでの昼間課程を採用し、高等女学校卒業間もない女性や小学校卒業程度の現職教員を対象に、師範学校教員を中心とした講師陣で運用されていたことと見比べた場合[87]、中等教員講習所は教育会の教員講習のなかでも特異な特徴を有した事業として誕生したことがわかる。

中等教員講習所は、文検に合格して各地の中等教員になった修了生を出した。文検試験合格者全体のなかではほんの一部に過ぎないが、講習所は、確かに文検合格者＝中等教員の養成に関わった。とくに、明治三五年度における講習所地理歴史科修了者中の文検西洋史科合格者は、同試験合格者全体の半数を占めていた。講習所は、文検西洋史科を経た中等教員の養成過程において、無視できない役割を果たしたといえる。

修了生のなかには、文検合格を経ずに、中等教員になった講習所修了生もいた。中等教員講習所では、地方教育会の教員講習事業のように教員検定試験とセット開催するようなことはなかった。むしろ帝国教育会は、数学科・地理歴史科の修了試験優秀者を中等教員の資格のある者として位置づけるに止まらず、小学校本科正教員の資格者は中等学校生徒の教養に最も適する者と位置づけて、中等教員の直接的な供給に取り組んだ。これは、帝国教育会が、中等教員免許状の取得を実質不要視してしまったことを意味する。中等教員講習所は、結局のところ、中等教員供給の弥縫策に止まらざるを得なかったといえる。許可学校の増加する明治三〇年後半以降には、その限界を露呈した。国語漢文科・英語科の苦戦はその現れであった。新たに打って出た中等教員養成講義録はうまく行かず、いったん専門分化した中等教員養成の機能は、部分的な成果を収めたのみで軌道に乗らなかった。

このように見てくると、帝国教育会中等教員講習所の最大の意義は、中等教員養成の機能よりも、中等教員程度の学力形成へと小学校教員を動員したところにあると思われる。講習所は、官私立高等教育機関教員を講師として、多くの小学校教員に高水準の学力形成の機会を提供した。数学科・地理歴史科終了後の広告からは、小学校本科正教員の資質は講習所修了試験優秀程度の学力を備えれば中等教員に比類する、という帝国教育会の基本的な教員改良構想が見出せる。つまり、優良な小学校本科正教員は学力さえ向上すれば中等教員に相当する専門性を有する、と帝国教育会は捉えていた。帝国教育会の教員改良における小学校正教員の学力向上は、極めて大きな意味を持っていたことがわかる。

なお、講習所の開設は、地方での有資格教員の退職を誘い、そのまま東京に居残る教員を出す結果を生み出した。教員を引き抜かれた地方には不幸であったが、それだけ中等教員講習所が有資格の小学校教員にとって魅力的な事業であったことがわかる。また、講習所の修了事実は、以後の教職生活に関わる重要な学歴の一つとして位置づけられた。

明治三〇年代半ばの帝国教育会は、中等教員講習所を開設することで、正資格を有したり、指導的立場にあったりした小学校教員の上京・出世・学習意欲を喚起し、高等教育教員の提供する修了試験に合格するほどの学力形成・向上を実現した。明治三三年から三六年までの時期限定的な事業であったが、中等教員講習所の開設は、帝国教育会における教員改良の挑戦的展開の一事例であった。

(1) 牧昌見『日本教員資格制度史研究』風間書房、一九七一年。
(2) 根生誠「戦前の数学科中等教員養成―臨時教員養成所数学科の設置をめぐって」科学史学会編『科学史研究』第二二九号、

二〇〇四年、四〇～四四頁。
（3）三好信浩『日本師範教育史の構造—地域実態史からの解析』東洋館出版社、一九九一年。
（4）船寄俊雄『近代日本中等教員養成論争史論—「大学における教員養成」原則の歴史的研究』学文社、一九九八年。
（5）寺﨑昌男「中等学校の整備と中等教員の養成」中内敏夫・川合章編『日本の教師二—中・高教師のあゆみ』明治図書、一九七〇年、九二～九七頁。
（6）中内敏夫・田嶋一「解説」『教師と教師像』沢柳政太郎全集第六巻、国土社、一九七七年、五九八～五九九頁。
（7）船寄俊雄「「文検」の制度と歴史」寺﨑昌男・「文検」研究会編『「文検」の研究』学文社、一七～五二頁。
（8）山田浩之『教師の歴史社会学—戦前における中等教員の階層構造』晃洋書房、二〇〇二年。
（9）杉森知也「中等教員養成史上における臨時教員養成所の位置と役割」教育史学会編『日本の教育史学』第四三集、二〇〇〇年、六〇～七六頁。
（10）船寄俊雄・無試験検定研究会編『近代日本中等教員養成に果たした私学の役割に関する歴史的研究』学文社、二〇〇五年。
（11）梶山雅史「京都府教育会の教員養成事業」本山幸彦編『京都府会と教育政策』日本図書センター、一九九〇年、四三七～四九八頁。梶山雅史編『近代日本教育会史研究』学術出版会、二〇〇七年。梶山雅史編『続・近代日本教育会史研究』学術出版会、二〇一〇年。
（12）明治三〇年代の帝国教育会の目的規程は、「本会ハ我国教育社会ノ中央機関トナリ、教育ノ普及改良及ビ上進ヲ図ルコト」（明治二九年一二月）→「帝国教育会ハ我国教育社会ノ共同機関トナリ…」（明治三一年一一月）→「本会は我国教育社会の中央機関となり…」（明治三一年一一月）→「本会は我帝国教育社会の中央機関となり…」（明治四〇年四月）と変遷している。この後、昭和三年まで目的規程の改正はない。
（13）帝国教育会『帝国教育会五十年史』帝国教育会、一九三三年。
（14）立教大学大学院日本教育史研究会編『帝国教育会の研究』資料集Ⅰ・Ⅱ、立教大学大学院日本教育史研究会、一九八三・一九八四年。
（15）笠間賢二「小学校教員検定に関する基礎的研究」『宮城教育大学紀要』第四〇巻、二〇〇五年、二三九～二四三頁。
（16）帝国教育会『帝国教育会沿革志』帝国教育会、一九〇八年、一四〇頁。
（17）「私立帝国教育会中等教員講習所設立（願）ノ件」（明治三三年一一月六日起案、請求番号六二四・D七・〇五）、一九〇〇年、東京都公文書館蔵。
（18）「（辻新次より帝国教育会中等教員講習所）代表者認可（願）之件」（明治三三年一二月一七日起案、請求番号六二四・D七・

〇五）、一九〇〇年、東京都公文書館蔵。
(19) 辻新次「新年の辞」『教育公報』第二三一号、一九〇〇年一月、一頁。
(20) 「評議員会」『教育公報』第二三七号、一九〇〇年七月、三〇～三一頁。
(21) 当日出席していた評議員は、後藤牧太、色川圀士、岡五郎、丹所啓行、井上守久、日下部三之介、山崎彦八、今井市三郎、松山伝十郎、市川雅飭、村田亮輔の一一名である。後の委員人事から、後藤か日下部かが建議した可能性が高い（特定は不能）。
(22) 「委員嘱託」『教育公報』第二三七号、三一頁。
(23) 「評議員会」『教育公報』第二四〇号、一九〇〇年一〇月、三八頁。
(24) 「中等教員講習所実施委員及講師協議会」『教育公報』第二四一号、一九〇〇年一一月、三三頁。
(25) 「中等教員講習所規程」『教育公報』第二四一号、三三～三四頁。
(26) 「帝国教育会中等教員講習所生徒募集広告」『教育公報』第二四一号、広告。理由は不明。
(27) 「各部委員」『教育公報』第二四一号、三五頁。
(28) 「中等教員講習所講師委員打合会」『教育公報』第二四二号、一九〇〇年一二月、三八頁。
(29) 「評議員会」『教育公報』第二四一号、三五頁。
(30) 「明治三十四年度会務報告」『教育公報』第二六六号、一九〇二年一二月、一六頁。
(31) 「中等教員講習所開所式に於ける辻帝国教育会長の挨拶」『教育公報』第二四二号、五八～六一頁。
(32) 同前。
(33) 「委員長後藤牧太君の挨拶」『教育公報』第二四二号、六一頁。
(34) 辻新次「告辞」『教育公報』第二三九号、一九〇〇年九月、二八頁。
(35) 「評議員会」『教育公報』第二五四号、一九〇一年一二月、三三頁。
(36) 辻新次「教育有志者茶話会にての演説」『教育公報』第二五一号、一九〇一年九月、六頁。
(37) 「国語漢文科講習終了式」『教育公報』第二七八号、一九〇三年一二月、三二頁。「英語科閉会式」『教育公報』第二七四号、一九〇三年八月、二五～二六頁。
(38) 寺崎昌男・「文検」研究会編『「文検」の研究―文部省教員検定試験と戦前教育学』学文社、一九九七年。
(39) 「中等教員講習所地理歴史科報告」（『教育公報』第二六一号、一九〇二年七月、三四～三六頁）と「教員検定本試験合格者」（『官報』第五八一四号、一九〇二年一一月、一一頁）とを比較参照。
(40) 「委員嘱託」『教育公報』第二六八号、一九〇三年二月、二三頁。

(41)「中等教員養成講義録」『教育公報』第二七一号、一九〇三年五月、広告。
(42)「広告」『教育公報』第二八四号、一九〇四年六月、広告。
(43) 竹内洋『立志・苦学・出世』講談社現代新書、講談社、一九九一年。
(44)「中等教員講習所講師委員会」『教育公報』第二七六号、一九〇三年一〇月、二八頁。
(45)「地理歴史科開設延期」『教育公報』第二八一号、一九〇四年三月、一〇頁。
(46) 帝国教育会、前掲注(16)、一四〇頁。
(47) 無試験検定認可については、船寄・無試験検定研究会編(前掲注(10)、二八五〜二八八頁)を参照。
(48) 早稲田大学学監の高田早苗は、明治三四年一〇月〜一二月頃に寄附(「帝国教育会基金寄附申込人名第参回報告」『教育公報』第二五四号、広告)。大隈重信の養子で早稲田大学維持員の大隈秀麿は、明治三四年一二月〜三五年五月頃に大口寄付(「帝国教育会基金寄附申込人名第四回報告」『教育公報』第二五九号、一九〇二年五月、広告)。
(49)「中等教員講習所開所式」『教育公報』第二四二号、三八頁。
(50)「三橋伝蔵氏」教育実成会編『明治聖代教育家銘鑑』第一編、教育実成会、一九一二年、八五一頁。
(51)「教員無試験検定(帝国教育会中等教員講習所)」(明治三四年二月二八日起案、請求番号六二四・A七・〇五)、東京都公文書館蔵。
(52)「教員無試験検定(帝国教育会中等教員講習所、他)」(明治三六年六月一日起案、請求番号六二五・D六・一三)、東京都公文書館蔵。
(53)「教員任用辞令案(根岸小学校、他)」(明治三四年三月一日起案、請求番号六二四・A六・〇二)、東京都公文書館蔵。
(54)「教員無試験検定(帝国教育中等教員講習所)」(明治三四年九月二六日起案、請求番号六二四・A八・〇五)、東京都公文書館蔵。
(55)「第十四回教員試験検定出願者注意」『教育公報』第二四〇号、二三頁。
(56)「中等教員講習所数学科試験合格書及び聴講証明書授与人名」『教育公報』第二五四号、三四〜三六頁。証明状は出席日数四分の一以下に限り、与えることとした。(「中等教員講習所講師委員会」『教育公報』第二五二号、一九〇一年一〇月、五二頁)
(57)「教員検定予備試験合格者」『官報』第五七八〇号、一九〇二年一〇月八日、一一頁。
(58)「中学校及び高等女学校当事者に次ぐ」『教育公報』第二五四号、広告。
(59)「私立学校設置認可按一(F〔仮名〕より成教学校設立申請に付、認可、他)」(明治四三年六月一五日起案、請求番号六二九・C六・〇三)、東京都公文書館蔵。

(60) 講習生「青梅地方修学旅行記」『教育公報』第二六一号、一九〇二年七月、二九～三一頁。参加者は四〇余名であり、講習生全員が参加したわけではない。
(61) 「中等教員講習所講師」『教育公報』第二五二号、五一頁。
(62) 修了者名は「中等教員講習所地理歴史科報告」(『教育公報』第二六一号、三四～三六頁)を参照。
(63) 「教員検定予備試験合格者」『官報』第五七六五号、一九〇二年九月一九日。
(64) 「教員検定本試験合格者」『官報』第五八一六号、一九〇二年一一月二一日、一七頁。
(65) 「教員検定予備試験合格者」『官報』第六〇八八号、一九〇三年一〇月一五日、一〇～一一頁。
(66) 「教員検定本試験合格者」『官報』第六一九三号、一九〇四年二月二六日、二三頁。
(67) 修了者名は、前掲注(62)参照。
(68) 「教員検定予備試験合格者」『官報』第五七七三号、一九〇二年九月三〇日、二〇頁。
(69) 「教員検定本試験合格者」『官報』第五八一四号、一九〇二年一一月一九日、一〇～一一頁。
(70) 「教員検定予備試験合格者」『官報』第五七七三号、二〇頁。
(71) 「師範学校中学校高等女学校当事者に告ぐ」『教育公報』第二六一号、広告。
(72) 「各種委員会」『教育公報』第二四七号、一九〇一年五月、一九頁。
(73) 「中等教員講習所委員会」『教育公報』第二四八号、一九〇一年六月、四二～四三頁。
(74) 「学則改正認可並報告(帝国教育会中等教員講習所設立者辻新次より学科課程等改正願、認可)」(明治三四年一一月二九日起案、請求番号六二四・A五・〇九)、一九〇一年、東京都公文書館蔵。
(75) 「中等教員講習所講師委員会」『教育公報』第二五八号、一九〇二年四月、二二頁。「講師進退」『教育公報』第二六五号、一九〇二年一一月、三五頁。「第十九回総集会」『教育公報』第二六六号、一六頁。「講師嘱託」『教育公報』第二六八号、二四頁。「講師嘱託」『教育公報』第二七〇号、一九〇三年四月、一八頁。
(76) 「講師委員会」『教育公報』第二七三号、一九〇三年七月、一九頁。
(77) 「中等教員講習所国語漢文科の第一学期担当時間割及教科書」『教育公報』第二五四号、三一頁。「漢文科講師会」『教育公報』第二五九号、二七～二八頁。
(78) 「国語漢文科講習終了式」『教育公報』第二七八号、一九〇三年一二月、三二～三三頁。「教員検定予備試験合格者」『官報』第六三八八号、一九〇四年一〇月一三日、二二頁。「教員検定本試験合格者」『官報』第六四九六号、一九〇五年二月二八日、三〇頁。

(79)「中等教員講習所委員会」『教育公報』第二五六号、一九〇二年二月、三七～三八頁。
(80) 同前、四〇頁。
(81)「学則改正認可並報告（帝国教育会中等教員講習所設立者辻新次よりの学則改正願、認可）」（明治三五年九月一八日起案、請求番号六二五・B六・〇二）、一九〇二年、東京都公文書館蔵。
(82)「英語授業法講演会次第」『教育公報』第二六二号、一九〇二年八月、三二頁。「評議員会」同前、三三頁。
(83)「英語科閉会式」『教育公報』第二七四号、二五頁。
(84)「帝国教育会中等教員講習所講習生募集」『教育公報』第二六四号、一九〇二年一〇月、広告。
(85)「英語科閉会式」『教育公報』第二七四号、二五～二六頁。
(86)「教員検定予備試験合格者」『官報』第六三八八号、一九〇四年一〇月一三日、二二一～二二三頁。
(87) 笠間賢二「近代日本における「もう一つ」の教員養成」梶山雅史編『続・近代日本教育会史研究』学術出版会、二〇一〇年、二五一～二八一頁。

第Ⅲ部の小括

第Ⅲ部では、明治期大日本教育会・帝国教育会の教員講習事業の変遷を明らかにしてきた。以下、新たに明らかになったことを中心にしてまとめる。

第一章では、夏季講習会の開催実態を検討した。教員講習は、明治一〇年代半ばから行政当局の教員改良策の一つであったが、明治一〇年代末頃からその停滞を報じられていた。大日本教育会は、明治二四（一八九一）年に初めて夏季講習会を開講し、自ら教員改良に取り組み始めた。準備過程では中等教員の養成・改良をも意図したようだが、実際には、指導的小学校教員の学力形成・向上や教職意義の理解増進による品位向上、講習後の学科・教授法研究の継続を目指していた。講師には高等教育機関の教員が動員された。受講生の約八割は小学校教員であった。科目選定には、現職・元指導的小学校教員の主張が反映した。受講生のなかには、月給の約四割にもなる受講料と多額の旅費・滞在費などを支払ってまで、地方から上京して講習を受講する教員もいた。夏季講習会は以後、指導的教員の学習意欲を背景に、彼ら彼女たちに高等教育機関の学者から学ぶ機会を提供していった。

第二章では、大日本教育会末期における教員講習の拡充過程を検討した。先行研究では、明治二〇年代後半の教員講習はヘルバルト派教育学説の普及機能を特徴として指摘されてきたが、同時期の大日本教育会の教員講習の特徴は、それだけに止まらなかった。そこでは、ヘルバルト派教育学説が批判的に取り扱われたり、一学派や教育学説に止まらない広い学問分野の専門的知識が取り扱われたり、日本人のアジア進出を見据えた世界観の養成が目指されたりした。そして、中等教員程度の学力形成と人間性の向上とを目指す主体的・継続的学習を奨励した。また講習時期が拡大され、明治二六年までは夏期限定だったが、明治二七年以降には各種の講義会（教員対象）開催によって一年間を通して講習が行われるようになった。講習には、小学校長や師範学校附属小学校教員などを含む多くの指導的教員が集まった。講師には高等教育機関の新進気鋭の学者が多く、講師にとっても自身の研究発表・推進の機会ともなった。また、講習後の研究（学習）方法についても、「真正の教育家」になるためなどの具体的な意義づけが行われた。

第三章では、帝国教育会結成直後の教員講習を検討した。明治二九（一八九六）年の帝国教育会結成の際に主要事業化された学術講義会は、実質、従来の夏期講習会と講義会とを指した。つまり、学術講義会の主要事業化は教員講習事業の主要事業化を意味した。講師・科目選定などには、多くの指導的小学校教員が関わった。また、自らの講習受講について、教員としての力量を高め、かつ国家隆盛につながるものとして意義づける指導的教員も現れた。それゆえに、教員は講師に対しても厳しい学習要求を突きつけ、知的・人格的向上を求めるようになった。さらに、帝国教育会は、課外において、教員の団結心と自律性とに働きかけた。明治二〇年代には小学校教員の自重心や教職に対する帰属意識の不足が指摘されていた。明治三〇年代には、講習生（多くは指導的教員）に対し、その自重心・帰属意識を前提として、さらに団結・自律を直接喚起しようとした。なお、明治三二年以降、講義会は方針転換して社会教育的事業になったが、夏期講習会は開講形態の多様化や受講生の急増によってさらなる拡充発展を見ることになる。

第四章では、明治期帝国教育会における教員講習の全容を把握した。帝国教育会は、明治三二年以降、会員などの教育関係者・篤志者の支援を受けて、教員講習事業を拡充・展開した。そして、夏期講習会を毎年必ず開催し、平均約四〇〇名の受講者を集めた。また、常設の中等教員講習所や夏期の夜間講習、女子専門の中等教員養成講習、冬期の講習を開講し、多様な講習機会を提供した。その講習内容は、帝大卒・高師卒の学者が提供する欧米の最新学説に基づいた専門的知識を想定しており、高度かつ最新の学問的内容であったといえる。明治四〇年代には、このような中等教員程度の学力向上を目指す高度な講習機会を、正式に小学校教員にも開放した。帝国教育会において、小学校教員に対する講習機会の開放は、夏期講習会の主要事業化に並行して行われた。このような教員講習の拡充・展開過程には、多くの在京指導的小学校教員の合意・要求が直接関わっている。指導的教員の動員によって拡充・展開された教員講習は、女教員や准教員にも利用された。

第五章では、帝国教育会中等教員講習所を検討した。中等教員講習所は、明治三三（一九〇〇）年、中等教員候補者（文検受験者）を養成して深刻化する中等教員不足に対応するために設置された。明治三六（一九〇三）年の廃止までに、指導的小学校教員を含む七〇〇名を超える受講生に約一年から一年半の講習を受けさせ、二〇〇名を超える受講生に高等教育機関教員の試験に合格するほどの学力を身につけさせた。受講生のなかからは、少数ながら実際に中等教員が出た。中等教員講習所は、多くの小学校教員の上京・出世・学習意欲を喚起し、狭き門とはいえ中等教員への上進に導いたとともに、教員に中等教員程度の学力形成の機会を提供した。なお、講習所設置と同時期に、夏期講習会の拡充も行われている。帝国教育会は、時期限定の講習会に加えて常設講習所を設け、教員たちの学習機会を増やし、学力面での教員改良をさらに推進した。また、帝国教育会では、講習所修了生を中等教員へ就職斡旋する際に、優良な小学校本科正教員は学力さえ向上すれば中等教員に相当する専門性を有する、と考えられていたことが明らかになった。

明治期大日本教育会・帝国教育会の教員講習事業は、教育行政当局や地方教育会が行った教員補充のための講習とは異なり、主に教員の学力・品位向上と教職理解増進とを目指す講習であった。また、講習後の学科・教育方法研究の継続も繰り返し奨励された。ここで、小学校正教員の学力を中等教員程度にまで向上させることは、教員改良に不可欠のものと考えられていた。だからこそ、両教育会は、高等教育機関の教員を動員し、講習事業の拡充を行って多様な学習機会を準備し、多数の指導的教員に学力向上の機会を提供したのである。さらに、課外において教員の団結心や自律性を刺激する機会を設けた。指導的教員の団結や教員の専門性の高度化を目指した両教育会の教員改良構想は、教員講習事業においても実行に移されたといえる。

明治一〇年代半ば以後、行政当局・師範学校・地方教育会などによる教員講習が徐々に開始・展開し、学識・

経験の未熟な小学校教員に学習機会を提供していた。しかし、両教育会の教員講習は、それより一段高度な学習機会を提供した。国内で常識化した知識・技術の訓練機会を提供するよりも、欧米の最新学説に基づく新しい専門的知識の研究機会を提供しようとしたことは注目に値する。このような両教育会の講習には、准教員などが受講することもあったが、地域で指導的立場に立っていた小学校長や正教員が受講する例が多々見られた。さらには、講習を受けた指導的教員が、国民教育に対する使命観や激しい社会変化に対する焦燥感などをもって、高等教育機関の学者に人格的修養とさらなる学習要求とを求める事例も生じた。明治期大日本教育会・帝国教育会は、指導的教員の要求に後押しされて教員講習事業を拡充し、指導的教員にさらなる資質向上機会を提供したのである。

第Ⅳ部　輿論形成・政策参加による自己改良への教員動員

はじめに

第Ⅳ部では、明治期大日本教育会・帝国教育会による輿論形成・政策参加体制の形成過程を検討し、そこでの指導的教員の動員実態を明らかにする。両教育会は、何のために教育輿論を形成・喚起し、どのように教育政策過程へと参加していったのか。その輿論形成・政策参加活動において、誰をどのように動員し、その結果何が起こったか。これらの問題について、とくに教員改良の観点からその意義を明らかにする。

まず、第一～四章では、教員が「研究」に動員されていく過程を検討する。第一章においては、結成時期の大日本教育会がどのように教員を動員したかを明らかにする。とくに、教員たちの発言を具体的に検討して、教員がどのような役割を果たし、どのような課題を残したかを明らかにする。第二章では、明治二一（一八八八）年の「研究」の事業化がどのように行われたか、その結果設置された組織「部門」において教員がどのような役割を果たしたかを明らかにする。第三章では、第二章に続いて、事業化された「研究」には、どのような意味が込められていたかを問題にする。その際、当時の幹部の一人であった西村貞の教育論・教育関係者組織論に焦点をあて、「研究」の理論的背景を明らかにする。第四章では、明治二六（一八九三）年末に成立した大日本教育会研究組合の成立過程とその結果を検討し、なぜ教員が「研究」に動員されることになったかについて、さらに検討する。

次に、第五～七章では、指導的教員の動員が全国規模で行われていく過程を検討する。第五章においては、大日本教育会が全国的な輿論形成体制をいかに形成し始めたかを問題にする。ここで重要なことは地方教育会の存在である。第六章では、明治三二（一八九九）年設置の帝国教育会学制調査部における「国民学校」案の成立過程などを取り上げ、そこにおいて指導的教員がいかに動員されたかを問題にする。第七章では、明治三九（一九〇六）年以降、隔年で開催した帝国教育会主催の全国小学校教員会議を取り上げ、そこにおいて指導的教員がいかに動員されたかを検討する。

以上により、明治期大日本教育会・帝国教育会の輿論形成・政策参加体制における指導的教員の動員実態とその意義を探る。

第一章　討議会における教員の動員
――「討議」の限界性――

本章の目的は、大日本教育会結成以後の討議会を取り上げ、そこにおける教員の活動実態を明らかにすることである。具体的には、明治一九（一八八六）・二〇（一八八七）年に開催された討議会を研究対象にする。

大日本教育会の前身団体では、演説や討議が活発に開かれていた。第Ⅰ部第二章で述べた通り、討議（討論）は、当時必ずしも当たり前のものではなく、意思伝達・合意形成のための外来の新しい学問方法であった。東京教育会の嚆矢が教育演説討論会であったことに象徴されるように、討議は、演説と並ぶ初期の教育会の重要事業であった。

大日本教育会は、明治一九年四月に結成後初めての討議会を開催した。この討議会について、上沼八郎は「時には討議を試みている」と触れ、「例えば『児童ニ銭ヲ持タシムルノ利害』（明治十九年五月）などでは、討論の結果可否（六一対四で可）を問うている」と言及したが、同討議会の結論を示すに止まった[1]。なお、詳しくは後述するが、上記の題による討議は明治一九年五月だけではなく四月から三回行われている。また、上沼は当日の討議過程を検討していないが、同題は具体的な教育方法に関する問題であり、その討議には多くの教員が加わって発言した。教員改良の観点から見ると、この大日本教育会初の討議過程は重要な研究対象になる。さらに、同題議決後すぐに他の題による討議会も開かれたが、これについての先行研究は見当たらない。

明治一九・二〇年の討議会は、大日本教育会における組織的活動のさきがけともいえるが、先行研究は十分ではない。そこでは、どのような方法・過程で討議が行われたか。また、教育行政官などをも組織していた大日本教育会において、当時の教員たちがどのように討議会に参加したか。本章では、結成期の大日本教育会における教員の動員実態を明らかにするため、明治一九・二〇年に開かれた二つの討議会における討議過程を検討する。

一．大日本教育会における討議会開催の準備

明治一六（一八八三）年九月九日制定の大日本教育会規則は、集会の挙行事項の一つとして、「議題ノ討議」を挙げた（同規則二六・二七条）。しかし、毎月集会は行われたが、討議の開かれない時期がしばらく続いた。明治一七（一八八四）年七月一日、会員五六名の連署によって規則改正案が提出され、明治一七年八月一〇日に臨時総集会が開かれた[2]。この時、乙号議案は、審査員の未設置や雑誌編集の遅滞と並んで、討議会の未開催が問題になった。これに対して幹部は七月一日の改正案提出直後から対応を始め、同月二八日に議事規則を制定した[3]。この議事規則は、「会議又ハ討議ヲナストキ之ヲ用フ」（第二条）ものであった[4]。なお、議事規程に定義されてはいないが、当時の実際の活動名によれば、「会議」は大日本教育会の諸規則などに関する「議事」を行う集会（規則改正会議）、「討議」は教育問題に関する「議事」を行う集会（討議会）であった。議事規則によると、会議・討議の議員については、「会議ノ議員ハ会員ヲ以テ之ニ充ルモノト雖モ、討議ノ議員ハ議長会員中ヨリ別ニ之ヲ定ムルモノトス」（第三条）と定義されている。議長は、会長または副会長が務めることになっていた（大日本教育会規則第一七・一八条）。すなわち、会議の議員は会員であればできるが、討議の議員は会長（副会長）に選任される必要があった。

討議題はどのように決定されたのか。議事規則には、明確な条文が見当たらない。唯一、「議案及議題ハ予メ本会雑誌ニ報告スルヲ例トナスト雖モ、即日会場ニ於テ之ヲ報告スルコトアルベシ」と定められたに止まる（議事規則第四条）。集会の議題については、大日本教育会規則に、「会員ハ総集会常集会及ビ臨時集会ニ参シ、且本会ニ向テ意見書ヲ出シ、又ハ質疑ヲ為スコトヲ得。但意見書ヲ会議ニ付スルト否トハ会長ノ採択ニ依ル」（大日本教

育会規則第八条）とある。演説題については、「会員中演説セント欲スル者ハ、予メ其演題ヲ本会ニ出シ、議長ノ承諾ヲ受クベシ」（大日本教育会規則第三〇条）と定めている。明治一九年の討議題については、明治一八年一二月一三日の常集会において、幹事の日下部三之介が、「一月ヨリ討議ヲ開クベキニ付、会員諸君中、成ルベク議題御送付アリタキ旨」を報じている。(5) 以上の事実を総合して考えると、討議題は会員が各自で提出し、それを会長が承認するという過程を踏んだと思われる。

討議進行については、「討議ヲナストキ発言セント欲スル者ハ、先ヅ自己ノ番号ヲ呼ビ、議長ノ承諾ヲ得ベシ」（議事規則第六条）とされ、一人ずつ発言する形式をとった。また、「討議既ニ尽クセリト認ムルトキハ議長ハ之ガ決ヲ取ルベシ。其議決ハ多数ヲ以テ結了スト雖モ、之ヲ施行スルト又本会ノ意見トナルト否トハ議長ノ採択ニ依ルモノトス」（同第八条）とした。つまり、討議の決定は基本的に多数決であったが、その実行や会の輿論にする権限は議長（会長または副会長）に委ねられていた。そのほか、「誹謗罵言等」の禁止（第七条）、「会場ノ静粛」の妨害禁止（第一一条）、「本会ノ主旨ニ背馳シ若クハ牴牾」することの禁止（第一二条）が定められ、もしそのような事態になれば議長が処分することになっていた。このように、大日本教育会の討議会は、会員による議題の提案を認めてはいたが、議員・議題・進行に対する会長（副会長）の権限によって影響を強く受けた。討議会は、いわば会長の教育諮問機関であった。

会員は、大日本教育会における討議をどのように意義づけたか。討議会議員の清水直義（小学校教員）は、「私ハ曾テ或ル地方ノ教育会ニ於キマシテ本題［児童ニ銭ヲ持タシムル利害如何］ノ討議ヲ致シマシタガ、未其利害ノ定マラヌノハ残念ニ思ッテ居リマシタ。然ルニ一地方デナクシテ斯ク全国ノ教育家ノ集マリタル席ニ於テ、此事ノ当否ヲ議スルノハ甚ダ悦バシク存ジマス」と述べた。(6) 詳しくは後述するが、議員には、世間の注目を意識して決議後のことに配慮して論じる者もあった。大日本教育会討議会は、会員から、全国的な影響力を有する指導的な提言を形成することを期待されていた。

二．討議会「児童ニ銭ヲ持タシムル利害如何」

（一）第一回討議会における議論

明治一九年四月一一日、第三回総集会二日目において、結成後初の討議会が開かれた[7]。当日の議題は「児童ニ銭ヲ持タシムル利害如何」であり、出題者は大束重善（東京府学務課員・元小学校教員）であった。大束は、出題のねらいについて、平民社会で多く見られるとされる「児童ニ銭ヲ持タシメ、児童ヲシテ自ラ好ム所ノモノ（菓子類）ヲ購求セシム」風習を甲とし、士族社会で多く見られるとされる「児童ニ銭ヲ持タシムルコト禁ジ、父兄ヨリ予テ買ヒ置キタルモノ（俗ニ鼻薬ト云フ）ヲ遣ハスノ風習」を乙とし、「右甲乙二種ノ風習ハ教育上ノ利害ニ関シ甲乙何レヲ取ルベキヤ」と述べた。

第一回討議会における同題の賛成者は、大束重善、渡辺鼎（大日本衛生会幹事）、清水直義、当舎八十吉（元茨城県猿島郡境町学務委員）であった。

大束は、旧時代における士族と平民との金銭観の違いについて、自ら労働し衣食を得る必要があったかどうかに求めた[8]。しかし、現在は「士族平民ノ名コソアレ孰レモ労働シテ衣食シナケレバナラヌ」時代であるため、経済精神（大束によれば「自分ノ力ニ依テ衣食スル精神」「金銭ヲ貴重スルノ精神」「貯蓄ノ念」など）を養成する必要があり、そのためには幼少の頃から銭を持たせることがよいとした。また、先年、外国人が日本人を評して、「日本人ハ『イコノミー』ノ精神即チ経済ノ精神ニ乏シイ」といったが、これは「士族社会ヲ形容シテ言ッタ」ものだと述べた。金銭の持たせ方は「児童ガ親ノ言ウコトヲ能ク聞イテ大層能ク遊ンダ時トカ、或ハ箇様ナル善良ノ行ガ在タトカノ場合ニ当リ、其要点要点ノ行ヲ賞スルタメニ遣ルノデ、又其児童ガ銭ヲ遣ウ上ニ就テモ十分父兄ガ管督シナケレバナルマイト考エマス」とした。また、「外国ニテハ学校ノ試験ニ能ク出来タ子供ニハ金銭ヲ賞与シマス」と外国の事例を紹介した。

渡辺鼎は金銭を持たせることに賛成を表し、二つの利益を述べた[9]。一つは「児童ノ精神ヲシテ頗ル活発ニシ、且宏大ナラシムル」こととした。これは、児童の間に金銭を持つ者と持たぬ者が存在することで、「銭ノナイ者ノ精神ハ卑屈ニナリ」、「銭ヲ持ッテ居ル児童ノ精神ハ大キク、持タヌモノノ精神ハ甚ダ小サイ」という状態に陥るためとした。もう一つの利益は、「貯蓄ノ精神ヲ発達サセル」こととした。また、児童に金銭を与えれば、衛生上よくない物をやたらに買って食うかもしれないという問題は、「父兄ガ児童ニ三度ノ食事ヲ十分ニ与ヘタナラバ」起こることはないとした。

清水直義は、極端な金銭至上主義を唱え、金銭を貯蓄することを児童に知らしめる意義を示した[10]。当舎八十吉は、単に数を教えただけでは六・七歳程度の児童は「記憶」しないが、金銭を持たせて食物を買いに行かせれば「知ッテ来マス」として賛成した[11]。

第一回討議会における同題の反対者は、日下部三之介（教育報知社長）、渡辺嘉重（茨城県内小学校教員）、野村彦四郎（高等師範学校幹事・第一高等中学校長）、古川良之助（履歴不明）であった。

日下部は、「銭ヲ持タセルノハ智識上ヨリ言ヘバ宜イカ知レマセヌガ、修身上カラ言ッテハ害ニナリマス」と反対した[12]。また、児童に対して「銭ヲ持タセテ勘定ヲ能ク知ラシメ、且其遣ヒ道モ知ラシメ、又銭ヲ貯メルコトモ考ヘサセナケレバナリマセヌ」としながら、これらはただ教えれば十分であり、銭を持たせる必要はないとした。さらに、児童はまだ「道徳智識」が不十分であるので、「児童ガ銭ノ利用ヲ知ッテ居ルトキハ、自分ノ情欲ヲ遂ゲンタメ大ナル弊害ヲ生ジマス」とした。そして、経済精神を養成するには「金ヲ貯メレバ利益ガアルト云フコトサヘ教ヘレバ十分」とした。

渡辺嘉重は、「金銭ハ快楽ヲ求ムル本源デアッテ、極賤シキモノデアリマス」とし、使うにしても与えるにしても「不良心」を起こすおそれがあるとした[13]。野村は、児童が菓子を買う時に、衛生上の管理ができないとした。[14] 古川は、児童を監督できる親は実際には少ないこと、市販の菓子は衛生上不適当なものが多いことを指摘した。[15] ただし、経済の知識を六・七歳程度の児童にただ教えても理解できないとして反対論をも批判した。

古川の発言の後、辻会長は「此問題ハ余程教育上ニ就テ大切ノ関係ヲ有シ、且世間ノ教育家モ大日本教育会ニテハ此問題ヲ孰レニ決スルナラント必ラズ注目シテ居ルコトト思ヒマスカラ、十分ニ審議ヲ悉サナケレバナリマセヌ。然ルニ此ダケノ人数ノ中ニハ尚ホ十分意見ヲ陳ベラレナイ方モアリマセウ。亦此ヨリ尚ホ熟慮シテ十分ニ利害得失ヲ述べヤウト思ワルル方モアリマセウ。且本題ハ是非本日議決シナケレバナラヌト云ヒ必要モ見マセヌカラ、本日ハ此マデニテ此会ヲ中止シ、或ハ次回又ハ其次回ニテモ数回ヲ重ネテ審議討論シ、以テ敢然ナル結果ヲ得タイト思ヒマスカラ、諸君ハ此上熟考アランコトヲ切望致シマス」と述べて、延会を宣言した。[16]

以上のように、第一回討議会の論点は、経済精神の養成に重きを置くか、道徳上・衛生上の管理に重きを置くかにあった。また、その討議過程では、経験や信念に則った意見が出たが、単なる印象や想像に任せた意見の応酬になった場合も多かった。

(二) 第二回討議会における議論

同題による第二回討議会は、五月九日の常集会で開かれた。[17] 最初に会長から、「大体ハ生徒ニ銭ヲ持タセルガ善キカ悪キカノ大体サヘ決レバ此論題尽キルカラ、余リ細キ所ヘ渉ラヌ様ニ願ヒマス。何レ持ツガ善ト成レバ其持タセル方法抔ハ他ノ問題デアリマセウカラシテ、大抵其範囲ヲ極メテ置カヌト限リガアリマセヌ」と注意を与え、議事が開始された。

第二回討議会における同題の賛成者は、渡辺鼎、山本肇（履歴不明）、大束重善、庵地保（東京府学務課長）、外一名（氏名不明）であった。

渡辺鼎は前回の発言の補足として、児童に金銭を持たせれば、児童の思うままに欲しい物と引き替えることができるとした[18]。山本は、「元来我国ノ商業者ノ委靡シテ常ニ外国ヨリ劣ル者ハ果シテ何カラ来タカト云ヘバ、即チ人民ニ商業ノ精神ガ薄キ処カラ如斯成タト謂ハナケレバナリマセヌ」とし、児童に銭を持たせれば、「自分ノ欲スル丈ノ物ヲ買フニ就キテ自分ノ智識ヲ出シ、従テ銭ヲ得ル辛労モ解スル」とした[19]。また、「商業ノ精神ヲ小供ノ時カラ養成シテ、年ヲ取レバ益銭ヲ運動サセル方ヲ能ク熟練致シマス」とした。別の者は、後継者の養成のためにも金銭を持たせて金銭感覚を身につけることが重要だとした[20]。

大束は、今回の討議会のために自らの論を補強する準備をして参会した[21]。大束は、前回において出された反対派の意見を逐一反論した後、児童に金銭を持たせることは「独立ノ精神ヲ養ウ」利点があるとした。また、四月二五日に大日本教育会から刊行された『教育家必携・駅逓局学校貯金法』を引用し、児童に貯金箱・小遣帳を持たせて貯金と簿記の習慣をつけさせるという西洋の習慣を紹介して賛成を求めた。

庵地は、「学校ノ教授ハ可成的世ノ中ノ事ニ結ビ付ケ、社会ニ在ルノ事ハ即チ学校デ教ヘ、学校ハ世界ヲ縮メタル様ナルモノトシナケレバナラヌ」とし、「金銭ノ出納ハ人間苟モ其業ヲ営ム時必スアル事ニシテ、之ヲ学校ニテ実物教授スルニハ持タセルガ宜シ」と述べた[22]。つまり、学校教育の一環として金銭を持たせることで「真実ノ殖利法」を理解させ、「能ク積ミ能ク散スル」という意味の「節倹」の美徳を身につけさせる利益があるとした。

第二回討議会における同題の反対者は、日下部三之介と外一名（氏名不明）であった。

日下部は、賛成者は効果を過大に評価し、欠点には言及しないと批判し、賛成者の論を逐一反論した[23]。日下部は前回と同様、児童の「智識良心」の不完全性を起点にして賛成論を批判した。山本の論に対しては、外国に対抗できる商人を養成するには、少額の銭勘定の能力を養うよりも、「万事ノ駆引ヤ、日本ニ出来ル生産物、海外ノ人情風俗ヲ調べ、物価ヲ運転スル仕方ガ上手ニナル様ニ養ワナケレバ」ならないとした。

別の参加者は、「総テ実物ヲ運転スルニハ先其使用方ヲ教ヘナケレバナラヌ」とし、「未ダ使用法モ知ラザル小供ニ万物ノ媒介物タル銭ヲ持タセレバ、如何ナル害ヲ生ズルモ知ルベカラズ」とし、まず使用法を教えることが先決とした[24]。また、「小供ハ善キ方ニハ登リ難ケレ共、悪キ方ニハ直キニ傾キ易シ」とし、児童に金銭を持たせると「小供ニ悪キ習欲ヲ生ズル」とした。さらに、「学校デ勉強シテ総テノ学科ヲ修メロトカ、斯クスレバ銭ハ得ラルルモノデアルト其根本ヲ教ヘテ往ケバ宜シ」とし、「私ハ銭ヲ与ヘヌ方ガ却テ独立ノ精神ヲ養ウト思ヒマス」とした。

同題による第二回討議会では、前回の討議を踏まえた意見が多かった。特に発題者の大束は、自らの主張の正当性を補強するために入念な準備を行い、外国の事例を示す資料を持ち込んで討議会に臨んだ。庵地は実物教授の観点から、学校教育の課程として金銭を持たせることを提案し、討議内容を発展させようとした。なお、反対派の論理は、子どもの知識・道徳心の未発達を起点とする方向に定まってきた。

（三）第三回討議会における議論

第三回討議会は、流行病などによって延会となり、しばらく開かれなかった。一〇月一〇日、ようやく第三回討議会が開かれた[25]。最初に辻議長は、今回でこの議題を決定したいと述べ、議事を開始した。

第三回討議会における同題の賛成者は、久保田鼎（文部省属）、清水直義、並河尚鑑（学習院助教授）、色川圀士（華族女学校教授兼幹事）、梅沢親行（私立小学校教員）、庵地保、大束重善、竹井新太郎（学習院助教授）であった。

久保田は、前回までの賛否両論を整理し、「十分父兄ガ監督スルトノコトナレバ」賛成するとし、本題の上に「父兄管理シテ」の六文字を加えることを提案した[26]。これによって、賛否両者とも歩み寄れる内容になり、実施上にも父兄に注意を与えることになるとした。

清水は、反対論者の意見は「杞憂」であり「利害ヲ比較セザル議論」とした[27]。また、児童に金銭を持たせる際に父兄の管理を入れるかどうかは、この議論が定まってから後に決めることだとした。また、「児童ト云ウ文字ガアレバ是非父兄ガ管理スルノデアリマス」とし、「父兄管理シテ」の六文字を入れることには反対した。これに対して、久保田は「児童ト云フ字ニ管理ト云フコトノ含ンデ居ルト云フノハ漠然タルコトニテ、何ノ証拠ノナキ話デアル」と反論した(28)。また久保田は、この議論は世間に非常に注目されているため、「世間ノ父兄ノ方向ヲ定メシムルノ覚悟ヲ持ッテ議決シナケレバナリマセヌ」とし、誤解のないよう、はっきりと「父兄管理シテ」の一言が必要だとした。

並河は、反対意見に対する反論を込めて、次の三つの観点から賛成を示した(29)。すなわち、第一に「児童ニ銭ヲ持タシムルヲ嫌厭スルハ我国古来間違ヒノ風習ナル事」、第二に「児童ノ心ヲ野卑ナラシムルハ銭ヲ持タシムル為ニ非ズシテ、教育ノ宜シカラザルニアル事」、第三に「児童ニ銭ヲ持タシメザルトキハ不具ノ人ヲ造リ出ス事」とした。児童に金銭を持たせることは、これらの三問題を解決するとした。

図1　久保田鼎

図2　清水直義

色川は、父兄の管理をつけることに賛成した(30)。また、「銭ヲ持タセ学校貯蓄法ヲ執行シ、貯蓄ノ心ヲ養成スルナレバ賛成」とした。梅沢は、今後外国人との交流が盛んになることを考えれば、「外国ノ小学校ニテハ皆ナ子ドモニ銭ヲ持タセテ教育シテ居リ、然ルニ日本デハ是ヲ持タセヌトキハ、彼レノ為ニ蹂躙セラレテ愈々我国ノ不利益トナリ、文明ニ進ムコトモ六ヶ敷カラウト思ヒマス」とした(31)。庵地は改めて賛意を示し、本会で決したことに誤解のないように理由を付して公にするように求めた(32)。

大束は、「此事〔討議題の主旨〕ハ二三ノ新聞ニモ載リテ居リマシテ、世間ノ人モ目ヲ注グ様デアリマスガ、趣意ヲ誤解シタノガ往々アリマス。其中一ツ報知新聞ニ私ノ述ベ様トスル主意ト恰モ符号シタルモノガアリマスカラ、一応之ヲ朗読シテ弁明ニ換ヘヤウ思ヒマス」とし、新聞記事を引用して自らの主意を明らかにした(33)。大束が引用した記事は、同題の討議が決着しない要因を次のように論じていた。すなわち、第一に、発題者の意図は士族社会の金銭を卑しむ風俗を修正し、かつ金銭を尊ぶ平民社会の風俗を教育上の点より修正するものであるにもかかわらず、反対論者が誤解して別の論点で反対していること。第二に、金銭は児童に必要なものであるにもかかわらず、反対論者がそれを認めていないことであった。大束は、これらの意見を「私ノ説明セントスル処ト同ジ」とした。

第三回討議会における同題の反対者は、戸倉広胖（私立小学校長）、菱川太郎（不明）、神津専三郎（音楽取調掛主幹）であった。

戸倉は、管理が行き届くのであれば賛成であるが、児童全員に実施するのは現実的ではないとして反対した[34]。菱川は、今回東北地方に出張中で不参加であった日下部から届いた手紙を朗読した[35]。その内容は前回までの主旨を越えるものではなかったが、「斯ク地方到ル処、教育実地家説ク所ハ実ニ吾党否定論者ヲ賛成セリ」と付記した。ただしこれについては、色川圀士が、「私モ同ジク奥羽地方ニ居リマシタガ、地方デハ一人カ二人カサウ云フ事ヲ主張スル者ガアレバ大層ニ書キ立テマス」として、あまり惑わされないようにと注意した[36]。神津は、児童に金銭を持たせたら「直ニクダラナキ物ヲ買フデアリマセウ」とし、また「勤倹トカ貯蓄トカイフコトハ、自分ノ生計ニ困テ、或ハ人力ヲ曳キ或ハ病ミテ薬ヲ買ウ銭ガナシト云フ様ニ貧苦ヲ経ザル内ハ感ゼザルコトデ、児童ガ父兄ニ掛テ居ル内ハ決シテ勤倹貯蓄ノ思想ハ起リマセヌ」とした[37]。

結局この討議会で、児童に金銭を持たせるか否かで決議をとったところ、可六一名対否四名になり、持たせることに決定した。今回の討議会では、議論を整理したり、まとめようと動いた議員が多かった。なお、久保田は文部省属官であったが、清水のようにその意見を真っ向から批判する小学校教員もいた。議員たちは真剣に同題について討議しており、相手の肩書きで引き下がるようなことはなかったようである。

（四）経済的精神の養成方法についての模索

同題による討論会における議論の特徴を整理すると、以下の通りになる。児童に金銭を持たせることに賛成する議員は、経済的精神の養成を主張した。それに対し、反対者は道徳的観点から反対を主張していた。賛成派の主張は、社会生活への実用的観点から主張していた。教育上重視すべきものは実用かと道徳かという衝突がこの討議会で見られたわけだが、道徳主義の教育は満場を説得できるような論理を持っていなかった。結局この討議会では、児童に金銭を持たせることを可とした。つまり、実用的思想の養成を重視したのである。

同題による第三回討議会において、久保田鼎は「此問題ガ出テカラ、新聞ニモ雑誌ニモ色々ノ論ヲ載セ、且ツ世間ニテモ大イニ此事ニ注意シテ居リマス」と述べた(38)。大日本教育会の機関誌『大日本教育会雑誌』には、児童に金銭を持たせるテーマで以下の九件の論説が掲載されている。すなわち、マイエット、荘資親(以上二名第三五号)、黒沢著通、菱川太郎、戸倉広胖、志賀二郎、清水直義(以上五名第四〇号)、前島密、田中惟寅(以上二名第四三号)の論説が掲載された。この討議は雑誌・新聞にも影響し、『時事新報』や『郵便報知新聞』では第三回討議会の景況が報じられた(39)。また、『教育家必携・駅逓局学校貯金法』(明治一八年五月大日本教育会常集会におけるマイエットの講演録)などで紹介され、この討議会でも触れられた学校貯金法は、討議会後、容認するところが現れた。例えば、明治一九年一一月五日の千葉県望陀・周准・天羽三郡教育諮問会(議長は同郡長)では、「各小学校生徒の勤倹と勉強との気象を養成する」目的で「学校貯金方法」が議決された(40)。

三　討議会「小学ニ於テ男女共学ノ可否」

（一）第一回討議会における議論

明治一九年一二月一二日、常集会において、次の題「小学ニ於テ男女共学ノ可否」(発題者：庵地保)について討議会が開かれた(41)。発題者の庵地は、同題について、「今ノ小学校ナドデ女子計リニ教授スル裁縫トカ、又男子計リニ教授スル体操ナドマデモ一処ニ教授シヤウト云フノデハアリマセヌ」として、「即チ読書・算術・地理等ノ学科ヲ男女トモ同一ノ場所ニテ一処ニ教授スルノ利害得失ニ付テ、諸君ノ御考案ヲ承リタク思ヒマス」とした。そして、同題の結論は日本でも外国でも定まっていないとした。また、「発題者ガ之ヲ可ト言ヘバ人或ハ殊更ニ非ト言ヒ、又之ヲ非ト言ヘバ或ハ可トスル人ガアリマセウ」として、あえて自分の意見は述べないとした。さらに、「諸君ハ追々西洋ノ例ヲ引テ種々御討論ニナルコトデアリマセウガ、日本ノ現時ノ教育ノ有様ニ付テ討論シテ可非ヲ御述ベニナルヤウニ臨ミマス。日本ノ男女ノ有様ハ如何ナルモノデアルカ、又欧米ニ比較シテ如何ナル有様デアルト云フコトヲ細ニ御考案ノ上可非ノ御発論ヲ承リタシト思ヒマス」とし、外国情報を用いる場合は日本の現状を念頭において発言して欲しい、と注意した。

初めに、日下部が、前回の討議について「初ノ説明ガ余程曖昧デアリマシテ、大層途中デ混雑シタ様デアリマス」とし、この討議は「道理上カラ決定シヤウト云フカ、或ハ実際之ヲ行ハンガ為ニ可否ヲ求メラルルカ」と質問した[42]。庵地はこれに対して、「私ガ之ヲ提出シタ主意ハ理屈ニモ良シ、又実際ニモ良シト云フ事ニ就テ可否ヲ決シテ貰ヒタク思ヒマス」と応えた[43]。

同題の第一回討議会における賛成者は、戸倉広胖、玉江大蔵（私立小学校長）であった。

戸倉は、自分は男女共学をしっかり研究したことはないとしながら、実際上の観点から意見を述べた。「生徒ガ八十人トカ百人トカアレバ男女ヲ二ツニ分ケテ差支アリマセヌガ、僅カ五六名以下ノ生徒ヲ二ツニ分ケテハ教授モ等閑ニナリ、場所ニモ不都合ガ出来、自然入費ニモ関係ガアリマス」とし、「今ノ有様デ男女ノ教授ヲ同一ニシテ不都合ガ無シト云フコトヲ実験シテ居リマスカラ」同題には賛成とした[44]。玉江は、尋常科と高等科では状況が違うが、「小学科ハ男モ女モ共学シテ男女ノ差別ハナシト思ヒマス」とした[45]。

第一回討議会における同題の反対者は日下部三之介、岡田喜作（履歴不明）であった。

日下部は、男女共学は非だとした[46]。まずアメリカ・イギリス・フランスの男女共学の状況を取り上げ、各国に賛否両論が存在し、特に奨励するのはアメリカに限られていると主張した。次に、日本の状況に立ち戻り、「男ト云フ者ハ男ニ適スル天稟ノ性質アリ。又女子ニハ女子ニ必要ナル気質ト云フモノヲ天ヨリ付与サレテ居ルニ違ヒハアリマセヌ」として男女の性質が生得的に違っていることを主張した。そのため、「陰陽合シテ平和ヲ得ルト同ジデ、男女ガ合シテ調和ヲ得ルノデアリマスカラ、男子ハ男子、女子ハ女子トシテ其特性ヲ暢発シナケレバナリマセヌ」とし、男女別々の教育方法が必要なことを示した。また、西洋の学者・論者でも中国の書物でも「全体男子ハ外ニ在リマシテ外部ニ属シタ働キヲ為スベキモノニ適当シ、女子ハ内部ニ在テ内ヲ治ムルニ適当ノモノデアリマシテ、男女ハ内外ニ別レテ居ル」と唱えているとし、「外部ニ向テ要スル知識ト内部ニ向テ要スル知識ノ種類ガ違ナケレバナラヌト云フノハ道理ニ於テ免レザルコト」として男女別々の教育内容が必要なことを主張した。なお、女子の性質については、元来家内の管理や子どもの養育を行う役割を持ち、「性理上カラ論ジテモ女子ハ知識ノ不完全ナルモノ」であり、男子が剛勇の性質を持つに対して優美の性質を持つとした。最後に日本の実情に視点を移し、家庭では「女子ト云フ者ハ今日余程低度ナル教育ノ結果ヲ望ミ、男子ノ方ハ高キ方ヲ望デ居リマシテ、其差ハ大変ナ者デアリマス。故ニ男女ヲ一所ニスレバ不都合ノ感ジヲ起シテ、共学ヲスルカラ女子ノ就学ガ少クナリシト云フ結果ヲ見ル」として、「男尊女卑ノ有様」の強い日本の実情に男女共学は適合しないとした。また、「西洋ノ如クニ婚姻ノ法ガ定マリ、宗教ト云フ者ガアリマシテ人倫ヲ維持シ、人ヲシテ悪ヲ為サシメズト云ウ様ニナレバ宜キガ、日本ノ今日ノ有様デハ到底ソレヲ望ムコトハ出来マセヌ」とも述べた。

岡田は、男女の体質・気質の相違を論じた。[47] また、現状では女子の就学率が低いので男女別学は非経済的であることは確かだが、「男ハ男ニ女ハ女ニ各適スル教科及方法ヲ設クルニ因リ、女ノ就学出席モ多クナルベク、随テ経済上ニモ得益アルニ至ラン」とし、女子に適する教育をすることで就学率も上昇するとした。

発題者の庵地は、外国情報を利用する場合には日本の実情を踏まえるように外国教育情報の利用法を指定した。外国情報の取り扱いについて討議の前に申し合わせたことは、注目すべき特徴であった。また、前回の討議会の混乱を踏まえた日下部の質問によって、理論上・実際上の視点から論じるという討議方針が明確にされた。賛成派は実施上の問題解決などの観点から賛成し、反対派は男女の生得的性質の違いから反対した。

(二) 第二回討議会における討議

図３　今井市三郎

明治二〇年二月一三日、本会常集会において、同題による第二回討議会が行われた[48]。

第二回討議会における賛成者は、今井市三郎（公立小学校教員）、竹尾住清（東京府属）、戸倉広胖、梅沢親行、久保田鼎、奥井簡蔵（公立小学校教員）であった。

今井は、「男女ハ相助ケ相竢テ社会ヲ経理スル者デアリマス」とし、「故ニ初〆之ヲ教育スルニモ其精神ヲ持ッテ男ト女ノ関係ヲ密着サセテ、然シテ今日ノ知育ナリ徳育ナリ体育ナリヲ施シテ行ク方ガ男女ノ本性ニ適ヒマス」とした[49]。さらに、自分の実践経験を踏まえて、「男ハ男、女ハ女ト分ケマスト、或ハ剛、或ハ柔ノミニ偏シテ、其剛ナル活発ハ誤リテ乱暴ニ流レ、其柔ハ誤リテ柔弱ニ流レ、一方ニ傾クノ弊害ヲ生ジマス」とし、「実際男女ヲ混合シテ教ヘタ法ガ利益ガアリマス」とした[50]。戸倉は、「体格ノ構造ノ変テ居ル男女ガ和合シテ行カナケレバ、遂ニハ弊害ガ生ズル」とし、「男女トモニ後ニハ夫婦ニナラナケレバナリマセヌ故、決シテ其到着スベキ目的ハ違フモノデハナリマセヌ」として、男女別学の論理を批判した[51]。久保田は、「剛柔中和ト云フ点」について特に論じた[52]。男女交際の不都合は幼少から別にするために生じる弊害であり、小学校での共学は「剛柔中和ヲ得ルノ大方便タルコトト思ヒマス」とした。

竹尾は、「社会ハ是レカラ先キ男子ハ男子、女子ハ女子計リデ団結シテ居テ宜シト云フ事ハ出来マセヌ」とし、「故ニ小サキ時カラ大キクナル時迄、一処ニシテ置カネバナリマセヌ」とした[53]。梅沢は、教育の目的は「後来社会ニ出テ運動スル者ヲ造ル」こととした[54]。また、旧来の男尊女卑の習慣を改める必要があるとし、「男女共ニ同ジ学科ヲ履行スレバ男子ハ女ノ上ニ必ラズ出ルト云フコトノ保証ハ出来マセヌ。其時ニ至テ男女ハ同ジ権利ヲ生ジテ来ルニ相違アリマセヌ」とした。奥井は、「男女同権ガ宜シケレバ共学ハ無論宜シキノデアリマス」と主張した[55]。

第二回討議会における反対者は、清水直義、日下部三之介、金子近義（公立小学校教員）、並河尚鑑、岡田愛作（履歴不明）であった。

清水は、教育の目的を人間そのものの目的に達することと認識し、男女はそれぞれ人間としての目的が違うため、男女別々に教育するのがよいとした[56]。また、男女は知識・体格が違うために、共学は女子を「萎縮卑屈ナラシム」とした。岡田は、小学校で年齢の違う児童を同時に教授した経験を述べ、「体質異ナル男女ヲシテ共学セシメタナラバ、女ハ男ト共ニ進ムコトノ出来ザルノミナラズ、苦労ニ堪ヘ兼テ身体ノ害ニモナリマシヤウ」とした[57]。

日下部は、日本でも外国でも、現状では男尊女卑の傾向が存在し、女尊男卑などはありえないとして、「総ベテ男ハ外事ヲ取扱ヒ、女ハ内ヲ治メテ世ノ中ガ丸ク治マルノデアリマス」とした[58]。また、「何トナレバ男ト女ト処世ノ目的ガ違ヒ、又其性質ガ違テオリマスカラ、之ヲ各自ニ開発シテ良キ人間ヲ造ラナケレバナリマセヌ」とし、「男ハ男デ之ヲ教育シテ其目的ヲ達シ、女ハ女デ之ヲ教育シテ其目的ヲ達シ、而シテ後ニ一所ニスレバ、陰陽ピッタリト合シテ世ノ中ハ能クナルト云フノデアリマス」とした。また、「女ハ小供ノ内智慧ノ発達ガ早ク、男ハ遅シ」という状況が見られることは確かだが、「然ルニ十歳以上ニナレバ、男ノ方ガ智慧ガ先ニ進ンデ女ノ方ハ遅クナリマス」とし、一緒には教育することはできないとした。

並河は、「私モ実際教場ニ在テ教授上ノ経験ガアリマスガ、学科ニ就テ見レバ修身ノ学課ヲ一処ニシテ話ヲ聞カセ、或ハ孝子ノ善行ヲ話スニ当リ、男子ト女子ト大層ノ違ガアリマセウ」とした[59]。また、男女間の文体・風俗の違いを指摘し、これは「社会ガ進歩スルニ従ヒ男女別ニナリタルノデアリマス」とし、守るべきものとした。さらに、「小学校ニ於テ男ノ生徒ヲ女ノ生徒ト一所ノ教場ニ於テ、剛柔中和ヲ得ルナゾト云フ事ハ出来ヨウカ出来ザルカ」と問題提起し、実際の経験上男子と女子が交流して互いの性質が影響し合うことはあり得ないとした[60]。

第一回に比べ、第二回討議会における討議では、双方の論理の焦点がしぼられてきていた。賛成派は男女の性質の違いを認めながらも、互いに交流・中和することを重視していた。反対派は、男女の性質の違いを絶対的に捉え、それぞれに対する教育の目的・方法・内容は違うとし、男女を同一場所で同時に教授する共学に反対した。

（三）将来の男女の社会的役割を果たすための方策

同題による第三回討議会は、明治二〇年四月一〇日、第四回総集会二日目において開催された[61]。第三回討議会での賛成者は大束重善、小池民次（千葉県内小学校教員）、木寺安敦、山本肇、亀井章三（不明）であり、反対者は清水直義、日下部三之介であった。最終的に、辻会長は次回へ延長することにした。なお、第三回の討議筆記は残念ながら機関誌に掲載されず、現在参照することはできない。第四回討議会は何度か常集会の日程に上がっていたが[62]、実施された形跡はない。そのうちに、明治二〇年一一月に大日本教育会組織の大幅な改革が行われ、結論を見ないまま同題の討議は立ち消えになったようである。

同題の討議会における議論の全体的特徴は、以下のように整理できる。すなわち、小学校における男女共学を可とする者は、今後の社会における男女交流の重要性を認め、男女交流の習慣を養成することと、男女の性質を和合させることを目的として賛成した。男女共学を不可とする者は、男女の社会的役割の相違の重要性を認め、男尊女卑の現状を特に問題とせず、異なる男女の性質を異なるままに教育することを望んだ。賛成派も反対派も、どちらも社会的実用を目的として共学を論じたが、男女の社会的役割をどう捉えるかによって論が分かれたのである。

男女共学の問題は容易に結論が出るものではなく、結局結論は出なかった。しかし、前の討議会「児童に銭を持たしむる如何」と同様、男女共学に関する議論の活発化を促したことは確かであった。『大日本教育会雑誌』には、生駒恭人（四九号）、鹿又松内、亀井章三、今井藤一郎（以上三名六〇号）、内藤虎次郎、岡田愛作（以上二名六二号）の論説が掲載された。

以上、明治一九・二〇年の大日本教育会討議会の実態を検討した。本章において新たに明らかになったことを整理すると、以下のようになる。

討議会「児童ニ銭ヲ持タシムル利害如何」で議論されていたのは、子どもに小遣いを与えるかどうかという問題に止まらず、小学校における経済的精神を養成する具体的方法の問題であり、小学校の徳育教材として金銭をどのように扱うかという同時代の教育上重要な問題であった。発題者の大束によれば、それは士族社会の旧弊是正の手段であり、西洋列強に比肩するための経済的精神を日本人がいかに養成するかという問題であった。また、討議会「小学ニ於テ男女共学ノ可否」では、将来の男女の社会的役割をいかに捉え、将来それぞれの役割を果たすために子ども集団をいかに編制していくかという問題が論じられた。この二つの問題は、まさに日本社会の資本主義化・近代化に向けて小学校がどう対応していくかに関する問題だったのである。

また、討議会の実態を整理すると、以下の五つの特徴を見出せる。

第一に、討議会には、様々な考え方を持った人物が参加し、討議する過程でその発言の質を高めていったことである。例えば、大束は、反対派を説得して賛成者を増やそうとして、毎回新資料を持ち込んで論拠を強化した。また、反対者の論理を批判する過程で、次第に大束の意図が明確になった。明治二二（一八八九）年の『教育時論』において、高田義尹（広島県内小学校長）は、「主義相異ナルモノアルハ他山ノ石ナリ。却テ益相磨励スル利益アルベシ」と述べている[63]。この意味で、討議会は主義の異なる者が意見を戦わせて相互研鑽する機会になっていた。

第二に、討議会では、現職の小学校教員の発言がしばしば見られることである。当時の履歴が判明する人物だけでも、清水直義、渡辺嘉重、梅沢親行、戸倉広胖、玉江大蔵、今井市三郎、奥井簡蔵、金子近義、小池民次の発言を確認できる。彼らは、公私立小学校の校長や正規の訓導として地域の小学校教育を主導する立場にあり、後には地方教育会の幹部を務めたり、教育雑誌などで自説を発表したりした指導的教員である。大日本教育会には、政府・官立機関で地位のある者も大勢入会していたが、何人もの指導的教員が討議会に参加し、文部官僚相手であろうとも自説を主張したのである。

第三に、指導的小学校教員の形式的な動員に止まらずに積極的な発言を引き出した要因には、小学校関係の討議題を選び、彼らが自らの問題として考えるように仕向けたことが考えられる。例えば、帝国大学教授の関心に合わせて、学術的問題を取り上げたならばこのようには行かなかったであろう。討議題は、東京府学務課の大束・庵地が立案し、文部次官の辻会長が決定した。指導的教員は、教育行政当局者によってその主体性・専門性を喚起され、教育方法や学校制度に関する問題について具体的に思考を働かせ、相互に見解を高め合ったのである。討議題が大日本教育会内部に止まらず、新聞雑誌や他の教育集会にも波及したことを考えると、かなり広い範囲の指導的教員に影響を与えたことが予想される。

第四に、討議過程では、専門的とは言い難い議論がしばしば見られたことである。議員には、その場の印象や想像に任せた意見を発言する者も少なくなく、一般的常識や偏見に基づく発言をする者もいた。当時の討議会では「可否」を問うだけだったので、この場合は深刻な問題にはならなかった。しかし、複雑・高度な問題について精細な検討を行うとなると、話は違ってくる。会員が期待したように、大日本教育会が権威ある教育専門団体として教育輿論・世論を先導するには、討議の質をより向上させていく必要があった。

第五に、討議が進むにつれて、論拠や問題の絞り込み、現実的視点などの必要性が次第に認識されるようになったことである。これらは、討議における大束の発言の変遷や、庵地の外国情報利用上の注意、最初の日下部の確認などに見出せる。大日本教育会の指導的人物たちは、討議を通して、その限界性に気付き始めていたとも考えられる。

明治一九・二〇年の大日本教育会は、指導的教員を「討議」に動員し、日本社会・国家の将来にかかわる教育方法・学校制度の問題に小学校教員がいかに向き合っていくか、考え、発言する機会を提供した。教育行政当局の主導による指導的教員の動員という手法は、東京教育会における手法の発展形といえる。しかし、さらに複雑・

高度な専門的問題を取り扱い、全国の教育輿論を先導することが目指された時、当時の「討議」のやり方では限界があることが判明し始めたのである。

---

(1) 上沼八郎「『大日本教育会雑誌』解説」帝国教育復刻版刊行委員会編『帝国教育』総目次・解説、雄松堂出版、一九九〇年、一六頁。
(2) 「臨時総集会及常集会」『大日本教育会雑誌』第一〇号、大日本教育会、一八八四年八月、九五～一〇〇頁。
(3) 「議事規則」『大日本教育会雑誌』第一〇号、一二三～一二五頁。
(4) 同前、一二四～一二五頁。
(5) 「常集会」『大日本教育会雑誌』第二六号、一八八五年一二月、一五一頁。ただし、実際には四月からの開始となった。
(6) 「第三総集会」『大日本教育会雑誌』第三一号、一〇九頁。
(7) 同前、一〇一～一二八頁。
(8) 同前、一〇二～一〇四頁。
(9) 同前、一〇七～一〇九頁。
(10) 同前、一〇九～一一〇頁。
(11) 同前、一二五～一二六頁。
(12) 同前、一一三～一二〇頁。
(13) 同前、一二〇～一二一頁。
(14) 同前、一二二～一二五頁。
(15) 同前、一二六～一二七頁。
(16) 同前、一二八頁。
(17) 「討論筆記」『大日本教育会雑誌』第三四号、一八八六年六月、五八～八二頁。
(18) 同前、五九～六〇頁。

(19) 同前、六〇～六一頁。
(20) 同前、六一～六三頁。発言者名は不明。
(21) 同前、六三～六九頁。
(22) 同前、七六～七九頁。
(23) 同前、六九～七六頁。発言者名は不明。
(24) 同前、七九～八一頁。
(25) 「討議会筆記」『大日本教育会雑誌』第四四号、一八八六年一一月、七三～一一五頁。
(26) 同前、七四～七六頁。
(27) 同前、七九～八一頁。
(28) 同前、八五～八七頁。
(29) 同前、八一～八五頁。
(30) 同前、八七～八八頁。
(31) 同前、九〇～九一頁。
(32) 同前、九二～九四頁。
(33) 同前、九六～一〇四頁。
(34) 同前、七六～七九頁。
(35) 同前、九四～九六頁。
(36) 同前、一〇四～一〇五頁。
(37) 同前、一〇五頁。
(38) 同前、八六～八七頁。
(39) 「大日本教育会」『時事新報』、一八八六年一〇月、五頁。「日本教育会の議決」『郵便報知新聞』、一八八六年一〇月一二日、二頁。
(40) 「教育諮問会」『大日本教育会雑誌』第四四号、五三～五六頁。
(41) 「十九年十二月常集会に於ての討議筆記」『大日本教育会雑誌』第四九号、一八八七年二月、四六～五九頁。
(42) 同前、四八～四九頁。
(43) 同前、四九頁。

(44) 同前、四八頁。
(45) 同前、五〇～五一頁。
(46) 同前、五一～五七頁。
(47) 同前、五七～五九頁。
(48) 「討議筆記」『大日本教育会雑誌』第五四号、一八八七年四月、一四九～一六三頁。
(49) 同前、一四九頁。
(50) 同前、一四九頁。
(51) 同前、一五四頁。
(52) 同前、一六〇～一六一頁。
(53) 同前、一五三頁。
(54) 同前、一五四～一五五頁。
(55) 同前、一六一頁。
(56) 同前、一五〇～一五二頁。
(57) 同前、一六二頁。
(58) 同前、一五五～一五七頁。
(59) 同前、一五八～一五九頁。
(60) 同前、一六一頁。
(61) 「第四回総集会」『大日本教育会雑誌』第五三号、一八八七年四月、一一〇頁。
(62) 例えば、「六月常集会」『大日本教育会雑誌』第五六号、一八八七年五月、裏表紙。「七月常集会」『大日本教育会雑誌』第五七号、一八八七年六月、裏表紙。
(63) 高田義尹「教育会ノ主義綱領ヲ定ムル可否ニ対スル管見」『教育時論』第一四四号、開発社、一八八九年四月、一五～一六頁。高田は、広島県師範学校卒、明治一六年から明治二〇年二月まで広島県賀茂郡西条小学校長を務めている。後、同郡上三永尋常小学校長（明治四四年～大正一四年）。

第二章　「研究」の事業化過程

――輿論形成体制の模索――

本章の目的は、明治二一（一八八八）年の大日本教育会における「研究」の事業化過程を検討し、同会が会員をどのように動員しようとしたかを検討することである。

教育研究とは、教育問題を科学的方法によって解決に導く、教育学の一方法である。教育研究における科学的方法とは、基本的には、主観的意見ではなく事実認識に基づいて問題に接近することを意味する。(1) この見解に基づき、本章では、教育研究かどうかを判断する基準を、主観的意見に対して事実認識を重視する意識・行為の有無とする。教育研究の概念は、大学や師範学校の教育学研究に対する批判のなかで形成された概念であった。(4) 教育研究の組織化を認識するには、教育問題に関わる団体に注目する必要がある。

さて、日本における学問の組織化は、欧州で形成され始めていた科学的方法が思想として理解され始めた明治一〇年代後半以降に見られる。(2) この時期の学問の組織化過程を認識するには、学協会などの団体に注目する必要がある。(3) 明治一〇年代後半以降には、教育会が各地で結成され、各種の教育問題の解決を目指して活動を始めた。当時唯一の中央教育会であった大日本教育会は、明治二一年五月、目的・組織・事業などを規定する大日本教育会規則（以下「規則」）に、初めて「本会ノ主要ナル事業」を定めている。その際、わが国教育の普及・改良・上進のために、初めて「研究」を事業化した。この「研究」の事業化は、教育研究の観点から見た時、どのような意味を持っていたか。

本章では、明治二一年に大日本教育会において事業化された「研究」について、一般的事象でなく歴史的事象として扱うために鉤括弧つきで表記する。また、事業化とは、ある団体が一定の社会的行為を、一定の目的と計画とに基づいて実行し始めることを指すことにする。そこで、本章の対象は、自らの目的に基づく事業として教育研究の組織化を規則に規定するまでの過程と、実際に行った最初の活動とする。本章で組織化という場合は、組織後の研究を実行推進させる意図・実践を必ずしも含めないが、事業化という場合は、それを明確に含めるものと考える。

大日本教育会に関する先行研究には、「研究」の事業化について、まったく言及しない研究(5)、「部門」という研究調査組織の設置に言及して政府支配層の期待に対する反応と位置づけた研究(6)、部門での研究活動の背景から文部省の方針の代弁と位置づけた研究(7)、部門における研究活動の内容から教育関係者や一般人に対する啓発意図を読み取る研究がある(8)。しかし、明治期の日本における教育研究の組織化過程において、この「研究」の事業化を把握する場合、次の二つの問題に応えることが必要である。すなわち、明治二一年五月、大日本教育会は、どのような意図を込めて「研究」を事業化したか。その後、「研究」の事業化は、どのような方法で教育問題に接近することになったのか。先行研究では、「研究」そのものの規定過程、および「研究」の方法は明らかではない。

以上の問題意識に基づき、本章は次のように分析を進める。まず、明治前期における教育研究の組織化について、団体における教育情報の集積と共同研究の組織化の観点から整理する。また、大日本教育会の規則改正の流れから、「研究」の規定背景・過程を明らかにする。次に、事業化過程における「研究」の方法を検討するため、最初の「研究」である明治二一年夏の初等教育部門会議における「研究」の実態を明らかにする。

一．「研究」の規定背景

（一）明治二〇年代初頭における教育研究の組織化状態

学制頒布から明治一〇年代初頭までの日本では、全国各地で教育会議が開かれ、様々な教育問題の解決策が検討された[9]。東京や各地方に設置された官立師範学校は、多くの教育情報を集積し、各教育会議に対して新しい教育方法の知識を提供した。また、文部省も独自に教育情報を集積し、翻訳書籍や『文部省雑誌』などの刊行によって教育関係者に提供した。

明治一〇年代以降になると、恒常的な団体組織を持つ私立教育会が、次第に地域の教育問題に対応する組織として活動を始めた。明治一〇年代中頃の私立教育会には、明治一五（一八八二）年結成の東京教育学会や明治一六（一八八三）年結成の山梨教育学会などのように、「学会」を名乗って教育理論などの研究を志す会もあった[10]。東京教育学会は、明治一六年九月、全国組織化を企図して大日本教育会に改称再編した。大日本教育会は、事業として機関誌『大日本教育会雑誌』や書籍の発行、各種集会を開催し、情報集積と提供とを行っていった。その他の私立教育会は次第に、府県などで開かれていた臨時の教育会議に代わって、地域の教育問題に取り組んでいくようになった。

明治一一（一八七八）～一二（一八七九）年には、東京二校を残して各地方の官立師範学校が廃止された。明治一九（一八八六）年、師範学校令が公布され、高等・尋常師範学校が設置された。高師・尋師本校は、ともにその役割を「教員トナルベキモノヲ養成スル」（第一条）と規定された学校になった。一方、高師附属小学校は、明治二〇（一八八七）年、単級教場を設置し、そこでの実践を元に単級教授法の研究を開始した。明治二一年九月、同校附小は附属学校と改称し、附属学校規則第一条には「附属学校ハ本校生徒ヲシテ教授法ヲ実地ニ研究セシメ、兼テ児童ニ普通教育ヲ授ケ、教訓ノ模範ヲ示ス所トス」と規定された。各地の尋常師範学校においても、附属小学校などで主に教授法に関する研究が展開し始めた。

明治二〇年代初頭、森有礼文部大臣は、「教育」と「学問」とを分離するため、師範学校令を含む諸学校令を公布した。森文相は、「教育」を人物の薫陶により国家主義的人間を作ることとして、かつ「学問」を「深ク事物ノ真理ヲ攻究」する「純正学」と「専ラ実際ノ職務ニ従事スベキ人士ヲ養成」する「応用学」との二種類に分けた[11]。学問の場と定義された帝国大学は、帝国大学令において「国家ノ須要ニ応ズル学術技芸ヲ教授シ、及其蘊奥ヲ攻究スルヲ以テ目的トス」と規定された。帝大では、明治二〇年一月にハウスクネヒトを招聘し、文科大学生の中等教員検定対策の必修科目として、教育学の講義を開始した[12]。また、ハウスクネヒトの提言を受けて明治二二（一八八九）年四月に特約生教育学科を創設したが、修了生を出すのは明治二三（一八九〇）年七月までかかった[13]。さらに、明治一〇年代にかけて、帝大教員が中心になって各種学会を続々と創立したが、この段階では帝大教員はまだ教育学会を創立していなかった[14]。明治二〇年代初頭の帝大は、当時実際の場面で起こっていた教育問題に対する研究の組織化を図ったとはいい難かった。

図１　森　有礼

明治一七（一八八四）年、文部省は書籍雑誌の自主発行を廃止した。他方、民間出版社が教育関係の書籍雑誌を積極的に発行し始めた。この時期には、翻訳書を始め、明治一五〜一六年刊の伊沢修二『教育学』、明治一六年刊の若林虎三郎・白井毅『改正教授術』、明治一八（一八八五）年刊の高嶺秀夫『教育新論』など、個人の研究成果が出版された。また、明治二〇年前後には、開発社の『教育時論』や教育報知社の『教育報知』といったモデル的な民間教育雑誌が創刊され、かつ教育会の急増に伴って教育会雑誌の創刊が相次いで、教育雑誌の創刊数がピークに達し始めた[15]。この時期に教育ジャーナリズムが発達したのは、近代学校制度が一応整備され、小学校正教員数の二万人突破に伴って「小学校教師社会」が形成され、教育事実・理論に関する知識を求める傾向が強まったからだという。[16] ただ、教育ジャーナリズムは、急速に発達する一方で慢性的な情報不足に悩まされ、懸賞論文の募集や他書誌の記事転載を頻繁に行い、適切な情報収集の方法を模索していた。当時の教育ジャーナリズムはまだ模索段階にあり、教育情報の集積の役割を十分果たせずにいた。

明治二〇年代初頭における教育研究の組織化状態は、従来の臨時的な教育会議や、師範学校・文部省の研究活動に止まらず、その様相を次第に変化し始めていた。そして、当時において教育研究の組織化に対する役割を果たす存在として、教育会・師範附小・帝大・教育ジャーナリズムが新たな動きを見せていた。しかし、この時期の帝大と教育ジャーナリズムは、その役割を十分に果たすことはできていなかった。

（二）文部省・帝大・教育ジャーナリズム主導の改革

大日本教育会は、各種の教育問題に対応するため様々な事業を展開した。ただ、同会の事業が明確化されたのは明治二一年五月の規則改正が最初であり、それまでは事業に類する活動（目的達成のため計画的に実施する組織的活動）が、規則中に断片的に示されていた。結成以来同会は、規則上の事業に類する活動に関わる規程を、以下のように頻繁に変更している。[17]

明治一六年九月制定規則には、学術・学務の審査、会報や教育情報の報道および討議・演説・談話のための集会の開催、教育雑誌の編纂が規定された。明治一七年八月改正規則では、これに地方支会設置が加えられた。明治一九年四月改正規則では、学術・学務審査および集会での教育情報報道が削除され、集会での講義、教育図書発行が加えられた。また、明治一九年六月に教員聘用の紹介、同年一一月に書籍館（図書館）運営が加えられた。明治二〇年一一月改正規則では、事業の削除はなく、教育に関する諮問答申、地方部会設置（支会の組織替え）、教育集会への会員派出、会員子弟の東京留学援助が加えられた。同会の事業の種類は、結成以来、増加傾向にあった。

明治二〇年一二月二八日、大日本教育会参事員兼理事（「枢要ノ事務」への参与と実務処理を兼ねた役員）の西村貞（金港堂編輯局員）は、同会幹部と教育書誌関係者を招待し、今後の同会の改革構想を述べた[18]。西村は、今後、機関誌『大日本教育会雑誌』を「人ガ時時参考ニ引キ出シテ見ルヤウナ物」とし、「世間ニ多ク有ル教育会ノ雑誌ヤ、私立ノ社カラ発行スル教育雑誌ナドヨリモ稍高尚ノ点ニ採ッテ行クコト」を目指した。また、同会の議事を担う役員であった議員に大きな期待を寄せ、「議員ハ時時教育上ノBillヲ持チ出シテ十分ニ討議シ、会ガ可決シタルカラニハ或ハ之レヲ全国ノ輿論トマデ為シ、或ハ其ノ儘当路者に建議シテ其ノ実施ヲ求ムル等ノ事ヲセネバナラヌ」とした。さらに、書誌関係者に対しては、議員の議論が「公明正大ノ論」で「日本ノ教育ノ面目ヲ改ムルニ必要」と思ったならば、それを輿論と認め、全国の輿論喚起に協力して欲しいとした。なお、西村によると、参事員の伊沢修二らも何らかの形で同会組織改革を考えているとした。さらに西村は、明治二一年一月二九日、同会幹部として出張した先で、教育会と各種学会・技芸会の協同による「大日本学術奨励会」の創立を求めた[19]。そして、大日本学術奨励会における教育に関する学術研究を、教育会が担うことを希望した。西村は、今後の大日本教育会の事業を、教育に関する学術研究と教育輿論形成との二分野に向けることを願っていた（詳しくは第Ⅳ部第三章参照）。

このような幹部からの組織改革要求を背景にして、明治二一年二月二〇日、辻新次会長（文部次官）は、同会幹部を招いて談話会を開催し、「本会前途の事業等」を尋ねた[20]。この席上、参事員の伊沢修二（文部省編輯局長）は、「大日本教育会ヲ部門ニ分チ議員各自ノ望ニヨリテ其担当ヲ定メ、ソレゾレ専門部ニ於テ研究スル方然ルベシトノ議」［傍点、白石］を提案し、参集した人々の賛同を得た。

伊沢の提案を受け、同年三月一日、辻新次会長によって臨時取調委員が特選された。同委員は、伊沢修二、色川圀士（華族女学校教授兼幹事）、杉浦重剛（読売新聞教育関係記事執筆、私立称好塾主）、手島精一（文部省参事官・会計局次長、東京図書館・東京教育博物館主幹）、西村貞の参事員五名と、菊池大麓（帝国大学理科大学長）、田中登作（開発社長）、

図2　菊池大麓

図3　増島六一郎

図4　矢田部良吉

外山正一（帝国大学文科大学長）、浜尾新（文部省学務局長）、増島六一郎（英吉利法律学校長）・矢田部良吉（帝国大学理科大学教授）の議員六名に嘱託された。臨時取調委員には、おおよそ現役文部省官僚・帝国大学教員・教育書誌関係者が選ばれ、現役の師範学校関係者は一人も選出されていなかった。臨時取調委員は、会合を数回重ね（議事録が発見されていないため詳細不明）、同年四月一日までに「其議案等既ニ取調済」となった。同委員作成の議案は、賛成者の募集後、同年五月一一日、第五回総集会の規則改正総会議にかけられた。その結果、規則が改正された。

大日本教育会は、教育書誌関係者の西村貞から、教育学術研究と教育輿論形成の方向に事業を重点化するよう求められていた。明治二一年二月、文部官僚の辻新次が開いた先述の談話会で、同じく文部官僚の伊沢修二から、議員による専門的研究の組織化を求める提案が出され、規則改正の作業が開始された。そして、実際の規則改正作業は、文部省・帝国大学・教育書誌出版社の関係者によって進められた。

（三）伊沢修二の大日本教育会改革構想

明治二一年五月の規則改正の直接のきっかけは、伊沢修二の提案であった。伊沢は、この提案によって何をねらっていたのか。

『大日本教育会雑誌』第七三号（明治二一年三月発行）に所収された論説によると、伊沢は同会における「研究」について、次のように述べている。[21] 伊沢は、「我等我ガ日本ノ国民教育ヲ以テ任トスル以上ハ、我ガ全国ヲシテ常ニ同一ノ方向ニ進マセナクテハナリマスマイ」とし、「日本全国ノ各府県道庁ヲ悉ク一致結合スルノ一事」を大日本教育会の役割と考えた。そのため、日本全国に同会の地方部を設置し、東京に位置する中央部が全ての地方部を「統理指導」する体制を構築する必要があるとした。そして、同会の中央―地方組織それぞれの役割と両者の連絡関係のあり方について、以下のように述べた。

> 中央部ノ仕事ハ一年一回大集会ヲ開イテ各地方ノ議員ヲ招集シ、本会執ル所ノ方針ヲ支持シ、又各部ノ議員ハ其部、其部ニ就イテ専ラ任ズル所ノ問題ヲ研究シ、其成蹟ヲ編纂シテ之レヲ各会員ニ頒ツコトトシ、又常ニハ各地方部ヨリノ質疑ニ答へ、時時其成蹟ヲ編纂シテ各会員ニ通報スルコト等ヲ以テ重ナル事業トスルコトデアリマセウ。又地方部ニテハ其地方ニ適切ナル問題ヲ研究シ、其質疑ヲ要スルモノハ中央部ニ向テ其答案ヲ請フ様ナルコトデアラウト存ジマス。［傍点白石］

このように、伊沢は、中央部の議員に、次の二種類の役割を求めた。第一は、会員に対する公開を前提として、各種の問題を専門的に研究する役割である。第二は、地方部からの質疑に応答し、地方部の研究を補助する役割である。そして、中央部の議員に上記の役割を果たさせるため、「議員中ニモ夫夫部ヲ分ケテ、銘銘得手ノ事業ヲ担当スルコトニ致ス方ガ余程ヨイ結果ガアラウカト存ジマス」とし、議員の専門分化を必要とした。

伊沢は、国民教育の実現のため、日本全国の一致結合を目指した。そのため、大日本教育会の中央―地方組織を確立し、両組織間に密接な連絡関係を構築しようとした。伊沢は、その具体的方策として、中央部の議員を専門的に組織し、専門的問題の研究と地方部の研究補助を効率的に行うことを構想した。

図５　伊沢修二

二　明治二一年五月改正規則の「研究」規程

（一）教育問題の専門的「研究」

明治二一年五月一一日、大日本教育会は、規則改正を行った。[22]この改正規則では、従来の事業に類する活動のうち、教育図書の発行、教員聘用の紹介、会員子弟の東京留学援助を削除し、拡大の一途を辿っていた事業を縮小した。さらに、新たに「本会ノ主要ナル事業」を規定し、事業の重点化を行った。

明治二一年五月の改正規則では、「本会ノ主要ナル事業」を以下のように規定した。

第八条。本会ノ主要ナル事業ヲ分テ初等教育、中等教育、女子教育、通俗教育、学術、文芸、学務ノ七部門トス。　［傍線、白石］

一、初等教育部門ハ小学校幼稚園其他盲唖等ノ教育ニ関スル事ヲ査ス。
一、中等教育部門ハ中学校師範学校其他各種学校等少年子女ノ教育ニ関スル事ヲ査ス。
一、女子教育部門ハ女子ニ特殊ナル教育及家庭教育ニ関スル事ヲ査ス。
一、通俗教育部門ハ通俗ノ図書玩具演芸其他風教上ニ関スル事ヲ査ス。
一、学術部門ハ、学術工芸ヲ普通教育ニ適用スル事ヲ査ス。
一、文芸部門ハ文学美術等ヲ普通教育ニ適用スル事ヲ査ス。
一、学務部門ハ教育上ノ政務及学校ノ経済等ニ関スル事ヲ査ス。

つまり、同会の「主要ナル事業」とは、七部門において、担当領域の事項を「査ス」こととされた。では「査ス」とはどういうことか。同会は、以下のような場合に、「部門会議」を開くとした。

第二十七条。本会ハ左ノ場合ニ於テ部門会議ヲ開クベシ。
一、部会ヨリノ質疑ニ応ズルトキ。
一、各部門ニ関スル必要ナル問題ノ研究ヲ要スルトキ。　［傍線、白石］
一、当局者ヨリノ諮問ニ答フルヲ要スルトキ。

すなわち、地方部会からの質疑応答や、各部門に関する必要な問題の研究、当局者から諮問を受けて答申する必要がある時、部門会議を開くとしている。この部門会議の開催要件こそ、「査ス」の具体的内容であった。

部門会議における質疑応答・問題研究・諮問答申に関する議事は、「議事ヲ担当」する「議員」が担当した（第一三条）。また、議員は、「各自ノ望ニ依リ一部門若クハ数部門ノ事ニ専任」するとされた（第一三条）。なお、各部門には、「其部門一切ノ事ヲ管理」して「其部門会議ノ議長」を務める「部門長」が設置された（第一一条）。二部門以上の会議の場合は、「本会一切ノ事ヲ総理」する会長が議長になるとした（第一〇条）。

明治二一年五月改正規則における「研究」は、各専門領域ごとに開かれる部門会議において、部門長または会長による管理を受けながら、自らの希望に基づいて専門分化した議員により、質疑応答・諮問答申と区別されて、教育問題について行われるものであった。

（二）部門新設の意義に関する論争

では、実際の「研究」の担当者である議員たちは、規則改正案をどのように受け止めたか。明治二一年五月一一日には、臨時取調委員起草の規則案審議のため、規則改正総会議が開かれている。本章では、『大日本教育会雑誌』号外総集会記事第一（同年九月刊）所収の「規則改正総会議ノ記事」を用い[23]、総会議当日の「研究」に関する議論として、部門に関する議論を検討する。以下、注を省略した史料は、すべてこの史料を用いた。

改正賛成派は、議員の責任の明確化や事業運営の利便性に意義を見出した。会議開催冒頭において辻新次会長は、「其主意ハ本会事業ノ取扱ニ於テ其範囲広クシテ、各ノ責任トスル所自然軽イ様ナ訳デアリマスカラ、本会ノ事業ニ部門ヲ分ケテ各各其分担ヲ定メ、以テ一層本会ノ事業ヲ拡張シタラバ宜シカロウ」と、改正案の趣旨を説明した。宇川盛三郎（東京職工学校幹事）は、部門成立によって大日本教育会の目的達成の方法が明確になるとして改正案に賛成した。久保田鼎（東京市会議員）は、会長に権限を集中させていた従来の事業運営方法では事業の幅が会長に限られていたが、部門を設置すれば会の事業の幅が拡がるとして賛成した。山路一遊（文部省属官）は、「従来会長ト理事者トニテ全ク担任シテ、我我ガ自分ノ家ニ在ッテ只雑誌ヲ受取ルト云ウニ過ギマセン」と現状を批判し、議員が自らの責任を果たすという意味で、部門を必要とした。

橋本久太郎（阿波国部会総代）は、「教育会ナルモノハ矢張リ無形的ノ事ヲ論及スルニ止メテ、漸次高尚ナル学理ニ向テ権力効力アル様ニシタイ」とし、「左レバ教育上ノ学政ニ向テハドシドシ諮問ニ附シテ貫イ、実際的ノ意見ヲ述ベルト云フ様ニスレバ、執務上ノ働キハ実ニ高大ナルコトト思ヒマス」とした。橋本は、大日本教育会が今回の規則改正により、無形かつ高尚なる「学理」と、教育上の「学政」における権威になり得るとした。この論は、先述の議員責任論・事業運営論とは異質であったが、異論は出されなかった。

改正反対派は、部門新設に意義を認めず、本会事業の区分は、現行規則によって会長の権限で行えばよいとした。日下部三之介（東京教育社長）は、議員は元々「第一ノ目的［規則第一条の「我邦教育ノ普及改良及ヒ其上進」］ヲ達スルヲ以テ総テノ事ノ議事ニ与カルコトヲ注意シテ選ンダルモノ」であり、総体的な議事を担当する役員だとし、専門的な議事は委員を設けてやればよいと自説を展開した。清水直義（東京府富士見小学校長）は、「議員ハ調査委員デアリマセン、反対論者［改正案賛成者］ハ議員ヲ目シテ調査委員ト為スヤ否ヤ」とし、議員が「調査」

を行うことに反対した。なお、反対派は部門設置のために、教育書発行・東京留学・教員紹介事業が廃止されることに強い反発を示している。

議員たちは、主に従来の会長や理事者への権力集中に対する批判を起点として、議員の責任や事業運営の利便性からの観点から部門設置を支持した。一方、部門設置によって大日本教育会の事業が縮小されることと、議員が専門分化し、かつ調査委員化して会全体に対する発言権を失うこととに危惧を抱く者もいた。

(三)　部門の範囲と結論処理に関する論争

規則改正総会議では、議員と臨時取調委員との間で、部門の構造・運営に関する質疑・議論が交わされた。部門が範囲とする領域については、普通教育に限ることが確認された。堤駒二（文部官僚）から、「専門ノコトハ此原案ニハ無イ様デスガ、如何ニナサル御見込デスカ」と、専門教育の取り扱いについて質問が出た。それに対して、臨時取調委員として西村貞が答え、改正案は「高等ノ普通教育マデニ止メ、専門ノ教育ニハ手ヲ出サヌ」つもりだと説明した。また、「或ル学科ヲ普通教育ニ適用スルニハ何ウ云フぐあひニスルト云フコトヲ研究シタイ」と、あくまで普通教育を研究範囲とする希望を述べた。この件には反論はなかった。

各部門が出した結論の取り扱いについては、議論が交わされた。山路一遊と町田則文（愛媛県師範学校教頭）は、初等教育・中等教育と女子教育、中等教育と学術・文芸の対象領域が重複することを指摘し、部門ごとの結論の不整合について懸念を表明した。これに対して西村貞は、「中等教育部門ト学術ノ部門ニ於テ仮リニ二様ノ成績ノ出来ルモノトスレバ、コレ又結構ナルコトデ、大日本教育会ノ幸ヒト云フ外ハ御坐イマセン」として、むしろ結論が一つにならないことを奨励した。町田はこれに反論して、「只今原案者［西村貞］ノ御講釈ヲ聴キマシタガ、本員ニハ未ダ充分ニ分リマセン。中学校ノ課程ニ就テ其教授法ヲ如何ナル工合ニ為セハ宜シカロウト云フコトヲ中等教育部門ニテ定ムルコトヲシナイナラハ其外ニ為スコトハ無イト思ヒマス」とし、問題に対する一つの結論を出さないなら、部門を新設する意味は不明だと反論した。この後、西村の再反論はなかった。

規則改正総会議では種々議論があったが、部門については、原案通りに可決された。ただ、「研究」と「学理」「学政」の関係、「研究」と「議事」「調査」との関係、および専門分化した「研究」による結論の総括といった点を曖昧にしたまま、「研究」は成立した。

三　部門会議における「研究」の方法

（一）部門会議の開催状況

明治二一年五月、曖昧にされた問題を残しながらも、「研究」が部門会議において行われることになった。実際に開かれた部門会議は、表1の通りである。表1によると、教科書・文部大臣諮問・少年書籍・教科編成・教科課程・学校管理・社会教育などの問題が、部門会議において審議されたことがわかる。先述の部門会議の開催条件に照合させると、部会の質疑に対する応答は〇件、当局者の諮問に対する答申は一件であり、その他九件は「研究」に位置づけられる。実際に開かれたほとんどの部門会議は、教育問題に関する専門的「研究」のために開かれた。部門会議は、伊沢の構想の柱の一つであった地方部の研究補助の役割は、結局果たせなかったことがわかる。

表1によると、結論を出すに至った部門会議は、明治二一年七月開始の初等教育部門会議、明治二一年一二月の初等教育部門会議、明治二二年二月開始の通俗教育部門会議、および明治二二年七月開始の学務部門会議の四つの会議であった。本章では、「研究」のための最初の部門会議である明治二一年七月開始の初等教育部門会議を事例とし、部門会議における「研究」の実態を検討する。

表1　開催された大日本教育会部門会議一覧

開始年月	部門名	検討主題	結果
明治二一年七月	初等教育部門	小学校教科用書に関する件	明治二一年八月一五日、報告書・議事録を会長に提出
明治二一年一二月	初等教育部門	森有礼文部大臣からの諮問	明治二一年一二月一二日、報告書・議事録を会長提出、同日に会長から文部省へ提出
明治二二年二月	通俗教育部門	少年書類懸賞方法について	明治二二年二月一八日、報告書を会長提出、三月より懸賞募集開始
明治二二年七月	初等教育部門	小学校国語科の設置について	明治二二年七月二一日に討議したが、未決のまま廃止
明治二二年七月	中等教育部門	高等中学校第二外国語の利害について	明治二二年七月二一日に討議したが、未決のまま廃止
明治二二年七月	女子教育部門	女生徒の体操法について	明治二二年七月二一日に討議したが、未決のまま廃止
明治二二年七月	通俗教育部門	学校生徒に小説を読ませることについて	明治二二年七月二一日に討議したが、未決のまま廃止
明治二二年七月	学術部門	理学思想養成の方法について	明治二二年七月二一日に討議したが、未決のまま廃止
明治二二年七月	学芸部門	教育上の鉛筆画と毛筆画の得失について	明治二二年七月二一日に討議したが、未決のまま廃止
明治二二年七月	学務部門	小学校管理の特別な委員の設置について	明治二二年一一月七日、当局者に建議することを決し、その後不明

出典：次の資料を用いて作成。『大日本教育会雑誌』七五号～九二号（明治二一年五月～明治二二年一二月）および『大日本教育会雑誌』号外総集会記事第二（明治二二年一〇月）。

図６　山路一遊

（二）小学校尋常・高等・簡易科用教科書の「研究」

明治二二年七月、山路一遊議員提出の「東京府令第三十六号小学校教科用書に関する建議」を受け、初等教育部門会議が開かれた(24)。以下、『大日本教育会雑誌』第七九号（明治二二年一〇月刊）所収の議事録・報告書を用い、一連の会議でどのように「研究」が進んだか検討する。同資料の注は煩雑を避け、省略する。

山路が提出した建議書の趣旨は、次の通りであった。東京府の小学校では府令によって教科書を選べるようになったが、教科書の「鑑別取捨」は難しいため、「宜キヲ得ズ」、「諸学校、教科書ヲ区区ニスル」状況が心配される。そこで「若シ人在リ能ク之ヲ鑑別スルヲ得バ、各学校欣ンデ之ヲ採用スベク、区内小学校ノ教科書自ラ此ニ一ニ定ラン」とした。しかも、教科書が一定すれば、「東京府民ノ如キ頻繁転住スル多キノ子弟」は移動ごとに教科書を買い換える状況を回避できる。そのため、小学校教科書の優劣判定は「教育上・経済上」に意義があるとした。

辻会長は同建議書を初等教育部門に附し、同年七月三一日・八月二日・八月六日の三日間、初等教育部門会議が開かれ、八月一三日に同委員相談会が開かれた。そして、八月一五日、伊沢修二部門長から辻会長へ、「優劣判定要領」（尋常小学科用読本・高等小学科用読本・高等小学科用地理書・高等小学科用歴史・小学簡易科用読本）と「大日本教育会初等教育部門会議事筆記」が提出された。梶山雅史の研究によると、この時の初等教育部門会議は、初等教育部門長でもあり文部省編輯局長でもあった伊沢修二が、自ら敷いた「強引な教科書官業化路線」の背景の下に開き、「東京府と文部省の官撰教科書同志が争い、編輯局が一元的に文部省編纂書の全国普及の方策を露骨に打ち出し、東京府撰定併用教科書に対する優劣判定作業に、大日本教育会が政治的に機能させられた」舞台であった(25)。教育書誌関係者は、伊沢が部門会議にかけることによって文部省編纂教科書の権威化をねらっていると考え、同会議中や教育雑誌『文』（金港堂）誌上において激しく批判した。

このような背景があったので、伊沢修二部門長は極めて慎重に「研究」を進めた。伊沢は、政治的意図を勘ぐる議員たちに対して、繰り返し注意を与え、ついには東京府・文部省の呼称を禁止した。また、「私ノ看ル所デハ本会初等教育部門ハ行政上ナドニ関スル所デハナイ」とし、「此初等教育部門デハ学問上ヨリ議決シタ丈ケヲ会長ニ向テ報告スル丈ケニ止マルト思ヒマス」「此所デハ単ニ学術上ヨリ書物ノ優劣ヲ判別シテ、其レヲ本会長ニ指出スニ止マルコトト思ヒマス」とした。伊沢は、文部省官僚であると同時に、初の日本人執筆の教育学書として著名な『教育学』（明治一五・一六年）を著した教育学者でもあった。伊沢は、初等教育部門会議を、「学問上」「学術上」からの議論を展開する場として位置づけたのである。

第一回会議では、議題の採用を可決した後、研究方針について採決をとった。まず、読本・習字・筆算・珠算・地理・歴史・理科の教科書について逐一多数決を取り、結果、読本（簡易科・尋常科・高等科）・地理（高等科）・歴史（高等科）の教科書を調査対象に定めた。次に伊沢は、「図書ノ優劣ヲ判定スルニハ何ニカ其標準トスルモノガナケレバナラナイ」として、あらかじめ自分で作ってきた「標準」を提示した。この「標準」は、「第一、編纂ノ主旨」「第二、編纂ノ方法順序」「第三、文体其他難易ノ程度」「第四、材料ノ適否」「第五、誤謬ノ多少」で構成された調査枠組であった。この「標準」について特に異論は出ず、代価の調査について議論されただけで、結局そのまま本部門会議の調査枠組みとなった。その後、各教科書の詳細な調査のために「調査委員」を設置することになり、満場が望んだため議長が調査委員を特選した。伊沢によると、調査委員特選の条件は、著述者でないこと、東京府官吏でないこと（東京府教科書審査関係者は可）であった。

調査委員は、表二の通りである。履歴不明者もいるが、全官僚の名が記された官報附録『職員録』に名が見出せないため、文部省編教科書の調査委員には、現役の文部官僚を特選しなかったことがわかる。つまり、この調査委員編成は、文部省にとって有利とはいえない。また、多くが校長クラスの現役教員（当時の校長は訓導との兼任が通例）であった。伊沢議長は、教科書問題の渦中にあった文部省と東京府から調査委員を選ぶことを避け、政

表2　明治二一年八月の大日本教育会初等教育部門調査委員（小学校用教科書調査）

調査区分	調査教科書	担当委員名	明治二一年時点の略歴
簡易科読本	東京府編『小学読本』 中根淑・内田嘉一『小学簡易科読本』	大森惟中	歴史・美術関係の文筆家
		松本貢	不明（明治二二年：東京府師範学校教諭）
		岡村増太郎	不明（明治二二年：東京府櫻川小学校長）
		丹所啓行	東京府番町小学校訓導兼校長
尋常科読本	東京府編『小学読本』 文部省編『読書入門』・『尋常小学読本』	小西信八	東京盲唖学校教諭兼幹事
		武居保	不明（明治二二年：東京府私立学校長）
		山本正義	下谷区私立学校教科書委員
		日下部三之介	東京教育社長（『教育報知』）
		岡村増太郎	不明（明治二二年：東京府櫻川小学校長）
高等科読本	岡村増太郎編『小学高等読本』 池永厚・西村正三郎『高等読本』	日下部三之介	東京教育社長（『教育報知』）
		清水直義	東京府富士見小学校長
		金子治喜	東京府私立芳林学校長
高等科地理	岡村増太郎編『新撰地誌』 豊岡俊一郎・森孫一郎編『小学地理書』	林吾一	金港堂編輯部？（元文部官僚、師範学校長）
		田中登作	開発社長（『教育時論』）
高等科歴史	藤本真編『新撰小学歴史』 山縣悌三郎編『小学校用日本歴史』	生駒恭人	文部省大臣官房属官・東京茗渓会主事
		松本貢	不明（明治二二年：東京府師範学校教諭）
		佐野安	華族女学校教授

出典：次の史料を用いて作成。「大日本教育会初等教育部門会議事筆記」『大日本教育会雑誌』七九号、六九三～四頁。『職員録』甲・乙、一八八八年。「東京茗渓会会員及客員業務宿所姓名録」『東京茗渓会雑誌』八三号、一八八九年。東京都立公文書館所蔵資料。『日本之小学教師』所収の伝記。『東京市富士見尋常小学校創立五十周年記念誌』、一九三一年。

治問題化を避けた。その上で、多くの現役教員を委員に選び、教員の立場から教科書の優劣を調査させようとしたといえる。

（三）　初等教育部門会議における「研究」の方法

明治二一年八月二日、第二回会議が開かれ、本格的な討議を行った。伊沢議長は、冒頭で次のように述べている。

此問題ト云フモノハ甚ダ錯雑シテ居リマスカラ、種種ノ事ニ渉テ概論スルト云フコトニ為ルト却テ其レ丈ケノ論ノ価ガ無イ様ニ為ロウト思ヒマスカラ、之ヲ論ズルニハ精密ノ証拠ヲ挙ゲテ議セラレンコトヲ願ヒマス。モシ只一般ニ渉ッタ議論デアルト、本会デハ学問上カラ見ルトキハ其レ程ノ採ル所ハナイカモ知レマセン。ソレ故証拠ヲ挙ゲテ精密ニ議セラルル様ニシタイト考ヘマス。

つまり、伊沢は、学問的意義のある議論をするために、印象論や一般論ではなく、「標準」に沿って各論ごとに根拠を挙げて精密に説明するように、議員に注意したのである。

伊沢はこの方針を徹底した。生駒恭人（文部省属官）が、「単ニ申セバ東京府ノ編纂ノ主旨ノミナラバ大変ニ非難スベキ箇条ガ沢山御座イマスカラシテ、此書物ハ不適当ト思ハレマス。其箇条ハ又御尋ガアリマスレバ申シマス」とすると、伊沢は即座に「矢張大体ノコトデ御座ヒマシテ、成ルベクハ悉クト云フコトデナク、何程カ其論拠トスル箇条ヲ挙ゲラルルコトニシタイ」と注意した。各論審議では、竹井新太郎（元東京師範附小訓導・元学習院教師）が「編纂ノ順序方法其他文字ノ誤謬ノ多少等ヲ合シタ所デ其優劣ヲ極メル方ガ大変考ヘ易イ様ニ思ヒマス、只一箇条ニ就テノ優劣デハ真トニ申シ難イノデアリマス」と述べ、伊沢も「其方ガ宜イトノコトニ別段反対者ガナケレバ其レニシタガ宜イト思ヒマス」と対応したが、詳細に調査したほうがよいと他の議員から意見が出たため、各論で順番に審議することにした。この後、議員たちは根拠を挙げて各論で討議するようになった。

第二回会議の終盤、本日の採決の有無について、田中登作が「私ノ考ヘハ決ヲ後ニ譲ルガ宜イトノ意見デアリマス。今少シ綿密ニ取調ベタ上デナケレバ只一口ニ決ヲ取テハ如何カト思ヒマス」と発言した。これを受けて伊沢議長は、本日採決はせず、「標準」に従って意見をまとめた要旨を次回までに提出することにして、議員全員に指示した。これに対し林吾一（金港堂編集、元文部官僚・元師範学校長）は、「然ルニ之ヲ一一書デ来ルト云フ様ニ為テハ実ニ手間ガ掛リマス。已ニ書テ来ルナラバ此所ニ集ルニ及バンノデ、［略］事実ヲ挙ゲテ人ノ挙ゲ足ヲ取テモ際限ガナイ」と、大体の採決を主張した。

これに対し、佐野安（華族女学校教授）は、次のように主張した。

　之ヲ定メタ上ハ何レヲ優トシ、何レヲ劣トシタ、ト云フ明白ナル箇条ヲ以テ其理由ヲ附セナイトキハ、他カラ看レバ或ハ何ニカ他ノ事ヲ以テ其優劣ヲ極メタ様ニ聞ヘマス。［略］其レ故ニ何レノ点ヲ以テ何レヲ優トシ劣トスト云フノ理由ヲ明白ニ人ニ知ラセタイ。［略］其箇条ヲ分ケテ一一明白ニシタイト思ヒマスカラ、少シノ時日ハ潰レテモ軽軽ニシナイ様ニシタイト思ヒマス。依テ尚一度其理由ヲ明白ニ書取テ出ルガ得策ト考ヘマス。

佐野は採決の延期、明確な理由を添えた要旨の作成を主張した。佐野の発言を受け、伊沢議長は、「採決ハ見合ハセル方ニ御賛成ノ諸君ガ多イカラ見合セルコトト致シマス。其レデ先刻御報道シタ通リ其優劣ノ理由ヲ書取テ次回ニ御出席アル様ニ願ヒマス」とした。

第三回会議では、根拠を挙げた精密な各論討議が、「標準」の順に展開された。第一回・第二回に参加していなかった議員の間からは概説的な印象論が出されることもあったが、伊沢議長は「成ルベク充分ニ御発論ヲ望ミマス」と注意をしている。また、大森・田中といった作家・ジャーナリストの発言の後、金子治喜（私立小学校長）が「文章家先生方ノ御話シ計リデアリマスガ、私ハ授業上カラ申シマスニ」と実際経験を意識した授業上の観点から発言する場面もあった。

会議の最後、伊沢議長が再び要旨提出を要求した後、特別調査委員を選任した。読本部特別調査委員には田中登作・生駒恭人・大森惟中・日下部三之介・林吾一が、地理歴史部特別調査委員には小西信八・武居保・竹井新太郎が選ばれた。彼らは一三日に相談会を開き、各科ごとに「優劣判定要領」を定めた。要領は、一五日に議事録とともに会長に提出された。

（四）明治二一年七・八月の初等教育部門会議の成果

明治二一年夏の初等教育部門会議は大きく二つの成果を上げた。第一の成果は「優劣判定要領」である。同要領は、第一回会議で決められた「標準」に従って、教科書の特徴を比較できるように作られた。

例えば「尋常小学科用読本優劣判定要領」では、東京府編『小学読本』を第一種、文部省編『読書入門』『尋常小学読本』を第二種とし、「標準」の順に、第一種教科書の特徴と第二種教科書の特徴とを比較するように縦に並べた。要領の内容は、例えば「編纂ノ趣旨」では、第一種教科書は「修身ヲ主トシテ終始言行ノ謹慎ヲ要シ、道徳ノ話説甚ダ多シ」に対し、第二種教科書は「品性ノ涵養陶造ヲ主トシ、始メハ多ク遊戯譬喩等ヲ用ヒテ活溌ノ気象ヲ養ヒ、間々唱歌ヲ加ヘテ其思想ヲ高尚ニシ、漸次広ク諸般ノ事物ニ通ジテ智徳ノ発達ヲ期ス」とした。また「編纂ノ方法順序」では、例えば第一種教科書について「濁音ヲ教フル、清音ト同時ニ於テス。一ノ一二丁（ヒト）（トビ）（カメ）（ガン）ノ類」とし、第二種教科書について「濁音ヲ教フル、清音ノ後ニ於テス。読書入門五丁ヨリ十丁マデ及十一丁ヨリ十五丁マデ」とし、両者の違いを具体的な典拠に基づき説明している。

このように要領では、品性の発達陶治に対する配慮や教える順序などに関する理論に基づき、事実である具体的な典拠を示した上で、政治に関する教育問題である教科書の優劣が説明された。「学政」上の問題が、「学理」に基づき、事実によって説明されたのである。なお、要領と議事録は『大日本教育会雑誌』掲載に止まり、政治運動には発展しなかった。また、『文』などの教育雑誌は、部門会議の結果を広く知らせた。また、審査対象となった教科書『小学校用日本歴史』については、著者・山縣悌三郎の回顧によると、新聞雑誌における好評と初等教育部門会議での優等判定のため、「此の書の出版以後、教科書を選定したる府県にして、之を用ひざる者無し」という状態になったという[26]。教科書選定の参考とするという同部門会議の目的は、達成されたといえよう。

第二の成果は、議員たちの意識の変化である。同会議では、伊沢の指導により、対象の明確化、および文字を根拠とする再現可能な実証的論証が、議員の間で確認実行された。部門以前の討議会では、曖昧な問題把握や無根拠の印象論などが見られた点を考えると、明治二一年夏の初等教育部門会議における「研究」は、議員たちの意識を変化させたといえる。会議冒頭における伊沢の初等教育部門会議の位置づけは、実際の会議進行場面でも徹底され、一定の成果を得たのである。

以上、明治二一年の大日本教育会における「研究」の事業化過程を明らかにしてきた。本章で新たに明らかになったことを整理する。

明治二〇年代初頭という時期は、教育研究の組織化を担う主体が、文部省・師範学校・教育会議から、帝国大学・師範附小・教育会・教育ジャーナリズムへと移行し始めていた。師範附小は独自に教育研究の組織化を始めたが、文部省・帝大・教育ジャーナリズムの関係者は、自ら組織化する代わりに、大日本教育会の組織改革によって「研究」を事業化し、教育研究を組織化しようとした。

同会の事業としての「研究」は、日本全国の教育関係者が抱く質疑に対する応答と当局者からの諮問答申と並ぶ事業であり、日本全国の教育研究の組織化を見据えて、教育問題に専門的に答える組織（部門会議）を運営する事業として構想された。構想段階において、大日本教育会による全国的な教育研究の組織化は、次の二つの役割が期待された。第一の役割は専門的な教育研究の実施であり、明治二一年改正規則には「研究」として規定された。第二の役割は全国各地における教育研究の補助であり、明治二一年改正規則には地方部からの質疑応答として規定された。実際、当時の大日本教育会は、第二の役割を果たせなかったが、第一の役割について、とくに初等教育の分野で果たすことができた。

大日本教育会の「研究」の実態を検討すると、以下の五つの特徴を見出せる。

第一には、「学理」「学政」という教育理論と教育行政上の問題とを区別する言葉があったにもかかわらず、構想段階では、理論研究と政策立案を並行して行うことに疑問がなかったことである。だからこそ、初等教育部門会議では、政治問題化する可能性のあった教科書の優劣判定を、「研究」として位置づけることが可能だったし、同会議で文部省諮問を検討することも可能だった。ただ、研究の実際場面では、「研究」は政治運動のための活動ではなく、研究成果という知識を得る学問・学術上の活動と位置づけられた。たとえそれが伊沢の政治的思惑から発想された可能性があるとしても、理論研究と政策立案とを区別する立場が公にされ、それに基づいて実際に研究が進められた意義は大きい。

第二には、教育問題の解決策を探る方法として、「調査」と「議事」との二つの方法を両立させたことである。「調査」によって事実を明らかにし、事実によって問題を認識する重要性は、「研究」の事業化過程において研究者の間で確認されていった。しかし、その一方で、「議事」を大日本教育会全体に対する発言方法と考え、「調査」を「議事」より一段低く見る傾向もあった。「研究」方法としての「議事」と団体運営方法としての「議事」との区別は、この段階では明確にされていなかった。

第三には、研究領域を専門分化させたことである。これは、知識・能力に基づいて専門領域ごとに研究者を組織し、「研究」の効率化を図るねらいがあった。ただし、専門分化した「研究」の結果を関係づけ、総合するような仕組みは整備されなかった。

第四には、教育学者と現役教員との共同研究を組織し、実際に研究活動に動員したことである。実際の場面では、教育学者が「研究」のリーダーシップをとり、助言を行って、「研究」の方向づけを行う役割を果たした。現役教員は、実際の調査・議論を担当し、「研究」を実際に行う役割を果たした。「研究」は、教育学者の個人的活動ではなく、教育学者と現役教員などとの共同的活動として行われた。

第五には、文部省・帝大・教育ジャーナリズムの関係者によって、日本全国の教育研究を組織化する試みとして始められたことである。同時代における教育研究の組織化の重要な主体であった師範学校附属小学校の現役関係者は、「研究」の構想段階で関与しなかった。その意味では、明治二一年の大日本教育会における全国的な教育研究の組織化は、不十分なものといわざるを得ない。

明治二一年の大日本教育会における教育研究の組織化は、教育問題の解決を志向して研究を専門分化し、教育実践と交流しながら、事実に基づいて問題を認識するよう進められた。ただし、そこには、理論研究と政策立案との関連性の曖昧さ、議論に対する調査の軽視、専門分化後の知識を総合する制度の不在、師範附小の教育研究の未包含という問題点を残していた。同会における教育研究の組織化のあり方は、この後にも模索され続けることになる。明治二一年の大日本教育会における「研究」の事業化は、同会における本格的な教育研究の組織化の始まりであった。

(1) 宗像誠也『教育研究法』河出書房、一九五〇年。
(2) 阿部重孝『教育研究法』岩波講座教育科学第二〇冊、岩波書店、一九三三年。宗像誠也『教育研究法』河出書房、一九五〇年。細谷俊夫・仲新編『教育学研究入門』東京大学出版会、一九六八年。村井実『教育学入門』上巻、講談社、一九七六年。
(3) 辻哲夫『日本の科学思想』中央公論社、一九七三年。
(4) 欧州における科学研究の組織化は、一六・一七世紀頃における、研究問題の多数化・多様化に対応した団体の組織化過程に見出せる。同時期の科学者たちは、自然が提示する研究問題の解答に没頭した。ただ、その研究問題は膨大だったので、科学者たちは協力して行動し、最新の発見を共有し、互いに批判や示唆をもらう必要があった。大学は新しい動きに即応できず、代わりに一七世紀頃からアカデミーや学協会が組織されていった（中山茂『歴史としての学問』中央公論社、一九七四年、一四三～一四七頁。B・C・ヴィッカリー（村主朋英訳）『歴史のなかの科学コミュニケーション』勁草書房、二〇〇二年、九二～一一八頁）

（5）上田庄三郎「教育団体史」石山脩平・海後宗臣・村上俊亮・梅根悟編『教育文化史大系Ⅴ』金子書房、一九五四年。石戸谷哲夫『日本教員史研究』野間教育研究所、一九五八年。木戸若雄『明治の教育ジャーナリズム』近代日本社、一九六二年。

（6）上沼八郎「『大日本教育会雑誌』解説―大日本教育会の活動と機関雑誌」帝国教育復刻版刊行委員会編『帝国教育』総目次・解説、上巻、雄松堂出版、一九九〇年、一三～一五頁。帝国教育会編『帝国教育会五十年史』一九三三年、二七～二八頁。森田俊男「前史」日本教育会館編『日本教育会館五十年沿革史』、日本教育会館、一九七九年、一二頁。

（7）梶山雅史『近代日本教科書史研究』ミネルヴァ書房、一九八八年、四四～五五頁。

（8）蛭田道春「明治二〇年前後における大日本教育会の通俗教育活動」鈴木博雄編『日本教育史研究』第一法規、一九九三年、二五一～二七五頁。

（9）橋本美保『明治初期におけるアメリカ教育情報受容の研究』風間書房、一九九八年。

（10）例えば、東京教育学会長の西村貞の論説「教育学ヲ論ズ」（『東京教育学会雑誌』第一号、東京教育学会、一八八二年六月、二頁）を参照のこと。

（11）森有礼「学政要領」大久保利謙編『森有礼全集』第一巻、宣文堂、一九七二年、三三五～三五六頁。

（12）東京大学百年史編集委員会編『東京大学百年史』部局史一、東京大学出版会、一九八六年、一一六〇頁。

（13）寺﨑昌男・竹中暉雄・榑松かほる『御雇教師ハウスクネヒトの研究』東京大学出版会、一九九一年、三七～七三頁。

（14）藤原喜代蔵『明治大正昭和教育思想学説人物史』第一巻明治前期編、東亜政経社、一九四二年、二二九～二三二頁。なお、「学会」と称しなかったが、当時の大日本教育会には帝国大学教授が多く入会した。

（15）榑松かほる・菅原亮芳・小熊伸一「近代日本教育雑誌史研究（二）」桜美林大学編『桜美林論集』一般教育篇第一八号、一九九一年、二六頁。

（16）久木幸男「解説『教育報知』と日下部三之介」『教育報知』別巻、ゆまに書房、一九八六年、六頁。

（17）「本会規則ノ沿革」『大日本教育会雑誌』号外総集会記事第一、一八八八年九月、二一〇～二二五頁。

（18）「西村貞君ノ教育懇親会」『大日本教育会雑誌』第七二号、一八八八年二月、一二九～一三四頁。

（19）西村貞「大日本学術奨励会ヲ興スベキ時節既ニ到来シタリ」『大日本教育会雑誌』第七三号、一八八八年三月、一六二～

一七〇頁。
(20)「臨時取調委員嘱託」『大日本教育会雑誌』第七四号、一八八八年四月、二四一〜二四二頁。
(21) 伊沢修二「我ガ会ノ組織ト事業トニ就イテ一言申シマス」『大日本教育会雑誌』第七三号、一五九〜一六二頁。
(22)「大日本教育会規則」『大日本教育会雑誌』号外総集会記事第一、一八八八年九月、一〜四頁。
(23)「規則改正総会議ノ記事」『大日本教育会雑誌』号外総集会記事第一、五四〜九九頁。
(24)「議員山路一遊君ノ建議」『大日本教育会雑誌』第七九号、一八八八年一〇月、六六四〜六六五頁。
(25) 梶山、前掲註（7）。
(26) 山縣悌三郎『児孫の為めに余の生涯を語る』弘隆社、一九八七年（旧版一九四〇年）、一一七〜一一八頁。

第三章 「研究」の事業化における西村貞の理学観
——教育の理学的研究組織の構想——

本章の目的は、大日本教育会の「研究」の事業化に関わる組織改革において、一八八〇年代に発表された西村貞の理学《サイエンス》観がどのような役割を果たしたか、西村の大日本学術奨励会構想および改革に対する関与に注目して検討することである。

近代日本科学史の制度化面において、一八八〇年代は画期的な時代であった。一八八〇年代の日本では、西欧由来の近代科学が日本の民衆生活に浸透し始めた(1)。また、大学などにおいて国内での専門研究者養成制度が一応確立し、専門学会の結成が相次ぎ、科学の組織化が進み始めた(2)。一八八〇年代は、日本でscienceの制度化が離陸を始め、かつ世界的にもscienceの制度化が同時進行中であった時期である。そのため、この時期にscienceの制度化を進めた日本は、モデルとする制度をそのまま移植できず、独自のものを模索せざるをえなかった。その時の重要な拠り所となったのは、scienceの観念である。

現在、scienceの訳語といえば「科学」だが、一八八〇年代には「理学」が使われるのが普通だった。当時の理学概念は、幕末以降、自然現象に関する西欧的（洋学的）な基礎知識を意味したが、明治期以降、殖産興業・富国強兵を担う実用的学問として、物質の変化や機械に関する基礎知識（工学）を意味するようになったという(3)。このような理学観は、各種の教育制度の整備にそれぞれ役割を果たした。例えば、「理学之説」でよく知られる菊池大麓の理学観は、論理的思考を養成するための中等数学教科書の編集に、一定の役割を果たした(4)。「理学ヲ振興スルノ説」で知られる手島精一の理学観は、博物館や工業学校設立などに一定の役割を果たした(5)。

一八八〇年代における理学観の社会的役割は多様だったが、それらのなかでも注目すべきは、小学校理科の成立に果たした役割である。小学校理科は、明治一九（一八八六）年、「小学校令」および「小学校ノ学科及其程度」に基づいて成立した、初等普通教育において理学思想を形成する制度である。当時の小学校理科の内容は、初等教育段階の自然科学的内容として従来から設定された博物・化学などに加えて、地文学的内容を新たに導入した。伊藤稔明によると、従来の教科と理科とを区別する地文学的内容が導入されたのは、これを理学の入門的内容として重要視した西村貞の影響だったという[(6)]。このように、先行研究は、一八八〇年代における理学観の社会的役割を考える上で重要な人物として、西村貞を浮かび上がらせてきた。

西村貞は、明治一一（一八七八）年に師範学科取調のため文部省から英国に派遣され、帰国後、文部省調査課員、体操伝習所主幹、第五高等中学校教頭などを歴任した。また、明治一五（一八八二）年結成の東京教育学会長を務め、かつその後身団体である大日本教育会では、明治一六（一八八三）年の同会結成から明治二九（一八九六）年の改称再編まで積極的に活動した。さらに、西村は明治一四（一八八一）年刊の『小学教育新篇』などを著し、明治二〇（一八八七）年には当代一の「教育理論家」に選ばれた人物でもあった[(7)]。西村の理学観は、「〝文明の利器〟の発展を理学の進歩が支えているという視点」を有したという[(8)]。しかし、その理学観と、当代一とされた彼の教育理論との関係は明らかでない。また、西村に関する先行研究は、彼の英国留学生・教育行政官・教育団体役員としての活動事実を明らかにしたことに止まり[(9)]、彼が小学校教育の改革に止まらず、「大日本学術奨励会」の設立や、全国的教育団体であった大日本教育会の組織改革に関わったことに言及していない。西村の理学観について、その理論上の位置と社会的役割とは、いまだ十分に明らかになっていないといえる。

以上の問題意識に基づき、本章は次のように進める。まず、西村貞の大日本学術奨励会構想の特質を明らかにする。次に、同構想の背景にある、西村の理学観を明らかにする。西村は、同構想を発表後、明治二一（一八八八）年五月と明治二六（一八九三）年一二月の大日本教育会改革に深く関与した。これらの組織改革における西村の役割を明らかにする。最後に、大日本学術奨励会構想と大日本教育会改革に役割を果たした西村の理学観の特質を論じる。

一．西村貞の大日本学術奨励会構想

（一）学会・技芸会・教育会の連合

西村貞が大日本学術奨励会構想を発表したのは、明治二一（一八八八）年が最初であった。明治二一年一月二九日、西村貞は大日本教育会幹部として下野私立教育会（栃木県の県規模の教育団体）に出張し、「大日本学術奨励会ヲ興コス可キ時節既ニ到来シタリ」と題して演説した(10)。ここで西村は、学会・技芸会・教育会の連合によって、「大日本学術奨励会」という一つの団体を設立することを主張した。

大日本学術奨励会に期待される効果は、次の四つであった。第一は、「国民ノ眠ヲ醒マシテ理学ノ価値ヲ漸漸ニ知ラシムル」ことであった。第二は、「各自ノ専門ニ取ッテ大イナル励ミトナリ、随テ研究ノ門戸ヲ一層大キク且広ク開ケル」ことであった。第三は、「政府ノ注意ヲモ促スコト勿論ナレバ、政府ガ理学ヲ重ンジ、学者ヲ優待スルコト今ヨリ一層ヲ加ヘルコト」であった。第四は、「殊ニ其ノ研究ノ成績ノ直チニ採ッテ実施シ得ベキ者ハ、ソレソレ顧ラレルコトモ必ズ有ルコト」であった。整理すると以下のようになる。

大日本学術奨励会に期待された効果

①国民に対する理学の価値の啓蒙
②研究上における各専門領域の相互刺激による理学の全体的発展
③理学・理学者の政治的地位の向上

④ 利用者に対する研究成果の伝達の容易化

大日本学術奨励会構想は、次の現状認識・問題意識に基づいている。西村は、明治二一年当時、全国のほぼ全府県に教育会（郡区規模の教育会を含む）が設置され、「百ヲ以テ数フル程」の機関誌（教育雑誌）を出版していると認識していた。[11] さらに、学会が「十ヲ以テ数フル程」結成され、[12] なかでも地震学会などは世界に打って出られる学会だとした。西村は、この現状を「教育ニ、理学ニ、技芸ニ凡ソ文明ノ花ヲ咲カセ、開化ノ飾リ付ケヲ為スコトニ付テ殆ド至ラザル所無キ程ニ進歩シタル」とした。西村は、各団体の活動と文明開化の進歩を直結させて評価した。その一方、各種団体の量的拡大によって無秩序に専門分化が進むことを問題視している。西村は、各々の団体が何をしているか、その団体の所属者以外の人々にはほとんどわからないため、一部の少数者以外の者が「文明開化ノ真ニ何物タルコト」を理解できない状況を生み出し、ついに国民は理学思想に乏しくなると考えた。そして、この状況は「国ニ取ッテ得策デ有ルマイ」「己レノ学問、専業ヲ愛スル道デアルマイ」とし、国家的にも学問的・専業的にも問題だとした。

西村は、文明開化の進歩を評価する立場から、理学・技芸・教育に関する団体の量的拡大を評価した。また、国民に対する理学思想の啓蒙活動上から、相互連絡のない専門分化を問題視した。ここには、理学と技芸・教育とを同じ文脈で語り、理学の発展と団体設立を直結させ、専門領域間の連絡を重視する思考形式が見出せる。

（二）理学と教育との関係に対する注目

大日本学術奨励会構想の発想は、そのモデルとなった組織に対する認識から来ている。西村は、大日本学術奨励会のモデルとして、イギリスの British Association for the Advancement of Science（BAAS, 大英学術協会・大英科学振興協会、一八三一年〜）を挙げている。西村は、大英学術協会を以下のように理解していた。

各部門ヲ分ッテソレゾレ専門ニ就イテ研究ノ成績ヲ披露シタリ、批評シタリスルノデハゴザリマスガ、己ニ As a body 即チ一体トナッテ運動スルユエ、事ガ頗ル公然トナリ、其ノ各自ノ運動ガ隠レ無ク公衆一般ニ知レ渡リマスカラ、政府ノ注意マデモ促スコトニ成リマス。其レユエ、国民ノ面白味即チ National Interest ヲ喚ビ起シマスコトハ随分盛ンナモノノヤウニ思ハレマス。[13]

西村は、組織を各部門に分割し、そこで専門的な研究発表・批評を展開し、かつそれらを総合的に組織運営しているものとして、大英学術協会を認識した。西村は、政府・国民に対する興味喚起の手段として、大英学術協会の組織運営を位置づけている。

一九世紀末の大英学術協会は、毎年一回会合を開き、いくつかの部門（Section）に分かれて専門的な演説・討議を行っていた。[14]ただ、一八八〇年代の大英学術協会は、数学・物理学など自然科学関係の部門で構成され、教育専門の部門を組織しなかった。[15]同協会における教育専門の部門（Section L. -Educational Science）の成立は、一九〇一年のことである。大日本学術奨励会のモデルだった大英学術協会に、教育専門の組織はまだ現れていなかった。そこで問題になるのは、大日本学術奨励会が学会・技芸会・教育会の連合を大前提とした点である。近代科学は、技術との関係に一つの特徴があるので、科学を扱う学会と技術を扱う技芸会との連合に違和感はない。[16]しかし、なぜ、教育専門の団体である教育会が学会・技芸会と連合できるのか。なぜ西村は、モデルにもまだ存在しない教育部門にあたる教育会を構成要素としたか。

西村は、大日本学術奨励会構想における理学と教育の関係について、「殊ニ教育ハ即チ理学部内ノ一ツデ、其ノ実地ノ応用ヲコソ術ト申スナレ、教育其ノ物ハ矢張リ一ツノ理学ト私ハ認メテ確信シテ居リマス」と述べた。[17]ここに見出せるのは、教育を理学の一部として、実地におけるその応用を術とする教育観・理学観である。理学の振興を目指す大日本学術奨励会構想に教育会の連合を含めるという西村の発想は、「理学の一部としての教育」という考え方に依拠していた。

二　西村貞の理学観

（一）西村貞の教育理論

まず、西村が得意としていた教育理論を、一八八〇年代の教育理論のなかに位置づける。一八八〇年代の教育理論については、本章の目的を越えるのでここで詳説を避けるが、その特徴は次の四つを挙げることができる。[18] 第一に、英米の教育理論の翻訳が主流だったことである。第二に、多くが師範学校教科書に掲載された理論であり、教員養成のための知識として位置づくことである。第三に、主に知育・徳育・体育から成る三育主義的な理論構造をとったことである。第四に、心理学的・生理学的内容を主要な理論内容としたことである。

西村は、明治一一（一八七八）年、文部省から師範学科取調の使命を受けて、英国に留学し、スコットランド・グラスゴーのフリー・チャーチ（Free Church）師範学校にて師範学科を研修した。帰国年月日は不明だが、西村は、明治一三（一八八〇）年に文部省一等属に任命され、調査課・教則取調掛・編輯局を兼務した。そして、明治一四（一八八一）年、主著『小学教育新篇』全五冊を出版した。『小学教育新篇』第一冊の例言によると、同書は、フリー・チャーチ師範学校の教科書であったジョーン・ギル『学校管理法』（一八七七年）に基づき、同校の校長トーマス・モリソン（Morrison, T.）『学校管理法』（改訂版一八七九年）とフェームス・カリー『小学教育』（一八七二年）の抄訳を参照したとある。『小学教育新篇』は、おそらく西村が留学中に学んだと思われる、イギリス師範教育の内容の翻訳を基礎とした本であった。

『小学教育新篇』第一冊の自序によると、本書は、小学校教員養成のため、「実用ノ効」を重視し、上述の諸学説を「我ガ状勢事情ニ適応」させるように自らの経験をもとに再構成して、「小学教育ノ要理ト実行」を論じたものという。西村が『小学教育新篇』で問題としたのは、小学校教員養成のための小学校教育の理論化と実用化であった。なお、西村が英国の学説を再構成する根拠となった経験とは、自身が明治八（一八七五）年に東京英語学校教諭、明治九（一八七六）年に大阪師範学校長を務めた時のものを含むと思われる。『小学教育新篇』は、

表１　西村貞『小学教育新篇』第１・２冊（学校教育編）の目次

第１部：学校教育・其目的及ビ理法
第１編：緒言
第１章：一般ノ見解
第２章：外ヨリ及セル作用
第３章：内ヨリ及セル作用
第２編：学校及ビ其目的ヲ論ズ
第１章：学校ノ所轄
第２章：学校教育ノ圏内
第３章：学校事業ノ特別ナル状体
第３編：身体教育ヲ論ズ
第１章：体育ノ目的
第２章：学校ノ位置
第３章：通風ノ必須
第４章：通風の便方
第５章：光線及ビ温熱
第６章：生徒ノ容況及ビ習慣
第７章：過度ノ事業及ビ過度ノ発激
第８章：学校時間ノ長短
第９章：授業間ノ座状
第10章：戸外運動
第４編：道徳教育ヲ論ズ
第１章：徳性涵養ノ最幼ノ景象
第２章：偶発ノ事情ヲ以テ徳育課ニ充ツ
第３章：定式ノ課程欠ク可カラズ
第４章：例譬ノ種類
第５編：感触ヲ論ズ
第１章：感触ハ心地ノ根柢
第２章：感触ノ法
第３章：感触ハ基本性ノ如何ニ関シテ生殺スベシ
第４章：何ヲカ心地ト謂フ
第６編：心智教育ヲ論ズ
第１章：幼稚期又ハ啓発期
第２章：幼弱期又ハ得識期
第３章：思想期又ハ智性運用期
第４章：復ビ幼稚ノ心性ヲ概説ス

出典：同著より作成。

明治一九（一八八六）年七月、文部省訓令第七号によって、伊沢修二『教育学』『学校管理法』や高嶺秀夫『教育新論』などと並んで、当分の間の尋常師範学校教育科教科書に選ばれた。[19]『小学教育新篇』は、文部省公認の小学校教員養成のための教科書であった。

『小学教育新篇』全五冊は、「学校教育・其目的及び理法」（第一・二冊）、「学校管理法」（第三・四冊）、「授業法」（第五冊）の三部で構成された。基本的な教育理論は、第一・二冊に示されている。第一・二冊の目次は、表1の通りである。表1を一見してわかるように、『小学教育新篇』では、学校教育の「心智教育」「道徳教育」「身体教育」の三領域が認識された。この三領域は、本文中で「智育」「徳育」「体育」とも表記されている。なお、第五編に挙がっている「感触」とは、「動作ヲ起スノ機動、即情款ニシテ心地ノ根抵」であり、「気質ト甚親密ニ相繋連」するものとされた道徳教育の対象である。[20]西村の教育理論は、三育主義的構造を持っていた。

西村の理論内容を詳細に説明することは、本章の課題と異なるため省略する。[21]ここでは一例として、心智教育について若干触れるに止める。西村は、小学校教育の役割は、読書算（3R's）を授けることではなく、幼時において家庭で行われる教育を補助・強化し、教師が児童の悟性・性質上に感化を及ぼすことだとした。[22]心智教育とは、このような小学校教育の一部であり、「能力ノ啓発」を意味する。[23]「能力」とは、「心意ノ能力」や「心力」と同意とされ、「知ルコト感スルコト意フコトノ働ヲ成ス人間ノ其ノ部分」の「勢力」「ハタラキ」とされた。[24]「啓発」とは、「至当ノ景情ノ現レ来ルヲ待チテ、然ル後始メテ其働ヲ逞シクスル」という人間の能力観に則り、「賦性ノ才幹、外囲ノ景情、教授ノ機会等」の差異に注意して「格殊ノ能力ハ、格殊ノ時季ニ」「開発ヲ促ス」こととされた。[25]西村の心智教育理論は、教師の働きかけによる児童の「心」の発達理論であった。

西村の『小学教育新篇』における教育理論は、準拠国・社会的位置づけ・理論構造・理論内容の概要において、一八八〇年代の教育理論の典型的特徴を有した。

（二）教授術に対する理学の応用

西村の教育理論は、『小学教育新篇』の理論を土台にして、後に展開した。西村が教育と理学とを結びつけた事例として、現在確認できる最初の事例は、明治一五（一八八二）年の論説である。明治一五年六月一一日、西村貞は、学習院で開かれた東京教育学会第一回例会において、「教育ハ則一ノ理学《サイエンス》ナルコトヲ主張スルニ在リ」（フリガナは原文の通り）と主張した(26)。同時に西村は、東京教育学会への参加理由を、「予ノ浅学卑識ナルモ教育学会ノ一員ヲ忝フシ、共ニ教育ノ理法ヲ研究シ、其ノ実験ヲ討悉シ、其ノ当務ヲ査理シ、広ク教育ノ田ニ耕スノ快事ヲ操ラント欲ス」と説明している。西村にとって東京教育学会は、教育研究の場であった。東京教育学会における西村のこの主張は、志を同じくする教育研究者に対して発表したものといえる。

教育と理学の関係は、理学を理論内容そのものとするか、研究方法として扱うかによって異なる。一八八〇年代の心理学的・生理学的教育学において、理学は教育理論の内容そのものを意味することが多かった(27)。また、例えば、昭和期の教育科学運動における科学は、従来の教育目的・方法の思弁的研究方法に対する批判的立場から、教育事実の実証的解明を目指すため導入された科学的研究方法を意味した(28)。では、西村は、教育と理学とをどのように関係づけようとしたのか。

東京教育学会で西村が論じた対象は、「教授術」に限定されていた(29)。西村は、教授術を、「凡理学的芸術ハ皆確立セル理学ノ補助ヲ得タル者タルコト彰明較著ニシテ又疑フベキニ非ズ」とされる「理学的芸術」とした。西村によると、教授術は、「心理学」「論法」「修辞」の補助を受ける。心理学は、「感覚」「心智」「思想」の教育を行う心智教育の教授術のみを補助する。論法は、「全体ト事実ヲ枚挙整列シテ、尚発見ヲ弘ムルノ最利便ニ供スルノ方法」としての「理学的考証ノ術」とされ、教師の具体的活動である「口授ノ法・設問ノ術・引例ノ巧等」を補助する。修辞は、「半ハ文学上ノ著述ヨリ帰納シテ成リ、半ハ心理学ヲ引容シテ成ル」「応用理学」とされ、「記事ヲ演述シ、例譬ヲ平叙シ、事理ヲ解明シ、加旃感触ヲ発起スル等」を補助する。心理学・論法・修辞といった理学は、理論内容でも研究方法でもなく、教育の実際的行為において応用され、教授術の利便を図るため利用される実践的方法として論じられている。

以上の教育と理学の関係論は、スコットランドのアバディーン大学教授ベイン（Bain, A.）が「教育学改進会社」で行った演説大意の抄訳に基づいた(30)。この演説大意の原典は不明であるが、同様の趣旨がベインの著 "*Education as a science*"（一八七九年）に著されている。ベインは、教育目的の問題（どのような人間を目指して教育するか）については、道義学・宗教学の範囲であり、かつ両学問においてもなお確答のない問題であるため、教育学の範囲には収まらない問題だとした(31)。そのため、「教育学ヲ以テ全ク外ヨリ授カリシ智力ヲ養成スルニ止マルモノトナシ、人ノ行為一般ニ関セザルモノトナス」とし、教育を教師の行為に限定した(32)。ベインは、教育目的や道徳教育を意識的に不問とし、教授の学として教育学を構築しようとした(33)。西村の教育に対する理学の応用論が、当初、心智教育の教授術に限定されたのは、ベインの理論を根拠にしたためであった。

ただ、西村は、明治一六（一八八三）年一一月付で書かれた論説で「教育ヲ以テ心身全体ニ関スル者ト做ス」ことを確信したと表明し、ベインの論が心智教育に限定されていることを批判して、理学の補助を受ける教育に「身体教育」を加えた(34)。身体教育は、「性理学」と「健全学」の補助を受けるとした。

西村は、心理学的教育学や教育科学運動などのように、理学を理論内容や研究方法と捉えなかった。西村は、心智教育・身体教育の教授術の実践的方法として、理学を捉えたのである。

（三）西村の教育理論における理学観

一八八〇年代の理学観は多様であった。菊池大麓は、理学を「知識ノ最高度」とし、「最確実、精密、広遠ナルニ至リテ始メテ理学ト称スルナリ」と厳格に定義し、「理学ト理学ノ応用トヲ混雑」することに注意を促した(35)。

森有礼は、学問を「深ク事物ノ真理ヲ攻究」する「純正学」と「専ラ実際ノ職務ニ従事スベキ人士ヲ養成」する「応用学」との二種に分けたが、両者とも「国家必須ノ学問」としながらも、「応用学」を重視した。[36] 杉浦重剛も、純正理学と応用理学とを区別した上で、「抑モ今日理学ノ最モ貴重スベキ一点ハ事物ヲ予知スルニアリ」とし、「物理ノ定則ハ悉ク之ヲ人事ニ応用シ得可キモノ」として、理学を人倫の問題にも応用しようとした。[37] 手島精一は、「理学ノ日用人事ニ適切ニシテ教育上緊要ナル一ヲ占ムルノミナラズ、邦家富強ノ基ヲ開クノ便益最モ多シ」として、日用的な理学の利益を国家富強に対する利益の面で積極的に評価した。[38] 一八八〇年代は、理学の応用のあり方を巡って異なる理学観が現れた時代といえる。では、西村は、理学の応用についてどう考えたか。

西村にとって理学とは、天文・物理・生物・化学などの専門諸学科を部分とする「万有ノ学」であった。[39]「万有ノ学」とは「領解ヲ産ミ、此ノ結局ヲ生ジタル者」であり、「領解」とは「宇宙ノ宏壮ナル現象ノ無極ナル、一トシテ皆因果ノ鏈繋ニ拠リテ以テ存立セザルハ無ク、而シテ天法実ニ之カ秩序ヲ律スル者ナリ」と説明されている。宇宙の現象は、「因果」によって存立し「天法」によって秩序を保つとされた。そして、あらゆるものを「因果」と「天法」に還元したものを、理学としている。このような理学観は、非神秘的・機械論的な近代西欧科学の観念というより、むしろ物事の成立根拠（意味）を追求する近世日本朱子学以来の「理」の観念に近い。[40] これでは、西村が近代西欧科学の観念を十分理解していたとはいえないだろう。しかし、問題設定によっては、そのような理学観も一定の意味を帯びてくる。

西村は、理学の価値を次の観点から評価していた。すなわち、「凡人世ノ福祉ハ、直接ニ間接ニ一身一家一国ヲ利シテ、快楽ノ源ヲ開ク者ヨリ導キ来ル者ニシテ、則チ簡単ニ此ヲ述ブレハ、概皆理学上ノ成跡ニ帰着スル者ナリ」とし、理学の生み出した結果が、人世の福祉、すなわち一身一家一国の利や快楽を導いたとした。[41] そして、このような価値を生み出す理学の発展を、「其ノ地歩ノ理学科一般ニ於ケルガ如キハ、父母ノ学ノ愈精晰ナルニ随ヒテ、益其ノ位階ヲ高クスベキナリ」とした。[42] 西村は、理学の価値を実利面で評価し、基礎的理学の精細化と理学全体の発展とを結びつけたのである。

では西村は、なぜ教育に理学を応用しようと考えたか。西村は、教育理論の現状を、「妄」なる論説・弁談が通用する「教育ノ理学ノ階位ニ於ケル尚甚幼稚ニ属スル」状態とした。そして、この現状について、「凡百船ノ事物タル其ノ真理ノ未明確ナラズ、其ノ尋繹ノ未充全ナラザルノ時ニ於イテハ、能ク論説ヲ妄ニシ克ク弁談ヲ縦ニスルコトヲ得ベシト雖、然レドモ一旦其ノ真理ノ明確ニ尋繹ノ充全ナルニ及ビテヤ、論弁又容易ナラザル者ノ如シ」と分析し、「真理」が明確になれば容易に論議を縦に出来なくなると考えた。そこには「真理」に対する素朴な信頼感が見出される。そして、「今務メテ教育ノ理学的地歩ヲ高メ、其ノ真理ヲ明確ニシ、以テ他ノ理学ニ歯セシムルノ切要ヲ見ルナリ」とした。西村は、教育（教授術）に関する不毛な論議を排除するため、教育に対する理学の応用を論じたのである。西村の教育理論における理学は、教育の実践的方法と教育理論の確立を保証する理論的基礎との役割を二重に課せられていた。

三　西村貞と大日本教育会改革

（一）日本全国ノ輿論形成ノ本家株

西村の大日本学術奨励会構想は、以上のような理学観に基づいていた。西村は、大日本学術奨励会構想を掲げた同時期に、大日本教育会改革に従事した。西村の大日本教育会改革は、大日本学術奨励会構想をどこまで適用しようとしたのか、それともしていないのか。また、実際にその構想はどこまで実現したか。

明治二〇（一八八七）年一一月一八日、西村貞は、杉浦重剛と一緒に大日本教育会理事に、さらに伊沢修二・色川圀士・杉浦重剛・手島精一と一緒に同会参事員に就任した。西村は、明治一八（一八八五）年一二月の文部省非職後、金港堂（教科書や教育書誌の有力出版社）編輯所にいた。西村は、大日本教育会結成当初に幹事就任を辞退して以来、実務的な役員を務めていない。しかし、明治一九（一八八六）年夏頃から、大日本教育会の辻新次会長に同教育会の改革に携わるよう何度も説得され、ついに引き受けたという。(43) その結果、西村は、「各事務ヲ主掌」する理事と、「本会枢要ノ事務ニ参与」する参事員とを兼任した。(44) 理事・参事員の上部機関は会長だけである。西村は、組織改革に携わることを前提として、大日本教育会の事務を動かす中枢に座った。

明治二〇年一二月二八日、西村は、辻新次会長と四人の参事員、さらに教育雑誌新聞記者などを集めて教育懇親会を開いた。(45) 西村は、ここで、「日本全国ノ教育輿論ノ本家株ヲ占ムル地位ニ立ツヤウニ成ル事」という同会組織の改革構想を発表した。この談話によると、その改革構想は、「本会ノ議事ヲ担当」する役員であった議員を動員し、議員に「時時教育上ノ Bill ヲ持チ出シテ十分ニ討議」する役割を担わせるというものだった。

この改革構想のねらいは、大日本教育会を「日本全国ノ教育輿論ノ本家株」の地位に位置づけることにあった。西村は、議員の議論結果によって、「会ガ可決シタルカラニハ或ハ之レヲ全国ノ輿論トマデ為シ、或ハ其ノ儘当路者ニ建議シテ其ノ実施ヲ求ムル等ノ事ヲセネバナラヌト考ヘマス」とし、当局者までも動かそうと考えた。西村は、「教育ノ事ハ一ニ官府ニ任セテ已ムベキモノデハ無イ。宜シク共同ノ力ニ因ッテ、官府ノ事業ヲ翼賛シナガラ進ムベシ」という政府翼賛観を有しており、そのために政府の注意を惹くことを重視していた。西村は、全国の輿論喚起と政府事業翼賛とを目的として、大日本教育会を、議員の討議によって教育輿論形成の中心的立場に立たせようと考えたのである。

この大日本教育会改革構想は、先に論じた大日本学術奨励会構想と重なる部分がある。大日本学術奨励会の最大の機能は、政府・国民への注意喚起であった。これは、大日本教育会議員に期待した役割とつながる。また西村は次第に、大日本学術奨励会構想のなかに、大日本教育会を明確に位置づけるようになった。明治二一（一八八八）年七月一〇日、西村は、大阪の教育談話会に大日本教育会役員として出席し、以下のように主張したという。

余は常に大英学術協会の仕組に倣ひ、大日本学術協会を起さざるべからずと主張するものなるが、大日本教育会は、実に此学術協会の一部として、全国の普通教育を振起するの任に当らざるべからざる者なり。［中略］各府県の教育会は、務めて相互の連絡を謀り、大日本教育会と一体になりて、全国の気脈を通ぜざるべからず。(46)

西村は、大日本学術奨励会（協会）における普通教育部門として、大日本教育会を位置づけている。さらに、大日本学術奨励会―大日本教育会―各府県教育会という、中央―地方に及ぶ全国ネットワークの構想にまで発展している。西村は、大日本教育会の仲介によって、府県教育会をも大日本学術奨励会構想に組み込み、全国に影響力を有する一大組織を構築しようと考えていた。

（二）明治二一年五月の改革における西村貞の役割

第Ⅳ部第二章で詳述したように、明治二一年五月一一日、大日本教育会は、目的・組織・事業などを定める基本制度の「大日本教育会規則」を改定し、大幅な組織改革を実行した。この改革の最大の特色は、研究調査組織「部門」を設置したことにある。西村は、この組織改革の計画段階から関与した。西村は、参事員として臨時取調委員に選任され、帝国大学・学会関係者とともに大日本教育会の組織改革に加わった。

この組織改革における西村の役割は、大きく三つあった。第一の役割は、部門の対象領域を普通教育に限定したことである。明治二一年五月の規則改定会議において、議員である宇川盛三郎（明治法律学校講師）、堤駒二（文部省官僚）、日下部三之介（東京教育社長）らが専門教育部門の設置を主張し、西村が反論した。(47)西村は、大日本教育会の範囲を普通教育に限定することを主張した。再反論はなく、結局、専門教育部門は設置されなかった。

第二の役割は、学術部門と文芸部門との設置であった。規則改定会議では、学術・文芸部門についても、議員（堤駒二・山路一遊・町田則文）と西村との間に議論が生じた。(48)西村は、堤の学術・文芸部門に代えて専門部門を設置する案に対し、部門の領域を普通教育に限定する立場から反論した。学術・文芸部門が他の部門と重複するという山路・町田の論には、複数の結論を歓迎する立場から、領域の重複は問題ではないと反論した。結局、学術部門・文芸部門は、明治二一年五月の規則改定によって設置された。学術部門は「学術工芸ヲ普通教育ニ適用スル事ヲ査ス」ことを担当し、文芸部門は「文学美術等ヲ普通教育ニ適用スル事ヲ査ス」ことを担当した。大日本教育会は、普通教育に対する適用に限定して、学術・工芸・文学・美術などの研究を行うことにしたのである。

第三の役割は、議員の議論結果を当局に伝達する制度の導入に寄与したことである。先述したように、西村は、教育に関するBill（議案）を大日本教育会議員が議論し、その結果を当局に及ぼす体制を構想していた。明治二一年五月に改定された規則には、議員が部門会議の議事を担当し、当局者の諮問に対して答申する制度が定められた。

西村の大日本学術奨励会構想には、大日本教育会の普通教育部門化、理学・技芸・教育研究の相互連携、政府当局への意見上申の構想が一部含まれていた。これらの構想は、明治二一年五月の大日本教育会の組織改革によって、実現したといえる。ただ、西村は、同年七月に第五高等中学校教頭として熊本に赴任し、大日本教育会の役職を辞退した。その後、明治二二（一八八九）年一二月、西村不在のうちに、議員とともに部門は廃止されている。ただし、部門廃止後にも、文部省諮問答申は引き続き行われた[49]。

（三）明治二六年一二月の改革における西村貞の役割

明治二一年五月の改革は短命に終わったが、西村にはもう一度大日本教育会の改革に携わる機会が巡ってきた。西村は、明治二三（一八九〇）年二月、部門廃止と入れ違いに、文部省参事官に就任して帰京した。同年五月には大日本教育会の評議員に当選し、明治二四（一八九一）年五月には評議員会議長に当選した。西村は、明治二五（一八九二）年一一月に文部省を退職したが、大日本教育会の評議員会議長を続けている。大日本教育会では、しばらく大きな組織改革は実行されなかったが、明治二六（一八九三）年一〇月二八日、政論を為す教育会への教員の参加を禁止した文部省訓令第一一号（所謂「箝口訓令」）の発令を受けて、同会は組織改革を余儀なくされた。

大日本教育会は、評議員会にて、「学術ノ事業ヲ専ラ研究審査シ、教育ノ学会トナシテ其実ヲ挙グルコト」を目指すことを確認し、[50]明治二六年一一月二五日発行の『大日本教育会雑誌』第一三六号に、「大日本教育会規則改正建議案」を発表した。同建議案の特徴は、同会の主要事業として「教育学術ノ事項ヲ研究スル事」「教育上須要ノ事項ヲ調査スル事」を定めた点にある。[51]この二つの事業規程こそ、「教育ノ学会」になろうとする宣言の言葉であった。同建議案は、明治二六年一二月一〇日、臨時総集会において決議された。西村は、同建議案の代表者（総勢二七名中）かつ総集会での説明役を担当し、中心的な役割を担った。[52]この直後に嘉納治五郎らの修正案が決議されたが、教育学術研究・教育事項調査の事業規程は、西村が代表して提出した建議案に基づいた。[53]

この前の明治二六年四月、西村は、過去に発表した論説をまとめて『教育一家言』として出版し、教育に対する理学の応用論と大日本学術奨励会構想を再び世に発表した。西村は、同書巻頭の論説「教育学概論」において教育に対する理学の応用論を再論している。また、論説「大日本学術奨励会ヲ興コスベキ時節既ニ到来シタリ」において、大日本学術奨励会のなかに教育会を位置づける構想を再論した。西村は、教育に対する理学の応用論と大日本学術奨励会構想を再確認して、明治二六年末の建議案作成・改革実現に関わったのである。

明治二六年一二月、規則改定によって、大日本教育会の主要事業として教育学術研究・教育事項調査が規定された。教育学術研究・教育事項調査の事業規程は、明治二九（一八九六）年一二月に帝国教育会に改称再編した時にも維持され、昭和三（一九二八）年まで文言の変更はない。[54]先行研究によれば、明治三〇年代に、帝国教育会は学制研究や国字改良研究を展開し、研究団体としての性格を強めた。[55]西村の教育に関する理学の応用論と大日本学術奨励会構想とは、大日本教育会が教育研究団体化する思想的背景となったのである。

以上、西村貞の理学観が大日本学術奨励会構想や大日本教育会改革に果たした役割について研究を進めてきた。

本章で新たに明らかになったことをまとめると、以下の通りになる。

西村の理学観の特徴は、大日本学術奨励会構想・大日本教育会改革との関係から見て、大きく次の三つに分けられる。第一の特徴は、理学の価値を人世の福祉（一国一家一身の利益・快楽）に見出した点である。大日本学術奨励会に期待された、国民・政府に対する理学思想の啓蒙、理学研究の進展、理学・理学者の政治的地位向上、研究成果の発表は、いずれもこの理学の価値の実現手段であった。この理学観は、大日本教育会に文部省からの諮問の受入制度を構築する際、一定の役割を果たした。

第二の特徴は、理学が、複雑な過程・加工を経ずとも教育の実践的方法・理論的基盤になるとした点である。理学研究と教育研究とが相互に影響し合うと素直に考えられた一つの理由は、理学と教育との関係に対するこのような単純な理解があったからであろう。この理学観は、理学・技芸研究を普通教育研究に適用させようとした大日本教育会学術・文芸部門成立の際、一定の役割を果たした。

第三の特徴は、西村の理学観は、結局、普通教育の面でしか社会的役割を果たせなかったことである。大日本学術奨励会は、学会・技芸会・教育会を構成要素として想定されていた。西村は、大日本教育会の普通教育部門化には成功したが、学会・技芸会の改革や三種の団体の連合を実現できなかった。西村は、「教育理論家」または大日本教育会幹部としての役割以上を果たすことはできなかったのである。また、大日本教育会の大日本学術奨励会普通教育部門化も、構想上、普通教育研究が理学・技芸研究と連繋して進展するものであった以上、不完全に終わったといわざるを得ない。しかも、大日本教育会は、理学・技芸研究との組織的連絡を欠いたまま、普通教育研究中心の研究団体として突き進んでいった[56]。

以上のように、西村の理学観は、教授術を確立するため、理学研究と教育研究とを連携可能にする組織改革構想の思想的基盤として、その役割を果たした。しかし、西村の理学観は、その意図とは裏腹に、理学研究との連絡を欠いた普通教育研究を制度化する契機を生み出してしまったともいえる。ここには、一八八〇年代以降の理学の組織化における、理学研究と普通教育との乖離過程を垣間見ることができる。

（1）飯田賢一「日本における近代科学技術思想の形成」飯田編『科学と技術』日本近代思想大系一四、岩波書店、一九八九年、四二七～五〇〇頁。

（2）日本科学史学会編『日本科学技術史大系』第一巻通史一、第一法規、一九六四年。廣重徹『科学の社会史～近代日本の科学体制』中央公論社、一九七三年。杉山滋郎『日本の近代科学史』朝倉書店、一九九四年。

（3）辻哲夫『日本の科学思想―その自立への模索』中公新書、中央公論社、一九七三年、一三八～一三九頁。

（4）佐藤英二「菊池大麓の幾何学教育思想の形成と受容」科学史学会編『科学史研究』第三八巻No.209、一九九九年、二七～三五頁。

（5）理学観の社会的役割という観点からの研究ではないが、例えば、三好信浩『手島精一と近代日本工業教育発達史』（風間書房、一九九九年）がある。

（6）伊藤稔明「「小学校ノ学科及其程度」と地文学」日本理科教育学会編『理科教育学研究』Vol.47 No.1、二〇〇六年、一～五頁。

（7）一八八七年、当時の有力教育雑誌の一つ『教育報知』誌上で、「教育家十二傑」（有効投票数一、六二六票）のうち、西村は「教育理論家」の第一に選出された（「教育家十二傑投票開札」『教育報知』第七二号、東京教育社、一八八七年六月、一四頁）。西村の得票数は三四六点、次点以降は外山正一三二一点、伊沢修二、一九九点、能勢栄九八点。

（8）伊藤稔明「新教科〝理科〟誕生と実業教育思想」『理科教育学研究』Vol.46 No.2、二〇〇六年、六頁。

（9）唐沢富太郎『明治初期教育稀覯書修正（二）解説』雄松堂、一九八一年、六九～七一頁。平田宗史『欧米派遣小学師範学科取調員の研究』風間書房、一九九九年、一九七～二〇四頁・二五八～二六八頁参照。

（10）西村貞「大日本学術奨励会ヲ興ス可キ時節既ニ到来シタリ」『大日本教育会雑誌』第七三号、大日本教育会、一八八八年三月、一六二～一七〇頁。

（11）『官報』によれば、一八八九年三月三一日現在で四八種の教育会雑誌（報告）が出版されていた（渡部宗助『府県教育会に関する歴史的研究～資料と解説』平成二年度文部省科学研究費（一般研究C）研究成果報告書、一九九一年、（一三）～（一五）頁参照）。

（12）当時の学会は、東京化学会（一八七八年～）、日本地震学会（一八八〇年～）、東京植物学会（一八八二年～）、東京数学物理学会（一八八四年～）など多数。

（13）西村、前掲註（10）、一六九頁。

(14)当時の大英学術協会については次を参照。D・S・L・カードウェル（宮下・和田編訳）『科学の社会史』昭和堂、一九八九年。

(15)Macleod. R. and Collins, P. (eds.), *The Parliament of science*, London: Science Reviews, 1981, pp.277-278.

(16)科学と技術との関係も重要な問題だが、本章では取り上げない。

(17)西村、前掲注（10）、一六七～一六八頁。

(18)次のものを参照して整理した。大日本学術協会編『日本現代教育学概説』モナス、一九二七年。海後宗臣『日本教育小史』日本放送出版協会、一九四〇年。教師養成研究会編『近代教育史』学芸図書、一九六二年。日本近代教育史事典編集委員会編『日本近代教育史事典』平凡社、一九七一年。尾形裕康『日本教育通史研究』早稲田大学出版部、一九八〇年。中内敏夫『教育学第一歩』岩波書店、一九八八年。中野光・平原春好『教育学』有斐閣、一九九七年。

(19)『大日本教育会雑誌』第三五号、一八八六年七月、七頁。

(20)西村貞『小学教育新篇』第二冊、原亮三郎、一八八一年、一七表・二三表。

(21)なお、『小学教育新篇』は定義の不明確な用語が入り組み、非常に難解である。そのため伊沢修二『教育学』などと比べ、後への影響が乏しかったという（吉田熊次「教育学解題」明治文化研究会編『明治文化全集』第一八巻教育篇、日本評論社、一九二八年、三八頁）。

(22)西村貞『小学教育新篇』第一冊、一八八一年。および、西村貞『小学教育新篇箋解』金港堂、一八八五年。『小学教育新篇箋解』は、『小学教育新篇』の用語解説書。

(23)西村貞『小学教育新篇講義録』第一篇、金港堂、一八八四年、二頁。同書は、『小学教育新篇』の内容を解説した講義録である。

(24)西村『小学教育新篇箋解』、二頁。

(25)西村『小学教育新篇』第一冊、四表～六表。

(26)西村貞「教育学ヲ論ス」『東京教育学会雑誌』第一号、東京教育学会、一八八二年六月、一～七頁。

(27)例えば、伊沢修二『教育学』森重遠、一八八二年参照。

(28)昭和期の教育科学運動は、民間教育研究会編『教育科学の誕生』大月書店、一九九七年。または、佐藤広美『総力戦体制と教育科学』大月書店、一九九七年参照。

(29)西村、前掲註（26）。

(30)ベイン（Alexander Bain 一八一八～一九〇三）は、スコットランドの哲学者。アバディーンに生まれ、一八三六年にマリスカル・カレッジに入学し、ミル（J. S. Mill）と交流。一八六〇年、アバディーン大学の論理学・英語教授となり、一八八〇年まで奉職。哲学・教育学・心理学関係の著作を多く残す。一八七九年に"*Education as a Science*"を著し、日本でも抄訳された。（稲富栄次郎監修『教育人名辞典』理想社、一九六二年）

（31）Bain, A. *Education as a Science* 5th ed., London: Kegan Paul, Trench, 1885, 6.（添田寿一訳『倍因氏教育学』巻一、一八八三年、一一～一二頁）

（32）Bain., Ibid., pp.6-10.（添田訳、巻一、一一～一七頁）

（33）ベインは道徳教育についても論じているが、主題としたのはその教授術であった。（Bain., Ibid., pp.398-422. 添田訳、巻六、五八～一三一頁）

（34）西村貞「緒言」前掲注（23）、七頁。体育重視を主張するようになった背景は、おそらく、西村が当時、体操伝習所主幹を務めていたことと無関係ではないだろう。

（35）菊池大麓「理学之説」『大日本教育会雑誌』第一二号、一八八四年一〇月、五五～六六頁。

（36）森有礼「学政要領」大久保利謙編『森有礼全集』第一巻、宣文堂、一九七二年、三三五～三五六頁。

（37）杉浦重剛『日本教育原論』金港堂、一八八七年、一九～二一頁。

（38）手島精一「理学ヲ振興スルノ説」『東洋学芸雑誌』第五九号、一八八六年八月、六四六～六四九頁。

（39）西村、前掲注（23）、一～二頁。

（40）源了圓「朱子学と科学―「理」の観念の問題を中心として」伊東俊太郎・村上陽一郎編『日本科学史の射程』講座科学史四、培風館、一九八九年、六四～八九頁。

（41）西村貞「理学教育ノ要用ヲ論ス」『東京教育学会雑誌』第四号、一八八二年九月、一六頁。なお、同論文は、「普通教育上理学教授ノ切要」と題して『東洋学芸雑誌』一三号（一八八二年九月）にも掲載された。

（42）西村、前掲注（23）、八頁。

（43）「西村貞君ノ教育懇談会」『大日本教育会雑誌』第七二号、一八八八年二月、一三〇頁。

（44）「議案」『大日本教育会雑誌』第六六号、一八八七年一〇月、七三五頁。

（45）「西村貞君ノ教育懇談会」『大日本教育会雑誌』第七二号、一二九～一三四頁。

（46）隠西生「大坂に於て教育談話会の状況」『教育時論』第一一六号、一八八八年七月、二八頁。

（47）「規則改正総会議ノ記事」『大日本教育会雑誌』号外総集会記事第一、一八八八年九月、七九～八一頁。

（48）同前、八〇～八二頁。

(49) 詳しくは白石崇人「大日本教育会および帝国教育会に対する文部省諮問」梶山雅史編『近代日本教育会史研究』学術出版会、二〇〇七年、三〇三～三二六頁。
(50)「評議員会」『大日本教育会雑誌』第一三六号、一八九三年一一月、四三頁。
(51)「大日本教育会臨時総集会広告」『大日本教育会雑誌』第一三六号、広告。
(52)「臨時総集会」『大日本教育会雑誌』第一三八号、一八九三年一二月、一四頁。
(53)「大日本教育会臨時総集会」『教育時論』第三一二号、一八九三年一二月、三二一～三二三頁。
(54) 立教大学大学院中野ゼミ編『帝国教育会の研究』資料集Ⅰ、一九八三年、六三～六九頁。
(55) 菅原亮芳「『教育公報』と帝国教育会解説」帝国教育復刻版刊行委員会編『帝国教育』総目次・解説、上巻、雄松堂出版、一九九〇年、八〇頁。
(56) 白石崇人「大日本教育会および帝国教育会における研究活動の主題」中国四国教育学会編『教育学研究紀要（CD-ROM版）』第五一巻、二〇〇五年、六六～七一頁。

第四章　研究組合の成立
――教育方法改良への高等師範学校教員の動員――

本章の目的は、明治二〇年代後半における大日本教育会研究組合の成立過程、およびその歴史的意義を明らかにすることである。

明治日本では、列強諸国に対する不羈独立を実現する国民国家の形成のために、西洋教育情報の収集・研究が盛んに行われた。明治五（一八七二）年に創設された師範学校（後の高等師範学校）は、スコットの指導下でアメリカの教材・教具・教育方法を導入・普及させた。さらに、明治一〇年代後半には開発主義教授法、明治二〇年代前半にはヘルバルト主義教授法を導入・普及させた。高等師範学校、とくに同校附属学校は、教育研究センターとして、西洋教育情報に基づく教育研究の最先端に位置し、明治三〇年代以降にもその役割を果たし続けた[1]。

明治一〇年代末以降、国内では教育研究の成果が蓄積されていった。例えば、尋常師範学校では、附属小学校の実践などに基づいて教育研究が行われた。地方教育会が全国各地に結成され、教育研究に関心を払うようになった[2]。中央・地方教育雑誌も創刊が相次ぎ、様々な教育研究の成果を公表し始めた。明治二一（一八八八）年五月、全国教育団体である大日本教育会は、「研究」の事業化を進めた。明治二〇年代に至る頃には、西洋のみならず国内の教育研究にも目を配るべき時代が訪れていた。詳しくは後述するが、明治二三（一八九〇）年の高等師範学校存廃論争を受けて、西洋教育情報の研究を進めてきた高師のあり方を見直す要求が出されたのも、決して偶然ではなかった。

明治二六（一八九三）年一二月以降、高師校長・嘉納治五郎をはじめ、多くの高師教員は、大日本教育会の教育研究活動に参画した。その結果、大日本教育会は、明治二六（一八九三）年一二月に大規模な組織改革を行い、「教育学術ノ事項ヲ研究スル事」を主要事業にした。さらに、明治二七（一八九四）年から二九（一八九六）年にかけて、「研究組合」という新しい研究組織を成立させ、様々な教育研究活動を実施した。

このような一連の改革は、『帝国教育会五十年史』によると、同年一〇月の文部省訓令第一一号（政論団体への教員の入会を禁止した訓令）に対応し、時事問題に関する教育運動を中止して、「専ら教育、学術に関する学会」として活動するために行われたという[3]。石戸谷哲夫によると、訓令第一一号に「恭順の意」を示しながら、嘉納治五郎ら「官僚派」が日下部三之介ら「政事派」を幹部から追い出し、大日本教育会を「純粋な教育学術会」にしようとしたという[4]。上沼八郎はこの改革を、一八八〇～九〇年代の国民国家再編過程において、教育に関する「公議」の主体をめぐる政府対民衆の対立のなかで、訓令第一一号で決定的になった「当局との亀裂」を埋めようとしたものと説明した[5]。つまり、研究組合の成立を含む明治二六年一二月以降の改革は、文部省訓令第一一号への恭順的対応の延長として捉えられてきた。

しかし、文部省訓令第一一号は、教育会における政論を抑止しても、教育研究の方向性を具体的に示したものではない。研究組合の組織的特徴や教育研究活動のテーマ、テーマ選択の原理、研究活動の実態などを、同訓令だけでは十分に説明できない。そこで本章では、大日本教育会研究組合の成立に、高等師範学校教員が深く関与した事実に注目したい。従来の研究姿勢の転換を迫られていた高師教員にとって、研究組織やテーマ選択をどうするかは大きな問題だったと思われる。研究組合は、高師教員によってどんな意味を付加されたのか。以上の問題意識に基づき、本章では、明治二六年一二月の組織改革、研究組合の成立過程、および研究組合の活動実態について、とくに高師教員の関わり方に注目して明らかにする。

一．教育学術研究と高等師範学校

明治二六年一二月の組織改革は、「教育学術ノ事項ヲ研究スル事」を大日本教育会の主要事業とした。この教育学術の研究とは、当時において何を意味したか。

明治二三年、高等師範学校存廃問題が発生し、専門学科を修めれば普通教育の教師になれると主張する高師廃止の立場と、専門的な教育技術を身につけなくては普通教育の教師にはなれないと主張する高師存続の立場の間で、論争が始まった[6]。高師存廃問題の当事者である茗渓会は、明治二四（一八九一）年一二月に「高等師範学校ニ関スル意見」を発表し、次のように主張した[7]。普通教育の教員に重要なことは、教育技術の熟達である。そのような教員を養成するには、まず教育の理法（学）とその実際への応用（術）の研究が必要である。現在の教育学術研究は、欧米の研究の斟酌採用を中心としているが、実際への応用を意識すると、国土・民俗・文化によって異なる教育の性質を無視できない。これらの性質を踏まえた研究は容易ではない。その役割は高等師範学校しか担えない、とした。

高師附属学校は明治二四年に、高師本校は明治二七年に、普通教育の方法の研究を目的に掲げた。とくに本校改革は、数科目に広く通じた中等教員の養成を目指す井上毅文相の路線に沿って、嘉納治五郎校長によって行われた[8]。明治二七（一八九四）年七月、高等師範学校規則が制定された。この新しい高等師範学校規則では、高師本校の目的規程に「普通教育ノ方法ヲ研究スル」という文言が加えられ、普通教育方法研究の目的が掲げられた。また、文科・理科・専修科・選科に加えて、研究科が設置された。研究科は、高師卒業およびそれと同等程度の学力を有した者が、中等教員になるために教育学・教授法を研究するものとされた。

研究重視の高師改革が進むなか、教育雑誌『教育時論』は、明治二五（一八九二）年一月～三月の間、ペイン（Payne,

Joseph）の講義翻訳「教育ノ学及術」を連載し、次のように述べた[9]。学（原理）とは、事物の性質と二個の事物の関係、そして、これらに従って生じる理法（法則）を究めることである。術（技術）とは、学によって認識された事物と理法の知識とを規則立てたものであり、事物を操作して望む結果を出すものである。術によって望む結果が出ない場合は、理法に戻る。そのため、教育術を駆使する教育者は、教育学に通暁することにより、教育術を有効に用いることができる。教育に関する「学」と「術」の研究は、教育術を駆使する教育者にこそ必要だ、とした。

教育学術研究観の通覧は本章の目的を超えるため、一例を挙げるに止める。当時の教育学術研究には、教育の理法（学）とその応用（術）の研究という意味が込められていた。そして、それを行うことは、高師だけに限らず、広く教育者に呼びかけられていた。

二　明治二六年一二月における大日本教育会改革

（一）研究活動の位置づけをめぐる動き——能勢栄の提案

明治二五年、国立教育期成同盟会の結成により、小学校教育費国庫補助運動が盛り上がった。大日本教育会は、明治二六年五月に小学校教育費国庫補助取調委員を設置するなど、研究調査の面からこの運動に接近していく。委員とは、明治二二年一二月規定の主要事業「教育上緊要ノ事項ヲ研究審査スル事」を遂行するため、主題ごとに依嘱された臨時の役員である。委員は各々委員会を組織して共同研究を行った。このような研究活動は、師範学校における教育研究とは別系統の構想に基づき、政策を含む教育諸問題の解決を企図して始められ、団体運営上の決定を下す議事より下位の活動として位置づけられていた（第Ⅳ部第二章参照）。

明治二〇年代半ばになると、このような研究活動を位置づけ直そうとする幹部が現れた。例えば、大日本教育会評議員の一人、能勢栄である。能勢は、明治初年の米国留学後、師範学校長・中学校長・文部省書記官などを歴任し、明治二二年以降、欧米教育論を積極的に紹介した文筆家である。長野県師範学校長在任時には、小学校教員を民権運動から遠ざけ、授業実践に専念させようとした人物でもあった。明治二五年一二月一七日の評議員会において、能勢は、評議員の役割を、従来のような事務や会計の議論ではなく「学問上の研究問題」の諮詢答申にすべきだとし、規則改定を提案した[10]。評議員（定員五〇名）は、「主要ナル会務ノ評決ヲナス」（「大日本教育会規則」第二四条）役員であった。能勢の提案は、この「主要ナル会務」を、団体運営上の議事から学問研究に移行させようとする案であった。この能勢の提案には賛成者が続出したが、退席者が出て採決不能となり、結局のところ規則改定には至らなかった。退席の理由は不明である。

能勢の提案は、評議員の間に、大日本教育会の主要活動を学問研究にする路線に対して積極的な者と、消極的な者とが存在していることを顕在化した。明治二六年に入ると、大日本教育会は、学問研究ではなく教育費国庫補助運動に傾斜し始め、能勢の提案に沿わない方向へ傾いていった。

（二）教育談話会の結成と動向―大日本教育会の教育学会化に並行して

明治二六年に入ると、能勢は、大日本教育会の外で新組織を結成しようとした。明治二六年春、能勢は嘉納治五郎（文部省図書課長、九月以降高師校長）、野尻精一（高師教授・東京府師校長）らと共に、八名から九名の「教育上の研究を志す者」を集め、毎月一回ずつ「教育談話会」と称して会合したという[11]。教育談話会員は後に増加した。同年一一月までに、能勢、嘉納、野尻、高嶺秀夫（高師校長）、三宅米吉（金港堂編輯所長・高師講師）、篠田利英（文部省視学官・女高師教授、九月以降兼高師教授）、後藤牧太（高師教授）、国府寺新作（元高師教員・外務省翻訳官）、中川謙二郎（女高師教授）、工藤一記（学習院教授）、西村正三郎（開発社員）の一二名の名を確認できる。

大日本教育会では、明治二六年九月九日の記念式典の席上、幹部たちが文部省の教育費国庫補助政策の批判を行った。また、同日の評議員会では、機関誌の政論雑誌化を決定した。それに対して、同年一〇月二八日、文部省訓令第一一号（いわゆる「箝口訓令」）が発令される。同訓令は、政論を行う教育会への教員参加を禁止した。これによって、大日本教育会は同訓令に抵触する教育会になる。同会は、会員の大部分を占める教員の退会を防ぐため、早急に対処しなくてはならなかった。即日評議員会を開き、政策に関する研究調査を廃止し、機関誌の政論雑誌化の中止を満場一致で決定し、かつ自らが「教育上ノ学術会」であることを確認した[12]。一一月九日の評議員会では、規則改定のための臨時総集会の開催を決定した後、辻新次会長が「教育ノ学会」化に関する談話を行った[13]。こうして大日本教育会は、政治運動から手を引き、自らを「学術会」または「学会」に位置づけることを確認していった。

図１　高嶺秀夫

図２　三宅米吉

他方、教育談話会では、同年一〇月二〇日、会員募集による組織拡張を求める発議が出された[14]。文部省訓令第一一号発令の翌日二九日には、会員一六名の集まるなか、「教育会的」な会の創立が提案された。そのねらいは、研究志向の同志を募り、教育問題について意見を交換する「所謂教育学会の風にせん」とするところにあった。会議の詳細は不明だが、規則草案委員に選ばれた能勢・三宅・野尻・中川・工藤の五名が一一月一四日までに草案を作成し、その後に発起人会を開くことになった。しかし、大日本教育会評議員会で「教育ノ学会」化の方向性が確認されるのに並行して、新団体創立を見合わせる意見が発起人のなかから出されていた。結局、新団体の規則草案を審議したかどうかは不明であり、教育談話会のその後の活動も確認できない[15]。

(三) 組織改革への教育談話会員・高師教員の関与

能勢は、明治二六年一一月五日発行の『教育時論』に、大日本教育会を教育学者と学校教員との「集会所」にして、教育の学理・方法について講究・教練・討議・質問する場所にするという改革構想を発表した。[16] 加えて、一一月二五日発行の『教育時論』誌上では、同月九日の評議員会における辻会長の談話を受け、大日本教育会の「学術会」化に協力する旨を明らかにした。[17] これによると能勢は、教育理論・方法研究を目指す大日本教育会改革の方向性と自分の構想とを合致させ、大日本教育会に協力しようとした。

同年一二月一〇日、大日本教育会は、臨時総集会を開いて規則を改定した。これにより、従来の主要事業規程「教育上緊要ノ事項ヲ研究審査スル事」(規則第一五条第一項)は、「教育学術ノ事項ヲ研究スル事」(第一四条第一項)および「教育上須要ノ事項ヲ調査スル事」(同第二項)に改定された。主要事業規程の改定は、西村貞(同会評議員議長)外二六名連署の規則改定案に基づいたが、[18] 西村貞らの規則改定案を議決した直後、嘉納治五郎外一四名連署の規則改定案修正案が提出・議決された。[19] 嘉納らの修正案は、能勢・嘉納・野尻と、教育談話会での教育学会的団体の発起人、高師職員、政府関係者などが、同月四日に大日本教育会事務所で会合して確定したものだという。[20] 嘉納らの修正案は、西村らの案に「審査員」「審査員長」と規定されていた教育学術研究・教育事項調査の担当組織を、「組合」「委員」に修正した。「組合」は、嘉納らの修正案により、教育学術の研究組織として新たに規定された組織構想であった。

規則改定後、大日本教育会の方針決定に参与する常議員(評議員を改称)の選挙が行われた。文部官僚は、明治二六年一月現在の評議員五〇名中一〇名(二〇%)に対し、新常議員二〇名中四名(二〇%)選ばれた。教育会関係事務を担当した普通学務局員は落選(四名→〇名)、教育会視察などを担当した視学官は当時の文部省官制改革による視学官職の廃止に伴って〇名となった(四名→〇名)。官制改革によって旧視学官の職務を担当することになった参事官は数を維持し（二名→二名）、その内訳は初当選の嘉納治五郎（図書課長兼勤）と、再選の椿蓁一郎（元視学官）であった。残り二名は、兼勤図書課員であり、嘉納の部下である。新常議員中の文部官僚は、文部省の官制改革に伴って減員し、かつ内訳を変容させた。

他方、注目すべきは教育談話会員と高師教員であった。教育談話会員は、一月時点に五〇名中六名（一二％）であったのに対し、二〇名中八名（四〇％）に増加した。談話会員の後藤・能勢・野尻・三宅が再選（国府寺と西村は落選）、嘉納・工藤・篠田・中川が初当選し、教育学会創立計画の立案委員五名全員が当選している。なお、当選した教育談話会員八名中五名は高師教員であった。高師教員は、一月の五〇名中四名（八％）から二〇名中七名（三五％）に増加した。規則改定後の方針決定には、従来以上に教育談話会員や高師教員の影響が強まることになった。

図３　椿蓁一郎

明治二六年一〇月の文部省訓令第一一号の発令は、大日本教育会を教育費国庫補助運動から引き離した。明治二五年一二月以来、会の外部で活動していた能勢をはじめとする教育研究推進派は、この機に乗じて大日本教育会の主導権を握った。明治二六年一二月以後の改革は、高師教員を含む教育研究推進派の主導によって具体化されることになった。

三　大日本教育会研究組合の成立過程

（一）嘉納治五郎の大日本教育会改革構想―現職教員への研究奨励

明治二六年一二月以降の大日本教育会改革の中心人物は、同年九月に高等師範学校長に着任したばかりの嘉納

図４　嘉納治五郎

治五郎であった。官立学校長・文部省参事官である嘉納は、先行研究で、「官僚派」の筆頭と見なされた。しかし、本章では、教育談話会に参加し、かつ後の高師改革において教育学・教授法研究を重視した、嘉納の教育研究推進者としての側面に注目したい。

嘉納は、一二月一六日の常集会において、大日本教育会における教育学術研究のあり方について構想を述べた[21]。この構想には、大きく次の三つの特徴があった。

第一に、教育方法研究の重視である。嘉納は、次のように述べた。現今、わが国の普通教育の教科書や「智識ノ分量」は、先進国並みになった。しかし、知識を実生活に応用する方法を、生徒たちに授けるには至っていない。この現状を打開するには、「実際ノ有様」を観察し、「方法ヤ工風」に注目する必要がある。故に教員は、「生徒ハドウ云フ風ニシテ育テテ往ク、教フル事柄ハドウ云フ風ニシテ往ク、其覚エタ事柄ヲ応用スルニハドウ云フ風ニシテ往ク」といった問題を研究しなくてはならない、とした。つまり、嘉納は教育方法研究を教員の研究課題として考えていた。

第二に、現職教員を教育方法研究の担い手とした。嘉納は、次のように述べた。師範学校は、もちろん教育方法研究に尽力すべきである。ただ、師範学校の目的は、将来の教員の養成であり、現職教員には間接的にしか関われない。文部省も、省令で現職教員を変えるのは容易でない。現職教員の「今日迄シテ居ッタ教育ノ方法」の改良進歩は、教員の自主的な研究に依拠するしかない、とした。嘉納は、師範学校での研究と現職教員の研究とを区別し、現行の教育方法の改良進歩は現職教員の自主的な研究によると考えていた。

第三に、現職教員の教育研究を進展させる仕組みを教育会に求めた。嘉納は、次のように述べた。教員が自主的に研究するには、外部から刺激を受ける必要がある。教員は、読書し、他の教育者と交流して意見交換・討議し、批評を受け、自ら刺激を受けるよう務めなくてはならない。そのためには、「教育者ガ互ニ注意ヲ与へ、相警メ相議スル為メノ仕組」が必要である。その仕組みとして「最モ効能ノアルモノ」は、集会や機関誌を持つ教育会である。大日本教育会は、教育に関する学識経験を備えた教育者を全国的に「網羅」する教育会として、次の三つの活動を実施したい。第一に、「組合」などの組織において、会員を専門的な共同研究に従事させる。例えば、小学校問題は小学校教育経験者でなければわからないことがあるため、小学校教育の学識経験を持つ会員を小学校教育に関する共同研究に従事させる。第二に、その研究成果を、適切に評価できる者に評価させ、出版や機関誌掲載によって公表する。第三に、有用な意見や資料を収集する。これらにより、教員が「最モ卓絶シタル考」を採用・実行できるように情報提示する媒介的役割を果たしたい、とした。

嘉納は、今後の教育は子どもたちに知識をただ与えるだけでなく、知識を実生活で応用できるようにしなくてはならないとした。そのために、師範学校での研究が主に将来の教育方法を改良し、現職教員の研究が主に現行の教育方法を改良するという、師範・現職両面からの研究推進を必要とした。そして、専門的研究によって形成された研究成果を現職教員に提示し、彼らを刺激して、意見交換や批評を引き出す必要があると考えた。「組合」は、そのための仕組みの一つとして構想されていた。

（二）大日本教育会組合規程の制定―個人研究の組織的補助

明治二六年一二月二七日、常議員会にて、「大日本教育会組合規程」が制定された[22]。常議員の町田則文（高師教授・附属学校主事）は、委員を設けてこの組合規程の説明を取り調べ、その結果を『大日本教育会雑誌』に即時掲載することを求めた。組合規程説明の取調委員は、野尻と町田に委託された。

野尻・町田がまとめた組合規程説明は、明治二七年一月一三日の常議員会での修正を経て、機関誌に掲載された。組合規程説明では、組合について次のように述べられた[23]。組合は、以前から規定されていた委員と異なり、全く新しい組織である。その目的は、「教育学術ノ事項ヲ研究シ、又ハ教育上須要ノ事項ヲ調査スル」ことにある。従来の大日本教育会では、本会の決議や会長の意見で課題を決め、一部の役員が臨時に研究調査を行ってきた。

図５　町田則文

図６　野尻精一

しかし、研究調査の課題は数多い。研究調査には細密な観察と注意とを要し、課題によっては特種な学識経験と研究に従事する長期間の時間を必要とする。とはいえ、個人単独での研究調査は、資料収集面で不便、かつ「偏見固陋」に陥って「完全ニシテ正確ナル成績」を得られないことがある。ここに、会員が各自常に研究調査を行いながら、同志を時々集めて会合や通信を行い、資料や意見を交換することを期す必要が生じる。組合はこの課題に応える組織とした。

組合規程説明によると、組合は、会員五名以上の連署に基づく組合規約により、専門的テーマごとに設立され、それぞれ○○研究組合、××調査組合と称された。また、将来全国に「数十百」の組合が設立されることを期待して、「小都邑及其近傍、又ハ数町村内」における組合の設立を認めた。さらに、なるべく多くの者の「知識労力」を研究調査に利用するため、大日本教育会の非会員を組合員にすることも認めた。大日本教育会は組合に対して、①組合設立を許可すること、②研究調査に関する材料供給や照会を要する手続きが必要な場合にその便宜を図ること、③会場を無料で利用させること、④必要な品物を供給すること、⑤常議員会で必要と認めた費用を補助すること、⑥一般公開の必要を認めた研究成果を『大日本教育会雑誌』に掲載、または集会で発表させることを認めた。なお、組合には、毎年一回以上本会へ報告する義務を課した。

組合は、個人の専門的研究を、資料・意見交換などによって補う組織とされた。一方、大日本教育会は、組合に対して、共同研究・研究発表・資料収集などの機会を提供することになった。

(三) 教育学術研究組織としての研究組合の設立

表1は、明治二九年の組合廃止までに設立された全組合の一覧である。表1によると、明治二七年中に六つの研究組合と一つの調査組合が設立された。組合設立数は、組合規程制定時の予想よりも少なかった。六つの研究組合は、各科教授法研究(国語・漢文・理科)、単級下での教授法の研究、および説辞法・児童の研究をテーマにした。これらのテーマには、研究組合の方向性を確認できる。ここでは説辞法研究組合と児童研究組合について説明する。

説辞法研究組合については、発起人の一人である工藤一記の説明に詳しい。[24] 工藤は、次のように述べた。「説辞」という名称は孟子から採り、その意味は英語の"elocution"(雄弁術、演説法)に近い。日本語の説辞法は、日本語の性質に基づく。そのため、日本語の説辞法を研究しなくては、日本語によって政務官は十分「宣言」できず、議員は「討議」できず、宗教家は「説教」できず、教師は「教授」できない。以上のような工藤の説明によると、説辞法研究組合は、日本語による説明方法を研究し、その成果を教師の教授活動に応用しようとしていた。

児童研究組合については、明治二八(一八九五)年一〇月の第一回報告書のなかにある「児童研究組合設立の趣旨」に詳しい。[25] 同趣旨は、次のように述べた。教育は「人を陶冶する術」である。人を陶冶するには「人の性」を理解する必要がある。そのため、児童を教育するには、「児童身心の性嚮」を理解する必要がある。また、教育学は心理学・生理学によって基礎づけられ補われるが、これら諸科学(理学)を実地に「応用資益」するには次の事情を考慮する必要がある。国土が異なれば人情風俗も異なり、児童の心性も身体も異なる。陶冶の術として教育を行い、教育学を実地に応用するには、日本の児童がもつ心身の性質を研究する必要がある。以上のような趣旨説明によると、児童研究組合は、日本の教育現場に教育学を応用することを目指していた。

研究組合は、全体として教育方法の基礎と応用とに関する研究を目的にした。そこには、教育に関わる要素(日

表1　大日本教育会に設置された研究組合

認可年月日 年	認可年月日 月日	組合名	各規約に規定された目的	会合数（月）	初期員数
明治二七	一月一九日	単級教授法研究組合	単級教授ノ理論及ビ方法ヲ研究スルヲ目的トス	二回以上	一六
	二月　三日	国語科研究組合	小学校中学校ニ於ケル国語ノ教授法及ビ之ニ関係スル種々ノ要件ヲ研究スルモノトス	二回以上	一四
		初等教育調査組合	（一）小学校教育法及幼稚園保育法ヲ研究（二）小学校教育ヲ普及セシムル方法ヲ調査	一回以上	五
	三月　五日	説辞法研究組合	口語ヲ以テ十分ニ我ガ意志ヲ通達スル法則ヲ明ニシ且之ヲ教育上ニ応用スル方法ヲ研究スルヲ目的トス。就中小学校中学校ニ於ケル誦読法ヲ設定スルヲ以テ急務トスベシ	一回以上	一一
	六月一四日	漢文科研究組合	中学校ニ於ケル漢文ノ教授法及之ニ関係スル種々ノ要件ヲ研究スルモノトス	二回以上	六
	一一月　六日	児童研究組合	児童身体及精神ノ状態発育、並ニ両者相互ノ関係ニ就キテ特ニ教育上切要ナリト認ムル事項ヲ研究調査スルヲ目的トス	一回以上	一〇
	一二月二一日	理科教授研究組合	普通教育ニ於ケル理科教授ノ事項、方法、及ビ之ニ関係スル種種ノ要件ヲ研究スルヲ目的トス	一回以上	二一

出典：『大日本教育会雑誌』『教育公報』を参照して作成。認可年月日は各組合規約が常議員会で承認された日。目的・会合数は各規約を参照。組合員数は成立後初の報告時の数。

本語・児童など）の性質を究める「学」と、その実際への応用である「術」を意識する方向性が見られる。なお、研究組合員には、東京在住の師範学校・小学校・中等学校・学習院などの現職教員や教員経験者が集まった。なかでも高師・女高師教員がその半数近くを占め、研究組合によっては約七割を占めた(26)。研究組合は、普通教育や教員養成に携わる現職教員・教員経験者と高師教員が、教育学術研究を進めようとする組織であった。

四．研究組合における構想の実現

（一）東京有数の教育研究者・指導的教員による組織構成

嘉納の大日本教育会構想や大日本教育会組合規程は、実際に設立された研究組合において、どのように実現したか。ここでは、単級教授法研究組合を事例として取り上げる。同研究組合は、各科教授法と学校管理法を論じ、広く教育方法研究を行っていた。

単級教授法とは、一学級だけの学校（単級学校）における教授法である（詳細は第Ⅱ部第三章参照）。明治二〇年代の尋常小学校には、単級学校が最も多かった（明治二八年には全体の約四〇％）。単級教授法は、小学校教員や尋師教員にとって切実な問題として各地で研究され、日本の実情に適合するような改良を必要としていた。単級教授法の研究は、基本的に、尋常師範学校での実践や、外国の言説・方法の翻訳に基づいて進められた[27]。高師附属学校では、文部大臣の指令によって単級教授法の研究が開始され、明治二七年三月に高師附属学校編（実際には同校訓導の勝田松太郎著）『単級学校ノ理論及実験』がまとめられ、講習会などを通して全国に普及した[28]。同編著の発行者である茗渓会は、この編著の理論と実際を、主にドイツの論説・実践に基づいた勝田の実験結果として捉えていた[29]。その内容には、批判的検証のない紹介に止まった外国事例や、日本の実情に適さない翻訳教材などが多く見られる[30]。また、巻末附録の「尋常師範学校附属単級小学校」では、従来の尋師での研究蓄積に全く言及していない[31]。高師附属学校での単級教授法研究は、各地の尋師の実践・研究とは没交渉的に進められ、かつ茗渓会が問題視した「欧米の教育方法の斟酌採用」的研究に陥っていた。

先述の通り、研究組合に期待された役割は、現職教員の批評や意見交換を引き出すことにあった。単級教授法

表2　大日本教育会単級教授法研究組合員一覧

氏名	略歴
野尻　精一	発起人、高師教授、兼東京府尋常師範学校長、高師卒、ドイツ留学経験あり、ヘルバルト主義教育の提唱、『二部教授』（共著明治三七）
町田　則文	発起人、高師教授・附属学校主事、高師卒、『学校管理法』（明治二六）
石川　重幸	発起人、高師附属学校単級小学校訓導
川村　理助	発起人、女高師教諭、高師卒
鈴木　光愛	発起人、女高師助教授（後、東京府師範学校教諭）、高師卒
能勢　栄	発起人、教育学者、元学習院・尋常師範学校教員、米国パシフィック大学 Master of arts、『学校管理術』（明治二三）・『莱因氏教育学』（明治二八）など
田中　敬一	東京府尋常師範学校長（後、女高師教授・附属小学校主事）、高師卒
牛島　常也	高師附属学校単級小学校訓導、『新編単級教授法』（明治二九）
黒田　定治	高師教授、高師卒、英・仏・独留学経験者、『単級教授法』（明治三五）、明治二八の文部省単級教授講習会講師
上野道之助	東京在住（明治二七）、愛媛県尋常師範学校教諭（明治二八）
戸倉　広胖	東京府私立綴英小学校主
丹所　啓行	東京府公立番町小学校長、高師卒、茗渓会代表
金子　治喜	東京府私立芳林小学校主、東京府私立学校大組合長
多田房之輔	東京府公立麹町小学校長、『実用学校管理法』（明治二二）・『理論実験学校管理法』（明治三一）
渡辺　政吉	非会員、女高師助教諭、『小学全科実験教授法』（明治二八）
村田　千熊	非会員、女高師附属小学校訓導

出典：次の資料を参照して作成。『大日本教育会雑誌』『東京府教育会雑誌』『日本之小学教師』各記事。「東京府私立小学校大組合役員届」『願伺届録私立小学校』一八八八年、東京都公文書館所蔵。「職員録」『官報』附録、一八九二・九三・九四・九五年度。「東京茗渓会会員及客員業務宿所姓名録」『東京茗渓会雑誌』一四三号附録、一八九三年。『東京高等師範学校一覧』一九〇八年。牛島常也先生謝恩会編『あかねのながれ』一九三七年。唐沢富太郎編『教育人物辞典』上中下巻、ぎょうせい、一九八四年。

研究組合には、日本の実情に沿った研究成果を形成して小学校教員や尋師教員に提示し、彼らの批評や意見交換を引き出すことが求められていたといえる。単級教授法研究組合規約は、明治二七年一月一七日、大日本教育会談話室において、石川重幸・町田則文・川村理助・鈴木光愛・能勢栄を発起人として作成され(32)、翌日一八日の常議員会で承認された(33)。同研究組合には、明治二七年六月までに表2に挙げた一六名が集まった。なお、明治二八年一〇月の総集会報告によると、戸倉・丹所・金子が抜け、渡辺勇助（私立小学校長）と中村方定（高等師範学校附属学校訓導）が加わっている。

同組合員一六名には、高師教員（教授・助教授・教諭・訓導）が八名参加し、高師卒業生は七名であった。『単級学校ノ理論及実験』の研究所であった高師附属学校単級小学校の担当訓導が二名参加し、同著の著者勝田の上司の町田と同僚の石川とが発起人に加わり、同著を発行した茗渓会代表の丹所も参加した。また、校長クラスの東京府公私立小学校教員が四名参加した。さらに、野尻・能勢・町田・牛島・黒田・多田は、組合設立前後に、単級教授法または学級・学校管理法研究を著書にまとめている。なかでも野尻・能勢は、ヘルバルト主義教育学に通じた教育学者であった。

単級教授法研究組合の構成員は、師範附属学校などでの実践・研究経験や、高師卒の経歴を有する東京有数の教育研究者・指導的教員たちであった。なお、能勢は説辞法研究組合員、黒田は児童研究組合員でもあり、同研究組合は、教育学術の基礎研究（説辞法・児童）とも関係を有していた。

図７　田中敬一

図８　村田千熊

（二）研究成果の歴史的位置

単級教授法研究組合は、明治二七年六月に第一次報告、明治二八年二月に第二

表3　大日本教育会単級教授法研究組合研究項目

研究項目	担当者	報告
第一 単級小学校の意義	協議会	1次
第二 単級教授と合級教授との区別	?	1次
第三 生徒の補助すべき事柄	能勢栄	1次
第四 正教員と准教員との関係	石川重幸	1次
第五 多級小学校と単級小学校との利害得失	鈴木光愛	1次
第六 単級小学校教師の性格	?	1次
第七 単級小学校器具の配置	?	1次
第八 単級小学校時間割標準	田中敬一	1次
第九 単級小学校管理法	町田則文	1次
第十 単級小学校教授時間割雛形	?	2次
第十一 単級小学校の敷地及び校舎	能勢栄	2次
第十二 単級小学校各学科教授の順序及び方法	?	2次

出典：『大日本教育会雑誌』150号、『単級教授法研究組合に於て研究したる事項』（1895年）を参照して作成。

次報告を発表した。同研究組合では次のように研究が進められた。まず、表三のように一二の研究項目を設定し、各組合員、とくに発起人五名が各項目を分担した。そして、担当者が自分の研究をもとに原案を作成し、それを「協議会」で他の組合員との討議にかけ、担当者が清書して研究完了とした。協議会は毎月二回開かれ、明治二八年七月までに約三〇回開かれたという。[34]なお、第四項目の「正教員と准教員の関係」については、『大日本教育会雑誌』に「詳細承知致度候」と広告を出し、実際上の意見を求めた。[35]同研究組合の研究成果は、単級教授法研究の専門的テーマに関する組合員の個人研究を基本としながら、協議会での意見交換や非組合員からの情報収集を経て形成された。

単級教授法研究組合報告については、第Ⅱ部第三章で詳述したが、その基本的内容は次の通りである。[36]第一次報告では、単級教授法の前提となる事柄（学校・教員・児童など）の性質、および単級小学校の管理法を述べた。第一・二項では、「単級」を「団体」と定義し、単級小学校を「全校の児童を一学級に編制せる者」とし、合級教授と単級教授を明確に区別した。第二次報告では、時間割・校舎配置、予備・教授・応用の三段階で構成する内容（修身科）などの各科教授法を述べた。教材には、外国の教材ではなく、日本的風俗に沿った教材が選ばれた。[37]

同報告は、集団としての「級」概念に基づき、合級教授法と明確に区別され、段階教授法を採用した。明治二四年の「学級編制等ニ関スル規則」によって等級（階級）から集団の単位へと変化した「級」概念は、以後の教授法の変革を導いたという[38]。第二次小学校令期以後の単級教授法は、集団としての「級」概念によって等級概念に基づく「合級教授法」を否定し、ヘルバルト派教授法の原理を取り込んで理論化されていく[39]。このような歴史的文脈から見ると、同報告は、当時の単級教授法研究から見て典型的な内容を有していた。また、教材開発において日本的風俗に留意し、当時の単級教授法研究における直訳的性格を乗り越えようとした形跡が見られた。

（三）単級教授法研究組合の役割

①教育会雑誌・師範学校を通した研究成果の普及

単級教授法研究組合報告は、大きく三種類のメディアを通して各地の教育関係者に提示された。まず、『大日本教育会雑誌』であった。同誌の発行部数は、明治二七年に毎号平均二、三二〇部、明治二八年に毎号平均一、九三七部で[40]、その主要読者は会員であった。会員の半数以上は小学校教員であり、尋常師範学校教員も会員であった[41]。同報告はこれら小学校・尋常師範学校教員の手元に届けられた。

次に、地方教育会の機関誌であった。表4は同報告の転載を確認できた地方教育会雑誌の一覧表である。当該時期のものを参照できない雑誌があるため、表4は完全ではない。ただし、同報告は北海道から九州まで広範囲にわたる地方教育会雑誌に転載されたことは理解できる。各教育会雑誌は、『大日本教育会雑誌』掲載の報告を、全てまたはその一部を転載した。教育会雑誌にはそれぞれ読者（主に会員）がいる。判断する限りで読者数（会員数）を合計すると、同報告を転載した雑誌には、少なくとも九、一四〇名の読者がいたことがわかる。この数には未参照の雑誌読者数を含んでいないので、同報告を読む機会を有した読者数はこれ以上であろう。当時の教育雑誌読者の多くは、定期的な講読が可能だった小学校正教員であったという[42]。同報告は転載した教育会雑誌の読者で

表４　大日本教育会単級教授法研究組合報告書を転載した地方教育雑誌一覧

雑誌名	機関名	会員数	1次報告掲載	2次報告掲載
北海道教育雑誌	北海道教育会	713	23/24/27/28	32/33/35/36/38
茨城教育協会雑誌	茨城教育協会	781	125/126	135 ～ 138
上野教育会雑誌	上野教育会	669	?	92/94/96/98
埼玉教育雑誌	埼玉県教育会	800	132 ～ 134	140/141/143/144
東京府教育会雑誌	東京府教育会	703	59/?	?/71/74
越佐教育雑誌	新潟県教育会	?	20/21	26
信濃教育会雑誌	信濃教育会	1010	95/96	108/109/114
静岡県教育新誌	静岡県連合教育会	?	24/25	31/33/34/36 ～ 40
愛知県教育雑誌	愛知県教育会	?	－	98
京都府教育会雑誌	京都府教育会	2200	28/29	?
奈良県教育会雑誌	奈良県教育会	675	14/15	20/21
島根県私立教育会雑誌	島根県私立教育会	611	103/104	111/112/114
香川県教育会報告	香川県教育会	?	?/66/67	?
大分県教育雑誌	大分県共立教育会	?	115/116	124/126
長崎県教育雑誌	長崎県教育会	978	31	36/37

出典：次の資料を参照して作成。東京大学・筑波大学・福島大学・茨城大学・静岡大学および宮城県・奈良県・大分県立図書館所蔵の各雑誌。『島根県近代教育史』第７巻、教育ジャーナリズム史研究会編『教育関係雑誌目次集成』第４期。『北海道教育雑誌』『信濃教育会雑誌』は復刻版を参照。「？」は不明。「－」は存在しないものを示す。

あった小学校正教員に届けられた。

第三に、『大日本教育会雑誌』掲載の内容をまとめた『単級教授法研究組合に於て研究したる事項』（非売品）であった。同書は、数十部を大日本教育会に寄送し、本会から全国各地の尋常師範学校へ参考として寄贈されたという[43]。同報告は、尋常師範学校に配布された。

このように、単級教授法研究組合報告は、教育会雑誌などを通して、大日本教育会員および同報告を機関誌に転載した地方教育会員であった小学校正教員や尋常師範学校教員に提示された。

②　批評・意見交換の喚起

単級教授法研究組合報告は、第一次・第二次報告ともに「未確定」のものと位置づけられ、「広く大方教育家の批評を乞はんこと」を付記した[44]。同報告は、他の実践者・研究者によって修正されるべき性質のものであった。いわば、単級教授法研究の「たたき台」として形成されていた。

同報告は、各地の教員にどのように提示され、どんな反応を引き出したのだろうか。『北海道教育雑誌』によると、明治二八年八月一日より開かれた文部省主催単級教授講習会では、同講師の黒田定治が、文部省調製の図案とともに、単級教授法研究組合調製の単級学校校舎の図案を講習中に推薦したという。(45)また、『東京府教育会雑誌』は、上記講習会講義中の教科課程と教授時数とを説明するにあたり、「郷ニ大日本教育会単級教授法研究組合ニ於テ研究シタル事項ヲ同教育会雑誌ヨリ本誌ニ転載セシコトアレバ、茲ニハ只其要項ヲ掲ゲ…」と評価し、転載記事の参照を促した。(46)同報告は、文部省主催講習会の講師によって尋師教員に対する推薦資料として提示され、『東京府教育会雑誌』によって講習内容を補う要参照資料として位置づけられていた。

明治二八年一〇月の総集会の報告によると、明治二八年八月、山形県会員・生稲郡治（西田川郡加茂尋常高等小学校訓導兼校長）は、単級教授法研究組合に批評を送ると同時に、参考資料として西田川郡教育会編纂『尋常科単級小学校教授細目標準』と東郷高等小学校実施の高等科単級小学校教授細目を送付したという。(47)また、土屋慶甫（山梨県尋常師範学校教諭）は、「単級学校ノ管見」と題して単級教授法を論じ、東山梨郡教育会員に批評を求めたが、単級制と多級制との特質に言及する際、単級教授法研究組合報告の当該部分を「能ク其肯綮ヲ得タルモノ」として評価し、その要目を略挙して参照させた。(48)同報告は、小学校教員・生稲の批評および資料提示を引き出すとともに、尋師教員・土屋と東山梨郡教育会員との意見交換を導くひとつの材料となった。

単級教授法研究組合報告は、講習会や教育会雑誌・会合などを通して、単級教授法研究の推薦資料あるいは要参照資料として提示された。小学校・尋常師範学校教員のなかには、同報告またはその一部を批評・意見交換の材料とした現職教員があらわれた。単級教授法研究組合は、研究成果の公表によって、現職教員の一部から単級教授法研究に関する批評・意見交換の動きを引き出した。

図９　黒田定治

(四) その他の研究組合の活動

【国語科研究組合】 明治二七年二月三日、国語科研究組合規約が承認された[49]。国語科研究組合の創立メンバーは、嘉納治五郎（高師校長）・高津鍬三郎（第一高等中学校教授・文科大学助教授）・那珂通世（高師教授・第一高等中学校教授）・落合直文（第一高等中学校教授）・三上参次（高師教授・文科大学助教授）・三宅米吉（高師教授）・関根正直（華族女学校教授）の七名であった。同組合の目的は、「小学校中学校に於ける国語の教授法、及び之に関係する種々の要件を研究する」ことであった。同年六月の第一一回総集会での同組合の活動報告によると、隔週で会合していたという[50]。組合員は、発起人七名と今泉定介（東京府城北尋常中学校長）・畠山健（高師教授）・萩野由之（学習院教授）・安井小太郎（学習院教授）・松井簡治（学習院教授）・小中村義象（第一高等中学校教授）・吾妻兵二（陸軍幼年学校教授）との合計一四名になっていた。総集会では、「尋常中学校国語科の要領」の決定稿と、「送り仮名法」（報告の時点ですでに終了）・「句読法」（未討議）・「文法に用ふる名称を一定すること」（討議中）について研究中であることが報告された。

同組合は、明治二九年一一月の第一三回総集会でも報告した[51]。この報告によると、同組合は、すでに決定していた送り仮名法を「実用に試みて其の便否を確めんこと」を専らにし、一年間の「経験」をもって決定したという。報告書には、名詞・形容詞・動詞・副詞ごとに例を挙げて、送り仮名の法則を示した。

【説辞法研究組合】 明治二七年三月五日、説辞法研究組合規約が承認された[52]。説辞法研究組合の創立メンバーは、鳥居忱（高師附属音楽学校教授）・神田乃武（高等商業学校教授）・能勢栄（著述家）・工藤一記（学習院教授）・三宅米吉（高師教授）の五名であった。同組合の目的は、「同志相会し、口語を以て十分に我が意思を通達する法則を明にし、且之を教育上に応用する方法を研究する」ことであった。そして、「就中、小学校・中学校に於ける誦読法を設定するを以て急務とすべし」と第一目標を設定した。

第一一回総集会での活動報告によると、同組合は毎月二回会合し、明治二七年六月一一日までに七回会合したという。組合員は、発起人五名と渡辺信之（不明）、および非会員の北条亮（華族女学校助教授）・土肥庸元（不明）・武田英一（陸軍砲工学校教授）・白鳥庫吉（学習院教授）・山口小太郎（学習院教授）の計一一名であった。同組合は、研究項目を発音（Articulation）・音声（Accent）・語勢（Emphasis）・曲折（Inflection）・転調（Modulation：音度（Pitch）・音量（Quantity）・音色（Quality））・句読（Pause）の六項目（転調はさらに三項目に分割）に設定し、研究した。その研究方法は、分析対象を日本語とし、研究後、「中小学の読本中一・二の文章の誦読に適用し、然る後漸々歩を進むる事」とした。六月の時点ではまだ研究が完了したものはなかったが、熟音（シレブル）・時間・音符という分析基準を決定していた。

明治二八年一〇月二七日の第一二回総集会で、同組合は活動を報告した[53]。ここでは、「本邦在来の誦読法の陋習を一洗し、生徒をして言辞に巧みならしめ、文章を読む音声と其の文義とを全く一致せしめ、講訳と名づくる冗漫蕪雑なる言葉を作りて以て時間を徒費し、思想を攪乱する弊を除き、耳の神経を鋭敏ならしめ、聴官の能力を発達せしめ、明瞭詳細に他人の言語文章を理会し、自明白簡潔にして意義富贍なる文章を作らしむる習慣を養成する」という、同組合の目標が示された。

【漢文科研究組合】　明治二七年六月一四日、漢文科研究組合規約が承認された[54]。漢文科研究組合の創立メンバーは、工藤一記（学習院教授）・谷本富（高師教授）・三宅米吉（高師教授）・落合直文（第一高等中学校教授）・那珂通世（高師教授）・嘉納治五郎（高師校長）の六名であった。同組合の目的は、「中学校に於ける漢文の教授法及之に関係する種々の要件を研究する」ことであった。明治二八年一〇月の第一二回総集会では、「尋常中学校漢文科の要旨」を報告した[55]。この要旨は、本旨・程度・時間配当・教課書・注意・尋常中学校漢文科教授法（全九項・備考九項）から成っていた。

【児童研究組合】　明治二七年一一月六日、児童研究組合規約が承認された[56]。児童研究組合の創立メンバーは、嘉納治五郎（高師校長）・谷本富（高師教授）・黒田定治（高師教授）・後藤牧太（高師教授）・篠田利英（女高師教授）・元良勇次郎（高師教授・文科大学教授）の六名であった。同組合の目的は、「児童身体及び精神の状態・発育、並に両者相互の関係に就きて、特に教育上切要なりと認むる事項を研究調査する」ことであった。

明治二八年一〇月の第一二回総集会での報告によると、同組合は、「別紙四種の印刷物を調製し、之を各地の篤志者に配付」したという[57]。この別紙とは、「児童研究組合設立の趣旨」および「児童研究用説話（尋常小学校第一学年用）」三種類であった。「児童研究用説話」は会話調で記され、導入の説話（問答）・注意・問題の三領域に分かれていた。なお、組合員は一〇人となり、創立メンバー六名に堀尾金八郎（正則尋常中学校教員）・高島平三郎（不明、元良の下で修行中）・松本亦太郎（帝国大学大学院生）ともう一名（姓名不詳）が加わった。

同組合は、明治二九年一一月の第一三回総集会で報告をした[58]。これによると、三種類の「児童研究用説話」（第一回研究問題）についての解答が、各地の尋常師範学校の協力により一道三府三五県から送付されたという。被験児童は各問題ごとに一、〇〇〇名を超えたと報じられた。しかし、第一三回総集会時点では、まだこの解答の分析が終了していなかった。なお、この分析結果については、大日本教育会・帝国教育会では報告されなかったため不明である。

【理科教授研究組合】　明治二七年一二月二日、理科教授研究組合規約が承認された[59]。理科教授研究組合の創立メンバーは、飯盛挺造（女高師教授）・岩川友太郎（女高師・高師教授）・岩谷英太郎（東京府高等女学校教諭）・岩城良太郎（不明）・生駒万治（高師助教諭）・帰山信順（東京府尋常中学校教諭）・田中敬一（女高師教授）・中山民生（東京府尋常師範学校教諭）・中川謙二郎（女高師教授）・大久保周八（東京府尋常師範学校教諭）・高橋章臣（高師教諭）・後藤牧太（高師教授）・寺尾捨二郎（不明）・斉田功太郎（高師教授）・宮川盛（東京府公立練塀小学校長）・森田勝（東京府公立有馬小学校長）の一六名であった。同組合の目的は、「普通教育に於ける理科教授の事項、方法、及び之に関係する種種の要件を研究する」ことであった。明治二八年一〇月の第一二回総集会での報告によると、調査事項は三部に分け、小学校における理科教授の材料を調査したという[60]。組合員は、岩城と寺尾が退会し、池田菊苗（高師教授）・池田吉乙（不明）・波々伯部弾（不明）・根岸福弥（高師附属学校訓導）・会田貢（東京府尋常師範学校附属小訓導）・桜井寅之助（東京府尋常師範学校教諭）・三刀谷扶綱（陸軍幼年学校助教）が加わり、二一名になっていた。報告書では、「小学校に於ける理科教授の材料」として膨大な数の教材名が挙げられている。『大日本教育会雑誌』第一六一号（明治二八年一月刊行）以降、実験叢談欄にその報告が連載された。これは帝国教育会再編によって、組合が解消されるまで続いた。

以上、大日本教育会研究組合の成立過程を明らかにしてきた。本章で新たに明らかになったことを中心にまとめると、以下の通りになる。

明治二六年一二月以降の改革実行に積極的に動員されたのは、嘉納治五郎校長ひきいる高師教員たちであった。嘉納は、明治二六年九月に高師改革を使命に帯びて高師校長となり、明治二七年七月には教育方法研究を高師本校の目的に掲げた。このような高師改革と並行して、明治二六年一二月、嘉納は研究組合の成立に深く関わった。嘉納は、大日本教育会の人的ネットワークを駆使して、有益な知識・経験を有する教育研究者・実践者を組織化しようとした。研究組合はそのための組織であった。嘉納のねらいは、現職教員の教育方法を改良するために、現職教員を刺激し、研究情報の批評・交換を促して、師範学校の教育方法研究機能を補完するところにあった。研究組合の成立は、高師校長・嘉納治五郎にとって、高師改革を補完するものであった。

研究組合は、嘉納の構想を具体化する形で成立した。研究組合には多くの高師教員が動員された。単級教授法研究組合は、中央の教育研究者・指導的教員と地方の現職教員との間に、研究交流の機会をもたらした。従来の高師教員は、主に国外の研究蓄積に注目して単級教授法研究を行っていた。高師教員は、研究組合に参加することで、国内の研究蓄積にも目を向けることになった。

研究組合の成立過程には、教授法研究における児童・説明法・教材の日本的特性に対する問題意識を確認できる。高師における単級教授法研究は、外国の論説や方法の斟酌採用に止まっていた。しかし、このような研究姿勢は、高師存廃論争を経てすでに問題視されていた。単級教授法研究組合では、外国の論説・実践の紹介やその斟酌採用よりも、日本の実情に合った教材やそれに基づく教授法の開発が行われた。高師教員は、研究組合に参加することで、従来の外国研究中心の研究姿勢から一歩前進することになった。

大日本教育会研究組合の成立は、教育会の政論抑止策に止まるものではなかった。それは、外国事例の紹介やその斟酌採用に従事しがちだった当時の高等師範学校教員に対して、国内の現職教員との研究交流や、教授法研究における日本の実情に合った研究を促すものであった。

(1) 稲垣忠彦『増補版明治教授理論史研究』評論社、一九九五年（初版一九六六年）。
(2) 例えば、「教育会と教育の研究」島根県近代教育史編さん事務局編『島根県近代教育史』第一巻通史、島根県教育委員会、一九七八年、一一六〇～一二一六頁。教育会については、梶山雅史編『近代日本教育会史研究』学術出版会、二〇〇七年。
(3) 帝国教育会編『帝国教育会五十年史』帝国教育会、一九三三年、三四～三六頁。
(4) 石戸谷哲夫『日本教員史研究』野間教育研究所、一九五八年、二〇九～二一〇頁。
(5) 上沼八郎「『大日本教育会雑誌』解説」帝国教育復刻版刊行委員会編『帝国教育』総目次・解説、上巻、一九九〇年、四～五頁・二二一～二三三頁。
(6) 船寄俊雄『近代日本中等教員養成論争史論』学文社、一九九八年。
(7) 「高等師範学校ニ関スル意見」『東京茗渓会雑誌』第一〇七号、東京茗渓会、一八九一年一二月、附録。
(8) 船寄、前掲注（6）、六五～七六頁。
(9) 伊原真次郎訳「教育ノ学及術」『教育時論』第二四四～二五〇号、開発社、一八九二年一～三月。
(10) 「同上（第二）」『大日本教育会雑誌』第一二三号、大日本教育会、一八九二年一二月、七六四～七六五頁。
(11) 「教育会新設の風説に就きての事実」『教育時論』第三〇九号、一八九三年一一月、二六～二七頁。
(12) 「評議員会」『大日本教育会雑誌』第一三五号、一八九三年一一月、五一～五二頁。
(13) 「評議員会」『大日本教育会雑誌』第一三六号、一八九三年一一月、四三頁。
(14) 前掲注（11）。

(15)『教育時論』の明治二七～二九年分参照。『教育時論』は明治二六年中、数度にわたって教育談話会を報道した。
(16)能勢栄「井上文相及び民間教育家に対する意見」『教育時論』第三〇八号、一八九三年一一月、一一～一三頁。
(17)能勢栄「大日本教育会に対する意見」『教育時論』第三一〇号、一八九三年一一月、一四～一六頁。
(18)「大日本教育会臨時総集会広告」『大日本教育会雑誌』第一三六号、広告。
(19)「臨時総集会」『大日本教育会雑誌』第一三八号、一八九三年一二月、一三～一五頁。
(20)「大日本教育会臨時総集会」『教育時論』第三一二号、一八九三年一二月、三二頁。
(21)嘉納治五郎「本会ノ将来ニ就キ余ノ冀望ヲ述ブ」『大日本教育会雑誌』第一三九号、一八九四年一月、一～九頁。
(22)「常議員会」同前、三四～三五頁。
(23)町田則文・野尻精一「大日本教育会組合規程説明」『大日本教育会雑誌』第一四〇号、一八九四年一月、一～五頁。
(24)工藤一記「説辞法ノ説明」『大日本教育会雑誌』第一四四号、一八九四年三月、八～一八頁。
(25)「大日本教育会児童研究組合報告」『大日本教育会雑誌』第一七二号、一八九五年一二月、六九～七〇頁。
(26)職業不明者を除く各研究組合員総数に対し、高等師範学校・女子高等師範学校教員を合計した人数の割合は、単級五六％（一六人中九人）、国語三六％（一四人中五人）、説辞二二％（一一人中不明者二人を除いて九人中二人）、漢文六七％（六人中四人）、児童六七％（一〇人中不明者一人を除いて九人中六人）、理科五三％（二一人中不明者二人を除いて一九人中一〇人）。全体では四九％（七三名中三六人）。
(27)麻生千明「第二次小学校令期における単級教授論の紹介導入と展開」『弘前学院大学・弘前学院短期大学紀要』第一七号、一九八一年、九五～一一三頁。
(28)笠間賢二「高等師範学校附属学校における単級学校論の形成過程」『東北大学教育学部研究年報』第三二巻、一九八四年、八一～八二頁。
(29)高等師範学校附属学校編『単級学校ノ理論及実験』茗渓会、一八九四年、緒書二頁。
(30)例えば、「『バイフェル』氏ノ経文歴史教授ノ法ハ大ニ参考スベキ値アリ。氏曰ク上ノ組ト下ノ組ハ共ニ経文歴史講述ノ順序ヲ同一ナラシムルコト容易ナリ。例エバ、上ノ組ガ人類初世史ヲ以テ教ヘラルル時ニハ下ノ組ハ極楽ニ於ケル『アダム』『イブ』ニ就テ説明セラル」（高師編、同上、七六～七七頁）。
(31)高師編、前掲注(29)、二一〇～二一九頁。
(32)森武次郎編『単級教授法研究組合に於て研究したる事項』牧田有穀、一八九五年、序言（一）頁。
(33)「単級教授法研究組合規約ノ承認」『大日本教育会雑誌』第一四〇号、三七～三八頁。

(34) 森編、前掲注(32)、序言(二)頁。
(35)「広告」『大日本教育会雑誌』第一四三号、一八九四年三月、一頁。
(36) 森編、前掲注(32)。
(37) 例えば、「修身科教授案一例」では「報恩の心を起さしむ」ことを目的とし、「喜兵衛の恩を報じたる話」などの例話を示した(森編、前掲註(32)、四四～四八頁)。
(38) 楠本恭之「学校管理法教科書にみる学級論の変容」教育史学会編『日本の教育史学』第四〇集、一九九七年、一五一～一六八頁参照。
(39) 麻生千明「明治期教授法用語としての『単級』をめぐる諸問題」『弘前学院大学紀要』第一八号、一九八二年、四一～五一頁。
(40)「明治二十七年中大日本教育会々務報告」『大日本教育会雑誌』第一七二号、七五頁。「明治二十八年中大日本教育会会務報告」『教育公報』第一八六号、帝国教育会、一八九七年一月、一八頁。
(41) 白石崇人「大日本教育会および帝国教育会における広島県会員の特徴」『広島大学大学院教育学研究科紀要』第三部第五四号、二〇〇五年、八七～九五頁。
(42) 久木幸男「解説『教育報知』と日下部三之介」『教育報知』別巻、ゆまに書房、一九八六年、六頁。『文部省第二十三年報』によると、明治二八年一二月現在の小学校本科正教員数は三九,六〇〇名であった。
(43)「大日本教育会第十三回総集会に於ける辻会長の閉会の辞」『教育公報』第一八五号、大日本教育会、一八九六年一二月、二〇頁。
(44)「単級教授法研究組合に於て研究したる事項」『大日本教育会雑誌』第一五二号、一八九四年八月、四六頁。「大日本教育会単級教授法研究組合第二回報告書」『大日本教育会雑誌』第一六四号、一八九五年四月、六三頁。
(45)『北海道教育雑誌』第三九～四七号(北海道教育会、一八九六年刊行分)の牧口常三郎筆記を参照。
(46) 伊藤房太郎・飯山七三郎「単級小学校教授法大意」『東京府教育会雑誌』第七七号、東京府教育会、一八九六年二月、一〇頁。
(47)「大日本教育会単級教授法研究組合の報告」『大日本教育会雑誌』第一七二号、五八頁。生稲の批評および送付資料は、今のところ現存を確認できなかった。
(48) 土屋慶甫「単級学校ノ管見」『山梨教育』第一号、山梨教育会、一八九四年一二月、四～五頁。土屋の単級学校論には、高師編『単級学校ノ理論及実験』を参照したと思われる部分が多い。土屋は、単級教授法研究組合報告と同時に、間接的に高師編をも批評の俎上に乗せたと考えられる。
(49)「国語科研究組合規約」『大日本教育会雑誌』第一四一号、一八九四年二月、四八～四九頁。国語科研究組合については、菊野雅之「近代中学校国語科の枠組みの成立─高津鍬三郎立案『国語科（中学校／師範学校）教授法』の形成過程を中心に」（国語教育史学会編『国語教育史研究』第一三号、二〇一二年、（一七）～（三四）頁）が言及している。
(50)「大日本教育会第十一回総集会」『大日本教育会雑誌』第一五〇号、一八九四年七月、二〇～二二頁。
(51)「大日本教育会国語教授法研究組合報告」『教育公報』第一八五号、二二～二三頁。
(52)「国語科研究組合規約」前掲注（49）、四八～四九頁。
(53)「大日本教育会説辞法研究組合の報告」『大日本教育会雑誌』第一七二号、五八～五九頁。
(54)「漢文科研究組合規約の承認」『大日本教育会雑誌』第一五〇号、一三～一四頁。
(55)「大日本教育会漢文科研究組合報告」『大日本教育会雑誌』第一七二号、六五～六九頁。
(56)「児童研究組合規約の承認」『大日本教育会雑誌』第一五八号、一八九四年一一月、四七～四八頁。
(57)「大日本教育会児童研究組合報告」『大日本教育会雑誌』第一七二号、六九～七四頁。
(58)「大日本教育会児童研究組合報告（第二回）」『教育公報』第一八五号、二二頁。
(59)「理科教授研究組合規約の承認」『大日本教育会雑誌』第一六一号広告、一八九五年一月、一頁。
(60)「大日本教育会理科教授研究組合報告」『大日本教育会雑誌』第一七二号、五九～六五頁。

第五章　全国教育者大集会の開催背景

――輿論形成体制への地方教育会の動員――

本章の目的は、明治二三（一八九〇）年五月の全国教育者大集会の開催背景に着目して、明治二〇年代初頭における教育輿論形成体制をめぐる論争・動向を明らかにすることにある。本章の検討対象は、全国教育者大集会そのものではなく、その開催背景である。

明治二三年一一月、帝国議会第一回通常議会が開設され、国家レベルでの議会政治が開始された。明治維新後の政策決定の理想は、大衆の感情的雰囲気である世論《せろん》ではなく、公開討議された合理的意見である公議輿論《よろん》（公論）に基づくことであった(1)。国家の教育政策についても同様である。帝国議会は、様々な教育要求を、輿論として国家の教育政策過程に反映させる場になっていく(2)。政府としても、国家機能の充実とともに行政事項が拡大・多様化するなかで、従来の官僚専決方式に代わる合議制政策決定機構を設け、輿論を適切に処理していく必要があった(3)。

学校・学級内部における教員の専門性・自律性が、聖職・天職的教師観に基づいて主張され始めたのもこの時期である(4)。明治二二（一八八九）年の各教育雑誌では、帝国議会開設後の教育政策過程に対する不安が最高潮に達した(5)。それに対して、「教育会」の改良によって教育社会の輿論形成体制を整備することが、度々主張されていく(6)。教育会は、教育社会の教育に関する輿論を形成し、それを媒介にして様々な社会的役割を担った。当時、全国規模の教育会は、大日本教育会だけであった。全国教育者大集会は、明治二三年五月二五日から三〇日まで、第三回内国勧業博覧会の会期中に六日間にわたって大日本教育会の主催で開催され、全国から八〇〇名以上の教育関係者を集めた。大集会の開催は、明治二四（一八九一）年以降の全国連合教育会の開催に続き、全国の道府県教育会や小学校教員を文部省の政策過程に参加させる契機へとつながった。(7) また、大集会における多様な「国家教育」の議論は、国家事業としての教育観に関する合意を形成し、後の国家教育社の結成および国立教育運動の基礎を作った。(8) 大集会の開催は、全国レベルの教育輿論形成および教育に関する全国的運動の出発点ともいえる。

上沼八郎によると、全国教育者大集会が開催されたのは、伊沢修二が「森［有礼］の地方部会重視の発想の代案」として、大日本教育会を、教育普及・改良・上進という抽象的で微温的な立場から、国政反映を目指す具体的運動の立場に導こうとしたからだという。(9) 当時の伊沢は、帝国議会の開設と内国勧業博覧会の開催とを契機として、大日本教育会に全国の地方教育会と連絡をとらせ、「国家教育」問題を共有させることをねらっていた。(10) しかし、後述するように、当時の大日本教育会は、各地の教育関係者との関係構築に苦慮していた。輿論形成の舞台を大日本教育会以外に求める論調もあった。伊沢の構想は、必ずしも当時の実状に適合していたとは考え難い。

全国教育者大集会に多くの教育関係者が全国から参加した理由は、伊沢構想だけでは説明できない。当時の大日本教育会は、どのような輿論形成体制を構築していたのか。教育関係者は、大日本教育会の体制に対してどのような不満を持ち、実際にどのような行動に出たのか。不満と抵抗による摩擦が起こるなかで、なぜ大日本教育会は全国の教育関係者を集められたのか。これらの問題を検討しなければ、全国連合教育会へとつながっていく全国教育者大集会の歴史的位置を十分に明らかにすることはできない。

以上の問題意識に基づき、本報告では次のように研究を進める。まず、明治二〇年代初頭の教育輿論形成をめぐる論説と大日本教育会の組織改革とに注目しながら、明治二〇年代初頭における教育輿論形成体制の整備状況を整理する。次に、当時の教育会論と大日本教育会の組織構造とに注目して、同教育会に対する不満の構造を検討する。最後に、明治二二年八月の教育関係者の分裂騒動とそれに対する賛否両論、さらに明治二二年一二月以降の大日本教育会の方針転換に注目して、全国教育者大集会の開催背景を検討する。

一．明治二〇年代初頭の教育社会における輿論形成体制

明治一八（一八八五）年四月、『教育時論』と『教育報知』とが創刊された。両誌は、教育社会の「輿論」を形成する必要性を訴えた。明治一八年六月の『教育報知』では、輿論は、「人々ノ共有意思《コモンセンス》ヨリ起ル者《（ママ）》」であり、教育社会の輿論の勢力について「教育社会外」のものより微弱だと論じられた[11]。明治二〇（一八八七）年二月の『教育時論』では、輿論は少数者の意見を卓越する「衆人ノ智識」とされ、授業の得失や管理の利害よりも教育制度の利害を討議して、その結果を政府に建議する輿論形成のあり方が求められた[12]。

明治二一（一八八八）年四月、市制及町村制が公布された（翌年四月施行）。市制及町村制の施行により、小学校その他の教育事務は国家委任事務として市町村に委ねられた。これにより、教育事務は市町村費に関わって増減される政争の具となり、市町村の政治状況に左右される可能性が出てきた。森有礼（文部大臣）は、明治二一年一〇月から一一月にかけて行った奥羽六県の学事巡視において、教育事務の自理独立を説き、校長任免や教育費・就学督責を地方教育会に委ねる構想を明らかにした[13]。しかし、この構想は、明治二二年二月の森暗殺によって頓挫してしまった。

明治二二年四月、『教育報知』の主宰者である日下部三之介（東京教育社長）は、大日本教育会常集会において次のように述べた[14]。来年明治二三年には、帝国議会の開設によって、人民の協賛を得て政治が行われることになっている。従来、教育に関する政治方針は長官の更迭によってたびたび転換した。現状では、教育の立法部が十分な働きをしていない。大日本教育会員は、本会を「日本教育社会ノ代表者」とし、「教育立法部ニモ擬ヘル程ノ位置」に進め、文部省が立法する際に一度は諮問されるようにすべきだ。以上のように、日下部の論では、

帝国議会開設が教育政策過程の改革の動機として明確に位置づけられている。

明治二二年五月の『教育時論』では、松本貢（東京府尋常師範学校教諭）は次のように述べた[15]。従来の府県会議員は、公共かつ遠大な教育事業の貴重さを理解せず、自党の勢力を増すために目前の利害（教育費節減＝減税）を説いて人心を籠絡してきた。帝国議会開設後、政治の方針は輿論に従い、教育に関する立法もまた輿論に従うだろう。帝国議会で府県会と同様のことが起これば、教育には憂うべき前途が待つことになる。教育者は一般の輿論や人民の思想にかかわらず論議を尽くし、少数者の専断を排して公議輿論を決し、国家教育の進歩を図っていく必要がある。そのためにも、教育会を隆盛にし、そこで教育上の自理を議定・実施し、瞞着の徒を膺懲する必要がある。以上の松本の論によると、帝国議会に対する不安は教育関係者による教育政策決定という構想を導いていた。

その他に、渡辺嘉重（茨城県土浦尋常小学校訓導兼校長）の「大日本帝国教育義会」論や[16]、清水直義（東京市立富士見高等尋常小学校長）の「教育党」論があった[17]。いずれも、教育会において教育輿論の形成を行い、それをもって教育政策方針を指導することを求めている。

大日本教育会は、全国の有志者を組織して「我邦教育ノ普及改良及上進」を図り、施政を翼賛することを目的とし、合理的で衆人の合意を得た教育輿論を形成することを期待されていた[18]。大日本教育会は、『大日本教育会雑誌』の創刊や審査員制度の創設、討議会の再開、部門の設置などを実行し、輿論形成体制を徐々に整備した。結成当初六三〇名だった通常会員数は、明治一六年一二月に一、六〇一名、ピーク時の明治二〇年一二月には四、六九五名に達した。明治一九年八月には、地方の教育をより一層普及・改良・上進させるため、支会組織大綱が制定され、地方会員の請願によって支会を設置し、地方会員を組織化することになった。その結果、同年一〇月に石川支会、一二月に山口支会、翌明治二〇年一月に宮城支会、二月に阿波国支会が設置された。

明治二〇年四月、第四回総集会において、森有礼が、大日本教育会の組織改革案を提示した[19]。森の改革案は、全国組織を中央部会・地方部会に分け、それぞれに議員を配置する改革案を提示した。明治二〇年一一月、規則改定により、支会に代えて本会と部会が置かれ、それぞれに議員が配置されることになった。これを受けて、同年一二月に石川部会、明治二一年二月に阿波国部会、六月に山口部会、一一月に宮城部会と愛知部会が設置された。明治二一年五月、上述の部門・議員制度導入を受け、地方部会からの質疑に本会の部門が応答することになった。

以上のように、明治二〇年代初頭において、教育会は、帝国議会内外の教育政策過程に対する影響力をもつべく、教育社会の輿論を形成することを期待されていた。そんななか、大日本教育会は、明治二一年までに、中央―地方の二段階で系統化された組織形態を基礎として、総集会で選挙された議員が輿論形成を行う体制を整えた。

二　大日本教育会の輿論形成体制の問題

(一) 教育会組織の統合をめぐる論争

明治二一（一八八八）年一月と三月、『大日本教育会雑誌』において、本会の枢要事務を担当する参事員の伊沢修二（文部省編輯局長）は、次のように部会を位置づけた。[20]大日本教育会には中央部（本会）と地方部（部会）がある。各地方部は、中央部の「統理指導」を受けてその地方に最も適切な問題を研究し、中央部に質疑して答案を請う。我々は、国民教育を務めとする以上、全国を常に同一方向に進める必要がある。我々は、地方部を設置して日本全国の道府県を一致結合させるため、地方教育会を大日本教育会の地方部会にするよう尽力すべきである。その他、明治二二年六月の議員・清水直義の「教育党」論および同年八月の議員・山崎彦八（七月より東京市立富士見高等尋常小学校長）の論のように、地方教育会の部会化はしばしば再論された。[21]部会制度には、大日本教育会本会の輿論形成体制に対する地方教育会の吸収・統合を目指す、会幹部の意図が込められていた。

しかし、一般的には、地方教育会の大日本教育会部会（支会）化が必要だとは、必ずしも考えられていなかった。明治一九年一一月、『教育時論』は支会設置のあり方について次のように述べた[22]。わが国の教育全体を対象とする大日本教育会支会と、当該地方の教育を対象とする地方教育会とは、その役割が違う。したがって、両者は「共に並立双進すべき者にして互に相廃去する者にあらず」とした。

この論争は、地方支会・部会にも無関係ではなかった。明治二〇年一月、阿波国支会開設相談会において、山田邦彦（徳島県学務課長・尋常師範学校長補・阿波国支会副長）は阿波国支会に対して次のように期待した[23]。

倦、私ハ此会〔大日本教育会阿波国支会〕ニ対スル三点ノ所望ガ御座リマス。（第一）従来ノ教育会等ニ於テノ形況ハ、兎角規則上ノ議事多ク、学術上ノ討論少ク、ツマリ空論ガ多クテ実益ガ少キ方デアリシガ、将来ハ此弊習ヲ矯メ直シテ、各自ニ幾分ナリトモ智識ヲ得ル手段ニ致シタシ。其手段ト申ハ、各自ニ於テ智識ノ交換ヲ計ルノ外、当支会員ノ中ニハ法律学士モアレバ農学士モアリ、其他ニモ尚ホ一事一業ニ富ム人モアリヌベシ。此等ノ人ヲ頼ミテ順番又ハ適宜ニ都合ヲ付ケテ学術上ニ関ハル講義一席位ハ毎回必ズ勉メテ為スヤウニスレバ、智識増殖ノ上ニ付テ至大ナル成績ヲ得ベシト考ヘマス。（第二）元来支会ノ性質ハ本会ノ枝葉ナレバ、其根本タル本会ノ方針ハ勿論賛成セネバナラヌ筈ナレドモ、徒ニ本会ヲ仰ギ、本会ニ依頼スルノミニ止ラズ、時ニ或ハ反論モ挙ゲ、時ニ或ハ建議モスル程ノ地位ニ進ムヤウ、支会ノ勢力ヲ養ヒ成サズテハ、我々支会員ノ義務ヲ尽セリトハ申ベカラザルナリ。（第三）我々ノ企ツル所ノ当会ハ、日本全国ノ教育会即チ本会ニ対シテハ一小支会ニ過ギザレドモ、阿波国ニ取リテハ実ニ大切ナル一大教育会ナリ。左レバコレガ会員タル者ハ彼ノ政治部局ニ対シ、県令ヲ以テ一般ニ達セラル、学事ノ方針及ビ之ニ付テノ細則当ヲ賛助スルノミニ止ラズ、良方案ヲ

図１　山田邦彦

産ミ出シテ建議スルモ可ナリ。或ハ当局者ニ忠告スルモ可ナリ。独政治上ノ教育ニ対シ賛助忠告スルノミナラズ、阿波国一般教育ノ上ニ付テ尽力セザルベカラザルナリ。

すなわち、山田が阿波国支会に求めていたのは、①学術上の知識を交換・増殖すること、②支会の勢力を養って本会に反論・建議すること、③阿波国の一大教育会として阿波国の教育施政に対して賛助・建議・忠告すること、の三つであった。また、明治二一年一一月には、愛知教育会が大日本教育会愛知部会に再編された。その際、大日本教育会と地方教育会の目的の違いを指摘する反対派と、「教育の普及改進」という大目的の上では両会とも目的は同じと指摘する賛成派の間で激論が交わされたという。[24] 大日本教育会と地方教育会との違いは、部会化過程においても争点になっていた。

大日本教育会の支会制度および部会制度は、大日本教育会と地方教育会との目的・役割上の違いを争点化した。この争点は、支会・部会でも有効だった。なかには、阿波国支会のように、創設当初から大日本教育会と対等な関係を望んでいた支会もあった。

（二）地方会員の不満の顕在化

地方教育会を大日本教育会に一本化して全国の輿論形成体制を統合・系統化するか。または、従来通りに大日本教育会と地方教育会とを併存するか。明治二〇年一一月以降、伊沢ら大日本教育会の幹部は、部会制度導入により一本化を推し進めようとした。その最中、地方部会員を含む地方会員は、以下のように、会の輿論形成体制に対する不満を表明した。

明治二一年五月、大日本教育会第五回総集会が開かれ、大日本教育会規則の改正審議が行われた。この席上、阿波国部会総代の橋本久太郎（徳島県会議員、後に衆議院議員）は次のように述べた。[25] 自分は阿波国部会員三一九名の代表として出席している。そのため、二〇名以上の賛成者を必要とする規則改正の発議を許して欲しい。本会は東京の人のみを集めて事を決めるため、往々地方の情況に当てはまらない決定を下すことがある、と今日の部会員は感じている。規則改正は二〇名以上で発議可能だが、東京で僅か二〇名程度によって規則改正を行われては、部会に甚だ不満足を与える。部会に帰って部会の満足を得る報告ができなければ、「我阿波国部会ノ如キハ独立ヲ図ル」かもしれない。

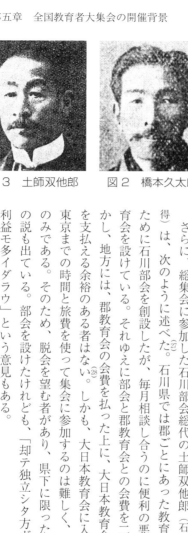

東京府・東京周辺県会員に比べた地方会員の不公平感は、部会員以外にもあった。議員・町田則文（愛媛県尋常師範学校教諭兼教頭）は次のように述べた(26)。議事はなるべく一方に偏することのないように、公平性を保たなくてはならない。しかるに、議員の半数以上を東京府在住の者が占めている。世評には「大日本教育会ハ東京会デアル、故ニ大日本ノ字ヲ削テ東京ト改メタガ宜イ」というものもある。地方会員にもっと発言機会を与え、その意見を容れるような仕組みを整えて欲しい。

図２　橋本久太郎

図３　土師双他郎

さらに、総集会に参加した石川部会総代の土師双他郎（石川県尋常師範学校教頭心得）は、次のように述べた(27)。石川県では郡ごとにあった教育会を一つにまとめるために石川部会を創設したが、毎月相談し合うのに便利の悪いところではまだ教育会を設けている。それゆえに部会と郡教育会との会費を二重徴収している。しかし、地方には、郡教育会の会費を払った上に、大日本教育会の会費（毎月二〇銭）を支払える余裕のある者はない(28)。しかも、大日本教育会に入会しても、石川から東京までの時間と旅費を使って集会に参加するのは難しく、ただ雑誌を受け取るのみである。そのため、脱会を望む者があり、県下に限った教育会を設くべしとの説も出ている。部会を設けたけれども、「却テ独立シタ方ガ自由ノ運動モ出来、利益モ多イダラウ」という意見もある。

実は、大日本教育会宮城支会は、すでに独立に向けて動いていた。宮城支会では、明治二一年一月、臨時総集会を開いて部会設置を論議した結果、「経費ノ都合」によって部会には再編せず、支会を廃止して、代わりに宮城県私立教育会を設置することにした[29]。その後、宮城県私立教育会が実際に設置されたかは不明であるが、同年一一月、再び部会設立の議が起こって、宮城部会が設置された。宮城支会廃止・独立に際して、「経費ノ都合」が争点であった。具体的関連を示す史料は今のところ見あたらないが、ここでは、宮城県内の郡教育会の経費が自己負担であったことに留意したい[30]。土師の発言と重ねて見ると、経費問題が、地方の教育会組織のあり方に絡んで、部会独立・廃止という深刻な事態をひきおこしかねない問題であったと考えられる。

明治二一年には、大日本教育会と地方教育会などとの会費二重徴収、および東京における輿論形成体制に対する地方会員の参加困難により、地方会員が大日本教育会に対して不満を募らせていた。全国の教育関係者の意見を適切な形で輿論にまとめていくには、地方教育会の大日本教育会部会化という方策では十分でないことが明らかになっていたのである。

(三)　輿論形成体制に対する不満の構造

表1は、明治一八（一八八五）年一二月から明治二一（一八八八）年一二月にかけての会員数増減を、地域ごとに部会設置県とそれ以外の府県とに分けて示したものである。明治一八年は、討議会未開催・支会設置前であり、大日本教育会の輿論形成体制が未整備の時期である。明治二一年は、議員・部門・部会設置直後であり、一応、輿論形成体制が整っていた。両年の比較によって、大日本教育会の輿論形成体制の構造的問題が見えてくると考える。

表1によると、明治一八年・明治二一年ともに東京府会員が最も多い。明治一八年から二一年にかけて、会員増加率は、支会・部会が設置された徳島・愛知・石川・山口・宮城の順で高く、続いて北海道・東北および九

州・沖縄の各地方で若干高かった。しかし、部会設置県を除く関東、甲信越・北陸、東海、中国、四国の各地方、および東京における会員増加率は、全国の増加率（一・八倍）よりも低い。東京府会員数は、最多であるが、明治一八年から二一年にかけて比較的増加しなかった。東京府会員数の全会員数に対する割合は、明治一八年の二九％から明治二一年の一八％に低下している。他方、支会・部会設置県は著しく会員を増加させた。この事実

表１　大日本教育会支会・部会設置県の会員数増加率

			M18（人）	M21（人）	増加率
東日本	東北以北	北海道・東北（宮城除く）	185	412	2.2
		宮城	66	233	3.5
	関東	関東（東京除く）	509	510	1.0
		東京	724	778	1.1
	中部	甲信越・北陸（石川除く）	208	358	1.7
		石川	31	265	8.5
		東海（愛知除く）	148	165	1.1
		愛知	39	387	9.9
	（東日本会員数）		1,910	3,108	1.6
西日本	近畿		265	285	1.1
	中四国	中国（山口除く）	109	153	1.4
		山口	56	224	4.0
		四国（徳島除く）	48	58	1.2
		徳島	7	317	45.3
	九州・沖縄		91	212	2.3
	（西日本会員数）		576	1,249	2.2
全国総会員数			2,486	4,357	1.8

出典：各年度の総集会記事における「会員府県分表」「会員入退会府県別一覧表」を参照して作成。会員は各年12月の現員。割合は「会員数／会員総計」％（全会員に占める当該地域の会員の割合）。

北海道・東北には７道県（北海道・青森・秋田・岩手・山形・宮城・福島）、東京を除く関東には６県（茨城・千葉・栃木・群馬・埼玉・神奈川）、甲信には２県（長野・山梨）、北陸には４県（新潟・富山・石川・福井）、東海には４県（静岡・愛知・三重・岐阜）、近畿には５（6）府県（滋賀・京都・（奈良）・和歌山・大阪・兵庫）、中国には５県（鳥取・岡山・広島・島根・山口）、四国には３県（愛媛（讃岐含む）・徳島・高知）、九州・沖縄には８県（大分・福岡・佐賀・長崎・熊本・宮崎・鹿児島・沖縄）を含む。

会員増加率は、明治18年から21年にかけての会員数の増加率。

は、支会・部会が、大日本教育会の会員数増加に大きく貢献したことをうかがわせる。

表2は、大日本教育会の輿論形成に参加する権利を持っていた本会の議員（定員二〇〇名）について、明治二一年七月時点における所属道府県の内訳を示したものである。表2によると、東京府所属の議員が一四四名（七二％）、その他の道府県所属の議員が五六名（二八％）であった。一見するだけでも東京府所属の議員が圧倒的に多かったことがわかる。宮城・山口・石川所属の議員数は比較的多く、徳島所属の議員は少なく、長野などの所属議員が比較的多い。議員はそれぞれ本務の異動毎に所属道府県を変えるので、小さい数字の検討はあまり意味をなさないが、支会・部会設置や会員数の多少は、議員数の多少の決定的な要因ではなかったようである。明治二〇年一一月、大日本教育会規則の改定により、議員・部会制度が創設された。このとき、総集会時に召集された各部会の総代一名は、議員と同一資格で教育問題に関する議事に加わることができるとされた（第三八条）。部会総代は、総集会における輿論形成に参加する権利を持っていた。しかし、会の議事は、原則として多数決で

表2　明治21年7月における大日本教育会議員（定員200名）の所属道府県の内訳

所属	議員数	割合
北海道	1	0.5%
青森	1	0.5%
岩手	1	0.5%
秋田	1	0.5%
山形	1	0.5%
宮城	4	2.0%
福島	1	0.5%
茨城	1	0.5%
栃木	1	0.5%
群馬	2	1.0%
千葉	2	1.0%
東京	144	72.0%
神奈川	1	0.5%
山梨	1	0.5%
長野	3	1.5%
静岡	1	0.5%
愛知	3	1.5%
三重	2	1.0%
岐阜	2	1.0%
新潟	1	0.5%
富山	1	0.5%
石川	3	1.5%
滋賀	2	1.0%
京都	2	1.0%
大阪	1	0.5%
兵庫	1	0.5%
鳥取	1	0.5%
山口	4	2.0%
徳島	1	0.5%
愛媛	1	0.5%
高知	2	1.0%
福岡	2	1.0%
長崎	1	0.5%
熊本	2	1.0%
宮崎	1	0.5%
鹿児島	1	0.5%

出典：「大日本教育会人名録」『大日本教育会雑誌』号外総集会記事第1、237～314頁を参照して作成。

ある。過半数を占める東京府会員の影響力はほぼ絶対的であった。しかも、全会員数に対する東京府会員数の割合は年々低下し、明治二一年には全体の二割を切ったにもかかわらずこの状態だったのである。

また、表2によると、議員が選出されなかった岡山・大分などの県がある。西日本の会員は、東日本の会員に比べると、議員による輿論形成に対する参加機会を保証されていなかったような印象を受ける。このような輿論形成への参加機会の不均衡は、議員選挙の方法から発生したものと思われる。議員の選挙は、明治二〇年一一月一二日と明治二一年一月一四日とに臨時総集会を開き、それぞれ一〇〇名ずつ行われた。一回目の選挙は、議員新設を含む規則改定の直後に行われた。二回目の選挙に至っては、一二月一五日発行の『大日本教育会雑誌』第六九号に初めて実施が報告されたに過ぎない。明治二〇年初頭、交通機関はまだまだ未発達であった。明治一九（一八八六）年、愛媛県師範学校教諭に着任するため東京―愛媛間を移動した町田則文の例を見ると、同年九月二二日に東京・横浜から汽船で出発し、二三日に神戸に到着、二五日に神戸を出発して二六日に愛媛三津浜港に到着した[31]。東京―愛媛間を移動するのに六日、移動日数だけでも四日かかった。交通機関は鉄道の開通によって飛躍的に発達したが、東海道線（新橋～神戸）が全通したのは明治二二年七月である[32]。当時、遠隔地の地方会員にとって、東京開催の総集会に赴くことは、相当の覚悟と準備が必要だったと思われる。しかも、議員制度が全会員に十分周知されたとはいい難い内に議員選挙が行われた。西日本の会員は、実質的に、計二回の議員選挙に参加することは困難であった。

大日本教育会の輿論形成は、東京開催の総集会において、東京府会員が約七割を占める議員の多数決で行われることになっていた。しかし、当時、東京府会員は総会員数の約二割であり、かつ遠隔地の会員がたびたび東京の会議に参加するのは実質的に困難であった。大日本教育会の輿論形成体制は、当時の会内外の実態に合ったものとはいえなかった。

三　大日本教育会の方針転換―地方教育会との連携

（一）関西教育大懇親会の開催

明治二二年六月九日、大阪から『教育報知』に次のような報道が届いた。[33]現状の教育者は、互いに連帯意識を持つことができない。本年の夏季休業を期して有志が集まって懇親を結び、教育に関する談話を行うことで、将来の教育社会の運動上に裨益を及ぼすことができると思われる。ただし、いきなり全国会議を開くのは容易ではない。そこで、まず第三・四・五地方部の教育有志者を集め、[34]漸次これを拡張して全国に及ぼしたい。したがって、来る八月五日、私立大阪教育会の有志者により、「全国教育家の大会議」を大阪において開催し、将来の教育社会の運動方針などについて協議する。つまり、いずれ教育社会の全国的運動に拡大することを視野に置いて、大阪を舞台に、教育関係者間の連帯意識を形成する場を設けるというのである。

この計画を受けて、矢部善蔵（大阪府尋常中学校長、大阪教育会長）、種子島時中（大阪府学務課・尋常師範学校長、大阪教育会副会長）、豊田文三郎（大阪府会議員、のち衆議院議員）、大村忠二郎（岡山県尋常師範学校教諭兼教頭心得）、遠藤宗義（愛媛県学務課長・尋常師範学校長）、浜野虎吉（滋賀県学務課長・尋常師範学校長）が発起者総代となり、発起者の勧誘を行った。[35]さらに、先述のような内容を付記して、照会状を各府県の主だった教育関係者に送った。[36]この照会状によると、賛成者は、七月一五日までに西日本一七府県にいる地方発起者三八名に連絡することを求めた。[37]

表3は、この地方発起者を一覧にしたものである。表3によると、地方発起者は全員、北陸・東海以西の府県学務課長や府県尋常師範学校長・教頭・教諭、府県尋常中学校長といった、普通教育行政・実施を掌る指導的立場にある教育関係者であった。総代六名中の豊田を除く五名（八三％）は大日本教育会員（明治二二年九月現在）で

表 3　関西教育者大懇親会の地方発起者一覧

総代	氏名	所属府県	大日本教育会	略歴
	橋本　一済	石川	会員	県学務課長・県尋常師範学校長
	萩原　　縫	福井	×	県学務課長
	大久保介寿	福井	会員	県尋常師範学校教諭兼教頭
	小松　利済	福井	会員	県尋常師範学校校長補（明治 23、幹事）
	久田　　督	福井	会員	県尋常中学校長兼教諭
	岸田　　正	岐阜	×	県尋常中学校教諭（明治 23、校長事務取扱）
	田中　敬一	岐阜	会員	県尋常師範学校教諭兼教頭
	棚橋　衡平	岐阜	会員	県学務課長・県尋常師範学校長
	大窪　　実	愛知	会員・議員	県学務課長・県尋常師範学校長
	山崎　忠興	愛知	会員・議員	県尋常中学校長
	大野　徳孝	三重	会員・議員	県学務課長・県尋常師範学校長
	清水　誠吾	三重	×	県尋常中学校長
	林　　正幹	三重	会員	県衛生課長（元学務課長心得）
○	浜野　虎吉	滋賀	会員・議員	県学務課長・県尋常師範学校長
	松尾貞次郎	滋賀	会員	県尋常師範学校教諭兼教頭
○	種子島時中	大阪	会員	府学務課長・尋常師範学校長
○	豊田文三郎	大阪	×	府会議員（のち衆議院議員）
○	矢部　善蔵	大阪	会員・議員	府尋常中学校長
	井出猪之助	奈良	×	県立吉野尋常中学校長
	土屋　　弘	奈良	会員	県学務課長・県尋常師範学校長
	富津亀三郎	奈良	×	県尋常師範学校教諭
	菅沼　政経	和歌山	会員	県学務課長・県尋常師範学校長
	野村　致知	兵庫	会員	県学務課長・県尋常師範学校長
	三橋　得三	兵庫	会員・議員	県尋常師範学校教諭兼教頭
	石田二男雄	鳥取	×	県尋常中学校長嘱託・教授方嘱託
	小早川　潔	鳥取	会員・議員	県尋常師範学校教諭兼教頭心得
	松村　秀真	鳥取	×	県学務課長・県尋常師範学校長
○	大村忠二郎	岡山	会員	県尋常師範学校教諭兼教頭心得
	岡田　純夫	岡山	会員	県尋常中学校長
	武田安之助	広島※※	会員・議員	県尋常中学福山誠之館長
	秋山　正議	徳島	会員	県尋常中学校長
	沢村　勝支	徳島	会員	県尋常師範学校教諭兼教頭心得
	山田　邦彦※	徳島	会員・議員	県学務課長・県尋常師範学校長補
○	遠藤　宗義	愛媛	会員	県学務課長・県尋常師範学校長
	町田　則文	愛媛	会員・議員	県尋常師範学校教諭兼教頭
	衣斐鉄太郎	大分	会員	県尋常中学校長
	小野禎一郎	大分	会員	県学務課長･県尋常師範学校長（明治 22、岡山県）
	黒川　才蔵	鹿児島	×	県学務課長・県尋常師範学校長

出典：次を参照して作成。「教育家ノ大同団結」（『文』第 3 巻第 1 号、金港堂、1889 年 7 月、60 ～ 61 頁）、内閣官報局編『職員録』明治 22 年度・明治 23 年度分。

※資料では「石田邦彦」　※※明治 21 年 7 月時点では東京府選出の議員

図４　矢部善蔵

図５　遠藤宗義

図６　浜野虎吉

あり、濱野と矢部は同議員であった。地方発起者三八名中二九名（七六％）も同会員であり、しかもその内の一〇名は議員であった。関西・中四国の大日本教育会議員でもある普通教育行政の指導者たちが、大日本教育会とは別の、全国的運動を視野に置いた会合の発起に関わったのである。

明治二二年八月五日から七日まで、三日間にわたって、大阪府尋常中学校において関西教育大懇親会が開催された。同懇親会は、東北から九州に至る三府二五県から四五七名の参会者を集めた[38]。関西教育大懇親会の準備・運営は、私立大阪教育会が担当した。一日目には発起者による打合せが行われ、談話場規約が制定された。二日目には発起人総代・矢部善蔵による旨趣説明と大阪府知事の祝詞の後、来会者が地方教育の実況を報道した[39]。二日目午後には、来会者に諮って「関西教育協会」の創設を決定し、各府県二名ずつ委員を選んで規則を起草することを決めた。その後、演説と幻燈会が行われた。三日目には、演説・談話と懇親会が行われた。文部省から椿秦一郎（第三地方部担当視学官）、大日本教育会から色川圀士（文部省総務局報告課長）と日下部三之介がそれぞれ演説を行った。

以上のように、明治二二年八月、将来的に教育社会の全国的運動に発展させるという含みを持たせて、第三・四・五地方部（富山・岐阜・愛知以西）の教育関係者の連帯意識を高めるため、関西教育大懇親会が開催された。大阪発の新たな教育関係者組織は、関西・中四国の大日本教育会議員・会員や、西日本の普通教育行政の指導者たちを巻き込んでいった。

（二）関西教育協会結成に対する賛否両論

明治二二年八月八日、大懇親会一日目に創立が決定した関西教育協会の申合概則が議決された[40]。この概則によると、関西教育協会は、「教育上各地ノ気脈ヲ通ジ且其裨益ヲ図ランガタメ、関西各府県（第三四五地方部）ノ有志者相協同スルモノ」と定義された。また、大阪に本部、第三・四・五地方部の各府県に支部を設置し、会費として一名につき二〇銭をとることにした。そして、八月に一度会議を開き、各府県につき一〇名以下の委員を出席させ、諸事を協議決定することとした。

しかし、関西教育協会結成を批判的に見る者もいた。八月一五日発行の『教育時論』では、田中登作（開発社長）が次にように述べた[41]。関西教育大懇親会では、大阪城・造幣局・砲兵工廠などを一覧し、知友や面識のない教育家と交際できた。したがって、大懇親会は成功だったと思う。しかし、教員講習などのためではなく、「教育上各地の気脈を通じ且其裨益を図らん」ことのために新しく団体を創設することは理解しがたい。府県内の気脈を通じる団体には、各府県の私立教育会がある。府県間の気脈を通じるために設けるならば、府県の教育会から五～一〇名の委員を集めて談話・演説すればよいのであって、仰々しく関西教育協会などという看板を掲げる必要はない。

中央の教育雑誌上において、協会批判は止まらなかった。同月発行の『教育報知』では、関西教育協会は主義が一定しないために効力のない団体として批判した[42]。

翌月九月の『教育時論』には、地方発起者の一人であった山田邦彦が、次のように述べた[43]。自分は、教育者の懇親という主旨に賛成して大懇親会に参加した。しかし、本部・支部を設け、会員を定め、一団結の運動をなすことには同意できない。このような運動は、各府県の教育会と大日本教育会とに望む。山田は、大日本教育会阿波国部会長代理でもあった。つまり、既存の地方教育会と大日本教育会との擁護に周り、関西教育協会の結成に

図７　田中登作

図８　大村忠二郎

真っ向から反対したのである。

私立岡山県教育会は、同会長の特選による会長・庶務掛・会計掛・協議委員を擁する七五名の派遣団を組織するほど、力を入れて関西教育者大懇親会に臨んだ(44)。しかし、発起者総代の岡山県教育会商議委員・大村忠二郎は、大日本教育会員が演説する理由を「折角寄合ふて貰ふ故、東京よりも一二の人を招聘して懇親会の席上にて演説□も為して貰ひ度」とし、大懇親会の範囲について「区域は第三第四第五地方部とし、其他の区よりも出るは妨げなけれど、日本全国となりても余り広きに過ぐる故、先の三区となす積りなり」としか会員に説明していない(45)。これでは、岡山県教育会員が全国的運動への発展という大懇親会主催側の思惑を察知することは容易ではない。派遣団の七五名全員が、既存の教育会に取って代わる新団体の結成を願っていたとは考えられない。

その後、次第に、関西教育協会結成に対する期待の構造が明らかになってくる。明治二二年一〇月の『教育時論』では、伊達行平（長崎県尋常師範学校教諭兼教頭心得）が次のように反論した(46)。既存の教育会は管内に向けて雑誌を配布しているにすぎない。教育関係者は、隣接県の学事景況を知ることができない。今は府県を超えて教育者相互の連帯意識を高めるため、関西教育協会が必要である。このように伊達は主張した。

明治二二年一一月、広島県私立教育会第二回総集会において、大懇親会の地方発起者の一人である広島県私立教育会福山支会長・武田安之助は、次のように述べた。

教育事業ハ難事中ノ難事ニシテ、単一ナル方法デハ目的ヲ達シ得ベキモノニアラズ。必ズヤ許多ノ意見ヲ参考ニシ、彼ノ長ヲ取リ、我ノ短ヲ補ヒ、以テ自己ノ智見ヲ拡メザルベカラズ。［略］近来教育家ノ団結ガ各府県ニアリマスガ、多クハ其勢力微弱デアリ、アル又大日本教育会ト称スル一大団結ガアリマスガ、之ハ何時モ東京デ開クカラ、名コソ立派デアレ、未ダ日本全国ノ団体ヲ造リタルモノデハアリマセン。先ヅ関東ノ団体ト申シテ宜シクアリマス。故ニ吾々関西ノモノハ、茲ニ一大団体ヲ便宜ノ地方ニ造リ、協同一致ノ勢力ニ依テ其進達ヲ謀ル可シ。即之ヲ為スハ此協会ヲ創立スルコトガ肝要デアル[47]。

近来の各府県における教育家の団結の多くは、勢力微弱である。大日本教育会はまだ日本全国の団体ではなく、「関東ノ団体」である。そして、「吾々関西ノモノハ茲ニ一大団体ヲ便宜ノ地方ニ造リ、協同一致ノ勢力ニ依テ其進達ヲ謀ル可シ」と断言し、関西教育協会を創立する必要性を説いた。武田は、大日本教育会に入会した状態で、明治一九年まで岐阜、明治二〇年から二一年には東京、明治二一年七月以降に広島に移った。武田は、東京府会員と岐阜以西の会員との両方の経験を経て、大日本教育会は関西（中国）地方在住の教育関係者の連帯意識を形成し得ていないと判断し、関西教育協会に期待を寄せたのである。

以上のように、関西教育協会結成は、既存の教育会が教育関係者の連帯意識を形成できず、府県を越えた運動を展開できていない現状に対する批判でもあった。関西教育協会結成をめぐる賛否は、既存の教育会に対して、教育関係者の連帯意識を形成して全国的運動を展開することを要請した。

図９　武田安之助

（三）教育会相互の関係づくり—全国教育者大集会の開催へ

明治二二年六月一五日、大日本教育会は、日下部ら二二名連署による規則改正建議案の提出を受けた[48]。日下部らの改正案は、部会を維持しながら、府県の会員数に応じて議員定数を定めてその区域内で選挙するという議員選挙法や（規則第二〇条の修正）、部会総代の会議における権限を明確にする案だった（規則第四五条の修正）。これは、先年の第五回総集会における批判に応えようとしており、議員数の東京偏重問題の解消と部会権限の明確化とを目指す輿論形成体制の構想であったと思われる。

関西教育協会をめぐって教育会改革の方向性が見え始めた同年一〇月一二日、ようやく日下部ら提出の改正案を審議するための臨時総会議が開かれた。そして、改正案修正のために調査委員七名が次のように選出された。委員には、関西教育大懇親会に参加した色川、日下部、田中の三名と、伊沢修二、大束重善（東京府高等女学校長）、永井久一郎（文部省大臣官房秘書官）、山縣悌三郎（『少年園』主幹）の四名が選ばれた。六月の建議案提出者からは、日下部と大束が選出された。一〇月三〇日、調査委員は、日下部らの改正案の内容を大幅に修正し、会長に提出した。調査委員提出の改正案は、一一月九日の臨時総会議で審議され、一二月一四日に議決された。この規則改定は、次のような特徴があった。第一に、議員制度を廃止し、総集会における議事権を一般会員に与えようとした（第一二条）。すなわち、地方会員の不満をかわすような改定といえる。第二に、部会制度を廃止し、主要事業として「地方教育会ト気脈ヲ通ジテ相互ノ便益ヲ計ル事」を明示した（第一五条）。

この規則改定により、地方部会は存立根拠を失った。石川部会は、明治二二年一二月二一日、部会廃止の報が伝えられたため、即時本会に照会した[49]。明治二二年一二月二七日、辻新次大日本教育会長（文部次官）は、次のように回答した。今回は部会の名称を廃しただけである。本会としては、今後ますます各地方教育会と気脈を通じ相互の便益を計りたい。石川部会には、解散ではなく、従来の会員をもって独立の教育会に改編することを希望する。独立の教育会に改編した後は、会員の入退会、会費の取りまとめ、教育事項の取調・申報、教育者の功績調査を嘱託したい。この申し出を受け、石川部会は発起者を立て、明治二三年一月一九日に私立石川県教育会を創設した。そのほか、愛知部会は、明治二三年一月一二日、愛知教育会に改称再編された[50]。阿波国部会は、明治二三年五月に阿波国教育会に改称再編された。山口部会・宮城部会のその後は現在不明である。

大日本教育会は、地方教育会の吸収から連携へと方針を転換させた。明治二三年三月の『大日本教育会雑誌』では、大阪府会員に向けて、入退会の取り扱いと会費の取りまとめなどを私立大阪教育会に委託したことを告げた[51]。続いて同年四月には、大阪・岡山・栃木・大分県会員に向けて、私立大阪教育会・私立岡山県教育会・下野私立教育会・大分県共立教育会に同様に委託したことを告げた[52]。この告知は大集会開催翌月の六月まで続けられた。真の意図は不明だが、関西教育大懇親会に全面的に関与していた私立大阪教育会と岡山県教育会との協力関係のアピールは、何やら含むものを感じざるを得ない。

明治二三年一月二一日、第三回内国勧業博覧会の会期に際して、本会主催で「全国教育者の会合」を開催することを決定した[53]。そして、同年五月の全国教育者大集会が開催された。なお、三月一五日、大日本教育会は全国三九の地方教育会に大集会の広告を依頼し、四月二五日にも依頼して、地方教育会はその宣伝を請け負った[54]。また、来会者の資格として始めから大日本教育会員と地方教育会員を含め、五月六日には地方教育会に委員派遣を勧誘し[55]、多くの教育会代表を大集会に参加させた。

このように、全国教育者大集会の開催背景には、地方教育会との連携があった。全国教育者大集会の開催過程は、地方教育会との連携関係が実際に機能した過程であった[56]。

以上、明治二〇年代前半までの大日本教育会における教育輿論形成体制をめぐる論争・動向を検討した。本章で明らかになったことを整理すると、次の通りになる。

明治二〇年代初頭の教育社会は、帝国議会開設に向けて、教育輿論形成体制を早急に整備しなければならなかった。ただ、大日本教育会の輿論形成体制は、とくに東京から離れた地方の教育関係者に対する配慮において問題含みであった。大日本教育会の教育輿論体制に対する不満は募り、明治二一年五月の第五回総集会席上で顕在化した。しかし、大日本教育会の輿論形成体制の改革は、すぐには行われなかった。

大日本教育会の改革を加速させたのは、関西の教育関係者の動きであった。明治二二年八月、大阪を中心とした関西・中四国の普通教育行政の指導者たちは、関西教育者大懇親会を開催し、府県を越えた新たな全国組織の結成を目指して関西教育協会の結成を計画した。大日本教育会は、関西教育協会をめぐる賛否のなかで、地方教育会との関係を問い直すことになった。明治二二年一二月、大日本教育会は、全国の教育会を一本化する方針から、教育関係者の連帯意識を形成して全国的運動を展開する方針へと転換した。その後、地方教育会との関係づくりに努め、関西教育者大懇親会開催に尽力した教育会を積極的に取り込み、地方教育会の協力を得て全国教育者大集会の開催に結びつけた。

全国教育者大集会の開催背景には、以上のような教育輿論形成体制をめぐる対立があった。この対立は、大日本教育会と地方教育会とを刺激し、地方教育会を教育社会における輿論形成の舞台に押し上げた。その結果、教育輿論形成過程に対する参加機会が東京周辺在住者に偏在していた状況が徐々に解消されていく。大集会の開催背景にあった教育輿論形成体制をめぐる対立が刺激となって、教育社会の輿論形成過程に対する参加機会は、従来より多くの教育関係者へと拡大される傾向を見せるようになった。

なお、明治二三年の全国教育者大集会開催後、大日本教育会はさらに地方教育会との連携を進め、明治二四年に全国教育連合会、明治二五年に全国連合教育会を開催した。その後一時中断するが、帝国教育会結成後、明治三〇年以降隔年で全国連合教育会が開催されるようになる。全国連合教育会は、文部省諮問に対する答申を出すとともに、様々な建議をまとめて政府当局や帝国議会における教育政策過程に届けた。明治二〇年代初頭における教育輿論形成体制をめぐる対立は、それら以後の動きの出発点になっている。

（1）佐藤卓己『輿論と世論—日本的民意の系譜学』新潮選書、新潮社、二〇〇八年。
（2）本山幸彦編『帝国議会と教育政策』思文閣出版、一九八一年。
（3）佐藤秀夫「高等教育会および地方教育会」海後宗臣編『井上毅の教育政策』東京大学出版会、一九六八年、八二〇～八二二頁。
（4）海原徹『明治教員史の研究』ミネルヴァ書房、一九七三年、一七三～一八二頁。
（5）石戸谷哲夫『日本教員史研究』野間教育研究所、一九五八年、一七九～一八七頁。

（6）海原徹「中央教育界—教育ジャーナリズムを中心に」本山幸彦編『明治教育世論の研究』下巻、福村出版、一九七二年、七〜一〇頁。
（7）白石崇人「大日本教育会および帝国教育会に対する文部省諮問」梶山雅史編『近代日本教育会史研究』学術出版会、二〇〇七年、三〇三〜三二六頁。
（8）山本和行「一八九〇年全国教育者大集会における『国家教育』論の構造」日本教育学会編『教育学研究』第七六巻第一号、日本教育学会、二〇〇九年、一三〜二一頁。
（9）上沼八郎「『大日本教育会雑誌』解説」帝国教育復刻版刊行委員会編『帝国教育』総目次・解説編、雄松堂出版、一九九〇年、一七頁。
（10）上沼八郎「解題『国家教育』と伊沢修二」上沼八郎監修『国家教育』別巻、ゆまに書房、一九八六年、一八〜一九頁。
（11）「教育社会ニハ輿論ヲ要セザル乎」『教育報知』第三号、教育報知社、一八八五年六月、二一頁。
（12）斎藤覚次郎「教育輿論ノ勢力如何」『教育時論』第六六号、開発社、一八八七年二月、九頁。
（13）「文部大臣ノ演説要領」『大日本教育会雑誌』第八二号、大日本教育会、一八八八年一月、六七〜八一頁。
（14）日下部三之介「大日本教育会将来ノ運動如何」『大日本教育会雑誌』第八六号、一八八九年五月、三六四〜三七〇頁。
（15）松本貢「教育上輿論ノ必要ヲ論ジテ教育会ニ及ブ」『教育時論』第一四七号、一八八九年五月、一一〜一二頁。
（16）渡辺嘉重「大日本帝国教育義会ヲ開設スベシ」『教育時論』第一五六号、一八八九年八月、一〇〜一二頁。
（17）清水直義「全国ノ教育家ニ望ム」『大日本教育会雑誌』第八七号、一八八九年六月、四九四〜四九七頁。
（18）外山正一「大日本教育会起さずんばあるべからざる理由」『大日本教育会雑誌』第一一号、一八八四年九月、四一〜六四頁。
（19）「第四回総集会」『大日本教育会雑誌』第五三号、一八八七年四月、一一一〜一一二頁。
（20）伊沢修二「我ガ会ノ組織ト事業トニ就イテ一言申シマス」『大日本教育会雑誌』第七一号、一八八八年一月、一〇〜一三頁。
同『大日本教育会雑誌』第七三号、一八八八年三月、一五九〜一六二頁。
（21）山崎彦八「大日本教育会拡張の一策」『教育報知』第一八〇号、東京教育社、一八八九年八月、一一頁。
（22）社説「各府県の私立教育会」『教育時論』第五六号、一八八六年一一月、三〜五頁。この直後、大日本教育会は、地方教育会支会化の事実はないと反論した（「教育時論ノ誤ヲ正ス」『大日本教育会雑誌』第四三号、一八八六年一一月、七八〜七九頁）。
（23）山田邦彦「大日本教育会阿波国支会ニ対スル希望」『大日本教育会雑誌』第四九号、一八八七年二月、六一〜六三頁。
（24）「臨時総集会の顛末」『愛知教育会雑誌』第一九号、愛知教育会、一八八八年一一月、二九〜三〇頁。
（25）「規則改正総会議ノ記事」『大日本教育会雑誌』号外総集会記事第一、一八八八年九月、六〇〜六一頁・八五頁・八九〜九〇頁。

(26) 同前、八五～八六頁。
(27) 同前、一八一～一八二頁。石川県部会について詳しくは、山谷幸司「明治期石川県における教育会の組織化過程」梶山雅史編『続・近代日本教育会史研究』学術出版会、二〇一〇年、六一～一〇七頁を参照のこと。
(28) 山口部会総代の吉賀公介（山口県第二部属官）は、次のように述べた。僅か一〇銭でも会費を安くすれば、薄給の小学校教員は助かる。戸長にしても、農会・衛生会等の他の団体との関係で入会できない者がいる。（前掲注（25）、一七九～一八〇頁）
(29)「部会」『大日本教育会雑誌』号外総集会記事第二、一八八九年一〇月、六頁。
(30)「府県学事年報摘要」『官報』第一四八九号、内閣印刷局、一八八八年六月、一七七頁。
(31) 町田則文先生謝恩事業会編『町田則文先生伝』秋葉馬治、一九三四年、二二頁。
(32) なお、青森～上野間は明治二四（一八九一）年九月に、神戸～馬関間は明治三四（一九〇一）年五月に、門司～鹿児島間は明治四二（一九〇九）年一一月に全通した。
(33)「大阪通信」『教育報知』第一七四号、東京教育社、一八八九年六月、一四頁。
(34) 第三・四・五地方部とは、文部省視学官の巡視分担（富山・岐阜・愛知以西の）を指すものと思われる。
(35) 前掲注（33）、一四頁。「教育大懇親会」『広島県私立教育会雑誌』第二〇号、広島県私立教育会、一八八九年六月、二四頁（鳴門教育大学附属図書館野地潤家文庫所蔵）。広島県では、大河内輝剛（県学務課長）と鈴木鉞太郎（尋常師範学校教頭心得）が発起人になるよう勧誘された。
(36)「教育家大懇親会」『広島県私立教育会雑誌』第二一号、一八八九年七月、一六～一七頁（鳴門教育大学附属図書館蔵）。資料収集では、梶井一暁氏のご協力いただいた。
(37)「教育家の大同団結」『文』第三巻第一号、金港堂、一八八九年七月、六〇～六一頁。
(38) 日下部三之介「関西教育大懇親会の景況」『大日本教育会雑誌』第九〇号、一八八九年九月、七五四～七五八頁。来会者の内訳は、大阪一四五名、岡山九〇名、三重五八名、石川二四名、岐阜一九名、福井一二名、愛知一一名、東京一〇名、京都・山口各九名、兵庫・奈良・愛媛各八名、鳥取七名、滋賀・徳島各六名、宮崎五名、和歌山・佐賀・大分・富山各三名、広島・長崎・岩手二名、鹿児島・香川・長野・山形一名。
(39) 矢部善蔵の肖像は、大阪府立北野中学校六稜同窓会編『創立五十周年』（一九三三年）を出典とした。なお、福原要・広島県立広島第一中学校校友会『鯉城―鯉城五十周年記念号』（一九二九年）では、矢部の肖像が水谷貢の肖像と入れ替わっていた。そのためか、国泰寺高等学校百年史編集委員会編『広島一中国泰寺高百年史』（母校創立百周年記念事業会、一九七七年）に矢部の肖像として水谷が掲げられている。

(40) 日下部、前掲注(38)、七五四〜七五八頁。
(41) 田中登作「大坂の教育懇親会」『教育時論』第一五七号、一八八九年八月、二八〜二九頁。
(42) 「関西教育協会」『教育報知』第一八一号、一八八九年八月、一〇頁。
(43) 山田邦彦「関西教育協会に対する意見」『教育時論』第一五八号、一八八九年九月、九〜一〇頁。
(44) 「関西連合教育会参会記事」『岡山教育会雑誌』第四一号、私立岡山県教育会、一八八八年、一五〜一八頁。
(45) 「六月常集会の概況」『岡山教育会雑誌』第四〇号、一八八九年七月、二七〜二八頁。
(46) 伊達行平「関西教育協会設立に付長崎県教育者諸君に告ぐ」『教育時論』第一六一号、一八八九年一〇月、八〜一一頁。
(47) 「関西府県教育協会ニ付テ談話」『広島県私立教育会雑誌』第二六号、一八八九年一二月、一七頁。
(48) 「報告」『大日本教育会雑誌』第九三号、一八九〇年一月、一〜一七頁。
(49) 「本会創立起因」『私立石川県教育会報告』第一号、私立石川県教育会、一八九〇年四月、一〜二頁。本史料は、山谷幸司氏より提供を受けた。
(50) 「臨時総集会ノ顛末」『愛知教育会雑誌』第三三号、一八九〇年一月、六九頁。
(51) 「大阪府下在住ノ会員諸君ニ告グ」『大日本教育会雑誌』第九五号、一八九〇年三月、一二一頁。
(52) 「広告」『大日本教育会雑誌』第九六号、一八九〇年四月、一七三頁。
(53) 「評議員会」『大日本教育会雑誌』第九四号、一八九〇年二月、五〇頁。
(54) 「準備及び事務の部」『大日本教育会雑誌』号外全国教育者大集会報告第一巻、一八九〇年一一月、二頁・五頁。地方教育会は各々の機関誌に大集会の広告を掲載。
(55) 同前、一〜六頁。
(56) 関西教育協会の活動は、微弱ながらも明治二三年頃まで確認できる。これ以後の検討は、明治二四年の全国教育連合会の開催背景の問題となろう。

第六章　学制調査部の「国民学校」案

――輿論形成・政策参加への教員動員――

本章の目的は、帝国教育会結成後における指導的教員の動員実態について、学制調査部の「国民学校」案立案過程に注目して検討することである。

わが国の学校制度は、一八八〇年代後半から一八九〇年代にかけてその基本的な制度体系を確立し、一八九〇年代後半以降さらに整備された。この時期の学校制度改革は、明治三一（一八九八）年の師範学校令から明治三六（一九〇三）年の専門学校令に至るまでの初等・中等・高等・教員養成に関する法令整備に及び、学校制度体系の改革を重要課題（学制改革問題）として浮上させ、教育関係者の論議を呼んだ。当時の学制改革問題は、主として高等専門教育の簡易化を求める立場と大学の質を維持しようとする立場の対立から、高等教育のあり方を主な問題とし、大正六（一九一七）年の臨時教育会議において一応の結論が出されるまで議論され続けたという(1)。また、この時期には、学歴社会の原型が形成され、中等・高等教育への進学者が増加し始めた(2)。そのため、明治三〇年代の学制改革問題については、中等・高等教育改革の面が注目されがちである。

しかし、明治三〇年代は、日清・日露戦争の影響を受けて、初等教育による国民形成の制度が整備されていった時代でもある。明治三三（一九〇〇）年の第三次小学校令は、全国民を四年制単一課程によって教育することを初めて明確にし、後に明治四〇（一九〇七）年の小学校令中改正によって実現する六年制課程の採用をもすでに想定していた(3)。明治三〇年代の小学校の実態を見ると、全国民を単一の課程で教育できたとは必ずしも言えないが、政府は、全国民に均質な小学校教育を施すことを明確に意図していた(4)。つまり、明治三〇年代において、小学校教育の改革もまた重要な問題であった。そのため、明治三〇年代の学制改革問題は、中等・高等教育の視点に限らず、初等教育の視点から検討することも重要である。

明治三〇年代の学制改革問題は、結論を出せる段階にはなく、まだ政策形成の模索段階が続いていた[5]。そこで、本章では、政府や帝国議会などの政策決定に直接関与する機関ではなく、当時の普通教育機関（とくに小学校）に関わる利益・圧力団体であった帝国教育会に注目する。帝国教育会は、明治三〇（一八九七）年以降、隔年で全国連合教育会を開いて全国の府県規模の教育会代表（小学校教員を含む）を集め、政策的課題に関する合意を形成して文部省に対する諮問答申や建議をまとめ、中央教育行政に対する小学校教育諮問機関としての地位を確立していった[6]。帝国教育会は、明治三二（一八九九）年四月に学制調査部を設置した。この学制調査部は、「国民学校」案を案出し、小学校の名義上の改称に限らず、初等教育課程改革（義務年限六年）や中等教育改革（高等国民学校など）の意味も含んだ総合的な学制改革案をまとめた[7]。帝国教育会学制調査部の「国民学校」案は、当時の初等教育重視の立場からの学制改革案として、注目できる。

しかし、この「国民学校」案の内実は、これまで研究されてこなかった。近代日本教育史における「国民学校」といえば、昭和一六（一九四二）年の国民学校令による初等教育機関であるが、本章で取り上げる「国民学校」はこれとは別物である。本章で対象とするのは、明治三二年に帝国教育会学制調査部において案出された「国民学校」である。帝国教育会案出の義務修業年限六年の教育課程構想は、どのような内容を持っていたか。誰のどのような思想を反映させたか。どのような社会的意義を持っていたか。これらの問題は明らかでない。後述するが、学制調査部は現役教員を動員し、かつ「国民学校」案を全国連合教育会の議題にして教員たちの議論を方向づけた。学制調査部は、教員にどのような経験をもたらしたか。先行研究は、帝国教育会学制調査部に注目してきたが、同部の会内部における設置経緯については言及していない[8]。

以上の問題意識により、本章は、学制調査部の「国民学校」案を検討する。まず、学制調査部の組織的特徴について、調査部以前の研究組織、および同時期に設置された国字改良部と比較しながら検討する。次に、「国民学校」案の案出過程およびその内容、そして「国民学校」案のその後の展開を検討する。なお、学制調査部やその「国民学校」案の立案過程において教員がどのように動員されたか、その都度確認しながら検討したい。

一．結成期帝国教育会の研究調査組織

（一）学制調査部・国字改良部の成立

明治二九年一二月二〇日、大日本教育会は規則改正によって帝国教育会規則を制定し、帝国教育会に改称再編した[9]。再編直前の大日本教育会では、組合という研究調査組織を設けて有志者による学術的な研究調査活動を行ったが、帝国教育会再編と同時に組合制度は廃止された。結成時の帝国教育会規則第四条には、「部門」が規定されていた。その具体的な性格づけは遅れ、明治三〇（一八九七）年五月二〇日の常議員会にて部門規程が制定されて、ようやくその性格が明確にされた[10]。部門規程によると、部門の目的は「帝国教育会会長ノ監督ニ属シ、其部門所属ノ教育及ビ学術ニ関スル事項ヲ研究調査スル」ことであった（第一条）。また、「其部門所属ノ帝国教育会常議員」および「自己ノ志望ニヨリテ部門所属ノ申出ヲ為シタル者」、「部門議員ノ推薦ニ応ジタル者」を、初等・中等・専門技芸教育の三部門に分けて組織することにした（第二条）。すなわち、部門は幹部と有志者による研究調査組織であった。ただ、機関誌に部門所属の申出を勧誘する記事や広告が出されたが[11]、うまく申し出が集まらなかったようである。結局のところ、成果どころか所属者数すら公開されなかった。明治三二（一八九九）年六月一二日の規則改正の際に、部門の規程は全て削除されている[12]。帝国教育会初の研究調査組織は、設置が遅れた上に、何の成果も残すことなく消滅してしまった。結成直後の帝国教育会では、組合の代わりに設置した部門は機能せず、いわば組合を廃止しただけで、実質的に研究調査活動を行う体制を十分整えられなかった。

明治三一（一八九八）年一〇月、第二回高等教育会議の議案に文部省諮問の学校系統案が挙げられた[13]。しかし、結局結論は出なかった。その後、学制改革論が民間で加熱し、明治三二年には「最高潮に達した」と評価されるほどに盛り上がった[14]。明治三二年三月一〇日、帝国教育会は、評議員会にて建議案「学制調査局設置のこと」を審議した[15]。建議者は、帝国教育会機関誌『教育公報』では明らかでないが、『教育時論』では「帝国教育会にては、上田氏日下部氏等の提議により学制調査局を設け、学制に関する諸般の調査をなさんとす」と報じられた[16]。「上田氏日下部氏」とは、帝国教育会理事であった上田万年（文部省専門学務局長）および日下部三之介（教育報知社長）と思われる。続いて同月三〇日、評議員会にて学制調査部規程が協定された[17]。同規程第一条には、「学制調査部は、会長の諮詢に応じて学制に関する諸般の事項を調査す」とある。また学制調査部は、常議員会による選挙と会長による嘱託とで選出・任命される常設委員三〇名によって組織された。学制調査部は、文部官僚と教育ジャーナリストほかの発起によって設立された、幹部指名の委員による会長諮問調査組織であった。

この時期、教育界で激しい論争が行われたのは、学制改革問題だけではなかった。明治二〇年代後半頃からの言文一致体小説の出版を背景として、明治三〇年ごろから言文一致問題が発生し、明治三三（一九〇〇）年以降になると教育関係者の間でも盛んに論じられるようになった[18]。「言文一致」とは、口語と文語の統一を目指す運動概念であり、国字・国文を今後どのようにしていくかという近代国民国家形成に関する重要問題であった。明治三二年一〇月二五日、帝国教育会臨時評議員会において、会長から国字改良部の設置について提案があり、満場一致で可決するとともに[19]、国字改良部規程が制定された。国字改良部の設立は、幕末以来漢字廃止論を唱えていた前島密に辻新次会長が相談して、実現に至ったという[20]。国字改良部規程によると、その第一条には「国字改良部は国字国文の改良を図るを以て目的とす」とある[21]。また、第二条には、「国字改良部員は、本会々員たると否とを問はず、国字国文の改良に志ある人は部員たることを得」とある。国字改良部は、幹部指名の委員による会長諮問機関であった学制調査部

図１　上田万年

と違い、有志者によって構成される研究組織として設置された。

（二）学制調査部・国字改良部の構成員

明治三二年四月一三日、評議員会にて、学制調査部委員が表1のように選出された。表1によると、教育行政官や高師教員だけでなく、多様な学校段階・学校種類の教員、さらには海軍軍人・帝国議会議員が同委員を務めた。なお、肝付・根本・星は帝国教育会評議員でもあり、教育会に深く関わりのある人物であった。学制調査部の幹部は、部長一名・専門教育課長一名・普通教育課長一名・実業教育課長一名・各課幹事三名と定められた。初代の部長は辻新次、専門教育課長は上田万年、普通教育課長は沢柳政太郎、実業教育課長は手島精一であり、

表1　学制調査部委員一覧（明治三二年四月時点）

氏名	職位
市川　雅飭	東京府公立本郷小学校教員
逸見幸太郎	東京府私立逸見尋常高等小学校長
伊藤房太郎	東京府地方視学
井上　守久	東京府私立鍋町女子尋常高等小学校長
今井市三郎	東京府公立文海小学校長
色川　圀士	元文部官僚
上田　万年	高等教育会議議員、文部省専門学務局長
梅沢　親行	東京府私立稚松尋常高等小学校長
岡　五郎	文部省視学官、普通学務局勤務
勝浦　鞆雄	高等教育会議議員、東京府第一尋常中学校長

嘉納治五郎	高等師範学校長
肝付　兼行	海軍少将、海軍省水路部長
日下部三之介	教育報知社長『教育報知』
後藤　牧太	高等師範学校教授
沢柳政太郎	高等教育会議議員、文部省普通学務局長、高等商業学校校長事務取扱
清水　直義	帝国教育会主事、元小学校長
尺　秀三郎	東京美術学校教授
田中　敬一	高等教育会議議員、東京府尋常師範学校長
丹所　啓行	東京府公立番町小学校長
辻　新次	帝国教育会会長、生命保険会社長
手島　精一	東京工業学校長
中川謙二郎	高等師範学校教授、東京工業学校教授、附属職工徒弟学校主事、附属東京教育博物館主事
根本　正	貴族院議員
野尻　精一	高等教育会議議員、文部省視学官
星　松三郎	衆議院議員、実業家
松見　文平	東京府私立順天中学校長
松山伝十郎	『万朝報』教育関係記者
村田　亮輔	東京府公立錦華小学校長
山崎　彦八	東京府公立富士見尋常高等小学校長
湯本武比古	高等教育会議議員、開発社長『教育時論』

出典：次の資料を参照して作成。『教育公報』二二三号。「職員録」一八九九年。『日本之小学教師』。

表2　帝国教育会国字改良部委員一覧（明治三二年末）

氏名	役職	職位・履歴
前島　密	部長	東洋汽船株式会社監査役、幕末以来の漢字廃止論者
大槻　文彦	幹事・仮名字	文学博士、東京高等師範学校講師、国語辞典『学海』の著者
後藤　牧太	幹事・仮名・羅馬	高等師範学校教授、慶應義塾卒、英米留学経験者、仮名言文一致体羅馬字文提唱
那珂　通世	幹事・羅馬	第一高等学校・高等師範学校教授、東洋歴史家
三宅　米吉	幹事	高等師範学校教授、同校附属中学校主事、東京帝大文科大学講師、考古学会主宰
小西　信八	幹事・仮名・羅馬	東京盲唖学校長、東京師範学校卒、米・英・独・仏留学経験者、かな文字を主唱
岡田　正美	幹事・歴史	東京外国語学校教授、東京帝大卒、国文学者
清水卯三郎	仮名	実業家（瑞穂屋）、かな文字論者、『日本大辞典』
山田　敬三	仮名	元『まいにちひらがなしんぶんし』記者
朝夷　六郎	仮名	東京高等師範学校教授、東京師範学校卒
中島　徳蔵	仮名	私立哲学館講師、倫理学者、小学校長経験あり
石川　倉次	仮名・漢字・新字	東京盲唖学校訓導、東京師範学校教諭、千葉師範学校卒、点字の完成者
三石　賤夫	仮名・漢字・歴史	国文学者、『国文典』（明治三五）、『日本文典』（明治三五）、『文典の栞』（明治三五）
石原和三郎	仮名	高等師範学校附属学校訓導、言文一致唱歌の推進者
菅原　通	仮名	不明
田中　秀穂	仮名・羅馬・新字	東京府私立中学郁文館分館教師
山本　策平	仮名	不明
中村　一義	仮名	『心の礎』（明治二七）
平井　正俊	羅馬	日本語学者、『かなのてかがみ』誌上で活躍
林　甕臣	羅馬・新字	日本語学者、速記時の発明、『日本新辞林』
南摩　綱紀	漢字	高等師範学校・女子高等師範学校教授
巌谷　季雄	漢字	巌谷小波、児童文学者
小島　一騰	新字	日本語学者、『言文一致』（明治三四）
林　茂淳	新字	速記法の実用化、『速記叢書講談演説集』（明治一九～二〇）
藤岡　勝二	歴史	高等師範学校講師（国語科）、東京帝大卒・大学院
菅沼　岩蔵	歴史	東京府第一中学校教諭（英語）

註：次の資料を用いて作成。『教育公報』二三二号。「職員録」一八九九年・一九〇〇年。『教育人名辞典』Ⅰ～Ⅲ。『大日本人名辞書』。『前島密自叙伝』一九五六年。藤岡博士功績記念会編『言語学論文集』一九三五年。

専門教育幹事は湯本武比古、普通教育幹事は日下部三之介、実業教育幹事は中川謙二郎であった。なお、沢柳と日下部はすぐに辞任し、普通教育課長は野尻精一、同幹事は篠田利英に交代している。[22] 学制調査部は、公私立小中学校教員や高師・官立学校教員を含む教育関係者と教育行政官との合同調査組織といえる。

では、国字改良部はどのような幹部組織を持っていたか。『教育公報』明治三三年一月号に掲載された国字改良部規程によると、[23] 国字改良部には部長一名・幹事若干名・委員若干名が置かれ、これら役員たちによって部が運営されることになっていた。表2は、明治三二年末時点での国字改良部委員を一覧にしたものである。部長には前島密が就任し、幹事には高師など官立学校教員が就いた。表2によると、国字改良部委員の職業構成は、実業家、学校教員、学者、著作家など、様々であった。履歴が判明するなかでは学校教員が一三名と最も多いが、国字研究・改良に何らかの形で関わっていた学者たちも国字改良部に参加していたことがわかる。表二によると、仮名字主義者・ローマ字主義者など、様々な考えの人々が委員になっていることがわかる。国字改良部は、国字改良に関する様々な主義に基づく教員・学者によって構成されていた。

（三）社会運動のための学制調査部・国字改良部

明治三二年一〇月付調査の帝国教育会要覧には、会の主要事業における学制調査部と国字改良部との位置づけが端的に示された。[24] 主要事業「教育上須要の事項を調査すること」に関する進行中の具体的事業には、唯一、学制調査部が次のように挙げられた。

本会は本年四月学制調査部を設置し、教育上重要事項たる学校系統の調査に着手し、尚広く朝野教育家の意見をも徴しつゝ、ありしが、今や学制の改革、学校系統の問題は、教育社会を聳動せんとす。因て本会は之が中堅を以て自ら任じ、鋭意世論の統一に務めり。是れ固より第一着歩に過ぎず。自今益進みて教育制度上緊要なる事項に対し、調査討究を怠らざるべし。

すなわち、帝国教育会が自ら教育社会の中核的存在として学制改革・学校系統に関する世論（輿論ではない）の統一を図るために、学制調査部を設置して学制系統の調査を行っているというのである。学制調査部は、ただの学術的な調査組織ではなく、社会に働きかけて学制改革に関する共通意識を形成するという社会運動のための組織であった。

他方、主要事業「教育学術の事項を研究すること」に関する進行中の具体的事業には、唯一、国字改良部が挙げられた。なお、ここでは明治二七（一八九四）年以来の組合について「教育上の問題を発して広く世上に懸賞し、教育学術の研究を奨励せり」と言及し、国字改良部はその系譜につながる新規事業として位置づけられた。すなわち、帝国教育会（大日本教育会）の教育学術研究事業は、教育問題に関する優れた研究成果を社会一般に提供し（懸賞）、教育学術研究を奨励することであり、国字改良部はそのような事業の一環であると整理された。なお、帝国教育会はこれら教育学術の研究のために、①研究材料の収集、②研究場所・器具の供給、③研究成果の公表を行うとしているが、これらは従来組合に対する本会の役割として挙げられた役割と一致する。国字改良部は、かつての研究組合のように、社会に働きかけて学術研究を奨励するための組織であった。

学制調査部と国字改良部とは、世論形成と学術研究奨励というように方法論は違っていたが、いずれも社会一般に働きかけて一定の主義を実現しようとした社会運動のための組織であった。国字改良部の運動方針は、明治三三年一月刊『教育公報』掲載の「国字改良部綱領」の第一項によると、「何等文字文章の可否を論ずることなく、博く教育上の損益利害を痛論し、全国の同志者を代表して、帝国教育会より国文国字の根本的大改良に英断あらんを政府及貴衆両院に請願」することと定められていた。[25] つまり、教育上の観点から国字国文の理論的研究を行い、その結果を最終的に全国の輿論として政府・帝国議会に請願することを方針としたのである。国字改良部も、学術研究の奨励だけでは済まず、政策過程に関与しようとする組織であった。

なお、明治三四（一九〇一）年一一月二〇日、学制調査部会において規程・役員の改正、および細則・協議議案の制定が行われた[26]。辻会長は、この席上で、「学制調査部の調査の旨趣」について意見を次のように述べた[27]。学制研究は、学制調査部の他にも、学制研究会や各政党が行っている。特に政党による調査は、その「主義政綱」によって「自ら偏することを免れざるもの」であろう。学制調査部は、「単に教育上の利害より公正に」これを調査し、とくに主に「我国教育の根本的の調査」を行う。「当局者の一時の施設政策等に対して論議を挟む如き」はなるべく避けなければならない。学制調査部は、「我国教育制度の全般」にわたって調査し、「教育社会の公議」を発表して、「当局者若くは民間教育者の参考に供する」とした。先述の帝国教育会要覧による方針、学制調査部は、各政党の立場や現制度・政策とは独立した教育上の立場から学制の根本的・総合的調査を行い、教育社会の輿論を発表して、政府当局や教育者に参考資料を提供することを活動方針にした。

以上のように、学制調査部・国字改良部は、教育上の立場から教育問題の根本的・総合的研究を行うことで教育社会の輿論・世論を形成し、それをもって政策過程に関与しようとする社会運動のための組織であった。部設置直前の明治三一年一一月、帝国教育会規則の改正によって、主要な事業の筆頭に「教育社会の公議を発表すること」が設定された。すなわち、帝国教育会は、学制改革・国字改良に関する教育社会の公議輿論を自ら形成し、政策過程に対する圧力団体となるために、学制調査部・国字改良部を設置したのである。

（四）外部団体との連携による輿論形成

両部ともに、運動の前提として研究調査活動を重視した。その研究調査テーマは、役員の会合によって事前に選定・調整を行い[28]、総会的な会合（委員会・委員総会・例会・臨時総会などの役員以外の人員の参加が認められた会合）で決定するという手順で設定された[29]。具体的な研究は、委員によって共同的に進められるとともに、研究資料を収集して『教育公報』誌上に掲載した。委員会での研究成果がまとまると、総会的な会合に提出されて検討された[30]。

明治三三年六月二一日、帝国教育会評議員会にて第三回全国連合教育会議案が協定され、そのうちに「国民学校制度の要領を左の如く定むること」と「中学校を普通及び予修の二種となすこと」の二件があった。[31] この議案を選定したのは、同月一八日に開かれた第三回連合教育会準備委員会であったが、同委員会には学制調査部学校系統取調委員でもある後藤・湯本が出席していた。[32] 後藤・湯本は、準備委員会と同日に開催された学制調査部学校系統取調委員会において、初等教育機関の名称を国民学校（入学年齢満六歳・就学年数六年）とし、中等教育機関を普通・予備に分けることを決めていた。[33] これら第三回全国連合教育会（明治三四年四月一三日～一五日）への帝国教育会提出議題の一部は、学制調査部の影響によるものであった。

これらの帝国教育会提出議案は、事前に全国連合教育会に同盟する地方教育会に通知された。地方教育会は、それぞれで検討した後、意見を代表に託して全国連合教育会に出席させている。とくに、信濃教育会では、各郡にあった支部に議案を通達し、その答案を集めて審議し、全国連合教育会出席の代表者に託した。[34] 地方教育会の会員の多くは、地域の小学校教員であった。学制調査部の調査成果は、全国連合教育会議題として地方教育会の検討課題となり、指導的小学校教員から議論を引き出した。なお、全国連合教育会では、「国民学校」案は修正可決、中学校普通・予修科設置は否決された。[35]「国民学校」案は、明治三四年五月一〇日、全国連合教育会の他の議決と一緒に文部大臣に提出された。[36]

学制調査部・国字改良部は、教育会以外の外部団体とも連携をしている。明治三二年一一月一三日の学制調査部会では、学制改革運動のために設立される学制改革同志会の費用・事務の補助を決めた。[37] 明治三三年一〇月二六日の国字改良部発会式では、国字改良会（明治三一年七月創立、井上哲次郎・加藤弘之などがメンバー）と合同したという。[38] 表2に挙げた国字改良部委員のうち、中島・菅沼・三石・平井・林・菅原・小島・小西・石川・後藤・田中は元国字改良会のメンバーであった。また、明治三四年二月二〇日、帝国教育会内で活動していた言文一致会と協力することを決めた。[39]

帝国教育会は、共同研究によって研究成果をまとめ、地方教育会やその他関係団体と連携して輿論形成を行い、その輿論を文部省に届けた。学制調査部や国字改良部は、その過程における研究調査組織であり、外部団体との連携ルートの一つであった。学制調査部と国字改良部とは、それぞれ調査事業に関わる組織または研究事業に関わる組織として区別されていたが、その活動実態には多くの共通点が見られた。異なったのは、学制調査部は会長・本会幹部指名の委員で構成されたが、国字改良部は有志者によって構成された。学制調査部は、自由な研究調査が行われた組織というより、帝国教育会幹部組織の意向により近い組織であったと考えられる。

二　学制調査部における「国民学校」案の成立

（一）湯本武比古起草の「国民学校」案

次に、学制調査部の具体的活動をより詳しく見るために、以下、「国民学校」案に注目して検討する。なお、本章で問題とする帝国教育会学制調査部の「国民学校」案とは、明治三二（一八九九）年七月に湯本武比古によって起草された原案をもとに、その後同部において様々に審議された末にまとめられた「国民学校」に関する案である。

学制改革論議は、明治三二（一八九九）年ごろ最高潮に達した。明治三一年一一月には、久保田譲（貴族院議員、後の文部大臣）が帝国教育会で「教育制度改革論」を講演した。また、長岡護美（学制研究会長）と辻新次（帝国教育会長）の斡旋で結成された学制改革同志会が「学制改革同志会要綱」を出した。これらの学制改革案の主な論点は、小学校入学から大学卒業に至る修業年限の短縮、学生生徒の精神的・肉体的発達に配慮した教育課程の確立、高等普通教育機関の充実などにあった。これらの案は、大学の質を低下させるとして主に大学関係者から反論され、とくに帝国大学・高等学校の改革について影響力を十分発揮できなかった。

このような学制改革論議が展開するなかで、帝国教育会は、明治三二年三月三〇日、「学制調査部規程」を制定した。これにより、常設委員三〇名から成る帝国教育会学制調査部（部長・辻新次）が置かれ、帝国教育会長の諮詢に応じて「学制に関する諸般の事項」を調査し始めた。同部役員会は、同年五月五日、学校系統に関する調査に着手することを決定し、[40] 六月一三日には同部専門教育幹事・湯本武比古（開発社長）の学校系統案作成を待って、全体会（部会）で審議することを打ち合わせた。[41] 七月一五日の学制調査部会では、湯本起草の学校系統案が説明された。[42] この湯本案に、小学校に代わる初等教育機関としての「国民学校」が初めて現れた。

湯本起草「国民学校」案は全一四項から成る。項の内容を図示すると、図2のような学校系統を提案したことがわかる。この案は、小学校を満七歳入学の「国民学校」（六年義務教育）とし、中学校を「高等国民学校」（五年）、高等女学校を「女子高等国民学校」（四年）と改称した。これによると、「国民学校」の第四学年を修了すると、「乙種実業学校」（二・三年）の入学資格を得る。「国民学校」を卒業すると、「高等国民学校」「女子高等国民学校」および「甲種実業学校」（三・四年）の入学資格を得る。「高等国民学校」の第三学年を修了すると、「師範学校」（四年）の入学資格を得る。「女子高等国民学校」の第二学年を修了すると、「女子師範学校」（三年）の入学資格を得る。「高等国民学校」を卒業すると、「高等学校」（三年）の受験

図2　湯本武比古起草の帝国教育会学制調査部「国民学校案」に基づく学校系統図

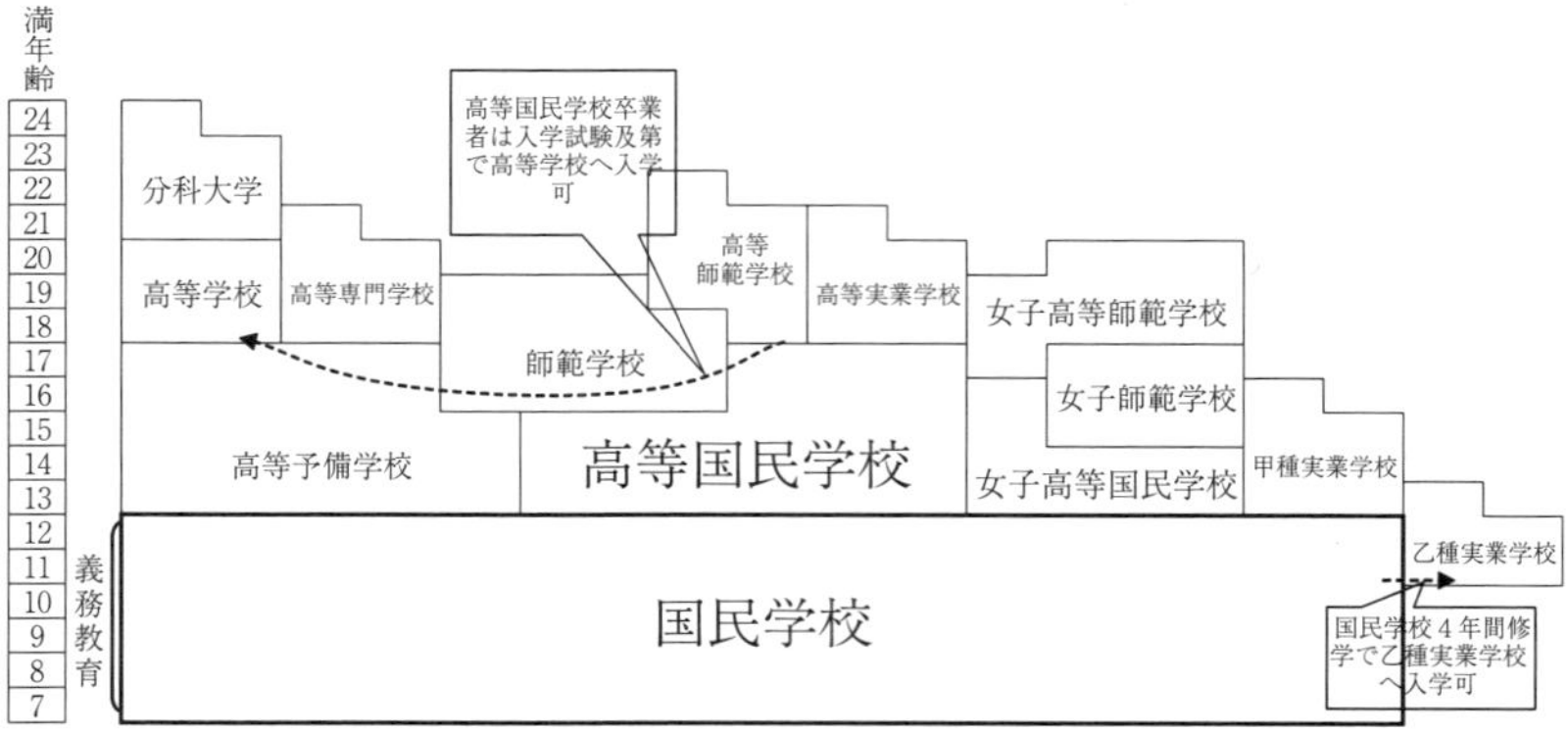

出典　「学制調査部委員会」（『教育公報』226号、1899年8月、45〜46頁）を用いて作成。

資格を得ると同時に、「高等師範学校」（四年）と「高等実業学校（農学、工学、商業、商船）」（三・四年）の入学資格を得る。「女子高等国民学校」を卒業すると、「女子高等師範学校」（三年）の入学資格を得る。なお、「高等予備学校」は、第三学年を修了すると「師範学校」の入学資格を得ることができ、卒業すると「高等学校」の受験資格と「高等師範学校」「高等専門学校（医学、薬学、法律学、経済学、理学等）」（三・四年）の入学資格を得る。「分科大学」（三・四年）に入学するには、「高等学校」を卒業するしかない。

この「国民学校」案は、現行（明治三一年当時）の制度と比べ、主に七つの特徴があった。第一に、小学校の入学年齢を満七歳にし、義務教育開始の年齢を一年引き上げた点である。第二に、現行では尋常科・高等科の二つに区分されている初等教育課程を統一し、かつ三年～四年の幅を持った現行の課程を六年統一課程に換えて義務化しようとした点である。第三に、小学校を「国民学校」、中学校を「高等国民学校」、高等女学校を「女子高等国民学校」と改称し、初等教育と男女中等教育を同じ「国民学校」の課程として連続的に捉えようとした点である。第四に、師範学校・高等師範学校と「高等国民学校」、女子師範学校・女子高等師範学校と「女子高等国民学校」とを接続し、師範教育を「国民学校」の体系に対して明確に位置づけた点である。第五に、高等国民学校からの高等学校入学に従来通り入学試験を必要とする一方で、高等学校に無試験で入学できる「高等予備学校」の体系を、「国民学校」の体系とは別に中等段階で設けた点である。第六に、高等実業学校と高等専門学校を区別し、高等実業学校を「国民学校」の体系に接続する一方で、高等専門学校を中等段階で「国民学校」の別系統となる「高等予備学校」の体系に接続した点である。第七に、大学卒業者が二三～二四歳程度になるように配慮した点である（当時現行制度では二三～二五歳程度）。「国民学校」案は、六年課程に統一された初等教育に従来よりも一歳遅く児童を入学させ、高校・大学・専門教育への進学コースを中等段階において一端切り離し、初等教育・中等教育・師範教育・実業教育の連続性を重視するとともに、初等教育開始から高等教育修了までの年数短縮をねらった学制改革案と考えられる。

湯本起案の「国民学校」案は、初等・中等・高等教育および普通・師範・実業・専門教育に関する総合的な学校系統改革案であった。

（二）学制調査部による「国民学校」案の検討

この「国民学校」案は、九月三日の学制調査部会で再審議された[43]。そこでは、さらに清水直義委員（帝国教育会主事）から新案が出された。清水は、「国民学校」の名称について「相当の理由を有す」と理解しながらも、「小学校の名称は由来既に久しく、別に為めに弊害あるが如きことなし。乃ち敢て故らに之れを改むることを為さず」としてこれを取らず、尋常小学校（三年）・尋常小学補修学校（一・二年）・高等小学校（八年）の設置を主張した[44]。清水の案は、現行よりも尋常小学校の年限を短縮し（三～四年→三年）、かつ高等小学校の年限を大幅に拡張するものであり（二～四年→八年）、そしてなによりも、「小学校」の名称の定着性に依拠した「国民学校」案の対案であった。

ここに湯本起草の「国民学校」案と清水案の二種類が現れたため、学制調査部ではさらに調査を進めることになり、各委員各自一週間以内に案を部長に提出し、さらに委員以外からも意見を集めることを決定した。これより明治三二年一一月まで、湯本武比古、清水直義、中川謙二郎（委員、高等師範学校・高等工業学校教授）、後藤牧太（委員、高師教授）、木場貞長（非委員、法学博士・元文部秘書官）、久保田譲（非委員、貴族院議員）、吉村寅太郎（非委員、私立成女学校長）、勝浦鞆雄（委員、東京府第一中学校長）、日下部三之介（委員、教育報知社長）、松山伝十郎（委員、『万朝報』教育担当記者）の一〇名からそれぞれ学校系統案が提出され、それぞれ帝国教育会の機関誌『教育公報』に掲載された。また、一〇月一九日の帝国教育会教育倶楽部例会と一一月四日の同臨時講談会において、久保田譲が学制改革論を陳述した。「国民学校」原案は、帝国教育会における学制改革論議のきっかけになった。

学制調査部は、明治三二年一一月一三日、先述の一〇案を検討するため、学校系統調査委員を後藤・湯本・勝浦・中川・清水の五名に依託した[45]。同調査委員会では、同月一七日、各案を清水がまとめることにして[46]、三〇日、清水がまとめた「学校系統調査意見一覧表」について審議を行った。[47] この一覧表は、初等・中等・高等・実業・師範学校の「名称」「入学年齢」「就学年数」「義務年数」（師範学校は名称のみ）と、小学校・中学校の課程区分（尋常・高等）の有無、高等学校設置の有無、大学卒業年齢について意見を整理したもので、「学校系統調査意見一覧表 多数意見に依りて立てたる学校系統図」の根拠となった。[48] この学校系統図は、実業学校・師範学校について省略し、小学校六年—中学校五年で完結する系統と小学校六年—予備中学校五年—高等中学三年—分科大学四年で完結する系統の二つの系統から成った。つまり、六歳での小学校入学から最長二四歳での分科大学卒業までの学校系統を示した図であった。[49] この系統図は、初等教育機関の名称について、「国民学校」を主張した者が湯本・中川・日下部・松山の四名、「小学校」を主張した者が清水・後藤・久保田・吉村・勝浦の五名であったことを理由に、「小学校」と表記した。「国民学校」案は、名称問題に矮小化され、多数決で否決されようとしたのである。

図３　木場貞長

図５　勝浦鞆雄

図４　吉村寅太郎

図６　松山伝十郎

以上のように刻々と状況が変化するなか、湯本武比古は「国民学校」原案の再説明を試みた。明治三二年一〇月三〇日、帝国教育会幹部が居並ぶ教育勅語下賜十年記念会において、湯本は学校系統を論じ、以下のように「国民学校」案の意図を説明した。[50]

湯本は、「国民学校」案を「未定稿」とし、さらに「熟議」が必要な案だと位置づけている。そして、小学校改革について、次の三点から説明した。第一に、小学校教育は上級学校の教育の基礎土台になるべきものであるが、現状では、中学校が小学校に中学校入学程度の学力を要求し、高等学校が中学校に高校入学程度の学力を要求するといった主従逆転した状態にある。第二に、小学校児童の心身精神には限界があり、上級学校のすべての要求には応えられない。第三に、「小」の文字は、中の下に位置づける印象を与え、その結果、小学校を軽視する風潮を生む。そのため、小学校に代えて「国民学校」を設置する必要があるとした。

また、「国民学校」の満七歳入学については、①デンマークとスウェーデンに先例がある、②心理学の成果によると満六歳の脳の「分量的発達」は初等教育の負担に十分対応できない、③満六歳入学の子どもより満七歳入学の子どもの方が卒業時に優秀な成績をおさめることが多い、④満七歳入学によって従来四年かかっている課程を三年で修められるとすれば国家経済の節約になる、と理由を述べた。さらに、六年制義務教育については、①日本語学習とその他の学科を教育するのに三・四年では足りない、②西欧諸国に四年制義務教育はほとんど例がない、③四年制義務教育を決めた明治一九年の時点より現在の「民度」は進んでいることを理由とした。

男子中等教育における高等国民学校と高等予備学校の区分については、①西洋諸国において議論はあるにしても実際に二種類ある、②今日の日本の事情から実科中学を置く方が宜しいとした。高等学校については、①大学予備校ではなく専門学科を教授する所とする、②高校卒業で学士の称号を得るとした。分科大学については、①高校卒業生が一層学問の蘊奥を極めんとする機関とする、②現行の大学院に当たるものとして博士の学位を授与し、さらに上級の大学院を設けない、③ドイツの大学のように自由に講義をし、聴講できるようにするとした。師範教育・実業教育・専門教育については、この時の湯本は語らなかった。

「国民学校」案は、湯本の再説明によって、初等教育改革を中心とした普通教育改革案としての性格を強めてきた。学制調査部は、湯本の「国民学校」案を発表・検討する場となり、清水などの学校系統案を引き出すとともに、湯本による再検討をも引き出し、学校系統の研究を深めたのである。

三　初等教育改革案としての「国民学校」案

結局、明治三二年一一月以降、清水が作った一覧表から成る学校系統案は審議されなかった。それどころか、「国民学校」原案が擁護される傾向さえも現れた。帝国教育会機関誌『教育公報』の第二三〇号（明治三一年一二月号）には、明治三一年七月の東京府教育会総集会で辻新次（当時は帝国教育会長ではなかった）が演説した「国民教育組織の一方案」が掲載された。[51]この時の辻は、市町村経営の小学校を国家直轄にすべしと主張したが、その際に小学校という名称はふさわしくないため、「国民学校」と改めるように提案している。また、「小学校は国家の基礎たる国民の身体を強壮にし、智識を啓発し、其徳性を涵養する場所にして、此点に於ては大学より寧ろ重大なる関係を教育上に有するものなり。決して大中学の準備学校とのみ見る可らず」と述べ、ほとんど湯本案の原型のようなことを述べている。この時期に一年以上前の現会長の論が再発表されたのは、決して偶然ではないだろう。「国民学校」案の初等教育改革案としての性格が、強化されたわけである。

結局、「国民学校」案は別の形で再提出されることになった。明治三三（一九〇〇）年四月一二日、帝国教育会評議員会（会の方針を決定する機関）において、評議員・日下部三之介の発議により学制調査事項調査委員が設置された。[52]日下部もまた、昨年、小学校を六年課程の「国民学校」とし、一六ヶ条から成る「国民学校制要領」までも主張した人物であった。[53]委員は、日下部・湯本・清水と磯部武者五郎（小石川区学務委員長）・今井市三郎（京橋区文海小学校長）の五名であった。同委員会は、報告書をまとめて評議員会議長の肝付兼行（海軍少将・海軍水路部長）に提出した後、六月一二日には学制調査部総会で同報告書を説明した。[54]その結果、学制調査部から学校系統案について再調査を付託され、一八日に最終報告書「学校系統案」をとりまとめた。[55]

報告書「学校系統案」では、初等教育学校の名称は「国民学校」とし、入学年齢満六歳、修学年数六年、義務年数六年、第四学年修了者に「乙種実業学校」または「高等国民学校予備校」に入学資格を与えることにした。さらに中等学校の名称も「高等国民学校」（入学年齢一二歳、修学年数五年）、「高等国民女学校」（入学年齢なし、修学年数四年）とし、両校ともに修業二年の予備学校を置くとした。中等以上には、入学年齢一七歳・修学年数三～四年の「専門学校」と「大学予備学校」を置き、さらに修学年数三～四年の「帝国大学」を置くとした。また、これとは別に「実業学校」（乙種三年・甲種五年、入学資格等は不明）と、「師範予備校」（二年、「国民学校」卒業により入学資格を得る）の卒業後に入学する師範学校（師範学校四年、女子師範学校三年）とが置かれた。

「学校系統案」の具体的内容は、湯本起草の「国民学校」案と比べ、主に次の六点で異なっている。すなわち、①「国民学校」に六年課程と進学のための課程との二種類の課程ができた点、②高等予備学校がなくなり、高等教育進学を高等国民学校卒業後に選択できるようになった点、③師範学校が高等国民学校ではなく師範予備校を挟んで国民学校と接続され、師範教育の入学程度が中等教育修了程度から初等教育修了程度に引き下げられた点、④甲種実業学校の学校系統が曖昧な点、⑤高等実業学校がなくなった点、⑥高等学校がなくなり大学予備学校ができた点、で異なっていた。つまり、「国民学校」案に比べて、師範・実業・高等教育の位置づけは変化したが、小・中学校の名称を「国民学校」に改称し、初等・中等教育を連続的に捉えようとする基本的な方針は継承されていることがわかる。ただ、二一日に開かれた学制調査部総会では、この報告書が審議され、「緊要なる意見」があったというが、結局未決議のまま散会になった[56]。

なお、この学制調査部総会が開かれる一時間前に、評議員会において第三回全国連合教育会議案が決まったが、そのなかに八項から成る「国民学校制度」があった[57]。学制改革論議の舞台は、すでに学制調査部から全国連合教育会へと移行していた。「国民学校制度」は、第三回全国連合教育会（明治三四（一九〇一）年五月開催）の帝国教育会提出の議案になり、府県教育会代表の修正可決を経て、一七件の建議案のうちの第一号建議案として文部省に建議された[58]。また、久保田譲文部大臣の文部省内訓「教育制度及教育行政改正の方針」を受け、帝国教育会は小学校を「国民学校」に改称する案を含む意見書「学制及教育行政ノ改革ニ関スル件」をまとめ、明治三七

（一九〇四）年六月二四日に提出した。[59] さらに、第五回全国連合教育会（明治三八（一九〇五）年九月開催）では、帝国教育会だけでなく山梨県教育会からも、小学校を六年義務制の「国民学校」に改称する議案が提出され、文部省に建議された。[60]「国民学校」案は、明治三四年以降、学制調査部の手を離れ、具体的な政策建議案に改編されていった。

「国民学校」案は、明治三一年六月から七月にかけて湯本武比古が起案し、以後の様々な学制改革案が発表される契機となった。そして、小学校を「国民学校」に代える案は、高等教育改革を学制改革問題の起点とする立場に対して、初等教育改革を学制改革問題の起点とする立場を完徹するため、明治三四年から三八年まで、形を変えながら繰り返し主張され続けていった。「国民学校」案は、明治三〇年代における初等教育重視の学制改革案の原型になったのである。

帝国教育会学制調査部は、明治三二年に設置され、帝国教育会が教育社会の輿論・世論形成によって政策過程に参与する社会運動のための、学制改革問題に関する根本的・総合的調査組織であった。同時期に設置された国字改良部は、国字改良問題に関する同様の機能を期待された研究組織であった。明治二九年の組合制度廃止以後、教員や教育関係者に研究資料を提示する研究調査組織がなくなっていたが、学制調査部・国字改良部の設置によって再開された。

学制調査部は、多くの教員を委員として動員し、教育行政官や軍人・帝国議会議員とともに学制改革に関する議論に参加させた。動員された教員のなかには、公私立小学校教員が複数名いた。また、学制調査部のまとめた案が全国連合教育会の議題になったが、全国連合教育会議員は地方教育会代表であり、そのなかには多くの指導的小学校教員が含まれた。地方によっては郡教育会での議題にもなり、地域の小学校教員の議論をも導いた。学制調査部は、全国各地の指導的小学校教員を直接・間接に学制改革問題に関する研究調査に動員し、教育社会の輿論・世論形成と政策過程に関わらせていったのである。

学制調査部は、その研究調査活動を通して「国民学校」案を案出した。この「国民学校」案は、高等教育重視の視点から学制改革を論じることに対する問題意識から立案された。そして、明治三〇年代半ばにおける初等教育重視の学制改革案として、文政過程に対する圧力の原点となった。「国民学校」案の最大の特質であった義務教育年限延長は、教職のあり方に根本的な影響を与える事項である。「国民学校」案の計画・合意形成には、全国各地の指導的教員が動員された。帝国教育会は、「国民学校」案を案出して、全国の指導的教員を教職の根本に関わる輿論形成と政策過程に動員することにより、文政過程における圧力団体化を実現した。

なお、「国民学校」案で主張された具体的な内容は、後日、一部実現した（例えば、六年制一貫教育の義務化とそれに直接接続した中等普通教育）。しかし、明治三三（一九〇〇）年八月の第三次小学校令でも明治四〇（一九〇七）年三月の小学校令中改正でも、結局のところ小学校は「国民学校」に改称されなかった。また、「国民学校」案の骨子は初等教育重視の学校系統の確立にあったが、その意味でも「国民学校」案は十分に実現したとはいえない。さらに、「国民学校」案は、学校系統案に終始したために、十分な教育課程論を欠いた。それ故に、名称の変更のみが注目されがちになって、実質的な政策案になりきれず、結果的にすでに社会に定着していた「小学校」の優位を揺るがすことはできなかったと思われる。「国民学校」案が学校系統案であったことは、同案の特徴であると同時に弱点でもあった。

（1）国立教育研究所編『日本近代教育百年史』第四巻、教育研究振興会、一九七四年。
（2）天野郁夫『学歴の社会史』新潮社、一九九二年。
（3）佐藤秀夫『教育の文化史一―学校の構造』阿吽社、二〇〇四年。
（4）土方苑子『東京の近代小学校―「国民」教育制度の成立過程』東京大学出版会、二〇〇二年。

（5）政策過程については、伊藤光利・田中愛治・真渕勝『政治過程論』（有斐閣、二〇〇〇年）を参照。
（6）白石崇人「大日本教育会および帝国教育会に対する文部省諮問」梶山雅史編『近代日本教育会史研究』学術出版会、二〇〇七年、三〇三〜三二六頁。
（7）菅原亮芳「『教育公報』と帝国教育会解説」復刻版刊行委員会編『帝国教育』総目次・解説、上巻、雄松堂出版、八一頁。
（8）山本正秀「帝国教育会内「言文一致会」の活動概略」『専修人文論集』第八号、専修大学学会、一九七二年二月、一〜五五頁。菅原、前掲注（7）、七九〜八四頁。長志珠絵「日清戦後における「漢字」問題の転回―帝国教育言文一致運動と漢学者懇親会をめぐって」『ヒストリア』第一三六号、大阪歴史学会、一九九二年九月、一〜二二頁。
（9）「臨時総集会」『教育公報』第一八六号、帝国教育会、一八九七年一月、二八〜二九頁。
（10）「常議員会」『教育公報』第一九四号、一八九七年六月、二八〜二九頁。
（11）例えば、「緊急広告」『教育公報』第一九五号、一八九七年六月、一頁。
（12）「本会規則」『教育公報』第二二二号、一八九八年六月、広告二頁。
（13）「文部省提出議案」『教育時論』第四八七号、一八九八年一〇月、二八〜二九頁。
（14）国立教育研究所編、前掲注（1）、八四一〜八四二頁参照。『教育時論』は、この前後に学制改革論を相次いで掲載した。
（15）「第四回常議員会」『教育公報』第二二一号、一八九九年三月、帝国教育会記事二頁。
（16）「かきよせ」『教育時論』第五〇三号、一八九九年四月、開発社、三三頁。
（17）「第五回常議員会」『教育公報』第二二二号、一八九九年四月一〇日、四四頁。同資料では第五回常議員会の日付が三月二〇日になっているが、前後の日付と併せて考えると、三〇日の誤植であろう。
（18）山本正秀『言文一致の歴史論考』桜楓社、一九七一年、三一〜三四頁。
（19）「臨時常議員会」『教育公報』第二二九号、一八九九年一一月、五九頁。
（20）前島密伝記刊行委員会編『前島密自叙伝』、前島密伝記刊行委員会、一九五六年、一七九頁。
（21）「国字改良部設置」『教育公報』第二二九号、四九〜五〇頁。
（22）「学制調査部委員会」『教育公報』第二二四号、一八九九年六月、五五頁。
（23）「国字改良」『教育公報』第二三一号、一九〇〇年一月、一八頁。
（24）「帝国教育会要覧」『教育公報』第二三〇号、一八九九年一二月、四一〜四四頁。
（25）「国字改良」前掲注（23）、一八頁。
（26）「学制調査部会」『教育公報』第二五四号、一九〇一年一二月、二〇頁。

(27)「学制調査部の調査の旨趣につき辻会長の意見」『教育公報』第二五四号、二一頁。
(28)例えば、「学制調査部役員会」『教育公報』第二二三号、一八九九年五月、五三頁。「国字改良部職員会」『教育公報』第二二九号、五〇～五一頁。
(29)例えば、「学制調査部委員会」『教育公報』第二二六号、一八九九年八月、四五～四六頁。「例会」『教育公報』第二三〇号、一八九九年一二月、二七頁。
(30)ただし、委員会報告が自動的に決定されたわけではない(「国字改良臨時総会」『教育公報』第二三八号、一九〇〇年八月一五日、一二頁など)。
(31)「評議員会」『教育公報』第二三七号、一九〇〇年七月、三〇頁。
(32)「第三回全国連合教育会準備委員会」同上。
(33)「学校系統取調委員会」『教育公報』第二三七号、三四頁。
(34)「信濃教育会常集会」『信濃教育会雑誌』第一七四号、一九〇一年三月、三八～三九頁。
(35)「第三回全国連合教育会記事」『教育公報』第二四七号、一九〇一年五月、四四～四五・五二頁。
(36)「第三回全国連合教育会建議」『教育公報』第二四七号、二一～二二頁。
(37)「学制調査部会」『教育公報』第二三〇号、二五頁。
(38)「国字改良」前掲注(23)、一七頁。
(39)「国文調査部委員会」『教育公報』第二四五号、一九〇一年三月、二二頁。
(40)「学制調査部役員会」『教育公報』第二二三号、五三頁。
(41)「学制調査部役員会」『教育公報』第二二五号、一八九九年七月、四七頁。
(42)「学制調査部委員会」『教育公報』第二二六号、四五～四六頁。
(43)「学制調査部委員会」『教育公報』第二二八号、一八九九年一〇月、七一頁。
(44)清水直義「学校系統私案」『教育公報』第二二九号、一八九九年一一月、五四～五六頁。
(45)「学制調査部会」『教育公報』第二三〇号、一八九九年一二月、二五頁。
(46)「取調委員会」同前、二五頁。
(47)「取調委員会」同前、二五頁。
(48)「学校系統調査意見一覧表」同前、二五～二六頁。
(49)「学校系統調査意見一覧表多数意見に依りて立てたる学校系統図」同上、二六頁。

(50) 湯本武比古「学校系統論」『教育公報』第二二九号、四〜一三頁。
(51) 辻新次「国民教育組織の一方案」『教育公報』第二三〇号、五二〜五三頁。
(52) 「評議員会」『教育公報』第二三五号、一九〇〇年五月、二六頁。
(53) 日下部三之介「学校系統案」「国民学校制要領」『教育公報』第二三〇号、一三〜一四頁。
(54) 「学制調査部委員総会」『教育公報』第二三七号、三三頁。
(55) 「学校系統取調委員会」『教育公報』第二三七号、三四〜三五頁。
(56) 「学制調査部委員総会」『教育公報』第二三七号、三五頁。
(57) 「評議員会」『教育公報』第二三七号、三〇〜三一頁。
(58) 「第三回全国連合教育会建議」前掲注(36)、二一〜二二頁。
(59) 「学制及び教育行政の改革に関する意見書の提出」『教育公報』第二八五号、一九〇四年七月、一三頁。
(60) 「第五回全国連合教育会」『教育公報』第三〇〇号、一九〇五年一〇月、一五・一七〜一八頁。

第七章　全国小学校教員会議の開催

——指導的教員による専門的輿論形成・政策参加——

本章の目的は、明治末期における全国小学校教員会議の開催過程を検討し、教員にとっての意義を明らかにすることである。

明治末期は、日露戦後における国際的地位の著しい向上と帝国主義の推進、個人主義・社会主義思想の高揚、労働・農村・社会問題の勃発による階級対立などが生じた時期であった。明治四〇（一九〇七）年には、小学校令を一部改正し、義務教育年限を二年延長して全国民に共通の国民教育を課する六年制尋常小学校の制度整備が図られた(1)。教育勅語は従来国民の道徳的基準を示してきたが、明治三〇年代以降、日清戦後の国内外の状況推移に伴って批判にさらされ、その国民道徳としての根拠や形成方法を問われた(2)。その結果、明治四一（一九〇八）年に戊申詔書が渙発され、旧中間層の生活倫理を全社会に拡大適用して、青年層の組織化および学校の社会化・実際化を進め、国民を家族国家的目的に統合する試みが行われた(3)。また、明治四三（一九一〇）年の大逆事件や翌年の南北朝正閏問題は、帝国議会に政府批判の具を提供し、国体観念・教育勅語に基づく国家主義教育の強化育成を一層進めるきっかけになった(4)。このように、明治末期は、国家・社会の動揺を受けて、新しい国民統合のあり方が模索され、国民教育が再編された時期であった。

このような時期に、帝国教育会は、明治三九（一九〇六）年五月五日から七日までの日程で第一回全国小学校教員会議を開催している。以後、二年に一度開かれる定例全国会議となり、各地方教育会の指導的立場にあった小学校教員を集めて議論させた。この会議は、全国連合教育会と交互に開催されて昭和九（一九三四）年一一月開催の第一五回まで続き、明治四〇（一九〇七）年以降には帝国教育会の主要な事業の一つに位置づけられた。全国連合教育会は、大日本教育会の地方教育会との連携方針を背景に開催された全国教育者大集会の系譜を引き継ぐ会議であり、一般的には政治活動を禁止されている小学校教員が、地方教育会代表として中央教育政策過程に参加する貴重な機会であった(5)。

では、全国小学校教員会議は、どのような意図で開催され、どのように議論が進められたか。そしてその議論に参加することは、指導的教員にとってどのような意義を持っていたか。現在、明治期の全国小学校教員会議の史料としては、第一回の議事録が現存している。この議事録は、指導的教員（小学校長・訓導）四七名がどのような議論を経験したかを明らかにするにはふさわしい史料であるが、これを用いた先行研究は見当たらない。

なお、全国小学校教員会議の議題は、文部省諮問題・帝国教育会提出問題の二種類であった。全国連合教育会の場合には、これらの他に地方教育会提出の議題も数十件あったことを考えると、全国小学校教員会議の議論は、文部省・帝国教育会の方向づけがより強く出やすかったと考えられる。文部省・帝国教育会は、同教員会議に何を求めていたか。

また、全国連合教育会の帝国教育会提出問題が決定される過程では、帝国教育会の研究調査組織が重要な働きをしている。帝国教育会は、第二回全国小学校教員会議の開催を控えた明治四〇年一一月に、小学教育調査部を設置した。小学教育調査部は、どのような意図で設置され、全国小学校教員会議にどのような影響を与えたか。

本章では、以上の問題意識に基づき、明治末期における全国小学校教員会議の開催過程を検討する。まず、全国的な小学校教員の動向や全国連合教育会の動向を整理して、全国小学校教員会議の開催背景を検討する。次に、なぜ小学教育調査部が設置され、どのように全国小学校教員会議に関わったかを検討する。最後に、第一回全国小学校教員会議の議事録を精査し、その議事過程が指導的教員にとってどのような経験であったかを検討する。

一．全国小学校教員会議の開催

（一）明治末期の小学校教員と日露戦後経営への関心

表1は、明治期の小学校正教員数（尋常小学校本科・専科正教員と小学校本科・小学校専科正教員数の合計）と補助教員数（准教員・代用教員・授業生などの合計）との割合を示した表である。表1によると、教員数はおおむね明治年間を通して増加した。明治一九（一八八六）・二〇（一八八七）年、明治二五（一八九二）年、明治三七（一九〇四）年に一時減少したが、その原因はいずれも准教員または代用教員の減少にあった。明治三七年の場合、教員総数は減ったが、正教員数はわずかに増えた。明治期を通して小学校教員数、とくに正教員数は着実に増加した。明治二七（一八九四）年、教員総数に対する正教員の割合が六割を超えたが、これは一時的なことであり、しばらく六割を超えていない。再び六割を超えたのは明治三六（一九〇三）年であり、以後継続的に六割以上を維持した。

明治三三（一九〇〇）年制定の小学校令施行規則によると、正教員は「児童ノ教育ヲ担任シ、且之ニ属スル事務ヲ掌ル」教員であり（第一三五条）、准教員は「本科正教員ノ職務ヲ助ク」教員であった（第一三六条）。つまり、明治末期は、正教員の指示を受けて補助する立場にあった補助教員よりも、自ら児童を教育することを職務とする正教員が、教員集団の多数を安定的に確保するようになった時期であった。正教員は、職場環境の変化のなかで、いかに教職を務めていくか考えていかなければならない時期にあった。

明治三八（一九〇五）年八月五〜七日、第五回全国連合教育会が開催された。その議題には小学校教員の職務にかかわる議題も多く提出された。表2は、第五回全国連合教育会の議題を一覧にしたものである。可決された議題に限定して確認すると、とくに小学校教員に直接かかわる議題は、第三四・三五・四〇号であった。これらは、

表1　明治期における正教員と補助教員の割合

年	西暦	正教員数	割合	補助教員数	割合	教員総数
明治6	1873	—	—	—	—	25,531
明治7	1874	—	—	—	—	36,866
明治8	1875	—	—	—	—	44,500
明治9	1876	—	—	—	—	52,262
明治10	1877	—	—	—	—	59,825
明治11	1878	—	—	—	—	65,612
明治12	1879	—	—	—	—	71,046
明治13	1880	20,050	27.6%	52,512	72.4%	72,562
明治14	1881	21,604	28.2%	55,014	71.8%	76,618
明治15	1882	21,117	24.9%	63,648	75.1%	84,765
明治16	1883	26,716	29.2%	64,920	70.8%	91,636
明治17	1884	29,613	30.4%	67,703	69.6%	97,316
明治18	1885	32,325	32.5%	67,185	67.5%	99,510
明治19	1886	28,256	35.5%	51,420	64.5%	79,676
明治20	1887	23,208	40.8%	33,628	59.2%	56,836
明治21	1888	25,250	40.4%	37,266	59.6%	62,516
明治22	1889	26,463	40.3%	39,202	59.7%	65,665
明治23	1890	28,166	41.6%	39,564	58.4%	67,699
明治24	1891	29,546	42.4%	40,062	57.6%	69,608
明治25	1892	34,202	57.2%	25,594	42.8%	59,796
明治26	1893	36,394	59.1%	25,162	40.9%	61,556
明治27	1894	38,230	60.6%	24,805	39.4%	63,035
明治28	1895	40,315	55.1%	32,867	44.9%	73,182
明治29	1896	41,862	55.0%	34,231	45.0%	76,093
明治30	1897	43,896	55.4%	35,403	44.6%	79,299
明治31	1898	45,832	54.8%	37,734	45.2%	83,566
明治32	1899	47,967	54.1%	40,693	45.9%	88,660
明治33	1900	51,376	55.3%	41,523	44.7%	92,899
明治34	1901	57,688	56.2%	45,012	43.8%	102,700
明治35	1902	62,980	57.7%	46,138	42.3%	109,118
明治36	1903	66,953	61.8%	41,407	38.2%	108,360
明治37	1904	68,978	65.5%	36,323	34.5%	105,301
明治38	1905	73,016	66.4%	36,959	33.6%	109,975
明治39	1906	77,136	66.5%	38,934	33.5%	116,070
明治40	1907	80,750	66.2%	41,288	33.8%	122,038
明治41	1908	85,687	63.8%	48,650	36.2%	134,337
明治42	1909	90,389	62.6%	54,117	37.4%	144,506
明治43	1910	97,141	63.9%	54,870	36.1%	152,011
明治44	1911	103,128	65.5%	54,408	34.5%	157,536
明治45	1912	109,902	69.3%	48,699	30.7%	158,601
…	…	…	…	…	…	…
大正15	1926	150,216	77.0%	44,981	23.0%	195,197

出典：『文部省年報』『大日本帝国文部省年報』を参照して作成。

※ 各教員数は、官立＋公立＋私立校教員の合計。ただし、明治21年以前は官立校教員数を含まない。

※ 明治14～18年の准教員数は、準訓導（専科教員）数。

※ 明治13年の代用教員数は、補助員数。明治14～24年の代用教員数は授業生数。明治28年以降の代用教員数は、本科雇教員と専科雇教員の合計。

教員免許状の全国有効化と教員互助法に関するものであった。また、小学校（補習課程含む）に関する議題は、文部省諮問第一・二号、議案第一・四・七・一二・一二～一九・三二・三四・三五・四〇・四二号であった。

ここでは第四二号議案に注目したい。この議案は、日露戦後経営の第一目標に「教育の振作拡張」を掲げることを求めたものであった。提出者の秋田県教育会は、提出理由を次のように述べた。[6] 時局の前途は遼遠であるが、戦後（日露戦争後）経営は今から講究調査する必要がある。将来の国運発展に大きな影響を及ぼすものは教育である。初等・中等・高等・師範・実業教育など、いずれも「整理振作」「拡張」すべき事項である。従来、教育は他の事業に「圧迫」される傾向があった。戦後にも圧迫される心配がある。したがって、あらかじめ輿論を喚起し、教育の振作拡張の必要を言明したい。以上のように、秋田県教育会は、日露戦後という歴史的画期を想定して、積極的に教育を振作・拡張していくために、この議案を提出した。同議案は、全国連合教育会において帝国教育会・各府県市教育会の合意を形成して、可決された。

なお、帝国教育会は、これ以前から日露戦後の教育を模索し始めていた。帝国教育会は、明治三八年六月七日、東京府教育会・東京市教育会と連合して日本海海戦教育者祝捷会を開催した。この席上、木場貞長（文部次官）は、教育は国家・社会・国民のためのものであり、「教育の効果をして完からしめんには、国民は軍事費を惜まざる如く、願くは教育費を惜まぎ［ざ］らんことを希望する」と述べて「満場拍手喝采」を得るとともに、「戦後経営の第一」として戦闘艦一隻・一師団の費用を教育費に充てるように求めた。[7] 続いて七月一日、全国の府県郡視学を招いて茶話会を開き、辻会長が、教育者は戦時・戦後において教育の進歩拡張を図り、かつ深い研究調査をしなければならないと訴え、帝国教育会でも「十分力を尽して見たい」と発言した。[8] 同月一九日の理事会と二八日の評議員会では、「戦後に於ける国民の心得発行の件」が協議され、[9] 明治三九年一月三一日の『戦後に於ける国民の心得』発行に結実した。同著は、宮内省・東宮御所・道庁・各府県郡市町村・その他教育関係者に配布され、かつ開発社を通して実費五銭で発売された。[10]

『戦後に於ける国民の心得』は、緒言三頁・本分一二頁・日本周辺地図一枚・奥付で構成された。[11] この小冊子

表2　第五回全国連合教育会の議案一覧

号	議題	提出者	可否
諮問第一号	補習教育の普及発達を図るに於て簡易にして有効なる方法如何	文部省諮問	答申
諮問第二号	小学校の教科に於て実業の思想を養成するには、如何なる手段を採るを最有効とするか	文部省諮問	答申
第一号	小学校を国民学校と改称し、国民の義務教育を施す所とすること	帝国教育会	調査案可決
第二号	尋常小学校の外に市町村は中等以上の教育を受けんとするもの、ために、特に尋常小学校同等以上の予修の学校を設置することを得るものとすること	帝国教育会	調査否決
第三号	小学校の学校長及教員を国の官吏となし、其俸給は府県税を以て支弁すること	帝国教育会	調査否決
第四号	小学校に於ける国語科の綴り方中、書簡文の候文体を廃して言文一致体とすること	帝国教育会	調査案可決
第五号	高等小学校の国語科に於て教授すべき日須常知の文字中に羅馬字を加ふること	帝国教育会	調査否決
第六号	小学校に於ける国語科の書き方の字体（仮名漢字とも）を一体に限ること	帝国教育会	調査案否決
第七号	小学校の修身教授に在りて寓言童話を用ふるの可否。若し可とせば之を用ふべき学年如何	帝国教育会	調査案可決
第八号	幼稚園保姆の資格及待遇法を改めんことを文部大臣へ建議すること	京都府教育会	原案可決
第九号	中学校及高等女学校の下級二ヶ年間を学級担任制度とすること	京都府教育会	調査案可決
第一〇号	法律命令其他公文の文章を平易にせんことを各大臣へ建議すること	京都市教育会	調査案可決
第一一号	盲及聾唖教育に関する法令を発布すること	京都市教育会	調査案可決
第一二号	各府県師範学校附属小学校に盲唖教育の関機［ママ］を附設すること	信濃教育会	第一一号と一括調査可決
第一三号	教育会令を発布せられんことを建議すること	青森県教育会	調査否決
第一四号	教育会令を制定せられんことを其の筋へ建議すること	名古屋市教育会	第一三号と一括調査否決
第一五号	教育会令を制定せられんことを其筋に建議するの議。但本会令は農会に準ずるものたること	岐阜県教育会	第一三号と一括調査否決

第一六号	各種実業教育に従事する教員養成の機関を完備することを其筋へ建議すること	奈良県教育会	原案可決
第一七号	全国各市町村をして補習教育機関を必設すべきやうに法を立てられんことを文部大臣に建議すること	広島県教育会	原案否決
第一八号	小学校令施行規則第三十一条第一項及第二項を削除せられんことを文部大臣へ建議すること	広島県教育会	原案否決
第一九号	公立学校職員に（奏任文官と同一の待遇を受くるもの及判任文官と同一の待遇を受くるもの）文官と同一の年限にて位勲を授けられんことを其の筋へ建議すること	島根県私立教育会	原案否決
第二〇号	小学校教員と同様、実業補習学校にも年功加俸を給せられんことを其筋へ建議すること	島根県私立教育会	原案否決
第二一号	小学校職員の俸給を府県費の支弁に移されんことを其の筋へ建議すること	島根県私立教育会	第三号と一括調査否決
第二二号	小学校の修業年限を六ヶ年とすること	帝国教育会	第一号と一括調査可決
第二三号	義務教育の年限を六ヶ年に定められんことを其筋へ建議すること	島根県私立教育会	第一号と一括調査可決
第二四号	時局の終結を期とし、現行義務教育年限を六ヶ年に延長せられんことを其筋へ建議すること	私立日州教育会	第一号と一括調査可決
第二五号	義務教育の年限を六ヶ年に延長し、速に実施せられんことを其筋に建議すること	熊本県教育会	第一号と一括調査可決
第二六号	小学校を国民学校と改称し、義務教育を六ヶ年に延長すること	山梨県教育会	第一号と一括調査可決
第二七号	義務教育の年限を六ヶ年に延長することを其筋へ建議すること。但土地の状況により当分四ヶ年となすことを得	福井県教育会	第一号と一括調査可決 ※四ヶ年案は削除
第二八号	義務教育年限延長実施を促すの議	愛媛県教育協会	第一号と一括調査可決
第二九号	貧民教育補助法を制定せられんことを其の筋へ建議すること	愛媛県教育協会	原案可決
第三〇号	暦本中陰暦月日等の記載を廃止すること	帝国教育会	原案可決
第三一号	暦面より旧暦に関する部分を削除せられんことを其の筋へ建議すること	愛媛県教育協会	第三〇号と一括調査可決
第三二号	小学校令第二十条第四項中女児の為に手工を加ふるを得とあるを、土地の情況により手工若くは農業を加ふることを得と改正せられんことを其筋へ建議すること	徳島県教育会	調査案可決

第三三号	明治三十年勅令第二号市町村立小学校教員俸給に関する規定第三条及第六条を左の通り改正せられんことを其筋へ建議すること［条文略］	徳島県教育会	原案否決
第三四号	小学校教員免許状の効力を全国共通にせられんことを其筋へ建議すること	徳島県教育会	調査案可決
第三五号	小学校教員の府県免許状を全国に通じて有効ならしむることを其筋へ建議すること	福井県教育会	第三四号と一括調査可決
第三六号	就学の義務を怠りたるものに制裁を加ふるの法規を制定すること	帝国教育会	原案否決
第三七号	不就学児童及欠席児童に対し、制裁法を設くることを其筋へ建議すること	福井県教育会	第三六号と一括調査否決
第三八号	各府県師範学校卒業生をして或る期間、海軍現役兵に服せしむるの制を設けられたきこと	三重県私立教育会	原案否決
第三九号	市町村立尋常小学校に修業年限二ヶ年の高等小学校の教科を併置せしむること、但土地の情況に依りては二部教授の法を以て実行せしむるものとす	私立石川県教育会	原案否決
第四〇号	小学校教員互助法を定むること	下野私立教育会	原案可決
第四一号	国語仮名遣を現行字音仮名遣と同一にすること	山梨県教育会	原案否決
第四二号	平和克復に際し、他の事業に先ち教育の振作拡張を遂行するは、戦後経営の順序として最適当なりと認む（決議案）	秋田県教育会	原案可決

出典：次を用いて作成。「第五回全国教育会に於ける議案審議の結果」『教育公報』第三〇〇号、一九〇五年一〇月、一五～二五頁。

は、戦後経営について次のように述べた。すなわち、日露戦争の結果、日本帝国は「世界最強列国の一」に数えられるようになり、国民の責任も一層重くなった。国民は協力奮励して国家富強の基礎を固めるために、「実力」を備えなければならない。国民は、戦後の心得として、戦地から帰ってきた軍人を尊重し、国家に尽力する覚悟を持ち、体力を養い衛生に心がけて健康を全うし、節倹を心がけ、協同一致の美風を失わず、経済的計画をやめず、旧習を元に戻さず、規律を守る習慣をつけ、農工商の実業に尽くして外国貿易を盛んにし、外国人と親しく交わって礼儀を守って侮られないようにする必要がある。そして、児童の教育に挙国一致して注意を払い、少なくとも小学教育を一人残らず受けさせて進学させるなど、できるだけ多くの「人才」を養成し、各人の責任を尽くさせて、わが国将来の「大発展」を期さねばならない。
帝国教育会は、明治三八年六月頃から戦後教育の模索を具体的に始めていた。第五回全国連合教育会における戦後教育の振作拡張決議は、いわば帝国教育会の一連の動きを後押しした。また、全国連合教育会では、小学校教員の職務に具体的にかかわる議案が多く可決された。おそらく、以上のような教育会の動向は、これから職務内容が大きく変わるかもしれないと全国の指導的教員に予感させるには十分だったであろう。

（二）全国小学校教員会議の開催

明治三八年九月二〇日、帝国教育会理事会は、「全国を区劃して小学校教員の集会を開催するの件」などを協議した[12]。この理事会には、辻新次会長、岡五郎、多田房之輔、湯本武比古の四名が出席していた。同月二一日の評議員会では、この件を委員調査に附することにした[13]。一〇月一四日、辻会長は、同件などに関する臨時取調委員を、千葉喜作、中川謙二郎、山崎彦八、後藤牧太、篠田利英の五名に嘱託した[14]。一〇月一九日、臨時取調委員会は、「小学校教員の会議を開設するの件」について、その方法を千葉喜作（私立垂珠尋常高等小学校長）に取調させ、さらに議論することを決定した[15]。千葉の原案、および臨時取調委員の審議過程は詳細不明である。明治三九年二月一日、理事会は「全国小学校教員会議規則の件」を協議した[16]。続いて同月五日の評議員会は、全国小学校教員会議規則を可決し、五月五～七日の三日間開催することと、四件の提出問題を可決した[17]。加えて、開会まで一か月を切った四月一九日、文部省が以下の二件の諮問案を提出し、同月二一日には両諮問案の理由書を送付した[18]。帝国教育会提出問題および文部省諮問案については後述する。

明治三九年二月の評議員会で可決された規則（全九条）によると、全国小学校教員会議は、帝国教育会の主催により、台湾および道庁府県市の教育会と「同盟」して開催する[19]。その目的は、「小学教育の改善を謀る」ことである（第一条）。会議の事業は、「教授訓練管理上の問題」について「討議」「実験談」「演説講義」を行い、かつ学校・幼稚園・図書館・博物館・工場などを視察することである（第五条）。議員は、各教育会で会員の小学校教員から一名選出する（第二条）。議長は帝国教育会の会長が務める（第三条）。隔年に一回、約三日間開催し、帝国教育会が場所期日などを定める（第四条）。議題は、案を開会前に帝国教育会長に提出する（第六条）。討議内容・談話演説講義筆記などは、印刷して議員・各教育会に配布する場合がある（第七条）。会議費用は帝国教育会の負担とし、議員の旅費・日当および印刷物の実費などは議員・各教育会の負担とする（第八条）。すなわち、帝国教育会主催の全国小学校教員会議は、市規模以上の教育会が共同し、教授・訓練・管理上の問題に関する意見情報交換と関係機関の視察とに全国の小学校教員を動員して、小学校教育方法の改善を目指す定期開催の会議として企画された。

図１　千葉喜作

図２　水野　浩

同会議の準備は、四月頃から慌ただしく行われた。まず、四月一日、辻会長は、帝国教育会選出議員を水野浩（東京府常盤尋常高等小学校訓導兼校長）に嘱託した(20)。同月二〇・二一日には文部省諮問案の各教育会への通知を行った。二五日には、辻会長・千葉喜作・後藤牧太が集まって委員会を開き、本会提出議案の説明委員、開会順序、演説者、懇親会、参観場所について協議し、二六日には本会提出議案説明委員を嘱託した(21)。五月二日の理事会では、同会議主任を理事から一名出し、「万般の事務を掌理」させることを協議した(22)。会議主任には、多田房之輔が就いた。こうして、明治三九年五月五～七日、全国小学校教員会議が開催された。

全国小学校教員会議は、主に現職・退職小学校教員によって企画運営され、帝国教育会長の名の下に全国各地の小学校教員代表を教育方法改善に動員した。帝国教育会は、日露戦後の教育のあり方を模索するなかで全国小学校教員会議を企画し、全国各地の指導的教員に自らの働き方ともいえる教育方法を定期的に議論する機会を提供し始めたのである。

二　小学教育調査部と全国小学校教員会議

（一）義務教育年限延長に伴う初等教育講究の気運

明治四〇（一九〇七）年三月二〇日、小学校令が改正され、義務教育年限を四年から六年に延長させた。また、同月二五日には文部省は訓令第一号を北海道庁・府県に発令して、尋常小学校教員に対する学力補習の機会を設けるよう指示した。[23] これは、従前の尋常小学校（四か年）の教員資格をそのまま新たな尋常小学校（六か年）の教員資格として認めたために必要になった措置であった。四月一七日には師範学校規程が定められ、師範学校も義務教育年限延長に応じた小学校教員養成を開始した。五月には、教員退隠料及遺族扶助料法の改正、小学校教員の月俸平均額の改正、市町村立小学校教育費の国庫補助支出に関する勅令が相次いで公布され、教員の待遇改善も進められた。

帝国教育会は、急速に進む初等教育・初等教員改革を背景にして、日露戦後の国民教育のあり方を模索するために教育関係者を糾合しようとした。帝国教育会は、四月七日に義務教育年限延長祝賀会、五月四〜六日に第六回全国連合教育会（三重県で開催）、同月一一〜一三日に全国教育家大集会（東京府教育会・東京市教育会と合同主催）を連続して開催した。義務教育年限延長祝賀会では、辻会長は、義務教育年限延長について、日露戦後に国民普通教育をさらに普及・上進しなければならないことを認めて輿論となったために、政府が断行したものと総括した。[24] 全国連合教育会閉会にあたっては、牧野伸顕文部大臣が、「戦後の隆運に際し、教育の進歩改良を要すべきもの少からず」と現状把握を述べ、義務教育年限延長に伴う国民教育の充実や社会教育の発展などについて、「各地教育会の講究尽力に俟つ所、蓋し多からん」と評価した。[25] 全国教育家大集会開会にあたっては、辻会長は、

「戦後に於て経営すべき事業」は「[国家の]根本たる国民の徳性を涵養し、智識を啓発し、体力を養成する」教育の他にないと断言し、大集会参加者に「協同一致して大に研鑽の実を挙げ、斯道の発展拡張に尽されんこと」を希望した。(26)それぞれの参加者は、祝賀会には帝国教育会の旧幹部を含む関係者四三名、全国連合教育会には教育会代表の小学校長・中等学校長・教育行政官など一五一名、全国教育家大集会には東京勧業博覧会を機に上京した教育関係者一、二〇〇余名であった。(27)帝国教育会は、全国各地の指導的立場にある多くの教育関係者に、年限延長後の奮起とさらなる講究とを促した。

また、第六回全国連合教育会は、文部大臣に対する第三号建議として「高等教育会議々員ニ小学校教員ヲ加ヘラレタキコト」を決議した。帝国教育会は、この建議を六月二五日に第六回全国連合教育会議長・帝国教育会長名義（どちらも辻）で文部大臣に建議した。(28)高等教育会議は明治二九（一八九六）年に設置された文部大臣諮問機関である。結局、この建議は実現しなかったが、帝国教育会が小学校教員の文部政策参加を教育輿論として認め、実現にむけて文部省に働きかけた事実はここで確認しておきたい。

（二）小学教育調査部の設置と活動

明治四〇年一一月五日、帝国教育会主事の湯本武比古・多田房之輔・篠田利英・日下部三之介は、主事会を開いて「小学校教育調査委員会」の新設を協議した。(29)後に「小学教育調査部」と改称されて評議員会に提出された。同月二五日の評議員会は、同調査部の設置を異議なく可決し、あわせて第二回全国小学校教員会議開催とその委員七名設置（会長指名）を可決した。(30)同月二九日には、上記四名と牧瀬五一郎を加えた主事五名で主事会を開き、第二回全国小学校教員会議委員と「小学教育調査部員」とについて協議した。(31)一二月一八日の主事会は、文部省普通学務局長から「現行尋常読本中の漢字の数」について帝国教育会に諮問されたことを議題に挙げ、この諮問を設置後の小学教育調査部に付することを議決した。(32)

図３　小泉又一

明治四一年一月一〇日、理事会（主事会を改称）において、小学教育調査部規程が協議された[33]。同規程（全五条）によると、小学校教育調査部は「小学教育に関する諸般の事項を調査」する組織であり、部長一名・主事二名（会長嘱託）を置いて、事務を会長が掌理する組織であった。同月二三日、第二回全国小学校教員会議委員会と同時間帯に、初の小学教育調査部会が開催された[34]。初会合では、調査部規程を可決し、部長を小泉又一（高師教授・附属中小主事）に、主事を御園生金太郎（東京府視学）・松下専吉（本郷尋常高等小学校訓導兼校長）に嘱託することが決まった。また、先述の尋常読本の漢字数に関する文部省普通学務局長の諮問案調査委員、女教員問題に関する調査委員が嘱託された（女教員・幼稚園問題については多田の動議）。

小学校教育調査部員の氏名は、史料に姓しか記されておらず、名簿も公表されていないため、特定困難である。ただし、明治四〇年一二月に発送された勧誘状宛先と照合すると、一部の委員名が以下の通り判明した[35]。尋常読本調査委員は、小関源助（小学校長）・森川滉（小学校長）・前田捨松（東京府女子師範学校教諭兼附属小学校主事）・山崎明之（南足立郡視学・元小学校長）・石田勝太郎（東京府師範学校教諭兼附属小学校主事）であると思われる。女教員問題調査委員は、水野浩（小学校長）・佐々木清之丞（不明）・三橋伝蔵（小学校長）・篠田利英（女子高等師範学校教授）・金成亀次郎（四谷第二尋常小学校長）・桜井光華（小学校長）・前田捨松（小学校長）であると思われる。幼稚園問題調査委員は、川田鐵弥（私立高千穂尋常高等小学校長）・中村五六（女子高等師範学校教授・附属幼稚園主事）・多田房之輔（国民教育社長）・吉田升太郎（東京市視学員）・湯本武比古（開発社長）・山口袈裟治（小学校長）・長坂頼幸（私立開発小学校・附属幼稚園長）であると思われる。

小学教育調査部は、漢字数に関する文部省諮問について、初会合の翌日からさっそく集中的に協議した[36]。一月二九日には、尋常読本中の漢字数に関する委員たちは調査を結了させて小泉部長に報告した[37]。二月五日、調査部会は、これを多少修正して即日会長に報告した[38]。この報告は、二月一九日の評議員会で可決され、そのまま普通

図４　御園生金太郎

図５　松下専吉

図６　小関源助

図７　前田捨松

図８　桜井光華

図９　中村五六

学務局長に回答した[39]。『教育時論』第八一六号（明治四一年三月二五日刊）によると、部会報告は、現行の尋常小学読本における振り仮名のない漢字数は増加する必要があるとし、振り仮名のある漢字数は減らして、知名・人名などを除いて仮名で表すことを適当とする内容であった[40]。同報告は、読本巻四～巻八について、振り仮名を省くべき漢字を計一九九字、振り仮名をつけるか仮名で表すかを適当と求める漢字を計二九一字指摘した。また、小学校令施行規則第一六条第二項三号表の漢字について、「日常普通のもの」で振り仮名なしで読本に現れない漢字と、同三号表にはないが「日常普通のもの」の漢字とを合わせると、約一五〇～二〇〇字あると指摘した。そして、「日常普通の漢字を教授」するために、「児童の能力に鑑み」て漢字を各学年に配当すると、第二～四学年におよそ一〇〇字を増加し、第一学年には一〇字、第二学年には九三字、第三学年には二〇一字、第四学年には二九五字配当するのが良いとした。さらに、三号表の漢字で読本に増加すべき漢字と、振り仮名をつけるべき、または振り仮名を省くべき漢字・成語・地名・人名などを一つ一つ挙

図10　吉田升太郎

図11　山口袈裟治

げた。このように、小学教育調査部で編纂された漢字数に関する報告は、何らかの学問的原理に基づくものというより、むしろ「児童の能力」と「日常普通」を原理として漢字を一つ一つ選び、漢字数の学年配当を考えようとした具体的な教育研究の結果であった。

（三）小学教育調査部の第二回全国小学校教員会議提出問題案

第二回全国小学校教員会議の帝国教育会提出問題は、まず明治四〇年一二月二〇日に会長から嘱託された委員によって検討された(41)。第二回全国小学校教員会議委員は、梅沢親行（私立稚松尋常高等小学校長）・多田房之輔・松下専吉・湯沢直蔵（神田尋常高等小学校訓導兼校長）・水野浩・寄藤好実（文部省普通学務局属、元小学校教員）・浜幸次郎（東京市視学員、元師範学校・高等女学校教員）の七名であった。同委員会は、明治四一年二月一二日、辻会長・湯本主事・多田主事・日下部主事の同席の下で本会提出問題について協議し、①「尋常小学校に於て理科を教授するには何学年より課するを最も適当となすか」、②「小学校国語読本の教材は少きに失する嫌なきか」、③「尋常小学校国語読本中に於て漢字を提出する時期を早めては如何」に決定した(42)。①と③の問題は、同月五日の小学教育調査部会での議題と類似しており(43)、かつ②の問題も同日結了した尋常小学読本の漢字数に関する報告から発想されたものと考えられる。

なお、小学教育調査部は、二月五日の部会で、独自に第二回全国小学校教員会議の問題を選定することを決め、委員（佐々木、金成、牧瀬、三橋、吉田、山口、長坂）を決めていた(44)。同月二五日、この問題選定委員会は、「発育不完全なる児童の為に特殊の学級を設くるの可否、若し可とせば如何なる編制を採るべきか」と「国民教科を教授す

図 12　湯沢直蔵

図 13　寄藤好実

図 14　浜幸次郎

る適当なる良法如何」との二つの問題を決定した(45)。この問題は、部長に報告後、部長から会長へ提出された。

二月二六日、評議員会は教員会議への本会提出問題について、①「小学校国語読本の教材は少きに失する嫌なきか、果して少しとせば如何なる方面に於て増加すべきか」、②「国民教科を教授する適当なる方法如何」、③「発育不完全なる児童の為めに特殊の学級を設くるの可否、若し可とせば如何なる編制を採るべきか」と協定した(46)。①の問題は、一月一二日の第二回全国小学校教員会議委員会の②の問題を拡張したものである。②と③の問題は、一月二五日の小学教育調査部の選定委員会の出した二つの問題である。②については、その提出理由によると、小学校教科書に欠如した「国民として知得するを要し、又処世上必須なる事項」を教授する方法を問うものであった。③の問題は、提出理由によると、「小学校に於て心身の発育不完全なる児童（劣等生）を教育して佳良なる効果を収めん」とする方法についての問題であり、当時新問題として浮上していた、いわゆる「低能児教育」問題であった。この日の出席者には、小学教育調査部問題選定委員会の提案を受けた辻会長や、第二回全国小学校教員会議委員である梅沢・多田・湯沢がいた。

また、文部省は、二月二五日、全国小学校教員会議向けに、男女教員の学級経営上の問題について二件の諮問案を交付した(47)。かくして出そろった帝国教育会提出問題と文部省諮問案は、三月九日に第二回全国小学校教員会議の議案として各地方教育会に発送された(48)。第二回全国小学校教員会議は、明治四一年五月二一～四日の日程で、全国六六教育会（うち三教育会不参）選出の小学校教員六八名（補員を含めると七〇名）を集めて開催された。[49]

（四）小学教育調査部の第三回全国小学校教員会議提出問題案

明治四二（一九〇九）年五月八〜一〇日には、第七回全国連合教育会が開催された。小学教育調査部は、この時の提出問題をも選定し、一月二二日と二六日との両日協議し、二月四日に可決して会長に提出した。[50]そして、中学校教育調査部と訓盲教唖両調査部からの提出問題も加えて、二月八日の評議員会において協議して、多少の修正と廃題が行われた。[51]ここで、中学校教育調査部は提案題は提出した四題のうちの一題、訓盲教唖両調査部の提案題は四題のうちの一題のみ採用されたのに対して、小学教育調査部の提案題は三題のうちの三題とも採用された（細目については全部で八項目あるうちの二項目が削除されている）。第七回全国連合教育会への帝国教育会提出議案にも、小学教育調査部の提出問題案が大幅に採用された。

続いて、明治四二年九月二九日の理事会にて、来年開催すべき第三回全国小学校教員会議委員の嘱託が決定された。[52]その委員に嘱託されたのは、松下専吉、湯沢直蔵、渋谷徳三郎（文部省普通学務局属）、多田房之輔、浜幸次郎、森川滉、石田勝太郎であった。松下・湯沢・多田・森川・石田は、小学教育調査部設立時からの部員である。一〇月一九日、会幹部（辻・湯本・樋口）同席で同委員会が開かれ、会議開催時期、文部省諮問案の申請、本会提出問題を小学教育調査部で予選することなどを協定した。[53]

明治四二年一一月、小学教育調査部会が開かれた。[54]この日には、小泉部長の辞任申出の承認、新たな部長を篠田利英に委嘱すること、調査部規程の改正、調査部会の毎月一回の開催について協定された。ここで、調査部規程の改正によって、主事を幹事に改称し、部長・幹事を部員互選後に会長承諾・嘱託の手続きを取ることにし、かつ部長・幹事の任期は二年、部員数は五〇名を超えないことを取り決めた。新幹事には、多田房之輔と松下専吉が選出された。そして、同月一五日、全国小学校教員会議の提出問題候補として、部員から一四の議題が提出され、その取捨整理と方針決定のための特別委員を部長指名で選定した。同月二〇日には、特別委員会を開き、一四題を五題に精選した。問題の説明を付けるため、森川滉がその役割を引き受けた。その後、一月一五日の部会および同月一〇日・二四日の特別委員会で協議され、最終的には一月二五日の評議員会において、四題の帝国教育会提出問題が可決された。[55]一月以後の会議詳細が不明なため、五題を四題にしぼったのが小学教育調査部か評議員会かを特定できない。しかし、いずれにしても小学教育調査部の提出問題案が大幅に採用されたことは間違いない。

その後、小学教育調査部は、大正二（一九一三）年に初等教育調査部に改組された。改組後も、大正五（一九一六）年の第六回全国小学校教員会議および大正六（一九一七）年の第一一回全国連合教育会まで、帝国教育会提出問題の決定過程に深く関わっている。その後は、『帝国教育』誌上に委員会記事が掲載されなくなったため不明である。

以上のように、小学教育調査部は、明治四一年以後、全国小学校教員会議・全国連合教育会の帝国教育会提出問題について、原案作成の役割を果たした。小学教育調査部は、全国小学校教員会議の議題を実質的に決定づけ、全国の指導的教員の議論を方向づけた。

三　第一回全国小学校教員会議の実態とその意義

（一）教授・訓練・管理に関する考察・意見交換機会の提供

明治三九年五月五～七日、帝国教育会は、第一回全国小学校教員会議を開催した。[56]出席議員は、表3の通り、四七道府県市教育会から選出された四七名の小学校教員代表であった。岩手・埼玉・和歌山・兵庫・広島・福

図 15　岡村増太郎

図 16　堺　昂

図 17　辻勝太郎

表3　第一回全国小学校教員会議議員一覧

議員番号	氏名	選出教育会	略歴
一番	水野　浩	帝国教育会	東京市常磐尋常高等小学校訓導兼校長
二番	長尾　含	北海道函館教育会	函館区寶尋常高等小学校訓導兼校長
三番	松下　専吉	東京府教育会	東京市本郷尋常高等小学校訓導兼校長
四番	伊藤房太郎	東京市教育会	東京市育英尋常高等小学校訓導兼校長
五番	大嶋伝次郎	京都府教育会	愛宕郡高等小学校訓導兼校長
六番	佐野駒太郎	京都市教育会	京都市明倫尋常小学校訓導兼校長
七番	岡村増太郎	大阪府教育会	東区第一高等小学校訓導兼校長
八番	竹内　米吉	神奈川県教育会	横浜市第五高等小学校訓導兼校長
九番	堺　昂	長崎県教育会	佐世保高等小学校訓導兼校長
一〇番	加藤　美生	新潟市教育会	新潟市高等小学校訓導兼校長
一一番	角田　幸吉	千葉県教育会	東葛飾郡野田高等小学校訓導兼校長
一二番	堀江午之助	茨城教育協会	水戸市上市尋常小学校訓導兼校長
一三番	秋山金次郎	上野教育会	前橋市厩橋高等小学校訓導兼校長
一四番	篠崎　秀吉	下野私立教育会	宇都宮市宇都宮高等小学校訓導兼校長
一五番	松井　萬蔵	奈良県教育会	磯城郡田原本高等小学校訓導兼校長
一六番	都築亀三郎	奈良市教育会	奈良市飛鳥尋常高等小学校訓導兼校長
一七番	国府佐七郎	三重県私立教育会	河芸郡一身田尋常高等小学校訓導兼校長
一八番	佐々木隅司	名古屋市教育会	名古屋市三蔵尋常小学校訓導兼校長
一九番	山口　世陽	静岡県教育会	田方郡韮山尋常高等小学校訓導兼校長
二〇番	綾部　関	静岡市教育会	静岡尋常高等小学校訓導兼校長
二一番	臼杵峰太郎	山梨県教育会	山形県師範学校附属小学校訓導
二二番	辻　勝太郎	滋賀県教育会	犬神郡高宮尋常高等小学校訓導兼校長
二三番	佐賀粂太郎	岐阜県教育会	岐阜市高等小学校訓導兼校長
二四番	三村　安治	信濃教育会	長野市後町高等小学校訓導兼校長
二五番	菊池庄治郎	宮城県教育会	黒川郡大松沢尋常高等小学校訓導兼校長

図18　斉藤健重

図19　岡村正義

二六番	浦江茂太郎	仙台市教育会	仙台市尋常高等小学校訓導兼校長
二七番	海野　文蔵	福島県教育会	若松市若松第一高等小学校訓導兼校長
二八番	原子　康一	青森県教育会	青森市新町女子尋常小学校訓導兼校長
二九番	横岡　巌	弘前市教育会	弘前市第一大成尋常小学校訓導兼校長
三〇番	斉藤　健重	山形県教育会	東置賜郡高畑尋常高等小学校訓導兼校長
三一番	金沢　長吉	秋田県教育会	由利郡本荘尋常高等小学校訓導兼校長
三二番	小池　慥	福井県教育会	南条郡武生高等小学校訓導兼校長
三三番	中越錠三郎	石川県教育会	金沢市長町高等小学校訓導兼校長
三四番	斉藤熊太郎	金沢市教育会	金沢市材木町尋常小学校訓導兼校長
三五番	有沢　周郎	富山県教育会	上新川郡堀川尋常高等小学校訓導兼校長
三六番	松田　精一	私立鳥取県教育会	東伯郡河北高等小学校訓導兼校長
三七番	石原　恵	島根県私立教育会	八束郡法吉村尋常高等小学校訓導兼校長
三八番	岡村　正義	岡山県教育会	岡山高等小学校訓導兼校長
三九番	都野　知若	山口県教育会	阿武郡明倫高等小学校訓導兼校長
四〇番	山内　貫一	徳島県教育会	美馬郡脇町高等小学校訓導兼校長
四一番	石井　定彦	香川県教育会	三豊郡比地二村小学校訓導兼校長
四二番	宇都宮忠吉	愛媛県教育会	東宇和郡宇和町高等小学校訓導兼校長
四三番	時光　忠節	高知県教育会	不明
四四番	吉松　貞三	大分県教育会	大分尋常小学校訓導兼校長
四五番	木島　頼正	日州教育会	東諸県郡高岡尋常高等小学校訓導兼校長
四六番	小松　実	鹿児島県私立教育会	鹿児島女子高等小学校訓導兼校長
四七番	望月小三郎	甲府市教育会	甲府市第一尋常小学校訓導
補員	牟田徳太郎	長崎県教育会	佐世保女児高等小学校訓導兼校長

出典：帝国教育会『第一回全国小学校教員会議録』、一九〇六年、三〜五頁（国会図書館蔵）。国会図書館蔵版で読み取れない文字は、「第一回全国小学校教員会議」『教育公報』第三〇七号、一九〇六年五月、五一〜五二頁で補完した。

岡・佐賀・熊本・沖縄・台湾からは不参加であった。また、市教育会選出議員のみで県レベルの選出議員が出席していない県（新潟など）、府県教育会・市教育会両方から選出議員が出席した府県（東京・長崎など）もあった。四七名中四四名（九三・六％）が訓導兼校長であり、三名（六・三％）が訓導、一名（二・一％）が不明であった。比較参考までに明治四〇年の第六回全国連合教育会議員の肩書きの判明している議員内訳を算出すると、議員一五一名中、小学校教員七五名（四九・七％、校長七〇名・訓導五名）、高等師範学校教員三名（二・〇％、教授三名）、専門学校教員三名（二・〇％、校長一名・教授二名）、中学校教員三名（二・〇％、校長三名）、高等女学校教員四名（二・六％、校長四名）、師範学校一八名（一一・九％、校長一〇名・教諭八名）、実業学校教員二名（一・三％、校長一名・教諭一名）、視学二三名（一五・二％、府県視学一〇名・郡市視学一三名）、吏員六名（四・〇％、県三名・区市三名）、教育ジャーナリスト三名（二・〇％）、議会議員五名（三・三％、衆議院議員二名・府県会議員二名・市会議員一名）、その他六名（四・〇％）であった[57]。全国連合教育会は指導的小学校教員を多く含んだが、それ以外の多様な教育関係者をも含んだ会議であった。当然ではあるが、全国小学校教員会議は全国連合教育会とは違い、小学校教員（特に訓導兼校長）の代表のみによる会議であった。

　第一回全国小学校教員会議の議題は、文部省諮問二件と帝国教育会提出問題四件の合計六件であった。全国連合教育会のように教育会提出の議題はなかった。文部省諮問案および帝国教育会提出問題は、以下の通りである。

【文部省諮問案】

第一　尋常小学校第一学年ノ児童ニ修身書ヲ持タシムル可否
　　説明委員：小森慶助（文部省視学官）

第二　尋常小学校ニ於ケル一回ノ授業時間及休憩時間ハ何程ヲ以テ適当ト為スカ、但シ、毎週教授時数ハ現行規定ニ依ル　　説明委員：寄藤好実（文部属）

【帝国教育会提出問題】

第一　高等小学校ニ於ケル理科教授ヲ最有効ナラシムル方法如何

説明委員：瀧沢菊太郎（東京府師範学校長）

第二　小学校児童ニ作業的勤勉ノ習慣ヲ得シムルニ適当ナル方法如何

説明委員：湯沢直蔵（小学校長）

第三　小学校ニ於ケル学級数ノ制限ハ幾何ヲ以テ最適当トスルカ

説明委員：牧瀬五一郎（文部省参事官）

第四　小学児童教育ノ効果ハ如何ナル項目ト方法トニヨリテ調査スルヲ可トスルカ

説明委員：湯沢直蔵（同前）

以上の議案について、議員たちは出席前に自分なりに調べ、地元の指導的教員と議論を行っていた。例えば、加藤美生は、「自分等ハ数十ノ学校長ヲ会シテ討議ヲ闘ハシタ」、「方法ト項目ニ付テ及バズナガラ調べマシタ」と述べている。(58)

全国小学校教員会議は、日露戦後における小学校の教授訓練管理上の問題を議する機会として開催された。第一回会議では、とくに修身・理科教授法、勤勉の習慣形成、学級数編制および授業時間・休憩時間の配当、教育調査法について、全国の小学校教員代表たちが考え、意見を交換する機会となった。また、これらの問題は、議員の指導的教員だけでなく、地元の指導的教員にも考察・意見交換の機会を提供していた。

（二）指導的教員による議論―文部省諮問第一の修身書をめぐる議論から

明治三九年五月五日、辻新次帝国教育会長は、全国小学校教員会議の開会にあたり、趣旨・議事進行について次のように説明した[59]。この会議は、教育の進歩と国家における国民教育の必要性とに基づき、国民教育の方法と「戦後ノ経営」における小学校教育のあり方とを研究するために開催した。この会議では、「只一場ノ名説ヲ話ストカ一場ノ議論デ終ル」ことなく、「特ニ実際ノ話ヲシテ益スル」ようにしたい。議事をなるべく枠にはめないようにしたいため、議事規則は定めない。ただし、どうしても必要な場合には全国連合教育会の記事規則を準用する。「形式ニ流レテ利益ヲ得ルコトノ薄イト云フヤウナコト」のないようにしたい。つまり辻は、同会議を、日露戦後の小学校教育のあり方について教員生活の実際的観点から考える場にしようとした。

議事開始後、まずは文部省諮問案について、議員と文部省説明委員との間で質疑応答が行われた。そのなかで、文部省の説明委員は、次のような返答を行っている[60]。例えば、「出来ルダケ細カニ自由ニアナタ方ノ御考ヲ御出シ下サルコトヲ希望シマス」（金沢長吉に対する返答）、文部省で他日修身書を編成することになった場合のために「諸君ノ御意見ヲ参考トシテ伺ッテ置キタイ」（大嶋伝次郎に対する返答）、「若シモ此席上ノ御相談ニ依リマシテ、最モ適当ナルモノト云フコトヲ文部省ガ認メタナラバ、［略］相当ナ手続ヲ致スダラウト思ヒマス」（都野知若に対する返答）、「諸君ガ実際実務ニ当ッテ居リマシテドウ云フ方ガ適当デアルカ［略］参考ニ伺ヒタイノデス」（三村安治に帯する返答）、「一般ニスレバ之ガ最モ合理デアルガ、併シ実行上此点ニ困ル、デ今日ノ設備デハ此点ガイカヌカラシテ斯ウ云フ方法ニシタラ実際ニ於テモ能ク出来ルト云フヨウナコト、其辺ヲ知リタイノデアリマス」（佐々木隅司に対する返答）などのように返答した。つまり、一貫して文部省説明委員は、議員に対して諮問案を「自由」に話し合って答申するように求め、その結果を選択して施策に反映させることをも想定していると繰り返し伝えた。ただし、その「自由」な議論とは、辻の希望にもあったように、一時的・形式的に流れることなく、小学校

図 20　松井萬蔵

図 21　金沢長吉

図 22　国府佐七郎

の「実際」「実務」上の観点から細かに話し合うことであった。

質疑応答後、文部省諮問案について議論が始まった。諮問案第一の尋常小学校第一学年において修身書を持たせる可否については、次のような論点が出された[61]。持たせるべきという立場からは、例えば次のような論点が現れた。松井萬蔵は、児童が修身書を家庭に持ち帰って父兄に示すことにより、再現によって児童の興味を深め、実効的習慣を養うだけでなく、家族が教授内容を承知して訓練を助け、道徳的観念を高めて自分たちの風儀について考える利益があるなどと述べた。松下専吉は、修身書は「児童ノ教訓的好侶伴」であり、これを与えることは「教訓ニナル友達ヲ与フルヤウナモノ」であること、知行合一的に知識と道徳実践を結びつけるため、修身教授について家庭と連絡する上で利益をもたらすことなどと述べた。堀江午之助は、掛図は教室の後ろにいる子どもにはよく見えないが、修身書を持たせれば、照らし合わせて見るので興味を起こし、あるいは良習慣を養うための反復復習に資すると述べた。

修身書を持たせるべきでないという立場からは、例えば次のような論点が現れた。金沢長吉は、持たせて家庭で繰り返し見ていると教場ではすでに興味が尽きているから教授の効力が薄くなること、家庭で父母が間違った説明をしていたら教場で大変なことになることを述べた。国府佐七郎は、家庭では必要だが教授上は不要とし、すでに編纂趣意書にあるように掛図への注意を乱すような手数は不要であると述べた。佐野駒太郎は、教科書にすることで一枚一枚の絵を観察することが「疎漏」「粗雑」になるとともに、親兄弟から「順序モ秩序モ無イ」不完全な談話を受けて子どもは飽きてしまうため、教授の際に注意も興味も起こさな

図23　佐野駒太郎

図24　佐々木隅司

図25　伊藤房太郎

くなると述べた。角田幸吉は、「小学校ノ仕事ト云フモノハ全部ガ感化事業」であり、教師が己の「実行」「模範」を重視して子どもを感化・教化するためには教科書は不要であると発言した。長尾含は、角田の議論を踏まえながら、絵から感化を受けるといってもそれは大人の頭で考えた話で、実際子どもは様々に受け止めており、かえって絵などない方が実地の訓練が出来ると述べた。佐々木隅司は、不完全な家庭に完全な教科書を持たせたならば児童が父兄を軽蔑しないかという懸念があること、一年生くらいの児童は「模倣性ダケノモノ」なので「活物」すなわち教師・友達の動作が必要であり、これらの動作を教科書に著すことはできないことなどを述べた。加藤美生（美正）は、修身教授の主体は書物ではなく教師であること、絵で満たされた修身書を子どもが「ポンチ」絵と同様に見ると、修身科・修身書の精神に大いに齟齬することを述べた。

議論が進むにつれて、それぞれの主張が絡み始めた。伊藤房太郎は、修身書は家でも学校でも「精神修養ノ激励ノ材料」となるため賛成していたが、先述の金沢の反対論に刺激されて、興味を失うことのないような「児童ノ好ム、児童ノ知識、児童ノ感情ニ投合スル立派ナ教科書」を作る必要性、家庭への教科書・教授の趣意説明の必要性を述べた。これに対し、大嶋（大島）伝次郎は、「完全無欠ナル教科書」を作ると高価になり、父兄の負担を増して就学率・出席率に影響し、とくに貧困者に就学督促するのが難しくなると述べた。松田精一は、一部の者が教科書を買えないから全部やめるということは適切でない、学校管理者と協議して貧民を助ける方法を講じるのがよい、実際にそのようなことをやっている所もあると述べた。また、松田は、家庭で間違ったことを習わせることがあるからこそ、家庭と学校との連絡が必要であり、父兄会などの機会を利用するのがよいと述べた。また、菊池庄治郎（庄次郎）は、佐野の反対論に対して修身書を大切にする訓練の必要性を説き、角田の「教師の感化」重視論に対しては、感化や教授の実行のためには「方便」「資料」が必要であると反論した。

議論のなかで、議員はしばしば自分の学校や地域で行っている実践に触れて持論を展開した。例えば、先述の大嶋・長尾の例である。また、それぞれ地域で議論してきた結果を持ち出すこともあった。堀江午之助は、地元の茨城県連合教育会で県の諮問案として提出され、反対者少数で修身書を持たせることになったことに触れ、これを「茨城県ノ輿論」と述べた[62]。綾部関は、静岡市の尋常小学校の校長会において、持たせることを可決したと述べた[63]。松田精一は、教科書を買うことに困る者をどう扱うかという問題を論じる際に貧民を助ける方法に触れ、「既ニ其様ナ方法ヲ我々ノ地方デハ執ッテ居ル所ガアリマス」と述べた[64]。

図 26　大嶋伝次郎

図 27　綾部　関

以上のような議論の後に採決され、修身書を持たせることに同意する者が多数になり、尋常小学校第一学年に修身書を持たせることを可とすることが決議された[65]。以上の審議過程によると、議員たちは、自分の見知っている子ども・保護者の姿や、自分の実践や地元の輿論などから発想して議論を行ったことがわかる。修身書をめぐる議論のなかでは、修身教育における反復・復習の意義、子どもの興味・注意をひく方法、道徳的習慣の形成の意義、修身教育における教科書・絵画の位置づけ、教師・人的環境の徳育的役割の位置づけ、学校教育活動全体の修身教育的意義、教科書の扱い方などが論点に挙がった。また、家庭への修身教授の趣旨伝達の重要性や、貧困者に対する教科書購入の手立てについても、論点の一つとなった。修身書に関する議論は、すでに地域で行われていた。議員たちは地元での議論を踏まえた上で、改めてこの問題に向き合い、修身教授の本質的問題から実践的問題、さらには家庭教育との関係について考え、他の地域の教員と意見を交換した。

（三）小学校教員の地位の象徴

文部省諮問案第一は、一日目のうちに採決までされた。残りの文部省諮問案第二と帝国教育会提出議案とについては、それぞれ調査委員を置いて調査案をまとめさせ、その結果を全体で議論した。二日目の午後四時二〇分から五時四五分まで全体での議事が再開され、三日目は午前九時四〇分から議事が行われている。これらの議事の間には、議員による実験談および来賓による演説が行われた。そして、三日目の午後四時四〇分に閉会、午後六時より懇親会が開かれた。

日程最終日の懇親会では、会議主任の多田房之輔が以下のように感想を述べた(66)。

諸君、私ハ不肖ノ者デゴザリマスルガ、夙ニ小学校教員ノ保護奨励ノ実ヲ挙ゲントシテ働イテ居ル者デゴザイマス。コノ帝国教育会ニ関係スルコトハ前後殆ンド二十年間デゴザリマスルガ、私ノ力ヲ竭サントスルモノハ主ニ小学校教師問題デゴザリマス。トコロデ小学校教師問題ニ関シテハ、諸君ノ御尽力ニ依ッテ段々ト面目ヲ改メテ参リマシタケレドモ、マダ充分ト云フ訳ニハ参リマセヌ。コノ帝国教育会ナドデモ、数年前ニハ小学教師ノ肩書ヲ持ッテ居ル人々ガ評議員ト成ッタリ、役員ト成ッタリスルコトヲ余リ喜バナイ方々モ多カッタ。一トロニアノ小学教員組ガナド云フヤウナ。冷タイ言葉ヲ以テ扱ハレ居ッタコトモアッタ。然ルニ今日ハ如何。諸君ノ御承知ノ通リ、会長始メ小学教師ヲ重ンズルトコロヨリシテ、今回ノ如ク全国小学教員会議ヲ開カシタ次第デアリマス。而シテ、ソノ会議ノ結果ハ諸君ノ御承知ノ如ク良好デアッテ、又コノ会議ニ付テ、頗ル同情ヲ寄セタ方々モ多イノデアリマス。［略］コノ事ハ会員諸君ノ面目ノミデハゴザリマセヌ。全国ノ小学教員ガ聞イタナラバ、嘸ヤ斯道ノ為ニ大ニ喜バル、デアラウト信ジマス。

多田は、第一回全国小学校教員会議が終わるにあたって、かつての帝国教育会内部において小学校教員の地位が安定していなかったことを暴露した。その上で、全国小学校教員会議の開催は、そのような見方が転換した証拠であると意義づけている。多田は、小学校教員を長年勤め、国民教育学会（国民教育社）を興して教育雑誌『日本之小学教師』を主宰し、小学校教員の言論活動や情報交換を支えた人物であった。また、明治二一（一八八八）年に大日本教育会議員に当選して以降、会の要務に関わり始め、たびたび大日本教育会・帝国教育会評議員に当選し、明治三三（一九〇〇）年以降主事（理事）を歴任し、今回、第一回全国小学校教員会議主任を務めた。そのような経歴を経てきた多田が、先のような万感の思いをもって会議運営に取り組んでいたのである。

第一回全国小学校教員会議は、小学校の教授・訓練・管理に関する文部省諮問および帝国教育会提出問題について、教育会に選出された小学校教員代表が考察と意見交換を行う機会であった。また、地方教育会における意見集約の際に、教育会代表になった指導的教員が地域の主要な校長や訓導たちと議論や意見交換を行う機会をも生じさせた。彼らの実務上の視点は、文部施策に対する参考意見を形成した。ここに、指導的教員の日常的な実践における経験や発想が国家の教育政策過程に参照されるルートが設定されたのである。

以上、全国小学校教員会議の実態とその歴史的意義とについて検討した。それにより、次のようなことが新たに明らかになった。

図 28　多田房之輔

明治末期は、日露戦後における国家・社会の動揺を受けて、新しい国民統合・国民教育のあり方が求められた時期であった。帝国教育会は、戦後体制における国民教育のあり方を点検・再編するなかで、明治三九年に全国小学校教員会議を開催して、教育方法上の問題を核にして指導的小学校教員を組織化した。会議の開催には、従来駆動してきた地方教育会との連携体制が有効に機能した。指導的教員たちは、全国小学校教員会議の準備・参加を通して、自らの周辺の教員だけでなく、普段関わることのない地域の教員と自らの仕事のあり方について考察し、意見交換を行った。彼らは、その実務的発想や経験によって国家の教育施策の実施方法を検討する過程に参加した。これは、その他の教育関係者に混じる形で全国連合教育会開催でも実現していたが、実質的に指導的立場にある訓導兼校長に限られてはいたとはいえ、小学校教員のみによる検討機会が設定されたのは初めてのことであった。

大日本教育会・帝国教育会の教員改良は、様々な事業を構想し、具体的な事業を展開させ、指導的教員を動員して、時代とともに変容する国民教育（天皇制国家の臣民教育）の課題を主体的に担える高い専門性を有した教員を生み出そうとした。その観点から見れば、第一回全国小学校教員会議の開催は、天皇制国家の国民教育を形成する主体としての指導的教員を生み出す、教員改良の到達点を象徴するものといえる。全国小学校教員会議の開催は、明治期帝国教育会の教員改良の集大成であった。

ただ、小学校教員が国民教育の主体者・形成者になるには、教員が自制して相互に資質向上に取り組める集団が必要となる。この点では、第一回全国小学校教員会議終了に万感の思いを込めた多田房之輔が、大正元（一九一二）年に早くも次のように全国小学校教員会議批判を展開したことは注目に値する。すなわち、同会議の代議員は、教育会ではなく「小学教員の団体」より選出し、教育会幹部指名ではなく公選されるべきだというのである。[67]ここに、全国小学校教員会議の批判を通して、小学校教員の職能団体が必要されるに至ったことがわかる。また、大正三（一九一四）年の『日本之小学教師』誌上では、「教員の利益」を増進するために郡・府県・全国の小学校教員会を結成し、小学校教員の公選による役員選出、互助法、学術・教育方法の研究、教育上の時事問題への意見表明と解決、社会貢献、待遇改善などに取り組むことが提案された。[68]この後、大正期を通じて教員会・教員組合・教員互助会が相次いで成立し、大正一三（一九二四）年には全国連合小学校教員会が結成されることになる。大正期以降、全国小学校教員会議を乗り越える形で、小学校教員たちは独自の職能団体を形成し始めた。明治期帝国教育会の教員改良は、その集大成を小学校教員たちから批判・克服されることで、小学校教員の自立の足がかりになったのではないか。大正期における全国小学校教員会議の歴史的意義は、今後の研究課題としたい。

（1）佐藤秀夫『教育の文化史一―学校の構造』阿吽社、二〇〇四年。
（2）森川輝紀『国民道徳論の道―「伝統」と「近代化」の相克』三元社、二〇〇三年。
（3）尾崎ムゲン「戊申詔書と教育」日本思想史懇話会編『季刊日本思想史』第七号、ぺりかん社、一九七八年、九三〜一〇九頁。
（4）梶山雅史「明治末期の徳育論議―大逆事件後の帝国議会」同上、一一〇〜一三三頁。
（5）白石崇人「大日本教育会および帝国教育会に対する文部省諮問」梶山雅史編『近代日本教育会史研究』、学術出版会、二〇〇七年、三〇三〜三二六頁。
（6）「第五回全国連合教育会に於ける議案審議の結果」『教育公報』第三〇〇号、帝国教育会、一九〇五年一〇月、二五頁。
（7）「文部次官法学博士木場貞長君の演説」『教育公報』第二九八号、一九〇五年八月、二八〜二九頁。
（8）「辻帝国教育会会長の挨拶」『教育公報』第二九八号、三〇頁。
（9）「理事会」「評議員会」『教育公報』第二九八号、二頁。
（10）「戦後に於ける国民の心得」『教育公報』第三〇四号、一九〇六年二月、前附四頁。「会務雑事」『教育公報』第二九八号、六頁。
（11）帝国教育会編『戦後に於ける国民の心得』帝国教育会、一九〇六年（神戸大学社会系図書館所蔵）。
（12）「理事会」『教育公報』第三〇〇号、一〇〜一一頁。
（13）「評議員会」『教育公報』第三〇〇号、一一頁。
（14）「委員嘱託」『教育公報』第三〇一号、一九〇五年一一月、八頁。
（15）「委員会」『教育公報』第三〇一号、八頁。
（16）「理事会」『教育公報』第三〇四号、一九〇六年二月、二頁。
（17）「評議員会」『教育公報』第三〇四号、二〜三頁。
（18）「第一回全国小学校教員会議」『教育公報』第三〇七号、一九〇六年五月、一〇頁。
（19）「全国小学校教員会議規則」『教育公報』第三〇四号、二〜三頁。
（20）「議員」『教育公報』第三〇六号、一九〇六年四月、九頁。

(21)「第一回全国小学校教員会議」前掲注(18)、一〇頁。
(22)「理事会」『教育公報』第三〇七号、七頁。
(23)「訓令」『教育公報』第三〇八号、一九〇七年四月、一二頁。
(24)「義務教育廷［ママ］長祝賀会」『教育公報』第三〇九号、一九〇七年六月、二六頁。
(25)「第六回全国連合教育会記事」『教育公報』第三〇九号、四三頁。
(26)「全国教育家大集会」『教育公報』第三〇九号、四六頁。
(27)「全国教育家大集会」『教育時論』第七九六号、一九〇七年五月、二四頁。
(28)『帝国教育会報告』帝国教育会、一九〇七年、二頁・一〇頁。
(29)「主事会」『教育時論』第八一五号、一九〇七年一二月、四六頁。
(30)「評議員会」『教育時論』第八一七号、一九〇七年一二月、四六頁。
(31)「主事会」同上。
(32)「主事会」『教育時論』第八一九号、一九〇八年一月、四五頁。
(33)「理事会」『教育時論』第八二〇号、一九〇八年一月、四四頁。
(34)「第二回全国小学校教員会議委員会」「小学校教育調査部会」『教育時論』第八二三号、一九〇八年二月、四六頁。両会議の開会時間は午後四時半、出席者は重複しており(辻会長、湯本・多田・岡理事、松下、湯沢は確実に重複)、同時開催の可能性が高い。
(35)「会務雑事」『教育時論』(第八一九号、四六頁)には数点誤記がある。以下、「帝国教育会記事」『教育界』(第七巻第四号、一九〇八年二月、七九頁)と照合して訂正した。
(36)「小学教育調査部委員会」『教育時論』第八二三号、四六～四七頁。
(37)「尋常読本中の漢字数に関する委員会」『教育時論』第八二七号、一九〇八年四月、四五頁。
(38)「小学教育調査部会」『教育時論』第八二七号、四五頁。
(39)「評議員会」『教育時論』第八二七号、四六頁。
(40)「現行尋常小学読本中漢字の数に関する意見」『教育時論』第八二六号、一九〇八年三月、四五～四六頁。
(41)「会務雑事」『教育時論』第八一九号、一九〇八年一月、四六頁。
(42)「第二回全国小学校教員会議委員会」『教育時論』第八二七号、四六頁。
(43)「小学教育調査部会」『教育時論』第八二七号、四五～四六頁。

(44) 同前、四六頁。
(45)「第二回全国小学校教員会議へ提出すべき問題の選定委員会」『教育時論』第八二九号、一九〇八年四月、四七頁。
(46)「評議員会」『教育時論』第八二六号、四六頁。
(47)「会務雑事」『教育時論』第八二九号、一九〇八年四月、四七頁。諮問案は、以下の通り。
(一) 尋常小学校（修業年限六箇年）に於ける左の各学級は、男教員をして担任せしむると、女教員をして担任せしむると、教育上如何なる得失ありや。
イ　男児のみを以て編制せる学級
ロ　女児のみを以て編制せる学級
ハ　男児を混同して編制せる学級
(二) 男女教員を以て編制せる学校に於て男女教員、各其の特性を教育上最も有効に発揮せしむべき方法如何
(48)「文部省諮問案」『教育時論』第八二九号、四八頁。なお、明治四一年二月一九日の評議員会で、全国小学校教員会議規則の第一条・第二条が改定された。この改定により、同盟対象が「台湾道庁府県及市の教育会」から「台湾樺太道庁府県及市の教育会」となった。また、「韓国関東州等の教育会にして帝国教育会に於て適当と認むるもの」も含むことになった。さらに、教育会選定の議員は各教育会一名ずつであったが、帝国教育会において必要と認めるときは、議員若干名を特選できることになった。
(49)「第二回全国小学校教員会義」『教育時論』第八三一号、一九〇八年五月、二七〜三〇頁。
(50)「中学校教育調査部会、小学区教育調査部会及訓育教唖両調査部会」『帝国教育』第三二〇号、帝国教育会、一九〇九年三月、会報六頁。
(51)「評議員会」『帝国教育』第三二〇号、会報三頁。
(52)「理事会」『帝国教育』第三二七号、一九〇九年一〇月、一二〇頁。
(53)「第三回全国小学校教員会議委員会」『帝国教育』第三二八号、一九〇九年一一月、一一四頁。
(54)「小学教育調査部会」『帝国教育』第三二九号、一九〇九年一二月、一〇五頁。
(55)「会報」『帝国教育』第三三一号、一九一〇年二月、九八〜一〇〇頁。
(56) 以下、帝国教育会『第一回全国小学校教員会議録』一九〇六年を用いる。
(57)「第六回全国連合教育会記事」『教育公報』第三一九号、一九〇七年六月、二八〜三二頁。
(58)『第一回全国小学校教員会議録』、一〇六頁。

(59) 同前、一〇～一二頁。
(60) 同前、一二～一六頁。
(61) 同前、一六～三〇頁。
(62) 同前、一九頁。
(63) 同前、二三頁。
(64) 同前、二八頁。
(65) 同前、三一頁。
(66) 同前、一八六～一八七頁。
(67) 社説「盛に小学教員会を起す可し」『日本之小学教師』第一六七号、国民教育社、一九一二年一一月、一～三頁。
(68) 土井清次「我が国に適切なる小学校教員会の組織如何」『日本之小学教師』第一八六号、一九一四年六月、六五～七〇頁。
筆者の土井は、兵庫県揖保郡網干小学校所属になっている。

第Ⅳ部の小括

第Ⅳ部では、明治期大日本教育会・帝国教育会における輿論形成・政策参加体制の形成過程を検討し、指導的教員の動員実態を明らかにしてきた。以下、新たに明らかになったことを中心にしてまとめる。

第一章では、明治一九（一八八六）・二〇（一八八七）年の大日本教育会討議会を検討した。大日本教育会は、明治一九年、教育問題に関する輿論形成の必要を求める会員の要求を背景としながら、結成以来開いていなかった討議会を再開した。討議会では、教育行政官や学習院教師などに混じって多くの指導的小学校教員が発言し、日本社会の近代化・資本主義化に関わる具体的な教育内容・方法の討議に参加した。討議会は回数を重ねるごとに参加者の論じ方や問題理解を進めたが、印象論や偏見的発言なども多く見られ、専門的議論としては不十分であった。

第二章では、大日本教育会における「研究」の事業化過程を検討した。大日本教育会は、明治二一（一八八八）年、全国的な教育輿論形成体制を整えるため、文部省・帝国大学・教育ジャーナリズム関係者の協同によって「研究」を事業化し、部門制度を新設した。部門制度は、小学校教員を含む教育関係者をそれぞれの得意分野ごとに組織し、既存の利害対立とは一線を画して、理論研究・政策形成を目指して教育問題を専門的に研究調査させ、堅実・確実な研究成果を目指した。ただし、理論研究と政策形成との区別、教育会の方針決定に関する「議事」と教育問題の「研究」との区別、専門分化した研究体制の系統化、師範学校の教育研究との関係といった面で曖昧な点が残った。

第三章では、事業化された「研究」にはどのような意味が込められていたか、西村貞の理論に焦点をあてて検討した。西村は、理学（サイエンス・科学）を文化開進や一国一家一身の福祉実現に関わる学問と捉え、教育を理学の一種とし、基礎科学との共時的発展および確実性に欠ける不毛な議論の排除による教育理論・方法の確立を目指した。また、大英学術協会（British Association for the Advancement of Science）から発想を得て大日本学術奨励会構想を提唱し、教育会と理学・技芸に関する学協会との合同によって、大英学術奨励会には未設の教育専門部門を設立しようとした。その構想は十分には実現しなかったが、その一部が、明治二一年の大日本教育会部門制度の導入や、明治二六（一八九三）年の教育学術研究規程の設定に影響した。大日本教育会の研究組織は、このような構想を背景に成立・専門分化を進めた。

第四章では、大日本教育会の研究組合制度の導入について検討した。大日本教育会は、明治二六（一八九三）年一二月、高等師範学校の翻訳的研究の問題、および教育理論とその応用という問題（教育学術問題）を背景に、教育学術研究・調査活動などを主要事業として「教育ノ学会」化を進めた。研究組合制度は、明治二六年一〇月の「箝口訓令」を契機に、大日本教育会改革のイニシアティブをとった嘉納治五郎ら教育研究推進派によって導入された。同年九月に高師校長に就任したばかりであった嘉納は、師範学校による将来の教育方法研究と現職教員による現行の教育方法研究という二重の教育研究体制構想をもって高師と大日本教育会の改革に取り組み、現職教員の教育研究奨励制度を提唱した。その結果、大日本教育会は、東京在住の教育研究者・指導的教員を動員して各種研究組合を設置し、教育の理論（学）とその応用（術）との共同研究に従事させた。その研究成果は、主に教育会雑誌を通して全国各地の小学校教員・師範学校教員に提示され、教員の批評・意見交換を引き出した。また、研究組合導入・設置・運営過程には多くの高師教員が動員され、国内の研究交流や日本の実情に合った教授法研究を促された。

第五章では、明治二三（一八九〇）年までの大日本教育会における全国的輿論形成体制の形成過程を検討した。大日本教育会は、明治二三年、地方教育会と連携して全国教育者大集会を開催し、全国の教育関係者を一か所に集めて輿論形成を行う場を設定した。従来の東京中心の輿論形成体制は、地方教育関係者の参加を難しくして、関西・中四国などの教育関係者の分裂行動を招いた。この分裂行動は、結果的に大日本教育会の方針転換を引き出し、地方教育会との連携によって教育関係者の連帯意識を形成する全国運動を準備した。全国教育者大集会は、その後の全国運動（国立教育運動）や全国連合教育会開催へとつながっていく。そのなかで、地方の教育会員（その多くは指導的小学校教員）は、大日本教育会を中心とした輿論形成活動へと参加・動員を促されていくことになった。

第六章では、明治三〇年代前半の帝国教育会学制調査部に焦点をあて、この時期の帝国教育会がいかに教員を動員したかを検討した。学制調査部は、明治三二（一八九九）年、学制改革に関する輿論・世論形成と政策過程への参加とを企図して設置された。委員には、文部官僚などに限らず、在京の指導的立場にあった高等師範学校教員・中等教員・公私立小学校教員も加わった。学制調査部は、地方教育会やその他の外部運動団体との連携を意識的に行いながら、それらとの合意に関する原案作成などに関わり、帝国教育会が政策過程において圧力団体化する上で重要な役割を果たした。例えば、同部がまとめた「国民学校」案は、明治三〇年代の一般的な学制改革論（中等・高等教育重視）とは一線を画した初等教育重視の学校系統案であり、全国連合教育会の輿論として当局者に建議された。

第七章では、全国小学校教員会議の開催過程を検討した。全国小学校教員会議は、明治三九（一九〇六）年、指導的小学校教員の日常的な経験・発想によって、日露戦争後の国民教育の方法を模索するために開催された。全国小学校教員会議は、指導的教員に小学校の教授・訓練・管理方法の問題について本質的・実践的に考察させ、普段交流することのない地域の同業者と意見交換する機会を定期的に与えた。全国小学校教員会議は、指導的教員だけで小学校の教育方法について専門的・具体的に議論する場であり、その議論結果を文部省や帝国教育会に届けた。これは、指導的小学校教員を教育政策・輿論の形成過程に公的に参加させる恒常的体制が構築されたことを意味する。なお、明治四一（一九〇八）年には、とくに義務教育延長に伴って教育を充実させるために帝国教育会に小学教育調査部が設置され、指導的教員を多く含む専門委員の熟議によって教員会議の議題が方向づけられるようになった。

明治期大日本教育会・帝国教育会は、国家国民の福祉実現や国民教育の責任増大に応えるために、全国の地方教育会を通じて指導的教員を動員し、時代に応じた教育内容・方法に関する問題を考究させた。明治一九年の討議会再開以来、研究調査組織の改革を進めて、合意形成の確実性を高め、教員を教育方法研究の主体に位置づけ、他の地方教育会や教育団体と連携して教育政策過程に接続した。その結果、地域の指導的教員が、その実践的・実務的発想や経験によって、教職のあり方の模索過程や国家の教育政策過程に参加する機会を提供した。明治三九年に設置された全国小学校教員会議は、指導的小学校教員のみに開かれた、研究調査に基づく教員改良策に関する輿論形成・政策参加の機会であり、明治期大日本教育会・帝国教育会の教員改良の集大成となった。

両教育会は、直接的には在京の指導的立場にあった初等・中等教員や尋常・高等師範学校教員を動員し、間接的には地方教育会を介して全国各地の指導的小学校教員（校長・正教員）や師範学校教員などを動員した。全国の指導的教員は、両教育会の提供する輿論形成・政策参加機会に直接・間接に動員されることで、時代とともに変化する明治国家・社会の時代状況に応じて、教育方法の改革や教育政策の形成過程に深く関わった。指導的教員は、その専門的知識・経験を活用して、教職のあり方を自ら具体的に改良することに関わることができた。文部省もまた、指導的教員の専門性を活用して国家の教育政策を裏づけることを期待していた。このように、明治期大日本教育会・帝国教育会は、動揺する国家・社会に応じて国家統合・国民教育のあり方を模索する国家的課題に関わり、地方教育会の動員体制と文部省の期待とに支えられながら、全国の指導的教員を自らの専門性に基づく教員資質の改良に動員したのである。

結章　明治期大日本教育会・帝国教育会の教員改良とは何か

本研究の目的は、明治期大日本教育会・帝国教育会の教員改良について、その実態と教員資質の形成・向上に関する歴史的意義とを明らかにすることであった。以下、まず本研究をまとめながら結論づける。次いで、本研究によって見出された課題を整理する。

一．本研究の結論

（一）教員改良の原点

第Ⅰ部では、前身団体の実態を中心に検討し、明治期大日本教育会・帝国教育会の教員改良の原点を明らかにした。

明治五年以降の「師匠から教員へ」の移行過程は、旧師匠や地域住民に葛藤をもたらし、地域における教職者の職務内容や地位を動揺させた。文部省は、教育内容・方法に疎い教員が教職に就き、地域住民の尊敬を失っている学校現場の現状を問題視し、教員の教育理論・方法の学習および品位向上を目指して教員改良に取り組み始めた。また、地域の指導的教員は、地域の教育改革に参加するなかで、自らの専門性向上の重要性に気づき始めた。教員改良問題は、教育行政当局だけの問題ではなく、地域の指導的教員自身の問題としても発生した。その際、国家の教育政策を地域に応じて実施・計画するために、教員をいかに教授・生徒感化・学校運営に関する学習態度や学習環境に導くか、という課題が重要であった。しかし、これらの問題意識は、この段階においては各地域に分散して勃興するに止まった。

東京教育会内の指導的教員は、自らの専門性をもって教育令期の東京府教育改革に参与しながら、教員のあり方を教育方法や待遇の問題と関連づけて互いに考究し合った。そこには、自立心や進取性などを備えた国民を育成するために、教育方法や教科原理を理解し、かつ教職経験を積み重ねることで、教育・教員に対する一般人の不信感をぬぐい去ろうとする構想があった。当時、一般社会では手習塾や私塾などの旧教育に対する信頼感が根強く残り、近代学校の普通教育に対する無理解・不信感を強化していた。明治一三年夏、東京教育会内の指導的教員は、これらの無理解・不信感に抵抗して普通教育を擁護・推進する必要性を実感し、教育行政官や学者との協同を図った。

明治一四（一八八一）年には国会開設が決定し、翌年には憲法による国家体制の模索が本格化した。これを受けて、政党勢力は民力休養を掲げて地方議会で影響力を行使し、各地で教育費削減の決議をまとめていた。そのような教育軽視の傾向（教育ノ退歩）に抵抗して、東京教育学会は、明治一六年、教育の量的発展に限らない質的発展（教育全体ノ進歩）を目指すという目的意識と、「教育」概念を中心にした同業者意識とを核にして、文部省高官や全国の教育関係者を取り込んで大日本教育会を結成した。大日本教育会は、前身団体以来の組織や人材を基盤とした。大日本教育会結成は、先行研究のいうような文部省への接近の結果に限らず、東京教育会以来の教育擁護・推進に対する問題意識と取り組みとの結果でもあった。

以上のように、明治一〇年代前半において、普通教育やその教員は不安定な社会的地位にあった。その地位を安定・向上させるために、指導的教員は教育行政官・学者との協同を図り、大日本教育会を結成させた。東京教育会で構想されていたその協同関係は、教育方法の実施・改善に対する教員の関与、教育行政による学校維持・

管理、学者による教育理論の改良という役割分担論に基づいた。この協同関係を前提とする限り、教員は、自らの責任を果たすために、教育の原理を学び、教育方法に熟練し、教育政策過程に関わらなければならなかった。大日本教育会の教員改良の原点は、普通教育・教員の地位向上に対する問題意識と、そのために必要な教育原理・方法に関する教員の学習需要とにあった。

(二) 国家隆盛を目指した教員資質の組織的向上構想

第Ⅱ部では、明治期大日本教育会・帝国教育会の教員改良構想の変遷を明らかにした。

明治一〇年代半ば以降、教育行政当局の教員改良構想は、基本的に、法令や講習によって教員の学識習得と技術熟練とを奨励するものであった。結成当初の大日本教育会では、このような構想の影響を強く受けていた。しかし、農村不況や従来の教員改良策の不振による普通教育の停滞という地域の現実や、欧米の教員の組織的活動に関する情報などに対峙した時、独自の展開を始めた。大日本教育会では、明治一八（一八八五）年後半頃から、教員個々人の学識・道徳・経験の追求だけに止まらず、教職との一体感を媒介にして組織的に資質向上を図り、国家・社会に貢献していく構想が多く発表された。明治二〇（一八八七）年には、教員の社会的地位と専門性との確保に関する構想が多く発表された。ただしこの時点では、人件費節減を実現する代わりに教員の専門性を軽視する構想も発表され、教員の専門性が教員改良構想のなかに確立していたとはいい難い。

明治二〇年代半ば以降、帝国議会開設による国家規模の教育費削減可能性に対する不安増大や、海軍という新しい教育支持層の登場、等級制から学級制への移行による学校現場の変容、日本の国際的地位の変化、憲法体制・産業経済の発展などにより、教員をめぐる社会状況は大きく変動した。これらの社会変動は、国民育成に対する教員の責任内容を拡大・深化させ、さらなる教員の専門的資質の向上を要求した。明治二〇年代以降の大日本教育会・帝国教育会の教員改良構想は、これら時代の要求に応じて展開した。明治二三（一八九〇）年前後までには、教育防衛・改良の主体である「教育者」の一員として教員を明確に位置づけ、知識・技術の学習に限らず教職意識の定着をも範疇に入れて、行政・学者の支援や教員の相互研鑽によって組織的な資質向上を目指す教員改良構想を形成した。単級教授法研究に関していえば、明治二七（一八九四）年から二八（一八九五）年にかけての大日本教育会は、従来、学校制度論・翻訳斟酌的教授論に止まりがちであった研究を発展させ、教員の熟練や日本的教材に基づく具体的教授案の開発を行って、教員の専門性の内実を追究した。また、公徳養成法に関しては、明治三四（一九〇一）年から三五（一九〇二）年にかけて、帝国教育会は、公徳概念の理念的追究に止まらず、具体的な教材と実利主義的倫理学知に基づく具体的方法の開発を行った。両教育会における教員の専門性の追究は、制度面・理念面に止まらず、実践面に重点を置いた。

明治期大日本教育会・帝国教育会の教員改良構想は、社会の変化に応じた教員の専門性の内実を具体的・実践的に構想し、教員の組織的活動を活発化させてその知的・技術的・精神的資質の向上に動員して、刻々と拡大・深化する国民育成に対する責任に対応させようとするものであった。その背景には教員人件費の削減傾向があり、その傾向に抵抗するために教員の専門性を確立する必要性があった。両教育会の構想は、教育行政当局の教員改良策とは異なり、全国集会や研究公開という形で実行された。教員誕生から間もなく、その社会的地位が安定しない明治期に、両教育会が教員の専門性の組織的形成を構想し始め、かつ実行に移した点は、注目に値する。

なお、両教育会の教員改良構想は、日清戦争以後、教員の専門性を教育勅語に基づく臣民育成の実現に向けて方向づけた。天皇制国家や教育勅語に基づく臣民育成システムがまだ十分に形成されておらず、教員の社会的地位も不安定であった日清・日露戦間期に、教員の専門性にこのような方向づけを行ったことは、日本教員史において重要な歴史的意義を有する。しかし、この方向づけは、教員の国家・社会的役割を明確にする代わりに、国家や既存のルールに対する批判姿勢を弱める結果をもたらした。両教育会が目指した教員資質の組織的向上構想は、教員の社会的地位向上の道筋を明確にしたが、教員の専門性を天皇制国家の枠組みに依存させてしまうという限界性を有した。

(三) 教員講習による学力向上・教職理解の機会提供

第Ⅲ部では、明治期大日本教育会・帝国教育会の教員講習事業の変遷を明らかにした。

明治二四（一八九一）年、大日本教育会は夏季（夏期）講習会を開始し、主に小学校教員（指導的教員含む）に中等教員程度の学力向上と教職理解との機会を直接提供した。明治期における教育行政当局・師範学校・地方教育会の教員講習は、主に教員補充・免許上進を目指した。しかし、大日本教育会・帝国教育会の教員講習は、それとは異なり、学力向上による教員の品位向上や教員の継続的学習の機会提供を主に目指した。講習と教員検定試験とを接続しなかったり、生徒感化・指導の面で中等教員免許状の有無を問わなかったりした事実からは、両教育会が免許上進にあまり熱心でなかったことがわかる。この点、教員資格制度を確立する立場から見れば両教育会の限界を示すといえるが、資格取得よりも資質向上の過程そのものを重視した両教育会の教員改良の特徴を示しているともいえる。

明治一〇年代半ば以後、行政当局・師範学校・地方教育会などによる教員講習が徐々に開始・展開し、学識・経験の未熟な小学校教員に学習機会を提供していた。しかし、両教育会の教員講習は、それより一段高度な学習機会を提供した。帝国教育会の教員講習においては、小学校正教員の学力を中等教員程度にまで向上させることは、教員の品位や社会的地位を高めるために不可欠の手段と考えられていた。それゆえに、帝国教育会は、たびたび高等教育機関の教員を講師に動員し、講習事業の拡充を行って多様な学習機会を準備して、多数の指導的小学校教員に学力向上の機会を継続的に提供した。しかも、とくに新進の帝大卒・高師卒学者を動員して、欧米の最新学説に基づく専門的知識の学習機会を教員に提供していったことは注目すべきである。また、課外において教員の自律性や団結心を刺激する機会を設けた。教員の専門性の高度化や指導的教員の団結を目指した大日本教育会の教員改良構想は、教員講習事業において実行に移された。

明治期大日本教育会・帝国教育会の教員講習は、指導的教員によって利用されたり、逆に指導的教員をその計画・運営に動員したりした。指導的教員は、持ち前の向上心や国民育成に対する使命観、社会の激しい変化に対する焦燥感などを動機に、講習を受けて自らを改良し、かつ講習を計画・運営して同僚や部下の改良に関わった。明治期大日本教育会・帝国教育会の教員講習は、全国各地の指導的教員をその向上心や使命観などを刺激して挑発し、組織的な資質向上に動員したといえる。その結果、明治四〇年代に至って、中等教員程度の学力向上を目指す高度な講習機会を、正式に小学校教員（准教員や女教員も含む）にも開放することにつながった。なお、高師をはじめとする多くの高等教育機関の教員は、両教育会の教員講習に講師として動員され、自説をまとめて発表したり、指導的教員の学習要求を受けてさらなる研究・修養を促されたりした。そのため、両教育会の教員講習は、高等教育機関の教員にとっても自己改良の機会になることもあった。

明治期大日本教育会・帝国教育会は、指導的教員の要求に後押しされて教員講習事業を拡充し、指導的教員にさらなる学力向上・教職理解の機会を提供した。両教育会の教員講習は、指導的小学校教員の専門性を中等教員程度まで高度化し、教員の社会的地位を高める手段であった。その際に、国内で常識化した簡易な知識・技術の訓練機会よりも欧米の最新学説に基づく高度な専門的知識の研究機会を提供しようとした点や、教員免許の取得・上進よりも資質向上を継続する過程を重視した点は、両教育会の教員改良の特徴でもあり限界でもあった。

（四）輿論形成・政策参加による自己改良への教員動員

第Ⅳ部では、明治期大日本教育会・帝国教育会における輿論形成・政策参加体制の形成過程を検討し、指導的教員の動員実態を明らかにした。

明治期大日本教育会・帝国教育会は、国家国民の福祉実現や国民教育の責任増大に応えるために、全国の地方教育会を通じて指導的教員を動員し、時代に応じた教育内容・方法に関する問題を考究させた。明治一九

（一八八六）年の討議会再開時点では、その合意形成の確実性は低く、問題含みであった。それ以降、両教育会は、研究調査組織を模索・改革し続け、次第に合意形成の確実性を高め、教員を教育方法研究の主体に位置づけ、他の地方教育会や教育団体と連携して教育政策過程に接続するようになった。

輿論形成・政策参加体制の形成過程における第一の転機は、明治二一（一八八八）年に、文部省・帝国大学・教育ジャーナリズム関係者が中心になって行った、「研究」の事業化であった。事業化された「研究」は、理論研究と政策立案とを並行して行い、教育問題の解決策を専門的・組織的に探る方法として開始された。その背景には、研究に基づく教育輿論形成体制を求める伊沢修二の構想や、文化開進や一国一家一身の福祉実現を目指す一大理学研究体制を求める西村貞の構想があった。当時、文部省は従来の研究調査機能を大きく削減し、帝大・教育ジャーナリズムは研究調査を十分に組織化できないでいた。その意味で、大日本教育会の「研究」の事業化は、日本の教育研究の組織化過程においても重要な出来事であった。これ以降、大日本教育会の輿論形成体制は、「研究」によって支えられることになった。なお、「研究」事業化後の教育研究活動は、多くの在京の指導的教員を動員し、事実によって問題を認識する「調査」の重要性に気づかせた。

第二の転機は、明治二六（一八九三）年末における研究組合制度の制定であった。現職教員の教育方法研究を刺激して師範学校における教育方法研究を補完することを目指し、多くの指導的教員を直接・間接に動員して研究に従事させた。ここで指導的教員は、師範学校などの研究機関の成果を待たずに、自らの資質を改良する方途を得た。事業としての「研究」は、団体運営の決定にかかわる「議事」に対して低く見られがちであったが、この時の組織改革において、教育研究推進派幹部の主導により、主要事業に位置づけられた。また、大日本教育会・帝国教育会の研究調査活動には、多くの高等師範学校教員が動員された。研究組合制度の設置と駆動は、従来、外国中心の研究姿勢をもっていた高師教員に、国内の研究蓄積に目を向けさせ、国内の現職教員との研究交流や日本の実情に合った教授法研究を促す契機になった。当時の高師は、帝国議会で勃発した存廃論争を受けて、自らの存続をかけてその研究機能の改革に取り組まなくてはならなかった。大日本教育会における教育研究組織の改革は、時代に応じた自己改良を高師教員に迫ったともいえる。

第三の転機は、明治二〇年代から三〇年代にかけて徐々に行われた、地方教育会との連携による全国的な教育輿論形成・政策参加体制の形成である。当初、大日本教育会単独では全国的な輿論形成体制を形成できず、その結果、関西・中四国などの地方教育関係者による分裂行動を招いた。これをきっかけにして、大日本教育会は地方教育会との連携を模索し、全国連合教育会を開催するようになった。研究調査組織も整備され、輿論形成体制の充実が図られた。以後、全国の指導的教員は、各教育会の代表として全国連合教育会に出席し、その専門的知識や経験を教育方法や教育政策の模索・形成過程に活用し、教職のあり方を具体的に自ら改良することに関わることができるようになった。文部省もまた、この体制を活用して、指導的教員の議論を方向づけるだけでなく、その専門性によって国家の教育政策を裏づけようとした。ただし、教育会や指導的教員は、文部省に利用されただけに止まらなかった。例えば、全国連合教育会に集まった指導的教員は、明治三〇年代半ばに「国民学校」に関する輿論を形成・提示し、行政当局に対して義務教育年限延長に関する圧力をかけ続けた。それを仕掛けたのは、帝国教育会であった。指導的教員は、両教育会を利用することで、教育政策過程に圧力をかける術を得た。文部方針の優位性が前提にあるという限界が残るものの、両教育会は、文部省と指導的教員とを出会わせて、国家の教育政策過程を刺激した。

明治期大日本教育会・帝国教育会は、地方教育会の教員動員力と文部省の期待とに支えられながら、全国の指導的教員をその専門性に基づく教員資質の改良へ動員した。それは、地域の指導的教員が、自分たちの実践的発想や経験によって、教職のあり方の模索過程や国家の教育政策過程に参加する機会を提供することでもあった。明治三九（一九〇六）年以降に隔年開催された全国小学校教員会議は、指導的小学校教員のみに開かれた、研究調査に基づく教員改良策に関する輿論形成・政策参加の機会であった。同会議は、明治期大日本教育会・帝国教育会の教員改良の集大成であった。

（五）指導的小学校教員の専門性の涵養

最後に、本研究で新たに明らかになったことを中心にして結論をまとめ、明治期大日本教育会・帝国教育会の教員改良とは何かを明らかにする。

明治期大日本教育会・帝国教育会は、資質向上の機会を提供することで国家隆盛のための教育擁護・推進に全国各地の指導的教員を動員して、教員改良を推し進めた。小学校教員という職業は、江戸期には存在せず、明治期に初めて誕生した。当然、指導的小学校教員の全国的な組織的活動も、明治期に初めて成立した。両教育会の教員改良は、従来の日本に存在しなかった指導的教員の全国的・組織的活動を具体的に実現し、その専門性確立を推進しようとした。なお、その原点を形成したのは、東京教育会・東京教育協会・東京教育学会に集った、官立師範学校卒業生や海外留学経験のある教員、そして校長などの指導的立場にあった小学校教員であった。在京の指導的教員が始めた教員改良策は、両教育会の教員改良策の原点になった。

両教育会は、普通教育・小学校教員の社会的地位確立の手段として指導的教員の資質向上を位置づけ、その実現のために各種の教員改良策を実行した。両教育会の教員改良は、文部省方針に強く影響を受けたが、その方針の実施だけに終わらなかった。両教育会は、結局、教育行政当局や地方教育会が主に取り組んだような免許取得・上進に直結する教員補充体制を整備しなかった。その代わり、独自の教員改良策を開始・模索・確立・発展させて、教員の資質向上に取り組んだ。

両教育会の取り組みは紆余曲折を伴った。明治一〇年代における教員人件費の削減を優先する立場には、教員の専門性を軽視する傾向があり、大日本教育会にもその傾向は存在した。明治二〇年代に入って、帝国議会開設による国家規模の教育費節減の動きや、普通教育に対する新たな支持層の出現、社会変動に基づく国民育成に対する新たな要求が起こると、大日本教育会は、教員の資質向上を組織的に追究するようになった。その過程においては、教員の自重心や教職への帰属意識の不足、教員講習講師の学識・人格に対する小学校教員からの厳しい要求、教員における事実認識や「研究」の重要性に対する認識不足、師範学校の教育研究の未組織化、国内の研究蓄積に対する高等師範学校教員の関心不足、東京周辺在住者偏重の教育輿論形成体制に対する関西・中四国などの教育関係者による反発、中等・高等教育偏重の学制改革の発想、帝国教育会内部における小学校教員の低い地位など、様々な課題と向き合わなければならなかった。

先行研究によると、明治期における小学校教員の専門性は、制度に基づく教員に対する自由制限により、教員の専門性の追究は文政推進の枠内に止まり、不十分に終わったとされてきた。しかし、本研究で明らかにしたところによれば、明治期の教員に自らのあり方を省みる自由が全くなかったわけではない。また、教職やその根底にある制度・政策に対し、教員が常に無気力・無批判だったわけでもなかった。全国の指導的教員は、大日本教育会・帝国教育会の提供する種々の機会を利用して、時代に応じた教員の専門性を批判的に模索し、実際に改良に取り組み、場合によっては組織的合意によって文政過程に圧力をかけ続けることもあった。このような指導的教員の活力は、国家隆盛のための国民教育に対する責任感や使命観、免許上進制度の確立によって喚起された教員の出世欲、激しい社会変化への焦りなどから生じていた。

明治一〇年代以降、文部省は、教員の反政府的活動を禁止・抑制する一方で、次第に指導的教員の専門性に基づく穏当・堅実な主体的政策参加を期待するようになった。明治期大日本教育会・帝国教育会は、教育行政官による政策過程への誘導や、指導的教員の学習要求、学者による学習・研究支援などに後押しされながら、指導的教員に学力向上・教職意義追究・教育方法改良・輿論形成・政策参加の機会を提供して、独自の教員改良策を展開した。その総括的事業こそ、小学校教員代表に開かれた、教職に関する専門的な輿論形成・政策参加の場としての全国小学校教員会議であった。

両教育会が指導的教員を資質向上に動員したのは、自立心や進取性などを備えた国民を育成し、教員の手で国家を隆盛に導くためであった。ここでいう国民育成とは、教育勅語の理念に基づく天皇制国家の隆盛と国民統合とを目指す臣民教育である。両教育会の目標は、当初、日本の国際的な不羈独立を実現することであった。日清戦争の勃発を境に、その目標は、経済発展を支える資本主義的目標と、海外に進出して列強国と競争するという帝国主義的目標とに沿ったものに変容していく。両教育会、とくに明治期帝国教育会の教員改良は、教育勅語に基づく国民統合と日本の国際的立場の向上・拡大とを目指した国家的事業に、全国の指導的教員を動員し始めた。とくに明治三〇年代から明治末期にかけて、海外進出や国内矛盾の深化による国内外の社会変動を受けて、新たな国民統合・国民教育のあり方が模索されるなか、帝国教育会は指導的教員を積極的に動員・組織化した。そこには戦争協力の構想も含まれている。後の帝国教育会が総動員体制の一翼を担ったことを考えると、明治期にその教員動員体制の原型が形成されたという事実は重要である。この大きな歴史的文脈におけるさらなる分析は、新たにテーマを立てて展開すべきと考えている。

二　残された課題

最後に、本研究を通して見出された課題を整理しておきたい。

まず、大正期以後の教員資質問題の検討である。帝国教育会は大正期に沢柳政太郎会長の下で職能団体的性格を強めた。明治期の運動形態をある程度引き継いでいると思われるものの、その運動の精査が必要である。大正期においては「改造」という言葉がしばしば使われたが、明治期の「教員改良」を批判的に検討するためにも、その概念内容や実現実態に配慮しながら研究を進める必要がある。また、教員会・校長会や教員組合の活動実態については、小学校教員自身による資質向上の問題に直接関わる課題として重要である。さらに、大正・昭和期（戦後も含む）においては、教育会・教員会・校長会以外にも教員の関わった多様な教育研究団体が現れた。その活動実態と教員の資質向上における歴史的意義との解明も重要な研究課題になる。そうして、教員制度・政策・

養成・運動・生活などの総合的視点から、明治から現在までに至る、教員の資質形成・向上に関わる日本教員通史を描いていく必要がある。

また、明治期の大日本教育会・帝国教育会研究も本研究でやり尽くしたとは言えない。本研究で明らかにした教員改良の実態は、両教育会の「教育普及改良及上進」を目指す運動を教員改良の側面から見たものである。別の視点、とくに教育普及の視点から見た場合、さらなる歴史的意義を見出すことができるかもしれない。(1) また、両教育会が目指した国家隆盛の意味や教育目的に関して、『聖諭略解』の活用実態や、明治期帝国教育会による『戊申詔書述義』『日章旗考』の出版、両教育会による勅語奉読式の定期的開催（大正期には地方教育会との合同開催も行っている）、全国連合教育会・全国小学校教員会議に対する文部省諮問の意図や歴史的位置づけ、パトロンとしての皇室推戴など、検討すべき課題はなお残っている。機関誌『大日本教育会雑誌』『教育公報』『帝国教育』における教師論についても、明治二〇年代後半以降のものや教員を主題としないが重要な言説について、検討する余地がある。そして、全国連合教育会や全国小学校教員会議についても、まだまだ検討の余地がある。さらに、前身団体や大日本教育会の全国運動のきっかけが地方議会・帝国議会（とくに政党）への対抗意識を伴ったことや、帝国教育会が帝国議会議員と連携していたことは本文で言及したが、教育会と政党・議会との関係性についてもさらに具体的に迫ってみる余地があるだろう。大日本教育会・帝国教育会と海軍との関係性についても、同様に検討の余地が残されている。陸軍との関係性についても同様である。さらにいえば、教育行政における文部省と内務省との二重性は周知の通りであるが、両教育会は文部省と密接な関係を保っていたけれども、内務省との関係はどうだったかという問題も、検討する価値のある課題である。

一方、都道府県教育会や郡市町村教育会、植民地教育会、外国の教育会的団体の教員改良については、ほとんど取り上げることはできなかった。地方教育会はそれぞれ独自に事業を展開しており、独自の教員改良構想と改良事業を展開していたと思われる。地域における教職生活に直接関わる団体であるだけに、教員改良の多様なあり方が予想され、大日本教育会・帝国教育会の教員改良を批判的に捉える上で重要な研究になるだろう。

最後に、本研究では小学校教員の資質向上策に焦点を当てたが、中等教員の資質向上策についても関連して本文で少し触れた。中等教員の資質向上策がどのように構想・実施されていたのか、焦点を合わせて検討することもまた重要な課題であろう。

（1）柏木敦『日本近代就学慣行成立史研究』（学文社、二〇一二年）では、教育の受け手が自ら教育期間延長を求めた小学校補習科の成立過程に注目している。柏木も一部注目しているが、大日本教育会・帝国教育会および全国連合教育会では小学校補習科や実業補習学校についての議論もなされている。

【主要史料・主要参考文献】

本文中で利用した主な史料と参考文献については以下の通り。

【主要史料】

東京都立公文書館所蔵史料。

※ 明治期大日本教育会・帝国教育会の内部史料は、関東大震災による事務所全壊に伴って焼失。その後の史料も不明。（財産を引き継いだ日本教育会館で調査確認済み）

『東京教育会雑誌』一～一〇号、東京教育会、一八八〇年。（京都大学附属図書館所蔵）

『東京教育協会雑誌』四号、東京教育協会、一八八二年。（玉川大学附属図書館木戸文庫所蔵）

『東京教育学会雑誌』一～五、七、一二、一三号、東京教育学会、一八八二～一八八三年。（一～五・一二・一三号：東京大学新聞雑誌文庫所蔵、七号：玉川大学附属図書館木戸文庫所蔵）

『大日本教育会誌』一冊、大日本教育会、一八八三年。（以下、宣文堂刊行の復刻版を活用。日本教育会館に原版あり）

『大日本教育会雑誌』一～一八二号・号外総集会記事第一～五・号外全国教育者大集会報告書第一～二、大日本教育会、一八八三～一八九六年。

『教育公報』一八二～三一九号、帝国教育会、一八九六～一九〇七年。（大空社刊行の復刻版を活用。日本教育会館に原版あり）

『帝国教育』三二〇～七八七号、帝国教育会、一九〇九～一九四四年。（雄松堂出版刊行の復刻版を活用。日本教育会館に原版あり）

浅岡雄之助編『大日本教育会概覧』大日本教育会、一八九二年。

高等師範学校附属学校編『単級学校ノ理論及実験』東京茗渓会、一八九四年。

大日本教育会編『将来ノ教育ニ関スル意見』大日本教育会、一八九六年。

帝国教育会編『公徳養成』金港堂、一九〇二年。

帝国教育会編『訂正増補聖諭略解』帝国教育会、一九〇二年。

帝国教育会編『公徳養成国民唱歌』松聲堂、一九〇三年。

帝国教育会編『戦後に於ける国民の心得』、一九〇六年。

帝国教育会編『第一回全国小学校教員会議録』、一九〇六年。

帝国教育会編『帝国教育会沿革並事業概覧』、一九〇七年。

帝国教育会編『明治四十年帝国教育会報告』、一九〇七年。

【主要史料・主要参考文献】

帝国教育会編『帝国教育会年表』、一九〇八年。

帝国教育会編『帝国教育会沿革志』、一九〇八年。

西村貞『小学教育新篇』全五冊、原亮三郎、一八八一年。

西村貞『小学教育新篇講義録』第一・二篇、金港堂、一八八四年。

西村貞『小学教育新篇箋解』金港堂、一八八四年。

西村貞『教育一家言』金港堂、一八九三年。

A・ベイン（添田寿一訳）『倍因氏教育学』酒井清造、一八八三年。

Bain, A., *Education as a Science* 5th ed., London: Kegan Paul, Trench, 1885.

牧田有穀編『聖諭略解』大日本教育会事務所、一八九四年。

森武次郎編『単級教授法研究組合に於て研究したる事項』牧田有穀、一八九五年。

湯本武比古閲・八木原真之輔『公徳養成之栞』開発社、一九〇一年。

『愛知教育会雑誌』『大日本教育会愛知部会雑誌』『愛知教育会雑誌』『愛知教育雑誌』（東京大学新聞雑誌文庫所蔵）

『茨城教育協会雑誌』（東京大学新聞雑誌文庫所蔵）

『官報』一八八三～一九一二年。（国立国会図書館所属）※職員録含む

『教育』一八八九年。（国立国会図書館・東京大学新聞雑誌文庫所蔵）

『教育会雑誌』『岡山教育会雑誌』『私立岡山県教育会雑誌』『岡山教育雑誌』『私立岡山県教育会雑誌』（岡山県立図書館所蔵）

『教育界』一九〇一～一九一二年（国立国会図書館蔵）

『教育時論』一八八五～一九一二年。（復刻版）

『教育報知』一八八五～一九〇四年。（復刻版）

『国家学会雑誌』一八九八～一九〇二年。（復刻版）

『国家教育』一八九〇～一八九六年。（復刻版）

『埼玉教育雑誌』（東京大学所蔵）

『時事新報』一八八二～一八八三年。（復刻版）

『信濃教育会雑誌』（復刻版）

『千葉教育会雑誌』『千葉教育雑誌』（東京大学新聞雑誌文庫所蔵）

『東京府教育談会報告書』『東京府教育会雑誌』『北豊島郡教育会報』『本郷区教育会報告』（国立国会図書館、東京大学新聞雑誌文庫所蔵）

『東京茗渓会雑誌』一八八三～一八九四年。（復刻版）

『東京横浜毎日新聞』一八七九～一八八二年。（復刻版）

『東洋学芸雑誌』一八八三～一八九〇年。（広島大学附属中央図書館所蔵）

『内外教育新報』一八七八～一八七九年。（東京大学所蔵）

『日本之小学教師』一八九九～一九一六年。（復刻版）

『広島教育協会雑誌』『広島県私立教育会雑誌』『広島教育雑誌』『広島県私立教育会々報』『芸備教育』（広島県立図書館、三原市立図書館、鳴門教育大学附属図書館所蔵）

『文』一八八八～一八九〇年。（国立国会図書館・東京大学新聞雑誌文庫所蔵）

『北海道教育会雑誌』『北海道教育雑誌』（復刻版）

『宮城私立教育会雑誌』『宮城県教育雑誌』（宮城県立図書館所蔵）

『文部省年報』『日本帝国統計年鑑』一八七七～一九一四年。

『山梨教育学会雑誌』『山梨教育会雑誌』『山梨教育雑誌』『山梨教育』（東京大学新聞雑誌文庫所蔵）

『郵便報知新聞』一八七九～一八八六年。（復刻版）

【主要参考文献（書籍）】

相澤熙『日本教育百年史談』学芸図書、一九五二年。

浅井幸子『教師の語りと新教育―「児童の村」と一九二〇年代』東京大学出版会、二〇〇八年。

阿部重孝『教育研究法』岩波講座教育科学第二〇冊、岩波書店、一九三三年。

安倍季雄編『男爵辻新次翁』仁寿生命保険株式会社、一九四〇年。

天野郁夫『学歴の社会史』新潮社、一九九二年。

天野郁夫『試験の社会史』東京大学出版会、一九八三年。

新井勝紘編『自由民権と近代社会』日本の時代史二二、吉川弘文館、二〇〇四年。

荒井明夫編『近代日本黎明期における「就学告諭」の研究』東信堂、二〇〇八年。

荒井明夫『明治国家と地域教育―府県管理中学校の研究』吉川弘文館、二〇一二年。

伊沢修二『教育学』森重遠、一八八二年。

石田雄『日本の社会科学』東京大学出版会、一九八四年。

石戸谷哲夫『日本教員史研究』野間教育研究所、一九五八年。

石戸谷哲夫・門脇厚司編『日本教員社会史研究』亜紀書房、一九八一年。

市川寛明・石山秀和『図説江戸の学び』河出書房新社、二〇〇六年。

市川昭午『専門職としての教師』明治図書、一九六九年。

市野川容孝『社会』思考のフロンティア、岩波書店、二〇〇六年。

伊東俊太郎・坂本賢三・山田慶児・村上陽一郎編『科学史技術史事典』弘文堂、一九八三年。

伊藤光利・田中愛治・真渕勝『政治過程論』有斐閣アルマ、有斐閣、二〇〇〇年。

伊藤之雄『政党政治と天皇』日本の歴史二二、講談社、二〇〇二年。

稲垣忠彦『教育学説の系譜』近代日本教育論集第八巻、国土社、一九七二年。

稲垣忠彦『増補版明治教授理論史研究』評論社、一九九五年（初版一九六六年）。

稲垣忠彦編『教師の教育研究』日本の教師二〇、ぎょうせい、一九九三年。

稲富栄次郎監修『教育人名辞典』理想社、一九六二年。

稲葉宏雄『近代日本の教育学―谷本富と小西重直の教育思想』世界思想社、二〇〇四年。

井上久雄『近代日本教育法の成立』風間書房、一九六九年。

井上恵美子編『戦前日本の初等教育に求められた教職教養と教科専門教養に関する歴史的研究―教員試験検定の主

【主要史料・主要参考文献】


要教科とその受検者たちの様態の分析』平成一四年度～一七年度科学研究費補助金（基盤研究Ｂ）研究成果報告書、二〇〇六年。

猪木武徳編『戦間期日本の社会集団とネットワーク―デモクラシーと中間団体』ＮＴＴ出版、二〇〇八年。

今井康雄編『教育思想史』有斐閣、二〇〇九年。

色川大吉『明治精神史』黄河書房、一九六四年。

Ｂ・Ｃ・ヴィッカリー（村主朋英訳）『歴史のなかの科学コミュニケーション』勁草書房、二〇〇二年。

宇田友猪・和田三郎編『自由党史』上、五車楼、一九一〇年。

海原徹『明治教員史の研究』ミネルヴァ書房、一九七三年。

梅根悟監修『教員史』世界教育史大系三〇、講談社、一九七六年。

江森一郎『「勉強」時代の幕あけ―子どもと教師の近世史』平凡社、一九九〇年。

大石学『江戸の教育力―近代日本の知的基盤』東京学芸大学出版会、二〇〇七年。

大久保利謙編『森有礼全集』第一巻、宣文堂、一九七二年。

小笠原道雄編『教育学における理論＝実践問題』学文社、一九八五年。

尾形裕康『日本教育通史研究』早稲田大学出版部、一九八〇年。

岡村達雄編『日本近代公教育の支配装置―教員処分体制の形成と展開をめぐって』社会評論社、初版二〇〇一年・改訂版二〇〇三年。

沖田行司『新訂版 日本近代教育の思想史研究―国際化の思想系譜』学術出版会、二〇〇七年。

奥田真丈監修『教科教育百年史』建帛社、一九八五年。

奥田真丈・河野重男監修『現代学校教育大事典』ぎょうせい、一九九三年。

長志珠絵『近代日本と国語ナショナリズム』吉川弘文館、一九九八年。

尾﨑公子『公教育制度における教員管理規範の創出―「品行」規範に着目して』学術出版会、二〇〇七年。

小股憲明『近代日本の国民像と天皇像』大阪公立大学共同出版会、二〇〇五年。

Ｄ・Ｓ・Ｌ・カードウェル（宮下晋吉・和田武編訳）『科学の社会史』昭和堂、一九八九年。

海後宗臣『日本教育小史』日本放送出版協会、一九四〇年。

海後宗臣編『井上毅の教育政策』東京大学出版会、一九六六年。

海後宗臣『教育研究論』海後宗臣著作集第一巻、東京書籍、一九八一年。

海後宗臣・仲新・寺﨑昌男『教科書でみる近現代日本の教育』東京書籍、一九九九年。

籠谷次郎『近代日本における教育と国家の思想』阿吽社、一九九四年。

笠間賢二『地方改良運動期における小学校と地域社会―「教化ノ中心」としての小学校』日本図書センター、二〇〇三年。

梶山雅史『近代日本教科書史研究―明治期検定制度の成立と崩壊』ミネルヴァ書房、一九八八年。

梶山雅史編『近代日本教育会史研究』学術出版会、二〇〇七年。

梶山雅史編『続・近代日本教育会史研究』学術出版会、二〇一〇年。

柏木敦『日本近代就学慣行成立史研究』学文社、二〇一二年。

片桐芳雄『自由民権期教育史研究―近代公教育と民衆』東京大学出版会、一九九〇年。

門脇厚司『東京教員生活史研究』学文社、二〇〇四年。

『嘉納治五郎「私の生涯と柔道」』人間の記録②、日本図書センター、一九九七年。

釜田史『秋田県小学校教員養成史研究序説―小学校教員検定試験制度を中心に』学文社、二〇一二年。

上沼八郎監修『国家教育』別巻、ゆまに書房、一九八六年。

上沼八郎『近代的教師像の形成と『教師論』の展開―明治・大正期を中心として』明治・大正教師論文献集成別巻、ゆまに書房、一九九一年。

唐澤富太郎『教師の歴史―教師の生活と倫理』創文社、一九五五年（再版一九八九年）。

唐澤富太郎『明治初期教育稀観書修正（二）解説』雄松堂出版、一九八一年。

唐澤富太郎編『図説教育人物辞典―日本教育史のなかの教育者群像』上中下巻、ぎょうせい、一九八四年。

川合章・佐藤一子・新井淑子『女教員会に関する教育史的研究』埼玉大学、一九八〇年。

川合隆男『近代日本社会学の展開―学問運動としての社会学の制度化』恒星社厚生閣、二〇〇三年。

河田敦子『近代日本地方教育行政制度の形成過程―教育制度と地方制度の構造的連関』風間書房、二〇一一年。

川村理助『自由人となるまで』培風館、一九二二年。

神田修『明治憲法下の教育行政の研究―戦前日本の教育行政と「地方自治」』福村出版、一九七〇年。

神辺靖光『明治前期中学校形成史』府県別編Ⅰ、梓出版社、二〇〇六年。

菊池城司『近代日本の教育機会と社会階層』東京大学出版会、二〇〇三年。

木戸若雄『明治の教育ジャーナリズム』近代日本社、一九六二年。

岐阜県教育委員会編『岐阜県教育史』通史編近代一、岐阜県教育委員会、二〇〇三年。

教育史学会編『教育史研究の最前線』日本図書センター、二〇〇七年。

教育思想史学会編『教育思想事典』勁草書房、二〇〇〇年。

教育ジャーナリズム史研究会編『教育関係雑誌目次集成』日本図書センター、一九八六年〜。

教師養成研究会編『近代教育史』学芸図書、一九六二年。

T・クーン（我孫子誠也・佐野正博訳）『科学革命における本質的緊張』みすず書房、一九九八年。

久保義三・米田俊彦・駒込武・児美川孝一郎編『現代教育史事典』東京書籍、二〇〇一年。

久米郁男・川出良枝・古城佳子・田中愛治・真渕勝『政治学』有斐閣、二〇〇三年。

倉沢剛『小学校の歴史Ⅳ―府県小学校の成立過程・後編』ジャパンライブラリービューロー、一九七一年（日本放送出版協会、一九八九年）。

【主要史料・主要参考文献】


黒崎勲『公教育費の研究』青木書店、一九八〇年。

小風秀雅『アジアの帝国国家』日本の時代史二三、吉川弘文館、二〇〇四年。

国史大辞典編集委員会編『国史大辞典』吉川弘文館、一九七九年。

国民教育研究所・「自由民権運動と教育」研究会編『自由民権運動と教育』草土文化、一九八四年。

国民教育奨励会編『教育五十年史』民友社、一九二二年（日本図書センター、一九八二年）。

国立教育研究所第一研究部教育史料調査室編『学事諮問会と文部省示諭』教育史資料一、国立教育研究所、一九七九年。

国立教育研究所編『日本近代教育百年史』第一～四巻、教育研究振興会、一九七四年。

子安宣邦『近代知のアルケオロジー―国家と戦争と知識人』岩波書店、一九九六年。

小山常実『天皇機関説と国民教育』アカデミア出版会、一九八九年。

斎藤毅『明治のことば―文明開化と日本語』講談社学術文庫、講談社、二〇〇五年。

齋藤純一『公共性』思考のフロンティア、岩波書店、二〇〇〇年。

三枝孝弘『ヘルバルト「一般教育学」入門』教育学古典解説叢書四、明治図書、一九八二年。

坂本紀子『明治前期の小学校と地域社会』梓出版社、二〇〇三年。

佐々木隆『明治人の力量』日本の歴史二一、講談社、二〇〇二年。

佐藤卓己『輿論と世論―日本的民意の系譜学』新潮選書、新潮社、二〇〇八年。

佐藤達哉・溝口元編『通史日本の心理学』北大路書房、一九九七年。

佐藤達哉『日本における心理学の受容と展開』北大路書房、二〇〇二年。

佐藤尚子・大林正昭編『日中比較教育史』春風社、二〇〇二年。

佐藤秀夫『学校ことはじめ事典』小学館、一九八七年。

佐藤秀夫『教育の文化史一―学校の構造』阿吽社、二〇〇四年。

佐藤秀夫『教育の文化史二―学校の文化』阿吽社、二〇〇五年。

佐藤広美『総力戦体制と教育科学』大月書店、一九九七年。

佐藤学『カリキュラムの批評―公共性の再構築へ』世織書房、一九九六年。

佐藤学『教師というアポリア―反省的実践へ』世織書房、一九九七年。

佐藤幹男『近代日本教員現職研修史研究』風間書房、一九九九年。

沢柳礼次郎『吾父沢柳政太郎』冨山房、一九三七年。

山東功『唱歌と国語―明治近代化の装置』講談社、二〇〇八年。

三羽光彦『高等小学校制度史研究』法律文化社、一九九三年。

篠田弘・手塚武彦『教員養成の歴史』学校の歴史第五巻、

第一法規、一九七九年。

篠原助市『教育生活五十年』相模書房、一九五六年。

島根県近代教育史編さん事務局編『島根県近代教育史』第一巻通史、島根県教育委員会、一九七八年。

庄司他人男『ヘルバルト主義教授理論の展開―現代教授理論の基盤形成過程』風間書房、一九八五年。

L・J・ショッパ（小川正人監訳）『日本の教育政策過程―一九七〇～八〇年代教育改革の政治システム』三省堂、二〇〇五年。

陣内靖彦『日本の教員社会―歴史社会学の視野』東洋館出版社、一九八八年。

陣内靖彦『東京師範学校生活史研究』東京学芸大学出版会、二〇〇五年。

新堀通也編『学問の社会学』東信堂、一九八四年。

杉浦重剛『日本教育原論』金港堂、一八八七年。

杉山滋郎『日本の近代科学史』朝倉書店、一九九四年。

鈴木淳『維新の構想と展開』日本の歴史二〇、講談社、二〇〇二年。

鈴木博雄編『日本近代教育史の研究』振学出版、一九九〇年。

鈴木博雄編『日本教育史研究』第一法規、一九九三年。

鈴木理恵『近世近代移行期の地域文化人』塙書房、二〇一二年。

成城学園沢柳政太郎全集刊行会編『教師と教師像』沢柳政太郎全集第六巻、国土社、一九七七年。

大日本学術協会編『日本現代教育学概説』モナス、一九二七年。

高橋敏『江戸の教育力』ちくま新書、筑摩書房、二〇〇七年。

竹内洋『立志・苦学・出世』講談社現代新書、講談社、一九九一年。

多仁照廣編『青年団活動史山本瀧之助日記』第一～三巻、日本青年館、一九八五年。

谷川稔『国民国家とナショナリズム』世界史リブレット、山川出版社、一九九九年。

谷川穣『明治前期の教育・教化・仏教』思文閣出版、二〇〇八年。

谷本富『科学的教育学講義』六盟館、一八九五年。

千葉県教育百年史編さん委員会編『千葉県教育百年史』第一巻通史編（明治）、千葉県教育委員会、一九七三年。

辻哲夫『日本の科学思想―その自立への模索』中公新書、中央公論社、一九七三年。

辻本雅史・沖田行司編『教育社会史』新体系日本史一六、山川出版社、二〇〇二年。

帝国教育復刻版刊行委員会編『帝国教育』総目次・解説、上・中・下巻、雄松堂出版、一九九〇年。

寺﨑昌男編『教師像の展開』近代日本教育論集六、国土社、一九七三年。

寺﨑昌男・竹中暉雄・榑松かほる『御雇教師ハウスクネヒトの研究』東京大学出版会、一九九一年。

寺﨑昌男・前田一男編『歴史の中の教師Ⅰ』日本の教師二二、ぎょうせい、一九九三年。

寺﨑昌男・「文検」研究会編『「文検」の研究―文部省教員検定試験と戦前教育学』学文社、一九九七年。

【主要史料・主要参考文献】


寺﨑昌男・「文検」研究会編『「文検」試験問題の研究―戦前中等教員に期待された専門・教職教養と学習』学文社、二〇〇三年。

東京市学務委員会『東京市内小学校名簿』東京市学務委員会、一八九六年。

東京師範学校『自第一学年至第六学年東京師範学校沿革一覧』東京師範学校、一八八〇年。

東京大学百年史編集委員会編『東京大学百年史』部局史一、東京大学出版会、一九八六年。

東京都立教育研究所編『東京教育史資料大系』第一～五巻、東京都立教育研究所、一九七二年。

東京都立教育研究所編『東京都教育史資料総覧』第一～四巻、東京都立教育研究所、一九九一年。

東京都立教育研究所編『東京都教育史』通史編一、東京都立教育研究所、一九九四年。

東京都立教育研究所編『東京都教育史』通史編二、東京都立教育研究所、一九九五年。

東京百年史編集委員会編『東京百年史』第二巻、東京都、一九七二年。

東京府『東京府史』行政編第五巻、東京府、一九二九年。

東京府教育会編『東京府学事関係職員録』東京府教育会、一九〇三年。

東京府民新聞社編『東京府学事関係職員録』東京府民新聞社・黒潮社、一九一五年。

中内敏夫・川合章編『日本の教師二―中・高教師のあゆみ』明治図書、一九七〇年。

中内敏夫・川合章編『日本の教師六―教員養成の歴史と構造』明治図書、一九七四年。

中内敏夫『教育学第一歩』岩波書店、一九八八年。

中内敏夫『改訂増補新しい教育史―制度史から社会史への試み』新評論、一九九二年（旧版一九八七年）。

中内敏夫『教育思想史』岩波書店、一九九八年。

永岡順・熱海則夫編『教職員』新学校教育全集二六、ぎょうせい、一九九五年。

中野光監修『帝国教育会機関誌『教育公報』』解説編、大空社、一九八四年。

中野光・平原春好『教育学』有斐閣、一九九七年。

中野光『戦間期教育への史的接近』中野光教育研究著作選集第三巻、EXP、二〇〇〇年。

永原慶二『二〇世紀日本の歴史学』吉川弘文館、二〇〇三年。

永嶺重敏『雑誌と読者の近代』日本エディタースクール、一九九七年（OD版二〇〇四年）。

中村春作『江戸儒教と近代の「知」』ぺりかん社、二〇〇二年。

中山茂『歴史としての学問』中央公論社、一九七四年。

西川長夫・松宮秀治編『幕末・明治期の国民国家形成と文化変容』新曜社、一九九五年。

西川長夫・渡辺公三編『世紀転換期の国際秩序と国民文化の形成』柏書房、一九九九年。

西川泰夫・高砂美樹『心理学史』放送大学教育振興会、二〇〇五年。

新田義之『澤柳政太郎―随時随所楽シマザルナシ』ミネルヴァ書房、二〇〇六年。

『中国人名資料事典』第一〜一〇巻、日本図書センター、一九九九年。

日本科学史学会編『日本科学技術史大系』第一巻通史一、第一法規、一九六四年。

日本教育会館編『日本教育会館五十年沿革史』日本教育会館、一九七九年。

日本近代教育史事典編集委員会編『日本近代教育史事典』平凡社、一九七一年。

日本大学精神文化研究所・日本大学教育制度研究所編『教育勅語関係資料』第五巻、一九七八年。

野村新・佐藤尚子・神崎英紀『教員養成史の二重構造的特質に関する実証的研究―戦前日本における地方実践例の解明』溪水社、二〇〇一年。

橋本美保『明治初期におけるアメリカ教育情報受容の研究』風間書房、一九九八年。

長谷川純三編『嘉納治五郎の教育と思想』明治書院、一九八一年。

原田敬一『日清・日露戦争』シリーズ日本近現代史③、岩波書店、二〇〇七年。

久木幸男監修『教育報知』別巻、ゆまに書房、一九八六年。

土方苑子『近代日本の学校と地域社会―村の子どもはどう生きたか』東京大学出版会、一九九四年。

土方苑子『東京の近代小学校―「国民」教育制度の成立過程』東京大学出版会、二〇〇二年。

平田宗史『明治地方視学制度史の研究』風間書房、一九七九年。

平田宗史『欧米派遣小学師範学科取調員の研究』風間書房、一九九九年。

平田宗史『日本の教育学の祖・日高真実伝』溪水社、二〇〇三年。

平田諭治『教育勅語国際関係史の研究―官定翻訳教育勅語を中心として』風間書房、一九九七年。

平原春好『日本教育行政研究序説』東京大学出版会、一九七九年（初版一九七〇年）。

廣重徹『科学と歴史』改訂版、みすず書房、一九七〇年（旧版一九六五年）。

廣重徹『科学の社会史―近代日本の科学体制』中央公論社、一九七三年。

広島大学教育学部日本東洋教育史研究室『中等教員史の研究―広島高等師範学校・広島大学における中等教員養成の歴史的展開』第一輯、広島大学教育学部、一九八七年。

広田照幸『教育言説の歴史社会学』名古屋大学出版会、二〇〇一年。

福島県教育委員会編『福島県教育史』第一巻、福島県教育委員会、一九七二年。

福田アジオ編『結衆・結社の日本史』結社の世界史一、山川出版社、二〇〇六年。

藤枝静正『国立大学附属学校の研究―制度史的考察による「再生」への展望』風間書房、一九九六年。

藤原喜代蔵『人物評論学界の賢人愚人』文教会、一九一三年。

藤原喜代蔵『明治大正昭和教育思想学説人物史』第一巻明治前期編、東亜政経社、一九四二年。

船寄俊雄『近代日本中等教員養成論争史論―「大学におけ

る教員養成」原則の歴史的研究』学文社、一九九八年。

船寄俊雄・無試験検定研究会編『近代日本中等教員養成に果たした私学の役割に関する歴史的研究』学文社、二〇〇五年。

古川安『科学の社会史—ルネサンスから二〇世紀まで』南窓社、一九八九年。

細谷俊夫・仲新編『教育学研究入門』東京大学出版会、一九六八年。

細谷俊夫・奥田真丈・河野重男編『教育学大事典』第一法規、一九七八年。

細谷俊夫・奥田真丈・河野重男・今野喜清編『新教育学大事典』第一法規、一九九〇年。

堀松武一『日本教育史研究』、岩崎学術出版社、二〇〇三年。

本間康平『教職の専門的職業化』有斐閣、一九八二年。

前島密伝記刊行委員会編『前島密自叙伝』前島密伝記刊行委員会、一九五六年。

牧昌見『日本教員資格制度史研究』風間書房、一九七一年。

牧原憲夫『客分と国民のあいだ—近代民衆の政治意識』ニューヒストリー近代日本一、吉川弘文館、一九九八年。

牧原憲夫『民権と憲法』シリーズ日本近現代史②、岩波書店、二〇〇六年。

Macleod, R. and Collins, P.（eds.）, *The Parliament of science*, London: Science Reviews, 1981.

町田則文先生謝恩事業会編『町田則文先生伝』秋葉馬治、一九三四年。

松崎欣一『三田演説会と慶應義塾系演説会』慶應義塾大学出版会、一九九八年。

松田武雄『近代日本社会教育の成立』九州大学出版会、二〇〇四年。

松本三之介『近代日本の知的状況』中央公論社、一九七四年。

松本三之介・山室信一編『学問と知識人』日本近代思想体系一〇、岩波書店、一九八八年。

丸山真男・加藤周一『翻訳と日本の近代』岩波新書、岩波書店、一九九八年。

御厨貴『明治国家をつくる—地方経営と首都計画』藤原書店、二〇〇七年。

水原克敏『近代日本教員養成史研究—教育者精神主義の確立過程』風間書房、一九九〇年。

三好信浩『手島精一と近代日本工業教育発達史』風間書房、一九九九年。

三好信浩『日本師範教育史の構造—地域実態史からの解析』東洋館出版社、一九九一年。

三好信浩編『日本教育史』教職科学講座二、福村出版、一九九三年。

民間教育研究会編『教育科学の誕生』大月書店、一九九七年。

向山浩子『教職の専門性—教員養成改革論の再検討』明治図書、一九八七年。

宗像誠也『教育研究法』河出書房、一九五〇年。

村井実『教育学入門』上巻、講談社、一九七六年。

明治文化研究会編『明治文化全集』第一八巻教育篇、日本評論社、一九二八年。

明治文化資料叢書刊行会編『明治文化資料叢書』第八巻教

育編、風間書房、一九六一年。

本山幸彦編『明治教育世論の研究』下巻、福村出版、一九七二年。

本山幸彦編『帝国議会と教育政策』思文閣出版、一九八一年。

本山幸彦編『京都府会と教育政策』日本図書センター、一九九〇年。

本山幸彦『明治国家の教育思想』思文閣出版、一九九八年。

森岡清美・塩原勉・本間康平編『新社会学辞典』有斐閣、一九九三年。

森川輝紀『教育勅語への道』三元社、一九九〇年。

森川輝紀『国民道徳論の道―「伝統」と「近代化」の相克』三元社、二〇〇三年。

文部省編『明治以降教育制度発達史』第一～五巻、龍吟社、一九三八年。

文部省『学制百年史』記述編、ぎょうせい、一九七二年。

文部省大臣官房調査統計課編『人物を中心とした教育郷土史』帝国地方行政学会、一九七二年。

『明治前期文部省刊行誌集成』別巻、歴史文献、一九八一年。

『文部省例規類纂』第一～三巻、大空社、一九八七年（旧版：文部省、一八九三～一九二四年）。

柳治男『〈学級〉の歴史学―自明視された空間を疑う』講談社、二〇〇五年。

山縣悌三郎『児孫の為めに余の生涯を語る』弘隆社、一九八七年（旧版一九四〇年）。

山崎博敏『人文社会科学を中心とする学問の専門分化と学会の構造と機能に関する社会学的研究』平成一〇～一一年度科学研究助成金基盤研究C（二）研究成果報告書、二〇〇〇年。

山田恵吾『近代日本教員統制の展開―地方学務当局と小学校教員社会の関係史』学術出版会、二〇一〇年。

山田浩之『教師の歴史社会学―戦前における中等教員の階層構造』晃洋書房、二〇〇二年。

山室信一『近代日本の知と政治―井上毅から大衆演芸まで』木鐸社、一九八五年。

山室信一『法制官僚の時代―国家の設計と知の歴程』木鐸社、一九八四年。

山本正秀『言文一致の歴史論考』桜楓社、一九七一年。

吉野作造編『明治文化全集』第四巻（憲政篇）、日本評論社、一九三〇年。

米田俊彦『近代日本中学校制度の確立―法制・教育機能・支持基盤の形成』東京大学出版会、一九九二年。

米田俊彦編『近代日本教育関係法令体系』港の人、二〇〇九年。

立教大学大学院日本教育史研究会（中野ゼミ）編『帝国教育会の研究』資料集Ⅰ・Ⅱ、立教大学大学院日本教育史研究会（中野ゼミ）、一九八三・一九八四年。

リチャード・ルビンジャー（川村肇訳）『日本人のリテラシー一六〇〇―一九〇〇年』柏書房、二〇〇八年。

歴史学研究会編『日本史年表』岩波書店、二〇〇一年。

歴史学研究会・日本史研究会編『近代の成立』日本史講座第八巻、二〇〇五年。

渡辺一雄『明治の教育者杉浦重剛の生涯』毎日新聞社、二〇〇三年。

渡部宗助『府県教育会に関する歴史的研究―資料と解説』平成二年度文部省科学研究費（一般研究C）研究成果報告書、一九九一年。

【主要参考文献（論文）】※引用した論文に限定

麻生千明「第二次小学校令期における単級教授論の紹介導入と展開―「単級」と「合級」の理念上・概念上の識別と教授方法論における折衷」『弘前学院大学・弘前学院短期大学紀要』第一七号、一九八一年、九五～一二三頁。

麻生千明「明治期教授法用語としての「単級」をめぐる諸問題―「単級・多級」教授法から「複式・単式」教授法へ」『弘前学院大学・弘前学院短期大学紀要』第一八号、一九八二年、四一～五一頁。

阿部彰「大正・昭和初期教育政策史の研究（二）―プレッシャーグループとしての帝国教育会、教育擁護同盟」『大阪大学人間科学部紀要』第三号、一九七七年、八五～一〇五頁。

飯田賢一「日本における近代科学技術思想の形成」飯田編『科学と技術』日本近代思想大系一四、岩波書店、一九八九年、四二七～五〇〇頁。

伊藤稔明「「小学校ノ学科及其程度」と地文学」日本理科教育学会編『理科教育学研究』Vol.47 No.1、二〇〇六年、一～五頁。

伊藤稔明「新教科〝理科〟誕生と実業教育思想」『理科教育学研究』Vol.46 No.2、二〇〇六年、一～一〇頁。

井上薫「日本帝国主義の朝鮮に対する教育政策―第一次朝鮮教育令の成立過程における帝国教育会の関与」『北海道大学教育学部紀要』第六二号、北海道大学、一九九四年、一九三～二一一頁。

上田庄三郎「教育団体史―教育会の発展と没落」石山脩平・海後宗臣・村上俊亮・梅根悟編『教育文化史大系Ⅴ』金子書房、一九五四年、二一九～二五七頁。

遠藤健治「小学校補助教員の研究―第一次小学校令期、地方諸令規における授業生免許状の授与権者と有効区域の関係」『早稲田大学大学院教育学研究科紀要』第一〇号、一九九九年、一～一七頁。

遠藤健治「小学校補助教員の研究―第二次小学校令期、府県により定められた小学校教員講習科規程の検討」全国地方教育史学会編『地方教育史研究』第二二号、二〇〇一年、一～二三頁。

大桃敏行「初期全米教育協会の組織構成」『東北大学教育学部研究年報』第三八集、一九九〇年、三一～五一頁。

尾形裕康「明治初等教育の試業」『国士舘大学文学部人文学会紀要』第一二号、一九八〇年、一～二六頁。

尾崎ムゲン「戊申詔書と教育」日本思想史懇話会編『季刊日本思想史』第七号、ぺりかん社、一九七八年、九三～一〇九頁。

長志珠絵「日清戦後における「漢字」問題の転回―帝国教育言文一致運動と漢学者懇親会をめぐって」『ヒストリア』第一三六号、大阪歴史学会、一九九二年九月、一～二二頁。

小股憲明「天皇制立憲体制下の公認国民像―日露戦争前までの議会を中心にして」『京都大学教育学部紀要』第二三号、一九七七年、一一八～一二九頁。

小股憲明「日清・日露戦間期における新教育勅語案について」京都大学人文科学研究所『人文学報』第六四号、一九八八年、七一～一〇二頁。

小股憲明「教育勅語撤回風説事件と中島徳蔵」『人文学報』第六七号、一九九〇年、一四四～一六七頁。

影山昇「澤柳政太郎と帝国教育会―国の教育文化と国際平和への貢献」『成城文芸』第一六九号、成城大学文芸学部研究室、二〇〇〇年二月、(三七)～(八五)頁
笠間賢二「高等師範学校附属学校における単級学校論の形成過程」『東北大学教育学部研究年報』第三二巻、一九八四年、七七～一〇六頁。

笠間賢二「日露戦後期における教職意識振興策―『小学校教育効績者選奨』の分析」『東北大学教育学部研究年報』第三八集、一九九〇年。

笠間賢二「小学校教員検定に関する基礎的研究」『宮城教育大学紀要』第四〇巻、二〇〇五年、二二九～二四三頁。

笠間賢二「小学校教員検定に関する基礎的研究―宮城県を事例として」『宮城教育大学紀要』第四〇巻、二〇〇六年、二二九～二四三頁。

笠間賢二「小学校教員無試験検定に関する研究―宮城県を事例として」『宮城教育大学紀要』第四二巻、二〇〇七年、一七三～一九一頁
梶山雅史「明治末期の徳育論議―大逆事件後の帝国議会」日本思想史懇話会編『季刊日本思想史』第七号、ぺりかん社、一九七八年、一一〇～一三三頁。

梶山雅史「京都府教育会の教員養成事業」本山幸彦編『京都府会と教育政策』日本図書センター、一九九〇年、四三七～四九八頁。

梶山雅史・竹田進吾「教育会研究文献目録一」『東北大学大学院教育学研究科研究年報』第五三集第二号、二〇〇五年、三〇一～三二七年。

柏木敦「『学制』期における公教育の生成と地方教育行政組織―第一大学区第二回教育会議日誌を通して」兵庫県立大学編『人文論集』第四〇巻第一号、二〇〇五年、一～三五頁。

門脇正俊「『複式教育』用語の歴史的系譜についての一考察」『北海道教育大学紀要』第一部C第四一巻第一号、一九九〇年、五九～七一頁。

上沼八郎「『大日本教育会雑誌』解説―大日本教育会の活動と機関雑誌」帝国教育復刻版刊行委員会編『帝国教育』総目次・解説、上巻、雄松堂出版、一九九〇年、一～五四頁。

楠本恭之「単級学校における教授方法の形成―「自働」概念の変容に着目して」『広島大学教育学部研究紀要』第一部四五号、一九九六年、一八七～一九六頁。

楠本恭之「学校管理法教科書にみる学級論の変容」教育史学会編『日本の教育史学』第四〇集、一九九七年、一五一～一六八頁。

久保田優子「帝国教育会「朝鮮教育方針建議案」の作成過程―「教育勅語」について」『九州産業大学国際文化学部紀要』第二九号、二〇〇四年、六九～八七頁。

榑松かほる・菅原亮芳・小熊伸一「近代日本教育雑誌史研究(一)」桜美林大学編『桜美林論集』一般教育篇、第一七号、一九九〇年、四九～六八頁。

榑松かほる・菅原亮芳・小熊伸一「近代日本教育雑誌史研究(二)」桜美林大学編『桜美林論集』一般教育篇、第一八号、一九九一年、二五～四二頁。

【主要史料・主要参考文献】

後藤乾一「第七回「世界教育会議」と大島正徳—戦間期国際交流史研究の視点から」『アジア太平洋討究』第五号、早稲田大学アジア太平洋研究センター、二〇〇三年、一〜一九頁。

坂本紀子「一八八六年の学区改正期にみる分校問題と教員—静岡県駿東郡御宿村外一〇ヶ村を事例として」教育史学会編『日本の教育史学』第四〇集、一九九七年、七五〜九二頁。

佐々木尚毅「教師教育における徴兵制の役割とその実態—六週間陸軍現役兵制を中心として」『立教大学教育学科研究年報』第三五号、一九九一年、五八〜六八頁。

佐竹道盛「教育令期における教員現職教育の展開」『北海道教育大学紀要』第一部C教育科学編、第二七巻第二号、一九七七年、一〜一二頁。

佐竹道盛「明治後期における教員現職教育の展開」『北海道教育大学紀要』第一部C教育科学編、第三〇巻第一号、一九七九年、一〜一四頁。

佐竹道盛「明治期における小学校教員現職教育の諸問題」『北海道教育大学紀要』第一部C教育科学編第三〇巻第二号、一九八〇年、七一〜八七頁。

佐竹道盛「教員夏期講習の起源に関する一考察」『北海道教育大学紀要』第一部C教育科学編、第三二巻第二号、一九八二年、一〜一三頁。

佐竹道盛「教員研修史の諸問題」北海道教育大学函館人文学会編『人文論究』第四三号、一九八三年、一一一〜一二五頁。

佐藤英二「菊池大麓の幾何学教育思想の形成と受容」科学史学会編『科学史研究』第三八巻No.二〇九、一九九九年、二七〜三五頁。

佐藤秀夫「高等教育会および地方教育会」海後宗臣編『井上毅の教育政策』東京大学出版会、一九六六年、七九一〜九〇八頁。

佐藤秀夫「「近代学校」の創設と教員養成の開始」中内敏夫・川合章編『日本の教師六—教員養成の歴史と構造』明治図書、一九七四年、一一〜九八頁。

佐藤秀夫「教員養成」国立教育研究所編『日本近代教育百年史』第三巻、教育研究振興会、一九七四年、一二八一〜一三七六頁。

佐藤秀夫「教員養成」国立教育研究所編『日本近代教育百年史』第四巻、教育研究振興会、一九七四年、六八一〜八三八頁。

佐藤秀夫「公教育学校における教師像の変遷」『こころの科学』九八号、二〇〇一年七月、二八〜三三頁。

宍戸健夫「明治中期における幼稚園—女子高等師範学校附属幼稚園分室の設立を中心に」『愛知県立大学児童教育学科論集』第二〇号、一九八七年、二四〜二六頁。

柴崎力栄「海軍の広報を担当した肝付兼行」『大阪工業大学紀要』人文社会編Vol.55・No.2　二〇一一年、三九〜四三頁。

白石崇人「明治二十年前後における大日本教育会の討議会に関する研究」『広島大学大学院教育学研究科紀要』第三部第五三号、二〇〇四年、一〇三〜一一一頁。

白石崇人「大日本教育会および帝国教育会における広島県会員の特徴」『広島大学大学院教育学研究科紀要』第三

部第五四号、二〇〇五年、八七～九五頁。

白石崇人「明治二〇年代後半における大日本教育会研究組合の成立」日本教育学会編『教育学研究』第五七巻第三号、二〇〇八年、一～一二頁。

白石崇人「明治三〇年代初頭の鳥取県倉吉における教員集団の組織化過程―地方小学校教員集団の質的変容に関する一実態」中国四国教育学会編『教育学研究ジャーナル』第九号、二〇一一年、三一～四〇頁。

白石崇人「明治期における道府県教育会雑誌の交換・寄贈―教育会共同体の実態に関する一考察」広島大学日本東洋教育史研究室編『広島の教育史学』第三号、二〇一二年、二七～四七頁。

菅原亮芳「『教育公報』と帝国教育会解説」帝国教育復刻版刊行委員会編『帝国教育』総目次・解説、上巻、雄松堂出版、一九九〇年、五五～八七頁。

杉森知也「中等教員養成史上における臨時教員養成所の位置と役割」教育史学会編『日本の教育史学』第四三集、二〇〇〇年、六〇～七六頁。

高良倉成「「社会」用語法の変遷（一）―『大日本教育会雑誌』の場合」『琉球大学教育学部紀要』第七八号、二〇一〇年、二七～三九頁。

竹内敏晴「明治十年代埼玉県における教員と教育会」『教育運動史研究』第一五号、教育運動史研究会、一九七三年、六〇～七五頁。

武田晃二「明治初期における「普通教育」概念」『岩手大学教育学部研究年報』第五〇巻第一号、一九九〇年、八三～一〇三頁。

武田晃二「明治初期における「普通学」・「普通教育」概念の連関構造」『日本の教育史学』第三四集、教育史学会、一九九一年、三五～四九頁。

武田晃二「嶋田三郎の「普通教育」論―改正教育令制定前後の文部省普通教育政策に関する一考察」『岩手大学教育学部研究年報』第五一巻第一号、一九九一年、五九～八〇頁。

武田晃二「『文部省示論』における「普通教育」概念」『岩手大学教育学部研究年報』第五二巻第一号、一九九二年、一一三～一二九頁。

太郎良信「全国連合小学校教員会研究序説」鈴木博雄編『日本教育史研究』第一法規出版、一九九三年、三八六～四一三頁。

太郎良信「全国連合小学校教員会の成立」『文教大学教育学部紀要』第三九号、二〇〇五年、二一～三二頁。

太郎良信「全国連合小学校教員会の固有性―帝国教育会への加盟と脱退」『文教大学教育学部紀要』第四二号、二〇〇八年、四七～五八頁。

太郎良信「一九二〇年代における小学校教員会の全国組織化について」『文教大学教育学部紀要』第四三号、二〇〇九年、五九～七〇頁。

千田栄美「戊申詔書の発布とその反響」『日本の教育史学』第四四集、教育史学会、二〇〇一年、四〇～五七頁。

寺﨑昌男「明治後期の教員社会と教師論―沢柳政太郎と加藤末吉」石戸谷哲夫・門脇厚司編『日本教員社会史研究』亜紀書房、一九八一年、一七五～二〇〇頁。

中川隆「教員講習会の形成と構造―石川県における原型創

【主要史料・主要参考文献】


出過程の考察」『亜細亜大学教養部紀要』第二二号、一九八〇年、二五～四七頁。

中野光「特権の座と教育改造の先導者＊師範附小と有名私学の教師たち」中内敏夫・川合章編『日本の教師一―小学校教師の歩み』明治図書、一九六九年、五八～九〇頁。

中野光『帝国教育』解説―大正デモクラシーと帝国教育会」『帝国教育』総目次・解説、中巻、雄松堂出版、一九九〇年、三～六二頁。

名倉英三郎「明治初期における小学校教育の成立過程―近代日本教育制度の発達」『東京女子大学附属比較文化研究所紀要』第四号、一九五七年、一～五九頁。

西原雅博「帝国教育会英語教授法研究部の成立」『富山高等専門学校紀要』第一号、二〇一〇年、二九～四〇頁。

根生誠「戦前の数学科中等教員養成―臨時教員養成所数学科の設置をめぐって」科学史学会編『科学史研究』第二二九号、二〇〇四年、四〇～四四頁。

久木幸男「一九世紀末の文部省廃止論―天皇制教育体制確立―動揺期における試行錯誤」『横浜国立大学教育紀要』第二六号、一九八六年、七一～九〇頁。

久木幸男「解説『教育報知』と日下部三之介」『教育報知』別巻、ゆまに書房、一九八六年。

久木幸男「江原素六教育勅語変更演説事件」仏教大学『教育学部論集』第四号、一九九三年、一～二四頁。

久木幸男「明治期天皇制教育研究補遺」仏教大学『教育学部論集』第六号、一九九五年、一二五～一四二頁。

平井貴美代「日露戦後期における「教権」概念の変化と学校・学級経営論」『学校経営研究』第二二巻、一九九七年、六七～八〇頁。

平松秋夫「単級学校に関する一考察」『東京学芸大学紀要』第一部二六号、一九七五年、一三三～一四四頁。

平松秋夫「単級学校教授法の形成過程における第一次小学校令期の位置づけ―山田邦彦、木場貞長の文部省令第八号（明治一九年）把握の検討を中心に」『弘前学院大学・弘前学院短期大学紀要』第一六号、一九八〇年、一三五～一四七頁。

蛭田道春「大日本教育会の成立過程―中川元の参画を中心にして」鈴木博雄編『日本近代教育史の研究』振学出版、一九九〇年、一九三～二二二頁。

蛭田道春「明治二〇年前後における大日本教育会の通俗教育活動」鈴木博雄編『日本教育史研究』第一法規出版、一九九三年、二五一～二七五頁。

船寄俊雄「「訓導」職名の成立経緯」『教育学研究紀要』第二九巻、中国四国教育学会、一九八三年、三〇～三三頁。

船寄俊雄「明治初期府県制定小学校教師心得にみる教師像の性格―日本型小学校教師像の形成過程」『教育学研究』第五一巻第四号、日本教育学会、一九八四年、三一～四〇頁。

船寄俊雄「一八八〇年代前半における教員政策の転換と小学校教師像の日本的変容」『日本教育史研究』第五号、日本教育史研究会、一九八六年、一～二六頁。

前田一男「帝国教育会の「翼賛団体」化要因」『立教大学教育学科研究年報』三二号、立教大学文学部教育学研究室、一九八八年、七九～九四頁。

三浦茂一「明治十年代における地方教育会の成立過程」『地

方史研究』一〇七号、一九七〇年、四四～五八頁。

源了圓「朱子学と科学―「理」の観念の問題を中心として」伊東俊太郎・村上陽一郎編『日本科学史の射程』講座科学史四、培風館、一九八九年、六四～八九頁。

宮川秀一「明治前期の小学教員―とくに補助員・授業生について」『大手前女子大学論集』第一九号、一九八五年。

宮坂朋幸「教職者の呼称の変化に表れた教職者像に関する研究―明治初期筑摩県伊那地方を事例として」『日本教育史研究』第二二号、日本教育史研究会、二〇〇三年、七一～九七頁。

宮坂朋幸「明治前期における資格としての「教員」問題」『滋賀文化短期大学研究紀要』第一八号、二〇〇八年、一五五～一七一頁。

山本恒夫「東京市教育会主催「通俗講談会」の展開過程」『淑徳大学研究紀要』第四号、一九七〇年、一二一～一五〇頁。

山本恒夫「東京市教育会主催「通俗講談会」の精神構造」『淑徳大学研究紀要』第五号、一九七一年、一〇一～一三六頁。

山本哲生「教育勅語衍義書の教育史的一考察―明治二〇年代の場合」『日本大学精神文化研究所・教育制度研究所紀要』第六号、一九七四年、八三～一二四頁。

山本正秀「帝国教育会内「言文一致会」の活動概略」『専修人文論集』八号、専修大学学会、一九七二年二月、一～五五頁。

山本朗登「戦前兵庫県における乙種講習科に関する研究」『神戸大学発達科学部研究紀要』第一四巻第二号、二〇〇六年、七九～八八頁。

山本朗登「一九〇〇年前後における兵庫県教育会の教員養成事業」『日本教師教育学会年報』第一七号、二〇〇八年、一二六～一三五頁。

山本和行「一八九〇年全国教育者大集会における「国家教育」論の構造」日本教育学会編『教育学研究』第七六巻第一号、二〇〇九年、一三～二一頁。

山本和行「一八九〇年代宮城県における国家教育社の活動」日本教育史研究会編『日本教育史研究』第二八号、二〇〇九年、四五～七三頁。

湯川嘉津美「大正期における幼稚園発達構想―幼稚園令制定をめぐる保育界の動向を中心に」『上智大学教育学論集』三一号、上智大学文学部教育学科、一九九六年、一～二〇頁。

湯川嘉津美「学制期の大学区教育会議に関する研究―第三・第四大学区教育会議の検討を中心に」『上智大学教育学論集』第四五号、二〇一〇年、一五～三八頁。

湯川嘉津美「学制後期の大学区教育会議に関する研究―第一大学区教育会議日誌の分析を中心に」『上智大学教育学論集』第四一号、二〇〇六年、三九～六五頁。

湯川嘉津美「教育令期の府県聯合学事会に関する研究」『上智大学教育学論集』第四四号、二〇〇九年、五一～八三頁。

湯川嘉津美「学制期の大学区教育会議に関する研究―第一大学区第一回教育会議日誌の分析を中心に」日本教育史研究会編『日本教育史研究』第二八号、二〇〇九年、一～三五頁。

【写真史料出典】

本文中で利用した写真史料の出典については以下の通り。

第Ⅰ部

第二章

図一　津田清長：東京府青山師範学校『創立六十年青山師範学校沿革史』、一九三六年。
図二　田辺貞吉：東京府青山師範学校『創立六十年青山師範学校沿革史』、一九三六年。
図三　大東重善：『日本之小学教師』第一巻第七号、国民教育学会、一八九九年一〇月。

第三章

図一　中村敬宇：東京女子高等師範学校『東京女子高等師範学校六十年史』、一九三四年。
図二　朝倉正行（政行）：『教育界』第一巻第一号、明治教育社、一九〇一年、一一月。
図三　栗本鋤雲：太田原在文『十大先覚記者伝』東京日日新聞社、一九二六年。
図四　沼間守一：石川安次郎『沼間守一』毎日新聞社、一九〇一年。
図五　福地源一郎：『国史肖像大成』富文館書店、一九四一年。
図六　藤田茂吉：脇田季吉編『大日本改進党員実伝』第一巻、法木徳兵衛、一八八二年。
図七　島田三郎：鳥谷部春汀『明治人物評論』本編、博文館、一八九八年。
図八　加藤弘之：『日本之小学教師』第九巻第一〇〇号、一九〇七年四月。

第四章

図一　野村彦四郎：『教育報知』第八三号、一八八七年。
図二　小池民次：『日本之小学教師』第三巻第二八号、一九〇一年四月。
図三　西村貞：『日本之小学教師』第二巻第一五号、一九〇〇年四月。
図四　浜尾新：教育実成会編『明治聖代教育家銘鑑』第一篇、教育実成会、一九一二年、八二頁。
図五　久保田譲：『日本之小学教師』第一〇巻第一〇九号、一九〇八年一月。
図六　中川元：『日本之小学教師』第四巻第四五号、一九〇二年九月。
図七　庵地保：東海林政恒編『校友会誌』第四五号、秋田県師範学校寄宿舎内校友会、一九一五年。

図八　須田要：『日本之小学教師』第二巻第一三号、一九〇〇年三月。
図九　長倉雄平：三重県師範学校『三重県師範学校沿革略誌』、一九三一年。
図一〇　日下部三之介：『教育報知』第九〇号、一八八七年。
図一一　辻新次：『帝国教育』第三二〇号、一九〇九年三月。
図一二　外山正一：『太陽』第四巻第一一号、博文館、一八九八年五月。

第五章

図三　有栖川宮熾仁親王：『大日本教育会雑誌』第一六三号、一八九五年三月。
図四　有栖川宮威仁親王：『帝国教育』第三二〇号、一九〇九年三月。
図五　清国貝子載振：『教育界』第一巻第一二号、一九〇二年一〇月。
図六　九鬼隆一：帝国教育会『帝国教育会五十年史』帝国教育会、一九三三年。
図七　近衛篤麿：帝国教育会『帝国教育会五十年史』帝国教育会、一九三三年。
図八　丹所啓行：東京市富士見尋常小学校編『創立五十周年記念誌』、一九三二年。
図九　山崎彦八：教育実成会編『明治聖代教育家銘鑑』第一編、教育実成会、一九一二年、五五三頁。
図一〇　後藤牧太：東京文理科大学・東京高等師範学校編『創立六十年』東京文理科大学、一九三一年。
図一一　篠田利英：『日本之小学教師』第一巻第四号、一八九九年七月。
図一二　大田義弼：『日本之小学教師』第三巻第三〇号、一九〇一年六月。
図一三　弘瀬時治：斎木織三郎編『大日本現代教育家銘鑑』第二輯、教育実成会、一九一五年、一〇七頁。
図一四　山本象六：『日本之小学教師』第八巻第九六号、国民教育社、一九〇六年。
図一五　住本権蔵：教育実成会編『明治聖代教育家銘鑑』第一編、教育実成会、一九一二年、九九〇頁。

第Ⅱ部

第一章

図一　土屋政朝：滋賀県師範学校『滋賀県師範学校六十年史』、一九三五年。
図二　生駒恭人：『日本之小学教師』第一巻第八号、一八九九年一一月。
図三　ハウスクネヒト：『教師之友』第一四号、一八八八年五月。

第二章

図一　杉浦重剛：『日本之小学教師』第二巻第一五号、一九〇〇年四月。
図二　林吾一：『日本之小学教師』第三巻第三〇号、一九〇一年六月。
図三　手島精一：『日本之小学教師』第五巻第五二号、一九〇三年四月。

【写真史料出典】

図四　有地品之允：海軍兵学校編『海軍兵学校沿革』第一巻、海軍兵学校、一九二〇年。

図五　肝付兼行：『日本之小学教師』第五巻第四九号、一九〇三年一月。

図六　柏田盛文：『日本之小学教師』第一巻第二号、一八九九年五月。

図七　沢柳政太郎：東京文理科大学・東京高等師範学校編『創立六十年』東京文理科大学、一九三一年。

第三章

図一　勝田松太郎：斎木織三郎編『大日本現代教育家銘鑑』第二輯、教育実成会、一九一五年、三二三頁。

図二　鈴木光愛：京都府教育会編『京都府教育会五十年史』、一九三〇年。

第四章

図一　井上哲次郎：『日本之小学教師』第二巻第一〇号、一九〇〇年一月。

図二　高山樗牛：東洋文化協会編『幕末明治文化変遷史』東洋文化協会、一九二八年。

図三　穂積陳重：五十嵐栄吉編『大正人名辞典追加』東洋新報社、一九一四年。

図四　根本正：栗原亮一『茨城県第二区衆議院議員候補者根本正君略伝』高知堂、一八九八年。

図五　江原素六：『教育界』第三巻第一〇号、一九〇四年六月。

図六　川面松衛：教育実成会編『明治聖代教育家銘鑑』第一編、教育実成会、一九一二年、二九六頁。

図七　矢島錦蔵：東京府青山師範学校『創立六十年青山師範学校沿革史』、一九三六年。

図八　高橋恕：『日本之小学教師』第七巻第七三号、一九〇五年一月。

図九　湯本武比古：『日本之小学教師』第二巻第一五号、一九〇〇年四月。

図一〇　岡五郎：『日本之小学教師』第一巻第三号、一八九九年六月。

図一一　井上守久：『教育界』第一巻第三号、一九〇二年一月。

図一二　川村理助：茗渓会編『茗渓会七十年史』茗渓会、一九五二年。

図一三　中島泰蔵：心理学研究会編『心理研究』第一六巻第九六号、大日本図書株式会社、一九一九年一二月。

第五章

図一　浅岡一：信濃教育会編『教育功労者列伝』信濃教育会、一九三五年。

第Ⅲ部

第一章

図一　峯是三郎：『日本之小学教師』第四巻第三九号、一九〇二年三月。

図二　多田房之輔（青年）：『日本之小学教師』第九巻第

九七号、一九〇七年一月。
図三　日高真実：『日本之小学教師』第一巻第九号、一八九九年一二月。
図四　元良勇次郎：『日本之小学教師』第二巻第一〇号、一九〇〇年一月。
図五　谷田部梅吉：日本中学校『日本中学校五十年史』、一九三七年。
図六　三宅秀：『教育界』第二巻第七号、一九〇三年五月。
図七　西村茂樹：吉田熊次『西村茂樹』日本教育先哲叢書第二〇巻、文教書院、一九四二年。
図八　北条時敬：広島文理科大学・広島高等師範学校編『創立四十年史』、一九四二年。
図九　中川謙二郎：『日本之小学教師』第二巻第二二号、一九〇〇年一一月。
図一〇　色川圀士：北海道札幌師範学校『北海道札幌師範学校五十年史』、一九三六年。

第二章

図一　谷本富：『日本之小学教師』第一巻第一号、一八九九年四月。
図二　波多野貞之助：教育実成会編『明治聖代教育家銘鑑』第一編、教育実成会、一九一二年、八七頁。
図三　能勢栄：『日本之小学教師』第一巻第九号、一八九九年一二月。
図四　中島力造：「写真資料（卒業記念写真帖、明治四五年三月）」お茶の水女子大学デジタルアーカイブズ・大学の資料、archives.cf.ocha.ac.jp/shiryo_pic2.html、二〇一三年三月。
図五　那珂通世：『日本之小学教師』第一巻第八号、一八九九年一一月。
図六　山口鋭之助：女子学習院編『女子学習院五十年史』女子学習院、一九三五年。

第三章

図一　塩谷吟策：『日本之小学教師』第二巻第二四号、一九〇〇年一二月。
図二　渡部董之介：『日本之小学教師』第三巻第三二号、一九〇一年八月。
図三　横須賀純：東京市富士見尋常小学校編『創立五十周年記念誌』、一九三一年。
図四　宮川盛：教育実成会編『明治聖代教育家銘鑑』第一編、教育実成会、一九一二年、八六一頁。
図五　逸見幸太郎：斎木織三郎編『大日本現代教育家銘鑑』第二輯、教育実成会、一九一五年、一九三頁。
図六　後藤胤保：『日本之小学教師』第五巻第五四号、一九〇三年六月。
図七　井口あくり：『日本之小学教師』第五巻第五九号、一九〇三年一一月。
図八　中山民生：『日本之小学教師』第四巻第四四号、一九〇二年八月。
図九　村田亮輔：創立百年記念会記念誌委員会編『錦華の百年』錦華小学校創立百年記念会、一九七四年。
図一〇　中島徳蔵：教育実成会編『明治聖代教育家銘鑑』第一編、教育実成会、一九一二年、四四六頁。

図一一　芳賀矢一：『日本之小学教師』第二巻第二一号、一九〇〇年一〇月。

図一二　松本孝次郎：『日本之小学教師』第三巻第三一号、一九〇一年七月。

図一三　蔵原惟廓：鷹居匡『第二十八議会衆議院議員写真列伝』経済時報社編輯局、一九一二年、一頁。

図一四　尾崎行雄：尾崎行雄『学堂回顧録』実業之日本社、一九一三年。

第四章

図一　大瀬甚太郎：教育実成会編『明治聖代教育家銘鑑』第一編、教育実成会、一九一二年、一八一頁。

図二　中島半次郎：大日本学術協会編『日本現代教育学大系』第七巻、モナス、一九二七年。

図三　吉田熊次：『日本之小学教師』第一一巻第一三〇号、一九〇九年一〇月。

図四　金子馬治：教育実成会編『明治聖代教育家銘鑑』第一編、教育実成会、一九一二年、二六八頁。

図五　林博太郎：大日本学術協会編『日本現代教育学大系』第八巻、モナス、一九二七年。

図六　森岡常蔵：大日本学術協会編『日本現代教育学大系』第一〇巻、モナス、一九二八年。

図七　乙竹岩造：『日本之小学教師』第九巻第一〇四号、一九〇七年八月。

図八　佐々木吉三郎：『日本之小学教師』第三巻第三六号、一九〇一年一二月。

第五章

図一　朝夷六郎：『日本之小学教師』第二巻第一七号、一九〇〇年六月。

図二　松見文平：順天中学校新築落成記念絵葉書、発行年不明（明治後期？）、顔写真部分のみ白石所蔵。

図三　森本清蔵：『日本之小学教師』第三巻第三六号、一九〇一年一二月。

図四　棚橋源太郎：『日本之小学教師』第三巻第三六号、一九〇一年一二月。

図五　三橋伝蔵：教育実成会編『明治聖代教育家銘鑑』第一編、教育実成会、一九一二年、八五一頁。

図六　国枝元治：鈴木博雄『東京教育大学百年史』日本図書文化協会、一九七八年。

図七　千本福隆：『教育界』第一巻第七号、一九〇二年五月。

図八　野口保興：『日本之小学教師』第二巻第二二号、一九〇〇年一一月。

図九　佐藤伝蔵：『教育界』第一巻第七号、一九〇二年五月。

図一〇　喜田貞吉：『歴史地理』第七四巻第二号、一九三九年。

図一一　桑原隲蔵：『教育界』第一巻第七号、一九〇二年五月。

第Ⅳ部

第一章

図一　久保田鼎：東京芸術大学百年史編集委員会編『東京芸術大学百年史』第一巻、ぎょうせい、一九八七年。

図二　清水直義：東京市富士見尋常小学校編『創立五十周年記念誌』、一九三一年。
図三　今井市三郎：『日本之小学教師』第四巻第四二号、一九〇二年六月。

第三章

図一　森有礼：東京文理科大学・東京高等師範学校編『創立六十年』東京文理科大学、一九三一年。
図二　菊池大麓：『日本之小学教師』第三巻第三二号、一九〇一年八月。
図三　増島六一郎：日本中学校『日本中学校五十年史』、一九三七年。
図四　矢田部良吉：『日本之小学教師』第一巻第四号、一八九九年七月。
図五　伊沢修二：『日本之小学教師』第一巻第一号、一八九九年四月。
図六　山路一遊：滋賀県師範学校『滋賀県師範学校六十年史』、一九三五年。

第四章

図一　高嶺秀夫：『日本之小学教師』第一巻第三号、一八九九年六月。
図二　三宅米吉：『日本之小学教師』第一巻第六号、一八九九年九月。
図三　椿蓁一郎：三重県女子師範学校・三重県立鈴鹿高等女学校『三重県女子師範学校・三重県立鈴鹿高等女学校沿革略誌』、一九三四年。
図四　嘉納治五郎：『日本之小学教師』第三巻第三一号、一九〇一年七月。
図五　町田則文：『日本之小学教師』第一巻第七号、一八九九年一〇月。
図六　野尻精一：『日本之小学教師』第四巻第三七号、一九〇二年一月。
図七　田中敬一：『日本之小学教師』第一巻第八号、一八九九年一一月。
図八　村田千熊：『日本之小学教師』第一二巻第一三六号、一九一〇年四月。
図九　黒田定治：『日本之小学教師』第一巻第四号、一八九九年七月。

第五章

図一　山田邦彦：『日本之小学教師』第四巻第三九号、一九〇二年三月。
図二　橋本久太郎：金港堂『新選代議士列伝』金港堂、一九〇二年、二六四頁。
図三　土師双他郎：教育実成会編『明治聖代教育家銘鑑』第一編、教育実成会、一九一二年、九七頁。
図四　矢部善蔵：大阪府立北野中学校六稜同窓会編『創立五十周年』、一九三三年。
図五　遠藤宗義：滋賀県師範学校『滋賀県師範学校六十年史』、一九三五年。
図六　浜野虎吉：東京府立第一中学校編『東京府立第一中学校創立五十年史』東京府第一中学校、一九二九年。
図七　田中登作：『日本之小学教師』第一巻第九号、

【写真史料出典】

図八　一八九九年一二月。
大村忠二郎：教育実成会編『明治聖代教育家銘鑑』第一編、教育実成会、一九一二年、二〇二頁。
図九　武田安之助：誠之館百三十年史編纂委員会『誠之館百三十年史』上巻、福山誠之館同窓会誠之館百三十年史刊行委員会、一九八八年、五〇〇頁。

第六章

図一　上田万年：『日本之小学教師』第三巻第二五号、一九〇一年一月。
図三　木場貞長：『日本之小学教師』第二巻第一六号、一九〇〇年五月。
図四　吉村寅太郎：福原要・広島県立広島第一中学校校友会『鯉城—鯉城五十周年記念号』、一九二九年。
図五　勝浦鞆雄：『日本之小学教師』第二巻第二四号、一九〇〇年一二月。
図六　松山伝十郎：『教育界』第二巻第八号、一九〇三年六月。

第七章

図一　千葉喜作：斎木織三郎編『大日本現代教育家銘鑑』第二輯、教育実成会、一九一五年、一二二頁。
図二　水野浩：『日本之小学教師』第三巻第二九号、一九〇一年五月。
図三　小泉又一：『日本之小学教師』第二巻第一七号、一九〇〇年六月。
図四　御園生金太郎：『日本之小学教師』第四巻第四六号、一九〇二年一〇月。
図五　松下専吉：「本会役員小伝（其の三）」『帝国教育』第六九〇号、一九三五年、一〇三頁。
図六　小関源助：東京市富士見尋常小学校編『創立五十周年記念誌』、一九三一年。
図七　前田捨松：『日本之小学教師』第四巻第四一号、一九〇二年五月。
図八　桜井光華：『日本之小学教師』第一四巻第一五九号、一九一二年三月。
図九　中村五六：奈良県師範学校編『奈良県師範学校五十年史』、一九四〇年。
図一〇　吉田升太郎：『日本之小学教師』第四巻第四六号、一九〇二年一〇月。
図一一　山口袈裟治：『日本之小学教師』第一二巻第一三六号、一九一〇年四月。
図一二　湯沢直蔵：教育実成会編『明治聖代教育家銘鑑』第一編、教育実成会、一九一二年、八二〇頁。
図一三　寄藤好実：『日本之小学教師』第三巻第二九号、一九〇一年五月。
図一四　浜幸次郎：教育実成会編『明治聖代教育家銘鑑』第一編、教育実成会、一九一二年、八九頁。
図一五　岡村増太郎：『日本之小学教師』第一四巻第一五九号、一九一二年三月。
図一六　堺昂：『日本之小学教師』第一〇巻第一一一号、一九〇八年三月。
図一七　辻勝太郎：『日本之小学教師』第一〇巻第一一一号、一九〇八年三月。

図一八　斉藤健重：『日本之小学教師』第一〇巻第一一三号、一九〇八年五月。
図一九　岡村正義：『日本之小学教師』第九巻第九九号、一九〇七年三月。
図二〇　松井萬蔵：『日本之小学教師』第一三巻第一四八号、一九一一年四月。
図二一　金沢長吉：教育実成会編『明治聖代教育家銘鑑』第一編、教育実成会、一九一二年、三〇五頁。
図二二　国府佐七郎：『日本之小学教師』第九巻第九七号、一九〇七年一月。
図二三　佐野駒太郎：斎木織三郎編『大日本現代教育家銘鑑』第二輯、教育実成会、一九一五年、九三九頁。
図二四　佐々木隅司：斎木織三郎編『大日本現代教育家銘鑑』第二輯、教育実成会、一九一五年、九五〇頁。
図二五　伊藤房太郎：教育実成会編『明治聖代教育家銘鑑』第一編、教育実成会、一九一二年、五六頁。
図二六　大島伝次郎：斎木織三郎編『大日本現代教育家銘鑑』第二輯、教育実成会、一九一五年、一一七一頁。
図二七　綾部関：斎木織三郎編『大日本現代教育家銘鑑』第二輯、教育実成会、一九一五年、八九八頁。
図二八　多田房之輔（壮年）：『日本之小学教師』第四巻第三七号、一九〇二年一月。

【論文初出】

本書の各章の初出は以下の通りである。なお、本書にまとめる上で、それぞれ大幅に加筆訂正を行った。

序　章：書き下ろし

第Ⅰ部

第一章：書き下ろし

第二章：「東京教育会の活動実態 ―東京府学務課・府師範学校との関係」全国地方教育史学会『地方教育史研究』二五号、二〇〇四年、四七～六八頁。

第三章：「明治一三年東京教育会の教師論―普通教育の擁護・推進者を求めて」教育史学会第五六回大会、お茶の水女子大学、二〇一二年九月二二日。(未活字化)

第四章：「東京教育学会の研究」中国四国教育学会編『教育学研究紀要』第四八巻第一部、二〇〇三年、五〇～五五頁。「結成時における大日本教育会の根本的目的」教育史フォーラム・京都 第二〇回研究会口頭発表、京都大学、二〇〇七年九月二日。(後者は未活字化)

第五章：「明治期大日本教育会・帝国教育会像の再構築」教育史学会第五〇回大会口頭発表、大東文化大学、二〇〇六年九月一六日。

第Ⅱ部

第一章：「明治一〇年代後半の大日本教育会における教師像 ―不況期において小学校教員に求められた意識と態度」中国四国教育学会編『教育学研究紀要（CD-ROM版）』第五四巻、二〇〇八年、二七〇～二七五頁。および次の一部。「明治二〇年代初頭の大日本教育会における教師論―教職の社会的地位および資質向上の目標化」中国四国教育学会編『教育学研究紀要（CD-ROM版）』第五六巻、二〇一〇年、二六八～二七三頁。

第二章：「明治二〇年代前半の大日本教育会における教師論―「教育者」としての共同意識の形成と教職意義の拡大・深化」中国四国教育学会編『教育学研究紀要（CD-ROM版）』第五六巻、二〇一一年、二三三～二三八頁。および次の一部。「明治二〇年代初頭の大日本教育会における教師論―教職の社会的地位および資質向上の目標化」中国四国教育学会編『教育学研究紀要（CD-ROM版）』第五六巻、二〇一〇年、二六八～二七三頁。

第三章：「大日本教育会単級教授法研究組合報告の内容—高等師範学校編『単級学校ノ理論及実験』との比較から」日本教育学会第六八回大会口頭発表、東京大学、二〇〇九年八月二八日。（未活字化）

第四章：「日清・日露戦間期における帝国教育会の公徳養成問題—社会的道徳教育のための教材と教員資質」『広島大学大学院教育学研究科紀要』第三部第五七号、二〇〇八年、一一〜二〇頁。

第五章：「明治期大日本教育会・帝国教育会における教育勅語解釈—指導的教員・教育行政官の動員構想」教育史学会第五八回大会口頭発表、日本大学、二〇一四年一〇月五日。

第Ⅲ部

第一章：「大日本教育会夏季講習会の開始—明治二〇年代半ばの教員改良策」中国四国教育学会編『教育学研究紀要（CD-ROM版）』第五七巻、二〇一二年、五三〜五八頁。

第二章：「明治期大日本教育会の教員講習事業の拡充—年間を通した学力向上機会の提供」中国四国教育学会編『教育学研究紀要（CD-ROM版）』第五九巻、二〇一四年、五三三〜五三八頁。

第三章：「帝国教育会結成直後の教員講習事業—指導的小学校教員の学習意欲・団結心・自律性への働きかけ」教育史学会第五七回大会、福岡大学、二〇一三年一〇月一三日。（未活字化）

第四章：「明治期帝国教育会における教員講習の展開—中等教員程度の学力向上機会の小学校教員に対する提供」中国四国教育学会編『教育学研究紀要（CD-ROM版）』第六〇巻、二〇一五年、三七〜四二頁。

第五章：「明治三〇年代帝国教育会の中等教員養成事業—中等教員講習所に焦点をあてて」（コロキウム報告）、教育史学会第五六回大会、お茶の水女子大学、二〇一二年九月二三日。（未活字化）

第Ⅳ部

第一章：「明治二十年前後における大日本教育会の討議会に関する研究」『広島大学大学院教育学研究科紀要』第三部第五三号、二〇〇四年、一〇三〜一一一頁。

第二章：「明治二一年の大日本教育会における「研究」の事業化過程」『広島大学大学院教育学研究科紀要』第三部第五五号、二〇〇六年、八三〜九二頁。

第三章：「一八八〇年代における西村貞の理学観の社会的役割—大日本学術奨励会構想と大日本教育会改革に注目して」日本科学史学会編『科学史研究』Vol.47 No.246、岩波書店、二〇〇八年、六五〜七三頁。

第四章：「明治二〇年代後半における大日本教育会研究組合の成立」日本教育学会編『教育学研究』第七五巻第三号、二〇〇八年、一〜一二頁。

【論文初出】

第五章：「全国教育者大集会の開催背景―一八八〇年代末における教育輿論形成体制をめぐる摩擦」梶山雅史編『続・近代日本教育会史研究』学術出版会、二〇一〇年、一〇九～一三二頁。

第六章：「明治三十年代前半の帝国教育会における研究活動の展開 ―学制調査部と国字改良部に注目して」中国四国教育学会編『教育学研究紀要（CD-ROM版）』第五〇巻、二〇〇四年、四二～四七頁。「明治三二年・帝国教育会学制調査部の「国民学校」案 ―明治三〇年代における初等教育重視の学制改革案の原型」中国四国教育学会編『教育学研究紀要（CD-ROM版）』第五三巻、二〇〇七年、四六～五一頁。

第七章：書き下ろし

結　章：書き下ろし

○　その他本文未収録の関係論文

【大日本教育会・帝国教育会の総論的論文】

「大日本教育会および帝国教育会における研究活動の主題―学校教育・初等教育・普通教育研究の重視」中国四国教育学会編『教育学研究紀要（CD-ROM版）』第五一巻、二〇〇五年、六六～七一頁。

「大日本教育会および帝国教育会における広島県会員の特徴 ―明治一六年の結成から大正四年の辻会長期まで」『広島大学大学院教育学研究科紀要』第三部第五四号、二〇〇五年、八七～九五頁。

「大日本教育会および帝国教育会に対する文部省諮問」梶山雅史編『近代日本教育会史研究』、学術出版会、二〇〇七年、三〇三～三二六頁。

【大日本教育会・帝国教育会に関する口頭発表】

「『大日本教育会雑誌』における外国教育制度情報 ―情報の使用形態に注目して」中国四国教育学会第五五回大会口頭発表、広島大学、二〇〇三年一一月九日。

「大日本教育会機関誌における外国教育情報に関する研究」国際研究集会口頭発表、中国浙江省杭州市、二〇〇四年四月三日。

「一九世紀末の大日本教育会・帝国教育会機関誌にみる西洋・東洋教育情報」アジア教育史学会二〇〇四年度第二回例会口頭発表、広島大学、二〇〇四年一一月六日。

「一九四〇年代末結成の日本教育協会―日本連合教育会改称までを視野に入れて」一九四〇年体制下における教育団体の変容と再編過程に関する総合的研究第一回研究会口頭発表、東北大学、二〇〇九年七月一八日。

【日本教育史・教員史に関する論文】

「明治期における教育会の情報交換」全国地方教育史学会第二九回大会口頭発表、広島大学、二〇〇六年五月二一日。

「小学校歴史教科書における寺子屋記述」『鳥取短期大学研究紀要』第六〇号、二〇〇九年、九～二〇頁。

「明治後期の教育者論―教員改良のための Erzieher 概念

の受容と展開」中国四国教育学会編『教育学研究紀要（CD-ROM版）』第五五巻、二〇〇九年、三一四～三一九頁。

「明治後期の保育者論―東京女子高等師範学校附属幼稚園の理論的系譜を事例として」『鳥取短期大学研究紀要』第六一号、二〇一〇年、一～一〇頁。

「明治三〇年代初頭の鳥取県倉吉における教員の問題意識―『東伯之教育』所収の小学校普及・中学校増設関係記事から」『鳥取短期大学研究紀要』第六二号、二〇一〇年、一一～二三頁。

「明治三〇年代初頭の鳥取県倉吉における教員集団の組織化過程―地方小学校教員集団の質的変容に関する一実態」中国四国教育学会編『教育学研究ジャーナル』第九号、二〇一一年、三一～四〇頁。

「一九四〇年代日本における全国教育団体の変容と再編（年表解説）」教育情報回路研究会編『近代日本における教育情報回路と教育統制に関する総合的研究』日本学術振興会科学研究費助成事業（基盤研究（B））中間報告書Ⅰ、東北大学大学院教育学研究科内教育情報回路研究会、二〇一二年、一～一〇頁。

「明治期における道府県教育会雑誌の交換・寄贈―教育会共同体の実態に関する一考察」広島大学日本東洋教育史研究室編『広島の教育史学』第三号、二〇一二年、二七～四七頁。

あとがき

本書は、二〇一三年度末に広島大学に提出し、論文博士（教育学）を授与された学位論文をもとに加筆訂正した研究書である。学位審査の主査は、広島大学大学院教育学研究科教授の鈴木理恵先生に務めていただいた。同先生には、労多い学位審査を快くお引き受けいただき、常に励まし、懇篤なご助言を下さった。ここに衷心より感謝の意を表する。また、学位論文の副査は、広島大学大学院教育学研究科教授の坂越正樹先生、同研究科教授の山田浩之先生、および岐阜女子大学教授の梶山雅史先生に務めていただいた。主査・副査の先生方には、ご多忙のなかで草稿を丁寧に読み込んでいただき、懇切なご指導とご批判とを賜った。誠心より御礼申し上げる。

学位論文をまとめるまでに、多くの先生からご指導・ご鞭撻をいただいた。何より、元広島大学大学院教育学研究科教授の故佐藤尚子先生、同じく元広島大学大学院教育学研究科准教授の大林正昭先生には、筆者が広島大学教育学部・同大学院教育学研究科博士課程に学生として在籍した際、並々ならぬご指導をいただいた。両先生なくして筆者の研究生活はない。師恩に感謝の意を表する。また、元同研究科教授の安原義仁先生、および同研究科教授の坂越正樹先生・山崎博敏先生には、佐藤尚子先生ご退官後、指導教員を引き継いでいただいた。先生方のご高配なくして院生生活を続けることはできなかった。さらに、梶山雅史先生には、筆者が二〇〇三年に全国学会で発表を始めた当初から、絶えず厳しいご批判と激励とをいただいた。学位論文をまとめるまで研究の質を高められたのは、一三年間にも及ぶ梶山先生のご指導の賜物である。諸先生方に深甚なる謝意を表する。

その他、数多くの先生方に支えられ、学位論文をまとめることができた。とくに教育情報回路研究会の先生方や広島大学日本東洋教育史研究室の先輩・後輩には、折にふれて種々有益な示唆をいただいた。氏名を具体的に記すことはできないが、すべての方々にこの場を借りて感謝の意を表する。

なお、本研究を進めるにあたって、次の年度に文部科学省科学研究費補助金または日本学術振興会科学研究費補助金を受けた。二〇〇四～二〇〇六年度特別研究員奨励費（代表）、二〇〇八～二〇一三年度基盤研究(B)（分担者）、二〇一一～二〇一四年度若手研究(B)（代表）。以上の研究助成がなければ、本研究を進めることはできなかった。また、二〇一六年度研究成果公開促進費の助成によって、本書の刊行が実現できた。ここに記して感謝申し上げる。

そして、出版事情の厳しいなか、本書刊行を実現してくださった溪水社と、同編集担当の木村逸司代表取締役および木村斉子氏とに、心から謝意を表したい。

ここに、自分語りになるが、ここまでの研究の歩みを記録しておくことをお許しいただきたい。今、何とか一書にまとめることができたが、私の研究生活はひたすら迷走した。研究テーマは紆余曲折を続けた。本書の各章の元になった論文のなかには、なぜこのような発想が生まれたかわかりにくいものもある。本書の内容を理解する上で、参考になるかもしれないと考え、その紆余曲折を紹介したい。

私は一九九八年に広島大学教育学部教育学科に入学して以来、教育学を専攻してきた。しかし、入学当初、自ら学ぶ姿勢のついていなかった私は、大学の雰囲気に適応できなかった。学部三年次の前期まで迷走し続け、体調を崩した。そんななか、卒業論文作成のため、配属研究室を決めることになり、日本東洋教育史研究室（通称「日東」）に配属された。私は、教育学とは人を教える方法の学問だと理解していたため、第一希望は別の研究室であったが、当時チューターを務めていた佐藤尚子先生のお導きで日東研究室に配属されることになった。佐藤先生は、迷走中のためにまともに単位を取得できず、卒業も危うかった私に、「歴史は好きか」と問われた。私は、「はい好きです」と答えた。このやりとりが、私を日本教育史研究にのめり込ませた最初のきっかけであった。

当時の日東研究室は、佐藤尚子先生・大林正昭先生のご指導の下に研究を進めていた。佐藤先生は、はじめ私を中国教育史研究に誘って下さったが、私は日本教育史研究を選んだ。大林正昭先生は、日本教育史に関する広い視野と発想で導いて下さった。私は、当時の学部の授業でよく取り上げられていた「教師の専門職性」や「プロ教師」の話に触発され、教師の成長や自律性に関わる研究をしたいと思っていた。そのとき、大林先生が提案してくださったのが、信濃教育会や大日本教育会の研究であった。あのときの私には、この提案の意味を理解することはできなかった。教育会雑誌を分析する力もなく、研究は進まなかった。困惑する私に再提案してくださったのは、沢柳政太郎の教師論の研究であった。私は、沢柳の論を読み進めるうちに、自分がこれまであれこれ考えていたことが、明解に述べられていることに感動した。一〇〇年以上前の教師論でも、本質的には今にも通じることを実感した。同時に、本質として同じことを今また繰り返し、あたかも新しいことのように語り続ける現代日本とは、一体何なのだろうと疑問に思った（今考えてみれば、疑問に思っていたのは、現代日本に対してではなく、自分に対してだったのかもしれない）。こうして卒業論文「沢柳政太郎の教師論―教師の専門職性」を書き上げた。今見ると、読んだ感想をただ書き並べただけに等しいが、沢柳の教師論と「教師の専門職性」という時代も背景も違う論を比べて卒論をまとめたのは、このような経緯からであった。

二〇〇二年、広島大学大学院教育学研究科に進学した。体調が優れず、迷走も続き、研究室内外で周囲に迷惑をおかけしていた。しかし、幸いに同学年の友人や先輩に支えられて、博士課程前期を修了する頃には落ち着いてきた。日東研究室には、佐藤先生を慕って、多くの中国人留学生が集まり、日本人の院生より留学生の方が多い状態が続いていた。私はこの雰囲気のなかで、異文化交流の重要性や、清末民初の中国教育史について学ぶことができた。当時はこの学びの意味は理解できていなかったが、今となっては人生や研究の視野を広げる機会になったと感じている。日本人院生とも、互いに励まし批判し合って、切磋琢磨することができた。とくに、今井航先輩と酒井真先輩とは、常に励まし合い、支え合うことができた。中華民国初期の学制改革研究を進めていた今井先輩は、教育会が中国にもあり、学制改革に深く関わったことを教えて下さった。日本工業教育史研究を進めていた酒井先輩は、科学史学会の存在を教えて下さった。

博士課程前期では、「教職の専門職性」論から職能団体の重要性を学び、その観点から大日本教育会を研究対象として定めた。しかし、先行研究を探っても、私の知識・能力不足から研究方法や視点を見定めることができずに、困惑していた。その際に勧められたのが、外国教育情報に注目する視点であった。広大日東研究室では、旧教官であった三好信浩先生の頃から、外国教育情報受容史の研究が積極的に進められていた。その伝統に基づく勧めだったと、後で先輩方の業績を読む内に気づくが、あのときは目の前に提示された研究方法に飛びついただけだった。それから私は、『大日本教育会雑誌』にひたすら目を通し、外国教育情報をピックアップして一覧化した。その過程で、大日本教育会の活動実態に関する記事にも目を通し、「研究」を重視する関係者の姿に興味を覚えた。その結果、大日本教育会における教育研究活動の歴史と外国教育情報の紹介史とをまとめ、修士論文「大日本教育会における研究活動の発展」を仕上げることができた。

修士論文作成にあたって、将来の研究生活を決定づける多くのことが起こっている。第一に、『大日本教育会雑誌』を何度も通覧したことである。その結果、大日本教育会のことなら何でもわかる、という妙な自信がついていた。

第二に、資料調査の結果、『東京教育会雑誌』『東京教育協会雑誌』『東京教育学会雑誌』の複写を集められたことである。私は、半ば執念的に、大日本教育会とは何なのか常に問い続けていた。主な先行研究はこの団体を「上意下達」「御用団体」と一言で語るが、『大日本教育会雑誌』を通覧した経験から、果たしてそれだけで語り尽せる団体だろうかという疑問が拭えなかった。その疑問から先述の史料を使って大日本教育会前史研究を進めたところ、さらに疑問は深まった。この深まった疑問を解き明かすことが、私の研究生活の大半を占めるようになった。なお、これらの史料を集められたのは、この頃、大学図書館のOPACが整備され始め、webcat（現CiNii に統合）が使えるようになったことが大きい。先行研究で知られていなかった『東京教育会雑誌』が、まとまって京都大学附属図書館に所蔵されていることについて、OPACで見つけた時は興奮を覚えた。

第三に、東京教育会研究が学会に認められたことである。このとき、東京師範学校卒の小学校教員たちが中心になって、自分たちの職務を組織的に考え、府の教育行政のあり方を変えた事実を明らかにできた。この前史を無視して大日本教育会を理解することはできない、と確信した。また、この頃はまだ教育会史研究が学界の「市民権」を得られていなかった時期であった。そんな頃に学会に認められたため、教育会史研究は自分の使命なのではないかと考えるようになった。

第五に、梶山雅史先生に出会ったことである。すでに教科書史研究を大成されていた梶山先生は、この頃、地方教育会史研究を進めておられた。直接の関わりは、おそらく、二〇〇三年の同志社大学で開かれた教育史学会第四七回大会で全国教育者大集会に関する発表をした時である。伊沢修二のとらえ方をめぐって議論したことが最初だったと思う。若気の至りで、調子に乗って熱くなりすぎ、早口でまくしたてた記憶だけ残っている。汗顔の至りである。あれから一〇年以上、梶山先生は、私の発表を必ず聞きに来て下さった。ついには、学位論文の副査を承諾して下さった。あのとき、そんなことになるとは思いもよらなかった。ここまで徹底的に関わって下さった梶山先生に、本書を捧げることができるのが、今一番嬉しい。

二〇〇四年、博士課程後期に進学した。進学は、日本学術振興会の特別研究員（DC1）に採用され、順風満帆のはずだった。しかし、二〇〇四年度末に大林先生が退職され、日本教育史研究を導いていただくことができなくなった。続いて、二〇〇五年度末に佐藤先生が退官を迎えられ、日本東洋教育史研究室が活動を休止する事態に陥った。私は、幸運にも西洋教育史研究室の安原義仁先生に拾っていただき、二年間、同研究室のゼミ（広大教育学講座では「特研」と呼ぶ）に参加させていただいた。安原先生のご指導は、佐藤先生の最終年度から始まっている。

このような環境のなかで、私は「大日本教育会・帝国教育会における教育研究活動」を主要なテーマにして研究を進めていた。しかし、学内外で、理解はなかなか得られなかった。大学・師範学校・学会における研究活動ではなく、私立団体における研究活動を学術的に研究した先行研究は見当たらなかった。また、当時の大学の常識では「教育研究活動」を「教育活動と研究活動」の略称として扱っており、かつ私が、教員研修とは異なるものとして「研究」を捉えようとしたため、さらに理解を得にくくしたようだった。そのとき、安原先生や、副指導教員であった山﨑博敏先生から、学問史・科学史研究を参考にするよう提案があった。また、副指導教員の坂越正樹先生は、根無し草状態になっていた私をしばしば気にかけてくださり、お忙しいなかでわざわざ詳細な論文指導をしてくださることもあった。なお、安田女子大学の岩田高明先生も、非常勤で広島大学にいらっしゃった際に、研究指導をしてくださった。

新しい研究室では、私は西洋教育史研究の常識を知らず、相手は日本教育史研究の常識を知らず、お互いに戸惑うことが続いた。同じ教育史研究でも、こんなに違うものかと驚いた。当初は苦しみ戸惑うだけだったが、このままではいけない、まず相手を知ろうと思った。安原先生の課題に正面から向き合い、特研や大学院の授業の前に予習に努めた。すると、今まで意味がわからなかった発表や授業内容が格段にわかるようになり、質問も思いつくようになった。自分の研究についても、アイディアがわき出てくるようになった。私が、学問の面白さを実感できるようになったのは、このときからである。その勢いで、他の院生を集めて自主研究会を組織するところまで行った。あのとき私につきあってくれた同級生・後輩に感謝したい。学問史・科学史研究も着実に進め、院生生活最後の年の二〇〇七年、大日本教育会研究に応用することを試みた。ついに、翌年、科学史学会に論文が認められるに至った。

この頃、梶山先生を中心に、教育会史研究が本格化していた。二〇〇四年に東北大学で「教育会の総合的研究会」が立ち上がり、二〇〇五年の教育史学会第四九回大会で初めて教育会史研究のコロキウムが設けられた。いつ情報を得たか記憶にないが、私は、二〇〇五年のコロキウムに参加した後、梶山先生に研究会に入れて欲しいと直談判した。先生は快く受けて下さった。それ以来、梶山先生主催の研究会にほぼ毎回参加した。梶山先生からは、「学閥も年齢も関係ない」「君と私は研究のライバルだから」と言われ、率直な意見や自由な研究をいつも求められた。とても有り難かった。教育会とは何か、なぜ「こんなもの」を研究しているか、と常に問われていた私にとって、梶山先生の仕事を間近で見る機会や、同じ研究対象を追究する先達や仲間と交流する機会は貴重であり、心地よかった。

年々、教育会史研究は梶山先生のご尽力によって学界の注目を集めるようになり、少しずつ「市民権」を得始めていたように感じた。私もこの流れに貢献したくて、ほぼ毎年、教育史学会・全国地方教育史学会・中国四国教育学会で発表を続けた。先述のような個人的な研究視野の広がりと重なって、研究の質も上がっていったように思う。ついには、科学史学会に認められた頃とほぼ同時期に、日本教育学会にも論文が認められるに至った。

二〇〇八年後期、鈴木理恵先生が日本東洋教育史研究室を引き継がれた。それを見届けて、二〇〇九年、私は広島をいったん去った。就職後、学位論文の執筆は常に念頭にあった。何度も論文構成を組み替え、必要な論文を書いた。しかし、書けば書くほど研究すべきことが出てくるため、いつまで経ってもまとめられなかった。日常業務はとても意義あるものであったが、学位論文とはほど遠い。油断すれば私の研究生活が終わる、そんなターニングポイントはたくさんあった。

この頃、鈴木先生主催で、広島に地理的に近い教育史研究者を集めて、日本東洋教育史研究会が開かれるようになった。研究生活を忘れないため、広島でほぼ毎月のように開かれる研究会に、鳥取から通いつめた。鈴木先生は、ご自分の学位論文をまとめている最中であり、しばしば学位論文の話をして下さった。研究は終わりのないものだから、どこかでいったん区切りをつけてまとめなければいけない、というアドバイスは、とても説得力があった。鈴木先生が学位論文をまとめられたところを見計らい、自分の学位申請をお願いした。鈴木先生が快く引き受けて下さった時、やっとここまで来たという嬉しさと、本当にやり遂げられるだろうかという不安とを感じた。

なお、二〇〇七年以降の職業生活は、私の研究の根本を方向づけている。私は、院生時代から、教育史研究とは何かという問いを常に問い続けていたが、十分な答えは見つからなかった。教育史研究室から一歩外へ出て、職業に就いた時、研究分野は何かと必ず問われた。その問いに、「教育会史研究が専門です」と答えたのでは、聞き手の求める答えにはならなかった。また、二〇〇七年六月から、わずか二か月足らずだったが、高校の非常勤講師を経験した。そのとき、もともと「先生の先生」になりたくて広島大学教育学部に入学したことを思い出した。二〇〇七年九月から広島大学大学院教育学研究科教育学講座でEd.Dプログラム（現 教職課程担当教員養成プログラム）が始まったことも、その思い出しを強化したように思う。恥ずかしながら、こんな大事な夢をいつの間にか忘れていた。自分は、教育学者にならなければならない。教職課程の教員にならなければならない。日に日に、そんな思いを強くした。ならば、教育史研究とは何だ、教育会史研究とは何だ、と再び問い直した。

結局その答えは、最初の卒業論文にあったような気がする。よい教師とは何か。どのような資質が必要か。教師はどのように成長するか。教師の自律性を確保するにはどうすればよいか。これらの問題に答えるには、そもそも教師とは何かを問わなければならない。歴史を紐解き、教師の出発点、そして教師の組織的活動の出発点を見据え、自律性の芽生えを見極めなければならない。そんな思いで自分の研究を見つめ直した時、学位論文の一本の筋が見えた。そこからは怒濤の毎日であった。

ここまでに挙げられなかったが、本書をまとめるにあたって、たくさんの方々にお世話になった。とくに、九州大学の新谷恭明先生と、立教大学の前田一男先生は、常に温かく見守って下さった。新谷先生は、一度、先生のゼミに招いてくださり、それ以来何かと声をかけて下さった。前田先生は、帝国教育会研究の第一人者である中野光先生をご紹介いただき、親しくお話する機会を設けて下さった。神戸大学の船寄俊雄先生も、同窓の日本教員史研究の先達として、常に温かく見守って下さった。その他にも、氏名を挙げることができないが、多くの方々にお世話になった。

私は、かつて独りで戦っているつもりになっていた。しかし、違った。大学・学科・研究室・学会・研究会。様々なところで出会った方々のおかげで、本書を成すことができた。研究は、一人で成さなければならないが、独りで成せるものではない。そんなことを改めてかみしめている。

最後に、私事になるが、博士課程後期までの進学を許してくれただけでなく、苦しい時にも温かく支えてくれた父雅也と母君子とに最大の感謝の意を表したい。

白石　崇人　拝

【さ行】

【か行】

人名索引

【た行】

事項索引

【あ行】

【か行】

【著者略歴】

白石　崇人（しらいし　たかと）

1979年　愛媛県に生まれる
2008年　広島大学大学院教育学研究科博士課程後期教育人間科学専攻単位取得退学
広島大学大学院教育学研究科助教を経て、鳥取短期大学助教・准教授
現　在　広島文教女子大学人間科学部初等教育学科准教授、博士（教育学）

単　著　『保育者の専門性とは何か』幼児教育の理論とその応用②、社会評論社、2013年（改訂版2015年）。
『幼児教育とは何か』幼児教育の理論とその応用①、社会評論社、2013年。
『鳥取県教育会と教師―学び続ける明治期の教師たち』鳥取県史ブックレット16、鳥取県、2015年。
共　著　『近代日本教育会史研究』（学術出版会、2007年）、『続・近代日本教育会史研究』（学術出版会、2010年）、『なぜからはじめる保育原理』（建帛社、2011年）、『新鳥取県史』資料編・近代4行政1（鳥取県、2016年）

明治期大日本教育会・帝国教育会の教員改良
―資質向上への指導的教員の動員―

平成29年2月20日　発行

著　者　白石　崇人

発行所　株式会社　溪水社
広島市中区小町1-4（〒730-0041）
電 話 082-246-7909　FAX082-246-7876
e-mail：info@keisui.co.jp
URL：www.keisui.co.jp

ISBN978-4-86327-386-3　C3037